HISTÓRIA ECONÔMICA E SOCIAL DO ESTADO DE SÃO PAULO 1950-2020

HISTÓRIA ECONÔMICA E SOCIAL DO ESTADO DE SÃO PAULO 1950-2020

Francisco Vidal Luna
Herbert S. Klein

Tradução
Laura Teixeira Motta

editora unesp

Título original: *Social Change, Industrialization, and the Service Economy in São Paulo, 1950-2020*

Direitos de publicação reservados à:
Fundação Editora da Unesp (FEU)
Praça da Sé, 108
01001-900 – São Paulo – SP
Tel.: (0xx11) 3242-7171
Fax: (0xx11) 3242-7172
www.editoraunesp.com.br
www.livrariaunesp.com.br
atendimento.editora@unesp.br

Dados Internacionais de Catalogação na Publicação (CIP)
de acordo com ISBD
Elaborado por Vagner Rodolfo da Silva – CRB-8/9410

L961h

Luna, Francisco Vidal
História econômica e social do estado de São Paulo 1950-2020 / Francisco Vidal Luna, Herbert S. Klein; traduzido por Laura Teixeira Motta. – São Paulo: Editora Unesp, 2022.

Tradução de: *Social Change, Industrialization, and the Service Economy in São Paulo, 1950-2020*
Inclui bibliografia.
ISBN: 978-65-5711-165-9

1. História do Brasil. 2. São Paulo (1950-2020). 3. História econômica. 4. História social. I. Klein, Herbert S. II. Motta, Laura Teixeira. III. Título.

2022-3061 CDD 981
CDU 94(81)

Editora afiliada:

Asociación de Editoriales Universitarias de América Latina y el Caribe

Associação Brasileira de Editoras Universitárias

PARA BORIS FAUSTO

Sumário

Lista de tabelas, gráficos e mapas

Tabelas

Gráficos

Mapas

FANTASIAS
127
BRILHO'S
INFANTIL
BRILHO'S
FANTASIAS

Prefácio

Este livro é o terceiro volume da trilogia que contempla a história econômica e social do estado de São Paulo desde meados do século XVIII aos nossos dias. Até metade do século XIX, apesar de ter passado por grandes transformações, São Paulo ainda era uma província sem destaque no Império, com centros urbanos pequenos e pouca ligação com mercados internacionais. Sua população compunha-se de brancos pobres, indígenas, caboclos e negros, e sua agricultura abastecia principalmente mercados locais e regionais. São Paulo tinha terras férteis, mas sua infraestrutura de transporte era tão primitiva que os produtos chegavam a mercados distantes em mau estado de conservação. A capital da província era pequena em comparação com as cidades tradicionais do Rio de Janeiro e Salvador, e mesmo quando a cultura do café foi introduzida, São Paulo continuou a ser uma província desimportante em comparação com o Rio de Janeiro.

Café, terras virgens, ferrovias e a mão de obra de escravos e imigrantes possibilitaram a transformação dessa província atrasada e modesta em uma potência do Império e da República. Com a nova e empreendedora elite de cafeicultores que assomou na segunda metade do século XIX, a agricultura paulista finalmente se tornou competitiva em mercados nacionais e internacionais. Essa riqueza permitiu a São Paulo atrair milhões de imigrantes, internamente e do exterior, dando origem a uma economia moderna baseada no trabalho assalariado. Essa elite local investiu os lucros obtidos com as exportações de café no comércio interno e externo, na construção de ferrovias, em instituições financeiras e também na indústria. Trabalhadores assalariados, por sua vez, criaram e expandiram o mercado de alimentos, vestuário e outros produtos de consumo, fornecidos em proporções crescentes por produtores locais. A população cresceu a taxas impressionantes, a cafeicultura expandiu-se seguindo as ferrovias e, ao despontar o século XX, o estado de São Paulo já se tornara uma das regiões mais dinâmicas da economia brasileira.

As transformações econômicas e sociais ocorridas foram facilitadas e sustentadas pela evolução de uma estrutura administrativa e por um governo decidido a investir em infraestrutura básica. A elite paulista, cuja influência durante o Império estivera restrita a um governo provincial limitado, empenhou-se tão vigorosamente por sua autonomia que por fim obteve o controle do governo federal no período da Velha República e forjou um governo estadual forte. Por todo o século XX, o estado de São Paulo liderou o país em áreas fundamentais como saúde, educação, ciência e tecnologia, além de ser um modelo de organização administrativa diante dos padrões brasileiros. São Paulo educou mais pessoas, instalou os melhores sistemas de água e esgoto e a maior parte das ferrovias, além de ter as melhores estradas de rodagem do país.

O que possibilitou todas essas mudanças foi a reorganização das finanças do Estado após 1889. O Império assentara os alicerces da estrutura fiscal que prevaleceria na Primeira República, mas legara uma administração fiscal ineficiente que precisou ser reorganizada quando chegou ao fim. Apesar desses problemas e da limitação de recursos, no século XIX o governo da província caracterizou-se por iniciar a era das ferrovias e subsidiar a vinda de imigrantes europeus. Sob a República, o governo paulista reorganizou-se e expandiu-se com novos e grandes poderes fiscais e financeiros. O objetivo desse governo foi forjar um Estado com alto grau de autonomia que sustentasse e expandisse a economia e a sociedade. Esses objetivos exigiram recursos crescentes, financiados pela arrecadação de impostos e por empréstimos vultosos contraídos em mercados de crédito nacionais e internacionais.

Enquanto estimulava e promovia o crescimento no século XX, o governo do estado também interveio acentuadamente na economia cafeeira e finalmente passou a controlar sua produção, comprar estoques e limitar a oferta nos portos para proteger os cafeicultores em períodos de crises internacionais. Precisou ainda lidar com outras crises econômicas, fiscais e políticas. Entre elas destacaram-se a bolha financeira conhecida como crise do encilhamento, as duas guerras mundiais, os períodos de superprodução no mercado cafeeiro e a depressão econômica de 1929, que levou a uma grande transformação na estrutura da produção de café e finalmente forçou o Estado a recorrer ao apoio do governo federal. Embora a revolução de Vargas em 1930 reduzisse o poder do governo estadual, a despeito disso e com menos recursos São Paulo conseguiu fornecer o apoio econômico básico para a economia cada vez mais industrializada e complexa de seu estado.

Outro aspecto dessa expansão dinâmica foi o crescimento da cidade de São Paulo, que em 1850 era uma localidade pequena com 20 mil habitantes e em meados do século XX tornara-se uma metrópole de nível mundial com população na casa dos milhões. O surpreendente crescimento populacional da capital e do estado deveu-se a altas taxas de fecundidade e a um declínio rápido das taxas de mortalidade, ajudados pela vinda em massa de migrantes vindos do exterior e de outros estados brasileiros. Com esse crescimento, em 1940, São Paulo tornara-se o maior estado do país, e em 1960 a capital paulista já era a maior cidade brasileira. Em todos os índices demográficos básicos, São Paulo esteve à frente na inversão da tendência da taxa de mortalidade ocorrida no século XX. Além disso, liderou o Brasil na queda das taxas de fecundidade antes do fim desse período, porém o país como um todo levou duas décadas a mais do que São Paulo para apresentar esse tipo de revolução demográfica.

Até as décadas intermediárias do século XX o café dominou a agricultura e as exportações do estado. Mas, já em 1950, começou a evoluir pouco a pouco em terras paulistas uma economia agrícola e industrial mais complexa. Mesmo quando o café dominava as exportações, gêneros alimentícios e culturas comerciais como o algodão foram parte importante do setor agrícola. A agricultura paulista liderou o país no uso de máquinas e fertilizantes e alcançou um novo nível de produtividade em várias culturas tradicionais. Contudo, só após 1950, o estado tornou-se um moderno produtor de carne, açúcar, laranja e soja, com níveis de produtividade que permitiram a esses gêneros substituir o café como principal exportação agrícola do estado em fins do século XX. A revolução agrícola que situou o Brasil entre os grandes destaques do agronegócio mundial só ocorreu a partir dos anos 1990 com a abertura da economia e o impacto da pesquisa agropecuária financiada pelo governo federal. Também houve crescimento da produtividade de gêneros tradicionais como arroz, milho e feijão – principais itens da cesta básica paulista – e isso permitiu que a agricultura local sustentasse a sempre crescente população urbana do estado. Também foi a produção local que forneceu as matérias-primas para a indústria alimentícia que se desenvolveu e se tornou um elemento cada vez mais importante do próspero setor industrial. Nessa mesma direção, foi o algodão produzido no estado o componente maior da matéria-prima para a destacada indústria têxtil paulista. Em fins dos anos 1940, a maior parte das terras nas fronteiras do estado já estavam ocupadas, e assim as décadas intermediárias do século XX foram um período de transição no qual a agricultura local parou de expandir-se com base na exploração de terras virgens, passando a depender do uso sistemático de máquinas e fertilizantes.

Foi também nesse século que se consolidaram as bases do crescimento exponencial da indústria paulista, que transformou São Paulo de um polo secundário de produção no principal centro industrial do país. A partir de fins do século XIX a indústria paulista, que começou principalmente com a produção de têxteis e o processamento de alimentos, desenvolveu-se a um ritmo impressionante. Vários fatores explicam esse avanço: a introdução de mão de obra remunerada, sobretudo de imigrantes europeus, com poder de compra crescente em comparação com a mão de obra escrava; a disponibilidade de recursos graças às exportações de café; a disposição dos grandes cafeicultores para investir em projetos urbanos e industriais; uma crescente integração agroindustrial e uma série de choques externos que limitaram o comércio internacional. Esse conjunto de fatores, em maior ou menor grau, estimulou a produção local e permitiu a consolidação de um processo industrial mesmo antes de se estabelecer políticas eficazes de proteção à indústria, que só começaram a ser implementadas na segunda metade do século XX. Quando o governo federal passou a adotar políticas protecionistas, São Paulo já havia, em grande medida, consolidado sua indústria com base em matérias-primas locais, e a produção expandiu-se para atender a demanda regional e nacional. Apesar da criação de um importante parque industrial no estado de São Paulo, o Brasil como um todo só viria a possuir um complexo industrial plenamente integrado nos anos 1970.

No primeiro volume desta trilogia tratamos da escravidão em São Paulo; no segundo, enfocamos a transição do uso da mão de obra escrava para o trabalho livre e a consolidação de São Paulo como principal centro de produção cafeeira do Brasil e do mundo. Neste volume trataremos da acelerada industrialização paulista. Nas décadas de 1950 a 1980 o Brasil construiu um dos mais avançados e integrados parques industriais dentre os chamados países "em desenvolvimento". De início, esse processo concentrou-se quase por completo no estado de São Paulo, mais precisamente na capital e seu entorno, que hoje compõem a Região Metropolitana de São Paulo, principalmente na área conhecida como ABC paulista. Essa região mostrou um crescimento econômico e populacional vertiginoso baseado na expansão industrial, e esse processo moldou o tecido urbano.

No entanto, a partir dos anos 1980 iniciou-se um processo de descentralização das indústrias para outros estados reduzindo a importância relativa de São Paulo na produção industrial brasileira. Ao mesmo tempo, essa descentralização ocorreu também dentro do próprio estado; fábricas deixaram a capital para se instalar em centros industriais no interior, ocorrendo uma rápida perda de influência da indústria sediada na capital e nas cidades da região metropolitana. Embora São Paulo continuasse a ser o principal estado industrial do país, sua relevância no Brasil declinou. Isso resultou em impacto sobre a migração interna, cujo ritmo diminuiu radicalmente quando o mercado de trabalho local amadureceu e deixou de oferecer oportunidades ocupacionais crescentes. Esse processo evidenciou-se em redução nas taxas de crescimento na capital e também no estado como um todo. Por sua vez, a capital transformou-se de cidade predominantemente industrial em cidade com prevalência do setor de serviços, tornando-se a capital financeira do país e a sede da maior parte das companhias nacionais e internacionais em operação no Brasil. Seus serviços de saúde e educação passariam a ser os mais importantes do país, o que se refletiu nas altas taxas de educação no estado e na expansão da categoria dos profissionais liberais.

Apesar da desaceleração do crescimento e da migração, o estado, sobretudo a capital, continuou a ter grandes problemas para alojar os migrantes vindos de todo o Brasil. Foram construídos avenidas, metrô e escolas, porém não se investiu no aumento do número de habitações em proporções às do crescimento da migração. O resultado foi a expansão de assentamentos ilegais e inseguros: as favelas. Analogamente, a expansão da cidade por novas terras não acompanhou as necessidades dos novos migrantes, e as favelas alastraram-se pela capital e pelos municípios da região metropolitana. Elas também surgiram em quase todas as cidades interioranas e do litoral; Santos tem uma das maiores favelas de palafitas do Brasil, e Campinas e outros centros urbanos importantes do estado também viram crescer esses assentamentos ilegais e precariamente construídos. Embora, posteriormente, muitas favelas recebessem poucos serviços, como eletricidade, continuaram a carecer de saneamento, e o sistema de transporte tornou-se problemático. Face à escala de sua população trabalhadora, São Paulo possuía linhas de metrô insuficientes e dependia de uma intrincada e deficiente rede do ônibus, por isso transportar as pessoas entre casa e trabalho tornou-se problema cada vez mais complexo. Assim, apesar de todas as mudanças positivas, do crescimento sistemático em 2020, São Paulo e suas cidades ainda tinham grandes dificuldades para atender adequadamente as necessidades de todos os seus habitantes.

Para avaliar as transformações gerais que ocorreram no estado de São Paulo nos setenta anos examinados neste volume, apresentamos um quadro geral no ano de 1950. Em seguida, analisamos o crescimento industrial em dois períodos bem definidos – até 1980 e posteriormente –, bem como as mudanças ocorridas em seu setor industrial. Tratamos então das mudanças importantíssimas no setor agrícola paulista nesse período em que o estado não só manteve a liderança como o produtor agrícola mais rico do Brasil, mas também diversificou totalmente sua produção, com a ascensão de várias novas culturas e a passagem do café para posição menos relevante.

Examinamos ainda grandes mudanças demográficas e sociais que ocorreram à medida que o estado se tornou mais urbanizado, com uma população mais instruída, tendo passado pela recente transição demográfica que levou a baixas taxas de natalidade, famílias menores e altas taxas de educação, além da participação das mulheres na força de trabalho. Houve também um aumento muito significativo na expectativa de vida nesse período em que São Paulo foi um dos estados que estiveram à frente na transformação demográfica e social.

O capítulo sobre mudanças sociais analisa também as variações na mobilidade social que ocorreram nos primeiros estágios da industrialização e na fase que poderíamos definir como pós-industrial do desenvolvimento do estado. Claramente, conforme as ocupações expandiram-se em grau extraordinário, São Paulo passou de um sistema acentuadamente flexível de mobilidade para um padrão circular mais tradicional de movimentação acima e abaixo das posições iniciais dos pais no sistema socioeconômico de classes. O último capítulo trata da questão racial, fundamental em qualquer sociedade das Américas que tenha vivenciado o escravismo. Além disso, a migração de brasileiros para a capital paulista e para o estado em geral criou uma sociedade miscigenada ainda mais acentuada. Veremos como os descendentes de ex-escravos sobreviveram e prosperaram, ou não, nessa nova sociedade industrial.

Por fim, examinaremos a ascensão e a predominância do setor de serviços, mostrando como ele superou em importância o setor industrial, sobretudo na capital e região metropolitana. Nosso estudo termina com uma análise das transformações e problemas decorrentes do crescimento da capital e sua região metropolitana e de sua transformação em metrópole mundial.

* * *

Na preparação deste trabalho, Judith C. Schiffner e Matiko Kume forneceram importante assistência editorial. Temos uma dívida especial com Eric Wakin por seu apoio geral a este e projetos anteriores. William Summerhill, Stuart Schwartz, Marta Grostein, Simon Schwartzman, Donald Treiman e Sonia Rocha muitas vezes nos ajudaram a entender as mudanças básicas neste período. Renato Augusto Rosa Vidal, Bruno Teodoro Oliva, Roberta Fontan Pereira Galvão e Renata Carvalho Silva forneceram suporte nos dados e na análise. Por fim, agradecemos a Steven Topik, que sugeriu que fizéssemos este terceiro volume em uma história social e econômica do estado de São Paulo.

Francisco Vidal Luna
Herbert S. Klein

1

O estado de São Paulo em meados do século XX

Nos quatro séculos de história da província e do estado antes de 1950, São Paulo havia seguido um caminho bem definido. Começando como uma área marginal, afastada das plantações de açúcar do Nordeste, gradualmente transformou-se no centro do desenvolvimento nacional. As expedições para captura de indígenas e exploração mineral dos séculos XVI e XVII foram as primeiras expressões de um impacto mais do que local dos colonizadores originais. No século XVIII, seus centros de produção de alimentos alcançaram as regiões mineiras aproveitando o surgimento de um mercado regional. A ascensão da economia decorrente da plantação de cana-de-açúcar no Rio de Janeiro, no final do século XVIII e início do século XIX, que se espalhou para a província, foi um fator que permitiu sua inserção no mercado internacional. Mas foi a ascensão do moderno sistema de plantação de café que finalmente colocou o estado no centro do desenvolvimento nacional, no final do século XIX e início do século XX. Com terras ricas, bem adaptadas ao café, São Paulo resolveu o problema de oferta de mão de obra, inicialmente com escravos e, posteriormente, com imigrantes assalariados europeus e asiáticos. Além disso, construiu uma expressiva infraestrutura ferroviária, que permitiu ocupar economicamente o território do estado e escoar a produção pelo porto de Santos. A riqueza gerada pelo café fez com que o estado se tornasse o mais rico e populoso do Brasil, centro de desenvolvimento nacional na era pós-1950.

O crescimento incisivo da cultura do café no estado levou ao fortalecimento de um substancial mercado interno e à evolução de um importante mercado nacional. Foram os investimentos privados e públicos que deram impulso ao desenvolvimento da agricultura, indústria, transporte e serviços em São Paulo no final do século XX. Além disso, a receita das exportações de café forneceu os recursos financeiros para estabelecer uma força de trabalho assalariada para a sua produção e construir a infraestrutura básica de ferrovias, rodovias e estradas.[1] O crescimento dessa grande massa de traba-

1 Veja Sérgio Silva, *Expansão cafeeira e origens da indústria no Brasil* (São Paulo: Alfa-Omega, 1995); Joseph Love, *São Paulo In the Brazilian Federation, 1889-1937* (Stanford, Calif.: Stanford University Press,

lhadores livres na cafeicultura promoveu um mercado interno significativo, e a chegada dos imigrantes europeus e asiáticos estabeleceu condições para uma base assalariada industrial moderna.

Na década de 1920, os estrangeiros respondiam por um quarto da força de trabalho industrial do estado. O capital para novas indústrias veio de vários segmentos, entre os quais se destacavam os imigrantes estrangeiros mais ricos atraídos para o crescente mercado interno; os importadores locais em transição para indústrias de substituição de importações e os cafeicultores na busca de novas oportunidades.[2] Foi, portanto, o capital nacional e estrangeiro, junto com trabalhadores daqui e de fora, que fizeram de São Paulo o mais dinâmico estado industrial do país na primeira metade do século XX. No período pós-1950, São Paulo também se tornaria o primeiro estado a conquistar uma moderna indústria de bens duráveis e de capital, a maior do Brasil.[3]

Foi a partir da década de 1950 que ocorreu um intenso processo de industrialização induzida pelo governo, criando uma indústria de bens de capital no Brasil. A indústria líder nesse desenvolvimento seria a recém-criada indústria automotiva de carros, caminhões e ônibus. Graças à política governamental de fomento aos investimentos estrangeiros, São Paulo fortaleceu seu papel de líder industrial do país, pois grande parte dessa nova indústria automotiva, com sua complexa cadeia de suprimentos, se instalou no estado. A indústria automobilística se tornaria o principal elemento dinâmico da economia brasileira.[4] Também geraria novos e poderosos movimentos trabalhistas que teriam impacto na política nacional.

Essas transformações econômicas em São Paulo foram facilitadas e sustentadas pela evolução de um governo estadual decidido a investir em infraestrutura básica. A elite paulista, cuja influência durante o Império restringira-se a um governo provincial limitado, assumiu então o controle da administração estadual em muitas das tarefas que antes haviam sido da alçada do governo central do Império. Durante toda a primeira metade do

---

1980); William R. Summerhill, *Order against progress: government, foreign investment, and Railroads in Brazil, 1854-1913* (Stanford: Stanford University Press, 2003); Flávio A. M. de Saes, *A grande empresa de serviços públicos* (São Paulo: Hucitec, 1986); Renato Monseff Perissinotto, *Estado e capital cafeeiro em São Paulo (1889-1930)* (São Paulo: Fapesp; Campinas: Unicamp, 1999); Richard Graham, *Britain and the Onset of Modernization in Brazil 1850-1914* (Cambridge: Cambridge University Press, 1968).

2 Warren Dean, *The Industrialization of São Paulo, 1880-1945* (Austin: University of Texas Press, 1969).

3 Wilson Cano, *Raízes da concentração industrial em São Paulo* (São Paulo: Difel, 1977); Fernando Henrique Cardoso, "Condições sociais da industrialização: o caso de São Paulo", *Revista Brasiliense* n.28 (março/abril, 1960), p.31-46; Suzigan, Wilson, *Indústria Brasileira. Origens e Desenvolvimento* (São Paulo: Brasiliense, 1986).

4 Ford, General Motors, Volkswagen, Mercedes-Benz, Scania e Toyota foram algumas das montadoras de caminhões, carros e ônibus estabelecidas em São Paulo nesse período.

século XX, o estado de São Paulo começou a liderar em áreas fundamentais como saúde, ciência e tecnologia, além de ser um modelo de organização administrativa dos serviços governamentais. Educou mais pessoas, construiu o melhor sistema de água e esgoto e, por fim, tornou-se o estado com a maior parcela das ferrovias e as melhores rodovias do país, sempre com forte apoio do governo estadual. Além disso, São Paulo foi o estado com a maior porcentagem de alfabetizados no país, passando do oitavo lugar em 1872 para o primeiro lugar em 1950.

A população paulista também cresceu a um ritmo veloz nesse período devido tanto ao impacto das elevadas taxas de crescimento natural como pela intensa migração proveniente de outros estados. Em 1940, São Paulo tinha 7 milhões de habitantes; dez anos mais tarde, passou para 9 milhões, com taxa significativa de 2,4% ao ano. Por sua vez, a cidade de São Paulo cresceu à extraordinária taxa de 5,2% ao ano entre 1940 e 1950,[5] atingindo 2,4 milhões de habitantes. Na época do Censo de 1940, São Paulo tornara-se o estado mais populoso do Brasil e, em 1960, sua capital seria a maior área metropolitana brasileira.[6]

O estado também foi uma das regiões mais urbanizadas do Brasil. Em 1950, metade da população paulista, 4,8 milhões de pessoas, residia em cidades. Com base na classificação por mesorregião atualmente usada para agrupar as regiões do estado, evidencia-se que um terço dessa população urbana se encontrava na área que se tornaria a Região Metropolitana de São Paulo, com as regiões metropolitanas de Ribeirão Preto e São José do Rio Preto, contendo, cada uma, 8% do total das populações urbanas, Bauru e Campinas 7% cada uma e Presidente Prudente 6%. Essas áreas continham mais de dois terços da população total. São Paulo tinha densidade de 299 habitantes por quilômetro quadrado, mas nos demais centros urbanos a densidade populacional era baixa. Na região de Ribeirão Preto, a segunda mais populosa, por exemplo, a densidade era de apenas 27 pessoas por quilômetro quadrado. E nenhuma outra cidade aproximava-se da capital em tamanho. Santos, por exemplo, tinha apenas 198 mil habitantes, Campinas 99 mil e Santo André 97 mil. A cidade de Guarulhos, hoje com 1,3 milhão de habitantes, tinha apenas 16 mil pessoas no chamado núcleo urbano. Somente 4 cidades paulistas tinham mais de 100 mil habitantes, 22 tinham mais de 50 mil e 256 menos de 20 mil habitantes cada (**Tabela 1.1 e Mapa 1.1**).

---

5 IBGE, *Estatísticas do Século XX*, 2003, tabela "pop_S2T04".

6 IBGE, tabela 1.4: População nos Censos Demográficos, segundo Grandes Regiões e as Unidades da Federação, acesso em: 25.5.2019, em: <https://censo2010.ibge.gov.br/sinopse/index.php?dados=4& =00>.

Tabela 1.1 População do estado de São Paulo em 1950, distribuída por regiões de acordo com o Censo de 2020

		População		Participação				
Mesorregiões	**Área (km²)**	**Nos municípios (a)**	**Nas cidades (b)**	**Area territorial**	**Nos municípios**	**Nas cidades**	**% (b)/(a)**	**Densidade populacional por km²**
Metropolitana de São Paulo	9.788	2.923.038	2.507.128	4%	32%	55%	86%	299
Ribeirão Preto	27.519	747.315	260.645	11%	8%	6%	35%	27
São José do Rio Preto	26.920	689.160	159.160	11%	8%	3%	23%	26
Bauru	27.554	667.602	217.774	11%	7%	5%	33%	24
Araraquara	9.478	241.955	97.333	4%	3%	2%	40%	26
Araçatuba	17.051	399.061	94.098	7%	4%	2%	24%	23
Campinas	14.044	645.556	271.424	6%	7%	6%	42%	46
Presidente Prudente	23.962	546.585	116.425	10%	6%	3%	21%	23
Vale do Paraíba Paulista	15.806	477.235	214.280	6%	5%	5%	45%	30
Macro Metropolitana Paulista	12.459	455.127	194.684	5%	5%	4%	43%	37
Piracicaba	8.810	332.478	160.056	4%	4%	4%	48%	38
Assis	13.238	319.621	82.429	5%	3%	2%	26%	24
Marília	7.182	318.708	90.598	3%	3%	2%	28%	44
Itapetininga	21.204	269.325	70.929	9%	3%	2%	26%	13
Litoral Sul Paulista	12.207	101.657	15.129	5%	1%	0%	15%	8
Total do estado	247.222	9.134.423	4.552.092	100%	100%	100%	50%	37

Fonte: IBGE: Censo Demográfico 1950, Série Nacional, v.1. Rio de Janeiro, 1956, p.193-7.

Mapa 1.1 População do estado de São Paulo, por município, 1950

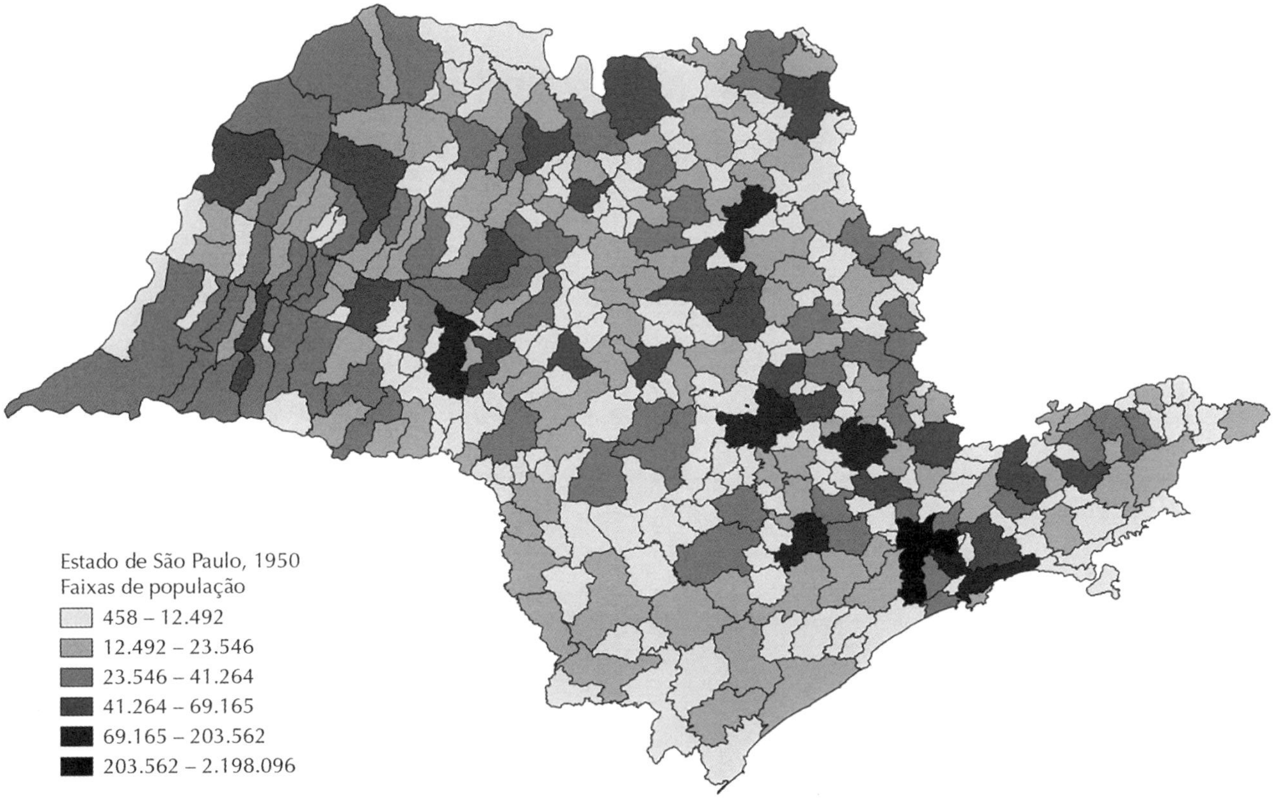

Fonte: IBGE e NEPO: Bases Cartográficas; IBGE: Censo Demográfico 1950.

Gráfico 1.1 Distribuição porcentual da população do estado de São Paulo, segundo as regiões de Camargo, 1900-1950

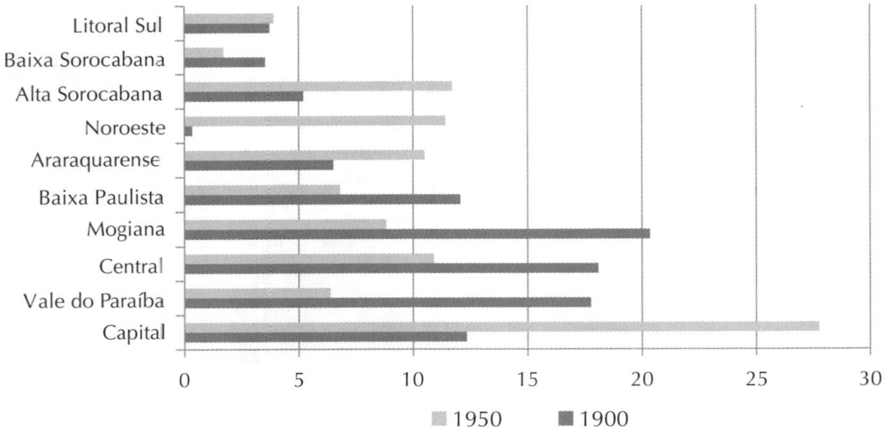

Fonte: Tabela 1 e Tabela 9.11, in Luna e Klein (2019).

Quanto à população total, como na população urbana, houve um padrão irregular de povoação do estado. Isso pode ser visto na ocupação relativamente baixa das antigas regiões de fronteira do oeste e nas áreas costeiras. Usando as classificações de regiões propostas por Camargo, como fizemos para todos os censos do estado pré-1950, evidencia-se que de 1900 a 1950 o estado de São Paulo estava amplamente ocupado e que ocorrera uma grande expansão populacional nas áreas que haviam sido de fronteira em detrimento das zonas mais centrais do estado. A única exceção foi a região da capital, que mostrou crescimento extraordinário (Gráfico 1.1).[7]

A importância do estado na economia nacional em 1950 revela-se claramente nas contas nacionais. O estado de São Paulo foi responsável por 47% do PIB da indústria nacional, por um terço do PIB dos serviços e 29% do PIB da agricultura, com liderança nos setores (Tabela 1.2). Nenhum outro estado apresentou proporção tão elevada de seu PIB na indústria e na agricultura, e mesmo no setor de serviços São Paulo destacou-se dos outros estados principais. O Rio de Janeiro, que competiu com São Paulo no começo do século, respondeu por apenas 21% do valor da produção industrial em 1950.[8] Na agricultura, São Paulo foi quase duas vezes mais importante do que o segundo estado principal, Minas Gerais (Tabela 1.2).

7 José Francisco de Camargo, *Crescimento da população no estado de São Paulo e seus aspectos econômicos* (São Paulo: IPE/USP, 1981), 2v. *Ensaios Econômicos* n.14.

8 Sobre a indústria paulista em meados do século XX, ver Wilson Cano, *Raízes da concentração industrial em São Paulo* (São Paulo: Difel, 1977); Wilson Cano, *Desequilíbrios regionais e concentração industrial*

Tabela 1.2 Produto Interno Bruto, por segmentos e unidades da federação, 1950

Setores	Brasil	São Paulo	Rio de Janeiro	Minas Gerais	Rio Grande do Sul	Pernambuco	Bahia
	Participação do setor no PIB do Brasil e dos estados						
Indústria (1)	20%	28%	23%	13%	18%	20%	9%
Serviços (2)	49%	46%	69%	39%	45%	49%	48%
Agropecuária (3)	31%	26%	8%	48%	36%	31%	43%
Total	100%	100%	100%	100%	100%	100%	100%

Setores	% dos 6 estados no PIB Setorial Brasil	São Paulo	Rio de Janeiro	Minas Gerais	Rio Grande do Sul	Pernambuco	Bahia
		Participação do PIB do estado no PIB setorial nacional					
Indústria (1)	89%	47%	21%	7%	8%	4%	2%
Serviços (2)	84%	33%	27%	8%	8%	4%	4%
Agropecuária (3)	70%	29%	5%	16%	11%	4%	5%
% no PIB Nacional (4)	82%	37%	21%	11%	8%	3%	2%

Fonte: Ipeadata, Regional; disponível em: http://www.ipeadata.gov.br/Default.aspx; PIB Estadual preços básicos.
Notas: (1) PIB Estadual – indústria – valor adicionado – preços básicos (1950); (2) PIB Estadual – Serviços – valor adicionado – preços básicos (1950); (3) PIB Estadual – agropecuária – valor adicionado – preços básicos (1950); (4) PIB Estadual a preços constantes – R$ de 2010 (mil) – Instituto Brasileiro de Geografia e Estatística – PIBE; obtido Ipeadata.

A importância de São Paulo na economia também se reflete na distribuição de pessoas ocupadas por região.[9] Os 6,7 milhões de pessoas ocupadas no estado representaram 18% do total da força de trabalho ocupada no país.[10] A indústria de transformação paulista empregou 12% da força de trabalho ocupada no estado, o que representava 36% do total de trabalhadores da indústria de transformação em todo o Brasil. São Paulo também teve os maiores percentuais de pessoas ocupadas em serviços (25%) e no comércio (26%) no país. Em 1950 havia 1,5 milhão de pessoas ocupadas

no Brasil, 1930-1995 (Campinas: Universidade Estadual de Campinas, Instituto de Economia, 1998); Heitor Ferreira Lima, Morvan Dias de Figueiredo, Pereira Ignacio, Irmãos Jafet, Conde Matarazzo, Coronel Rodovalho, Roberto Simonsen e Jorge Street, *Evolução industrial de São Paulo: esboço histórico* (São Paulo: Martins, 1954); Henrique Rattner, *Industrialização e concentração econômica em São Paulo* (Rio de Janeiro: FGV - Fundação Getúlio Vargas, 1972).

9 Pessoas com mais de 10 anos segundo sua principal atividade econômica e posição ocupacional, Censo de 1950.

10 Para o cômputo do Rio de Janeiro somamos o estado do Rio de Janeiro e o Distrito Federal, hoje definidos como estado do Rio de Janeiro. Quando a capital federal foi transferida para Brasília, o antigo Distrito Federal tornou-se o estado da Guanabara. Em 1975, os estados da Guanabara e do Rio de Janeiro fundiram-se, constituindo o estado do Rio de Janeiro.

na agricultura em São Paulo, representando 22% dos ocupados no estado. Mas esse contingente era apenas 15% dos trabalhadores agrícolas do país, embora São Paulo fosse responsável por 29% da produção agrícola nacional, o que demonstra a maior produtividade econômica da agricultura paulista (Tabela 1.3).

As 25 mil empresas industriais do estado foram responsáveis por 47% do valor da produção nacional, e seus 488 mil operários, como definidos pelo Censo Industrial, compuseram 38% dessa categoria de trabalhadores no Brasil segundo o Censo de 1950.[11] O setor industrial do estado representou 43% do capital empregado na indústria e 40% da energia consumida na indústria nacional. Em tamanho médio do valor da produção, trabalhadores e energia consumida, São Paulo e Rio de Janeiro, este o segundo maior estado industrial, tiveram valores similares, ambos bem superiores aos indicadores de outros estados apresentados (Tabela 1.4).

Os setores mais representativos da indústria paulista em termos de valor da produção foram: têxtil (20%), produtos alimentares e química e farmacêutica (10% cada um). O setor têxtil, que compunha um terço dos estabelecimentos industriais em São Paulo, também empregou mais pessoas e usou mais energia. Em alguns ramos, São Paulo dominou totalmente a produção nacional. Por exemplo, empresas do estado foram responsáveis por dois terços do valor dos bens industriais produzidos pelos grupos de máquinas e materiais de transporte no Brasil (Tabela 1.5).

Apesar de seu crescimento impressionante, em 1950 a indústria paulista ainda era voltada sobretudo para a produção de bens de consumo primários, com baixo desenvolvimento do setor de bens de capital. No entanto, mudanças em políticas subsequentes do governo federal favoreceriam uma grande reestruturação e expansão do setor industrial do estado. A primeira delas ocorreu no governo de Juscelino Kubitschek (1956-1961), quando foram criadas as bases da indústria de bens de consumo duráveis no Brasil. A segunda ocorreu no período do governo militar (1964-1985), quando o processo de implantação de um complexo industrial completo concretizou-se graças a vultosos investimentos nas indústrias de insumos básicos e bens de capital. No primeiro período, quem mais se beneficiou foi o estado de

11 Há divergência entre os números fornecidos para os empregados da indústria com 10 anos ou mais apresentados no Censo Demográfico e os dados para os operários mostrados no Censo Industrial. Isso é mencionado no censo: "Os dados referentes às pessoas ocupadas de 10 anos e mais, distribuídas segundo os ramos de atividade, de origem dos apresentados pelos Censos Econômicos (Agrícola, Industrial, Comercial e dos Serviços). Nesses censos estão compreendidas apenas as pessoas que exerciam atividade em estabelecimentos; excluíram-se, portanto, trabalhadores de indústrias caseiras, artífices, feirantes, ambulantes e outras pessoas que foram abrangidas pelo Censo Demográfico". IBGE: Censo Demográfico, Série Nacional, v.I, Rio de Janeiro, 1956, p.XXII.

Tabela 1.3 Pessoas com 10 anos e mais, segundo ramo de atividade principal e posição na ocupação

Atividades Principais	Brasil	São Paulo	Rio de Janeiro	Minas Gerais	Rio Grande do Sul	Pernambuco	Bahia
Total	**36.557.990**	**6.691.114**	**3.537.360**	**5.545.631**	**2.939.001**	**2.375.219**	**3.345.849**
Agricultura	9.886.934	1.449.396	316.113	1.618.491	824.629	738.038	1.068.174
Extrativas	482.972	44.472	25.739	42.851	19.985	11.161	37.345
Indústria transformação	2.231.205	801.325	407.451	218.684	162.699	120.637	121.579
Comércio de mercadorias	958.509	248.293	171.227	97.468	81.240	62.561	68.286
Prestação de serviços	1.672.801	413.133	316.532	225.909	133.647	100.483	127.240
Transportes, comunicções	697.089	197.269	143.951	75.976	54.191	32.608	39.645
População total	51.944.397	9.134.423	4.584.645	7.717.792	4.164.821	3.395.185	4.834.575

Fonte: IBGE: Censo Demográfico 1950, v.1, p.102-78.

Tabela 1.4 Censo Industrial de 1950, Vários indicadores nos principais estados – Valor em Cr$, 1949-1950

	Participação em cada categoria						
	Brasil	**São Paulo**	**Rio de Janeiro**	**Minas Gerais**	**Rio Grande do Sul**	**Pernambuco**	**Bahia**
Estabelecimentos	92.350	25.016	9.699	11.950	13.652	3.844	4.270
Capítal realizado	41.396.736	18.457.928	11.099.807	2.886.593	3.396.397	1.393.369	488.269
Capital aplicado	53.408.198	22.977.603	12.480.779	4.190.782	4.056.488	2.236.523	650.078
Operários	1.279.184	488.633	250.094	111.513	99.945	76.483	35.719
Força motriz	2.824.152	1.135.764	578.291	244.656	244.426	126.427	44.843
Valor da produção	118.605.165	55.291.473	25.036.922	8.437.674	10.185.701	4.712.145	1.744.739
Valor da transformação industrial	55.038.897	25.869.093	11.951.994	3.803.204	4.280.425	2.276.429	810.612
Participação dos estados							
Estabelecimentos		27%	11%	13%	15%	4%	5%
Capítal realizado		45%	27%	7%	8%	3%	1%
Capital aplicado		43%	23%	8%	8%	4%	1%
Operários		38%	20%	9%	8%	6%	3%
Força motriz		40%	20%	9%	9%	4%	2%
Valor da produção		47%	21%	7%	9%	4%	1%
Valor da transformação industrial		47%	22%	7%	8%	4%	1%
Médias por estabelecimento							
Valor da produção	1.284	2.210	2.581	706	746	1.226	409
Valor da transformação industrial	596	1.034	1.232	318	314	592	190
Capital aplicado	578	919	1.287	351	297	582	152
Operários	14	20	26	9	7	20	8
Força motriz	31	45	60	20	18	33	11

Fonte: IBGE: Censo Demográfico 1950, Série Nacional, v.III, t.1 (Censo Industrial), Rio de Janeiro, 1957, p.91-284.

Tabela 1.5 Censo Industrial de 1950 – Indicadores do Brasil e São Paulo – Valor em Cr$ 1.000, 1949/1950					
	Brasil				
Indústria	Estabelecimentos	Operários	Força motriz (c.v)	Valor produção	Valor tranfs. industrial
Minerais não metálicos	14%	9%	6%	4%	7%
Metalurgia	4%	9%	11%	8%	9%
Mecânica	2%	3%	2%	2%	3%
Material de transportes	1%	2%	2%	3%	3%
Química e farmacêutica	3%	6%	10%	9%	10%
Têxtil	6%	29%	22%	21%	20%
Alimentares	32%	9%	20%	23%	13%
Bebidas	4%	2%	2%	2%	3%
Editorial e gráfico	4%	3%	1%	2%	3%
Construção civil	4%	5%	1%	5%	5%
Outros	27%	23%	23%	20%	24%
Total	100%	100%	100%	100%	100%
N	92.350	1.279.184	2.824.152	118.605.165	55.038.897
	São Paulo				
Minerais não metálicos	14%	9%	6%	4%	7%
Metalurgia	4%	9%	11%	8%	9%
Mecânica	2%	3%	2%	2%	3%
Material de transportes	1%	2%	2%	3%	3%
Química e farmacêutica	3%	6%	10%	9%	10%
Têxtil	6%	29%	22%	21%	20%
Alimentares	32%	9%	20%	23%	13%
Bebidas	4%	2%	2%	2%	3%
Editorial e gráfico	4%	3%	1%	2%	3%
Construção civil	4%	5%	1%	5%	5%
Outros	27%	23%	23%	20%	24%
Total	100%	100%	100%	100%	100%
N	25.016	488.633	1.135.764	55.291.473	25.869.093

Fonte: IBGE: Censo Demográfico 1950, Série Nacional, v.III, t.1, p.91-284.

São Paulo, onde se instalou toda a indústria automotiva, de veículos a peças. Mas o programa militar, que de início promoveu forte crescimento da indústria paulista, também aplicou uma política sistemática de descentralização econômica que transferiu grandes projetos industriais para outros estados.

Em meados do século XX a produção industrial paulista ainda era significativamente concentrada. A Mesorregião Metropolitana de São Paulo, onde ficava a capital, concentrou mais de dois terços do valor da produção industrial do estado, e a cidade de São Paulo gerou mais de metade do valor da produção (20% da indústria nacional) e teve participação similar no capital investido, pessoal ocupado e energia usada (Tabela 1.6)

Tabela 1.6 Indicadores industriais do Brasil, do estado de São Paulo, da mesorregião e da cidade de São Paulo

	Censo 1950 (Valor=Cr$ 1000)				
Brasil e São Paulo	**Estab.**	**Capital empregado**	**Pessoal ocupado**	**Força motriz (C.V.)**	**Valor da produção**
Região Metropolitana de São Paulo	9.139	15.465.262	366.508	672.517	36.079.944
Cidade de São Paulo	7.374	10.946.805	299.513	497.675	28.565.661
Total do estado de São Paulo	24.068	22.547.627	546.847	1.100.095	52.715.952
Total Brasil (1)	92.350	53.408.196	1.522.844	2.824.152	118.605.165
Cidade de São Paulo/Brasil	8%	20%	20%	18%	24%
Cidade de São Paulo/Estado de São Paulo	31%	49%	55%	45%	54%

Fonte: IBGE: Censo Agrícola 1950, Série Nacional, v.III, Indústrial, Comercial e Serviços, Rio de Janeiro, 1956.
Para Brasil, v.III, t.1, p.91-284; para São Paulo, v.XXV, t.3, p.91-8.

São Paulo não foi apenas o principal estado industrial do Brasil em 1950, mas também o principal estado agrícola brasileiro. A agricultura paulista permaneceu importante para as economias regional e nacional, como havia sido durante a maior parte do século XX. Dados do Censo Agrícola de 1950 mostram que o estado continha 222 mil estabelecimentos agrícolas que ocupavam 19 milhões de hectares e empregavam 1,5 milhão de pessoas. Sua área cultivada abrangia 4,2 milhões de hectares e correspondia a 22% da área cultivada total do Brasil. Como no resto do país, predominavam em São Paulo as pequenas propriedades de até 100 hectares, representando 85% do total de estabelecimentos agrícolas, embora os estabelecimentos dessa faixa de tamanho ocupassem apenas um quarto do total das terras dedicadas à agricultura.

O uso de fertilizantes foi superior ao que era usual no Brasil, como se pode ver na alta proporção dos gastos com fertilizantes no estado em comparação com o resto do país. Quanto à mecanização, 35% de todos os arados de disco e metade dos tratores do Brasil estavam em São Paulo. Entretanto, o subdesenvolvimento relativo da agricultura em termos de maquinário até mesmo nesse estado avançado refletiu-se no fato de que apenas 69% dos estabelecimentos agrícolas paulistas possuíam tratores. Mas a mecanização progrediria rapidamente nessa década e, no Censo de 1960, o número de tratores no estado chegou a 27 mil do total de 61 mil tratores existentes em todo o país (Tabela 1.7).

Embora a essa altura a produção de café fosse crescente em Minas Gerais, Paraná e Espírito Santo, a produção cafeeira paulista, que alcançou 864 mil toneladas em 1950, ainda correspondia a 44% do total nacional. Além disso, apesar da diversificação das atividades econômicas no Brasil e da expansão dos novos produtos de exportação, o país ainda dependia principalmente do café, responsável por mais de metade do valor total das exportações brasileiras.

No entanto, outras culturas começaram a ganhar importância no estado. São Paulo produziu mais da metade do algodão cultivado no Brasil, que abasteceu principalmente a indústria têxtil do país. Também dominou a produção de amendoim, batata-inglesa e, em menor grau, arroz, milho e cana-de-açúcar, laranja e leite (Gráfico 1.2). Em área cultivada e valor da produção, o café ainda foi o produto mais importante, mas o algodão agora ocupava grande parte das terras paulistas, assim como o arroz e o milho (Tabela 1.8). Nesse período evidenciou-se que o papel dominante do café estava mudando e que o estado estava desenvolvendo uma produção agrícola mais diversificada, com novas culturas e pastagens ocupando o lugar antes destinado ao plantio de café.

Gráfico 1.2 Participação de São Paulo na produção agrícola nacional, Censo de 1950

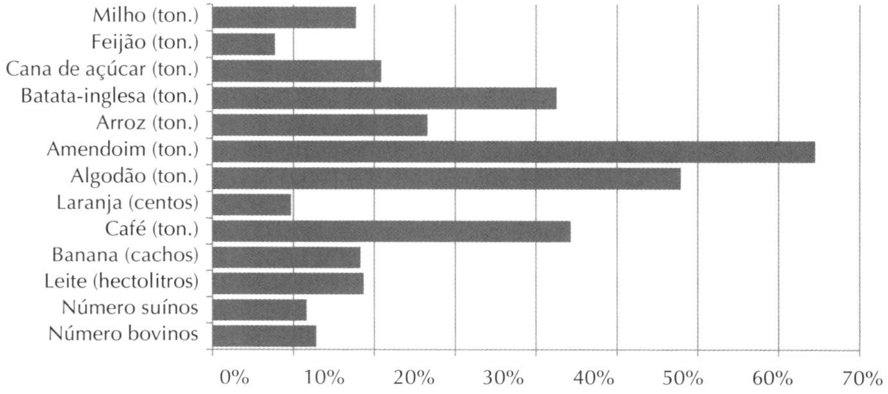

Fonte: IBGE: Censo Demográfico 1950, v.II

Tabela 1.7 Censo Agrícola de 1950 – Indicadores do Brasil e principais estados produtores (área em hectares, valor em CR$ 1000)

			Participação nos indicadores Brasil					
Indicadores	**Brasil**	**São Paulo**	**São Paulo**	**Minas Gerais**	**Paraná**	**R. G. do Sul**	**Bahia**	**Pernambuco**
Estabelecimentos	2.064.642	221.611	11%	13%	4%	14%	12%	8%
Área total	232.211.106	19.007.582	8%	16%	3%	10%	7%	2%
Área de lavouras	1.095.057	4.257.633	22%	15%	7%	13%	7%	5%
Área de pastagens	107.633.043	8.647.935	8%	21%	2%	14%	4%	1%
Valor das propriedades	155.625.221	37.512.986	24%	16%	8%	18%	6%	3%
Pessoal ocupado	10.996.834	1.531.664	14%	17%	5%	10%	12%	8%
Gastos com adubos	1.303.691	675.918	52%	8%	4%	19%	2%	6%
Arrendatários responsáveis	186.949	53.122	28%	5%	2%	9%	4%	19%
Área arrendatários	12.946.538	994.957	8%	6%	1%	16%	1%	2%
Número estab. agrícolas	1.239.457	144.490	12%	11%	4%	12%	11%	11%
Área estab. agrícolas	44.729.929	6.287.584	14%	16%	5%	8%	9%	5%
Número estab. pecuária	598.704	49.243	8%	16%	5%	18%	13%	5%
Área estab. pecuária	84.588.106	8.546.015	10%	21%	4%	9%	6%	2%
Estab. mais 100 hectares	301.151	31.830	11%	22%	4%	9%	9%	3%
Área estab. mais 100 hectares	193.622.987	14.314.583	7%	16%	3%	8%	6%	2%
Estab. menos 100 hectares	1.763.491	189.781	11%	11%	4%	15%	13%	9%
Área estab. menos 100 hectares	38.588.119	4.692.999	12%	16%	6%	16%	11%	4%
Estab. com arados disco	41.162	11.947	29%	13%	6%	24%	1%	1%
Número arados disco	54.576	19.062	35%	13%	4%	23%	1%	1%
Estab. com arados aiveca	442.248	104.779	24%	11%	6%	49%	1%	0%
Número arados aiveca	659.683	205.885	31%	10%	4%	45%	1%	1%
Estab. tratores até 10 c.v	1.086	537	49%	11%	4%	19%	1%	2%
Número tratores até 10 c.v.	1.273	633	50%	10%	4%	21%	1%	2%
Estab. tratores mais 10 c.v.	4.851	2.112	44%	10%	3%	29%	1%	1%
Número tratores mais 10 c.v.	7.099	3.186	45%	9%	3%	28%	1%	2%
Despesas totais	14.856.785	5.212.122	35%	14%	7%	13%	5%	5%

Fonte: IBGE: Censo Agrícola 1950, Série Nacional, vl.II, Rio de Janeiro, 1956, pp. VI-IX e 27-111.

Tabela 1.8 Principais produtos cultivados em São Paulo, 1950 (área em hectares, valor em CR$ 1000)

	Brasil				Estado de São Paulo			
	Área	Quantidade	Quant./hectare	Valor	Área	Quantidade	Quant./hectare	Valor
Café	2.663.117	1.071.437	402	15.884.691	1.406.613	469.229	334	7.971.029
Algodão	2.689.185	393.000		6.273.524	1.256.031	205.426		3.081.393
Arroz em Casca	1.964.158	3.217.690	1.638	5.399.028	648.150	997.772	1.539	1.917.740
Milho	4.681.827	6.023.549	1.287	5.581.366	873.089	1.262.481	1.446	1.257.753
Cana-de-açúcar	828.182	32.670.814	39.449	3.253.471	145.643	6.913.524	47.469	754.702
Batata-inglesa	147.739	707.159	4.787	1.301.501	45.863	242.133	5.279	536.281
Feijão	1.807.956	1.248.138	690	2.248.591	245.441	177.421	723	341.903
Mandioca	957.493	12.532.482	13.089	3.138.657	45.007	812.453	18.052	238.308
Amendoim	127.428	118.192	928	259.753	106.710	97.685	915	216.603
Banana (1000 cachos)	110.126	162.874	1.479	1.012.735	21.778	29.236	1.342	185.387
Laranja (1000 frutos)	77.018	6.015.129	78.100	625.516	16.859	965.798	57.287	99.344

Fonte: Anuário Estatístico do Brasil, Ano XII – 1951, IBGE, Rio de Janeiro, 1952, p.85-113.
Nota: quantidade em toneladas, exceto bananas (1000 cachos) e laranja (1000 frutos).

É claro que a atividade agrícola não se distribuía uniformemente por todo o estado. Destacavam-se as mesorregiões de Ribeirão Preto, São José do Rio Preto e Bauru, cada qual com mais de 2 milhões de hectares de terra utilizados para culturas permanentes e temporárias. Em seguida vinham as mesorregiões de Araçatuba, Campinas, Presidente Prudente, Vale do Paraíba Paulista, Assis e Itapetininga, todas com 1 milhão de hectares cultivados. As três grandes regiões de Ribeirão Preto, São José do Rio Preto e Bauru, juntamente com Campinas e Presidente Prudente, tinham mais de 100 mil pessoas ocupadas em atividades agrícolas que, juntas, representavam quase metade do pessoal ocupado na agricultura no estado (Tabela 1.9).

Também houve mudanças importantes na concentração das culturas agrícolas no estado. Isso se evidencia especialmente no caso do café. Em 1950 a mesorregião de Bauru (29%), São José do Rio Preto (15%) e Marília (11%) ainda eram produtoras importantes. Tratando-se de novos cafeeiros, porém, Presidente Prudente claramente era a nova área de cultivo – seus 44 milhões de novos pés de café representavam 32% dos cafeeiros recém-plantados no estado. Esse resultado indica a tendência da produção futura. Quanto ao algodão, a mesorregião de Presidente Prudente respondia por 40%, seguida por Araçatuba, Marília e São José do Rio Preto. A cana-de-açúcar também era acentuadamente concentrada, neste caso nas mesorregiões de Piracicaba, Ribeirão Preto e Campinas que, juntas, representavam 75% da produção canavieira paulista. O milho distribuía-se mais uniformemente, e Ribeirão Preto, Itapetininga, Bauru e São José do Rio Preto foram responsáveis, cada uma, por menos de 15% da produção do estado. Assim como o milho, a produção de bovinos também se distribuía com mais uniformidade pelo estado, com maiores concentrações nas mesorregiões de São José do Rio Preto, Ribeirão Preto, Bauru e Araçatuba (Tabela 1.10).

Podemos caracterizar melhor a produção do estado em 1950 analisando os dados dos municípios. Marília foi o município mais representativo em pessoal ocupado (17 mil pessoas) e em áreas cultivadas, que totalizaram 54 mil hectares. Foi o maior produtor de café (3% do total paulista) e também cultivou algodão, milho e outros produtos. Marília e Garça (também na mesorregião de Marília), Lins, Pirajuí, Getulina, Cafelândia e São Manuel (todas na mesorregião de Bauru) e Catanduva (mesorregião de São José do Rio Preto) informaram ter produzido mais de 15 mil toneladas de café no Censo de 1950. O algodão concentrava-se nos municípios de Martinópolis, Presidente Prudente, Santo Anastácio, Regente Feijó e Alfredo Marcondes. Todas essas localidades, pertencentes à mesorregião de Presidente Prudente, usavam a Estrada de Ferro Sorocabana, que transportava boa parte da

Tabela 1.9 Agricultura: Estabelecimentos, pessoal ocupado e áreas – Censo de 1950 (área em hectares)

Mesorregiões	Estabelecimentos	Área total e tipo de cultivo: Total	Permanentes	Temporárias	Pessoal ocupado
Metropolitana de São Paulo	7.300	332.850	10.246	25.182	34.754
Ribeirão Preto	15.032	2.402.611	178.504	378.358	146.446
São José do Rio Preto	28.235	2.432.452	233.689	286.030	153.432
Bauru	17.889	2.397.063	312.569	227.338	161.088
Araraquara	5.312	858.732	78.049	91.794	43.883
Araçatuba	17.713	1.419.702	124.739	205.133	85.771
Campinas	14.315	1.224.346	110.265	209.338	101.581
Presidente Prudente	32.776	1.663.467	140.190	389.346	133.193
Vale do Paraíba Paulista	9.662	1.089.508	12.600	78.604	53.927
Macro Metropolitana Paulista	11.313	767.228	45.011	106.425	61.853
Piracicaba	7.906	761.476	38.947	178.944	55.687
Assis	13.354	1.090.982	118.006	178.068	83.266
Marília	14.270	629.475	120.115	156.519	86.477
Itapetininga	17.658	1.418.968	8.800	153.614	66.071
Litoral Sul Paulista	8.876	518.722	32.586	28.624	29.932
Total do estado	221.611	19.007.582	1.564.316	2.693.317	1.297.361
Município (Mesorregião)	**Municípios mais representativos (critério pessoal ocupado)**				
Marília (Meso: Marília)	2.779	128.829	23.681	30.570	17.285
Lins (Meso: Bauru)	1.032	96.190	24.329	12.344	14.054
Pompeia (Meso: Marília)	3.095	84.314	8.763	34.385	13.172
Garça (Meso: Marília)	741	70.627	25.429	9.376	12.879
Piracicaba (Meso: Piracicaba)	1.837	144.601	4.660	44.734	12.487
Tupã (Meso: Marília)	3.544	101.310	20.537	31.433	12.442
Olímpia (Meso: São José do Rio Preto)	892	125.201	16.516	12.617	12.174
Andradina (Meso: Araçatuba)	3.292	200.490	11.753	31.245	12.149

Fonte: IBGE: Censo Agrícola 1950, Série Nacional, v.II, Agricultura, Rio de Janeiro, 1956, p.298-305.

Tabela 1.10 Agricultura: Criação de bovinos e principais cultivos – Censo de 1950 (área em hectares e produção em toneladas)

		Produção de alguns cultivos			Cultivo e produção de café				
Mesorregiões	**Cabeças de gado**	**Algodão**	**Cana--de-açúcar**	**Milho**	**Estab.**	**Produção**	**Área**	**Árvores em produção**	**Árvores novas**
Região Metropolitana de São Paulo	25.847	74	36.284	13.844	135	55	98	72.979	34.236
Ribeirão Preto	744.486	31.246	1.103.978	170.167	5.915	76.063	155.406	126.370.337	7.043.386
São José do Rio Preto	1.017.910	42.479	44.534	127.427	10.241	126.520	197.813	161.957.264	20.873.918
Bauru	664.247	25.061	270.978	138.896	8.979	248.641	279.156	211.929.416	13.183.630
Araraquara	278.608	7.015	450.869	44.398	2.687	41.639	64.105	50.932.490	2.668.254
Araçatuba	713.940	54.938	82.788	62.969	5.831	65.047	84.476	67.395.339	16.507.510
Campinas	392.854	19.130	686.129	106.387	6.024	55.868	87.837	73.865.556	8.582.654
Presidente Prudente	424.866	177.870	3.755	70.316	8.542	41.001	66.771	53.018.589	44.577.135
Vale do Paraíba Paulista	384.851	-	58.803	43.083	859	2.245	4.805	3.619.357	961.560
Macro Metropolitana Paulista	153.714	5.144	132.157	69.367	2.354	18.410	33.954	27.717.141	2.329.682
Piracicaba	207.246	8.973	1.806.691	61.373	2.353	15.380	20.817	15.808.370	1.357.397
Assis	311.057	24.584	38.940	78.519	4.192	70.338	92.481	61.417.021	9.747.182
Marília	173.152	44.637	14.042	37.589	4.142	96.396	100.605	73.406.084	9.260.982
Itapetininga	220.033	4.408	39.937	148.910	1.622	5.896	6.613	5.066.255	635.172
Litoral Sul Paulista	9.166	-	13.286	10.275	1.238	1.363	991	767.988	173.488
Total do estado	5.721.977	445.559	4.783.171	1.183.520	65.114	864.862	1.195.928	933.344.186	137.936.186

Fonte: IBGE: Censo Agrícola 1950, Série Nacional, v.II, Agricutura, Rio de Janeiro, 1956.

produção algodoeira do estado. A cana-de-açúcar agora era produzida em grandes quantidades em Piracicaba, tradicional área canavieira desde o século XIX, e também em outros municípios da região como Limeira, Araraquara, Campinas e Capivari. Esses cinco municípios foram responsáveis por 40% da produção canavieira paulista. Finalmente, na pecuária destacaram-se os municípios de Araçatuba, Paulo de Faria e Andradina, os três com mais de 90 mil cabeças de gado em 1950. Porém, como os criadores distribuíam-se por todo o estado, nenhuma localidade continha mais de 3% do gado (Tabela 1.11 e Mapa 1.2).

Além de sua importância na indústria e na agricultura, São Paulo era o estado mais populoso do país em 1950. Nesse ano 9.134.423 pessoas nele residiam e representavam 18% da população brasileira. São Paulo tinha a segunda maior população urbana (40%) do Brasil. A população do estado diferia de modos significativos do resto do país nas categorias cor e origem. Enquanto no Brasil os brancos compunham 62% da população, em São Paulo eles eram 86%, uma parcela comparável apenas à do Rio Grande do Sul. A imigração em massa de europeus para São Paulo que ocorreu em fins do século XIX e começo do século XX explica esse resultado. No Rio Grande do Sul, a alta porcentagem de brancos deveu-se à imigração de europeus ocorrida em fase anterior. São Paulo diferia também em sua alta porcentagem de asiáticos, outro grupo trazido para trabalhar nos cafezais do estado. Dos 329 mil indivíduos classificados como asiáticos no Brasil em 1950, 84% viviam em São Paulo (Tabela 1.12).

No entanto, o impacto dessa população nascida fora do país havia declinado em meados do século XX, e embora São Paulo contivesse 57% da população nascida no exterior residente no Brasil, esse contingente (incluindo os naturalizados) representava apenas 8% da população do estado. Apesar de os estrangeiros não constituírem mais uma parcela significativa, a migração continuava a ser um fator importante para o crescimento da população do estado. O censo daquele ano mostrou que 1 milhão dos residentes em terras paulistas nasceram fora (12% da população), com predominância dos oriundos da vizinha Minas Gerais, que ainda representavam quase metade dos residentes nascidos em outros estados. A famosa migração de nordestinos começou nesse período, mas só viria a ser uma força importante em décadas futuras (Tabela 1.13).

São Paulo também se destacava pelas altas taxas de alfabetização de sua população: 59%, em comparação com 43% no resto do Brasil. Como nos outros estados, havia em São Paulo uma diferença significativa nas taxas de alfabetização por sexo: 65% dos homens eram alfabetizados contra

Tabela 1.11 Agricultura: Principais municípios na criação de bovinos e cultivos – Censo de 1950 (área em hectares e produção em toneladas)

			Produção de alguns cultivos			Cultivo e produção de café				
Municípios	Mesorregião	Cabeças de gado	Algodão	Cana-de-açúcar	Milho	Estab.	Produção	Área	Árvores em produção	Árvores novas
Total do estado		**5.721.977**	**445.559**	**4.783.171**	**1.183.520**	**65.114**	**864.862**	**1.195.928**	**933.344.186**	**137.936.186**
Municípios com maior número de cabeças de gado										
Araçatuba	Araçatuba	146.481	5.800	11.793	7.029	487	5.505	7.390	5.902.920	1.088.400
Paulo de Faria	São José do Rio Preto	96.317	154		2.989	14	26	41	28.800	46.830
Andradina	Araçatuba	91.104	8.065	630	3.024	832	3.349	6.155	5.084.150	3.335.192
Valparaíso	Araçatuba	73.502	3.103	158	1.832	114	5.203	5.560	4.161.150	756.060
Nhandeara	São José do Rio Preto	70.588	3.942	8	5.781	261	413	1.093	883.720	452.760
Maiores produtores de algodão										
Martinópolis	Presidente Prudente	23.693	29.656	2.028	3.726	174	1.803	2.165	1.606.056	466.185
Presidente Prudente	Presidente Prudente	33.068	16.084		11.084	750	5.398	9.088	7.279.100	390.900
Santo Anastácio	Presidente Prudente	36.124	15.012	1.167	2.910	350	1.140	2.247	1.745.922	603.480
Regente Feijó	Presidente Prudente	44.309	14.198		6.468	365	3.066	5.660	5.008.930	830.250
Alfredo Marcondes	Presidente Prudente	4.286	12.780		3.385	178	1.058	1.585	1.311.360	41.240
Maiores produtores de cana-de-açúcar										
Piracicaba	Piracicaba	32.350	1.649	749.768	11.499	325	860	1.382	980.634	112.743
Limeira	Piracicaba	11.670	563	349.384	4.691	188	599	1.337	829.920	29.180
Araraquara	Araraquara	35.107	445	327.484	4.400	372	3.788	7.393	5.771.678	156.730
Santa Bárbara D'Oeste	Campinas	4.780	202	262.990	1.348	35	49	90	53.100	4.920
Capivari	Piracicaba	7.908	201	238.256	4.926	139	304	618	436.954	93.205

(cont.)

Tabela 1.11 Agricultura: Principais municípios na criação de bovinos e cultivos – Censo de 1950 (área em hectares e produção em toneladas)

			Produção de alguns cultivos			Cultivo e produção de café				
Municípios	**Mesorregião**	**Cabeças de gado**	**Algodão**	**Cana-de--açúcar**	**Milho**	**Estab.**	**Produção**	**Área**	**Árvores em produção**	**Árvores novas**
Total do estado		**5.721.977**	**445.559**	**4.783.171**	**1.183.520**	**65.114**	**864.862**	**1.195.928**	**933.344.186**	**137.936.186**
Maiores produtores de milho										
Barretos	Ribeirão Preto	51.976	2.520	35	18.970	74	403	1.217	992.814	94.500
Bragança Paulista	Macro Metr. Paulista	18.980	6	21.586	14.272	799	5.284	12.079	9.528.030	520.564
Itaporanga	Itapetininga	4.799	696	25	13.120	30	537	373	283.152	101.830
Itapeva	Itapetininga	18.791	115	1.313	12.396	99	41	27	13.105	1.661
Itapetininga	Itapetininga	33.776	627	9.175	11.998	30	242	159	133.840	19.016
Maiores produtores de café										
Marília	Marília	36.051	7.608	64	7.682	677	25.084	20.089	14.864.410	1.163.417
Lins	Bauru	31.301	1.503	562	3.794	622	24.380	21.600	16.803.743	1.204.905
Pirajuí	Bauru	26.752	1.798	52.385	4.807	497	22.809	24.735	19.403.853	895.322
Garça	Marília	16.252	1.391	667	2.849	444	21.868	22.586	15.663.173	1.677.103
Getulina	Bauru	20.709	1.216	77	3.963	731	18.784	22.965	16.838.954	1.072.050
Cafelândia	Bauru	20.126	878	8	2.404	429	17.122	18.717	14.161.056	776.151
Catanduva	São José do Rio Preto	23.000	114	218	3.958	449	16.865	17.767	14.480.346	321.708
São Manuel	Bauru	14.510	1.050	22.534	5.424	556	15.795	21.924	16.977.001	1.108.635

Fonte: IBGE: Censo Agrícola 1950, Série Nacional, v.II, Agricultura, Rio de Janeiro, 1956.

Mapa 1.2 Produção de café em São Paulo, por município, 1950

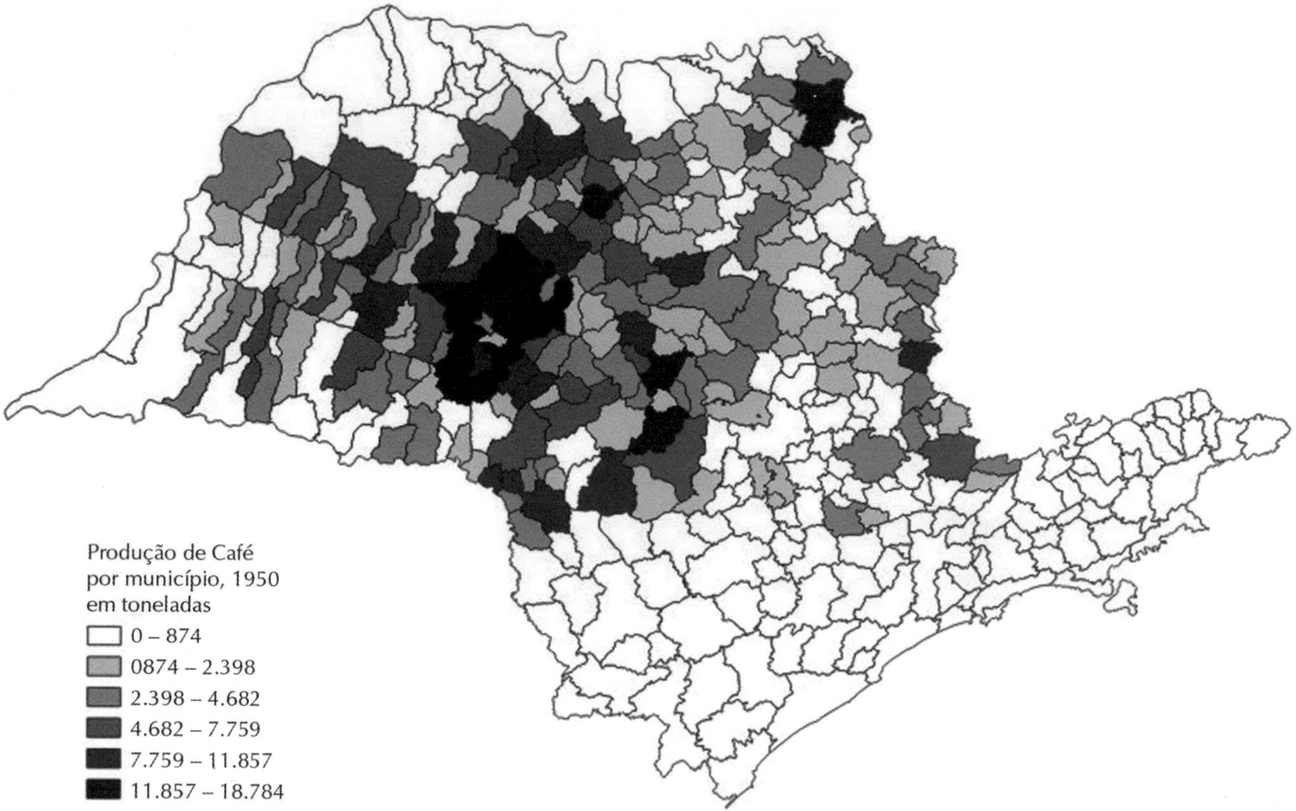

Fonte: IBGE e NEPO: Bases Cartográficas; IBGE: Censo Demográfico 1950.

Tabela 1.12 Características demográficas e sociais da população brasileira e alguns estados – Censo de 1950

	Brasil	São Paulo	Pernambuco	Bahia	Minas Gerais	R. Janeiro & DF	Rio Grande do Sul
Distribuição da população residente							
Urbana	12.957.543	3.647.804	499.033	944.447	1.429.894	2.710.364	1.015.868
Suburbana	5.825.634	1.156.407	668.367	303.060	890.160	684.057	406.122
Rural	33.161.506	4.330.212	2.227.785	3.584.068	5.397.738	1.280.223	2.742.841
População Total	51.944.683	9.134.423	3.395.185	4.831.575	7.717.792	4.674.644	4.164.831
Distribuição da População Residente por Cor e Etnia							
Total	51.838.102	9.120.420	3.131.145	7.902.914	4.567.151	4.361.383	4.156.438
Brancos	32.027.661	7.823.111	1.428.685	4.509.575	1.372.917	2.733.751	3.712.249
Pretos	5.692.657	727.789	316.122	926.075	1.122.940	699.660	217.520
Pardos	13.788.742	292.669	1.386.255	2.467.108	2.069.037	924.456	226.174
Asiáticos	329.042	276.851	83	156	2.257	3.516	495

Fonte: Censo Demográfico 1950, Série Nacional, v.1, Brasil, Rio de Janeiro, 1956.

Tabela 1.13 Origem da população residente no estado de São Paulo – Censo de 1950			
Nascidos no Brasil		**Nascidos no estrangeiro**	
Origem	**Número**	**Origem**	**Número (1)**
Brasileiros natos	**8.440.763**	**Total**	**693.325**
Nascidos em São Paulo	7.360.340	Itália	173.652
Nascidos outros Estados	1.080.423	Portugal	151.320
Minas Gerais	512.736	Japão	108.912
Bahia	189.685	Espanha	102.671
Pernambuco	62.745	URSS	27.089
Alagoas	56.788	Alemanha	24.473
Rio de Janeiro	56.076	Síria e Líbano	22.225
Paraná	32.708	Polônia	14.582
Ceará	29.054	Romênia	11.482
Sergipe	25.033	Iugoslávia	11.294
Distrito Federal	18.172	Áustria	8.189
Santa Catarina	15.410	Argentina	7.625
Rio Grande do Sul	13.743	França	3.442
Mato Grosso	13.016	Estados Unidos	2.789
Paraíba	10.712	Bélgica	672
Outros	44.545	Outros	22.908

Fonte: Censo Demográfico 1950, Série Nacional, v.1, Brasil, Rio de Janeiro, 1956.
Nota: inclui naturalizados.

54% das mulheres. Enquanto os homens paulistas ficavam em segundo lugar no nível de alfabetização no Brasil, as mulheres do estado estavam atrás das do Rio de Janeiro, Distrito Federal e Rio Grande do Sul e se equiparavam às de Santa Catarina (Tabela 1.14). Em anos subsequentes, investimentos mais vultosos do estado em educação finalmente igualariam as taxas de alfabetização para homens e mulheres, e São Paulo assumiria a liderança nas porcentagens de pessoas que completavam os estudos e de pessoas alfabetizadas.

Apesar da dispersão da população e da atividade econômica por todo o estado, a capital paulista ainda sobressai. Havia na cidade de São Paulo 7.374 estabelecimentos industriais, o que explica cerca de metade do capital investido nas atividades industriais do estado. A capital também respondia pela metade dos operários, do valor da produção e da energia consumida pela indústria paulista. Além disso, as firmas atacadistas e varejistas concentravam-se na cidade de São Paulo, que era responsável por 63% do comércio atacadista do estado (Tabela 1.15).

Tabela 1.14 Alfabetização por sexo da população do Brasil, da Região Nordeste e estados do Sul e Sudeste – Censo de 1950

Alfabetização da população residente de cinco e mais anos									
	Brasil	**Nordeste**	**São Paulo**	**Minas Gerais**	**Espírito Santo**	**Rio de Janeiro + DF**	**Paraná**	**Rio Grande do Sul**	**Santa Catarina**
Sabem ler – Homens	46%	27%	65%	42%	45%	66%	52%	61%	60%
Sabem ler – Mulheres	39%	24%	54%	35%	36%	62%	40%	56%	54%
Sabem ler – total	43%	26%	59%	38%	41%	64%	46%	59%	57%

Fonte: Censo Demográfico 1950, Série Nacional, v.1, p.90, quadro 47.

Tabela 1.15 Atividades econômicas no estado de São Paulo e na cidade de São Paulo, 1950

Atividades econômicas	**Estado de São Paulo**	**Cidade de São Paulo**
Indústria		
Estabelecimentos	25.016	7.374
Capitais empregados	22.977.603	10.946.805
Pessoas ocupadas	576.766	299.213
Operários	488.633	255.951
Força motriz	1.135.764	495.675
Salários Total	7.446.448	4.525.331
Salários dos operários	5.997.671	3.618.315
Despesas das empresas	29.422.380	13.996.850
Valor da produção	55.291.473	26.565.661
Comércio varejista		
Estabelecimentos	50.519	15.174
Capitais empregados	2.239.533	966.379
Pessoas ocupadas	116.968	44.120
Receita	20.424.169	9.133.234
Comércio atacadista		
Estabelecimentos	6.659	3.929
Capitais empregados	1.513.597	1.140.351
Pessoas ocupadas	58.040	43.805
Receita	45.647.205	28.667.964

Fonte: Censo Demográfico 1950, Série Nacional, v.XXV, t.3, Censo Industrial, Comercial e dos Serviços, Rio de Janeiro, 1955.
Nota: Cr$ 1000.

Essa alta concentração da indústria e do comércio na capital refletia-se na distribuição dos empregos pelo estado. Metade das pessoas ocupadas na indústria paulista residia na capital, assim como metade dos empregados no setor de serviços, dos profissionais liberais e dos funcionários públicos. Apenas na agricultura a capital tinha pouca representatividade (Tabela 1.16).

Tabela 1.16 Atividades econômicas dos residentes com mais de 10 anos – Censo de 1950

	Estado de São Paulo		Cidade de São Paulo	
Atividades	**Homens**	**Mulheres**	**Homens**	**Mulheres**
Atividade agrícola	1.292.754	156.642	14.753	689
Atividade extrativa	43.645	827	4.180	95
Indústria de transformação	631.688	169.637	319.500	100.571
Comércio de mercadorias	224.442	23.954	107.741	14.688
Prestação de serviços	211.698	201.435	95.970	97.417
Liberais	22.077	4.418	11.680	2.531
Administração pública	48.067	8.905	19.720	6.275
Segurança pública	34.419	853	18.292	657

Fonte: Censo Demográfico 1950, Série Nacional, v.XXV, t.3, Censo Industrial, Comercial e dos Serviços, Rio de Janeiro, 1955.

A capital, com seus 2,1 milhões de habitantes, abrigava cerca de um quarto da população do estado, em proporções similares para homens e mulheres, e compunha-se principalmente de brancos (87%). A grande maioria da população sabia ler e escrever (79%), uma porcentagem bem maior que a do estado como um todo. Finalmente, a cidade destacava-se pela abundância de serviços que não eram facilmente disponíveis no resto do Brasil. Por exemplo, 96% dos domicílios urbanos da capital já tinham serviço de água encanada, 83% tinham eletricidade e 76% serviços de esgoto; essas porcentagens eram mais elevadas do que as do estado como um todo e as do país (Tabela 1.17).[12]

Como vimos neste apanhado, São Paulo estava em posição ideal para fazer bom uso de qualquer crescimento que viesse a ocorrer no período pós-1950. Já era o principal estado agrícola e industrial do país e possuía uma das populações com mais alto nível de instrução. Sua infraestrutura

12 O Censo de população de 1950 usa uma classificação em domicílios urbanos, suburbanos e rurais. Na metodologia do censo, áreas urbanas e suburbanas são definidas como aquelas correspondentes às cidades (sede municipal) ou vilas (sede distrital). A área rural é definida como a que está fora dos limites das cidades e subúrbios.

Tabela 1.17 Características dos domicílios, estado de São Paulo e cidade de São Paulo				
Domicílios	Total	Tem água encanada	Tem energia elétrica	Tem aparelho sanitário
		Estado de São Paulo		
Todos domicílios	1.798.735	583.693	910.652	1.109.393
Urbanos	737.867	497.420	660.665	717.483
Suburbanos	236.472	54.163	145.233	212.402
Rurais	824.396	32.110	104.754	179.508
		Cidade de São Pauo		
Todos domicílios	455.917	263.096	385.497	434.063
Urbanos	337.042	252.644	320.602	331.462
Suburbanos	86.382	8.265	56.606	81.790
Rurais	31.993	2.187	8.289	20.811

Fonte: Censo Demográfico 1950, Série Nacional, v.XXV, t.1, Rio de Janeiro, 1955.

de comunicações já estava bem desenvolvida e continha as melhores conexões ferroviárias, rodoviárias e até mesmo aéreas. Era o estado com o maior setor de serviços no Brasil e contava com capitalistas de vastos recursos e com uma força de trabalho qualificada. A elite cafeicultora, investidores estrangeiros e imigrantes já participavam ativamente da economia industrial, e a economia paulista proporcionava economias de escala para viabilizar investimentos no setor industrial. Nas décadas seguintes, quando o governo federal decidiu investir fortemente na economia nacional, São Paulo foi o estado mais bem preparado para lucrar com esses investimentos.

2

Crescimento industrial no estado de São Paulo 1950-2000

A expansão industrial foi a mudança mais significativa no estado de São Paulo no período pós-1950, quando ele se tornou o principal centro de um complexo industrial moderno. A ascensão de São Paulo à categoria de potência industrial dá margem a muito debate e discussão.[1] Grande parte do debate inicial foi influenciada pela discussão pós-Segunda Guerra Mundial sobre a viabilidade dos modelos tradicionais de vantagens comparativas. Esses modelos foram questionados sob a liderança de economistas latino-americanos de uma escola de pensamento associada à Cepal – Comissão Econômica para a América Latina e o Caribe, entidade ligada à ONU – Organização das Nações Unidas. Para esses economistas, a longo prazo os produtores primários ficavam em desvantagem nas suas relações comerciais com produtores industriais, e só por meio da industrialização poderiam desenvolver e expandir sua economia. Isso, por sua vez, requeria uma intervenção direta do governo por meio da criação de mercados protegidos ou, alternativamente, poderia ocorrer em decorrência de choques externos que forçassem os produtores primários a substituir importações desenvolvendo indústrias locais.

No Brasil a industrialização começou antes que se instituísse a proteção formal. O estado brasileiro não teve um programa pró-industrialização coerente antes dos anos 1940, quando o processo de industrialização já estava adiantado.[2] Celso Furtado e outros procuraram mostrar que as convulsões no comércio internacional decorrentes da Primeira Guerra Mundial e da Grande Depressão estabeleceram uma proteção efetiva que permitiu o desenvolvimento dessas indústrias.[3] No entanto, estudos recentes indicaram

---

1 Sobre esses debates, ver Alexandre Macchione Saes, "A historiografia da industrialização brasileira", *Anais do 3º Seminário Nacional de História da Historiografia*. Ouro Preto, 2009.

2 Aníbal Vilella e Wilson Suzigan, *Política do governo e crescimento da economia brasileira, 1889-1945* (Rio de Janeiro: Ipea/Inpes, 1973), p.70.

3 Furtado destaca a grande depressão como o principal momento do processo de industrialização, enquanto Caio Prado atribui grande importância à Primeira Guerra Mundial. Celso Furtado, *Formação*

que antes de 1914 a indústria já se desenvolvia e que, em vez dos mercados protegidos, são os custos comparativos, o surgimento de um mercado mais amplo e a abundância de capital local que explicam o início do desenvolvimento industrial no Brasil.[4] A indústria de têxteis de algodão, produtora de tecidos e roupas, seria o ramo da indústria de transformação mais importante na fase inicial da industrialização, pois havia disponibilidade de algodão produzido na própria região e altos custos de transporte oneravam os produtos de baixo valor adicionado. Ao mesmo tempo, a indústria de processamento de alimentos desenvolveu-se para suprir o consumo local, também usando produtos gerados pela agricultura da região.

Previsivelmente, essa indústria local evoluiria para abastecer o setor agrícola e seus trabalhadores. O papel fundamental do setor agroexportador como força propulsora da atividade industrial pode ser visto tanto nos primeiros produtos das fábricas brasileiras como na associação da atividade industrial com os ciclos da economia exportadora. Antes da crise de 1929, a expansão industrial correspondeu aos períodos mais dinâmicos da economia agroexportadora. Por exemplo, a indústria têxtil surgiu para fornecer roupas de algodão aos escravos e sacos de juta para acondicionar o café a ser exportado. Expandiu-se ainda mais depressa com a chegada dos europeus que vieram trabalhar nos cafezais após a abolição da escravidão, em 1889. Essa nova onda de trabalhadores ensejou um crescimento substancial do mercado interno.[5] Por sua vez, a indústria de processamento de alimentos desenvolveu-se para abastecer esse mercado crescente composto por trabalhadores assalariados, e a indústria do refino de açúcar progrediu com a expansão do setor canavieiro revitalizado em fins do século XIX. A metalurgia progrediu paralelamente ao avanço das ferrovias na segunda metade desse século – um desenvolvimento que esteve ligado ao da economia cafeeira. Todo esse crescimento beneficiou-se da energia hidrelétrica que passou a ser oferecida em abundância e a preços baixos, do barateamento do trans-

---

econômica do Brasil (Rio de Janeiro: Paz e Terra, 1959, capítulos 30-2); Caio Prado Junior, *História econômica do Brasil* (São Paulo: Brasiliense, 1945), p.266-7.

4 Warren Dean, *The Industrialization of São Paulo, 1880-1945* (Austin: University of Texas Press, 1969); Carlos Manuel Peláez, "A balança comercial, a grande depressão e a industrialização brasileira". *Revista Brasileira de Economia,* v.2, n.1, 1968; Albert Fishlow, "Origens e consequências da substituição de importações no Brasil". *Estudos Econômicos,* v.2, n.6, 1972, p.7-75; Flávio Rabelo Versiani e Maria Teresa R. O. Versiani, "A industrialização antes de 1930: Uma contribuição". *Estudos Econômicos,* v.5, n.1, 1975, p.37-63; Wilson Suzigan, *Indústria brasileira. Origens e desenvolvimento* (São Paulo: Brasiliense, 1986).

5 A importância dos trabalhadores assalariados que permitiu substituir o limitado consumo existente sob o regime de mão de obra escrava é salientada em Fernando Henrique Cardoso, "Condições sociais da industrialização: o caso de São Paulo". *Revista Brasiliense,* n.28, mar./abr. 1960, p.31-46.

porte proporcionado pelas novas ferrovias e dos custos mais baixos de máquinas importadas durante esse período.[6]

A concentração da cafeicultura no estado a partir de fins do século XIX criou as condições para o desenvolvimento industrial. Os cafeicultores e seu capital foram agentes vigorosos do processo de modernização da economia paulista e da gênese da dinâmica da industrialização. Como salientou Wilson Cano, até para financiar suas ferrovias São Paulo usou mais capital local do que qualquer outra província do país. Além disso, em fins do século o estado obtinha sistematicamente grandes excedentes comerciais. Com o fim do livre mercado do café em 1906 e as subsequentes restrições ao plantio dessa cultura, grande parte do capital que os fazendeiros pretendiam aplicar em novos plantios foi usado para o desenvolvimento industrial.[7]

A produção de têxteis foi por muito tempo a principal atividade industrial brasileira e paulista. A importância crescente da indústria têxtil nacional refletiu-se no declínio das importações desses produtos para o Brasil. Tecidos europeus haviam sido parte relevante das importações brasileiras no século XIX, mas no começo do século XX participaram cada vez menos da lista dos importados, substituídos por tecidos nacionais.[8] Já na época do Censo Industrial de 1907 a indústria têxtil nacional supria dois terços do mercado local. Também havia numerosas áreas de produção de alimentos e indústrias leves onde fábricas brasileiras já atendiam a maior parte da demanda nacional.[9]

De início, o estado do Rio de Janeiro e seu Distrito Federal foram a principal região industrial do país, mas, na época do Censo de 1906, São Paulo já era a segunda zona mais importante. A indústria têxtil paulista consumia principalmente algodão produzido no país, cultivado em São Paulo ou em Pernambuco e outros estados do Nordeste. Suas principais importações do exterior eram máquinas. Além disso, o crescimento dessa indústria foi tão rápido que as fábricas de São Paulo não apenas abasteceram o mercado local e reduziram a dependência de importações, mas também permitiram aos paulistas exportar sua produção para outros estados brasileiros. Na época

---

6 Esses são os fatores salientados por Roberto Simonsen, *Evolução industrial do Brasil e outros estudos* (São Paulo: Companhia Editora Nacional, 1939), p.12. Uma posição alternativa encontra-se em Carlos Manuel Peláez, "As consequências econômicas da ortodoxia monetária, cambial e fiscal no Brasil entre 1889-1945". *Revista Brasileira de Economia,* v.25, n.3, 1971, p.5-82.

7 Wilson Cano, *Raízes da concentração industrial em São Paulo* (Rio de Janeiro: Difel, 1977), p.74-5; Anne G. Hanley, *Native Capital, Financial Institutions and Economic Development in São Paulo, Brazil, 1850-1929* (Stanford: Stanford University Press, 2005), cap.4.

8 Stanley J. Stein, *The Brazilian Cotton Manufacture: Textile Enterprise in an Underdeveloped Area, 1850-1950* (Cambridge, Mass.: Harvard University Press, 1957); Suzigan, *Indústria brasileira.*

9 IBGE, *Estatísticas retrospectivas,* v.2, t.3, p.26.

do Censo Industrial nacional de 1920, São Paulo dominava a produção nacional em várias indústrias importantes, com mais de 40% da produção metalúrgica nacional. Também abrigava indústrias pioneiras que mais tarde se tornariam importantíssimas no estado e no país. São Paulo já tinha uma indústria de papel significativa nos anos 1920, abastecida por florestas nativas e cultivadas. Também possuía um setor de manufatura de vidro estreitamente ligado à indústria de alimentos e bebidas, que não só atendia as necessidades locais, mas também produzia o suficiente para exportar para outros estados. A maior parte das matérias-primas usadas na produção de vidro provinha da própria região.[10] Também importante no estado era o fabrico do açúcar. Em 1920, São Paulo já ultrapassara o Rio de Janeiro e o Distrito Federal e se tornara o estado com o maior número de operários.[11] A distribuição por sexo e idade dos trabalhadores na indústria paulista era similar às de outros estados. As fábricas de fiação e tecelagem de algodão e a indústria do vestuário tendiam a empregar proporcionalmente mais mulheres do que a maioria das outras fábricas.[12] Todas elas empregavam um número relativamente pequeno de crianças, embora aparentemente as fábricas de móveis e vagões empregassem crianças mais novas, a maioria meninos. Brasileiros eram a maioria entre os proprietários de fábricas, mas já em 1920 os italianos estavam em segundo lugar nessa categoria, e canadenses e estrangeiros de outras nacionalidades já haviam ingressado na atividade industrial do estado.[13]

O governo nacional encabeçado por Getúlio Vargas, após 1930, criou uma estrutura de Estado que, pela primeira vez, apoiou a atividade industrial por meio de investimentos públicos em infraestrutura e indústria básica, dando início à política de substituição de importações para promover o crescimento industrial em segmentos antes supridos por indústrias estrangeiras. Outro forte estímulo à produção industrial local foi a estagnação do comércio internacional gerada pela crise de 1929. Essa, porém, foi apenas uma de muitas perturbações. Problemas com a dívida externa e o comér-

---

10 Paulo R. Pestana, "A indústria do vidro", *BDIC* 1928, n.9 e 10, p.199-202. Embora os dados refiram-se apenas à capital de São Paulo, ao que parece não havia outras fábricas no estado.

11 Recenseamento de 1920, v.5, parte 1, p.432.

12 Segundo o Censo, nas 31 tecelagens de São Paulo em 1912, 72% dos cerca de 9.500 operários eram mulheres; crianças de ambos os sexos com menos de 12 anos eram 4% dos empregados, e todas as crianças com menos de 16 anos representavam 31% do total. Joel Wolfe, *Working Women, Working Men: São Paulo and the Rise of Brazil's Industrial Working Class, 1900-1955* (Durham: Duke University Press, 1993), p.8, tabela 1.1.

13 Em razão da origem variada do capital nas companhias e da frequência com que havia capital nacional e estrangeiro na mesma companhia, é difícil determinar se a companhia era ou não controlada por capital estrangeiro. Em geral se supõe que a companhia é estrangeira se for predominantemente controlada por capital estrangeiro e/ou se a administração foi estrangeira.

cio internacional seriam um tema recorrente na economia brasileira, e eles explicam a maior parte das políticas econômicas implementadas no Brasil até a primeira década do século XXI. O instrumento mais usado na política econômica brasileira foi a taxa cambial; juntamente com a taxa de juros, ela foi usada como mecanismo para atrair capital externo e permitir ajustes na balança de pagamentos. A sucessão de medidas nessa área – por exemplo, fixação das taxas cambiais, taxas múltiplas, leilões de câmbio segmentados, minidesvalorizações ou taxas cambiais flexíveis – representa alguns dos muitos instrumentos usados ao longo dos anos, complementados por manipulações da moeda e restrições alfandegárias. Esse é o mundo no qual a indústria se desenvolveu e onde ainda atua.

Nos trinta anos seguintes, a expansão do sistema elétrico também foi um fator significativo para o crescimento industrial, pois disponibilizou energia barata. Entre 1920 e 1950 a capacidade instalada das usinas de força no Brasil aumentou de 367.018 kW para 1.883.007 kW. O estado de São Paulo acompanhou esse crescimento com um parque instalado de 855.060 kW, em 1950, que representava 45% do total nacional, sendo que quase toda a eletricidade usada tinha origem hidráulica.[14]

Nos anos 1930 e 1940 as indústrias paulistas ganharam complexidade e as atividades industriais tradicionais cresceram. Na época do Censo de 1950, São Paulo já liderava a economia do país com 37% do PIB brasileiro e ocupava a posição principal na indústria (47%), agricultura (29%) e serviços (33%).[15] No estado, a indústria representava 28% do PIB, seguida pela agricultura com 26%.[16] São Paulo era responsável por quase metade do valor da produção industrial e do capital total investido na indústria brasileira. Trabalhavam em terras paulistas 38% de todos os operários do Brasil, e seus salários totais correspondiam a 47% do total dos salários industriais no país.[17]

Em 1950, a indústria paulista ainda se concentrava acentuadamente nos setores tradicionais: têxteis, vestuário, produtos alimentícios e bebidas. Esses ramos representavam cerca de metade das empresas, dos operários, do valor da produção e do capital realizado pela indústria de transformação no estado de São Paulo. A indústria têxtil era em média muito maior do que as outras empresas desse segmento. Em contraste com a média de 92 operários

---

14 Anuário Estatístico do Brasil, 1952, p.207.

15 Ipeadata, Regional: acesso em: <http://www.ipeadata.gov.br/Default.aspx; PIB Estadual preços básicos>.

16 Ipeadata, Regional: acesso em: <http://www.ipeadata.gov.br/Default.aspx; PIB Estadual preços básicos>.

17 Censo Demográfico de 1950, Série Nacional, v.VIII, t.1, p.38.

Gráfico 2.1 Participação dos setores "novos" e "tradicionais" na indústria de transformação em São Paulo, Censo 2000

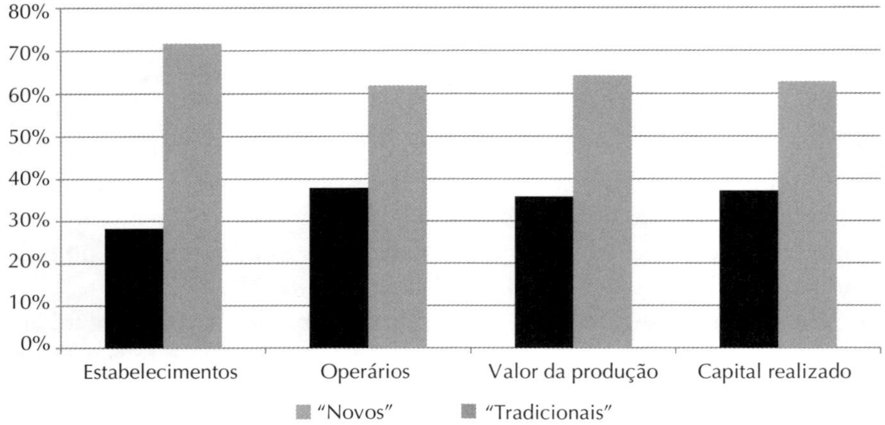

Fonte: Censo Demográfico do Brasil, v.XXV, p.1-17.
Nota: "Tradicionais": madeira, mobiliário, couro e peles, têxtil, vestuário, alimentos, bebidas, fumo, editorial e gráfico; "Novos": metalúrgica, mecânica, material elétrico e transportes, papel, borracha, química e farmacêutica.

nas tecelagens, as fábricas de alimentos empregavam em média apenas seis pessoas. Apesar dessa enorme diferença de escala, a diferença no valor da produção era menor, pois a produção média da indústria têxtil era 4,7 vezes maior do que a da indústria alimentícia, mostrando que a primeira requeria um uso mais intensivo de mão de obra. Embora os segmentos mais modernos da metalurgia, química e farmacêutica representassem apenas pouco mais de um quarto das empresas, tinham uma porcentagem muito maior dos operários, do valor da produção e do capital investido em comparação com as empresas tradicionais (Gráfico 2.1).[18]

Além de concentrar-se acentuadamente em São Paulo, a indústria brasileira também era fortemente concentrada dentro do estado. Na capital e em sua Mesorregião Metropolitana situava-se a maior parte da indústria paulista, com mais de 9 mil estabelecimentos industriais, 366 mil pessoas ocupadas e responsável por mais de dois terços do valor da produção do estado. A cidade de São Paulo era o principal núcleo industrial do país. Só nela havia 7.343 estabelecimentos industriais, com 299 mil operários, que geravam mais de metade do valor da produção do estado. No entorno da

18 O Censo de 1950 dividiu a indústria em três grandes segmentos: indústria extrativa, indústria de transformação, construção civil e serviços de utilidade pública. No estado de São Paulo, a indústria de transformação predominou com 92% do valor total da produção industrial. A indústria da construção civil foi responsável por apenas 5% desse valor, e a indústria extrativa foi inexpressiva.

capital surgiram várias cidades satélite, como Santo André, São Caetano do Sul e São Bernardo, lugares que nas décadas seguintes seriam o centro da indústria automobilística. Também havia várias cidades interioranas, como Sorocaba, Campinas, Santos, Jundiaí e Piracicaba, que abrigavam partes significativas das indústrias do estado (Tabela 2.1).

Após 1950, o governo federal passou a implementar uma política industrial de vulto. No segundo período Vargas, este apresentou suas principais ideias em um plano geral de industrialização (1952) com propostas de altos investimentos em infraestrutura e indústrias de transformação básicas. O papel do Estado no processo de desenvolvimento industrial foi definido mais claramente, com a criação de órgãos de planejamento e de processos para viabilizar os planos governamentais. Durante o segundo governo Vargas foi criado o Banco Nacional de Desenvolvimento Econômico (BNDE, atual BNDES), uma instituição que se mostraria fundamental para todo o processo. Em 1953, foi criada a Petrobras (Petróleo Brasileiro S.A.), empresa que exerceria o monopólio da extração, refinação e distribuição de petróleo. Além disso, o governo Vargas criou vários grupos e instituições que implementaram efetivamente novas políticas industriais, que duraram quase até o fim do século XX.[19]

Essas políticas pró-industrialização foram expandidas no governo de Juscelino Kubitschek (1956-1961). Enfrentando fortes pressões inflacionárias, déficit público crescente e grave problema na balança de pagamentos, um fenômeno recorrente na economia brasileira, o novo governo decidiu optar por um ambicioso plano de investimento – o chamado Plano de Metas – que foi, até hoje, a mais coerente e bem desenvolvida política de apoio à industrialização. O plano priorizou segmentos mais complexos do processo industrial, como o de bens de consumo duráveis e as indústrias de insumos básicos, como a química.[20] Além disso, mesmo se quisesse promover uma política de estabilização, o governo Juscelino teria encontrado forte oposição política.[21] Ao optar pelo crescimento, o governo cooptou grandes

---

19 Sobre o governo Vargas, ver Boris Fausto, *A Revolução de 1930: Historiografia e História* (São Paulo: Brasiliense, 1970); Lira Neto (Org.), *Getúlio Vargas*. 3 vols. (São Paulo: Companhia das Letras, 2006-2014); Sonia Draibe, *Rumos e metamorfoses: Estado e industrialização no Brasil, 1930-1960* (Rio de Janeiro: Paz e Terra, 1985); Pedro Paulo Zaluth Bastos e Pedro Cesar Dutra Fonseca. *A Era Vargas: Desenvolvimento, economia e sociedade* (São Paulo: Editora Unesp, 2012); Maria Victoria de Mesquita Benevides, *O governo Kubitschek. Desenvolvimento econômico e estabilidade política* (Rio de Janeiro: s/l, 1977).

20 Carlos Lessa, *Quinze anos de política econômica* (São Paulo: Brasilense/Unicamp, 1975), p.14.

21 Sobre esse tema, ver Carlos Manuel Peláez e Wilson Suzigan, *História monetária do Brasil* (Brasília: Universidade de Brasília, 1981), p.267-58; L. Orenstein e A. C. Sochaczewski, "Democracia com desenvolvimento: 1956-1961", in: Marcelo de Paiva Abreu (Org.), *A ordem do progresso* (Rio de Janeiro: Campus, 1992), p.171-212.

Tabela 2.1 Indústria: Principais indicadores por mesorregião – Censo de 1950 (Cr$ 1000)

Mesorregiões	Estab.	Capital empregado	Pessoal ocupado	Operários	Força motriz C.V.)	Valor da produção
Metropolitana de São Paulo	9.139	15.465.262	366.508	313.109	672.517	36.079.944
Ribeirão Preto	2.027	707.439	16.092	12.308	60.223	1.862.028
São José do Rio Preto	1.392	257.893	5.678	3.719	19.781	907.612
Bauru	1.702	439.200	11.182	8.484	29.249	1.628.412
Araraquara	663	333.070	8.289	6.791	11.243	841.436
Araçatuba	687	299.370	4.189	2.976	16.587	811.413
Campinas	2.307	1.186.907	32.795	27.926	67.483	2.423.151
Presidente Prudente	632	259.844	4.454	3.379	14.755	1.098.432
Vale do Paraíba Paulista	797	862.525	20.829	19.197	37.897	1.389.002
Macro Metropolitana Paulista	1.337	1.401.909	42.550	36.845	76.821	2.469.881
Piracicaba	1.348	716.051	20.467	16.739	48.170	1.520.205
Assis	711	250.225	3.716	2.763	15.590	482.171
Marília	564	195.936	3.801	2.750	16.335	960.639
Itapetininga	591	130.992	5.426	4.562	11.149	200.400
Litoral Sul Paulista	171	41.004	871	672	2.295	41.226
Total do estado	24.068	22.547.627	546.847	462.220	1.100.095	52.715.952
Municípios (Mesorregiões)			**Municípios com maior valor da produção industrial**			
Cidade São Paulo (Metropolitana S.Paulo)	7.374	10.946.805	299.513	255.952	497.675	28.565.661
Santo André (Metropolitana S.Paulo)	448	1.491.329	27.775	24.258	71.042	3.492.348
São Caet. Sul (Metropolitana S.Paulo)	165	629.381	13.771	11.989	31.936	1.695.321
Sorocaba (Macrometrópole)	238	633.001	16.624	15.245	31.645	1.078.179
Campinas (Campinas)	474	390.680	11.436	9.729	23.355	1.037.433
Santos (Metropolitana de S.Paulo)	318	203.359	4.040	3.182	9.339	938.669
Jundiaí (Metropolitana de S.Paulo)	235	276.348	10.481	8.515	16.147	585.596
São Bern. Campo (Metropolitana S.Paulo)	133	223.130	4.822	4.030	9.431	459.082
Piracicaba (Piracicaba)	359	227.488	6.809	5.275	16.351	456.042

Fonte: IBGE: Censo Agrícola 1950, Série Nacional, v.III, Industrial, Comercial e Serviços, Rio de Janeiro, 1956.

grupos sociais, incluindo industriais e trabalhadores. Até mesmo a abertura da economia ao capital estrangeiro, uma das bases do Plano de Metas, foi aceita pelas principais forças apoiadoras do Plano, entre elas os militares.[22]

Esse período de construção da infraestrutura básica financiada pelo Estado foi crucial para o processo de industrialização. O plano propunha investimentos privados e públicos nas áreas de indústrias básicas, energia, transporte, alimentos, educação e até agricultura. Mas apenas algumas dessas metas foram cumpridas. A mais bem-sucedida foi a expansão da produção nacional de aço, cimento, álcalis, polpa e papel, alumínio, metais não ferrosos e borracha. O governo aumentou significativamente a produção de eletricidade e o refino de petróleo,[23] com todos os investimentos direcionados principalmente para empresas públicas. Na área dos transportes dominada pelo Estado criou-se um programa permanente de modernização de vagões e trilhos, permitindo ao sistema ferroviário aumentar sua capacidade de carga em 21%. A construção e pavimentação de estradas resultou em um aumento de 75% na malha ferroviária federal e na triplicação da extensão das rodovias federais pavimentadas.[24] Essas áreas e a construção da nova capital, Brasília, receberam quase todos os investimentos do Plano de Metas.

O programa mais bem-sucedido e ambicioso foi o estabelecimento da indústria automotiva financiado por capital externo. Até então, o Brasil só produzira caminhões e veículos utilitários, mas agora passava a produzir também automóveis.[25] Como o governo determinou que uma porcentagem mínima das peças (entre 90% e 95%) fosse produzida no país, uma indústria de autopeças estabeleceu-se rapidamente, envolvendo os setores de mecânica, elétrica, plásticos e borracha, e ao mesmo tempo surgiu uma rede de revenda, manutenção e substituição de peças, além de revendedoras de veículos.

---

22 Segundo Benevides, desde os primórdios da República até 1964, as relações entre o governo civil e os militares haviam sido pautadas na convenção do que se poderia chamar de "poder moderador". Apesar da legitimidade adquirida com as eleições e do apoio popular proveniente da maioria no Congresso, Juscelino percebeu a necessidade não apenas de manter o apoio dos militares, mas também de cooptá-los para permanecer no poder. Ele tinha plena noção das sucessivas intervenções dos militares no sistema político em tempos de crise, historicamente demandadas por membros da oposição e também pelo governo. Benevides, *O governo Kubitscheck. Desenvolvimento econômico e estabilidade política*, p.170-1.

23 Em 1961, a produção brasileira de petróleo bruto alcançou 95 barris diários, e a produção de petróleo refinado chegou a 308 barris por dia. A capacidade de geração de eletricidade aumentou de 3,5 milhões de quilowatts para 4,77 milhões.

24 Entre 1956 e 1961, o sistema rodoviário federal passou de 20 mil para 35 mil quilômetros, e as rodovias federais pavimentadas foram de 2.800 para 9.600 quilômetros. IBGE, Anuário Estatístico do Brasil, 1957, p.147; ibid., 1962, p.111.

25 Luiz Bias Bahia e Edson Paulo Domingues, *Estrutura de inovações na indústria automobilística brasileira* (Brasília: Ipea, 2010), TD n.1472, p.9.

A construção de Brasília, a nova capital do país no Brasil central, foi a grande síntese de todos os planos do governo e também teve grande impacto na economia brasileira, pois abriu novas regiões para o desenvolvimento.[26] A magnitude dos investimentos e a localização da nova capital estimularam um deslocamento de atividades da costa, onde se concentravam a população e as atividades econômicas, para o interior do Brasil. Essa realocação também exigiu importante expansão da infraestrutura rodoviária, o que explica parte dos investimentos feitos em novas estradas de rodagem.

A grande transformação promovida pelo governo Juscelino foi a abertura do Brasil ao capital externo, tanto assim que, em 1955, introduziu-se a possibilidade de se importar sem cobertura cambial, e isso teve um impacto importante no processo de internacionalização da economia brasileira.[27] A primeira fase da industrialização brasileira, baseada em segmentos tradicionais como têxteis, alimentos e bebidas, dependeu em grande medida de capital nacional. Depois da Segunda Guerra Mundial, porém, o capital externo tornou-se um fator importante no amadurecimento do setor industrial, promovendo uma nova expansão industrial que permitiu ao Brasil entrar no mercado internacional. Por sua vez, um Estado com intensa atividade empresarial que investia significativamente em infraestrutura e indústrias básicas tornou-se atrativo para companhias multinacionais.

O governo manipulou uma série de instrumentos – subsídios, crédito, câmbio, proteção tarifária e investimentos diretos em infraestrutura ou em setores nos quais o setor privado nacional ou estrangeiro não tinha interesse em investir. Além disso, o BNDE teve papel crucial na formulação e apoio desses projetos.[28] Portanto, houve duas fontes básicas de financiamento desse grande projeto de industrialização: investimento estrangeiro direto e recursos fiscais do governo. Segundo o Plano de Metas, a maior parte dos recursos proviria do orçamento público e dos recursos gerados pelas próprias empresas públicas.

A natureza ambiciosa do Plano de Metas gerou uma demanda extraordinária por recursos públicos sem capacidade equivalente de gerar receitas

---

26 A realocação da capital para a região central do país estava na mira do governo desde a primeira constituição republicana de 1891. Mas só no governo Juscelino tomou-se a decisão de construir Brasília. A construção começou em 1956 e, em 1960, a capital federal foi transferida do Rio de Janeiro para a nova cidade, embora a transferência da administração central só se completasse em 1970. Na época, muitos criticaram a construção de Brasília por seu custo elevado.

27 Sobre esse tema, ver Ana Cláudia Caputo e Hildete Pereira de Melo, "A industrialização brasileira nos anos de 1950: uma análise da Instrução 111 da Sumoc". *Estudos Econômicos,* v.39, n.3, jul.-set. 2009, p.513-38.

28 Rosane de Almeida Maia, *Estado e industrialização no Brasil: Estudo dos incentivos ao setor privado nos quadros do Programa de Metas do Governo Kubitschek.* Tese de Mestrado, FEA-USP, 1986.

tributárias. Isso resultou em déficits orçamentários, grande parte financiados pelo Banco do Brasil em seu duplo papel de banco comercial e banco central. Ainda não havia um mercado de dívida pública no Brasil, em parte devido à incompatibilidade entre a alta inflação de 25% a 30% e à lei da usura, que limitava as taxas de juro a 12%.[29] O financiamento do déficit do Tesouro ocorreu essencialmente por meio de expansão monetária, gerando pressões inflacionárias. Nesse período, contudo, a prioridade era o desenvolvimento e não a estabilidade fiscal e monetária.[30]

A relativa aversão ao capital externo no segundo governo Vargas foi substituída por uma política francamente conducente a esses investimentos no governo Juscelino, que atraiu muitas companhias multinacionais de vários ramos industriais. A maior parte desse capital entrou na forma de empréstimos, mas aproximadamente um quinto veio como investimento direto, cujos maiores beneficiários foram as indústrias principais, em especial a automotiva e, em menor grau, os setores de polpa e papel e siderúrgico. O total dos financiamentos e investimentos diretos foi de aproximadamente 2 bilhões de dólares, dos quais 31% foram para a indústria automotiva, 18% para a siderurgia, 16% para a geração de energia elétrica e 13% para o setor ferroviário.[31] Na indústria automotiva o investimento direto e o financiamento totalizaram 332 milhões de dólares, cerca de metade diretamente de fabricantes de veículos e a outra metade de fabricantes de peças (Tabela 2.2).

Às voltas com as deficiências de uma administração pública mal equipada para lidar com um Plano de Metas ambicioso, o governo Juscelino preferiu criar uma estrutura apoiada em instituições já existentes, como o Banco do Brasil e o BNDE, e em novas entidades, como os Grupos Executivos. Estes últimos operavam principalmente com o setor privado, coordenando todas as instituições envolvidas em políticas setoriais; por sua vez, o BNDE centralizava as atividades públicas, priorizando projetos com financiamentos e concessões de garantias a empréstimos no exterior. Os resultados alcançados por essas novas estruturas administrativas foram excepcionais.

Como o mercado consumidor no Brasil ainda era limitado, de início as principais companhias automotivas dos Estados Unidos não se interessaram

29 A Lei da Usura (Decreto n.22.626) foi promulgada em 7 de abril de 1933. O mercado de títulos do governo só foi estabelecido em fins dos anos 1960, com a introdução da correção monetária, que preservaria o valor real dos títulos de longo prazo.

30 Em outubro de 1958, fez-se uma tentativa de implementar o Programa de Estabilização Monetária (PEM), cujas metas eram estritamente monetárias e fiscais. Mas o plano enfrentou forte oposição. A falta de condições objetivas para sua implementação levou à renúncia do ministro da Fazenda, que foi substituído pelo presidente do Banco do Brasil, como era costume na época.

31 Relatório Sumoc, in: Lessa, p.34-7. Lessa, Carlos, *Quinze anos de política econômica* (São Paulo: Brasiliense/Unicamp, 1975).

Tabela 2.2 **Indústria automobilística: Financimentos e investimentos, projetos aprovados pelo GEIA (1), até 31.10.1960**

Fabricantes	Investimentos US$ 1000	Financiamentos US$ 1000	Total US$ 1000	Gastos Nacionais (2) Cr$ 1000
Fabricantes de veículos	**134.709**	**36.602**	**171.311**	**9.308.426**
FNM	2.600	15.691	18.291	659.000
Ford Motors do Brasil	30.000		30.000	1.338.000
GM do Brasil	21.550		21.550	1.800.000
International Harvester	4.500		4.500	121.989
Mercedes-Benz	21.939		21.939	892.628
Scania-Vabis	704	413	1.117	248.000
Toyota do Brasil	1.664		1.664	107.215
Simca do Brasil	4.478	6.183	10.661	723.971
Vemag do Brasil	2.312	3.010	5.322	282.000
Volkswagen	18.895	4.305	23.200	643.023
Willys Overland do Brasil	26.067	7.000	33.067	2.392.600
Fabricantes de peças	**116.078**	**45.066**	**161.144**	**8.095.597**
Total geral	**250.787**	**81.668**	**332.455**	**17.304.023**

Fonte: Brasil, Conselho do Desenvolvimento, Relatório do Período 1956-1960, t.IV, Rio de Janeiro, dezembro 1960, p.6.
In: Limoncic (1997), p.109.
Nota (1) GEIA: Grupo Executivo da Indústria Automobilística; (2): terrenos, construções e equipamentos nacionais.

em possuir fábricas no país; assim, as primeiras fábricas de automóveis a instalar-se em solo brasileiro foram as alemãs Volkswagen e DKW (Vemag), a francesa Simca e a americana Willys Overland.[32] Os outros fabricantes de veículos logo seguiram esses pioneiros quando se evidenciou o sucesso do plano de industrialização brasileira. Esse projeto para estabelecer uma indústria automotiva envolveria principalmente capital estrangeiro, com a participação de empresas americanas, europeias e japonesas, juntamente com pequena participação de capital nacional. O governo também promoveu o desenvolvimento de uma indústria nacional de autopeças por meio de

32 Flávio Limoncic, "The Brazilian automotive industry in international context: from European to American crisis". Michigan, "New Perspectives on Latin American and US Noon Lectures Series", jan. 2009, p.8. Além de desconfiarem da viabilidade do plano de Juscelino, várias companhias estavam restringindo os requisitos estipulados pelo governo. Sobre a evolução da indústria, incluindo a análise dos modelos de carros produzidos no Brasil, ver Ramon de Lima Brandão, *O automóvel no Brasil entre 1955 e 1961: a invenção de novos imaginários na era JK*. Dissertação de Mestrado, Universidade Federal de Juiz de Fora, 2011.

uma lei de conteúdo nacional.[33] Em meados dos anos 1960, todos os veículos, automóveis, utilitários e caminhões produzidos no Brasil continham 90% ou mais de componentes nacionais.[34] Essas indústrias originaram-se de grandes companhias multinacionais, de empresas nacionais já existentes nesse mercado ou de pequenas empresas que surgiram para suprir esse nicho. A indústria automotiva também impulsionou outras indústrias, por exemplo, borracha, química, têxtil e de plásticos. Para estarem próximas de seus clientes, muitas dessas empresas construíram fábricas em grande escala com milhares de operários na Região Metropolitana de São Paulo.

O sistema de transporte ferroviário, que fora a base da economia no século XIX e ainda tinha sido essencial na matriz de transportes na primeira metade do século XX, seria substituído rapidamente pelo transporte rodoviário à medida que o impacto da indústria automobilística nacional se fizesse sentir (Gráfico 2.2). Em 1957, quando os primeiros veículos automotivos foram produzidos no Brasil, o país tinha apenas 13 mil quilômetros de estradas pavimentadas. Dez anos depois, a rede asfaltada crescera para aproximadamente 50 mil quilômetros.[35] Em fins dos anos 1960, São Paulo já possuía 12 mil km de estradas pavimentadas, 858 mil carros e 203 mil caminhões.[36]

Praticamente toda a indústria automotiva — fabricantes de veículos e principais produtores de autopeças — instalou-se no estado de São Paulo, sobretudo na área metropolitana de São Paulo e nas cidades vizinhas que se

---

33 Para se beneficiarem dos incentivos oferecidos, os projetos tinham de ser aprovados pelo GEIA (Grupo Executivo da Indústria Automobilística), precisavam ter uma fábrica de motores de veículos, além de uma montadora, e usar uma dada porcentagem de partes nacionais em seus carros. Marcos Lopez Rego e José E. M. Faillace Jr., "O projeto de implantação da indústria automotiva no Brasil: por uma abordagem sob a ótica da Teoria dos *Stakeholders*". *O&S* – Salvador, v.24, n.81, p.216-36, abr.-jun. 2017, p.230.

34 O estabelecimento da indústria automotiva também criou a indústria subsidiária das autopeças, que o GEIA apoiou vigorosamente para tentar assegurar o mais possível o surgimento de uma indústria com estrutura horizontal e recursos de subcontratação intensivos. Flávio Limoncic, *A civilização do automóvel: a instalação da indústria automobilística no Brasil e a via brasileira para uma improvável modernidade fordista, 1956-1961*. Dissertação de Mestrado, UFRJ, 1997, p.96, 98-9.

35 Em 1963, foi inaugurada a famosa rodovia Rio-Bahia, com 1.621 quilômetros pavimentados. Ver <http://memoria.bn.br/DocReader/Hotpage/HotpageBN.aspx?bib=348970_06&pagfis=8410&url=http://memoria.bn.br/docreader>. Desde sua construção, mesmo antes de ser pavimentada, a Rio-Bahia foi fundamental para a integração do mercado nacional, sendo usada intensamente por migrantes que foram do Nordeste para o Sul do país, inclusive os chamados "paus de arara" que viajavam na boleia de caminhões. Sobre a saga dos migrantes vindos do Norte em vários meios de transporte, incluindo os chamados "paus de arara", ver Marco Antonio Villa, *Quando eu vim-me embora: História da migração nordestina para São Paulo* (São Paulo: Leya, 2017).

36 Antonio Carlos Accorsi, *Estado e grupos econômicos: A política de expansão rodoviária no Brasil a partir de 1930*. Dissertação de Mestrado, EAESP/FGV, 1996; Dilma Andrade de Paula, "Estado, sociedade e hegemonia do rodoviarismo no Brasil". *Revista Brasileira de História da Ciência,* Rio de Janeiro, v.3, n.2, p.142-56, jul./dez. 2010; José Barat, "O setor de transporte na economia brasileira". *Revista de Administração Pública,* Rio de Janeiro, v.2, 4.ed., 1968, p.117-66.

Gráfico 2.2 Produção de Automóveis e Caminhões no Brasil, 1957-1990

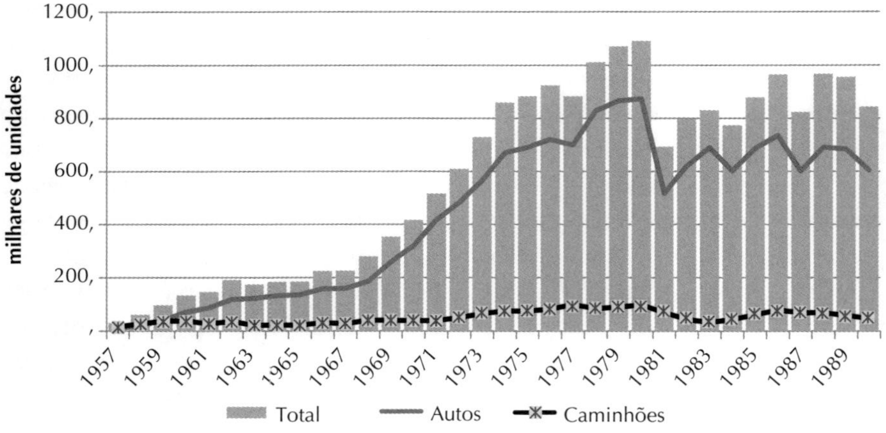

Fonte: Anfavea; IBGE: Anuário Estatístico e IBGE: Séries históricas.

tornariam conhecidas como ABC (Santo André, São Bernardo e São Caetano do Sul). Contudo, esse ramo principiou em outra parte. A Fábrica Nacional de Motores (FNM), primeira fábrica automotiva no Brasil, foi uma estatal fundada em 1942 no estado do Rio de Janeiro para produzir motores de avião. Não teve êxito nessa atividade, e o governo então fez um acordo com a Alfa Romeo para produzir caminhões em suas instalações. Em 1968 a FNM foi vendida à Alfa Romeo, e a fábrica permaneceu produtiva até 1977.[37] A Vemag, antes uma distribuidora de veículos importados, foi outra pioneira da indústria automotiva, criada com capital nacional e a primeira a receber incentivos do governo. Sua fábrica foi instalada no município de São Paulo, e seu primeiro automóvel, lançado em 1956.[38] Em 1964 surgiu a Simca do Brasil, uma subsidiária da Simca francesa que foi fundada em Belo Horizonte, mas, por questões operacionais, mudou-se para São Bernardo, onde instalou sua fábrica. Em 1966, a Simca do Brasil foi vendida

---

37 Fábrica Nacional de Motores (FNM). FGV/CPDOC. Acesso em: 23.8.2019, em: <http://www.fgv.br/CPDOC/ACERVO/dicionarios/verbete-tematico/fabrica-nacional-emotores-fnm>; Eduardo Nazareth Paiva. "Fábrica Nacional de Motores (FNM): Historiando e considerando a ideia de um contra-laboratório na indústria automotiva brasileira". ANPUH – XXIII Simpósio Nacional de História, Londrina, 2005. Em: <https://anpuh.org.br/uploads/anais-simposios/pdf/2019-01/1548206371_9f108591a8d1659248649711aac58ad2.pdf>, acesso em: 23.8.2019.

38 A Vemag iniciou suas atividades em 1945 como distribuidora dos carros Studebaker. "O lema da Vemag era: '*Brasileiros produzindo veículos para o Brasil*'." A frase guarda certa ironia, pois "em 19 de novembro de 1956 era apresentada ao povo brasileiro a camioneta (ou perua) DKW-Vemag Universal, uma cópia do modelo fabricado pela Auto-Union, na Alemanha". Glaucia Garcia, "A história da fábrica DKW Vemag". *São Paulo Antiga*. Acesso em: 24.8.2019, em: http://www.saopauloantiga.com.br/vemag-uma-fabrica-que-agoniza-no-tempo/.

à Chrysler do Brasil, que iniciaria suas operações nessa fábrica em São Bernardo do Campo.[39] Em 1952, a Willys Overland do Brasil estabeleceu-se em São Bernardo do Campo.

Algumas empresas americanas tinham uma história mais antiga no Brasil. Carros da Ford já vinham sendo montados no Brasil desde 1919, mas a companhia só passou a fabricar seus veículos no país nos anos 1960. Em 1953, a fábrica da Ford instalou-se em São Paulo; em 1958, produzia motores, e nos dois anos seguintes deu início à sua linha de caminhões e tratores. Em 1967, a Ford lançou seu primeiro carro feito no Brasil e adquiriu a Willys Overland do Brasil com sua linha de jipes, utilitários e automóveis.[40] A General Motors começou a operar em 1925 e instalou sua primeira fábrica em São Caetano do Sul. Nos anos 1930, a empresa produziu as primeiras carrocerias de ônibus no país, e logo começou também a produzir carrocerias de caminhão em São José dos Campos.[41] Em 1957, lançou o primeiro caminhão brasileiro. A Volkswagen começou suas operações em São Paulo em 1953. Em 1959, abriu uma nova fábrica em São Bernardo do Campo, a primeira fora da Alemanha, e passou a produzir o Fusca, que em 1986 tinha mais de 3 milhões de unidades vendidas. A Volkswagen foi a primeira fabricante de automóveis a inaugurar, em 1965, um centro de desenvolvimento, pesquisa e design no Brasil.[42] A Toyota do Brasil começou em 1958, na cidade de São Paulo, sendo depois transferida para São Bernardo do Campo; foi a primeira filial da indústria fora do Japão.[43]

A Mercedes-Benz do Brasil, fundada em 1956, também instalou sua fábrica em São Bernardo do Campo e produzia caminhões a diesel de 5 a 6 toneladas.[44] Outra importante fabricante de caminhões no país seria a Scania-Vabis do Brasil, uma empresa sueca que, em 1957, começou a produzir na fábrica da Vemag em São Paulo e transferiu sua unidade de produção para São Bernardo do Campo, em 1962. Essa foi a primeira fábrica da Scania fora de seu país de origem. A International Harvest também instalou uma fábrica de caminhões em Santo André, mas encerrou a produção em 1965.

---

39 Para a história da Simca do Brasil, ver: <https://falandodegestao.com/2012/06/18/ahistoria-da-simca-do-brasil>, acesso em: 23.8.2019.

40 Clube do Fordinho, em: <http://www.clubedofordinho.com.br/si/site/0058/p/Hist%C3%B3rico%20da%20Ford%20Brasil>, acesso em: 24.8.2019.

41 GM Notícias. Acesso em: 24.8.2019, em: <https://media.gm.com/media/br/pt/chevrolet/news.detail.html/content/Pages/news/br/pt/2015/jan/0126-1925.html>.

42 Imprensa Volswagen. Acesso em: 24.8.2019, em: <http://vwbr.com.br/ImprensaVW/page/Historia.aspx>.

43 Toyota do Brasil. Acesso em: 24.8.2019, em: <https://www.toyota.com.br/mundotoyota/ sobre-a-toyota/>.

44 Merce-denco. Acesso em: 24.08.2019, em: <http://merce-denco.blogspot.com/2012/10/l-12-o-caminhao-que-deu-inicio-saga-da.html>.

Quase todas essas fábricas de caminhões, automóveis, autopeças e insumos instalaram-se na capital e nos municípios de Santo André, São Bernardo do Campo e São Caetano do Sul, nas proximidades das principais conexões ferroviárias e rodoviárias entre a capital e o porto de Santos. Entre a fábrica da Ford em São Paulo e as fábricas de automóveis e caminhões em São Bernardo, a distância era de apenas 20 quilômetros, percorrida em uma excelente rodovia de pista dupla. A distância entre a Ford em São Paulo e a General Motors em São Caetano do Sul era ainda menor. Nesse limitado espaço territorial concentrava-se praticamente toda a indústria automotiva brasileira nos anos 1960.[45] A maioria dessas fábricas foi construída com fácil acesso à via Anchieta, uma rodovia de qualidade excepcional para a época, ligando o planalto onde se situa a cidade de São Paulo ao porto de Santos, no litoral. A construção da via Anchieta teve início em 1939, e foi concluída em duas etapas, com a abertura das duas pistas em 1953. Com o surgimento dessa estrada, as cargas que antes seguiam por ferrovia logo passaram a ser transportadas pela rodovia.[46] A maioria das fábricas de automóveis concentrava-se nos primeiros 20 quilômetros dos 65 da via Anchieta.

São Paulo foi o centro não só do crescimento da indústria automobilística, mas também do chamado novo sindicalismo. Nas fábricas de automóveis da região metropolitana nasceu um novo movimento sindical e um partido político poderoso. Embora não abolissem os sindicatos, os regimes militares de 1964-1985 intervieram na liderança dos sindicatos, suspenderam o direito de greve, implementaram um rigoroso controle salarial e aboliram a estabilidade no emprego,[47] além de alterarem radicalmente o sistema de aposentadorias e pensões.[48] O impacto sobre os sindicatos foi tremendo, e demorou mais de uma década para ocorrer uma retomada efetiva das mobilizações de trabalhadores e movimentos grevistas.[49] No fim dos anos 1970,

---

45 Ver Pasquale Petrone, "A cidade de São Paulo no século XX". *Revista de História,* 1955, v.10, n.21-22, p.127-70.

46 Joaquim Miguel Couto, *Entre estatais e transnacionais: O Polo Industrial de Cubatão*. Tese de Doutorado, Campinas, Unicamp, 2003, p.47-79.

47 A legislação trabalhista estipulava a estabilidade a partir de dez anos de trabalho em uma empresa. Essa norma, se por um lado trazia maior estabilidade ao empregado, por outro introduzia a rigidez nas relações trabalhistas, tolhendo o progresso das relações capitalistas nas áreas urbanas. O mecanismo de estabilidade foi substituído pelo FGTS (Fundo de Garantia por Tempo de Serviço), que determinou um depósito mensal em nome do empregado e constituiu um importante fundo institucional para financiar habitação e saneamento.

48 Ver Herbert S. Klein e Francisco Vidal Luna, *Brazil, the Military Regimes of Latin America in the Cold War* (New Haven: Yale University Press, 2017), caps.3 e 4.

49 Marcelo Badaró Matos, *Trabalhadores e sindicatos no Brasil* (São Paulo: Expressão Popular, 2009), p.101-2. Mesmo nesse período de repressão violenta houve duas greves históricas, uma em Contagem (Minas Gerais) e a outra em Osasco (São Paulo), ambas em 1968; foram fortemente reprimidas com violência pela polícia. Um apanhado do movimento sindicalista em São Paulo encontra-se em os protestos de trabalhadores ressurgiram, e surgiu em cena o chamado novo sindicalismo.[50] A greve dos metalúrgicos do ABC, em 1978, na Região Metropolitana de São Paulo, foi um marco nesse processo de ressurgimento.[51] Luiz Inácio Lula da Silva, Lula, que mais tarde se tornaria presidente da República, destacou-se como o grande líder desse novo sindicalismo. Em 1979, ocorreram greves que envolveram várias categorias profissionais e foram reprimidas com violência pelas autoridades policiais. As maiores manifestações aconteceram em São Bernardo e Diadema, onde houve uma greve prolongada conduzida pelo Sindicato dos Metalúrgicos da região, dirigido por Lula. O Tribunal Regional Eleitoral considerou a greve ilegal, e houve intervenção federal no sindicato. No Primeiro de Maio, manifestações reuniram milhares de trabalhadores em São Bernardo. A greve e a manifestação foram outro marco na luta pela redemocratização em São Paulo e no Brasil.[52] O novo sindicalismo opôs-se abertamente ao modelo de unicidade sindical, que restringia os sindicatos a um distrito, e ao imposto sindical, dois elementos da lei trabalhista que limitavam a livre organização sindical e reforçavam a interferência do Estado. O novo sindicalismo adquiriu força política expressiva quando se aliou a intelectuais, representantes de movimentos populares e setores da Igreja Católica[53] para fundar o PT, Partido dos Trabalhadores, em São Paulo, em 1980.

A aceleração do processo de industrialização em São Paulo requereu um fornecimento suficiente de eletricidade. A abundância de rios e quedas d'água no estado levou, por fim, ao uso da força hidráulica.[54] A grande expan-

---

Alessandro Moura, *Movimento Operário e sindicalismo em Osasco, São Paulo e ABC Paulista: Rupturas e descontinuidades*, Tese de Doutorado, Unesp, Marília, 2015.

50 O ressurgimento desse novo sindicalismo teve fortes repercussões na região do ABC e no chamado "movimento de oposição". O Sindicato dos Metalúrgicos de São Paulo contou com grande apoio de segmentos da Igreja Católica. Iram Jácome Rodrigues, "Igreja e Movimento Operário nas origens do Novo Sindicalismo no Brasil (1964-1978)". *História, Questões e Debates*, Curitiba, n.29, 1998, p.25-58. Por suas origens mais combativas, o novo sindicalismo também era conhecido como "sindicalismo autêntico".

51 Sob a direção do Sindicato dos Metalúrgicos de São Bernardo e Diadema, liderado por Luiz Inácio Lula da Silva, os trabalhadores decidiram não participar das negociações salariais daquele ano, denunciando-as como uma farsa, já que a lei salarial limitava os reajustes. Após determinarem a taxa de reajuste, os empregados de algumas empresas, começando pela Scania, decidiram parar as máquinas e permanecer na fábrica. Essa forma de protesto alastrou-se para outras fábricas do ABC e de outras cidades paulistas, tornando-se um marco do novo sindicalismo. Acesso em: 31.10.2017, em: <http://abcdeluta.org.br/materia.asp?id_CON=34>.

52 Esse ato foi um momento definidor na luta pela redemocratização; contou com a participação de representantes da sociedade civil e consolidou a posição de Lula como um dos principais líderes nacionais.

53 Sobre a influência da Igreja Católica na formação do PT, ver Adriano Henriques Machado, "A influência dos setores católicos na formação do Partido dos Trabalhadores: da relação com os movimentos sociais à ideia de formar um novo partido". *ANPUH – XXV Simpósio Nacional de História*, 2009, Fortaleza, acesso em: 11.1.2017, em: <http://anais.anpuh.org/wp-ontent/uploads/mp/pdf/ANPUH.S25.0956.pdf>.

54 Roberto Antonio Iannone, *A evolução do setor elétrico paulista*. Tese de Doutorado, FFLCH-USP, 2006.

são ocorreu quando capital estrangeiro entrou no setor. A empresa canadense São Paulo Tramway Light & Power Company Limited (conhecida como Light) e a American Foreign Power Company (Amforp) investiram substancialmente em importantes usinas geradoras e tiveram papel fundamental até meados do século XX.[55] A São Paulo Tramway Light & Power Company construiu a usina de Parnaíba, que, por sua vez, requereu a construção da Represa de Guarapiranga.[56] A obra seguinte foi uma usina hidrelétrica em Cubatão, com águas da represa Billings, que começou a funcionar em 1954.[57] Apesar de todo o investimento estrangeiro, a oferta de energia elétrica continuou insuficiente. Por isso, o governo do estado de São Paulo começou a ter um papel ativo na geração de energia. Em 1951, o estado criou o Departamento de Águas e Energia Elétrica (DAEE) e começou a gerar eletricidade e barragens em importantes rios do estado. Em 1952 criou uma empresa de economia mista, a Centrais Elétricas do Urubupungá (Celusa),[58] e no ano seguinte, a Usinas Elétricas do Paranapanema (Uselpa), outra empresa mista. Por fim, em 1966, São Paulo criou a Centrais Elétricas de São Paulo (Cesp) com a fusão de cinco estatais paulistas e seis empresas formalmente privadas.[59]

---

55 Ianonne, "A evolução do setor elétrico paulista", p.29. Devemos lembrar que o sistema elétrico brasileiro não era, naquela época, interligado como hoje. Por isso, a demanda por energia elétrica teve de ser atendida pela produção local. O governo do estado de São Paulo teve um papel fundamental para suprir a demanda por meio de vultosos investimentos públicos.

56 Segundo Couto, em 1925, a cidade de São Paulo tinha graves problemas de falta de energia elétrica. Em outubro daquele ano, a companhia São Paulo Light and Power Company Limited começou a racionar o fornecimento de eletricidade, atribuindo o problema a uma seca prolongada e ao aumento do consumo. Em razão dessa crise de energia, a companhia iniciou a construção da maior barragem de hidrelétrica do país, a Usina de Cubatão. Joaquim Miguel Couto, *Entre estatais e transnacionais: o Polo Industrial de Cubatão*. Tese de Doutorado, Unicamp, 2003.

57 A companhia canadense estivera à procura de novas fontes de energia desde 1911 e, em 1923, seu engenheiro Asa Billings fez o projeto da hidrelétrica na serra de Cubatão. Entre os fatores que levaram à escolha do local estavam "Primeiro, a elevada precipitação de toda a área do Planalto, drenada pelos Rios Grande e Guarapiranga e, principalmente, pela ainda mais elevada precipitação da Serra do Mar, onde se localiza a cabeceira do Rio das Pedras. Segundo, as condições topográficas da região, que possibilitaram a construção dos lagos artificiais (Reservatórios Guarapiranga e Billings)." "A construção da usina hidrelétrica de Cubatão representou uma obra inédita na engenharia do país". Couto, "Entre estatais e transnacionais: O Polo Industrial de Cubatão", p.41; Antonio Augusto da Costa Faria, A Light e a utilização dos recursos hídricos da Bacia do Tietê para a geração de energia elétrica. Acesso em: 28.8.2019, em: <http://arquivos.ambiente.sp.gov.br/cea/2011/12/AntonioAugusto.pdf>.

58 Roberto Antonio Iannone, *A evolução do setor elétrico paulista*. Tese de Doutorado, FFLCH-USP, 2006, p.79.

59 A Centrais Elétricas de São Paulo S.A. (Cesp) foi criada com a fusão de cinco estatais (Usinas Elétricas do Paranapanema – Uselpa; Companhia Hidrelétrica do Rio Pardo – Cherp; Urubupungá S.A. – Celusa; Companhia Melhoramentos de Paraibuna – Comepa e Bandeirantes de Eletricidade S.A. – Belsa) e seis empresas formalmente privadas, mas já controladas por estatais: Central Elétrica Rio Claro – Sacerc e suas associadas Companhia de Luz e Força de Mogi Mirim, Companhia de Luz e Força de Jacutinga e Empresa Melhoramentos de Mogi-Guaçu, todas controladas pela Cherp, além da Empresa Luz e Força Elétrica do Tietê e Companhia de Luz e Força de Tatuí, ambas controladas pela Belsa. Acesso em: 29.8.2019, em: <http://www.cesp.com.br/portalCesp/portal.nsf/V03.02/Empresa_Historia?OpenDocument>.

Tabela 2.3 Capacidade instalada de energia elétrica, estado de São Paulo, 1967

Empresa	Capacidade em 1000 Kw
Light	1.506
Cesp	628
CPFL (Amforp)	314
Outros	209
Total operando	2.019
Usinas da Cesp – operando	
Barra Bonita	122
Álvaro de Souza Lima	82
Armando A. Laydner	86
Lucas Nogueira Garcez	62
Euclides da Cunha	98
Armando de Salles Oliveira	28
Graminha	68
Usinas da Cesp – em construção	
Álvaro de Souza	41
Ibitinga	114
Promissão	264
chavantes	400
Jaguari	24
Paraibuna	50
Jupiá	1.400
Ilha Solteira	3.200
Cesp – Total em construção	5.493

Fonte: Iannone (2006), p.103-5.

Em fins dos anos 1960, a Cesp seria a maior empresa de energia do estado, superando a capacidade da Light (Tabela 2.3).[60]

Além da eletricidade, o governo federal começou a construir oleodutos desde o porto de Santos até a capital do estado.[61] Em 1951, já havia um segundo oleoduto e, em 1974, ambos foram adquiridos pela Petrobras. Além disso, o governo construiu a Refinaria Presidente Bernardes em Cubatão.[62]

---

60 Roberto Ianonne, *A evolução do setor elétrico paulista*, Tese de Doutorado, FFLCH-USP, 2006, p.58.

61 Couto, "Entre estatais e transnacionais: o Polo Industrial de Cubatão", p.59. Segundo o autor, a construção do Oleoduto Santos-São Paulo foi incluída nos projetos do Plano SALTE em 1948. A construção e a operação do oleoduto ficaram a cargo da Estrada de Ferro Santos-Jundiaí. Essa concessão pelo CNP justificava-se porque a Santos-Jundiaí já transportava 80% do volume dos combustíveis líquidos recebidos pelo porto de Santos.

62 Couto, "Entre estatais e transnacionais: o Polo Industrial de Cubatão", p.59.

A refinaria começou a funcionar em 1955, produzindo gasolina para veículos automotores e aviões, querosene, diesel e outros derivados de petróleo, e tinha capacidade para processar o petróleo venezuelano, mais pesado, e o árabe, mais leve, além do petróleo extraído na Bahia.[63] A Refinaria Presidente Bernardes foi responsável por mais da metade do petróleo refinado no Brasil desde sua construção até o começo dos anos 1960, quando a abertura de refinarias em outros estados reduziu gradualmente sua participação para aproximadamente 8% da produção nacional de produtos de petróleo.[64]

Outra indústria importante criada pelo estado de São Paulo nesse período foi a Companhia Siderúrgica Paulista. Um grupo de engenheiros de São Paulo propôs a construção de uma siderúrgica no litoral.[65] Em 1956, foi fundada a Cosipa, em Cubatão, uma empresa mista, com o BNDES detentor de metade das ações e também com a participação do Estado, começando a operar em 1965.[66] A usina viria a ser depois uma empresa totalmente estatal, quando a Siderbras assumiu seu controle.[67] O Alto-Forno 1, inaugurado em 1965, foi considerado o maior do Brasil e o segundo da América Latina, e a empresa era uma siderúrgica integrada, transformando minério em ferro-gusa, ferro-gusa em aço e aço em produtos planos.[68]

Com a resolução dos problemas de energia, transporte e insumos básicos por meio de capital público e privado, os governos estadual e federal foram cruciais para promover a industrialização em São Paulo. A indústria paulista crescia mais depressa do que em outros estados brasileiros. Entre 1950 e 1960 o valor da produção industrial aumentou 120% em São Paulo, comparado a apenas 80% no Brasil. Na época do Censo Industrial de 1960 havia 36.254 estabelecimentos industriais em São Paulo, e eles empregavam 46% da força de trabalho brasileira ocupada na indústria, usavam 56% da energia na indústria e geravam 55% do valor de toda a produção industrial no Brasil (**Tabela 2.4**).

---

63 Couto, "Entre estatais e transnacionais", p.78.

64 Petrobras. Acesso em: 20.8.2019, em: <http://www.petrobras.com.br/fatos-edados/refinaria-presidente-bernardes-completa-60-anos-de-atividades-em-cubatao.htm>.

65 Couto, "Entre estatais e transnacionais", p.113.

66 Destinava-se atingir uma produção de 2,4 milhões de toneladas/ano de laminados em 1960, num acréscimo de 1,4 milhão de toneladas ao ano a partir da produção de 1954. Maria Lucia Amarante de Andrade e Luiz Maurício da Silva Cunha. "O setor siderúrgico", BNDES, acesso em: 29.8.2019, em: <https://web.bndes.gov.br/bib/jspui/bitstream/1408/13314/1/BNDES%2050%20Anos%20-%20Hist%C3%B3rias%20Setoriais_O%20Setor%20Siderurgico_P.pdf; p.22; Martinho Prado Uchoa, "A história da Cosipa". Acesso em: 30.8.2019, em: <http://www.novomilenio.inf.br/subatao/ch027.htm>.

67 Maria Lucia Amarante de Andrade e Luiz Maurício da Silva Cunha. "O setor siderúrgico", BNDES, acesso em: 30.8.2019, em: <https://web.bndes.gov.br/bib/jspui/bitstream/1408/13314/1/BNDES%20 50%20Anos%20-20Hist%C3%B3rias%20Setoriais_O%20Setor%20Siderurgico_P.pdf>, p.22.

68 Couto. "Entre estatais e transnacionais: o Polo Industrial de Cubatão", p.118.

Embora em 1960 indústrias tradicionais como a têxtil e a de alimentos fossem importantes em número de estabelecimentos e de empregados e em valor da produção, os setores influenciados pela indústria automotiva eram, nessa época, tão significativos quanto aquelas indústrias tradicionais. Eles incluíam também borracha, metalurgia e máquinas, que representavam indústrias consideráveis no estado. Essas "novas" indústrias tinham menos estabelecimentos, mas empregavam quase metade dos operários, geravam quase metade do valor da produção e 58% do valor da transformação industrial. Além disso, seu valor médio da produção e seu valor da transformação industrial alcançavam mais que o dobro dos setores tradicionais (Tabela 2.5).

Em 1960, o estado de São Paulo era responsável por mais de metade do valor total da produção e do valor da transformação industrial no Brasil. Em alguns setores, como o de máquinas, equipamentos elétricos e de comunicações, equipamentos de transporte e borracha, a participação era ainda maior. O estado era responsável inclusive por mais de metade da indústria têxtil nacional. Nos anos 1950, a participação de São Paulo na indústria nacional aumentara em número de operários, em valor da produção e em valor da transformação industrial (Tabela 2.10).

Nessa década aumentou a concentração das indústrias na capital e cidades vizinhas. No entanto, também houve crescimento em novos centros industriais no estado. Cubatão, nessa época, tornara-se um importante eixo das indústrias química e petroquímica. Sorocaba, Campinas e Jundiaí também se tornaram centros industriais importantes, com fábricas de médio e grande porte de vários ramos (Tabela 2.6).[69]

Todo esse investimento do Estado em desenvolvimento industrial nos anos 1950 deixou o Brasil em graves dificuldades econômicas, com inflação anual em torno de 50% e grandes desequilíbrios em suas contas públicas e correntes. O país também passava por uma nova crise do café, com preços baixos, estoques grandes e produção incompatível com o tamanho do mercado externo. Nesse contexto aconteceu a crise política dos anos 1960 que terminou com o golpe militar de 1964.

O primeiro governo militar identificou graves distorções na estrutura econômica do país como causas da inflação e da crise econômica, tendo

---

69 Sobre Campinas, ver Ulisses Cidade Semeghini, *Campinas (1860 a 1890): Agricultura, industrialização e urbanização*. Tese de Mestrado, Unicamp, 1988; Ulisses Cidade Semeghini, "A Região Administrativa de Campinas", Fundação Seade, *São Paulo no limiar do século XX*. São Paulo: 1992, v.8, p.15-70. Sobre Sorocaba, ver Gustavo Zimmermann, "A Região Administrativa de Sorocaba", Fundação Seade, *São Paulo no limar do século XX*. São Paulo: 1992, v.8, p.147-80; Andressa Celli, *Evolução urbana de Sorocaba*. Dissertação de Mestrado, FAU-USP, São Paulo, 2012.

Tabela 2.4 Indicadores da indústria do estado de São Paulo e Brasil – Censo de 1960 (valor R$ 1000)

Dados de 1960	Brasil	São Paulo	% São Paulo no Brasil	Indicador/Núm. empresas	
				Brasil	São Paulo
Número de estabelecimentos	110.771	36.254	33%		
Pessoal ocupado total	1.799.376	831.339	46%	16	23
Operários	1.425.886	650.072	46%	13	18
Força motriz	5.145.225	2.677.865	52%	46	74
Salários totais	145.123.339	78.589.310	54%	1.310	2.168
Salários dos operários	102.802.744	53.335.323	52%	928	1.471
Valor da produção industrial	1.194.784.551	658.067.422	55%	10.786	18.152
Valor da transformação industrial	553.918.842	301.914.041	55%	5.001	8.328
Dados de 1950	1950	1950			
Valor da produção industrial	118.605.165	55.291.473			
Pessoal ocupado total	1.522.844	576.766			
Operários	1.279.184	488.633			
Força motriz	2.824.152	1.135.764			

Fonte: Censo Industrial de 1960, Série Nacional, v.III, p.76.
Nota: Valores de 1949 e 1959, ajustados pelo IGP-DI correspondentes.

Tabela 2.5 Indicadores da indústria do estado de São Paulo, por setores – Censo de 1960 (valor CR$ 1000)

	Estab.	Média operários	Salários pagos	Valor da produção	Valor transf. industrial	Média operários	Média valor produção	% Operários	% Valor trans. industrial	% Número empresas
Total	36.129	687.982	53.175.178	650.751.737	297.048.325	19	18.012	100%	100%	100%
Indústrias extrat. prod. minerais	665	2.482	160.174	1.117.636	1.057.784	4	1.681	0%	0%	2%
Indústria de transformação	35.464	685.500	53.015.004	649.634.101	295.990.541	19	18.318	100%	100%	98%
Transf. minerais não metálicos	5.515	58.046	3.850.296	26.606.262	18.068.199	11	4.824	8%	6%	15%
Metalurgia	2.542	75.131	6.429.839	59.721.443	28.023.157	30	23.494	11%	9%	7%
Mecânica	1.132	35.883	3.284.638	26.531.348	14.554.856	32	23.438	5%	5%	3%
Material elétrico e de comunicações	709	35.024	3.066.929	37.360.397	16.770.587	49	52.694	5%	6%	2%
Material de transportes	1.098	47.519	4.439.249	69.958.781	35.206.215	43	63.715	7%	12%	3%
Madeira	1.931	12.517	872.714	7.038.505	3.592.522	6	3.645	2%	1%	5%
Mobiliário	2.844	24.152	1.854.486	12.966.789	6.964.318	8	4.559	4%	2%	8%
Papel e papelão	376	19.626	1.568.729	22.421.847	9.816.217	52	59.633	3%	3%	1%
Borracha	168	10.809	1.069.205	21.538.045	10.229.756	64	128.203	2%	3%	0%
Couros e peles e seus produtos	548	6.165	408.109	4.231.620	1.756.104	11	7.722	1%	1%	2%
Química	670	35.904	3.288.690	69.512.397	30.195.638	54	103.750	5%	10%	2%
Prod.farmacêuticos e medicinais	157	6.728	555.221	12.100.320	6.877.097	43	77.072	1%	2%	0%
Produtos perfumaria	283	3.828	255.903	8.570.353	3.602.051	14	30.284	1%	1%	1%
Prod. matérias plásticas	222	5.565	470.505	4.418.071	2.285.415	25	19.901	1%	1%	1%
Têxtil	2.147	152.706	10.561.883	87.048.974	36.951.188	71	40.544	22%	12%	6%
Vestuário e calçado	3.274	38.399	2.541.500	22.686.395	10.506.784	12	6.929	6%	4%	9%
Produtos alimentares	8.581	66.478	4.425.840	115.145.398	36.355.924	8	13.419	10%	12%	24%
Bebidas	690	10.235	792.014	12.834.988	7.262.433	15	18.601	1%	2%	2%
Fumo	19	2.619	219.641	4.490.291	2.695.781	138	236.331	0%	1%	0%
Editorial e gráfico	1.429	19.352	1.655.081	14.211.336	8.151.003	14	9.945	3%	3%	4%
Diversos	1.129	18.814	1.404.532	10.240.541	6.125.296	17	9.070	3%	2%	3%

Fonte: IBGE, Anuário Estatístico do Brasil, 1963, p.82.

Tabela 2.6 Produção industrial no estado de São Paulo e municípios por valor da transformação industrial (VTI) – Censo de 1960 (valor R$ 1000)

Estado e municípios	População	Estab.	Força motriz CV	Média de operários	Valor da produção	Valor transf. industrial, VIT	Salários operários	Participações		
								No valor produção	No VTI	Nos operários
Estado de São Paulo	**12.974.699**	**36.129**	**2.621.109**	**687.982**	**650.752**	**297.752**	**53.175**	**100%**	**100%**	**100%**
São Paulo (capital)	3.825.351	14.546	1.044.764	377.832	335.998	162.467	31.746	55%	60%	55%
Santo André	245.147	455	200.382	32.088	45.068	18.221	2.981	6%	6%	5%
São Bernardo	82.411	284	93.355	21.688	34.466	16.936	1.965	6%	4%	3%
São Caetano	114.421	252	123.949	16.195	21.119	9.117	1.400	3%	3%	2%
Cubatão	25.166	50	106.856	2.461	20.067	9.499	381	3%	1%	0%
Sorocaba	138.323	267	44.494	17.538	11.271	5.316	1.193	2%	2%	3%
Campinas	219.303	520	53.387	12.328	10.855	4.504	847	2%	2%	2%
Jundiaí	118.874	365	55.330	14.094	8.453	4.048	991	1%	2%	2%
Mauá	28.924	84	19.070	4.211	8.330	3.456	344	1%	1%	1%
Santos	265.753	551	22.025	4.751	7.086	2.224	347	1%	1%	1%
Guarulhos	101.273	453	32.127	6.972	6.197	2.894	541	1%	1%	1%
Piracicaba	116.190	392	55.813	6.515	5.534	2.486	442	1%	1%	1%

Fonte: IBGE, Anuário Estatístico do Brasil, 1963, p.118.

destacado o setor produtivo e a pressão excessiva sobre a demanda agregada exercida pelos déficits públicos financiados pela expansão monetária, a excessiva expansão do crédito ao setor privado e a alta dos salários. Dada a natureza autoritária do regime, o governo pôde implementar reformas sem oposição; criou novos tributos e indexou a economia com a instituição da correção monetária. O déficit passou a ser financiado principalmente pela emissão de títulos da dívida pública, em contraste com a prática anterior de financiá-lo emitindo moeda.[70] Além disso, o governo implementou uma ampla correção dos preços de bens e serviços públicos e adotou a política de atrasar o reajuste dos salários com base na taxa de inflação. A indústria sofreu com as restrições ao crédito, a produção industrial declinou e, em 1967, quando o segundo presidente militar tomou posse, a economia dava sinais de recessão.

Mas o regime autoritário precisava de legitimidade política, e o único modo de obtê-la era pelo crescimento econômico. Embora esse período de 1967 a 1973 tenha sido o de maior repressão política em toda a era militar, também foi a época do "milagre econômico", assim chamado em razão das altas taxas de crescimento alcançadas pelo país. Aproveitando a estabilização advinda das reformas, o governo criou novos incentivos e subsídios e usou a capacidade ociosa do setor produtivo e as condições favoráveis no mercado internacional para impulsionar o crescimento da indústria e da agricultura.

Para evitar o tradicional gargalo externo, o governo introduziu mecanismos de incentivo para a exportação de produtos manufaturados, até então irrelevantes nas exportações brasileiras. Agora as exportações contavam com uma taxa de câmbio realista e relativamente estável, graças a um sistema de minidesvalorizações periódicas associadas ao diferencial entre a inflação interna e a externa, e isso protegia os exportadores de grandes flutuações nos preços relativos. Junto com o crédito, os incentivos e os subsídios destinados a estimular e direcionar investimentos privados para áreas prioritárias, o governo intensificou sua própria atuação por intermédio de

---

70 André Lara Resende, "Estabilização e reforma," in: Marcelo de Paiva Abreu (Org.), *A ordem do Progresso* (Rio de Janeiro: Campus, 1992), p.213-32; Mario Henrique Simonsen e Roberto Campos, *A nova economia brasileira* (Rio de Janeiro: José Olympio, 1979); Albert Fishlow, "Algumas reflexões sobre a política brasileira após 1964", *Estudos Cebrap*, n.6, jan.-mar. 1974; Mario Henrique Simonsen, *Inflação, gradualismo x tratamento de choque* (Rio de Janeiro: Apec, 1970); Paul Singer, *A crise do "Milagre"* (Rio de Janeiro: Paz e Terra, 1977); Antonio Delfim Netto, "Análise do comportamento recente da economia brasileira: diagnóstico" (São Paulo: mimeo, 1967); Regis Bonelli e Pedro Malan, "Os limites do possível: notas sobre balanço de pagamento e indústria nos anos 70". *Pesquisa e Planejamento Econômico*, v.6, n.2, 1976, p.355-406; Herbert S. Klein e Francisco Vidal Luna, *Brazil, 1964-1985, The Military Regimes of Latin America in the Cold War* (New Haven: Yale University Press, 2017).

empresas públicas. Também procurou descentralizar investimentos, não só para atender demandas políticas, mas também para reduzir as enormes disparidades regionais. Isso teve um efeito acentuado em São Paulo, e, apesar de um forte crescimento industrial nesse período, o estado gradualmente perdeu sua importância na indústria nacional do Brasil.

Entre 1967 e 1973 o PIB cresceu à taxa anual média de 10%, e a indústria a uma taxa ainda mais alta.[71] A economia foi modernizada, houve uma incorporação significativa de novos trabalhadores ao mercado de trabalho formal e consolidou-se um grande segmento de consumidores de classe média. Contudo, o crescimento rápido financiado em grande medida por recursos do mercado de crédito internacional e os desequilíbrios acumulados nas contas do Estado e nas contas externas acarretaram para o Brasil um endividamento crescente, aumentando a vulnerabilidade do país a mudanças súbitas no mercado financeiro internacional. O primeiro choque do petróleo em 1973 foi um sinal claro da crise seguinte, que ocorreria nos anos 1980.

Em 1974, a ala moderada dos militares assumiu o poder. Seu objetivo era abrir o sistema político e, para legitimar essa abertura, seria preciso promover taxas elevadas de crescimento econômico. Planos de estabilização recessivos não seriam politicamente aceitáveis. A maioria dos países afetados pela crise do petróleo adotou programas recessivos, destinados a restringir a demanda interna e ajustar a economia à nova situação de altos preços da energia; esses países tiveram de transferir parte considerável de sua renda para países exportadores de petróleo. Em contraste, o governo brasileiro seguiu o caminho oposto. Estimulou a economia e desenvolveu um ambicioso programa de investimentos destinado a aumentar a oferta interna de bens de capital e de produtos de consumo básicos, esperando, assim, reduzir a dependência das importações. A abundância de capital estrangeiro graças à reciclagem de recursos gerada pelos países exportadores de petróleo permitiu ao Brasil seguir esse caminho por meio de empréstimos internacionais, porém à custa de um maior endividamento interno e externo.

No Segundo Plano Nacional de Desenvolvimento, lançado em 1974, o governo militar propôs investimentos substanciais na indústria.[72] As metas para a indústria e a infraestrutura eram ambiciosas, porém a maioria foi al-

---

71 Ipeadata. IBGE/SCN: PIB, variação real anual e PIB da indústria de transformação. Valor adicionado, valor real anual.

72 O II PND projetou um crescimento acumulado de 61% do PIB e de 76% no PIB Industrial entre 1974 e 1979. O crescimento efetivo nesse período foi em torno de 45% – elevado, mas com um comportamento irregular. Ver II Plano Nacional de Desenvolvimento (1975-1979), quadro 1. Acesso em: 23.9.2019, em: <file:///E:/Users/Luna/Downloads/II%20PND%2075_79%20(1).pdf>.

cançada no período.[73] Também se deu uma nova ênfase sobre a descentralização da indústria, reduzindo sua concentração no estado de São Paulo.[74] Grandes projetos de infraestrutura foram direcionados principalmente para outros estados.[75] O plano visava a um crescimento mais rápido do Nordeste do que no resto do país para reduzir disparidades regionais. Foi nesse período que se estabeleceu a fábrica da Fiat em Minas Gerais, a primeira fábrica de automóveis moderna fora do estado de São Paulo.[76]

Em 1979 ocorreu o segundo choque do petróleo, mas dessa vez o mercado financeiro internacional reduziu drasticamente a oferta de recursos a países devedores. Esse foi o começo da chamada "crise da dívida", que afetou quase todos os países da América Latina nos anos 1980 e forçou governos a reestruturar suas dívidas externas e interromper a longa trajetória de crescimento que vinham seguindo desde a segunda metade do século XX. Em agosto de 1982 a crise mexicana evidenciou a gravidade da situação, a ponto de os bancos internacionais fecharem suas portas ao Brasil e exigirem que o país assinasse um acordo formal com o FMI. Mas a deterioração da situação econômica prosseguiu à medida que o país continuou a atrasar seus pagamentos da dívida externa. O Brasil também teve dificuldade para honrar acordos com o FMI que requeriam fortes reduções na economia apesar de o país já estar em recessão. São Paulo, por sua liderança na economia, foi particularmente afetado, pois a indústria concentrava-se nesse estado, e o PIB industrial tornou-se negativo. Esse era o cenário econômico quando se iniciou a redemocratização do país, em 1985.

---

73 Sobre o período Geisel, ver: Antonio Barros de Castro e Francisco Eduardo Pires de Souza, *A economia brasileira em marcha forçada* (Rio de Janeiro: Paz e Terra, 1985), p.295-322; Rogério Werneck, *Empresas estatais e política macroeconômica* (Rio de Janeiro: Campus, 1987); Pedro Cezar Dutra Fonseca e Sergio Marley Modesto Monteiro, "O Estado e suas razões: o II PND". *Revista de Economia Política*, v.28, n.1 [109], jan./mar. 2007, p.28-46; João P. dos Reis Velloso, "A fantasia política: a nova alternativa de interpretação do II PND". *Revista de Economia Política*, v.18, n.2 [70], p.133-44; Carlos Lessa, *Estratégia de Desenvolvimento, 1974-79: sonhos e fracasso*. Tese de Professor Titular, UFRJ, Rio de Janeiro, 1978; Vanessa Boarati, *A discussão entre os economistas na década de 1970 sobre a estratégia de desenvolvimento econômico II PND: motivações, custos e resultados*. Dissertação de Mestrado, FEAUSP, São Paulo, 2003; Basília Maria Baptista Aguirre e Fabiana da Cunha Saddi, "Uma alternativa de interpretação do II PND". *Revista de Economia Política*, v.17, n.4 (68), out./nov. 1997, p.79-98.

74 Embora houvesse interesse em reduzir as disparidades existentes e criar novos centros de desenvolvimento, o II PND reconheceu a importância do Centro-Sul. Ver também Carlos Lessa, "Estratégia de desenvolvimento, 1974-1979: sonhos e fracasso" (Campinas: Unicamp, 1998), cap.2.

75 O II PND também teve por objetivo desenvolver vastas áreas ainda insuficientemente colonizadas, como a Amazônia e o Centro-Oeste, além de promover o desenvolvimento social. Seria dada atenção especial ao Nordeste. II PND, p.15.

76 "A fábrica foi inaugurada com a produção em série do 147. [...] Desde a sua inauguração no país, a Fiat revolucionou o mercado automobilístico brasileiro: indicou tendências, tecnologias e processos até então disponíveis apenas nos países mais avançados". *A Fiat Automóveis inicia sua história em nosso país*. Acesso em: 24.9.2019, em: <file:///E:Users/Luna/Downloads/Linha%20do%tempo_.pdf>.

Gráfico 2.3 Número de trabalhadores nas indústrias de transformação, Brasil, 1970-1995

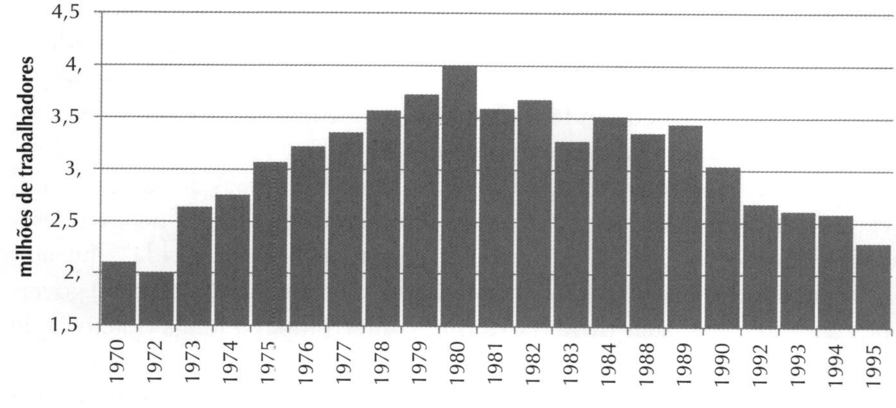

Fonte: IBGE Séries históricas, tabela IND04100.

Nos vinte anos entre 1960 e 1980 ocorreram profundas transformações econômicas e sociais no Brasil, porém a um custo alto. O processo de industrialização completou-se com a criação de novas indústrias no setor de insumos básicos e em especial com o estabelecimento de uma indústria de bens de capital madura. O crescimento em todas as áreas manufatureiras foi muito rápido nesse período, e 1980 representou o ponto culminante do crescimento industrial brasileiro. Isso pode ser visto no número de pessoas ocupadas no setor manufatureiro, que atingiu o auge de 4 milhões em 1980, para então entrar em um declínio constante, registrando apenas metade desse número de operários em meados dos anos 1990 (Gráfico 2.3). Também nos anos 1980 a parcela da indústria no PIB alcançaria seu ápice, 48% em 1985, e a partir daí declinaria chegando a menos de metade dessa taxa em 2018, enquanto o valor adicionado pela indústria no PIB chegaria ao auge e cairia para um terço desse valor nos anos 1990 (Tabela 2.7).

São Paulo também teve crescimento rápido no setor industrial de 1950 a 1980. O número de trabalhadores na indústria paulista aumentou de 831 mil para 2,2 milhões entre 1960 e 1980. Apesar desse crescimento, a estrutura básica da indústria paulista permaneceu a mesma de 1950. Metade dos 62 mil estabelecimentos industriais tinha menos de dez empregados em 1980, mas estes representavam apenas 6% do total das pessoas ocupadas e 2% do valor da produção. Os estabelecimentos com cem ou mais operários empregavam cerca de dois terços do número de pessoas ocupadas e geravam dois terços do valor da produção e do valor da transformação industrial (Tabela 2.8).

Tabela 2.7 Variação anual do PIB industrial e participação da indústria no PIB nacional, 1947-2018 (em porcentagem)

	Participação no PIB		Variação anual			Participação no PIB		Variação anual			Participação no PIB		Variação anual	
Ano	PIB Industrial	PIB Ind. transf.	PIB	PIB Ind. transf.	Ano	PIB Industrial	PIB Ind. transf.	PIB	PIB Ind. transf.	Ano	PIB industrial	PIB Ind. transf.	PIB	PIB Ind. transf.
1947	26,0	19,9			1971	38,8	29,7	11,3	11,9	1995	27,0	16,8	4,2	2,0
1948	24,9	19,4	9,7	12,3	1972	39,5	30,4	11,9	14,0	1996	25,6	15,0	2,2	0,1
1949	25,4	19,3	7,7	11,0	1973	41,9	33,0	14,0	16,6	1997	25,7	14,8	3,4	2,5
1950	25,0	19,3	6,8	12,7	1974	43,2	33,8	8,2	7,8	1998	25,1	13,8	0,3	-4,8
1951	26,0	19,6	4,9	5,3	1975	43,3	33,6	5,2	3,8	1999	25,1	14,2	0,5	-1,9
1952	25,0	18,8	7,3	5,6	1976	43,0	33,4	10,3	12,1	2000	26,8	15,3	4,4	5,7
1953	26,3	19,7	4,7	9,3	1977	41,8	32,1	4,9	2,3	2001	26,6	15,4	1,4	0,7
1954	26,7	20,8	7,8	9,3	1978	43,1	33,1	5,0	6,1	2002	26,4	14,5	3,1	2,1
1955	26,6	21,2	8,8	11,1	1979	43,6	33,2	6,8	6,9	2003	27,0	16,9	1,1	2,7
1956	28,2	22,0	2,9	5,5	1980	44,1	33,7	9,2	9,1	2004	28,6	17,8	5,8	9,1
1957	28,9	22,4	7,7	5,4	1981	44,3	33,2	-4,3	-10,4	2005	28,5	17,4	3,2	2,2
1958	32,2	24,7	10,8	16,8	1982	45,8	34,4	0,8	-0,2	2006	27,7	16,6	4,0	1,2
1959	33,9	26,7	9,8	12,9	1983	44,4	33,1	-2,9	-5,8	2007	27,1	16,6	6,1	6,1
1960	33,2	26,3	9,4	10,6	1984	46,2	33,9	5,4	6,2	2008	27,3	16,5	5,1	4,2
1961	33,5	27,9	8,6	11,1	1985	48,0	35,9	7,8	8,4	2009	25,6	15,3	-0,1	-9,3
1962	33,6	27,1	6,6	8,1	1986	47,2	34,7	7,5	11,3	2010	27,4	15,0	7,5	9,2
1963	34,2	27,4	0,6	-0,2	1987	47,5	33,4	3,5	1,0	2011	27,2	13,9	4,0	2,3
1964	33,7	27,1	3,4	5,0	1988	46,8	33,4	-0,1	-3,4	2012	26,0	12,6	1,9	-2,4
1965	33,2	25,9	2,4	-4,7	1989	46,3	32,4	3,2	2,9	2013	24,9	12,3	3,0	3,0
1966	34,2	26,6	6,7	11,7	1990	38,7	26,5	-4,3	-9,5	2014	23,8	12,0	0,5	-4,7
1967	33,5	25,5	4,2	2,2	1991	36,2	24,9	1,0	0,2	2015	22,5	12,2	-3,8	-8,5
1968	36,3	27,8	9,8	14,2	1992	38,7	26,4	-0,5	-4,2	2016	21,2	12,5	-3,6	-4,8
1969	36,9	28,3	9,5	11,2	1993	41,6	29,1	4,9	8,3	2017	21,3	12,3	1,0	1,7
1970	38,3	29,3	10,4	11,9	1994	40,0	26,8	5,8	7,0	2018	21,6	11,3	1,1	1,4

Fonte: Ipeadata. Dados Originais: IBGE, Sistema de Contas Nacionais.

Tabela 2.8 Tamanho dos estabelecimentos industriais em São Paulo, distribuídos por grupos de pessoas ocupadas – Censo de 1980 (valor Cr$ 1000)

Grupos pessoal ocupado	Estab.	Pessoal ocupado	Operários ocupados	Valor da produção	Valor transf. industrial	Participação			
						Nos estab.	Nos operários ocupados	No valor da produção	No valor da transformação
Total	61.953	2.287.045	1.942.714	5.017.158.214	2.093.185.175	100%	100%	100%	100%
1 a 4	15.867	43.941	16.259	31.533.538	13.347.643	26%	1%	1%	1%
5 a 9	14.730	96.878	57.634	79.480.724	30.990.107	24%	3%	2%	1%
10 a 19	11.842	160.608	120.449	204.292.391	80.660.811	19%	6%	4%	4%
20 a 49	10.258	319.322	262.594	527.630.160	217.228.776	17%	14%	11%	10%
50 a 99	4.498	314.978	269.334	591.328.351	257.194.622	7%	14%	12%	12%
100 a 249	3.147	482.513	423.024	1.041.416.454	440.731.047	5%	22%	21%	21%
250 a 499	1.076	365.679	332.644	1.073.759.863	444.983.069	2%	17%	21%	21%
500 e mais	535	503.126	460.776	1.467.716.733	608.049.100	1%	24%	29%	29%

Fonte: IX Recenseamento Geral Brasil-1980, v.3, t.2, parte 1, n.19, p.256-257.

Contudo, ocorreu nesse período uma mudança significativa no peso das indústrias novas e antigas, refletindo a importância crescente da indústria básica ou pesada. As indústrias classificadas como "novas" agora empregavam a maioria dos operários e eram responsáveis pelo grosso do valor da produção industrial (Tabela 2.9).

Apesar da descentralização crescente da indústria nesse período de vinte anos, a posição de São Paulo no contexto da indústria nacional permaneceu relativamente estável. Das cinco regiões brasileiras, o crescimento industrial mais rápido ocorreu no Nordeste, ajudado também pela criação da Zona Franca de Manaus em 1967.[77] Mas, como antes, São Paulo ainda foi responsável por aproximadamente a mesma parcela da atividade (Tabela 2.10).

Não só houve uma dispersão gradual da indústria por todo o Brasil nos anos 1970 e 1980 como parte do plano governamental para o setor industrial, mas também, no próprio estado, diminuiu a concentração industrial na capital. A cidade de São Paulo, que em 1960 era responsável por 55% dos empregos e 60% do valor da produção industrial, teve uma redução para 40% do emprego e 35% do valor adicionado da Transformação Industrial em 1980. Contudo, apesar de a capital propriamente dita perder a proeminência, a região metropolitana ainda possuía uma capacidade industrial excepcional. A recém-criada Região Metropolitana de São Paulo (RMSP), que abrangia 37 municípios da capital, ainda era responsável por 64% do emprego e 63% do valor adicionado pela indústria. Os municípios mais importantes com exceção da capital eram São Bernardo do Campo,[78] Santo André[79] e Guarulhos, onde estava surgindo um setor industrial diversificado.[80] Além disso, agora existiam novos centros industriais importantes fora da região metropolitana da capital. Em Cubatão, no litoral, próximo a Santos, havia um grande complexo petroquímico e siderúrgico,[81] e outro

---

77 A Zona Franca de Manaus foi caiada pelo Decreto-Lei 288 de 1967 para ser uma área de livre-comércio. O centro tem aproximadamente quinhentos projetos aprovados, distribuídos por vários setores de atividade. Ver Marcio Holland (Org.), *Zona Franca de Manaus, Impactos, efetividade e oportunidades*. São Paulo, FGV/EESP. Acesso em: 2.9.2019, em: <http://site.suframa.gov.br/assuntos/publicacoes/estudo_fgv_zfm_impactos_efetividade_e_oportunidades.pdf>.

78 Em São Bernardo do Campo metade do valor adicionado da Transformação Industrial foi gerado pelo setor de materiais de transporte e 22% pelos setores metalúrgico e mecânico. Censo Industrial 1980, v.1, t.2, n.9, p.176-7.

79 Forte participação do setor metalúrgico, mecânico e químico, sendo este último baseado na produção do complexo petroquímico de Capuava.

80 Em Guarulhos os segmentos mais representativos foram: metalúrgico, mecânico e material elétrico e comunicações. Censo Industrial 1980, v.1, t.2, n.19, p.166-7. Ali se situa atualmente o principal aeroporto do Brasil.

81 Em Cubatão 64% do valor adicionado da transformação industrial proveio do setor químico e 10% do metalúrgico. Censo Industrial 1980, v.1, t.2, n.19, p.164-85.

Tabela 2.9 Indicadores da indústria do estado de São Paulo, por setores – Censo de 1980 (valor CR$ 1000)

	Estab.	Média operários	Salários pagos	Valor da produção	Valor transf. industrial	Média operários	Média valor produção	% operários	% valor da produção	% valor transf. industrial
Total	60.222	2.209.344	401.867.009	4.988.156.532	2.062.211.831	37	82.829	100%	100%	100%
					Setores "novos"					
Tranf. minerais não metálicos	8.147	141.988	19.175.601	158.692.877	91.057.109	17	19.479	6%	3%	4%
Metalúrgia	6.251	300.531	58.379.346	679.102.285	244.522.124	48	108.639	13%	13%	12%
Mecânica	5.516	324.198	87.048.260	497.403.644	264.700.751	59	90.175	14%	10%	13%
Material elétrico e de comunições	2.110	165.038	32.758.899	331.434.439	161.328.539	78	157.078	7%	7%	8%
Material de transportes	1.504	172.765	39.915.100	563.288.474	203.510.657	115	374.527	8%	11%	10%
papel e papelão	892	58.822	11.401.038	145.098.870	63.510.779	66	162.667	3%	3%	3%
Borracha	514	37.784	7.833.066	112.414.674	37.324.172	74	218.706	2%	2%	2%
Química	1.553	80.351	21.338.243	906.593.580	312.904.827	52	583.769	4%	18%	15%
Prod. farmacêuticos e medicianais	222	19.030	4.037.209	68.715.420	42.051.069	86	309.529	1%	1%	2%
Produtos perfumaria	309	13.547	2.454.974	53.735.425	23.721.339	44	173.901	1%	1%	1%
Prod. matérias plásticas	1.721	75.230	11.160.828	117.694.548	57.017.744	44	68.387	3%	2%	3%
Subtotal "novos"	**28.739**	**1.389.284**	**295.502.564**	**3.634.174.236**	**1.501.649.110**	**48**	**126.454**	**61%**	72%	71%

(cont.)

Tabela 2.9 Indicadores da indústria do estado de São Paulo, por setores – Censo de 1980 (valor CR$ 1000)

	Estab.	Média operários	Salários pagos	Valor da produção	Valor transf. industrial	Média operários	Média valor produção	% operários	% valor da produção	% valor transf. industrial
Total	60.222	2.209.344	401.867.009	4.988.156.532	2.062.211.831	37	82.829	100%	100%	100%
					Setores "tradicionais"					
Madeira	1.860	30.888	3.943.437	36.427.238	20.617.702	17	19.585	1%	1%	1%
Mobiliário	3.081	66.819	8.305.851	65.579.521	31.474.066	22	21.285	3%	1%	1%
Couros e peles e seus produtos	357	11.867	1.347.722	13.145.413	5.040.627	33	36.822	1%	0%	0%
Têxtil	3.194	186.506	26.224.152	320.038.356	135.087.496	58	100.200	8%	6%	6%
Vestuário e calçado	6.747	195.756	19.456.544	172.228.565	80.615.985	29	25.527	9%	3%	4%
Produtos alimentares	10.540	178.792	21.517.180	533.038.637	155.782.993	17	50.573	8%	11%	7%
Bebidas	575	17.169	2.628.222	34.839.117	15.792.526	30	60.590	1%	1%	1%
Fumo	6	1.895	520.736	8.667.687	5.912.322	316	1.444.615	0%	0%	0%
Editorial e gráfico	3.263	64.538	13.304.017	77.427.454	51.068.680	20	23.729	3%	2%	2%
Diversos	1.860	65.830	9.116.584	92.590.308	59.170.324	35	49.780	3%	2%	3%
Subtotal "tradicionais"	**31.483**	**820.060**	**106.364.445**	**1.353.982.296**	**560.562.721**	**26**	**43.007**	**36%**	27%	27%

Fonte: IX Recenseamento Geral Brasil-1980, v.3, t.2, parte 1, n.19, p.2-3.

Tabela 2.10 Indicadores da indústria de São Paulo e Brasil – Censos de 1960 e 1980 (Cr$ 1000)

Dados de 1980	Brasil	São Paulo	% São Paulo no Brasil	Indicador/Núm. empresas	
				Brasil	São Paulo
Número de Estabelecimentos	214.158	62.426	29%		
Pessoal Ocupado Total	5.004.522	2.287.045	46%	23	37
Pessoal ligado a produção	4.155.986	1.942.734	47%	19	31
Salários Totais	704.568.557	399.651.315	57%	3.290	6.402
Salários de pessoal ligado produçâo	450.740.675	337.061.664	75%	2.105	5.399
Valor da Produção Industrial	9.738.340.472	5.059.027.348	52%	45.473	81.040
Valor da Transformação Industrial	4.017.104.045	2.105.850.014	52%	18.758	33.734

Dados de 1960	Brasil	São Paulo	% São Paulo no Brasil	Indicador/Núm. empresas	
				Brasil	São Paulo
Número de Estabelecimentos	110.771	36.254	33%		
Pessoal Ocupado Total	1.799.376	831.339	46%	16	23
Operários	1.425.886	650.072	46%	13	18
Salários Totais	145.123.339	78.589.310	54%	1.310	2.168
Salários dos Operários	102.802.744	53.335.323	52%	928	1.471
Valor da Produção Industrial	1.194.784.551	658.067.422	55%	10.786	18.152
Valor da Transformação Industrial	553.918.842	301.914.041	55%	5.001	8.328

Valor Transformação Industrial

	Valores		Participação regional		Variação
	1960	1980	1960	1980	1960/1980
Brasil	553.918.842	4.017.104.045	100%	100%	7,3
Norte	6.140.083	103.294.760	1%	3%	16,8
Nordeste	42.332.128	323.459.610	8%	8%	7,6
Sudeste	432.811.470	2.899.419.316	78%	72%	6,7
Sul	68.819.226	628.357.602	12%	16%	9,1
Centro-Oeste	3.815.935	51.196.191	1%	1%	13,4

Fonte: Censo Industrial de 1960, Série Nacional, v.III, p.76 e IX Recenseamento Geral Brasil-1980, v.3, t.2, parte 1, n.1, tab. 2.

complexo petroquímico havia sido instalado em Capuava.[82] Finalmente, a maior refinaria da Petrobras no Brasil nessa época, inaugurada em 1972, situava-se no município de Paulínia (Tabela 2.11).

Mas todo esse desenvolvimento teve seu auge nos anos 1980, e a história da indústria brasileira a partir de 1990 foi marcada por mudança e crise. Nos anos 1990 decidiu-se encerrar as proteções de tarifas e cotas para a indústria nacional e abandonar a participação do Estado nesse setor da economia. A ideia central do chamado Consenso de Washington era pôr fim ao protecionismo e abrir a economia nacional ao mercado mundial a fim de promover uma integração produtiva entre a indústria internacional e a nacional. Isso poderia trazer a melhora tecnológica e o aumento da produtividade e das economias de escala na indústria brasileira. Permitiria também integrar a indústria brasileira a cadeias de valor globais e aumentar o componente importado na produção industrial local e a parcela das exportações de produtos industriais.

Por diversas razões, porém, essa transformação positiva não ocorreu. Na verdade, o crescimento industrial desacelerou-se consideravelmente em comparação com o resto da economia, e importações de manufaturados frequentemente reduziram o papel de empresas nacionais. No começo do século XXI, o desempenho continuamente fraco da indústria provocou um intenso debate sobre a possibilidade de o Brasil estar passando por uma desindustrialização. Seja qual for o resultado desse debate, ainda em curso, não há dúvida de que os anos 1990 podem ser vistos como o início de uma nova era na história da indústria em São Paulo e no Brasil.

Os anos 1980 já tinham sido um período difícil na economia brasileira, em razão do endividamento do país e das duas crises mundiais do petróleo em 1973 e 1979. Toda a década de 1980 seria marcada por uma série de crises de endividamento internacional, começando pelo México em 1982 e terminando com uma restrição internacional ao endividamento dos países de 1989 até o começo dos anos 1990. O novo governo democrático estabelecido em 1985 herdou uma situação econômica difícil, com inflação crescente e desequilíbrio fiscal das finanças do Estado. Esse padrão de vulnerabilidade do setor externo, desequilíbrio fiscal e inflação em alta seria típico por toda a década de 1980 e durante parte dos anos 1990.

Entretanto, as importantes reformas efetuadas pelos novos governos democráticos em fins dos anos 1980 e começo do decênio seguinte levaram a

82 Petrobras. Acesso em: 23.9.2019, em: <http://www.petrobras.com.br.pt/nossas-atividades/principais-operacoes/refinarias/refinaria-capuava-recap.htm>.

Tabela 2.11 Produção industrial no estado de São Paulo e municípios por valor da transformação industrial (VTI) – Censo de 1980 (valor Cr$ 1000)

	População	Estab.	Número operários	Salários Pagos operários	Valor da produção	Valor transf. industrial (VTI)	Participações		
							No valor produção	No VTI	Nos operários
Estado de São Paulo	25.040.712	62.426	2.265.748	337.061.664	5.059.027.348	2.105.850.014	100%	100%	100%
Grande São Paulo (GSP)	12.588.725	33.369	1.455.812	227.826.666	2.963.594.590	1.322.721.474	59%	63%	64%
São Paulo (Capital)	8.493.226	24.842	914.980	127.442.344	1.519.185.554	731.837.394	30%	35%	40%
São Bernardo (GSP, ABC)	425.602	1.099	124.711	28.990.174	461.433.071	166.470.329	9%	8%	6%
Santo André (GSP, ABC)	553.072	981	65.146	14.163.933	242.549.004	82.114.877	5%	4%	3%
Cubatão	68.233	126	18.347	8.779.211	325.582.099	75.222.098	6%	4%	1%
Guarulhos (GSP)	457.856	1.306	80.135	12.972.984	155.568.220	72.725.383	3%	3%	4%
Sorocaba	269.830	1.540	75.302	10.091.818	151.122.896	63.710.138	3%	3%	3%
Paulínia	17.835	62	4.294	1.623.737	147.971.116	59.435.025	3%	3%	0%
São José dos Campos	287.513	351	40.557	8.612.049	165.430.474	58.923.773	3%	3%	2%
Jundiaí	258.800	1.082	60.669	8.824.268	106.044.473	52.135.577	2%	2%	3%
Campinas	664.559	1.208	51.347	8.085.313	104.122.341	45.965.255	2%	2%	2%
São Caetano (GSP, ABC)	163.082	557	35.837	7.485.072	99.928.424	44.063.080	2%	2%	2%
Osasco (GSP)	409.547	512	36.843	7.662.153	81.501.608	40.548.857	2%	2%	2%
Mauá (GSP)	205.740	259	19.364	4.191.474	73.371.740	30.515.344	1%	1%	1%
Piracicaba	214.295	749	24.179	4.094.424	57.181.758	26.238.771	1%	1%	1%
Ribeirão Preto	318.496	1.284	26.962	3.310.589	61.752.652	21.879.395	1%	1%	1%
Santos	416.681	476	9.463	1.011.645	15.843.373	6.525.173	0%	0%	0%

Fonte: IX Recenseamento Geral Brasil – 1980, v.1, t.3, n.17; p.2-68 e v.3, t.2, n.19, p.4-192.

um importante período de estabilidade econômica por no mínimo duas décadas. A renegociação da dívida externa, o equilíbrio das despesas e receitas do Estado e o estabelecimento do Plano Real, que finalmente pôs a inflação sob controle, foram os principais elementos dessa reforma fiscal. Embora o crescimento estagnasse ou fosse baixo nestas duas últimas décadas do século XX, as reformas realizadas forneceram a base para um destacado período de estabilidade econômica no começo do século XXI.

O governo Sarney, primeiro governo democrático pós-militar, embora não fosse capaz de reverter a deterioração econômica herdada do período militar, teve um papel importante no processo de transição e consolidação democrática e também aprovou a nova Constituição em 1988.[83] O governo seguinte, de Fernando Collor (1990-1992), adotou um novo programa liberal radical. Collor começou seu governo com um choque extremamente heterodoxo e autoritário na economia que incluiu o congelamento de contas bancárias, e justificou essa medida extrema como um modo de reduzir a enorme liquidez no mercado financeiro.[84] Esse programa de estabilização radical teve poucos resultados, e a intensidade do choque afetou drasticamente o nível de atividade, como evidenciou o PIB negativo em 1992. Mais importante é o fato de que Collor inaugurou no Brasil as reformas liberais conhecidas como "Consenso de Washington" e deu os primeiros passos para abrir o mercado brasileiro à competição internacional, promovendo o investimento externo, privatizando estatais e eliminando monopólios do Estado na produção de bens e serviços. A proteção completa da indústria nacio-

---

83 O governo Sarney implantou um importante programa heterodoxo de estabilização, o Plano Cruzado, que mais tarde foi sucedido por outros planos não ortodoxos em linhas similares. Sobre esse tema, ver Eduardo Modiano, "A ópera dos três cruzados: 1985-1989", in: Marcelo de Paiva Abreu (Org.), *A ordem do progresso* (Rio de Janeiro: Campus, 1992), p.347-86; João Sayad, *Planos Cruzado e Real: acertos e desacertos* (Rio de Janeiro: Ipea, *Seminários Dimac,* 30 set. 2000); Maria Silva B. Marques, "O Plano Cruzado: teoria e prática". *Revista de Economia Política,* v.8, n.3, jul.-set. 1983, p.101-30; Luiz Carlos Bresser Pereira, "Inflação inercial e Plano Cruzado". *Revista de Economia Política,* v.6, n.3, jul.-set. 1986, p.9-24; Edmar Bacha, "Moeda, inércia e conflito: reflexões sobre políticas de estabilização no Brasil". *Pesquisa e Planejamento Econômico,* v.18, n.1, 1988, p.1-16; J. M. Rego, *Inflação inercial, teoria sobre inflação e o Plano Cruzado* (Rio de Janeiro: Paz e Terra, 1986); Ricardo Carneiro, *Desenvolvimento em crise. A economia brasileira no último quarto do século XX* (São Paulo: Editora Unesp, 2002). Numerosos artigos sobre o Plano Cruzado podem ser encontrados na *Revista de Economia Política,* jul.-set. 1986.

84 Sobre o Plano Collor, ver Carlos E. Carvalho, "As origens e a gênese do Plano Collor". *Nova Economia,* Belo Horizonte, v.16, n.1, jan.-abr. 2006, p.101-34; "Plano Collor", Documentos. *Revista de Economia Política,* v.10, n.3, jul.-set. 1990, p.114-48. Acesso em: 07.10.2019, em: <http://www.rep.org.br/pdf/39-9.pdf>; Carlos Eduardo Carvalho, "O fracasso do Plano Collor: erros de execução ou de concepção". *Economia,* Niterói, RJ, v.4, n.2, jul.-dez. 2003, p.283-331; Marcelo de P. Abreu e Rogério L. Furquim Werneck, "Estabilização, abertura e privatização, 1990-1994", in: Marcelo de P. Abreu (Org.), *A ordem do progresso: dois séculos de política econômica no Brasil* (Rio de Janeiro: Elsevier, 2014), cap.15.

nal contra a concorrência externa, que permanecera inalterada por quarenta anos, passou então a ser progressivamente desarticulada.[85]

As reformas foram rápidas e intensas: redução drástica nas tarifas aduaneiras e na maioria das restrições burocráticas a importadores, além de eliminação da maioria dos controles sobre importações. O programa de redução tarifária começou nos setores de bens de capital e matérias-primas e estendeu-se a bens de consumo. Outro fator significativo para reduzir a proteção nesse mesmo período foi a criação do Mercosul, um mercado de livre-comércio regional entre Argentina, Brasil, Paraguai e Uruguai que promoveu reduções tarifárias adicionais. No entanto, o comércio no Mercosul esteve constantemente sujeito a um estado de negociação e ajuste e até, ocasionalmente, a cotas de importação e exportação.[86]

A outra grande reforma dos anos 1990 foi a implementação bem-sucedida de um plano de estabilização heterodoxo que finalmente interrompeu o longo período de inflação alta. Os anos 1980 e começo da década seguinte tiveram inflação descontrolada, deterioração do nível de atividade econômica e crescimento negativo em vários anos. O desemprego aumentou para 13% em 1993. A dívida externa alta e as reservas nacionais muito limitadas criavam grave instabilidade externa – um padrão que se tornara comum nos anos 1980 e no começo da década seguinte (Tabela 2.12).

Em maio de 1993, durante o governo do presidente Itamar Franco, Fernando Henrique Cardoso assumiu como ministro da Fazenda e coordenou o primeiro plano de estabilização que finalmente foi capaz de controlar a inflação. O Plano Real, assim chamado em alusão à nova moeda adotada, estancou o processo inflacionário que persistira no país por quase meio século. A estabilidade alcançada com o Plano Real baseou-se em três elementos: âncora cambial, manutenção do real sobrevalorizado e ampla abertura

---

85 Regis Bonelli e Armando Castelar Pinheiro, "Abertura e crescimento econômico no Brasil", in: Octávio de Barros e Fábio Gambiagi (Orgs.), *Globalizado* (Rio de Janeiro: Campus, 2008), p.89-124; José L. Rossi Jr. e Pedro C. Ferreira, *Evolução da produtividade industrial brasileira e a abertura comercial*. Texto para discussão n.651, Rio de Janeiro: Ipea, 1999; André Averburg, "Abertura e integração comercial brasileira na década de 90", in: Fábio Gambiagi e Maurício Mesquita Moreira (Orgs.), *A economia brasileira nos anos 90* (Rio de Janeiro: BNDES, 1999), p.43-84; Maurício M. Moreira, "Estrangeiros em uma economia aberta: Impactos recentes sobre a produtividade, a concentração e o comércio exterior", in: Fábio Gambiagi e Maurício Mesquita Moreira (Orgs.), *A economia brasileira nos anos 90* (Rio de Janeiro: BNDES, 1999), p.333-74; Márcio de Oliveira Júnior, *A liberação comercial brasileira e os coeficientes de importação, 1990/95*. Texto para discussão n.703. Rio de Janeiro: Ipea, 2000; Lia Valls Pereira, "Brazil Trade Liberalization Program". Acesso em: 7/10/2019, em: <http://citeseerx.ist.psu.edu/viewdoc/download;jsessionid=B99D9D94B14472D8DA1E4359282B2C0D?doi=10.1.1.596.5279&rep=rep1&type=pdf>.

86 Sobre o Mercosul, ver Sérgio Abreu e Lima Florêncio, *Trajetória do Mercosul e mudança de paradigmas e de posições da política externa brasileira: Começo virtuoso e crise recente – possíveis interpretações*. Texto para Discussão n.2125 (Rio de Janeiro: Ipea, 2015); Ernesto Henrique Fraga Araújo, *O Mercosul: negociações extrarregionais* (Brasília: Fundação Alexandre de Gusmão, 2007).

Tabela 2.12 População e indicadores econômicos básicos do Brasil, 1984-1993 (valor em US$ bilhões)

	1984	1985	1986	1987	1988	1989	1990	1991	1992	1993
Setor externo										
Reservas internacionais	12,0	11,6	6,8	7,5	9,1	9,7	10,0	9,4	23,8	32,2
Balança de transações correntes (% PIB)	0,1	-0,1	-2,1	-0,5	1,4	0,3	-0,8	-0,4	1,6	-0,2
Dívida externa bruta	102,1	105,2	111,2	121,2	113,5	115,5	123,4	123,9	135,9	145,7
Saldo da balança comercial	13,1	12,5	8,3	11,2	19,2	16,1	10,8	10,6	15,2	13,3
Exportações	13,9	13,2	14,0	15,1	14,6	18,3	20,7	21,0	20,6	25,3
Importações	27,0	25,6	22,3	26,2	33,8	34,4	31,4	31,6	35,8	38,6
Importações de petróleo	6,9	5,7	3,1	4,1	3,5	3,8	5,0	4,4	4,2	4,5
Exportação de manufaturados	15,1	14,1	12,4	14,8	19,2	18,6	17,0	17,8	20,8	23,4
População										
Total	129,1	131,6	134,1	136,6	139,2	141,7	144,3	146,8	149,4	152,0
Urbana	71%	71%	72%	73%	74%	74%	75%	76%	76%	77%
Rural	29%	29%	28%	27%	26%	26%	25%	24%	24%	23%
Variação nas taxas básicas										
Variação no PIB	5,4	7,8	7,5	3,5	-0,1	3,2	-4,3	1,0	-0,5	4,9
Variação no PIB Industrial	6,2	8,4	11,3	1,0	-3,4	2,9	-9,5	0,2	-4,2	8,3
Taxa de desemprego	12,4	9,8	7,3	8,6	8,6	6,7	9,4	10,5	14,4	13,3
Inflação										
Inflação – IGP – taxa anual	243	246	61	431	1.118	2.012	1.217	497	1.167	2.851
Inflação – IGP – média mensal	11	11	4	15	23	29	24	16	24	32
Inflação – IGP – maior taxa mensal	12	15	18	26	29	49	81	26	27	37

Fonte: Ipeadata.

da economia. Em contraste com planos anteriores, no Plano Real foi possível usar a âncora cambial porque o Brasil havia renegociado sua dívida externa e isso lhe dava livre acesso ao mercado financeiro internacional, onde havia recursos abundantes, alta liquidez e baixas taxas de juros.[87] Ao mesmo tempo, no mercado interno as taxas de juros reais estavam extremamente elevadas, o que atraía capital externo, gerando uma abundância de dólares que também sobrevalorizava a moeda nacional.[88]

O processo de privatização desenvolvido pelo governo Cardoso destaca-se por seu tamanho e êxito. Foi um dos mais bem-sucedidos programas de privatização do mundo, e incentivou a participação de investidores estrangeiros, que foram responsáveis por mais de 50% das aquisições, pois isso favorecia a balança de pagamentos. Eletricidade e telecomunicações representaram quase 30% das vendas, seguidas por metalurgia e mineração com 8%, petróleo e gás, com aproximadamente 6% e o setor financeiro com 5%. Entre as estatais privatizadas estiveram empresas emblemáticas criadas na era Vargas e, embora a Petrobras, a estatal do petróleo, não tenha sido incluída nesse processo, o monopólio estatal da exploração do petróleo e das telecomunicações foi extinto.[89]

A rápida abertura da economia, sua exposição à competição internacional e a manutenção da moeda nacional sobrevalorizada tiveram um efeito positivo sobre a duração da estabilidade dos preços, obtida após décadas de inflação crescente a níveis que podem ser considerados "hiperinflacionários". A eliminação da inflação e a queda dos preços graças ao barateamento das importações geraram uma explosão na demanda. Além disso, impulsionaram a expansão do crédito ao consumidor e empresas. No entanto, também se supunha, essas reformas ajudariam a indústria brasileira

---

87 A discussão sobre a dívida externa começara já em fins dos anos 1980, porém só foi concluída em 1994, seguindo o modelo do Plano Brady, também adotado por outros países. Acesso em: 07.10.2019, em: <https://www.bcb.gov.br/content/publicacoes/Documents/outras_pub_alfa/D%C3%ADvida_Externa_Brasileira_-_Segunda_Edi%C3%A7%C3%A3o_Revisada_Ampliada.pdf>.

88 Na vasta bibliografia sobre o tema incluem-se: João Sayad, *Planos Cruzado e Real: acertos e desacertos.* Rio de Janeiro: Ipea, *Seminários Dimac,* 30 set. 2000; Luiz Filgueiras, *História do Plano Real* (São Paulo: Boitempo, 2000); Aloízio Mercadante (Org.), *O Brasil pós-Real: a política econômica em debate* (Campinas: Unicamp, 1997); Maria da Conceição Tavares, *Destruição não criadora* (Rio de Janeiro: Record, 1990); Gustavo H. B. Franco, *O desafio brasileiro: ensaios sobre desenvolvimento, globalização e moeda* (São Paulo: Editora 34, 1999); Francisco Vidal Luna e Herbert S. Klein, *The Economic and Social History of Brazil since 1889* (Cambridge: Cambridge University Press, 2014), cap.4.

89 Licínio Velasco Jr. *Privatização: mitos e falsas percepções* (Rio de Janeiro: BNDES, 1999); Armando Castelar Pinheiro. *A experiência brasileira de privatização: o que vem a seguir.* Rio de Janeiro: Ipea, Texto para discussão n.87, 2002; Armando Castelar Pinheiro e Kiichiro Fukasaku, *A privatização no Brasil: o caso dos serviços de utilidade pública* (Rio de Janeiro: BNDES, 2000); Francisco Anuiti Neto et al., "Os efeitos da privatização sobre o desempenho econômico e financeiro das empresas privatizadas". *Revista Brasileira de Economia,* v.59, n.2, 2005, p.151-75.

a integrar-se ao mercado mundial.[90] Embora essa abertura do mercado aumentasse a competição, a contínua manutenção da moeda nacional sobrevalorizada com o objetivo de atrair capital externo acarretou a deterioração da balança de comércio, pois as importações tornaram-se mais baratas e as exportações nacionais encareceram e declinaram. Além disso, atraiu capital especulativo que aproveitava as altas taxas de juros internas no Brasil.

Assim, o preço de toda essa expansão da demanda e do gasto foi uma inversão na balança de pagamentos, e novos choques externos na economia internacional logo teriam impacto direto sobre o Brasil. Em resposta à crise mexicana que levou à fuga de capitais, o governo elevou as taxas de juros, aumentou significativamente as exigências de reserva bancária e restringiu o crédito ao consumidor, elevou a tributação de numerosos produtos importados e estabeleceu cotas para a importação de automóveis. Todas essas medidas reduziram a liquidez e tiveram impacto negativo sobre atividades econômicas. As reservas externas cresceram e os preços internos foram mantidos, mas a política de valorização do Real destinada a atrair capital estrangeiro passaria a ser o padrão nos vinte anos seguintes. Essa política tolheu o crescimento do país, agravou o desemprego e acarretou a deterioração das finanças públicas e um grande aumento da dívida externa.

Em 2002, o primeiro governo do Partido dos Trabalhadores – eleito Luiz Inácio Lula da Silva – aproveitou a estabilidade de preços alcançada com o Plano Real e a relativa calma nos mercados financeiros internacionais para promover grandes avanços em programas sociais, especialmente por meio de vultosas transferências de renda que tiveram grande impacto na redução da pobreza no país. No entanto, o governo manteve a liberdade comercial e as políticas industriais do governo anterior. No segundo mandato de Lula, porém, houve um retorno à tradicional política de intervenção do Estado na indústria. A política fiscal teria um papel fundamental nesse processo, por meio de investimento público e de apoio ao investimento privado sob a forma de financiamentos, subsídios e incentivos.[91] Abandonou-se

---

90 Houve um acirrado debate sobre o processo de abertura e suas consequências. Gustavo Franco, um dos expoentes da implantação do Plano Real, foi o principal defensor desse processo. Entre os críticos mais veementes estão vários acadêmicos ligados à Unicamp. Ver: Gustavo Franco, *O Plano Real e outros ensaios* (Rio de Janeiro: Francisco Alves, 1995); Gustavo Franco, "A inserção externa e o desenvolvimento", *Revista de Economia Política,* v.18, n.3 (71), jul.-set. 1998, p.121-47; Maria da Conceição Tavares, *Destruição não criadora* (Rio de Janeiro: Record, 1999); Luciano G. Coutinho e Luiz Gonzaga Mello Belluzzo, "Desenvolvimento e estabilização sob finanças globalizadas". *Economia e Sociedade,* Campinas, 7 dez. 1996, p.129-54; Flávio Estévez Calife, *Duas escolas em confronto. A visão de Luiz Gonzaga Beluzzo e Gustavo Franco em relação à inserção externa do Brasil nos anos 90*. Tese de Mestrado, FGV/EAESP, 2000.

91 Segundo Lopreato, não se tratou de uma simples série de medidas isoladas: "A mudança da proposta de atuação da política fiscal a partir de 2006 negou o caminho liberal percorrido anteriormente e

o conceito do Estado regulador em favor da expansão do papel do Estado como promotor do desenvolvimento.[92]

A consolidação dessa nova política de desenvolvimento foi reforçada em 2008 quando o novo governo do PT, com Dilma Rousseff na presidência, aproveitou a crise internacional de 2008 para redirecionar basicamente a política industrial para o modelo de Estado intervencionista pré-1990. O crescimento deveria ser promovido pelo Estado usando o BNDES para financiar os setores público e privado. O banco forneceu crédito e estímulos à indústria nacional e começou a promover vigorosamente a consolidação de grupos industriais privados nacionais, no intuito de criar empresas nacionais competitivas no mercado internacional. Pretendeu-se que a nova política desenvolvimentista também atuasse do lado da oferta, por meio de alto investimento público no setor de energia e infraestrutura. Houve grande expansão do crédito em geral, em especial de instituições financeiras públicas, que incluíam também o Banco do Brasil e a Caixa Econômica Federal. Cresceu significativamente o crédito disponibilizado para a produção industrial, consumo e habitação. O gasto público em geral aumentou, particularmente em programas sociais como o programa de transferência condicional de renda conhecido como Bolsa Família e o programa de moradias populares Minha Casa Minha Vida.[93] Além disso, a política de aumentos sistemáticos no salário mínimo elevou a demanda das camadas mais baixas da população.

No entanto, a política cambial desestimulou a produção nacional em todos os segmentos, sobretudo na área industrial. Assim, entre 2003 e 2010, embora houvesse um crescimento acumulado de 37% no PIB, a indústria expandiu-se apenas 27%. Não houve uma grande retomada dos investimentos privados. Projetos de infraestrutura mal executados e questionados com frequência pelos órgãos de controle, como rodovias, ferrovias e portos, impossibilitaram atenuar os grandes gargalos da infraestrutura brasileira,

---

defendeu a reconstrução de mecanismos de ação pública, visando resgatar o papel ativo do Estado e de suas instituições em prol do crescimento". F. L. Lopreano, Aspectos da atuação estatal de FHC a Dilma. Brasília: Ipea, Texto para Discussão n.2039, fev. 2015, p.18.

92 R. L. F. Werneck, "Alternância Política, Redistribuição e Crescimento, 2003-2010", in: M. P. Abreu (Org.), *A ordem do progresso. Dois séculos de política econômica no Brasil*. Nova ed. rev. (Rio de Janeiro: Elsevier, 2014), p.357-97.

93 Iniciado em 2009, o programa tinha por objetivo construir 1 milhão de habitações, com 400 mil moradias para famílias com renda inferior a três salários mínimos. O programa requeria grande participação de subsídios públicos. Raquel Rolnik et al., "O Programa Minha Casa Minha Vida nas regiões metropolitanas de São Paulo e Campinas: aspectos socioespaciais e segregação". *Cadernos Metropolitanos*, v.17, n.33, maio 2015, p.127-54; Maria Rita Loureiro, Vinicius Macário e Pedro Guerra, *Democracia, arenas decisórias e políticas públicas: o Programa Minha Casa Minha Vida*. Brasília: Ipea, Texto para Discussão n.1886, 2013.

apesar dos vultosos investimentos públicos. O governo chegou a adotar a proteção de mercado, especialmente para as compras feitas pela Petrobras.

Para reativar o crescimento da indústria, o governo lançou em 2011 o "Plano Brasil Maior".[94] Isentou do imposto sobre produtos industrializados (IPI) uma série de materiais de construção, bens de capital e veículos, reduziu os encargos sociais de algumas indústrias, e a restituição de créditos do Programa de Integração Social (PIS) e da Contribuição para o Financiamento da Seguridade Social (Cofins) acumulou-se na cadeia de produção do setor manufatureiro. As medidas de redução da carga tributária, inicialmente restritas a poucos setores, logo foram expandidas e beneficiaram grande parte do setor industrial. O governo acreditava que o crescimento ocorreria por meio de forte intervenção do Estado, que promoveria o investimento público e privado e, assim, estimularia o consumo. Isso significaria que a demanda seria o motor do crescimento industrial, porém o plano não foi bem-sucedido. Não atraiu muito capital privado, a maioria dos projetos do governo foram mal concebidos e muitos deles nem sequer foram concluídos.[95]

Após anos de estabilidade obtida com o Plano Real, o índice de preços voltou a ser administrado por manipulação de tarifas públicas. Houve também grandes mudanças no crédito, no modo como era financiado e na distribuição entre seus principais agentes. Entre 2007 e junho de 2015, o crédito total aumentou aproximadamente 20 pontos percentuais, de 35% para 55% como proporção do PIB. O maior crescimento foi nos recursos direcionados, que são empréstimos com taxas ou recursos definidos por regulação governamental.[96] Os bancos públicos aumentaram seu papel no mercado de crédito; em 2007 haviam sido responsáveis por 34% do crédito, e em 2014 sua participação foi de 54%. O BNDES financiou a consolidação de grandes grupos empresariais nacionais em setores como carnes, mineração, petróleo, papel e celulose. No entanto, os resultados foram heterogêneos.[97] Além dis-

---

94 Segundo o governo, com o plano "O país vai mobilizar suas forças produtivas para inovar, competir e crescer. O mercado grande e pujante, o poder de compras públicas criado pelas políticas inclusivas, a extensa fronteira de recursos energéticos a ser explorada, a força de trabalho jovem e criatividade empresarial constituem trunfos institucionais, de recursos naturais e sociais formidáveis para desenvolver um Brasil Maior". Acesso em: 19.10.2019, em: <http://www.brasilmaior.mdic.gov.br/conteudo/128>.

95 Banco Central do Brasil, *Relatório de Inflação* 13, n.3, set. 2011.

96 Sobre crédito direcionado, ver Eduardo Lundberg, *Bancos Oficiais e Crédito Direcionado – O que diferencia o mercado de crédito brasileiro?* Brasília: Banco Central do Brasil, Departamento de Pesquisa n.258, 2011.

97 Mansueto de Almeida critica a nova política porque, a seu ver, o objetivo deveria ser modificar a estrutura produtiva da indústria brasileira ou incentivar maior gasto com P&D, em vez de promover empresas e setores nos quais o Brasil já é competitivo. Mansueto Almeida, "O novo estado desenvolvimentista e o governo Lula". *Revista Economia & Tecnologia,* n.7, 2011, pp, 68-89. Sobre esse tema, ver também Mansueto Almeida, Renato Lima de Oliveira e Ben Ross Schneider, *Política industrial e empresas estatais no Brasil: BNDES e Petrobras.* Texto para Discussão n.2013, Ipea, 2014, p.323-7.

so, o governo aumentou seu uso de recursos fiscais para financiar atividades do banco.[98] Ao mesmo tempo, o mercado internacional perdeu seu dinamismo anterior com a redução gradual dos níveis de crescimento da China.

O Brasil também perdeu competitividade na produção industrial em razão da baixa produtividade do trabalho na indústria brasileira. Um estudo apresentado pela Confederação Nacional da Indústria (CNI) mostrou que a produtividade do trabalho cresceu em média apenas 0,6% ao ano entre 2002 e 2012 na indústria brasileira, em comparação com 6,7% na Coreia, 4,4% nos Estados Unidos, 2,9% na Alemanha e 1,3% na Austrália.[99] Isso resultou da escassez de investimento de capital durante todo o período.

Embora a demanda fosse estimulada pela nova política de desenvolvimento, seu efeito multiplicador era desviado para o exterior, por meio do aumento das importações de produtos manufaturados, em detrimento da produção local. Por sua vez, os produtos manufaturados perderam participação nas exportações do país, passando de 36% em 1997 para menos de 24% em 2018. Ao mesmo tempo, a parcela da indústria de transformação no PIB caiu de 15% em 2000 para 11% em 2019.[100]

A saída do Partido dos Trabalhadores do governo em 2016 levou ao abandono desse incisivo programa desenvolvimentista, e o programa liberal anterior voltou a reger as políticas industriais do governo. Prosseguiu, porém, o declínio no crescimento das exportações industriais (Gráfico 2.4). A atividade industrial caiu -8,4% e -4,8% em 2015 e 2016 e também teve um crescimento ínfimo nos dois anos seguintes.[101]

A evolução econômica do Brasil e o processo de abertura da economia iniciado nos anos 1990 ajudam a explicar a evolução da indústria em São Paulo nos últimos trinta anos. Até os anos 1980, o processo industrial no Brasil dependeu da intervenção governamental direta. Em fins daquela dé-

---

98 O BNDES é responsável por mais de 20% do saldo das operações de crédito no Brasil. As operações ativas do BNDES apresentaram um crescimento excepcional, passando de 6% do PIB em 2007 para 12% em 2014. Essa expansão foi realizada com recursos públicos, obtidos pela emissão de dívida do tesouro nacional.

99 O estudo mostra o efeito perverso do aumento cumulativo dos custos reais da mão de obra, descompasso cambial e baixa produtividade do trabalho no Brasil. Nota Econômica, CNI. Disponível em: <http://arquivos.portaldaindustria.com.br/app/conteudo_24/2015/02/20/526/Nota Economica-01-Competitividade.pdf>. Acesso em: 25.10.2015. Esse mesmo estudo mostra uma avaliação do custo unitário do trabalho em dólares reais (CUT), que é uma função da produtividade do trabalho, salários e taxa cambial. Entre 2002 e 2012 o Brasil teve um crescimento anual de 9%, em comparação com -1,4% na Alemanha, -3% na Coreia e -5,2% nos Estados Unidos. Isso significa perda de competitividade da produção industrial. Ver também: Elizabeth Croffot, Eric Hayek e Michael Paterra, "Charting international labor comparisons", The Conference Board, 2014, acesso em: 1.12.2019, em: <https://www.conferenceboard. org/publications/publicationdetail.cfm?publicationid=2715>.

100 Participação da indústria manufatureira no PIB calculada a preços correntes. Disponível em: <http://www.ipeadata.gov.brhttp://www.ipeadata.gov.br>, acesso em: 23.8.2020.

101 Disponível em: <http://www.ipeadata.gov.br>, acesso em: 23.8.2020.

Gráfico 2.4 Exportações de produtos primários, intermediários e manufaturados, 1977-2018

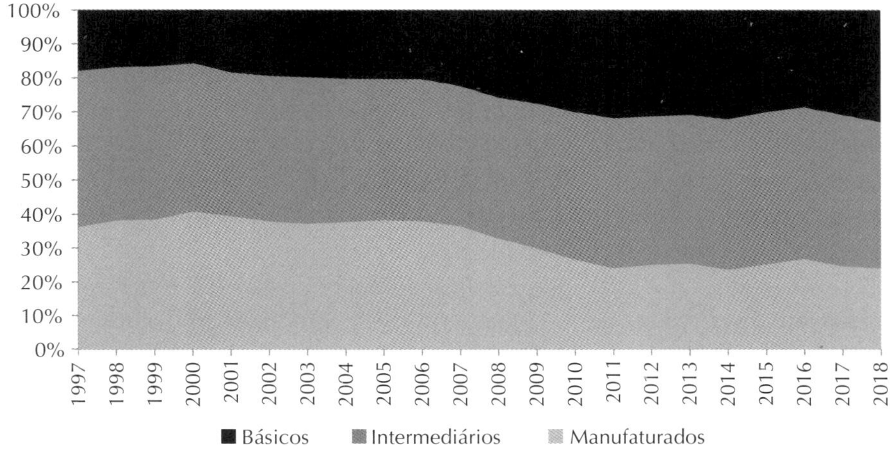

Fonte: Ipeadata.

cada, a indústria brasileira era um dos sistemas mais verticalmente integrados e fechados do mundo. Grande parte da história dessa primeira fase da indústria brasileira ocorreu dentro das fronteiras do estado de São Paulo, o estado que veio a ser o responsável por mais de metade do valor da produção industrial nacional. Mesmo depois de o governo militar ter implantado grandes complexos industriais em outros estados, a indústria paulista ainda manteve sua participação relativamente estável na indústria nacional.

No entanto, a importância da indústria na economia brasileira declinou constantemente. São Paulo continua a ser o principal estado industrial do país, porém não domina mais o cenário industrial como antes de 1990. Sua evolução agora acompanha de perto as mudanças industriais no Brasil, e essas, por sua vez, dependem de condições do mercado mundial.

A fragmentação e a globalização dos processos industriais, a privatização das principais indústrias controladas e a chamada "guerra fiscal" entre os estados para atrair indústrias por meio de subsídios tributários vêm sendo fatores poderosos para a descentralização da indústria nacional e a perda relativa da importância de São Paulo.[102] Na reforma tributária insti-

102 Sobre a guerra fiscal, ver: André Eduardo S. Fernandes e Nélio Lacerda Wanderlei, "A questão da guerra fiscal: uma breve resenha". *Revista de Informação Legislativa,* Brasília, v.37, n.48, out.-dez. 2000, p.5-20; Danilo Jorge Vieira, *Um estudo sobre a guerra fiscal no Brasil,* Tese de Doutorado, Campinas: Unicamp, 2012; José Roberto F. Affonso et al., "Guerra fiscal do ICMS: Organizar o desembarque". *Revista de Direito Internacional Econômico Tributário,* Brasília, v.12, n.1, jan.-jun. 2017, p.416-43;

tuída em 1967 foi criado o imposto estadual sobre circulação de mercadorias (ICMS), com características de um imposto sobre valor adicionado.[103] Segundo a Constituição de 1988, a base de tributação do ICM foi expandida para incluir serviços como eletricidade, transportes e telecomunicações. O próprio nome do imposto foi mudado para ICMS (imposto sobre circulação de mercadorias e serviços). As alíquotas para transações dentro dos estados variam de 17% a 19%.[104] Quando ocorrem transações interestaduais, o imposto é pago no local de origem do produto, com alíquotas diferenciadas conforme o local de destino. Produtos enviados para as regiões Norte, Nordeste e Centro-Oeste e para o estado do Espírito Santo pagam 7% na origem; para as demais regiões, a alíquota é 12%. É a manipulação dessa tributação interestadual que permite a guerra fiscal.[105] Existem várias maneiras, nem sempre totalmente legais, de diminuir o custo para o fabricante, economizando parte do ICMS que deveria onerar o produto. Essa é uma vantagem competitiva importante para direcionar novos investimentos para estados que a oferecem. De modo geral, os estados mais industrializados, como São Paulo, sofrem o efeito da guerra fiscal, pois evitam conceder esse tipo de incentivo para não criar um diferencial entre as unidades de produção "novas" e as "antigas" já existentes no estado.[106] Não seria possível conceder esse tipo de isenção apenas às novas fábricas, e seria im-

---

José Roberto F. Affonso, Melina Rocha Lukic e Kleber Pacheco de Castro, "ICMS: Crise federativa e obsolescência". *Revista Direito GV,* v.14, n.3, set.-dez. 2018; Soraia Aparecida Cardozo, *Guerra fiscal no Brasil e as alterações das estruturas produtivas estaduais desde os anos 1990.* Tese de Doutorado, Unicamp, 2010; Paulo Araújo Pontes, *Três ensaios sobre a guerra fiscal e incentivos estaduais para a industrialização,* Tese de Doutorado, São Paulo: FGV-SP, 2011.

103 A Lei 5.172 de 1996 aprovou o Código Tributário Nacional. A Lei Constitucional Complementar de 1975 criou o Conselho de Política Fazendária (Confaz).

104 Em geral há isenção para produtos alimentares básicos e tarifas mais elevadas para produtos como combustíveis.

105 Suponhamos que um carro é produzido em outro estado e "exportado" para São Paulo. Neste estado, o carro será vendido com um imposto de 18%. Porém, como foi objeto de uma transação interestadual, ele foi tributado na origem em 12%, e essa taxa será creditada na transação final por se tratar de um imposto sobre valor adicionado. Ou seja, quando o carro for vendido ao consumidor final, haverá uma alíquota final de 18%, mas como 12% já foram cobrados no estado do vendedor, apenas 6% será cobrado em São Paulo. Se não houvesse a guerra fiscal, parte do imposto seria cobrado na origem (12%) e parte no destino (6%), e a competição de preços seria tributariamente neutra. No entanto, o estado que atraiu a indústria para seu território, que deveria receber 12% do valor do carro pela transação interestadual, dá ao fabricante uma vantagem econômica para compensar o imposto que ele irá pagar: concede muitos anos para o pagamento desse imposto ou financia a construção da fábrica com juros subsidiados, para compensar o futuro fluxo de ICMS.

106 Ao analisar a indústria automotiva no processo de abertura, Santos menciona que um fator que não pode ser subestimado nessa indústria nos anos 1990 foi a guerra fiscal que começou com a busca por diferentes estados da federação para investir substancialmente, na esperança de obter os benefícios de instalar fábricas automotivas naquelas regiões. No entanto, em alguns casos os efeitos sobre a economia local foram desastrosos ou os ganhos foram irrisórios. Arthur Tranzola Santos, "Abertura comercial na década de 1990 e os impactos na indústria automobilística". *Fronteira,* Belo Horizonte: v.8, n.16, 2º sem. 2009, p.107-29.

praticável concedê-la a todos os fabricantes do produto sujeito ao imposto em razão do impacto que isso teria sobre a arrecadação tributária. Embora os estados tenham outras fontes de receita, o ICMS é a mais importante.[107]

Para receber a nova fábrica, o estado renuncia a receitas tributárias; porém, como não as receberia de qualquer modo se não houvesse a fábrica, nada se perde do ponto de vista tributário. Mas há outras vantagens. A nova fábrica cria empregos e outros impostos são arrecadados, outras externalidades advêm de outras empresas que podem acompanhar a indústria que foi beneficiada com o imposto. A maioria das fábricas de automóveis instaladas nos últimos vinte anos recebeu esses benefícios, o que explica sua distribuição pelo Brasil.[108] Mesmo dentro de cada estado existe forte competição entre municípios para atrair novos investimentos produtivos, mas nesse caso os instrumentos disponíveis para conceder benefícios são menores, em geral limitados a doação de terreno e propostas para arcar com custos de infraestrutura.[109] Outros fatores também influenciam: o preço da terra, as dificuldades de construir grandes instalações industriais em áreas densamente urbanizadas e também a conveniência de evitar negociações com os fortes sindicatos da Região Metropolitana de São Paulo.

A abertura da economia no começo dos anos 1990 trouxe vantagens e desvantagens para a indústria. Houve uma competição saudável entre a produção local e a oferta internacional. Alguns segmentos, em especial entre aqueles controlados por multinacionais, integraram a indústria brasileira às suas cadeias de valor globais. Outras empresas fecharam e alguns seg-

---

107 Soraia Aparecida Cardozo apresentou um estudo interessante sobre os impactos da guerra fiscal na estrutura produtiva da indústria entre 1990 e 2010. Embora reconheça os efeitos da desconcentração industrial, essa autora salienta que incentivos fiscais não necessariamente contribuíram para a desconcentração regional da atividade industrial e, além disso, muitas atividades que eram cobertas por incentivos fiscais e mostravam desconcentração espacial também foram, em grande medida, influenciadas por outras restrições. Ela também ressalta que estados com uma estrutura de produção menos diversificada e complexa tiveram grandes dificuldades para atrair empresas que fabricavam produtos mais complexos e tecnológicos. A autora conclui que políticas estatais, sob a forma de competição fiscal, em muitos casos consistiram em transferir recursos públicos ao setor privado sem que esses recursos tivessem necessariamente efeitos positivos sobre a participação do estado na estrutura industrial nacional. Soraia Aparecida Cardozo, *Guerra fiscal no Brasil e alterações das estruturas produtivas estaduais desde os anos 1990*. Tese de Doutorado, Unicamp, 2010, p.199-200. Em 2007 uma Comissão Parlamentar de Inquérito foi criada pela Assembleia Legislativa de São Paulo para deliberar sobre mecanismos da guerra fiscal e perdas para o estado de São Paulo. Acesso em: 24.8.2020, em: <https://www.al.sp.gov.br/StaticFile/documentacao/cpi_guerra_fiscal_relatorio_final.htm>.

108 O caso da fábrica da Ford na Bahia é um bom exemplo. Ver Otávio Soares Dulci, "Guerra fiscal, desenvolvimento desigual e relações federativas no Brasil". *Revista de Sociologia e Política*, n.18, jun. 2020, p.95-107. Angela Franco, "Em tempos globais, um 'novo' local: a Ford da Bahia". *Caderno CRH*, Salvador, v.22, n.56, maio-ago. 2009, p.359-80; Glauco Arbix, "Políticas do desperdício e assimetria entre público e privado na indústria automobilística". *RBCSi*, v.17, n.48, fev. 2002; Polo Industrial de Camaçari. *Plano Diretor*. Salvador: Secretaria da Indústria, Comércio e Mineração do Estado da Bahia, 2013.

109 Do total arrecadado pelo estado, 25% são transferidos para os municípios, em grande medida com base em suas respectivas participações no valor da produção industrial do estado.

mentos, incapazes de resistir à concorrência internacional, reduziram sua participação na indústria doméstica. Além disso, o nível de integração vertical da indústria nacional reduziu-se.

De início, o processo de abertura pareceu aumentar a produtividade e a competitividade da indústria nacional.[110] Mas um estudo sugeriu que a produtividade foi aumentada graças à reestruturação de processos produtivos com eliminação de postos de trabalho, e não a investimentos e expansão do emprego.[111] Isso significa que as fábricas recém-privatizadas simplesmente reduziram a escala da força de trabalho da empresa que havia sido pública e isso trouxe aumentos de produtividade. Outro estudo mostrou que mudanças na estrutura industrial brasileira obtidas pela abertura ao comércio mundial direcionaram fluxos de capital para indústrias intensivas em recursos naturais.[112] Esse processo não foi exclusivo do Brasil, pois na Argentina e no Peru a competitividade industrial foi prejudicada por valorizações da moeda, e a maior parte do investimento externo direto distanciou-se "dos setores com maior potencial de aumento da produtividade" e se concentrou "mais ainda do que no passado nos produtos oriundos de recursos naturais".[113] O Brasil foi capaz de preservar uma estrutura industrial muito mais abrangente e completa do que a encontrada na maioria dos outros países do continente. Essa estrutura inclui até mesmo um setor razoavelmente grande de bens de capital, máquinas e equipamentos.[114] No entanto, o crescimento desacelerou tão significativamente em comparação com outras partes da

---

110 José Luiz Rossi Jr. e Pedro C. Ferreira, *Evolução da produtividade industrial brasileira e abertura comercial.* Texto para Discussão n.651, Rio de Janeiro: Ipea, jun. 1999; Regis Bonelli e Renato Fonseca, "Ganhos de produtividade e de eficiência: novos resultados para a economia brasileira". *Pesq. Plan. Econ.*, Rio de Janeiro, v.28, n.2, ago. 1998, p.273- 314; Danielle Barbosa Lopes da Silva, *O impacto da abertura comercial sobre a produtividade da indústria brasileira,* Tese de Mestrado, FGV, 2004; Enéas Gonçalves de Carvalho, "Globalização e estratégias competitivas na indústria automobilística: uma abordagem a partir das principais montadoras instaladas no Brasil". *Gestão & Produção,* v.12, n.1, jan.-abr. 2005, pp.121-33; Carmen de Jesus Garcia, *Uma análise das mudanças na estrutura industrial brasileira nos anos 90.* Tese de Mestrado, UFRJ, 2001; Arthur Tranzola Santos, "Abertura comercial na década de 1990 e os impactos na indústria automobilística". *Fronteira,* Belo Horizonte, v.8, n.16, 2.sem. 2009, p.107- 29.

111 Rubens Ricupero, "Global trends and prospects", in: UNCTAD, *Trade and Development Report, 2003. Capital Accumulation, Growth and Structural Change.* Genebra, 2003, p.X. Ver também Rubens Ricupero, "Desindustrialização precoce: futuro ou presente do Brasil?". *Le Monde Diplomatique,* n.80, 6 mar. 2014. Acesso em: 12.10.2019, em: <https://diplomatique.org.br/desindustrializacao-precoce-futuro-ou-presente-do-brasil/>.

112 Garcia, "Uma análise das mudanças", p.111-3.

113 Rubens Ricupero, "Global trends and prospects", in: UNCTAD, *Trade and Development Report, 2003. Capital Accumulation, Growth and Structural Change.* Genebra, 2003, p.X. Ver também Rubens Ricupero, "Desindustrialização precoce: futuro ou presente do Brasil?". *Le Monde Diplomatique,* n.80, 6 mar. 2014. Acesso em: 12.10.2019, em: <https://diplomatique.org.br/desindustrializacao-precoce-futuro-ou-presente-do-brasil/>.

114 Ricupero, "Desindustrialização precoce".

economia que o peso da indústria diminuiu sistematicamente década após década, e o mesmo ocorreu com seu papel nas exportações internacionais.

O tema da desindustrialização, que ocorreria no Brasil desde 1990, tem merecido especial atenção dos pesquisadores. Nos países ricos, há claramente uma tendência de declínio da importância da indústria, substituída pelo crescimento sistemático do setor de serviços.[115] De modo geral, nesses países existe uma relação entre certo nível de renda e a redução da participação relativa da indústria no PIB. As causas são muitas, entre elas as mudanças na renda e na composição da demanda, a fragmentação do processo produtivo e a mudança nos preços relativos.[116]

No Brasil é evidente a queda da participação relativa da indústria no PIB. No entanto, há diferentes interpretações sobre o processo.[117] Terá sido um processo natural, similar ao ocorrido nos países ricos, ou será que o Brasil, por características internas, foi um caso de industrialização precoce antes de atingir os padrões de desenvolvimento adequados? Um estudo recente construiu uma série de valor adicionado real para o setor manufatureiro desde 1980, abrangendo o PIB brasileiro de 1970 a 2016. O PIB real da indústria manufatureira mais que triplicou. O auge do grau de industrialização teria ocorrido em 1973 e esse nível teria sido mantido até 1980, quando a manufatura foi responsável por cerca de 20% do PIB. Essa tendência de crescimento inverteu-se após 1981. Em 1980 o Brasil fabricava todos os produtos e insumos intermediários que eram produzidos nos países industrializados, porém não com a mesma eficiência porque a indústria domésti-

---

115 Rowthorn e Ramaswamy, em um importante artigo sobre a desindustrialização, concluem que "a desindustrialização é causada principalmente por fatores que são internos nas economias avançadas – isto é, pelos efeitos combinados das interações entre as mudanças no padrão da demanda entre fabricantes e serviços, o crescimento mais rápido da produtividade na indústria em comparação com a do setor de serviços e a queda associada no preço relativo dos produtos industrializados". Robert Rowthorn e Ramana Ramaswamy, "Growth, trade and deindustrialization". IMF Staff Papers, v.46, n.1, mar. 1999, acesso em: 14.10.2019, em: <https://www.imf.org/external/Pubs/FT/staffp/1999/03- 99/pdf/rowthorn.pdf>.

116 José Gabriel Palma, "Quatro fontes de desindustrialização e um novo conceito de doença holandesa". Conferência de industrialização, desindustrialização e desenvolvimento. São Paulo: Centro Cultural da Fiesp, 2005, p.203. Acesso em: <https://macrododesenvolvimento.files.wordpress.com/2013/06/520-20quatro20fontes20_2_.pdf>.

117 Wilson Cano, "A desindustrialização no Brasil". *Economia e Sociedade,* Campinas, v.21, número especial dez. 2012, p.831-51. Regis Bonelli e Samuel de Abreu Pessoa, *Desindustrialização no Brasil: um resumo da evidência.* Texto para Discussão n.7, Rio de Janeiro: FGV/IBRE, mar. 2010; André Nassif, "Há evidências de desindustrialização no Brasil?". *Revista de Economia Política*¸v.28, n.1, jan.-mar. 2008, p.72-96; Octávio de Barros e Robson Rodrigues Pereira, "Desmistificando a tese da desindustrialização: reestruturação da indústria brasileira em uma época de transformações globais", in: Octávio de Barros e Fabio Gambiagi (Orgs.), *Brasil globalizado: O Brasil em um mundo surpreendente* (Rio de Janeiro: Campus, 2008), p.299-330; Paulo César Morceiro, *Desindustrialização na economia brasileira no período 2000-2011. Abordagens e Indicadores* (São Paulo: Cultura Acadêmica, 2012); Paulo César Morceiro, *A indústria brasileira no limiar do século XXI: uma análise da sua evolução estrutural, comercial e tecnológica*, Tese de Doutorado, FEA-USP, 2018; Luiz Carlos Bresser Pereira, *A construção política do Brasil: sociedade, economia e Estado desde a independência* (São Paulo: Editora 34, 2014).

ca era protegida, o desenvolvimento tecnológico era fraco e o coeficiente de exportações era baixo. Por isso, o desempenho das exportações e a geração de tecnologia por empresas brasileiras eram muito incipientes em comparação com os países industrializados (Estados Unidos, Japão e Alemanha).[118]

De 1981 até hoje, o Brasil regrediu em sua trajetória de industrialização, e a manufatura brasileira deixou de ser motor do crescimento. Houve uma estagnação na evolução da produção manufatureira real e uma queda na importância relativa da manufatura. Desde 1981 há uma tendência decrescente no valor adicionado da Manufatura no PIB nacional: de 19,5% para 11,3% entre 1980 e 2018 (Gráficos 2.5 a 2.5a). É evidente que houve estagnação ou queda significativa na manufatura, dependendo do setor.

A indústria brasileira declinou, a preços constantes e correntes, e em grau muito maior que a maioria dos outros países industrializados, inclusive se excluirmos a China.[119] O ritmo do declínio diferiu entre as indústrias. No setor de vestuário, couros, calçados e têxteis, a perda de participação vem desde o começo dos anos 1970; no de máquinas e equipamentos desde meados dos anos 1970; em metalurgia e produtos de metal e minerais não metálicos desde o começo dos anos 1980; em química e petroquímica desde meados dos anos 1980; em alimentos, bebidas e fumo desde meados de 2005. Entretanto, alguns setores manufatureiros, como material elétrico, computadores e componentes eletrônicos, papel, celulose e gráfica, parecem manter-se bem. O declínio setorial também não é homogêneo em sua intensidade; por exemplo, o setor de vestuário, couro e calçados mostrou um declínio muito mais intenso do que o de minerais não metálicos.[120] O setor de alimentos e bebidas divergiu do padrão previsto e só começou a apresentar uma clara tendência declinante em meados dos anos 2000.

Por que essas indústrias declinaram tão depressa? Um fator é a baixa inovação. Mesmo com as iniciativas governamentais em programas de ciência e tecnologia, os resultados na área da inovação industrial continuam limitados. Um estudo recente indica que desde fins dos anos 1990 até o começo da década seguinte o país avançou na consolidação de instituições de P&D

---

118 Paulo César Morceiro e Joaquim José Martins Guilhoto, *Desindustrialização setorial e estagnação de longo prazo na manufatura brasileira* (São Paulo: Nereus, 2019), p.8-9.

119 Tomando como base a desindustrialização do "mundo sem a China" como a desindustrialização normal em razão de fatores que afetam todos os países, por exemplo, a globalização, a desindustrialização brasileira é acentuadamente anormal, pois a parcela do VAM no PIB do "Mundo sem a China" a preços constantes diminuiu apenas 1%, enquanto a do Brasil despencou 42% entre 1980 e 2015. Ver Morceiro e Guilhoto, *Desindustrialização setorial e estagnação,* p.11

120 N. Haraguchi, "Patterns of structural chance and manufacturing development", in: J. Weiss e M. Tribe (Orgs.), *Routledge Handbook of Industry and Development* (Abingdon/Nova York: Routledge, 2016), p.38-64.

Gráfico 2.5 A Indústria como % do PIB Nacional 1980-2015
(Série original e ajustada por Morceiro)

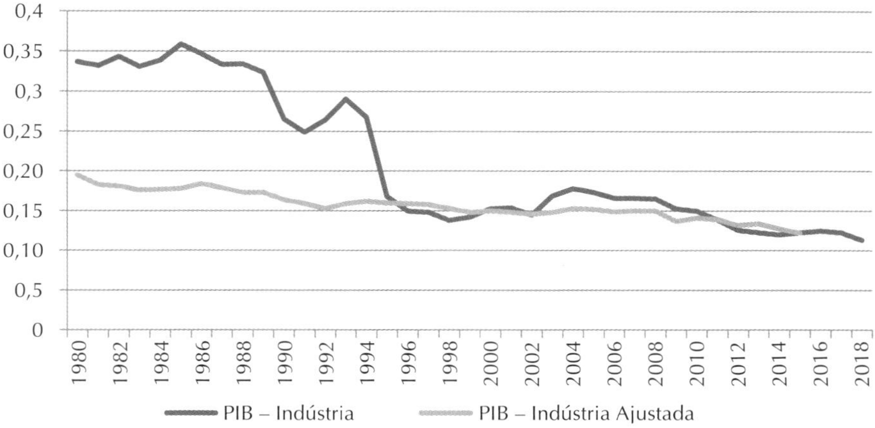

Gráfico 2.5a Taxa de variação do PIB 1980-2015, ajustada por Morceiro
(Série original e ajustada por Morceiro)

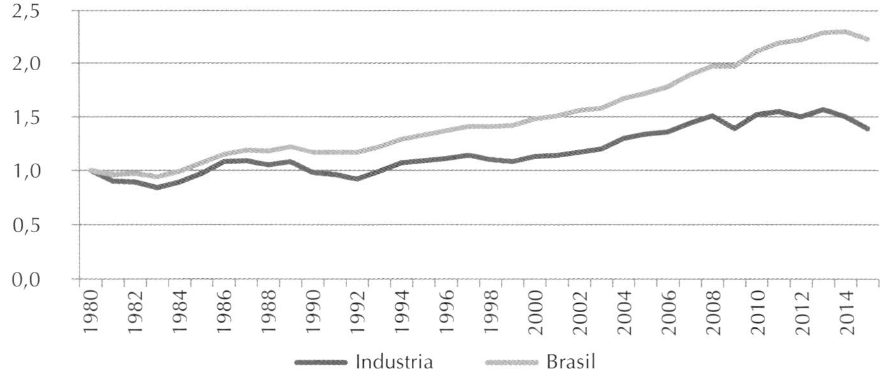

Fonte: Morceiro (2018), p.186 e Ipeadata.

(Pesquisa e Desenvolvimento), na formulação de políticas de financiamento e na adoção de uma legislação abrangente destinada a incentivar a ciência, a tecnologia e a inovação (CT&I).[121] Esses avanços deveriam ter tido reflexos no crescimento de alguns indicadores importantes como o número de pu-

121 Sobre incentivos, ver Geciane S. Porto e Caroline V. Memória, "Incentivos para inovação tecnológica: um estudo da política pública de renúncia fiscal no Brasil". *Revista de Administração Pública,* Rio de Janeiro, v.53, n.3, maio-jun. 2019, p.520-41; João Alberto de Negri e Mauro Borges Lemos, *Avaliação das políticas de incentivos à P&D e inovação tecnológica no Brasil.* Brasília: Ipea, Nota Técnica, 2009.

blicações globais, o desenvolvimento de centros de pesquisa e de empresas que declararam realizar inovações. No entanto, assim como a taxa de inovação ou os pedidos de patente, esses indicadores não representaram um crescimento tecnológico significativo.[122] De modo geral, o Brasil gasta pouco em pesquisa e desenvolvimento se comparado a países industrializados e especialmente a países que promoveram indústrias nacionais e se tornaram grandes competidores no mercado mundial na área de manufaturas de alta tecnologia, por exemplo, Coreia, China e Israel. Embora o Brasil tenha elevado seu investimento para 1,6% do PIB, ainda gasta pouco em comparação com a Coreia, que gasta 4,6% de seu PIB em P&D, com a China, 2,1%, Israel, 3,2%, e Estados Unidos, 2,8%. Além disso, no Brasil a maior parte do gasto nessa área provém do governo. Menos de metade corresponde a gastos de empresas, e até uma parcela significativa do investimento "privado" proveio de grandes estatais como Petrobras e Eletrobras.[123] Entre 2002 e 2006, o Brasil ficou em 17° lugar em publicações sobre tecnologia e ciência, muito atrás de Estados Unidos, Japão e importantes países europeus como Alemanha, Inglaterra, França, Itália e Espanha. Também perdeu para vários países do BRICS, como China, Rússia e Índia.[124]

O Brasil está mal classificado no mundo no aspecto da facilidade em fazer negócios no país.[125] A produtividade no país também é baixa. Usando a

---

122 Lenita Maria Turchi e José Mauro de Morais (Orgs.), *Políticas de apoio à inovação tecnológica no Brasil* (Brasília: Ipea, 2017), p.9-10. Sobre esse tema, ver também Pedro Cavalcante (Org.), *Inovação e políticas públicas. Superando o mito da ideia* (Brasília: Ipea, 2019); Priscilla Koeller, Renato B. Viotti e André Rauen, "Dispêndios do governo federal em C&T e P&D: esforços e perspectivas recentes". *Radar*, n.48, dez. 2016, p.13-8; Fernanda de Negri, *Novos caminhos para a inovação no Brasil* (Brasília: Ipea, 2018).

123 Ver Ministério da Ciência, Inovações e Comunicações, *Plano de Ciência, Tecnologia e Inovação para Petróleo e Gás Natural*, Brasília, 2018; Fabiano M. Pompermayer, Fernanda de Negri e Luiz R. Cavalcante, *Inovação tecnológica no setor elétrico brasileiro. Uma avaliação do programa de P&D regulado pela ANEEL* (Brasília: Ipea, 2011); Raquel F. de Almeida, *Políticas de conteúdo local e setor para-petróleo: uma análise comparativa Brasil e Noruega*. Tese de Mestrado, Rio de Janeiro, COPPE/UFRJ, 2015; Clélia F. B. Guedes, *Políticas públicas de estímulo a P&D: uma avaliação dos resultados do programa regulado pela Agência Nacional de Energia Elétrica – ANELL*, Tese de Mestrado, Universidade de Brasília, 2010; Marcos F. C. Lima e Marconi Aurélio da Silva, "Inovação em petróleo e gás no Brasil: a parceria Cenpes-Petrobras e COPPE/UFRJ". *Revista Sociedade e Estado*, v.27, n.1, jan.-abr. 2012; Priscila Koeller, Renato B. Viotti e André Rauen, "Dispêndios do governo federal em C&T e P&D: esforços e perspectivas recentes". *Radar*, Brasília, n.48, dez. 2016, p.13-8; R&D, *The 2016 Global R&D Funding Forecast*. Suplemento de *R&D Magazine*, Winter 2016.

124 Ricardo Renzo Brentani (curiosidade, filho da Gerda) e Carlos Henrique de Brito Cruz (Orgs.), *Indicadores de Ciência, Tecnologia e Inovação em São Paulo 2010*. 2 v. (São Paulo: Fapesp, 2011), v.1, cap.4, p.4-12.

125 Um estudo recente do Banco Mundial que analisou as dificuldades e facilidades de empreender em 190 países situou o Brasil em 124° lugar. World Bank Group. *Doing Business 2020. Comparing Business Regulation in 190 Economies*. Washington, DC, 2020. World Bank Group, *Doing Business 2020. Brasil*. Washington, DC, 2020. A posição brasileira está bem atrás de outros BRICS como Coreia (5°), Índia (63°), África do Sul (84°) e de países latino-americanos como México (60°) e Chile (59°), e é similar à da Argentina (126°).

produção por trabalhador em dólares internacionais em PPC (paridade do poder de compra) constantes de 2011, no Brasil ela cresceu apenas 16% entre 2000 e 2018, em contraste com 51% no mundo, 356% na China, 172% na Índia, 62% na Coreia. Países que já têm alta produção por trabalhador, como Estados Unidos, Japão e União Europeia, obtiveram taxas de aumento maiores que as brasileiras, o que ampliou o diferencial da produtividade do trabalho desses países em relação ao Brasil.[126]

A indústria paulista cresceu significativamente em pessoal ocupado, valor da produção e valor adicionado pela indústria de 1996 a 2017, porém sua importância na indústria nacional declinou progressivamente, e na economia do Estado seu papel perdeu importância com o passar do tempo (Tabela 2.13).

Em relação ao resto do Brasil, a indústria paulista tem algumas vantagens. Foi líder nacional em inovação e tecnologia. Uma pesquisa de inovação tecnológica realizada pelo governo (PINTEC) contemplou uma amostra de 117 mil empresas e, dentre essas, 42 mil informaram ter implantado algum tipo de inovação. No universo das empresas, 4.500 introduziram uma inovação no mercado interno e 493 introduziram novos produtos no mercado internacional. Finalmente, 302 desenvolveram novos processos no mercado mundial. São Paulo liderou em todos os aspectos. Empresas paulistas representaram 48% do valor gasto, 44% das empresas que lançaram novos produtos no mercado nacional ou no internacional e desenvolveram novos processos.[127]

O estado de São Paulo também liderou o processo de criação em ciência e tecnologia. O banco de dados de citações do SCIE (Science Citation Index Expanded) e SSCI (Social Sciences Citation Index) evidencia que entre as quatro primeiras instituições brasileiras estão três universidades de São Paulo: USP (25,5%), Unicamp (10,1%) e Unesp (7,3%). Há ainda outras do estado entre as maiores, como a Universidade Federal de São Paulo (4%) e a Universidade Federal de São Carlos (3%). Em outras palavras,

---

126 Naercio Menezes Filho, Bruno Komatsu, Andrea Luchesi e Marcelo Ferrario. *Políticas de inovação no Brasil.* Policy paper n.11, *Insper,* ago. 2014.

127 Sobre a PINTEC, ver Luiz Ricardo Cavalcante e Fernanda Negri, *Trajetória recente dos indicadores de inovação no Brasil.* Texto para Discussão n.1659, Brasília: Ipea, 2011; Camila B. Mourad, *Relação entre as atividades internas e externas no desempenho em inovação das empresas do setor industrial brasileiro: constatações baseadas em uma década de PINTEC/IBGE,* Tese de Doutorado, Universidade de São Paulo, 2017; Fernanda de Negri e Luiz R. Cavalcante, *Análise dos dados da PINTEC 2011.* Nota Técnica n.15, Brasília: Ipea, 2013; Tatielle M. Longhini et al., "Investimentos em inovação e sua influência na receita líquida de vendas. Uma análise com base nos dados do PINTEC", *BBR Brazilian Business Review,* v.15, n.1, jan.-fev. 2018, p.1-16; Ulisses Kazumi Shimizu, *A influência da inovação no desempenho das firmas no Brasil.* Tese de Doutorado, Universidade Presbiteriana Mackenzie, 2013.

Tabela 2.13 Indicadores industriais do estado de São Paulo e do Brasil, 1996-2017 (valores em R$ 1000)

Anos	Brasil				São Paulo				% São Paulo	
	Unidades	Pessoal ocupado	Valor bruto da produção	Valor da transformação industrial	Unidades	Pessoal ocupado	Valor bruto da produção	Valor da transformação industrial	Pessoal ocupado	Valor da transformação industrial
1996	120.217	4.939.816	331.973.199	155.053.516	46.699	2.105.589	163.618.601	78.927.752	43%	51%
1997	118.819	4.804.577	366.853.963	167.270.375	45.569	2.013.935	180.767.699	85.523.642	42%	51%
1998	125.537	4.702.114	371.169.134	167.061.829	46.561	1.915.348	183.761.019	85.414.993	41%	51%
1999	129.211	4.812.166	440.814.587	198.869.795	45.592	1.916.518	210.201.310	96.950.879	40%	49%
2000	136.219	5.121.301	542.555.521	240.319.531	47.919	1.999.905	252.316.620	113.487.330	39%	47%
2001	142.596	5.260.075	630.685.237	273.582.708	49.686	2.019.234	289.329.238	127.418.038	38%	47%
2002	146.246	5.366.324	724.893.897	313.847.803	50.682	2.017.247	321.073.887	141.816.509	38%	45%
2003	150.706	5.769.621	900.056.461	379.544.345	50.766	2.124.698	388.641.964	166.239.949	37%	44%
2004	157.022	6.182.585	1.080.902.806	444.369.405	52.869	2.274.846	456.807.995	191.630.567	37%	43%
2005	160.574	6.215.189	1.125.675.188	464.065.678	54.315	2.297.130	481.204.216	202.549.391	37%	44%
2006	168.422	6.527.106	1.202.240.081	505.869.100	54.762	2.375.912	510.767.909	216.595.482	36%	43%
2007	168.313	6.816.749	1.329.006.849	546.378.905	56.299	2.497.932	557.922.409	232.062.858	37%	42%
2008	177.979	7.142.147	1.553.032.318	645.366.982	58.800	2.639.426	636.966.825	266.690.773	37%	41%
2009	181.332	7.197.977	1.427.350.146	604.484.096	58.277	2.597.713	584.880.506	251.662.648	36%	42%
2010	185.299	7.722.295	1.680.745.068	726.670.935	57.031	2.777.277	680.539.654	296.310.558	36%	41%
2011	194.337	7.937.126	1.848.072.089	798.638.373	60.126	2.816.739	740.888.366	325.765.500	35%	41%
2012	188.033	8.002.244	1.984.081.396	840.399.533	58.656	2.846.426	776.842.697	335.681.186	36%	40%
2013	199.154	8.197.536	2.202.682.172	923.127.855	59.453	2.815.574	849.062.342	361.906.160	34%	39%
2014	204.441	8.059.082	2.296.588.544	947.513.047	62.013	2.736.408	860.525.327	359.357.410	34%	38%
2015	196.026	7.412.700	2.303.115.508	955.173.440	57.921	2.502.329	848.682.717	355.476.972	34%	37%
2016	189.986	7.059.501	2.330.548.591	968.617.748	57.883	2.396.747	854.481.038	363.454.213	34%	38%
2017	184.320	7.011.215	2.436.520.929	1.018.870.321	54.519	2.359.516	884.423.710	381.665.143	34%	37%

Fonte: IBGE, SIDRA, PIA EMPRESAS, acesso em: https://sidra.ibge.gov.br/pesquisa/pia-empresa/tabelas.

metade da produção científica universitária do Brasil foi gerada no estado de São Paulo, sobretudo em instituições públicas mantidas pelo governo estadual.[128]

Contudo, ao mesmo tempo houve uma queda gradual, mas sistemática, da participação de São Paulo no valor da transformação da indústria brasileira, passando de 51% para 37%. As reduções ocorreram praticamente em todos os setores, com maior ou menor intensidade tecnológica. No primeiro caso temos alimentos, têxteis e vestuário, que perderam participação em grau significativo. Mas também podemos dizer o mesmo de outros setores de maior intensidade tecnológica, como máquinas e ferramentas e fabricação de equipamentos eletrônicos e de comunicação. Neste último caso, a competição da Zona Franca de Manaus teve influência considerável. No caso da manufatura química, a diminuição no estado é menos pronunciada, e São Paulo ainda é responsável por mais de metade da produção. No entanto, há uma queda na manufatura de coque, no refino de petróleo, em combustíveis nucleares e álcool.

Apesar de os setores de fabricação de produtos farmoquímicos e farmacêuticos só aparecerem em estatísticas nacionais como grupos distintos a partir de 2007, essas fábricas paulistas ainda são responsáveis por 70% da produção nacional. Na indústria automotiva, por sua vez, ocorreram mudanças importantes. De início, nos anos 1950 e 1960, essa indústria concentrava-se em São Paulo, porém mais tarde novos estados entraram no setor. Em 1976 a Fiat seria a primeira grande companhia a estabelecer-se fora do estado de São Paulo, atraindo também o complexo de fornecedores para Minas Gerais, onde sua fábrica foi instalada. Depois disso surgiram novas fábricas no resto do Brasil, dos mesmos fabricantes ou de outros recém-chegados ao país, em especial após a abertura da economia. Essas novas fábricas optaram por descentralizar a produção, algumas ainda operando no estado de São Paulo, mas fora das localidades tradicionais, instaladas ao longo de rodovias importantes como Via Dutra, Anhanguera e Castelo Branco.[129]

---

128 Brentani et al. *Indicadores de Ciência, tecnologia e inovação em São Paulo 2010,* caps.4, p.4-22 e 24.

129 Essas são as fábricas de todos os tipos de veículo no Brasil, incluindo motocicletas tratores: Amazonas – Amazonas Motocicletas Especiais, BMW (motos), Dafra, Harley-Davidson, Honda (motos), Haobao, Indian Motorcicle, Kasinski, Kawasaki, Traxx, Sundown, Suzuki (motos) e Yamaha; Bahia – Ford; Ceará – Troller; Goiás – CAOA Hyundai, John Deere, Suzuki e Mitsubishi; Minas Gerais – CNH New Holland, FCA, Iveco, XCMG e Mercedes-Benz; Paraná – FCA, Caterpillar, CNH New Holland, DAF, Audi, Nissan, Renault, VW e Volvo; Pernambuco – FCA; Rio de Janeiro – Nissan, Land Rover, MAN "VWCO" e PSA Peugeot-Citroën; Rio Grande do Sul – AGCO "Massey Ferguson", Foton, Mahindra, Agrale, Chevrolet, Valtra, International e John Deere; Santa Catarina – BMW e Chevrolet; São Paulo – AGCO, Caterpillar, CNH New Holland, Chery, Ford, Chevrolet, Honda, Hyundai, Komatsu, Mercedes-Benz, Scania, Toyota, Valtra, VW, John Deere. Notícias Automotivas. Acesso em: 19.10.2019, em: <https://www.noticiasautomotivas.com.br/listas-demontadoras-de-veiculos-por-estado-no-brasil/>.

Embora a importância relativa de São Paulo na indústria tenha mudado com o tempo, não houve alterações significativas na estrutura industrial do estado. Houve algum aumento na participação relativa dos produtos alimentares, que no Censo Industrial de 2017 teve a maior representação, e um ligeiro declínio no setor químico. Verificou-se um aumento significativo no setor de coquerias, refino de petróleo, produção de combustíveis nucleares e de álcool, que cresceu de 6% para 10%, possivelmente graças ao aumento da produção de etanol no estado. Apesar da descentralização, a indústria automotiva permanece fortemente representativa no estado de São Paulo. Os segmentos de maior intensidade tecnológica sempre mantiveram participação superior a 50% na indústria manufatureira paulista (**Gráfico 2.6**).

No estado, a região metropolitana permaneceu importante, e despontaram na região outros municípios acentuadamente industrializados, por exemplo, Guarulhos, Osasco e Mogi das Cruzes. O segundo núcleo industrial mais importante é a Região Metropolitana de Campinas, que inclui alguns municípios altamente industrializados, como Paulínia (onde se situa a maior refinaria do Brasil), Sumaré e Indaiatuba, duas cidades com fábricas de automóveis. A vasta região metropolitana do Vale do Paraíba e Litoral Norte, que acompanha o eixo da Via Dutra, inclui cidades importantes como São José dos Campos (onde se situam a sede da Embraer (Empresa Brasileira de Aeronáutica S/A) e uma fábrica da General Motors), Taubaté

Em São Paulo, as fábricas distribuem-se por todo o estado. A Honda, por exemplo, tem fábricas em Sumaré e Itirapina. A Toyota manteve sua antiga fábrica em São Bernardo, produzindo peças para uso em sua indústria. Possui uma fábrica de automóveis em Indaiatuba e recentemente inaugurou a fábrica de Sorocaba. A Ford possui três fábricas em São Paulo: São Bernardo do Campo, Tatuí e Taubaté, além da unidade de Camaçari, Bahia. A General Motors tem fábricas em São Caetano do Sul, São José dos Campos e Mogi das Cruzes. A Volkswagen mantém fábricas em São Bernardo do Campo, São Carlos e Taubaté. A Hyundai tem fábrica em Piracicaba. A Mercedes tem unidades de produção em São Bernardo do Campo, Campinas, Iracemápolis. Ver Enéas Gonçalves de Carvalho, "Globalização e estratégias competitivas na indústria automobilística: uma abordagem a partir das principais montadoras instaladas no Brasil", *Gestão & Produção*, v.12, n.1, jan.-abr. 2005, p.121-33; Arthur Tranzola Santos, "Abertura Comercial na década de 1990 e os impactos na indústria automobilística", *Fronteira*, Belo Horizonte, v.8, n.16, 2.sem. 2009, p.107-29; Angela M. M. M. Santos e Caio M. A. Pinhão, "Polos automotivos brasileiros", BNDES. Acesso em: 19.10.2019, em: <www.bndes.gov.br/bibliotecadigital>; Carlos Sakuramoto e Luiz Carlos DioSerio, *Indústria Automobilística no Brasil: Protagonista no palco de uma eminente transformação global*. Acesso em: 19.10.2019, em: <https://bibliotecadigital.fgv.br/dspace/bitstream/handle/10438/16340/Industria_automotiva_no_Brasil_Protagonista_no_palco_de_uma_eminente_transforma%c3%a7%c3%a3o_global.pdf?sequence=1&isAllowed=y>; Daniel Chiari Barros, Bernardo H. R. de Castro e Luiz Felipe H. Vaz, *Panorama Setorial 2005-2018. Automotivo*. BNDES. Acesso em: 19.10.2019, em: <https://web.bndes.gov.br/bib/jspui/bitstream/1408/14155/1/Automotivo_P_BD.pdf>; Gabriel Daudat e Luiz Daniel Willcox, *Indústria Automotiva*. BNDES. Acesso em: 19.10.2019, em: <https://web.bndes.gov.br/bib/jspui/bitstream/1408/16241/1/PRCapLiv214167_industria_automotiva_compl_P.pdf.>; Daniel Chiari Barros, Bernardo H. R. de Castro e Luiz Felipe H. Vaz, "Panorama da indústria de autopeças no Brasil: Características, conjuntura, tendência tecnológicas e possibilidade de atuação do BNDES". *BNDES Setorial*, n.42, p.167-216; Anfavea, *Anuário da Indústria Automobilística Brasileira*, 2019, São Paulo: Anfavea, 2019.

Gráfico 2.6 Estado de São Paulo. Participação por intensidade tecnológica na indústria 1996-2017

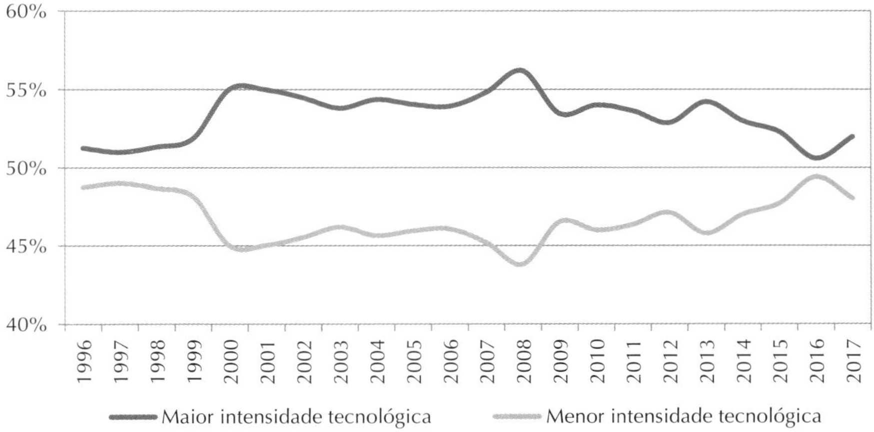

Fonte: IBGE, Sidra, 1987 (utilizando definição de Morceiro, 2018).

(com uma fábrica da Volkswagen) e Jacareí. A Região Metropolitana de Sorocaba possui um parque industrial diversificado que inclui uma das fábricas da Toyota. Embora a maior parte da indústria estivesse situada nesses agrupamentos maiores, vários municípios não incorporados a regiões metropolitanas também tinham fábricas (Tabela 2.14).

A exceção no cenário de pouca inovação e baixa competência internacional é a empresa de aviação paulista Embraer, que se tornou uma fabricante altamente competitiva, produtora de aviões projetados pela própria empresa em um dos ramos de concorrência mais acirrados no mundo. Criada pelo governo brasileiro em 1969, sua sede foi instalada no município paulista de São José dos Campos. Nessa cidade também funciona o ITA – Instituto Tecnológico de Aeronáutica –, uma universidade técnica financiada pelo governo, criada em 1946 e gerida pela Força Aérea Brasileira. A Embraer foi fundada por muitos formandos do ITA, e começou com o lançamento do avião Bandeirantes, totalmente projetado e construído no Brasil. Gradualmente, a Embraer expandiu seu conjunto de produtos nos segmentos de aviação agrícola, comercial e executiva. Nos anos 1980 lançou novas aeronaves nos mercados comercial e de defesa. Na área comercial, ganhou destaque na fabricação de aviões regionais de pequeno porte. Após o lançamento de novos aviões comerciais no começo dos anos 2000, a empresa criou uma família de jatos executivos, um dos quais se tornou campeão de vendas mundial. Em 2001 a Embraer inaugurou uma nova unidade de

Tabela 2.14 Valor adicionado setorial por regiões do estado de São Paulo, 2016

Estado e regiões	Valor adicionado total	Valor adicionado da indústria	Valor adicionado dos serviços	Valor adicionado da agricultura
Total do estado de São Paulo (em R$ 1000 correntes)	**1.724.554.931**	**369.304.807**	**1.319.422.467**	**35.827.657**
Regiões metropolitanas e aglomerações urbanas	**Participação no total do estado**			
Região Metropolitana da Baixada Santista	3%	4%	3%	0%
Região Metropolitana de Campinas	9%	13%	7%	5%
Região Metropolitana de Ribeirão Preto	3%	3%	3%	8%
Região Metropolitana de São Paulo	53%	36%	59%	4%
Região Metropolitana de Sorocaba	4%	6%	3%	6%
Região Metropolitana do Vale do Paraíba e Litoral Norte	5%	8%	4%	1%
Aglomeração urbana de Jundiaí	3%	4%	3%	1%
Aglomeração urbana de Piracicaba	3%	4%	3%	3%

Fonte: Seade: http://www.imp.seade.gov.br/frontend/#/tabelas..

produção em Gavião Peixoto, também no estado de São Paulo.[130] Essa empresa, privatizada em 1994, foi inquestionavelmente uma das companhias mais bem-sucedida na história da industrialização brasileira; desenvolveu a aviação com tecnologia nacional e produziu seus aviões de modo integrado com as principais cadeias de valor do setor. Além de fornecer ao mercado nacional diversos tipos de aviões para todos os segmentos civis e militares, contribui com destaque para a pauta de exportações brasileira.[131] Por sua vez, a gigantesca indústria automotiva tem sido, em grande medida, uma réplica de companhias cujos projetos e tecnologia avançada são criados fora do Brasil. Produtos de suas fábricas brasileiras só entraram no mercado internacional quando isso foi conveniente para sua estratégia internacional, e a maioria são peças ou motores, ou às vezes até automóveis inteiros em razão de custos mais baixos. Além disso, a maior parte dessas exportações supriu o mercado regional, especialmente os países do Mercosul, com produtos destinados especificamente a essa área, sem integração direta com o mercado internacional mais amplo.

Portanto, no período pós-1990 a indústria brasileira declinou em muitos setores depois da abertura do mercado nacional às importações estrangeiras, e a maioria deles não foi capaz de competir no mercado internacional. Ao mesmo tempo, ocorreu uma descentralização muito significativa da indústria no país como um todo e no estado de São Paulo, com redução da importância da capital e da Região Metropolitana de São Paulo (RMSP). Novas indústrias estabeleceram-se no interior do estado, e muitas cidades menores tornaram-se centros manufatureiros importantes. Mas poucas se mostraram capazes de competir no mercado internacional. Por outro lado, até para as tradicionais indústrias de alimentos e vestuário houve declínio, e também decaiu a maior parte do setor de produção de bens de capital.

---

130 Embraer. Acesso em: 27.10.2019, em: <https://historicalcenter.embraer.com/br/pt/historia>.

131 Ver Sérgio B. V. Gomes. "A indústria aeronáutica no Brasil. Evolução recente e perspectivas". BNDES. Acesso em: 27.10.2019, em: <https://web.bndes.gov.br/bib/jspui/bitstream/1408/919/1/A%20ind%C3%BAstria%20aeron%C3%A1utica%20no%20Brasil_P-final_BD.pdf>; BNDES. *Aeroespaço e defesa. BNDES Setorial*, 2010 a 2018. Acesso em: 27.10.2019, em: < https://www.bndes.gov.br/wps/wcm/connect/site/648bf519-e15e-41a0-a599-a7cb4827be8a/BNDES_Setorial__A%26D_completo.pdf?MOD=AJPERES&CVID=mHlAmTY>; Sérgio B. V. Gomes, João A. Barcellos e Nelson Tucci. *Embraer e Boeing vis-à-vis Airbus e Bombardier: Quais as Implicações para o Brasil? Aesroespecial e Defesa/BNDES Setorial*, n.47, p.61-122; Maria R. E. Martinez, *A globalização da indústria aeronáutica: o caso da Embraer*, Tese de Mestrado, Universidade de Brasília, 2007; Flavio Riva Gargiulo, *Indústria de construção aeronáutica, o caso da EMBRAER: história e avaliação*, Tese de Mestrado, FGV, 2008; Luiz Guilherme de Oliveira, *A Cadeia de Produção Aeronáutica no Brasil: Uma análise sobre os fornecedores da Embraer*, Tese de Mestrado, Unicamp, 2005; Vanessa de Lima Ferreira, *Estratégia na relação com os fornecedores na indústria aeronáutica brasileira. O Caso Embraer*, Tese de Mestrado, São Paulo, Escola Politécnica da USP, 2010.

Contudo, se as reformas liberais implementadas nos anos 1990 não ajudaram a desenvolver o setor industrial, elas tiveram um efeito positivo em outra área importante da economia. A agricultura paulista também sofreu com a crise dos anos 1980 e enfrentou vários problemas com a abertura do Brasil para o mercado mundial na década seguinte. Porém, ao contrário da indústria, a agricultura prosperou no período pós-1990 a ponto de transformar o Brasil em um dos mais importantes exportadores agrícolas do mundo atual, comparável, em todos os aspectos, a gigantes como Estados Unidos, o Mercado Europeu, Austrália e Canadá.

3

A agricultura no estado de São Paulo

Dada a evolução da indústria no período a partir de 1950, seria de se esperar uma trajetória similar de ascensão e relativo declínio na agricultura brasileira. Mas não foi o que aconteceu, e a história da agricultura no estado de São Paulo serve como um excelente guia para as mudanças que de fato ocorreram. Para a surpresa de muita gente, quem entrou vigorosamente no mercado mundial como competidora de peso, após 1990, não foi a indústria brasileira, e sim a agricultura. A agricultura brasileira foi quem mais se beneficiou da ascensão da China em fins do século XX e se tornaria um de seus principais fornecedores, além de dominar as exportações agrícolas para os países petrolíferos do Oriente Médio. Em fins da segunda década do século XXI a agricultura brasileira já estava entre os principais produtores e exportadores agrícolas do mundo.

O motivo desse surpreendente resultado teve muito a ver com os grandes investimentos governamentais na agricultura entre a década de 1960 e o início da década de 1990. Crédito farto, estímulos à mecanização e apoio contínuo à pesquisa agrícola foram aspectos fundamentais para o sucesso da agricultura brasileira. Desenvolveram-se novos cultivos e ocorreu a ocupação econômica do Cerrado. Ademais, terras na fronteira da ocupação foram colonizadas e a infraestrutura básica foi construída. Com o apoio do governo, a agricultura ainda poderia ser lucrativa, apesar do alto custo dos insumos protegidos que precisavam ser comprados nacionalmente. Mas, com a abertura do mercado nacional à competição mundial, a agricultura comercial, já altamente desenvolvida, alcançou rapidamente safras comparáveis às dos principais exportadores em todo o mundo. Embora o apoio governamental tenha diminuído significativamente após o final da década de 1980, o capital privado tornou-se relativamente abundante, enquanto os custos de maquinário e outros insumos importados caíram drasticamente. Além disso, houve um boom mundial de commodities, quando a China passou a concorrer de forma incisiva e suas demandas aumentaram os preços dos produtos agrícolas básicos. Assim, apesar de todos os problemas de infraestrutura, a agricultura brasileira soube responder ao aumento dos preços internacionais e explorar as cadeias de valor existentes nesses mercados, que atendiam a crescente demanda exterior por produtos agrícolas e pastorais. Assim, a agricultura brasileira foi capaz de ocupar posição de destaque no mercado mundial de inúmeros produtos agrícolas e ao mesmo tempo atender adequadamente o mercado local, beneficiando os consumidores com os ganhos de produtividade.

Em todo esse desenvolvimento, São Paulo foi um estado líder na produção agrícola e na modernização, assim como o foi no crescimento industrial. Até o fim da segunda década do século XXI São Paulo permanecia como o mais destacado estado agrícola do Brasil. Foi em terras paulistas que a economia cafeeira atingiu seu pleno desenvolvimento, e foi o café quem dominou as exportações brasileiras durante a maior parte do século XX. Foi o capital gerado pelo café que estimulou o desenvolvimento econômico e social do estado. Foram barões do café e imigrantes capitalistas que investiram no estado e o transformaram no principal centro industrial e financeiro. Embora a cafeicultura tenha declinado nos últimos cinquenta anos, São Paulo ainda domina a produção de culturas permanentes como café e laranja e expandiu suas atividades em culturas sazonais como cana-de-açúcar, milho e soja. Neste período recente, o estado também se tornou o maior produtor e exportador mundial de cana-de-açúcar e principal produtor de açúcar refinado e etanol, criando a indústria de refino mais moderna do mundo. Foi no período pós-1950 que São Paulo tornou-se o maior produtor e exportador mundial de suco de laranja e um dos principais estados produtores e exportadores de frango de corte, mantendo ainda uma significativa pecuária bovina. Entretanto, apesar da contínua importância de sua agricultura, São Paulo tem uma das menores porcentagens de população rural do país, graças à extraordinária eficiência de sua produção agrícola, que é altamente mecanizada.

No período colonial, São Paulo era uma região marginal que tinha apenas uma modesta atividade açucareira e era dominada pela agricultura de subsistência, com uma população pequena que margeava o litoral. Nas primeiras décadas do século XIX a economia açucareira paulista expandiu-se lentamente e, a partir dos anos 1850, iniciou-se na cafeicultura. Mas essas duas culturas ainda tinham pouca importância em comparação com as da província vizinha, o Rio de Janeiro, embora se desenvolvesse em São Paulo uma próspera economia de plantio baseada no trabalho escravo. A rápida expansão para a fronteira oeste após o advento das ferrovias nos anos 1870 franqueou para exploração as melhores terras interioranas e, em fins do século, São Paulo já dominava a cafeicultura brasileira. Em 1889 foi produzido no estado 1,9 milhão de sacas de café, que representaram 38% do total nacional. Em fins dos anos 1920 a produção foi de 17 milhões de sacas, e São Paulo gerava 63% da produção brasileira do país.[1]

No entanto, em 1960 São Paulo destoava do resto do Brasil porque apenas 37% de sua população era rural, uma porcentagem muito inferior aos 53% da média nacional de população rural naquele ano. Além disso, essa população declinou consistentemente em termos absolutos e relativos a partir de 1960 e hoje mostra uma das menores participações no Brasil: apenas 4% da população paulista vive na zona rural segundo o Censo de 2010, em comparação com a média nacional de 16%. Ainda assim, a população rural paulista assemelhou-se ao padrão brasileiro na distribuição de homens e mulheres nas áreas rurais e urbanas. Homens persistentemente foram mais numerosos do que as mulheres na área rural, e o contrário se deu nos centros urbanos do estado em todos os anos de censo (Tabela 3.1). Isso reflete a atração das mulheres pelo mercado de trabalho urbano, com sua abundância de oportunidades para mão de obra não especializada e o doméstico.

Tabela 3.1 São Paulo: Participação da população rural por gênero e residência, 1970-2010

			Razão de masculinidade	
Ano do Censo	**População rural**	**% Total população**	**Urbana**	**Rural**
1960	4.779.429	37%	97,0	111,2
1970	3.493.173	20%	98,3	112,9
1980	2.845.178	11%	98,5	112,5
1991	2.274.064	7%	96,7	112,1
2000	2.449.434	7%	95,1	109,8
2010	1.675.429	4%	93,9	119,0

Fonte: IBGE, Sidra, tabelas 200; e para 1960, IBGE, Censo Demográfico 1960, Série Regional v.1, t.XIII, tabela 2.

São Paulo também tinha a mais elevada taxa de alfabetização dentre todos os estados em 1950.[2] Obviamente, a taxa de alfabetização urbana era muito mais alta do que a rural. No entanto, até essa situação mudou lenta-

1 Sobre a história econômica do estado até 1950, ver os dois volumes de Francisco Vidal Luna e Herbert S. Klein, *Evolução da sociedade e economia escravista de São Paulo, de 1750 a 1850* (São Paulo: Edusp, 2006); *História econômica e social do estado de São Paulo, 1850-1950* (São Paulo: Imprensa Oficial, 2019).

2 As porcentagens foram: 59,4% de alfabetizados na população total de São Paulo e 58,6% na do Rio Grande do Sul. IBGE, Recenseamento Geral de 1950, Série Nacional, v.1, "Censo Demográfico", Rio de Janeiro, 1956, p.90, tabela 47.

mente e, segundo o Censo de 1991, 77% da população rural a partir de cinco anos era alfabetizada, enquanto na população urbana a taxa era de 87%. No país como um todo, a taxa de alfabetização rural era de apenas 54%.[3] O Censo Agrícola de 2017 indica que apenas 3% dos proprietários ou administradores de estabelecimentos rurais eram analfabetos (em comparação com a média nacional de 23%). Essa elevada taxa de alfabetização e a natureza acentuadamente técnica do cultivo da cana-de-açúcar podem explicar as taxas incomumente altas de proprietários e administradores de estabelecimentos agrícolas com formação técnica. Surpreendentemente, 23% dos 184.798 proprietários ou administradores de estabelecimentos agrícolas no estado tinham um nível de instrução mais elevado (ensino médio técnico, ensino médio, ensino superior ou faculdade técnica), em comparação com 7% no país como um todo.[4] Evidentemente, quanto maior o estabelecimento agrícola em hectares, maior a porcentagem de proprietários e administradores com nível de instrução mais alto. Por exemplo, mais de metade dos que possuíam ou administravam fazendas de 100 hectares ou mais em São Paulo tinham níveis mais elevados de instrução. Mas até mesmo entre os proprietários e administradores de pequenos estabelecimentos agrícolas (entre 0,5 e 20 hectares), aproximadamente 20% tinham nível de instrução mais alto, e nos estabelecimentos entre 20 e 100 hectares a porcentagem excedia um terço deles.[5]

Até pouco tempo atrás São Paulo liderava o Brasil no valor total da produção agrícola e no valor total das exportações brasileiras. No entanto, mudanças profundas ocorreram recentemente no desenvolvimento agrícola do estado. Tradicionalmente o estado de São Paulo fora o principal produtor de café, mas essa não é mais a cultura predominante no conjunto dos produtos agrícolas, e a tradicional liderança paulista na cafeicultura também deixou de existir, pois a fronteira do café mudou-se para muito além de suas fronteiras.

O café já vinha sendo substituído por uma variedade de outros produtos, sobretudo a cana-de-açúcar. Nos últimos quarenta anos, São Paulo ascendeu à liderança mundial na produção de cana e no fabrico de açúcar e do álcool. Também é o maior exportador mundial de suco de laranja e principal produtor brasileiro de vários outros produtos. Apesar do choque

3 Censo Demográfico de 1991, "População residente de 5 anos ou mais por situação (urbana e rural) segundo a alfabetização, em: <http://www.ibge.gov.br/home/estatistica/população/censodem/tab203.shtm>.

4 IBGE, Sidra, tabela 6755.

5 IBGE, Sidra, Agro, tabela 801.

dos anos 1980 e 1990 causado pela perda da sustentação de preços, crédito governamental subsidiado e do fim dos mercados protegidos, a agricultura paulista conseguiu recuperar-se e crescer a taxas impressionantes após 2000.[6] O choque afetou a agricultura local, que (exceto o agronegócio) declinou em fins dos anos 1980 para apenas 3,5% do PIB do estado. Porém, em 2002 sua participação já havia aumentado para 7,8%, e em 2015 alcançou 12% desse PIB.[7]

Contudo, nos anos 1970 e no começo da década seguinte São Paulo já havia reformado e modernizado sua indústria açucareira, que atingiu padrões mundiais.[8] O etanol tornou-se um importante subproduto do beneficiamento da cana e, com grande apoio do governo, o Brasil chegou à liderança na produção e consumo desse biocombustível. Graças a vultosos investimentos da iniciativa privada e do Estado, São Paulo manteve sua posição dominante como produtor de cana-de-açúcar. Desde a safra de 2019/2020, o estado gera 53% do total da produção brasileira. Considerando que a cana era produzida em todos os estados, essa predominância de São Paulo é evidenciada pelo fato de que o segundo produtor de cana mais importante, Goa, produziu apenas 78 milhões de toneladas, em comparação com as 341 milhões de toneladas produzidas em São Paulo.[9] O estado também é o principal destilador de açúcar e etanol, e sua complexa atividade de produção e destilação desses dois produtos continuou a crescer no século XX. Além disso, enquanto a expansão dos canaviais na região Centro-Oeste perdeu participação no total da produção nacional, São Paulo ainda domina a indústria do refino. As principais usinas situam-se em São Paulo, e na safra de 2015/2016 São Paulo fabricou cerca de dois terços do açúcar produzido no país, mantendo essa porcentagem nas cinco safras seguintes.[10] Segundo estimativas, suas quinze maiores usinas foram responsáveis por 35% da produção de etanol em 2010.[11]

6 César Roberto Leite da Silva e Sérgio Antônio dos Santos, "Política agrícola e eficiência econômica: o caso da agricultura paulista". *Pesquisa & Debate. Revista do Programa de Estudos Pós-Graduados em Economia Política,* v.12, n.2 (20), 2001, p.66-82.

7 José Sidnei Gonçalves, "Dinâmica da agropecuária paulista no contexto das transformações de sua agricultura". *Informações Econômicas, SP,* v.35, n.12, dez. 2005, p.67.

8 Sobre a modernização das usinas nesse período, ver Marili Arruda Mariotoni, *O desenvolvimento tecnológico do setor sucroalcooleiro no estado de São Paulo (1975-1985)*, Tese de Mestrado, Universidade Estadual de Campinas, 2004.

9 Conab, "Produtos da indústria sucroalcooleira, comparativo de área, produtividade e produção, safras 2018/19 e 2019/20", acesso em 10.2.2020, em: <https://www.conab.gov.br/infoagro/safras/cana>.

10 Unicadata/Produção/histórico de produção e moagem/ por safra, em: <http://www.unicadata.com.br/historico-de-producao-e-moagem.php?idMn=32&tipoHistorico=4>.

11 Castillo, "Região competitiva e circuito espacial produtivo", p.1, 7.

Durante longo tempo, o açúcar e seu derivado etanol foram as exportações paulistas de mais alto valor. Em 2016, por exemplo, essas foram as principais exportações de São Paulo, seguidas pela de aviões. Naquele ano, São Paulo exportou açúcar no valor de 5,1 bilhões de dólares; se adicionarmos os derivados da cana-de-açúcar, o valor chega a US$ 7,5 bilhões, ou 17% das exportações totais do estado.[12] No total das exportações do estado de 2010 a 2019, o valor das exportações agrícolas representou 35%.[13] Esse valor total das exportações de produtos da cana-de-açúcar aproximou-se do valor das exportações de soja do Mato Grosso. Porém, nestes últimos anos, a soja, o farelo de soja e o óleo de soja mostraram um impressionante aumento em volume e valor, analogamente ao modo como o complexo açucareiro atingiu um pico em 2012-2013 e depois declinou (Gráfico 3.1). Assim, em 2018 as exportações agrícolas do Mato Grosso quase igualaram as de São Paulo, e em 2019 pela primeira vez as exportações agrícolas mato-grossenses superaram em valor as paulistas (Tabela 3.2).

Embora São Paulo já tenha sido um importante centro de cooperativas de produtores, houve um declínio dessas associações durante a crise dos anos 1990. As 136 cooperativas agrícolas que funcionavam no estado, em 1992, contavam com 164 mil agricultores e estavam presentes em 242 municípios. Mas o colapso de duas associações principais (Cotia-CC e CC--Sul-Brasil), nesse período de liberalização de mercados, levou a uma grande reorganização e redução do sistema para 127 cooperativas e metade do número de membros, porém agora economicamente mais seguros e alguns, como os do ramo leiteiro, se tornaram grandes produtores industriais.[14] As cooperativas de leite são importantes em São Paulo e no Rio Grande do Sul, mas é nos Estados Unidos que elas mais se destacam. Nesse país, 83% do leite vem de cooperativas de produtores, em comparação com 20% a 40% no Brasil.[15] Os agricultores paulistas aproximavam-se da média em percentual de associados a cooperativas ou sindicatos de produtores na época do Censo Agrícola de 2006, quando cerca de 29% dos agricultores com 48% das terras agrícolas incluíam-se nesses tipos de instituição. Essas porcen-

---

12 MDIC, "Exportação Brasileira, São Paulo, Principais Produtos, 2016", em: <http://www.mdic.gov.br/comercio-exterior/estatisticas-de-comercio-exterior/balanca-omercialbrasileira-unidades-da-federacao>.

13 MDIC e MAPA. Acesso em: 9.2.2020, em: <http://indicadores.agricultura.gov.br/agrostat/index.htm; e em: http://www.mdic.gov.br/index.php/comercio-exterior/estatisticas-de-comercio-exterior/series--historicas>.

14 Sigismundo Bialoskorski Neto e Waldemar Ferreira Júnior, "Evolução e organização das cooperativas agropecuárias paulistas na década de 90". Apresentação no *XLII Congresso da Sociedade Brasileira de Economia e Sociologia Rural 2004.*

15 Fabio Ribas Chaddad, "Cooperativas no agronegócio do leite: mudanças organizacionais e estratégicas em resposta à globalização". *Organizações Rurais e Agroindustriais,* v.9, n.1, 2011, p.70.

Gráfico 3.1 Principais produtos agrícolas exportados, estado de São Paulo, 1997-2019

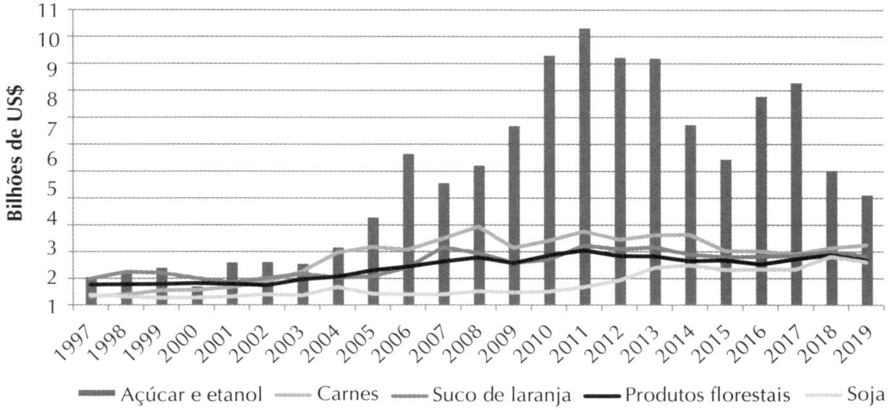

Fonte: MAPA, acesso em 9.2.2020 em <http://indicadores.agricultura.gov.br/agrostat/index.htm>

Tabela 3.2 Valor dos principais produtos agrícolas exportados por São Paulo e Mato Grosso em 2019

São Paulo			Mato Grosso		
Produtos	**Valor em US$**	**% do valor total**	**Produtos**	**Valor em US$**	**% do valor total**
Açúcar, álcool e etanol	4.068.752.409	26,9%	Soja e derivados	8.998.329.271	54,0%
Carne bovina	1.912.622.673	12,6%	Milho	4.115.243.906	24,7%
Laranjas e suco de laranja	1.781.234.890	11,8%	Algodão	1.598.596.043	9,6%
Soja e derivados	1.610.764.668	10,6%	Carne bovina	1.447.530.868	8,7%
Papel e celulose	1.516.280.309	10,0%	Madeira	142.073.021	0,9%
Café (grão e tostado)	395.981.063	2,6%	Carne de frango	93.403.104	0,9%
Carne de frango	290.931.795	1,9%	Outras leguminosas	71.279.735	0,6%
Outros	3.555.430.533		Outros	203.824.011	
Total exportações agrícolas	15.131.998.340	76,5%	Total exportações agrícolas	16.670.279.959	99,2%

Fonte: MAPA, Exportações agrícolas por unidade da federação, acessado em 9.2.2020, em: http://indicadores.agricultura.gov.br/agrostat/index.htm

tagens foram bem inferiores às do Rio Grande do Sul, que tinha 68% dos estabelecimentos agrícolas e 72% das terras incluídos em cooperativas e sindicatos; no entanto, foram bem superiores às do Mato Grosso, que tinha uma porcentagem maior que a paulista de estabelecimentos incluídos nesses tipos de associação, mas esses estabelecimentos representavam apenas 30% das terras agrícolas.[16] Na época do Censo Agrícola de 2017 essas porcentagens haviam crescido substancialmente. Um total de 24% dos agricultores participava de cooperativas, mas outros 52% eram membros de sindicatos ou associações de produtores. Além disso, quanto menor o estabelecimento, maior a taxa de participação no estado. Por exemplo, 87% dos agricultores que possuíam menos de 5 hectares eram membros de cooperativas e associações. Os maiores participantes de cooperativas eram agricultores que possuíam estabelecimentos de 5 a 200 hectares.[17]

No último quarto do século XX as grandes fazendas açucareiras passaram a dominar a agricultura paulista, ultrapassando as antes dominantes fazendas de café.[18] Embora esses novos estabelecimentos açucareiros fossem bem grandes, a estrutura de posse da terra no estado assemelha-se mais à do Rio Grande do Sul do que à do Mato Grosso. Assim, apesar de uma contínua expansão da agricultura, a estrutura básica de posse da terra na zona rural pouco mudou desde os anos 1960, quando o café ainda era uma cultura significativa. Como na maior parte do Brasil no período de 1960 a 2017, houve declínio tanto no número de estabelecimentos agrícolas (declínio de 41%) quanto nas terras totais (declínio de 14%). No entanto, também houve mudanças na participação das propriedades menores e das maiores. Os estabelecimentos com menos de 100 hectares, que antes ocupavam 28% das terras agrícolas, passaram a ocupar 20%, e as unidades com mais de mil hectares aumentaram sua participação de 31% para 45% do total das terras no período de 1960 a 2017, o que explica o considerável aumento na medida de desigualdade dada pelo índice de Gini (Tabela 3.3).[19]

---

16 IBGE, Sidra, Agro, tabela 840.

17 IBGE, Sidra, tabela 6846.

18 Sobre o declínio da produção de café no estado, ver Vera Lúcia F. dos Santos Francisco, Celso Luis Rodrigues Vegro, José Alberto Ângelo e Carlos Nabil Ghobril, "Estrutura produtiva da cafeicultura paulista". *Informações Econômicas, SP,* v.39, n.8, ago. 2009, p.42-8. Sobre a transição do café para o açúcar, ver Thiago Franco Oliveira de Carvalho, *Modernização agrícola e a região da Alta Mogiana Paulista: Análise da expansão da produção de cana-de-açúcar em uma tradicional região cafeeira*. Tese de Mestrado, Universidade Estadual Paulista Júlio de Mesquita Filho, Rio Claro, 2014.

19 O índice de Gini corresponde a um coeficiente estatístico, largamente utilizado para medir concentração de renda ou riqueza. Constitui, na verdade, a relação entre áreas de um quadrado, construído de forma a representar, num dos eixos (o horizontal), a população segmentada em percentual e no outro (o vertical), a riqueza ou renda (também dividida em percentual) da coletividade estudada. Caso os detentores de renda (ou riqueza) e esta se distribuísse de maneira absolutamente igualitária, a cada

Tabela 3.3 Distribuição dos estabelecimentos por tamanho das propriedades em São Paulo – Censos Agrícolas de 1960, 2006 e 2017

1960			2006			2017	
Tamanho	Estab. (1)	Área (hectares)	Tamanho	Estab. (1)	Área (hectares)	Estab. (1)	Área (hectares)
0.1-1 ha	3.159	2.147	0.1-1 ha	11.981	4.205	8.690	3.056
1-5 ha	82.842	299.772	1-5 ha	40.782	126.919	34.316	107.156
5-10 ha	59.759	461.376	5-10 ha	31.562	242.783	27.511	210.417
10-20 ha	53.332	775.224	10-20 ha	46.547	689.651	41.037	602.690
20-50 ha	59.900	1.925.596	20-50 ha	46.332	1.473.605	36.186	1.144.754
50-100 ha	25.789	1.854.565	50-100 ha	20.688	1.467.925	16.374	1.162.843
100-200 ha	15.595	2.191.622	100-200 ha	13.036	1.834.340	10.849	1.522.201
200-500 ha	10.985	3.397.470	200-500 ha	9.583	2.965.789	8.044	2.477.639
500-1000 ha	3.547	2.500.335	500-1000 ha	2.846	1.975.819	2.674	1.868.908
1000-2000 ha	1.584	2.164.387	1000-2500 ha	1.470	2.235.513	1.342	2.027.440
2000+	902	3.731.454	2500+	623	3.938.399	825	5.385.043
Total	317.394	19.303.948	Total	225.450	16.954.948	187.848	16.512.147
Gini (2)	0,787		Gini (2)	0,799		0,826	

Fonte: Censo Agrícola 1960, Série Regional, v.2, t.XIV, pt1, tabela 1; IBGE, Sidra, tabela 837 (2006); IBGE, Sidra, tabela 6882 (2017).

Notas: (1) Estabelecimentos; (2) Os censos de 1960 e 2006-2017 utilizaram faixas diferentes para os maiores estabelecimentos, mas tal fato representou pouco efeito no cálculo do Gini.

Houve também uma alteração contínua das lavouras e da composição dos animais criados na agricultura do estado, desde 1980. Na segunda década do século XXI os principais produtos agrícolas de São Paulo em valor eram animais, produtos animais, soja, laranja, suco de laranja, café, milho e cana-de-açúcar (Tabela 4.4). Paralelamente ocorria um significativo declínio do cultivo e produção de café. Em 1990, Minas Gerais já havia ultrapassado São Paulo como o maior estado produtor de café e fora responsável por 33% da produção naquele ano, em comparação com apenas 25% da participação paulista. Na segunda década do século XXI a participação de São Paulo caíra para 10%, enquanto a de Minas Gerais aumentara para 51% da produção nacional. Em São Paulo existiam mais de meio milhão de hectares com cafeeiros em 1990, mas 25 anos depois esse número reduzira-se para apenas 200 mil hectares no cultivo de café.[20]

Em contraste, houve um forte crescimento na produção de galináceos, enquanto a de bovinos permaneceu razoavelmente estável; também aumentou a produção de ovos, com crescimento anual constante de 3,2%, de 1974 a 2018. Uma cultura que cresceu exponencialmente foi a da banana: passou de pouco mais de 30 mil para mais de 1 milhão de toneladas em média na última década, com um extraordinário crescimento médio anual de 8%. Embora com um crescimento não tão impressionante quanto o visto em Mato Grosso e no Rio Grande do Sul, os dois maiores estados produtores, a soja e sua cultura associada, o milho, aumentaram constantemente desde os anos 1970. Uma área que passou por forte crescimento e depois por uma queda acentuada e hoje se mostra relativamente estável é a do cultivo de laranja e produção de suco dessa fruta para exportação. O Brasil continua a ser líder mundial nas exportações de suco de laranja, e São Paulo é o principal estado produtor de laranja e seu suco, inclusive com alguns de seus fabricantes que adquiriram fábricas nos Estados Unidos (Tabela 3.4).

A história da laranja em São Paulo concentra-se sobretudo no período pós-1950. A laranja é uma cultura tradicional no estado desde os tempos coloniais. No entanto, era consumida apenas na própria região como fruta in natura. As primeiras exportações de laranja foram para a Argentina, após 1920, e para a Europa, após 1930, embora a maior parte da produção con-

---

ponto do eixo horizontal corresponderia outro na diagonal do quadrado. Como geralmente isso não ocorre, quando se plotam esses valores no quadrado, obtém-se uma curva, chamada de "Lorentz". Dividindo a área entre a curva de Lorentz e a diagonal pela área triangular sob a diagonal, determina-se o índice de Gini. Dessa forma, quanto mais igualmente se distribui a renda ou riqueza, mais próximo de zero estará o valor do índice (zero no limite); correlativamente, quanto mais concentrada estiver a riqueza ou renda, maior será o valor do aludido índice que, no máximo, iguala-se à unidade.

20 IBGE, Sidra, PAM, tabela 1613.

Tabela 3.4 Crescimento da produção dos principais produtos agrícolas, em quantidade, no estado de São Paulo, 1974-2018

Produtos	1974	1984	1994	2004	2014	2018	Taxa anual crescimento
Cana-de-açúcar (toneladas)	39.472.166	117.209.246	174.100.000	239.527.890	401.332.100	433.059.785	5,6%
Aves (cabeças galináceas)	61.592.315	94.847.599	105.120.154	157.401.748	209.483.328	204.183.349	2,8%
Laranjas (toneladas)	19.250.000	52.518.026	69.025.000	14.717.790	12.290.567	12.889.878	-0,9%
Bovinos (cabeças)	10.192.202	11.487.510	12.973.841	13.765.873	10.148.423	10.771.635	0,1%
Milho (toneladas)	2.628.000	2.866.742	3.199.200	4.647.240	3.983.895	4.488.539	1,2%
Soja (toneladas)	522.000	870.703	1.230.900	1.854.230	1.709.229	3.410.297	4,4%
Leite de vaca (1000 litros)	1.241.478	1.816.721	2.005.189	1.739.397	1.736.144	1.640.054	0,6%
Bananas (toneladas)	35.400	46.900	54.550	1.060.520	1.056.387	1.061.410	8,0%
Ovos (1000 dúzias)	281.935	574.869	685.710	805.033	962.485	1.137.630	3,2%
Café (toneladas)	1.160.000	930.600	409.200	258.370	289.257	342.760	-2,7%

Fonte: Para cultivos temporários, IBGE, Sidra, tabelas 1612 e 1613; para animais e produtos animais, IBGE, Sidra, tabelas 74 e 3939.

tinuasse a ser consumida dentro do país.[21] Até 1957 o Rio de Janeiro foi o principal produtor brasileiro, mas nesse ano São Paulo passou a liderar em produção total e aumentou sua participação em todas as décadas posteriores.[22] Em 1972 São Paulo cultivava mais de metade das laranjas nacionais e em 1983 sua parcela foi superior a 80%. A maior parte das laranjas produzidas até esse período destinava-se ao consumo local, e até fins dos anos 1960 cerca de 90% dessa fruta era consumida apenas no Brasil. Mas em 1962 São Paulo começou a processar laranjas inteiras para produzir suco, e nesse ano produziu 203 mil toneladas de suco de laranja concentrado. Nesse mesmo ano foi instalada no município de Bebedouro a primeira fábrica moderna de suco de laranja, a Companhia Mineira de Conservas.[23] Essa empresa passou depois a fazer parte da estatal Frutesp, e posteriormente seu controle acionário foi adquirido pela Dreyfus. Um ano mais tarde, uma empresa alemã associou-se a um agricultor alemão imigrante para criar a Citrosuco, que no fim do século se tornaria a maior produtora brasileira e mundial de todos os tipos de suco de laranja. Em 1967 brasileiros fundaram a Sucocitrico Cutrale, que viria a ser o segundo maior produtor do país. As crises periódicas na Flórida causadas por geadas, em especial em fins da década de 1970 e começo do decênio seguinte, reduziram significativamente a produção norte-americana de suco e deram ao Brasil a oportunidade de tornar-se um participante de peso no mercado internacional. Uma vez obtida essa base de apoio, o Brasil rapidamente ultrapassou a produção norte-americana. Em 1975 o Brasil controlava mais de metade das exportações mundiais de suco de laranja, enquanto a participação dos Estados Unidos foi de apenas 17%, e mesmo na produção total de laranja o Brasil superou-os a partir da safra de 1981/1982.[24]

Os processadores não são cultivadores. Esse sistema vertical de cadeia de valor envolve a concessão de crédito aos agricultores pelas empresas de processamento, o transporte dos sucos em caminhões-tanque especiais e em navios oceânicos especialmente equipados e a administração das vendas e

---

21 Sarah Silveira Diniz, Marcia Regina Gabardo da Câmara, Marcelo Ortega Massambani, João Amilcar Rodrigues Anhesini e Umberto Antônio Sesso Filho, "Análise espacial da produtividade da laranja nos municípios do estado de São Paulo: 2002 a 2010", *50º Congresso da SOBER 2012*, p.2.

22 Luís Fernando Padillo (Org.), *Agroindústria e citricultura no Brasil: Diferenças e dominâncias* (Rio de Janeiro: E-papers, 2006), p.75.

23 Uma das primeiras fábricas de acondicionamento de frutas de Bebedouro às vezes é citada como sendo a primeira produtora de suco, porém considera-se que a primeira fábrica moderna foi a Mineira, de 1962.

24 A exposição clássica da história moderna dessa indústria é a de Ronaldo Sued, *O desenvolvimento da agroindústria da laranja no Brasil: O impacto das geadas na Flórida e na política econômica governamental* (Rio de Janeiro: FGV - Fundação Getúlio Vargas, 1993). Ver especialmente caps.1 e 2.

marketing no mercado externo.[25] Embora seja considerado altamente eficiente, o ramo de processamento é muito concentrado. Em fins dos anos, quatro empresas dominavam o mercado: Citrosuco Paulista (com 28% da produção em 1987), Sucocitrico Cutrale (com 25% do suco de laranja), Cargill Agrícola S/A (15%) e a cooperativa de produtores Coopercitrus Industrial Frutesp (7%). Embora hoje existam 1.061 fábricas de processamento de suco em São Paulo, essas quatro empresas controlam 94% delas.[26] Recentemente essa concentração aumentou ainda mais, e as empresas tornaram-se multinacionais. Em 2012, a Citrosuco adquiriu o controle acionário da Citrovita, restando assim apenas três grandes empresas de processamento, com a Citrosuco agora responsável por 40% do total do suco exportado.[27] Por sua vez, nos anos 1990 essas grandes companhias entraram no mercado dos Estados Unidos comprando fábricas de processamento para contornar barreiras alfandegárias norte-americanas. A Cutrale e a Citrosuco adquiriram fábricas na Flórida, sendo as principais fornecedoras, respectivamente, para a linha Minute Maid, da Coca-Cola e para a linha Tropicana, da Pepsi-Cola.[28]

Essas multinacionais, com suas conexões internacionais, fábricas e sucodutos altamente capitalizados, contrastam com as usinas açucareiras paulistas, nas quais, tipicamente, os próprios cultivadores processam a cana-de-açúcar que plantam. Esse alto nível de concentração industrial criou uma tensão a longo prazo entre esses poucos processadores industriais e os numerosos citricultores independentes. A tensão gera considerável conflito judicial, ação do Estado e organização local decorrentes das tentativas dos citricultores para equilibrar suas relações assimétricas com os processadores.[29]

Os produtores de laranja são muito mais fragmentados e, apesar de suas associações, a interação entre processadores e citricultores é acentuadamente assimétrica. Os cultivadores são responsáveis por produzir e entregar as

25 Marcos Fava Neves e Vinícius Gustavo Trombin (Orgs.), *The orange juice business: A Brazilian perspective* (Wageningen: Springer Science & Business Media, 2012).

26 Juntas, as quatro grandes empresas possuíam 1004 delas em 2010: Citrosuco (312), Cutrale (290), Dreyfus (214) e Citrovita (188). Neves e Trombin (Orgs.), *The orange juice business*, p.19, 54.

27 Disponível em: <http://www.citrosuco.com.br/nossa-empresa.html>.

28 Chaddad, *The Economics and organization of Brazilian agriculture*, p.106.

29 Luiz Fernando Paulillo e Luiz Manoel de Moraes Camargo Almeida, "A coordenação agroindustrial citrícola brasileira e os novos recursos de poder: dos políticos aos jurídicos". *Organizações Rurais & Agroindustriais",* v.11, n.1, 2009, p.11-27; Adelson Martins Figueiredo, Hildo Meireles de Souza Filho e Luiz Fernando de Oriani Paullilo, "Análise das margens e transmissão de preços no sistema agroindustrial do suco de laranja no Brasil". *Revista de Economia e Sociologia Rural,* v.51, n.2, 2013, p.331-50; Haroldo José Torres da Silva, *Estudo da viabilidade econômico-financeira da indústria de citros: impactos da criação de um conselho setorial*. Tese de Doutorado, Escola Superior de Agricultura Luiz de Queiroz, 2016.

frutas às fábricas ou às embaladoras de suco, embora recebam adiantamentos baseados em seus contratos com essas empresas.[30] No ano da safra de 2009/2010 havia em São Paulo cerca de 180,6 milhões de pés de laranja, dos quais 9% eram recém-plantados e ainda não produziam (plantas de até 2 anos), e a produção média era em torno de duas caixas por árvore.[31] Desses 12.627 citricultores, 76% possuíam laranjais com menos de 10 mil árvores, porém representavam apenas 13% do número total de laranjeiras. Já os 51 citricultores maiores, aqueles com mais de 400 mil pés de laranja, eram menos de 1% dos citricultores, mas possuíam 39% das laranjeiras (Tabela 3.5).[32] Isso significa que, apesar de ser grande a parcela dos pequenos citricultores, a distribuição resulta em um índice de Gini de 0,770, próximo do comumente encontrado para a maioria das culturas paulistas.

Tabela 3.5 Distribuição dos produtores de laranja em São Paulo, por número de árvores, 2009

Árvores (x 1000)	Produtores	% Produtores	% Árvores
>10	9.603	76,1%	13,4%
10-19	1.408	11,2%	8,0%
20-29	518	4,1%	5,3%
30-49	442	3,5%	7,0%
50-99	372	2,9%	10,8%
100-199	164	1,3%	9,0%
200-399	69	0,5%	7,4%
400+	51	0,4%	39,3%
Total	12.627	100,00%	100,00%

Fonte: Adaptado da tabela 14 in Neves & Trombin (2012), p.63.

Segundo estimativas, as laranjeiras podem dar frutos por vinte anos, porém o padrão em São Paulo é um pouco mais elevado do que fora do país. Desde 2000, produtores migram para as regiões mais meridionais do estado. Nessa migração há fatores que atuam como incentivos ou desincentivos – o custo crescente das terras decorrente da expansão do açúcar em zonas mais antigas, melhor condição climática nas novas áreas e também zonas livres da doença conhecida como greening, que matou um número significativo

30 Neves e Trombin (Orgs.), *The orange juice business,* p.81, 85.

31 Neves e Trombin (Orgs.), *The orange juice business,* p.58.

32 Esses números incluem todo o estado de São Paulo e uma pequena área adjacente no estado de Minas Gerais que também produz laranjas, o chamado Triângulo Mineiro.

de laranjeiras. As outras três doenças – cancro cítrico, clorose variegada dos citros e morte súbita dos citros – destruíram cerca de 39 milhões de árvores nas áreas tradicionais na primeira década do século XXI. Na verdade, essa foi apenas a terceira pior praga que afetou a produção de laranjas.[33] Em 1937, as exportações cessaram após uma praga, e em 1957, outra ainda destruiu 300 milhões de árvores.[34] Essas pragas explicam o fato de os citricultores estarem em segundo lugar no uso de inseticidas no Brasil, atrás dos cotonicultores, porém ficarem apenas em 12º lugar no uso de fertilizantes.[35]

Em 1990, São Paulo ainda era a origem de 83% de todas as laranjas colhidas no Brasil, com uma produção de 72 milhões de toneladas dessas frutas em 723 mil hectares de laranjais. Embora a produção caísse para 12 milhões de toneladas em apenas 413 mil hectares no quarto de século seguinte, São Paulo ainda era o maior produtor, com quase três quartos da produção nacional.[36] Recentemente, a produção aumentou, e a estimativa para a safra de 2020/2021 foi de 15,7 milhões de toneladas de laranja. O Brasil é o maior produtor mundial dessa fruta (origem de 34% da produção mundial) e o maior exportador de suco de laranja (com 63% das exportações mundiais em 2020/2021).[37] Por sua vez, os produtores paulistas foram responsáveis por 734% da laranja produzida, e por 91% das exportação de todos os tipos (FCOJ+NFC) de suco de laranja, na safra de 2020/2021.[38] A principal mesorregião produtora de laranja, em 2015, foi Bauru, origem de um quinto das laranjas produzidas no estado, seguida por Campinas, São José do Rio Preto, Ribeirão Preto, Itapetininga e Araraquara, que, juntas, geraram 88% da produção. Essa distribuição pode ser vista mais detalhadamente nos dados por município (Mapa 3.1).

A banana foi a terceira cultura permanente mais importante no estado. Em 2015, São Paulo foi o segundo maior produtor brasileiro dessa fruta e gerou 15% do total nacional, com quantidades próximas à do maior produtor, a Bahia. Além disso, a produtividade da bananicultura em São Paulo era maior do que a da Bahia. Em 1990, tanto a Bahia como São Paulo produziram 1,1 tonelada de banana por hectare, mas em 2015 São Paulo gerou

---

33 Diniz et al., "Análise espacial da produtividade da laranja", p.3-4; Neves e Trombin, "Mapping and quantification of the Brazilian citrus chain", p.56.
IBGE, Sidra, PAM, tabela 1613.

34 Ver IBGE, Sidra, PAM, tabela 1613; Neves e Trombin (Orgs.), *The orange juice business,* p.55.

35 Marcos Fava Neves e Vinícius Gustavo Trombin, "Mapping and quantification of the Brazilian citrus chain", *Fruit Processing,* mar.-abr. 2012, p.53.

36 IBGE, Sidra, PAM, tabela 1613.

37 USDA, FAS, *Citrus: World Markets and trade,* jan. 2017, p.7, 9.

38 USDA, FAS, *Citrus Annual Brazil 2016,* GAIN Report Number BR16020, 15.02.2016, p.7.

Mapa 3.1 Produção de laranjas em São Paulo, por município, 2019

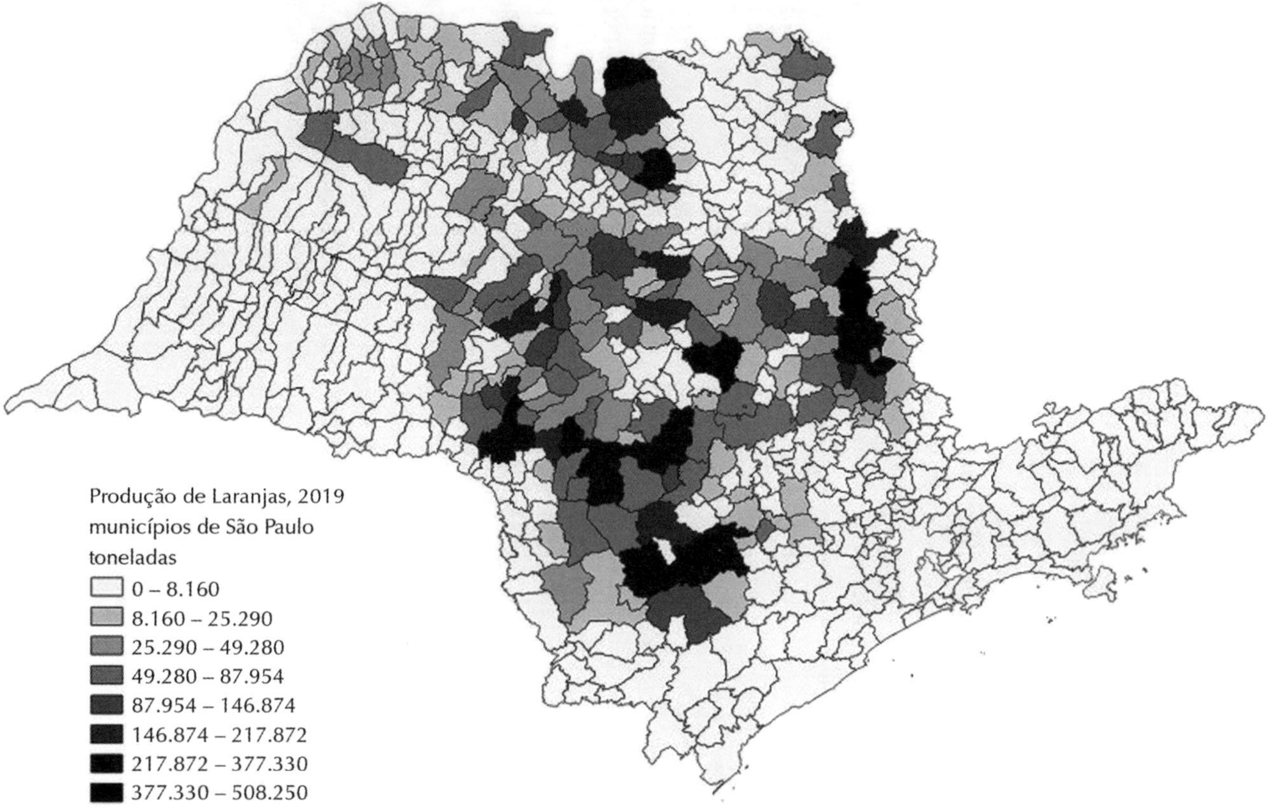

Fonte: IBGE: Bases Cartográficas; IBGE, Sidra, tabela 1613.

20,1 toneladas por hectare enquanto a Bahia aumentou sua produtividade para apenas 14,1 toneladas por hectare.[39]

A alta produtividade da bananicultura espelhou a de toda a produção agropecuária paulista. Com o fim dos espaços livres no norte e oeste do estado, em meados do século XX, em toda a agricultura paulista houve grande modernização, com aumento da mecanização e do uso de fertilizantes e inseticidas, além da adoção das mais modernas práticas de aração e colheita em todos os produtos agropecuários. Se nas épocas do primeiro Censo Agrícola estadual, em 1905, e do Censo Agrícola nacional, de 1960, o estado não se distinguia em mecanização,[40] em 2017, São Paulo ficou entre os mais avançados – junto com Rio Grande do Sul, Paraná e Santa Catarina – no uso de máquinas, fertilizantes e inseticidas.[41]

Apesar de sua importância tradicional, essas culturas permanentes ocupavam uma área cada vez menor. São Paulo ainda tinha uma quantidade significativa de terras usadas para culturas permanentes em comparação com Rio Grande do Sul e Mato Grosso, porém seu volume total de uso da terra declinou após o pico de 1970, quando havia 1,7 milhão de hectares cultivados, chegando a menos da metade dessa área (ou apenas 797 mil hectares) em 2018. No país como um todo, as culturas permanentes declinaram de 7,9 milhões de hectares ocupados para 5,8 milhões nesse período. O grande crescimento no estado e no resto do país foi no uso de terras por culturas sazonais, que em São Paulo passou de 3,6 milhões de hectares em 1970 para 7,9 milhões em 2018.[42] Ao mesmo tempo, o tamanho desses estabelecimentos paulistas diferiu significativamente: segundo o Censo Agrícola de 2017, os 18 mil estabelecimentos agrícolas ocupados com culturas sazonais usaram em média 59 hectares, e os 17 mil estabelecimentos ocupados com culturas permanentes usaram em média apenas 23 hectares (Gráfico 3.2).[43]

Toda essa mudança no uso das terras agrícolas por tipo de cultura deveu-se à extraordinária expansão do cultivo da cana-de-açúcar, que atualmente é o produto dominante no estado em valor e uso da terra. Historicamente, porém, não foi assim. Por toda a segunda metade do século XIX e durante quase todo o século XX, São Paulo importou de Pernambuco a maior parte do açúcar refinado que consumiu. O estado já produzia cana-de-açúcar, mas

---

39 IBGE, Sidra, PAM, tabela 1613.

40 Ver Francisco Vidal Luna, Herbert S. Klein e William Summerhill, "The characteristics of coffee production and agriculture in the state of São Paulo in 1905", *Agricultural History*, v.90, n.1, 2016, p.22-50; IBGE, Censo Agropecuário de 2006, v.2, parte 2, p.25-6, tabelas 21-22.

41 IBGE, Sidra, Censo Agropecuário de 2017, tabelas 6845, 6846 e 6847.

42 IBGE, Sidra, tabela 264 para os dados de 1970 a 2006 e tabelas 1612, 1613 para os dados de 2015.

43 IBGE, Sidra, tabela 1112.

Gráfico 3.2 Crescimento de terras dedicadas para cultivos permanentes e temporários, São Paulo, 1970-2016

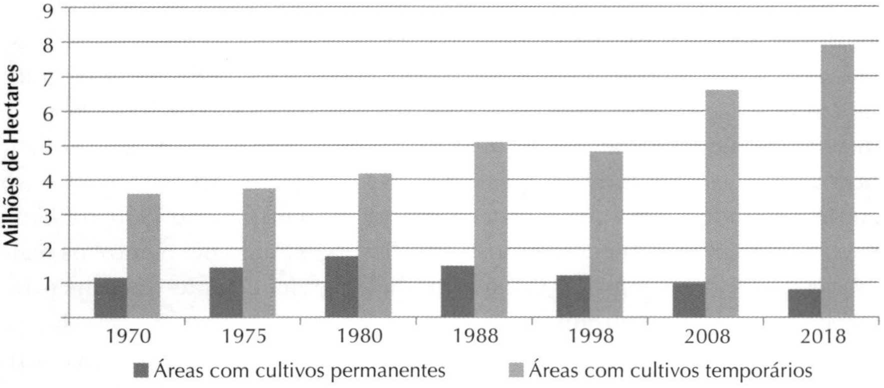

Fonte: IBGE, Sidra, Tabela 264; para 1988-2018, tabelas 1612,1613.

nos anos 1920, pragas quase dizimaram os canaviais paulistas, e só no final daquela década, quando novas plantas resistentes a pragas foram importadas de Java (Indonésia), essa indústria reviveu.[44] Em seguida, a crise dos transportes decorrente da Segunda Guerra Mundial acarretou um declínio relativo de Pernambuco, e São Paulo tornou-se cada vez mais autossuficiente em açúcar.[45] Em 1950, por fim, São Paulo havia superado Pernambuco na produção de açúcar. Os custos de produção para os paulistas eram menores do que para os pernambucanos, e São Paulo até começou a exportar para o mercado internacional. Esse mercado externo tornou-se muito mais aberto, em função do embargo contra Cuba pelos Estados Unidos, em 1960. O Brasil ficou com a maior parte da cota de Cuba no açúcar importado pelos norte-americanos em 1962, primeiro no direito de importar 100 mil toneladas, depois, em 1967, com o aumento da cota brasileira para 360 mil toneladas. Por sua vez, quando Cuba criou um novo mercado protegido para a cana-de-açúcar nos países socialistas, as indústrias locais de açúcar de beterraba declinaram nesses países, enquanto seu consumo de açúcar aumentou.

---

44 Para um resumo da evolução do ramo açucareiro paulista até os anos 1970, ver Marili Arruda Mariotoni, *O desenvolvimento tecnológico do setor sucroalcooleiro no estado de São Paulo (1975-1985)*, Tese de Doutorado, Universidade Estadual de Campinas, 2004, cap.1.

45 Sobre o impacto da guerra mundial sobre a navegação de cabotagem e sua influência no deslocamento da produção de açúcar para o Sudeste, ver Tamás Szmrecsányi e Eduardo Pestana Moreira, "O desenvolvimento da agroindústria canavieira do Brasil desde a Segunda Guerra Mundial". *Estudos Avançados,* v.5, n.11, abr. 1991, p.57-9.

Depois, quando as safras cubanas fracassaram, esses mercados foram abertos para as exportações brasileiras. Essa grande expansão deu-se principalmente entre os produtores de açúcar de São Paulo, e não nas fazendas mais antigas e relativamente ineficientes do Nordeste. De fato, em 1976 o açúcar tornou-se a cultura de maior valor em São Paulo. Nesse período de grande crescimento, o tamanho das fazendas de cana aumentou. Por exemplo, em 1964 os pequenos produtores forneceram 60% da cana processada pelos engenhos, mas em 1970 eles foram responsáveis por apenas 40%. Toda essa expansão gerou pressão sobre o controle governamental. O antigo Instituto do Açúcar e do Álcool (IAA), fundado por Vargas, em 1933, para a defesa dos pequenos e médios produtores, tinha um sistema de cotas que obrigava os engenhos a comprar de agricultores independentes 60% da cana-de-açúcar que processavam. Nos anos 1970, esse esquema foi temporariamente abandonado e, sob pressão das novas associações de usineiros, o governo abandonou aos poucos o sistema de cotas, e as usinas tornaram-se produtoras também. As usinas tinham proprietários brasileiros, a maioria imigrantes empreendedores que haviam começado como cafeicultores.[46]

Os usineiros e os produtores de cana do Brasil responderam a essa abertura do mercado internacional aumentando a produção do açúcar por meio de uma série de reorganizações tecnológicas e administrativas. Primeiro houve a introdução de turbinas na maioria das usinas que, na safra de 1960/1961, produziam em média de 100 mil a 200 mil sacas de açúcar por colheita. Seis anos depois, o número de unidades maiores aumentara entre as cerca de noventa usinas em produção na época, e esses processadores maiores geravam em média 200 mil a 300 mil sacas de açúcar – algumas usinas nesse período eram capazes de produzir mais de 1 milhão de sacas por colheita.[47] Um acontecimento importante nesse período foi a fundação da cooperativa de produtores Copersucar – Cooperativa de Produtores de Cana-de-Açúcar, Açúcar e Álcool do Estado de São Paulo –, com a fusão de duas cooperativas locais de produtores de açúcar em 1959.[48] A entidade começou como uma associação de produtores voltada para a comercialização do açúcar e do álcool produzidos por seus membros. No fim da década, a Copersucar representava 86% dos produtores sucroalcooleiros de São Paulo e comercializava mais de 90% da produção de açúcar e álcool do estado. Evoluiu rapidamente

46 Barbara Nunberg, "Structural change and state policy: The politics of sugar in Brazil since 1964", *Latin American Research Review*, v.21, n.2, 1986, p.56-7.

47 Mariotoni, "O desenvolvimento tecnológico do setor sucroalcooleiro no estado de São Paulo", p.31.

48 Marcos Fava Neves, Allan W. Grayb e Brian A. Bourquard, "Copersucar: A world leader in sugar and ethanol". *International Food and Agribusiness Management Review*, v.19, n.2, 2016, p.209.

para um conglomerado que também fornecia crédito e possuía destilarias, e passou a atuar em todos os aspectos do processo de produção.[49] Além disso, criou um ramo de pesquisa que promove a mudança tecnológica. Atribui-se à Copersucar o aumento de produtividade das usinas com a adoção da tecnologia de ponta de outros países produtores, em um programa de modernização iniciado em 1973.[50] Portanto, o aumento da produção deveu-se inicialmente à modernização das usinas, e só mais tarde a novos métodos de plantio e colheita da cana-de-açúcar. Finalmente, numerosas associações locais de lavradores de cana criaram em 1976 uma poderosa associação de produtores, a Orplana [Organização dos Produtores de Cana do Estado de São Paulo], formando outro grupo de pressão empenhado em obter mudanças nas políticas tradicionais do IAA – Instituto do Açúcar e do Alcool, para a produção e processamento de açúcar e álcool. Um resultado de toda essa pressão e da expansão temporária da atividade açucareira nos anos 1970 foi o fornecimento de vultosos créditos governamentais por intermédio do IAA para a modernização e consolidação de toda a indústria de processamento; e isso, combinado às mudanças técnicas promovidas pela Copersucar, criou um sistema eficiente e produtivo para substituir a organização antes arcaica. Muitas usinas fecharam e, em fins dos anos 1970, as usinas pequenas (que produziam menos de 18 mil toneladas de açúcar) representavam apenas 9% do total de usinas do país, enquanto a produção das usinas remanescentes duplicava.[51]

A expansão foi tão rápida que o mercado internacional não pôde absorver todo o açúcar exportável do Brasil, e os preços tiveram queda significativa. Esse problema de superprodução, comum no Brasil, motivou o clamor por apoio do governo e intervenção no setor. Felizmente para os produtores paulistas, em 1973 ocorreu um choque do petróleo, e isso levou o governo a criar o programa Proálcool, em 1975, para promover o etanol produzido com cana-de-açúcar como uma alternativa à gasolina. Constavam do programa o subsídio ao plantio de cana, o incentivo à construção de destilarias de etanol junto às usinas, a exigência de que a Petrobras, a estatal detentora do monopólio petroleiro, misturasse quantidades crescentes de etanol à gasolina importada. Até então a produção de álcool havia sido secundária à do açúcar nas usinas, mas aos poucos, conforme aumentou a demanda por

49 Nunberg, "Structural change and state policy", p.63-4.

50 Sobre o papel da Copersucar na modernização das usinas, ver Marili Arruda Mariotoni, *O desenvolvimento tecnológico do setor sucroalcooleiro no estado de São Paulo (1975-1985)*, Tese de Doutorado, Universidade Estadual de Campinas, 2004.

51 Nunberg, "Structural change and state policy", p.70-1 e tabela 7.

etanol, essa situação mudou. O maior impacto desse programa para os produtores foi o surgimento de um novo mercado para a cana-de-açúcar.[52]

Embora no Brasil o etanol fosse misturado à gasolina desde os anos 1930 e tivesse sido importante durante a Segunda Guerra Mundial, esse novo programa foi além e procurou incentivar investimentos privados em destilação e criar um mercado garantido para o biocombustível. Além disso, determinou que a Petrobras comprasse esse novo combustível e o misturasse à gasolina sistematicamente – nessa etapa, em partes inferiores a 20%, para que não fosse preciso modificar os motores. Mas a segunda crise mundial do petróleo, em 1979, impeliu o governo a um novo nível de ação. Foram duplicadas as metas de produção de álcool, e o governo incentivou as indústrias automotivas a projetar novos motores a etanol. A porcentagem de biocombustíveis na mistura da gasolina aumentou para 25%, e créditos vultosos permitiram a construção de destilarias autônomas ou de usinas capazes de alternar automaticamente a produção de açúcar e etanol; como resultado, em 1980 a produção de álcool duplicou. O êxito das metas de longo prazo do programa evidencia-se nos dados de 2007: nesse ano foram computadas no estado 414 usinas de processamento de cana, das quais 248 eram mistas, produtoras de açúcar ou etanol, 151 eram destilarias autônomas e 15 produziam apenas açúcar.[53]

Em fins dos anos 1980, os preços do petróleo declinavam, e o governo deixou de apoiar a fabricação de carros movidos apenas a etanol. Todos os preços deixaram de ser regulados em fins dos anos 1990 e, dada a queda de preços do etanol, os destiladores foram forçados a controlar a produção. Novamente subiram os preços mundiais do petróleo após o ataque terrorista de 2011 em Nova York, e em seguida com a guerra do Iraque e o declínio da produção de petróleo da Venezuela sob Chávez; a decorrente alta dos custos das importações de petróleo para o Brasil motivou um novo programa governamental de apoio ao etanol. Além de promoverem o aumento da parcela de etanol na mistura com gasolina e diesel, as medidas também ensejaram em 2003 a introdução de motores flex para carros, capazes de usar qualquer combinação de etanol e gasolina. Essa inovação criou a moderna economia aberta na qual o etanol pôde sobreviver.[54] Em 2004, o Estado reorganizou

---

52 Mariotoni, "O desenvolvimento tecnológico do setor sucroalcooleiro no estado de São Paulo", p.33-5.

53 Ricardo Castillo, "Região competitiva e circuito espacial produtivo: a expansão do setor sucro-alcooleiro (complexo cana-de-açúcar) no território brasileiro", 2009, p.3, em: <http://www.observatorio geograficoamericalatina.org.mx/egal12/Geografiasocioeconomica/Geografiaespacial/60.pdf>.

54 Anil Hira e Luiz Guilherme de Oliveira, "No substitute for oil? How Brazil developed its etanol industry", *Energy Policy*, n.37, 2009, p.2451-4; Antonio Carlos Augusto da Costa, Nei Pereira Junior e Donato Alexandre Gomes Aranda, "The situation of biofuels in Brazil: New generation technologies". *Renewable and Sustainable Energy Reviews*, n.14, 2010, p.3044.

um programa que resultou em grande empenho para que o etanol fosse misturado a veículos a diesel, antes excluídos da iniciativa. Estipulou-se que as misturas conteriam 5% de etanol (em comparação com 25% na gasolina comum), e foram feitos experimentos para reduzir a quantidade de gasolina nos motores de caminhões, máquinas agrícolas e geradores.[55] Todos esses programas foram implementados intermitentemente, mas em 2015, dos 36 milhões de veículos no Brasil, 69% eram capazes de consumir ambos os produtos, e a expectativa é que, dentro de uma década, todos os veículos terão motor flex ou serão movidos a gás natural ou eletricidade.[56]

A Copersucar foi quem mais se beneficiou do primeiro programa Proálcool. Em 1980 essa cooperativa possuía mais de setenta usinas e cinco destilarias na região meridional e fabricava 61% do álcool e 77% do açúcar produzidos no estado. Também criara um centro de pesquisas em 1970 e, nos anos 1980, reunira um grupo significativo de engenheiros estrangeiros que promoveram a introdução das mais recentes invenções tecnológicas. Esse grupo, por sua vez, também tinha estreitas ligações com a Dedini S.A. Indústrias de Base, a principal fabricante de máquinas com sede em Piracicaba, no coração da zona açucareira. A Dedini foi fundada em 1914, por um engenheiro, imigrante italiano com experiência na indústria italiana de açúcar de beterraba. Depois a empresa adotou tecnologia francesa de ponta, para o fabrico de açúcar, e começou a produzir usinas de pequeno e médio porte. Começando com usinas pequenas e frequentemente com equipamento recondicionado, em 1970, a empresa acumulara experiência suficiente para produzir suas primeiras usinas grandes totalmente prontas para operar. Hoje a Dedini produz maquinário para o fabrico de açúcar, etanol (hidratado e anidro) e aguardente. Tem capacidade para construir refinarias de açúcar completas, usinas de cogeração, plantas para tanques, sistemas de filtragem e vários outros produtos para a indústria sucroalcooleira. Sua tecnologia é tão avançada que hoje a empresa licencia seus projetos para uso em todos os tipos de indústria.[57] Mas a Dedini não era a única fornecedora importante de

---

55 Sobre esses experimentos, ver Lauro Mattei, "Programa Nacional para Produção e Uso do Biodiesel no Brasil (PNPB): Trajetória, Situação Atual e Desafios". BNB [Banco Nordeste do Brasil], *Documentos Técnicos Científicos,* v.41, n.4, 2010, p.731-40; Fernando Ferrari Filho, *Análise de um Motor do Ciclo Diesel operando no Modo Bicombustível: Diesel /Etanol*, Tese de Mestrado, PUC, Rio de Janeiro, 2011.

56 Unica, "Frota brasileira de autoveículos leves...2007-2015", acesso em: 8.7.2017, em: <http://www.unicadata.com.br/listagem.php?idMn=55>. Sobre o impacto Ambiental desses programas pró-álcool, ver José Goldemberg, Suani Teixeira Coelho e Patricia Guardabassi, "The sustainability of ethanol production from sugarcane", *Energy Policy*, n.36, 2008, p.2086–97.

57 Mariotoni, "O desenvolvimento tecnológico do setor sucroalcooleiro no estado de São Paulo", cap.3; Lara Bartocci Liboni, Luciana Oranges Cezarino, Michelle Castro Carrijo, Rudinei Toneto Junior, "The equipment supply industry to sugar mills, ethanol and energy in Brazil: an analysis based in leading

máquinas. Outra destacada fabricante paulista era a Zanini Renk, uma empresa brasileira fundada em 1976 que em 1983 criou uma joint venture com a fabricante alemã Renk AG. Desde os anos 1970, essas duas grandes empresas e várias outras de menor porte construíram aproximadamente duzentas destilarias autônomas e duzentas usinas cogeradoras capazes de produzir açúcar ou álcool.[58] Manter as principais operações das usinas do estado requeria um setor de serviços e manufatura complexo, e ele foi criado pelas grandes usinas. A maioria desses serviços e das fábricas que produzem e fornecem peças de substituição para as usinas situam-se nas regiões paulistas de Piracicaba, Ribeirão Preto, Sertãozinho e Catanduva – uma zona que, segundo estimativas, abriga cerca de quinhentas empresas industriais e de serviços, das quais 90% estão diretamente envolvidas no ramo sucroalcooleiro.[59]

Juntamente com a revolução tecnológica e o apoio sistemático do governo, houve uma grande reorganização estrutural da produção em seções integradas verticalmente. Todas as usinas controlam seus próprios canaviais ou, por meio de contratos de longo prazo, têm acesso a terras de terceiros. Se as usinas são proprietárias das plantações, isso leva à integração vertical total. Um segundo esquema consiste em a usina firmar um contrato de cinco anos ou mais pelo qual ela arrenda a terra de terceiros e a usa para produzir cana. Finalmente, há o sistema de parceria, no qual o agricultor prepara a terra e a usina planta e colhe a cana, depois divide com o dono da terra o açúcar produzido. Existem ainda variações desse sistema, por exemplo, o parceiro cultiva a cana e a usina se encarrega do corte, transporte e processamento. Há sete produtores que negociam no mercado spot, ou seja, eles não têm contrato com usinas e vendem sua cana por conta própria, embora esse sistema seja de alto risco em razão da vida curta da cana cortada.[60]

Com o aumento da produção, as usinas, que antes pertenciam quase exclusivamente a proprietários nacionais, tornaram-se mais complexas e com uma parcela crescente de proprietários estrangeiros. Na primeira década do século XXI, grandes empresas e até cooperativas estrangeiras entraram no

---

companies and key-organizations of sector and of LPA of Sertãozinho". *Independent Journal of Management & Production*, v.6 n.4, out.-dez. 2015, p.1070-96.

58 Lara Bartocci Liboni, Luciana Oranges Cezarino, Michelle Castro Carrijo, Rudinei Toneto Junior, "The equipment supply industry to sugar mills, ethanol and energy in Brazil: an analysis based in leading companies and key-organizations of sector and of LPA of Sertãozinho". *Independent Journal of Management & Production*, v.6 n.4 out.-dez. 2015, p.1079-80.

59 Castillo, "Região competitiva e circuito espacial produtivo", p.1, 7.

60 Sobre as ligações criadas nesse sistema complexo, ver Marco Antônio Conejero, Eduardo José Sia, Mairun Junqueira Alves Pinto, Ricardo Kouiti Santos Iguchi e Rafael Oliveira do Amaral, "Arranjos contratuais complexos na transação de cana à usina de açúcar e álcool: um estudo de caso no centro-sul do Brasil". XXXII Encontro da ANPAS,2008, Rio de Janeiro, p.5, acesso em: 7.2.2017, em: <http://www.anpad.org.br/admin/pdf/GCT-D2072.pdf>.

mercado do fabrico de açúcar e etanol em São Paulo. A Bunge adquiriu em 2006 oito usinas capazes de produzir tanto açúcar como etanol. A Dreyfus juntou-se a uma empresa brasileira, em 2009, para criar a Biosev, com doze usinas. A Royal Dutch Shell e uma empresa brasileira criaram a Raizen, com 24 usinas e numerosas outras propriedades. A Guarani, com sete usinas, foi comprada pela Tereos, uma cooperativa francesa do ramo de açúcar de beterraba, em conjunção com a Petrobras, e a Copersucar e a Cargill criaram, em 2014, outra empresa de processamento e comercialização, a Alvean.[61] A própria Copersucar, com suas 47 usinas, também deixou de ser apenas produtora e se tornou transportadora e trader com negócios no mercado mundial. Usineiros e produtores de cana do estado também se organizaram em associações; a mais importante delas foi a Unica [Associação das Usinas], fundada em 1997 por 120 empresas que hoje são responsáveis por mais de 50% da produção brasileira de etanol e 60% de açúcar.[62]

Ao final desse longo processo de investimento e consolidação, companhias multinacionais controlavam quase um terço da indústria sucroalcooleira em 2011. Mas as empresas nacionais ainda eram importantes também e, apesar de uma série de safras ruins e da mudança nas políticas de apoio do governo, o setor continuou a avançar nas práticas agrícolas modernas. A Unica investiu por conta própria em pesquisa científica e programas de educação de trabalhadores, além de incentivar todos os produtores a adotar as mais recentes práticas de sustentabilidade. A maior cooperativa açucareira do Brasil, a Copersucar, também passou por uma transformação radical e se tornou um novo tipo híbrido de cooperativa-empresa. Em 2008 essa entidade recém-reorganizada, agora chamada Copersucar S.A., concentrava todo o seu capital nas exportações de açúcar e etanol. Sua marca de açúcar União foi vendida, a companhia Sara Lee comprou suas fábricas de beneficiamento de café e foi criado mais um desdobramento da Copersucar, o bem-sucedido Centro Tecnológico Copersucar, uma entidade independente fundada em 1969 que se tornou o mais avançado centro de pesquisas agrícolas sobre o açúcar do mundo. A Copersucar aumentou para 43 o número de suas usinas e, em 2014, produziu 135 milhões de toneladas de açúcar e 4,9 bilhões de litros de etanol. Nessa época a empresa era respon-

---

61 Ben McKay, Sérgio Sauer, Ben Richardson e Roman Herre, "The politics of sugarcane flexing in Brazil and beyond". Transnational Institute (TNI) Agrarian Justice Program Think Piece Series On Flex Crops & Commodities, n.4, set. 2014, p.6, tabela 2, "The Corporate Control of Brazilian Sugarcane", acesso em: 7.2.2017, em: <http://repub.eur.nl/pub/77677/Metis_202533.pdf>.

62 Taís Mahalem do Amaral, Marcos Fava Neves e Márcia A. Dias de Moraes, "Cadeias produtivas do açúcar do estado de São Paulo e da França: comparação dos sistemas produtivos, organização, estratégias e ambiente institucional". *Agricultura São Paulo*, v.50, n.2, 2003, p.70-1. Ver também Unica, "Histórico e Missão", acesso em: <http://www.unica.com.br/unica/?idioma=1>.

sável por 11% das exportações mundiais de açúcar e planejava atingir 30% até o fim da década. Adicionalmente, em 2012 a Copersucar comprou uma empresa de comercialização de etanol de milho e associou-se à Cargill para promover mais atividades de comercialização internacional, além de construir seus próprios dutos e instalações portuárias.[63]

Além de adotar novos sistemas de moagem, nova tecnologia e novas estruturas de negócios, a indústria açucareira vem inovando há várias décadas no plantio e corte da cana. A queima da palha da cana diminuiu e agora o plantio se faz sem aração. Até a safra de 2006/2007 apenas 40% da cana plantada era cortada por máquinas. A mecanização fez parte de um acordo entre produtores e o estado de São Paulo, no qual os fazendeiros comprometeram-se a mecanizar a colheita. Isso reduziu o número de trabalhadores no corte da cana de 260 mil para metade desse número na safra de 2006/2007. Outra grande mudança foi a proibição em todo o estado de queimar os resíduos da cana depois da colheita. Em 2002 São Paulo emitiu um decreto propondo um lento declínio da queima, a ser substituído pelo plantio normal por cima dos caules sem aração ou pela aração tradicional, que acabou sendo apoiada pela Unica. Na safra de 2008/2009 o carregamento, transporte e cultivo da cana-de-açúcar já eram totalmente mecanizados e 40% do corte era feito por máquinas. Há inclusive uma correlação entre a mecanização e o fim das queimadas em canaviais, pois as plantações onde não se pratica a queimada requerem o corte mecanizado.[64] Segundo estimativas, 60% dos canaviais mecanizados haviam mudado para o sistema sem queima da palhada em 2011, enquanto nenhum dos canaviais não mecanizados o adotara,[65] e em 2015 cerca de 85% da cana no estado de São Paulo foi colhida por máquinas e apenas 52 mil trabalhadores estavam empregados no setor.[66] O único aspecto em que houve menos desenvolvimento para a cana-de-açúcar em comparação com outras culturas brasileiras é na criação de novas plantas e sementes.

Todos esses avanços resultaram no estímulo à produção açucareira em todo o Brasil, mas principalmente em São Paulo. Já em 1990, São Paulo produziu 138 milhões de toneladas de cana-de-açúcar (52% do total nacional) e em 2019/2020 atingiu 399 milhões de toneladas, também muito aci-

---

63 Chaddad, *The economics and organization of Brazilian agriculture,* cap.4.

64 Márcia Azanha Ferraz Dias de Moraes, "O mercado de trabalho da agroindústria canavieira: desafios e oportunidades". *Economia Aplicada,* Ribeirão Preto, v.11, n.4, out.-dez. 2007, p.607-11.

65 Helena Ribeiro e Thomas Ribeiro de Aquino Ficarelli, "Queimadas nos canaviais e perspectivas dos cortadores de cana-de-açúcar em Macatuba, São Paulo". *Saúde Social,* São Paulo, v.19, n.1, p.48-51.

66 John Wilkinson, *O setor sucroalcooleiro brasileiro na atual conjuntura nacional e internacional* (Rio de Janeiro: ActionAid, 2015), p.11.

ma da metade da produção nacional. O total da área cultivada com cana em 1990 foi 1,8 milhão de hectares, e trinta anos depois chegou a 5,6 milhões. O Brasil é considerado o produtor de açúcar de mais baixo custo no mundo. Em São Paulo, o custo de produção de 1 tonelada de açúcar em 2007 foi de 120 dólares por tonelada, enquanto nos Estados Unidos era de 290 dólares.[67] São Paulo também é o maior produtor mundial de cana-de-açúcar; na safra de 2020/2021 produziu 344 milhões de toneladas de cana, em 4,2 milhões de hectares, cujo processamento gerou 23,8 milhões de toneladas de açúcar e 12,8 bilhões de litros de etanol em 5,6 milhões de hectares.[68]

O estado também se tornou o maior refinador de açúcar e etanol. Hoje processa mais de metade do açúcar refinado do Brasil e metade do etanol brasileiro a partir de sua produção canavieira. Em 1974 São Paulo processou 39 milhões de toneladas de cana-de-açúcar e em 2016 a quantidade foi de 442 milhões de toneladas – com uma taxa de crescimento anual de 5,9%.[69] A produção de açúcar refinado passou de 4 milhões de toneladas para quase 24 milhões na safra de 2016/2017, com uma taxa de crescimento anual de 4,9%. A produção total de etanol também cresceu 4,9% ao ano, de 2,6 bilhões de litros para 13 bilhões nesse mesmo período das safras 1980/81 até 2016/17.[70] Embora o crescimento da produção de etanol na região Centro-Oeste tenha reduzido a parcela paulista no refino de etanol, São Paulo continua a ser o principal estado produtor, e representa 46% desse biocombustível produzido no Brasil em 2020/2021.[71] O Brasil contribuiu com 30% da produção mundial de biocombustíveis de todas as fontes em 2019.[72]

---

67 Rosangela Aparecida Soares Fernandes e Cristiane Márcia dos Santos, "Competitividade das exportações sucroalcooleiras no Estado de São Paulo". Anais do 4° ECAECO [Encontro Científico de Administração, Economia e Contabilidade], 2011, v.1, n.1, p.4; Beate Zimmermann e Jurgen Zeddies, "International Competitiveness of Sugar Production". Paper apresentado ao 13th International Farm Management Congress, Wageningen, Países Baixos, 12.7.2002, p.5, disponível em: <http://econpapers.repec.org/paper/agsifma02/>.

68 USDA, "2017 Sugar Annual Brazil". Report BR17001, 28.4.2017. Estimativa da Unica indicam um volume ligeiramente maior de produção total de etanol para 2015/2016: 14,5 bilhões de litros. <http://www.unicadata.com.br/historico-de-producao-e-moagem.php?idMn=31&tipoHistorico=2>.

69 IBGE, Sidra, tabela 1612.

70 Unica, várias tabelas de produção, acesso em: 4.6.2017 para o período 1980/81 a 2016/17, por estado, em: <http://www.unicadata.com.br/historico-de-producao-emoagem.php?idMn=32&tipoHistorico=4>.

71 Unica, "Sugarcane, etanol and sugar production", em: <http://www.unicadata.com.br> e Unica, "Exportação anual de etanol por estado brasileiro (mil litros) 2012/13 a 2016/16", em: <http://www.unicadata.com.br/listagem.php?idMn=23>.

72 AFDC, "World Fuel Ethanol Production by Country or Region (Million Gallons)", acesso em: 8.2.2017, em: <http://www.afdc.energy.gov/uploads/data/data_source/10331/10331_world_ethanol_production.xlsx>.

As culturas que se expandiram mais depressa no estado nesse período foram a da cana-de-açúcar e seus produtos, a da banana, seguidas pelas de soja e milho e pela produção de ovos. A laranja, embora ainda seja um produto importante nas vendas, sofreu grandes oscilações na produção a partir dos anos 1980 até este século; isso também ocorreu com os frangos de corte. Dentre essas culturas e produtos animais, São Paulo foi o principal produtor brasileiro de cana-de-açúcar, laranja, ovos (e, naturalmente, teve o maior plantel de galináceos no Brasil), frangos de corte e amendoim. Só a produção de ovos paulista representou um quarto da produção nacional em 2019, com um volume quase duas vezes maior do que Minas Gerais, o segundo estado maior produtor.[73] Mas a produção estadual de frangos de corte em 2019 foi apenas um terço da produção do Paraná, maior produtor nacional.[74] São Paulo produziu 94% do amendoim cultivado em 2019/2020 e ficou em segundo lugar na produção de banana; além disso, também foi um produtor importante, embora não o principal, de soja (3% da produção nacional) e milho (4%).[75]

Açúcar e produtos animais representaram bem mais de dois terços do valor bruto da produção agropecuária do estado na primeira e segunda décadas do século XX. Em segundo lugar ficaram laranja e soja. Os produtos animais, incluindo carnes, ovos e leite, representaram cerca de 28% do valor bruto total da produção agropecuária nos anos 2010, enquanto o açúcar compôs em média 38% do total. O café perdeu importância para a laranja e a soja e representou em média apenas 3% do valor total naquela década, enquanto a soja triplicou sua parcela (Tabela 3.6).

O estado de São Paulo continua a ser importante no ramo da pecuária; a parcela das terras agrícolas ocupadas por essa atividade diminuiu de 11,4 milhões de hectares em 1970 para 5,4 milhões em 2017, mas ainda representa 34% do total das terras do estado.[76] Apesar desse declínio na área ocupada, não houve grande variação no total de cabeças de gado criadas no estado. Em 1970 havia 9,1 milhões de reses, e em 2006 eram 10,4 milhões, o que demonstra a eficiência crescente da pecuária paulista.

Em contraste com o tamanho dos rebanhos bovinos, houve um crescimento substancial no plantel de galináceos (frangos de corte e poedei-

73 IBGE, Sidra, PPM, tabela 74.

74 IBGE, Sidra, PPM, tabela 3939.

75 Para dados sobre a produção de culturas sazonais e permanentes em 2015, ver IBGE, Sidra, PAM, tabelas 1612 e 1613. Para uma análise da produção de amendoim em São Paulo, ver Renata Martins, "Produção de amendoim e expansão da cana-de-açúcar na Alta Paulista 1996-2010". *Informações Econômicas, SP*, v.41, n.6, jun. 2011, p.5-16.

76 IBGE, Sidra, Agro, tabela 264.

Tabela 3.6 Valor dos principais cultivos produzidos em São Paulo, 2007-2019. Listados por importância em 2019

Produto	2007	2008	2009	2010	2011	2012	2013	2014	2015	2016	2017	2018	2019	2020
Cana-de-açúcar	35%	30%	36%	35%	40%	46%	46%	42%	41%	41%	40%	36%	35%	32%
Bovinos	11%	13%	13%	11%	9%	9%	10%	11%	12%	9%	10%	11%	12%	13%
Laranjas	16%	17%	15%	19%	19%	9%	5%	7%	6%	8%	10%	11%	12%	12%
Aves	12%	12%	10%	9%	9%	9%	9%	8%	8%	8%	8%	9%	10%	8%
Soja	2%	3%	3%	2%	2%	3%	3%	3%	4%	4%	5%	6%	6%	7%
Leite de vaca	4%	4%	4%	5%	4%	4%	5%	5%	4%	4%	5%	5%	6%	5%
Milho	4%	5%	3%	3%	3%	3%	4%	3%	3%	4%	3%	4%	4%	4%
Ovos	2%	3%	2%	2%	3%	4%	5%	5%	5%	5%	4%	3%	3%	4%
Café	3%	3%	2%	3%	3%	4%	2%	3%	3%	4%	3%	4%	3%	3%
Bananas	1%	2%	1%	2%	2%	2%	2%	2%	2%	3%	3%	2%	2%	2%
Tomates	2%	2%	2%	2%	2%	2%	4%	5%	5%	2%	2%	2%	2%	2%
Batatas	2%	1%	2%	1%	1%	1%	1%	2%	2%	2%	1%	1%	2%	1%
Outros	5%	5%	5%	5%	4%	5%	5%	5%	5%	5%	6%	3%	5%	6%
Subtotal	100%	100%	100%	100%	100%	100%	100%	100%	100%	100%	100%	100%	100%	94%

Fonte: 2007-2009 "Valor Bruto da Produção-Regional por UF-Julho/2016" encontrado em: http://www.agricultura.gov.br/ministerio/gestao-estrategica/valor-bruto-da-producao
Para 2010-2020, veja "Valor Bruto da Produção-Regional por UF-julho/2020" encontrado em: http://www.agricultura.gov.br/assuntos/politica-agricola/valor-bruto-da-producao-agropecuaria-vbp

ras). Como no resto do mundo, foi apenas a partir de meados do século XX que o consumo de carne de frango popularizou-se e ganhou importância. Os preços dos galináceos reduziram-se por toda parte, desde os anos 1950, graças à organização da produção moderna e segmentada, com novas práticas de criação, alimentação e reprodução. Em São Paulo a produção moderna de frangos de corte começou em Mogi das Cruzes, nos anos 1940. Na década seguinte surgiram as novas granjas especializadas que usavam os mais avançados procedimentos sanitários, e nos anos 1960 passaram a ser importadas raças específicas de frangos de corte. Mais ou menos nessa época, produtores paulistas adotaram o sistema integrado vertical desenvolvido em Santa Catarina pela Sadia em 1964, pelo qual os abatedouros firmavam contratos de longo prazo com os criadores e lhes forneciam assistência técnica, suprimentos e matrizes.[77] Como ocorreu nas outras áreas importantes de produção de carne, houve uma concentração crescente da produção em um número cada vez menor de produtores. Em fins dos anos 1980 havia 45 abatedouros de aves no estado, mas apenas oito deles processavam quase metade da carne de galináceos produzida.[78] Entre 1974 e 2015, a produção paulista passou de 29 milhões de frangos de corte para 47 milhões, com uma taxa de crescimento anual de 1,2%.[79] Hoje o estado é o quarto maior exportador internacional de carne de galináceos, atrás dos três estados do Sul, e gera 6% do total dessas exportações.[80]

Mas São Paulo é atualmente o maior produtor brasileiro de outro produto avícola: ovos. Gera um terço da produção nacional e está muito à frente de qualquer outro estado.[81] Segundo estimativa, no Brasil o sistema moderno de produção industrializada de ovos começou nos anos 1950 e foi promovido no estado pela importante Cooperativa Agrícola de Cotia (CAC). A indústria de ovos, antes baseada na produção artesanal de galinhas e ovos na mesma fazenda, agora tornou-se parte do complexo sistema de produção de frangos de corte e poedeiras, que se distribui por vários estabelecimentos dedicados à criação de galinhas de postura e ao proces-

---

77 Antonio Carlos Lima Nogueira e Décio Zylberstajn, "Coexistência de arranjos institucionais na avicultura de corte do estado de São Paulo", USP, Faculdade de Economia, Administração e Contabilidade, Departamento de Administração, working paper n.03/22, 2003, p.7; Luiz Antonio Rossi de Freitas e Oscar Bertoglio, "A evolução da avicultura de corte brasileira após 1980". *Economia e Desenvolvimento,* n.13, ago. 2011, p.102.

78 P. V. Marques, "Contribuição ao estudo da organização agroindustrial: o caso da indústria de frango de corte no estado de São Paulo". *Scientia Agricola,* v.51, n.1, jan.-abr. 1994, p.12, tabela 2.

79 IBGE, Sidra, tabelas 281, 3939.

80 ABPA [Associação Brasileira de Proteína Animal], *Relatório Anual 2016,* p.19.

81 ABPA, *Relatório Anual 2015*, p.184.

samento de frangos e ovos para venda.[82] Em contraste com a produção de carne de frango, para a qual há um forte mercado internacional, os ovos são consumidos quase exclusivamente no Brasil.

A produção de frangos de corte e a de poedeiras é aproximadamente igual, e se baseia em linhagens variadas dessas aves. Em geral há dois níveis de incubatórios, aqueles onde são produzidas as avós e matrizes das poedeiras ou frangos de corte e aqueles onde são produzidos os pintos de um dia que serão vendidos para as granjas depois de classificados em pintinhos de postura e pintinhos de corte. Os frangos de corte são transportados dos incubatórios pelos granjeiros e criados em grandes galpões até atingirem o peso de abate, o que costuma ocorrer dentro de cinco a nove semanas, e em seguida eles são levados para abatedouros. O abate, por sua vez, concentra-se em poucas empresas, que criaram um complexo sistema de integração de cadeia de valor vertical que fornece insumos básicos aos produtores mediante contratos de longo prazo.

Em contraste com o ramo dos frangos de corte, com sua integração vertical de incubatórios, granjas e frigoríficos, o ramo dos ovos é um sistema independente no qual os produtores vendem seu produto a consumidores locais ou atacadistas no mercado spot. Portanto, a relação entre os incubatórios que se encontram principalmente no estado de São Paulo, os produtores e os atacadistas é simplesmente uma relação de compra. Em fins dos anos 1990, havia entre oitenta e cem atacadistas no mercado da Grande São Paulo, dos quais entre trinta e quarenta forneciam para a meia dúzia das principais redes de supermercados. Era um mercado razoavelmente competitivo. Por outro lado, havia uma grande concentração dos produtores primários, com uma ou duas empresas gigantes em cada estado que forneciam a maior parte dos ovos.[83] Segundo estimativa, em fins dos anos 1990, a granja modal era um estabelecimento com 20 mil-50 mil galinhas poedeiras. No entanto, um estabelecimento assim era considerado um pequeno produtor local entre as 19 mil granjas de ovos, visto que já existiam oito granjas principais que possuíam mais de meio milhão de galinhas de postura, representando 14% dessas aves em todo o estado. A distribuição das poedeiras entre essas granjas resultou em um índice de Gini de 0,825, um valor muito elevado que mostra o quanto a produção de ovos tornara-se concentrada

---

82 Sérgio Kenji Kakimoto, *Fatores críticos da competitividade da cadeia produtiva do ovo no estado de São Paulo*. Tese de Mestrado, Universidade Federal de São Carlos, 1996, cap.3.

83 Sônia Santana Martins, *Cadeias produtivas do frango e do ovo: avanços tecnológicos e sua apropriação*, Tese de Doutorado, FGV - Fundação Getúlio Vargas, São Paulo, 1996, cap.2.

no final do século passado.[84] Um bom exemplo desses grandes produtores é a Granja Mizohata, fundada em 1957, que em 2005 possuía meio milhão de galinhas com produção diária de 300 mil ovos.[85] Eram desse tipo as grandes granjas que abasteciam mercados inter-regionais com ovos não processados. Segundo estimativa, em 2005 a granja de ovos média no estado possuía 223 mil poedeiras, uma quantidade comparável à de Minas Gerais, porém muito maior que a média no Paraná, que era de apenas 79 mil desses animais. As granjas de ovos concentram-se geograficamente no estado: as duas mesorregiões de Marília e Presidente Prudente, no oeste paulista, geraram metade dos ovos produzidos em 2015.[86]

O leite, outro produto animal importante, é produzido no Brasil desde os tempos coloniais, mas só no começo do século XIX foram introduzidas raças específicas de vacas leiteiras. A primeira foi a Turino, de origem portuguesa. A primeira leiteria portuguesa foi inaugurada na cidade do Rio de Janeiro em fins do século XIX, e alguns anos mais tarde outra maior foi aberta na cidade de São Paulo. No começo do século seguinte, vacas leiteiras da raça Holstein, originária da Holanda, foram trazidas para o Brasil.[87] O governo controlou o preço do leite durante a maior parte da segunda metade do século XX, e a produção leiteira, dominada por pequenos estabelecimentos, ficou bem abaixo dos níveis internacionais. O fim do controle de preços em 1991 e a assinatura dos tratados do Mercosul, juntamente com a eliminação progressiva de tarifas ao longo de toda a década, levaram a uma queda dos preços e a grandes importações de leite e derivados, o que forçou uma reorganização total da indústria nacional. Volumosas importações de laticínios da Argentina e Uruguai e as ineficiências da produção brasileira dificultaram a competição. Ao mesmo tempo, a estabilidade da moeda nacional proporcionada pelo Real ensejou um consumo crescente de leite no Brasil. Em 1998, dois terços do leite ainda eram produzidos por um número pequeno de produtores não especializados. Para esses pequenos estabelecimentos, o leite era um produto que podia ser vendido diariamente, e assim

---

84 Sônia Santana Martins, Ana Lúcia Lemos, Antônio de Pádua Deodato, Erica Salgado Politi e Nilce M. S. Queiroz, "Cadeia produtiva do ovo no estado de São Paulo", *Informações Econômicas. Governo do Estado de São Paulo. Instituto de Economia Agrícola,* v.30, n.1, jan. 2000, baseado em dados da tabela 1, p.11.

85 Globo Rural, acesso em: 11.2.2017, em: <http://revistagloborural.globo.com/Revista/Common/0,,ERT216287-18283,00.html>.

86 IBGE, Sidra, tabela 74.

87 Joelma Cristina dos Santos, *Sistema agroindustrial do leite na região de Presidente Prudente – SP*. Tese de Mestrado, Universidade Estadual Paulista, Presidente Prudente, 2004, p.51. Sérgio Rangel Figueira, *Transformações na cadeia produtiva do leite – uma análise a partir das cooperativas*. Tese de Mestrado, Universidade Estadual de Campinas, 1999, p.2.

ajudava a sustentar a fazenda enquanto as plantações amadureciam. Contudo, essa falta de especialização também tinha um impacto sobre a variação sazonal da produção, e os produtores eram incapazes de suprir o mercado o ano todo.[88]

Os desequilíbrios no mercado levaram a uma reorganização de toda a cadeia de produção do leite no Brasil no período pós-1990, desde o tamanho e natureza dos rebanhos leiteiros até a produção do leite processado. A mudança mais básica foi a compra de leite em grandes quantidades, exigindo que os estabelecimentos produtores adquirissem tanques de refrigeração para armazenar o leite que seria depois transportado por caminhões-tanque refrigerados. Embora nos Estados Unidos esse processo tenha sido introduzido em 1939, no Brasil só veio a ser adotado pela primeira vez em 1976, quando a Cooperativa de Laticínios de São José dos Campos, no Vale do Paraíba, passou a usar caminhões-tanque refrigerados para transportar seus produtos até a fábrica de processamento. Em 2002 o governo determinou que os produtores possuíssem unidades de refrigeração e que todo o leite bruto fosse transportado nesse tipo de veículo.[89] Isso reduziu significativamente o custo de produção. A grande inovação que veio a seguir, também introduzida nos anos 1990, foi a produção em fábricas modernas do leite longa vida (UHT), que mudou toda a dinâmica geográfica da indústria, permitindo o transporte do produto para mercados distantes. Na primeira década do século XXI, o leite longa vida já havia substituído o leite tipo C como o tipo de leite mais consumido no Brasil.[90] Houve também um empenho sistemático para aumentar a produção dos rebanhos leiteiros e melhorar a organização da cadeia de produção. Adicionalmente, isso levou a uma importante introdução de multinacionais e a mais concentração no setor. O fim das sustentações de preço forçou sete das nove cooperativas leiteiras centrais então em funcionamento a sair do ramo, e elas venderam suas fábricas a empresas brasileiras ou multinacionais. As duas únicas centrais que sobreviveram foram a Itambé, de Minas Gerais, e a Leite Paulista, de São Paulo; ambas acabaram por firmar parceria com empresas privadas. A Itambé foi fundada em 1950 pela Cooperativa Central dos Produtores Rurais de Minas Gerais.[91] Atualmente conta com 7 mil fazendas que produ-

---

88 Figueira, "Transformações na cadeia produtiva do leite", cap.1.

89 Flávia Lopes Dionizio, *Qualidade do leite e impacto econômico de diferentes tipos de coletas e condições de transporte da fazenda à indústria*, Tese de Mestrado, Universidade Federal de Minas Gerais, 2013, p.15-9.

90 Paulo Roberto Scalco, *Identificação do poder de mercado no segmento de leite in natura e UHT*. Tese de Doutorado, Universidade Federal de Viçosa, 2011, p.27.

91 Figueira, "Transformações na cadeia produtiva do leite", p.2.

zem leite, além de numerosas fábricas em Minas Gerais e Goiás; em 2013, aliou-se a uma empresa privada (a Vigor, subsidiária da JBS), que comprou metade da empresa. A cooperativa central paulista foi fundada mais cedo, em 1933, quando várias cooperativas de produtores do estado criaram a Cooperativa Central de Laticínios do Estado de São Paulo, que até hoje domina o mercado de laticínios com a marca Leite Paulista. Em 2000 a cooperativa vendeu parte do negócio à multinacional francesa Danone, mas manteve a produção e a venda de leite pasteurizado, leite em pó, leite longa vida UHT, manteiga e creme de leite.[92] São Paulo também teve empresas privadas que operaram no ramo de laticínios desde o começo do século XX: a Leite Vigor (1917), a Nestlé (1921) e a Leite União (1927) já funcionavam antes de a Cooperativa Central de Laticínios do Estado de São Paulo ter instalado sua própria unidade de produção.[93]

Em 1940, a maioria dos estabelecimentos leiteiros ainda se localizava no Vale do Paraíba e na Mogiana, em grande medida porque essas áreas tinham excelentes conexões com a capital. Na segunda metade do século houve uma grande expansão em todo o estado.[94] A introdução do leite Longa Vida UHT significou o fim das antigas "bacias leiteiras" no entorno das grandes cidades, e a atividade leiteira deslocou-se para o oeste. Embora o Vale do Paraíba tenha mantido um papel proeminente na produção paulista, de 1990 até hoje, a principal zona é São José do Rio Preto; em segundo lugar está o Vale do Paraíba, seguido por Campinas, Presidente Prudente e Ribeirão Preto.[95] O tamanho do rebanho de vacas leiteiras em São Paulo pouco mudou desde 1974. Naquele ano eram 1,3 milhão de vacas leiteiras no estado e 10,8 milhões no país todo. Em 1916 São Paulo continha apenas 1,2 milhão desses animais, enquanto no Brasil inteiro eram 19,7 milhões. O estado caiu de segundo para sexto lugar no país em tamanho de rebanho.[96]

Oportuno, a partir da evolução e o comportamento de todas essas culturas e rebanhos, analisar sua distribuição por todo o estado, pois são bem irregulares; algumas mesorregiões dominam determinadas culturas e produtos agropecuários, outras não são produtoras significativas. O mapa 3.2 mostra o estado dividido em quinze mesorregiões.

---

92 Dados acessados de Milkpoint em 12/2/2017, em: <https://www.milkpoint.com.br/cadeia-doleite/giro-lacteo/cooperativa-central-de-laticiniossp-e-a-primeira-a-exportar-13192n.aspx>.

93 Santos, "Sistema agroindustrial do leite na região de Presidente Prudente", p.53.

94 Evandro Cesar Clemente, *Formação, dinâmica e reestruturação da cadeia produtiva do leite na região de Jales-SP*. Tese de Mestrado, Universidade Estadual Paulista, Presidente Prudente, 2006, p.26-28.

95 IBGE, Sidra, PMM, tabela 74.

96 IBGE, Sidra, tabela 94.

Mapa 3.2 Mesorregiões do estado de São Paulo

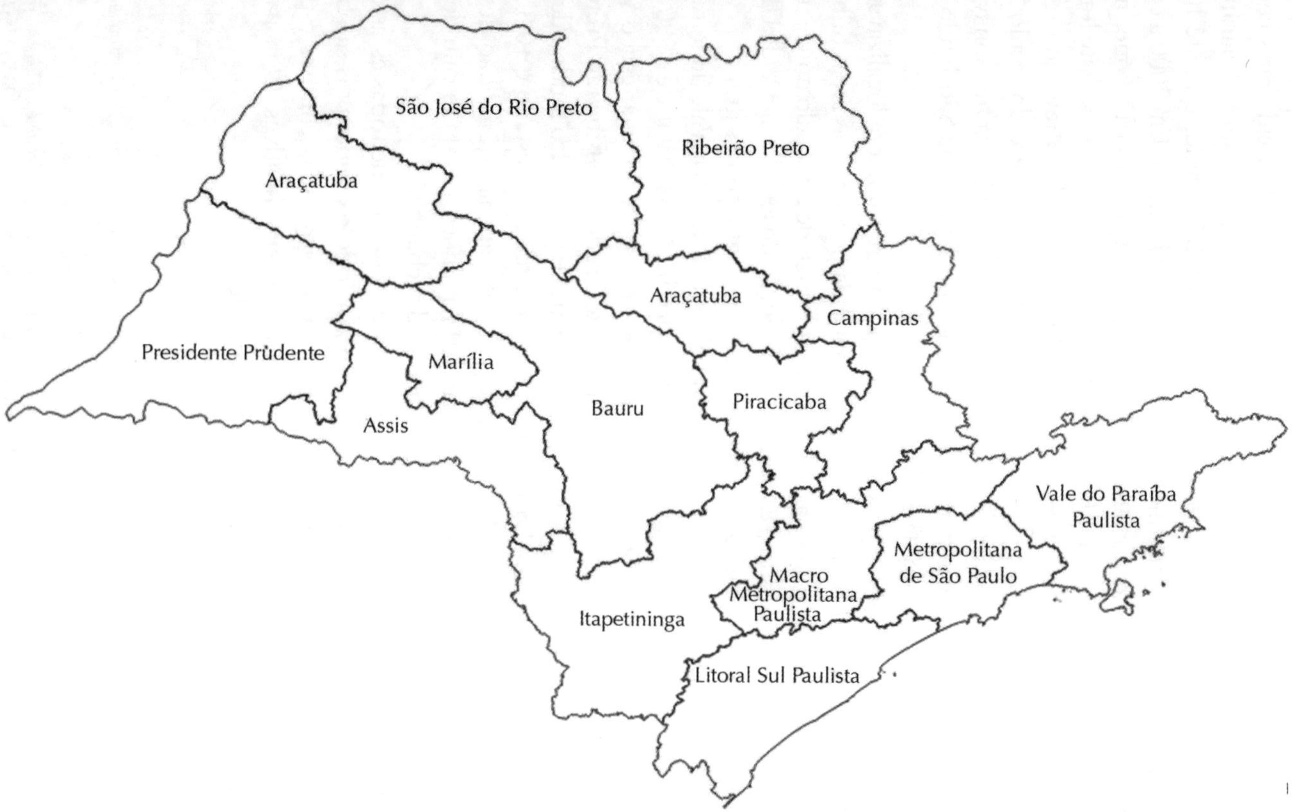

Fonte: IBGE: Bases Cartográficas.

Seis das principais mesorregiões do estado geraram 98% da produção de cana-de-açúcar; Ribeirão Preto e São José do Rio Preto, no Norte, e Bauru, no centro, foram as maiores produtoras e, juntas, geraram mais de metade da produção em 2018 (Gráfico 3.3). O crescimento da produção em cada região foi bem recente e intenso. Por exemplo, em 1974, Ribeirão Preto cultivava apenas 168 mil hectares de cana-de-açúcar, e em 2010 multiplicara por oito essa área, atingindo 1,2 milhão de hectares ocupados com essa cultura.[97] O mapeamento da área mostra que, nos cinco anos decorridos entre as safras de 2003/2004 e 2008/2009, houve um aumento impressionante de 73% na área dedicada ao açúcar no estado: de 2,6 milhões de hectares para 4,4 milhões.[98] De modo geral, a produção de cana em todas as regiões aumentou a um ritmo muito rápido, mas em 2018 tendia a concentrar-se em algumas zonas bem definidas da parte norte do estado (Mapa 3.3).

Gráfico 3.3 Distribuição da produção de cana-de-açúcar por mesorregião em São Paulo, 1990-2018

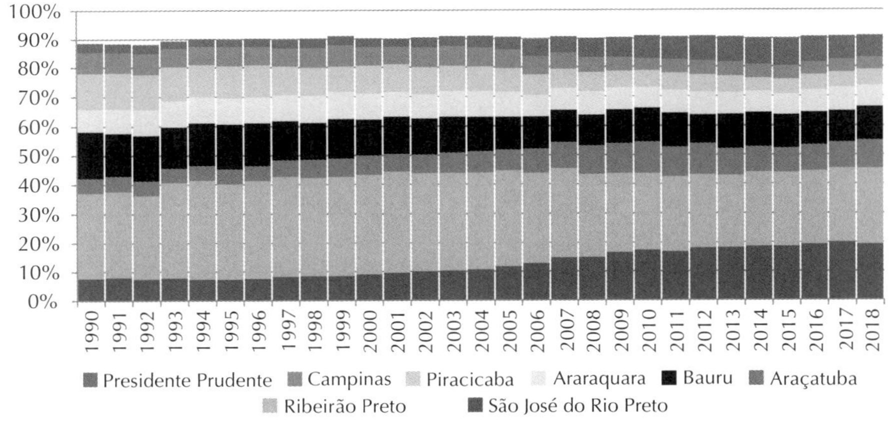

Fonte: IBGE, Sidra, tabela 1612.

97 Victor Hugo Junqueira, "O papel do Estado na expansão do setor sucroalcooleiro na região de Ribeirão Preto". *Revista NERA*, Presidente Prudente, v.19, n.31, maio-ago. 2016, p.56, tabela 1.

98 Daniel Alves de Aguiar, Wagner Fernando da Silva, Bernardo Friedrich Theodor Rudorff, Luciana Miura Sugawara e Magog Araújo de Carvalho, "Expansão da cana-de-açúcar no estado de São Paulo: safras 2003/2004 a 2008/2009". *Anais XIV Simpósio Brasileiro de Sensoriamento Remoto*, Natal, abr. 2009, p.12.

Mapa 3.3 Produção de cana-de-açúcar em São Paulo, por município, 2019

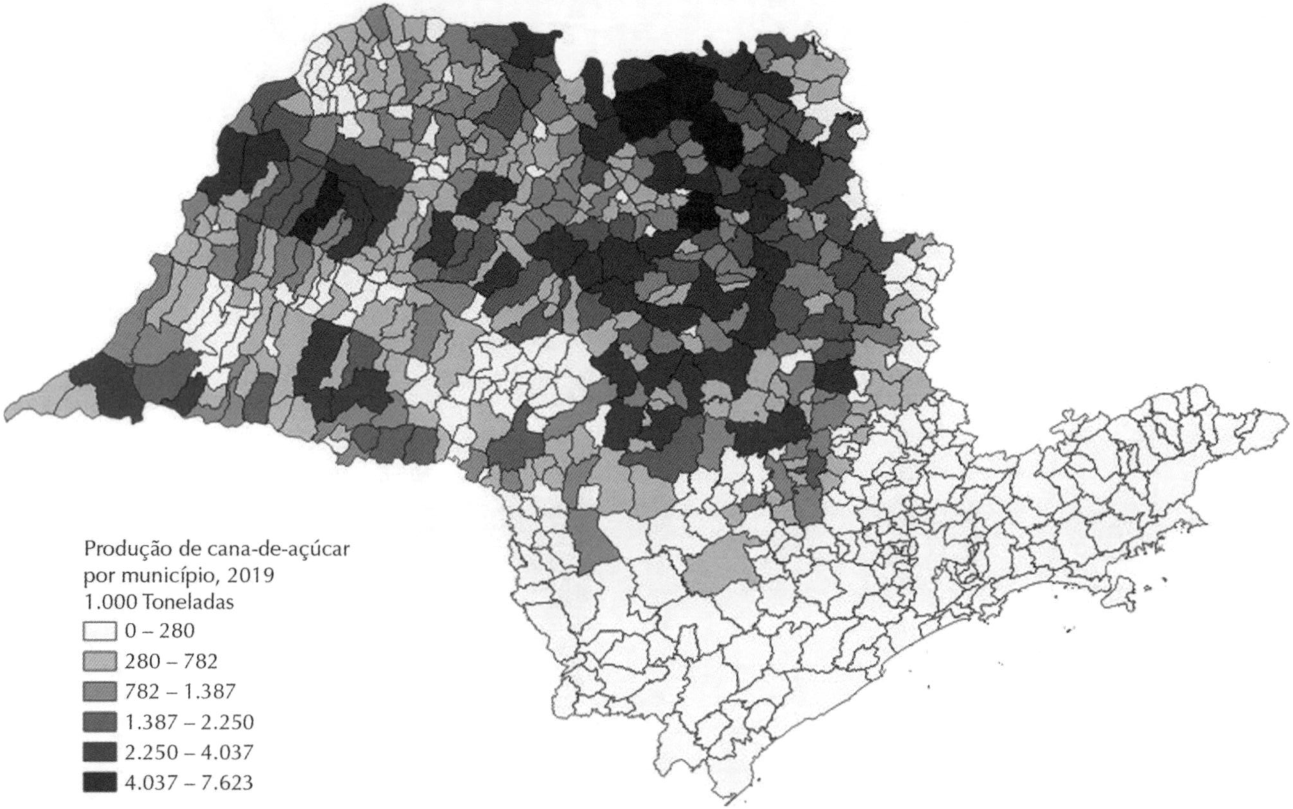

Fonte: IBGE: Bases Cartográficas; IBGE: Sidra, tabela 1612.

As outras principais culturas sazonais, soja e milho, geralmente eram plantadas em rotação, portanto sua distribuição pelas mesorregiões do estado é aproximadamente a mesma. Os municípios de Itapetininga, Assis e Ribeirão Preto geraram 76% da soja produzida em 2018 (Gráfico 3.4 e Mapa 3.4).

Gráfico 3.4 Distribuição da produção de soja por mesorregião de São Paulo, 1990-2018

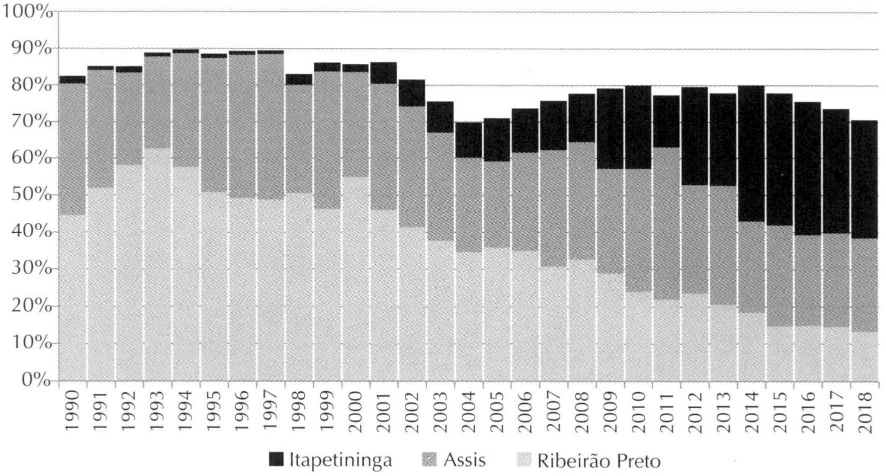

Fonte: IBGE, Sidra, PAM, tabela 1612.

A produção de milho, um gênero básico na alimentação humana e animal, esteve estreitamente associada à da soja e foi usada frequentemente na rotação de culturas nas áreas de plantio da soja. Dois dos três principais centros de cultivo do milho, Itapetininga e Assis, também foram produtores de soja e, junto com Campinas, geraram 59% do milho produzido em 2018. Campinas destoou porque, embora não fosse importante na produção de soja, teve participação significativa na produção de milho, gerando 13% do total produzido em 2018 (Gráfico 3.5).

Em contraste com quase todas as outras atividades agropecuárias, a criação de gado foi encontrada em todas as quinze mesorregiões do estado. No entanto, as áreas com os maiores rebanhos (cada uma com mais de 1 milhão de cabeças) foram as mesorregiões de Presidente Prudente, São José

Mapa 3.4 Produção de soja em São Paulo, por município, 2019

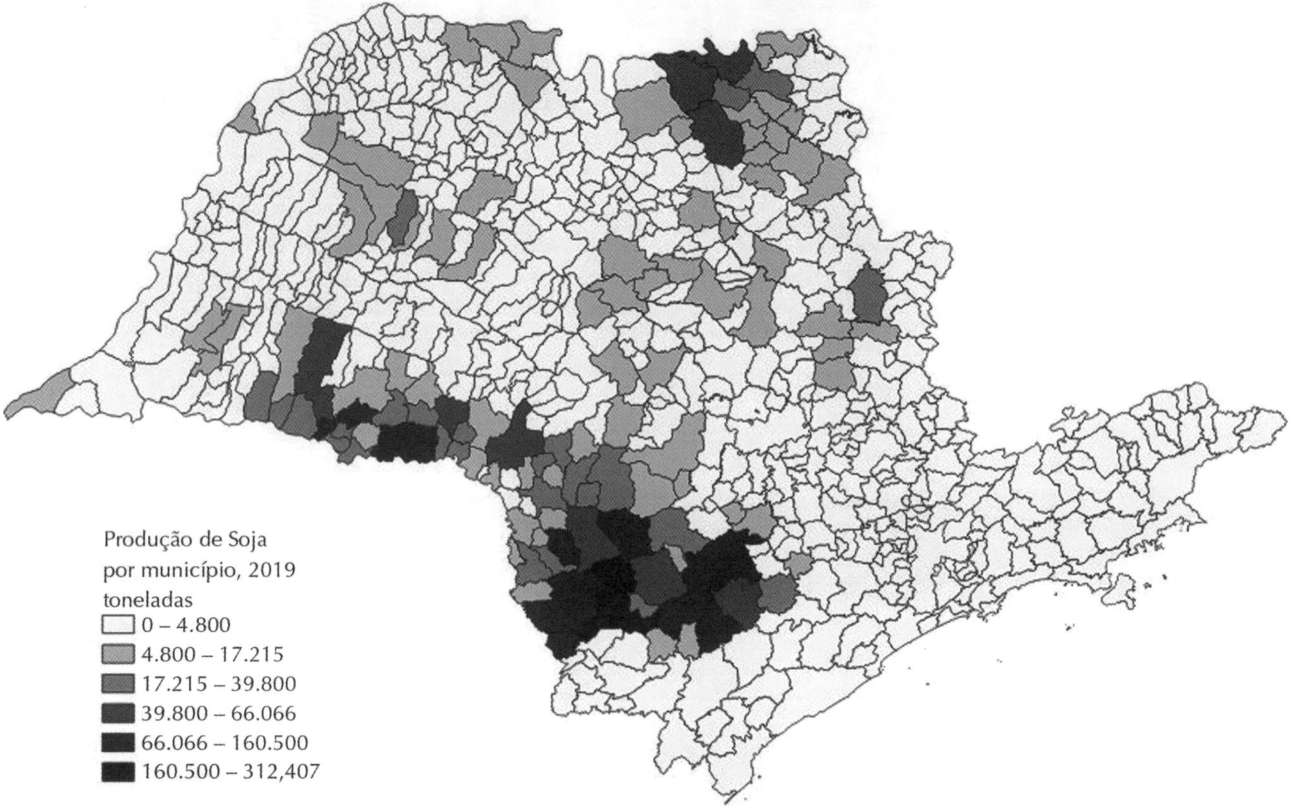

Fonte: IBGE: Bases Cartográficas; IBGE, Sidra, tabela 1612.

Gráfico 3.5 Distribuição da produção de milho por mesorregião em São Paulo, 1990-2018

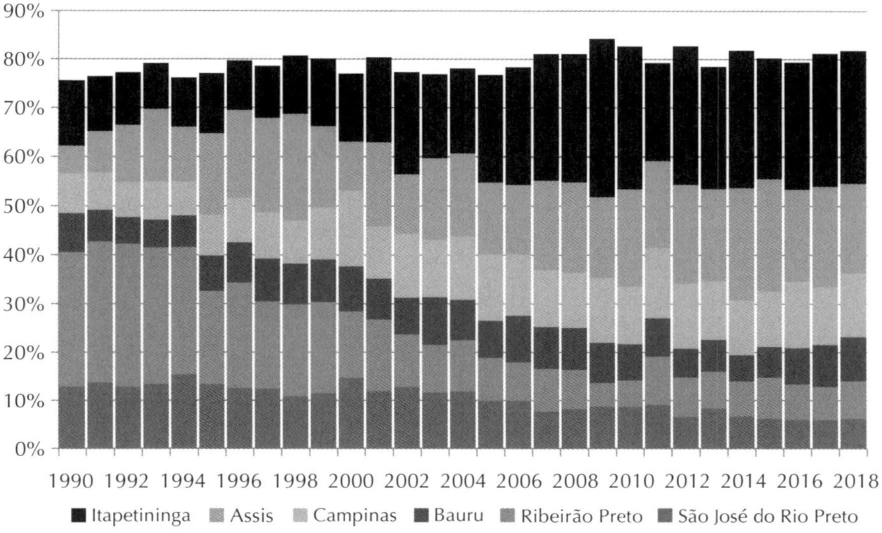

Fonte: IBGE, Sidra, 1612.

do Rio Preto, Bauru e Araçatuba. Juntas, elas possuíam quase metade dos rebanhos de São Paulo em 2016 (Mapa 3.5).

Em 2018 Marília era a principal produtora de ovos de galinha, gerando 42% da produção paulista, seguida por Presidente Prudente e Bauru em ordem de importância (as três mesorregiões juntas produziram 65% dos ovos naquele ano). A produção de frangos de corte também se concentrou na mesorregião de Marília (34% do total do estado) e, em menor grau, na de Presidente Prudente (12%). Junto com Bauru e Campinas, esses quatro municípios continham quase dois terços da população de frangos de corte do estado (Gráfico 3.6 e Mapa 3.6).

A distribuição dessas terras favoreceu as grandes propriedades, e os índices de Gini tenderam a ser muito elevados. Ribeirão Preto destacou-se na alta porcentagem de suas terras ocupadas por fazendas de 2.500 hectares ou mais. Em contraste, dentre todos os municípios, Campinas e Sorocaba foram os que possuíam mais fazendas nas faixas de tamanho médio e pequeno. Trinta e um por cento das fazendas tinham cinco hectares ou menos em ambas as regiões, e elas controlavam mais de 1% da área cultivada – números bem superiores aos dos demais outros municípios. As fazendas na

Mapa 3.5 Gado bovino em São Paulo, por município, 2017

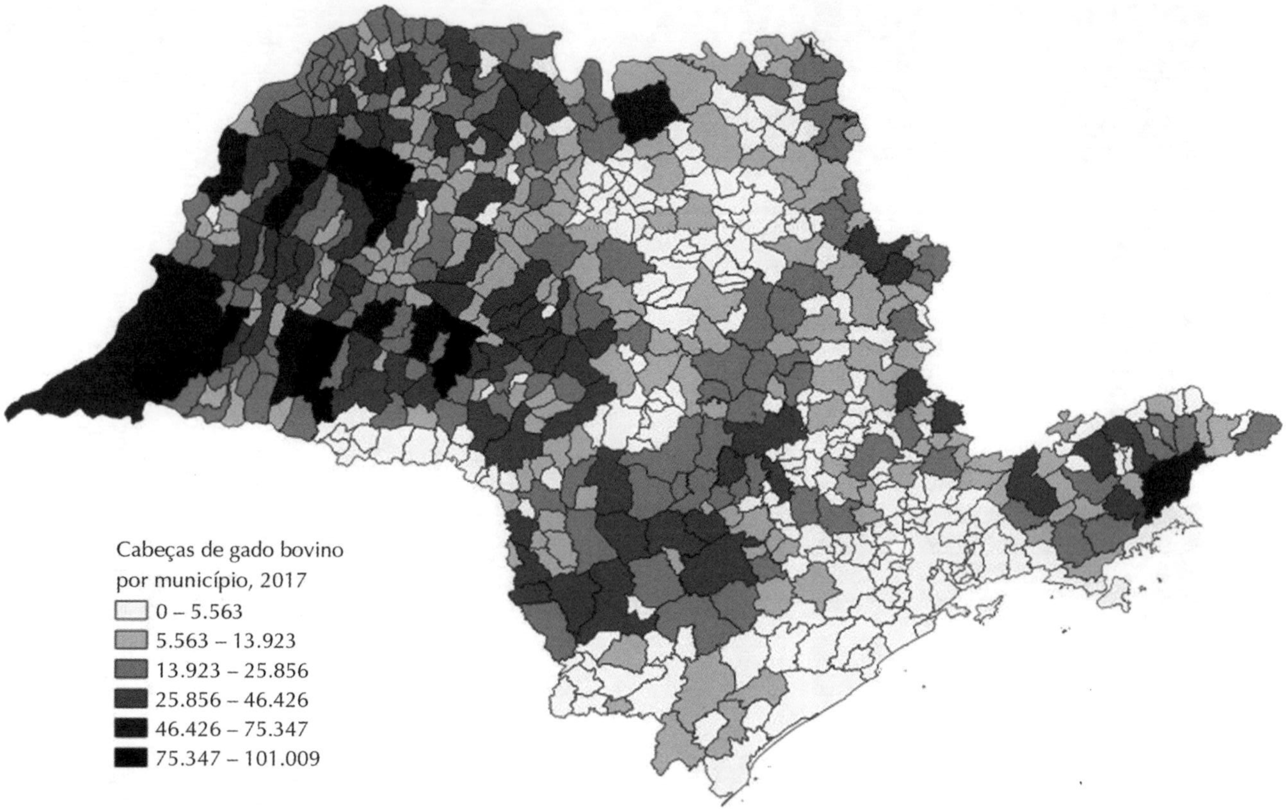

Fonte: IBGE: Bases Cartográficas; IBGE, Sidra, tabela 6907.

Gráfico 3.6 Distribuição da produção de ovos por mesorregião de São Paulo, 1990-2018

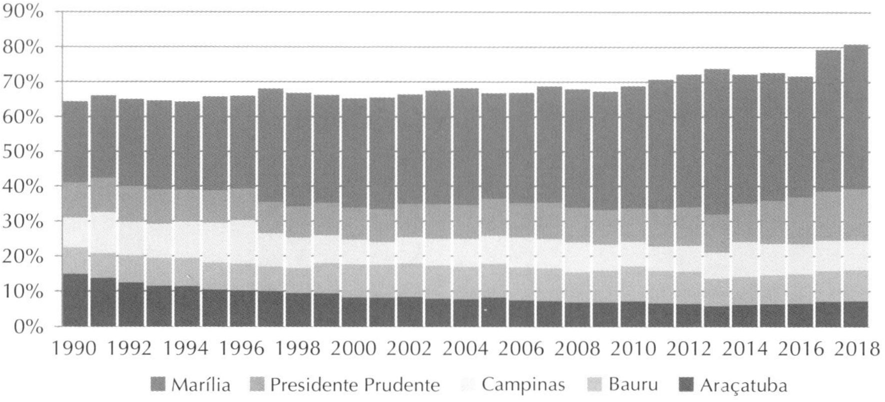

Fonte: IBGE, Sidra, tabela 74.

faixa de 50-200 hectares em ambas as áreas controlavam um terço ou mais da terra cultivada – o maior percentual dentre todos os municípios, muito embora o número de fazendas nesse grupo fosse menor do que o padrão (Tabela 3.7).

Assim, com todo o crescimento de seus centros urbanos, instituições financeiras, fábricas e indústria aeronáutica de nível internacional, o estado de São Paulo continua a ser um participante vital do mercado agrícola brasileiro, agora comparável, em valor total da produção agrícola, ao Mato Grosso, o produtor gigante do Centro-Oeste. Contudo, no período a partir de 1960, houve uma mudança radical nas principais atividades agrícolas. Cana-de-açúcar, açúcar, biocombustíveis, laranja e seus derivados, frango, ovos e leite substituíram a tradicional economia cafeeira. O café, que construiu São Paulo, não é mais uma cultura importante no estado. Também vale a pena salientar que seu complexo de rodovias, ferrovias e porto ainda fazem de São Paulo uma das principais áreas de exportação do Brasil, e que Santos é tão importante para as exportações de soja e açúcar quanto o foi para o café, meio século atrás. Finalmente, São Paulo, como o resto do Brasil, emergiu neste último meio século como um dos maiores produtores agrícolas mundiais e exportadores do mercado internacional, em forte contraste com o setor industrial do estado e do país.

Mapa 3.6 Produção de ovos no estado de São Paulo, por município, 2017

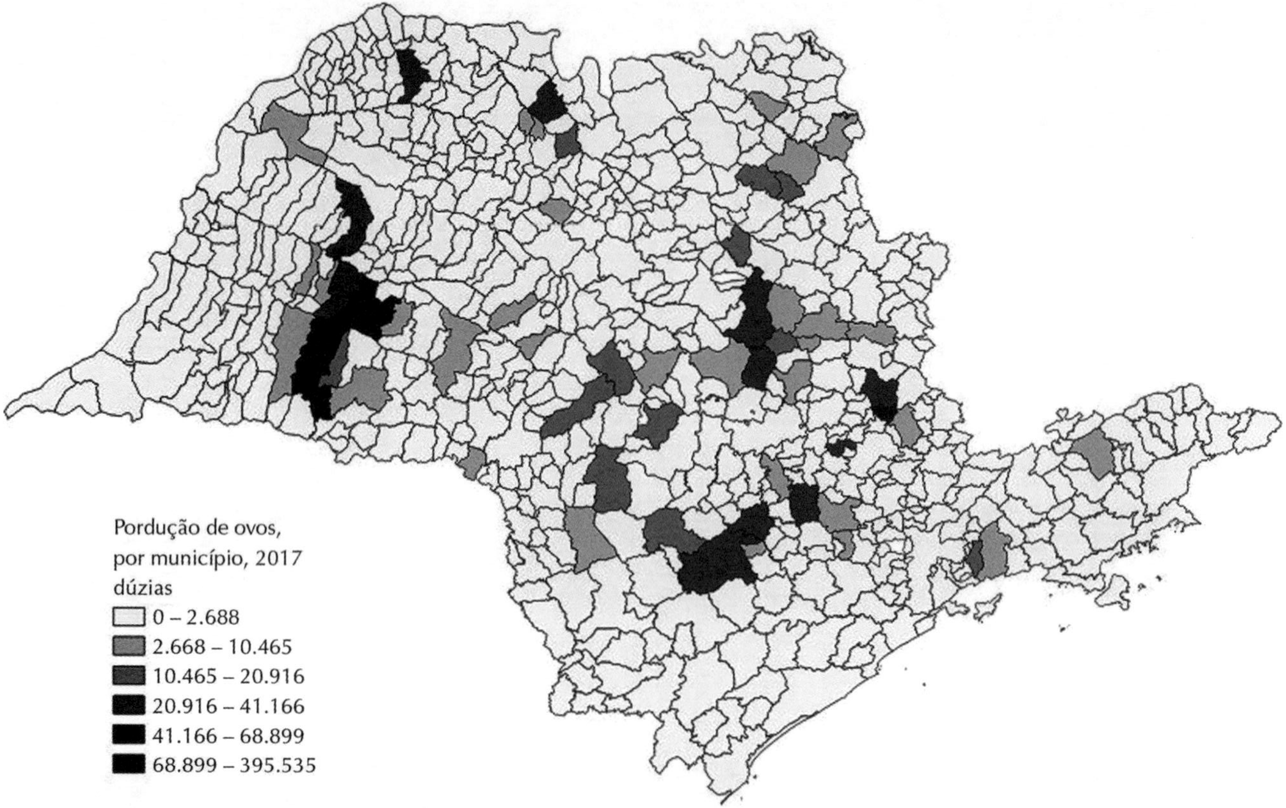

Fonte: IBGE: Bases Cartográficas; IBGE, Sidra, tabela 6942.

Tabela 3.7 Distribuição da propriedade da terra em regiões selecionadas de São Paulo, no Censo Agrícola de 2017

	Sorocaba		Bauru		São José do Rio Preto		Ribeirão Preto		Campinas		Presidente Prudente		Araçatuba	
Hectares	**Estab.**	**Área**	**Estab.**	**Área**	**Estab.**	**Área**	**Estab.**	**Área**	**Estab.**	**Área**	**Estab.**	**Área**	**Estab.**	**Área**
> 0 e < 0.1	1,0%	0,0%	0,7%	0,0%	0,5%	0,0%	1,2%	0,0%	0,9%	0,0%	0,3%	0,0%	0,5%	0,0%
0.1 - 0.2	1,2%	0,0%	0,5%	0,0%	0,4%	0,0%	0,6%	0,0%	0,9%	0,0%	0,3%	0,0%	0,3%	0,0%
0.2 - 0.5	2,4%	0,0%	1,1%	0,0%	0,7%	0,0%	1,6%	0,0%	1,5%	0,0%	0,4%	0,0%	0,5%	0,0%
0.5 - 1	2,6%	0,0%	1,0%	0,0%	0,9%	0,0%	1,3%	0,0%	2,0%	0,0%	0,4%	0,0%	1,2%	0,0%
1 - 2	5,6%	0,1%	1,9%	0,0%	1,8%	0,0%	4,6%	0,0%	4,6%	0,1%	1,3%	0,0%	1,6%	0,0%
2 - 3	7,0%	0,2%	4,9%	0,1%	4,1%	0,1%	2,8%	0,0%	8,6%	0,3%	2,4%	0,1%	2,5%	0,1%
3 - 4	5,4%	0,3%	2,6%	0,1%	4,8%	0,2%	3,3%	0,1%	6,1%	0,4%	3,0%	0,1%	2,9%	0,1%
4 - 5	6,4%	0,4%	4,6%	0,2%	6,2%	0,4%	4,1%	0,1%	6,8%	0,5%	4,3%	0,2%	4,0%	0,2%
5 - 10	15,6%	1,7%	12,1%	0,6%	17,7%	1,9%	12,5%	0,7%	17,3%	2,2%	13,0%	1,1%	10,7%	0,8%
10 - 20	17,6%	3,6%	25,4%	2,8%	22,1%	4,3%	19,0%	1,9%	17,4%	4,3%	32,1%	5,7%	34,3%	4,6%
20 - 50	16,8%	7,5%	17,5%	4,0%	22,4%	9,6%	19,5%	4,4%	16,9%	9,2%	22,7%	7,6%	18,8%	5,9%
50 - 100	7,4%	7,3%	9,3%	4,8%	8,8%	8,4%	10,7%	5,3%	7,5%	9,2%	8,1%	6,4%	9,2%	6,5%
100 - 200	4,9%	9,7%	7,3%	7,2%	5,0%	9,4%	8,3%	8,2%	4,7%	11,5%	5,1%	8,1%	5,7%	7,8%
200 - 500	3,6%	16,1%	6,7%	14,8%	2,9%	12,0%	6,3%	13,5%	3,2%	17,1%	4,2%	14,8%	4,8%	14,3%
500 - 1.000	1,5%	14,5%	2,3%	11,5%	0,9%	8,3%	2,2%	11,0%	0,9%	11,3%	1,3%	10,7%	1,6%	11,1%
1.000 - 2.500	0,7%	15,5%	1,2%	13,1%	0,5%	9,6%	1,1%	12,4%	0,4%	10,3%	0,7%	12,3%	0,8%	11,3%
2.500 - 10.000	0,3%	16,2%	0,8%	24,5%	0,4%	23,6%	0,7%	21,9%	0,2%	16,7%	0,4%	17,2%	0,4%	19,9%
10.000+	0,0%	6,8%	0,2%	16,3%	0,1%	12,0%	0,2%	20,6%	0,0%	6,8%	0,1%	15,6%	0,1%	17,3%
Total	100,0%	100,0%	100,0%	100,0%	100,0%	100,0%	100,0%	100,0%	100,0%	100,0%	100,0%	100,0%	100,0%	100,0%
(N)	34.373	2.434.274	11.467	1.621.801	28.601	2.102.996	15.217	2.179.125	25.602	1.485.628	21.967	1.953.561	14.084	1.430.716
Gini	0,831		0,842		0,808		0,846		0,811		0,803		0,825	

Fonte: IBGE, Sidra, tabela 6882.

4

O crescimento de uma economia de serviços e de comércio

O declínio da indústria no estado de São Paulo se deu juntamente com o crescimento de uma agricultura comercial moderna voltada ao mercado internacional. Outra mudança básica, no século XXI, foi a ascensão de uma economia de comércio e de serviços. Este último cresceu, adquiriu grande importância e ao final do século XX chegou ao auge de seu desenvolvimento. Assim como a indústria, foi impulsionado pela próspera economia cafeeira. Do mesmo modo, como os primeiros estímulos para a industrialização foram gerados pelo capital da cafeicultura, também os setores de comércio e serviços se expandiram com a chegada de imigrantes europeus por todo o estado. Isso gerou uma forte demanda para todos os tipos de serviços, tanto para o setor produtivo como em função da população crescente. Inevitavelmente, a expansão de novos serviços públicos e privados, como os de saúde e saneamento, educação e atividades financeiras, concentrou-se, sobretudo, na capital, que se destacava na maior região metropolitana do estado, sendo sede do governo e da maioria das indústrias. Também nela se situavam todas as principais instituições culturais e os maiores estabelecimentos comerciais. Atualmente, embora ainda se distinga no setor industrial, a capital paulista passou a ser, essencialmente, uma cidade de comércios e serviços. Com a intensificação de suas atividades internacionais, a capital também se tornou o centro mais importante de todas as grandes instituições financeiras, além de sede da maioria das grandes empresas nacionais e internacionais.

No entanto, logo essa transformação atingiu todo o estado. O enfoque internacional da agricultura paulista fortaleceu ainda mais o papel dos serviços na sua economia, pois a produtividade maior requereu desempenhos cada vez mais complexos. A indústria tornou-se também cada vez mais dependente desse setor. Assim, no século XXI avultaram no estado de São Paulo, na região da capital, novas operações dominantes de serviços e comércio que ocupavam uma força de trabalho com nível de instrução elevado, levando a um declínio relativo da agricultura e da indústria no papel de força propulsora da economia, tanto da perspectiva do emprego como na do estabelecimento do PIB.

Conseguimos quantificar com certa precisão o impacto da agricultura e da indústria no estado de São Paulo, destacando sua capital, mas definir e medir o chamado setor de serviços é mais complexo. Isso não se aplica ao comércio (atacadista e varejista), cuja definição e estatísticas têm sido razoavelmente coerentes ao longo do tempo. O problema é que os serviços abrangem as mais diversas atividades, entre elas administração pública, comércio de mercadorias, transporte, finanças, serviços a empresas e indivíduos, juntamente com educação e saúde. Além disso, as classificações foram alteradas no decorrer do tempo porque surgiram novas categorias, enquanto outras se transformaram ou desapareceram. O IBGE fez numerosas alterações para refletir as mudanças ocorridas na própria atividade econômica.[1] Finalmente, desde o Censo de 1991, o governo retirou as estatísticas decenais sobre serviços, e agora fornece os dados em dois levantamentos anuais distintos, nem sempre compatíveis com os resultados decenais.[2]

Apesar desses problemas, é possível avaliar de forma geral o crescimento dos serviços em São Paulo. Já em 1950 o estado mostrava um nível impressionante de atividades em serviços e comércio que geravam quase metade de seu PIB. O volume e o valor desses serviços foram inferiores aos de seu concorrente mais próximo, o Rio de Janeiro e o Distrito Federal, onde mais de dois terços do PIB foram gerados por serviços. Ainda assim, no Brasil como um todo, São Paulo já apresentava uma participação maior no setor de serviços, mesmo da perspectiva do emprego, no total de trabalhadores, ultrapassava o Rio de Janeiro e o Distrito Federal, sede do governo central e de sua vasta burocracia (Tabela 4.1).

O comércio varejista era o segmento mais importante do setor de serviços no país e no estado, absorvendo 36% do pessoal ocupado. O comércio atacadista, os serviços de confecção e reparo de roupas,[3] o setor de alojamento e alimentação foram três outros segmentos importantes de absorção

---

1 A partir de 1994, o IBGE adotou a Classificação Nacional de Atividades Econômicas (CNAE), baseada na classificação internacional uniforme de todas as atividades econômicas das Nações Unidas (ISIC, na sigla em inglês). Essa classificação foi atualizada em 2002. IBGE, Classificação Nacional de Atividades Econômicas, Rio de Janeiro, IBGE, 2007, Versão 1. A Comissão Nacional de Classificação (Concla) é responsável por atualizar a classificação da CNAE. Ver IBGE: CONCLA. Acesso em: 15.11.2019, em: <https://concla.ibge.gov.br/concla.html>.

2 Os levantamentos são: Pesquisa Anual de Serviços (PAS) e Pesquisa Anual de Comércio (PAC). Uma análise dessas mudanças encontra-se em IBGE, Sínteses Históricas, Histórico dos Censos. Acesso em: 15.11.2019, em: <https://memoria.ibge.gov.br/sinteses-historicas/historicos-dos-censos/censos-demograficos.html>.

3 Ver <https://www.bls.gov/oes/2017/may/oes516052.htm> para a categoria-padrão usada pelo US Bureau of Labor Statistics.

Tabela 4.1 Indicadores econômicos Brasil, São Paulo e Rio de Janeiro, 1950

Setores	Regiões		
	São Paulo	Rio de Janeiro (1)	Brasil
Indústria	28%	23%	20%
Serviços	46%	69%	49%
Agricultura e pecuária	26%	8%	31%
Total	100%	100%	100%
	Porcentagem do PIB Nacional		
Setores	**São Paulo**	**Rio de Janeiro (1)**	**Sub total dos dois estados**
Indústria	47%	21%	69%
Serviços	33%	27%	60%
Agricultura e pecuária	29%	5%	34%
% in National GDP	37%	21%	58%
	Emprego de pessoas de 10 anos e mais		
Atividade principal	**São Paulo**	**Rio de Janeiro (1)**	**Brasil**
Total	6.691.114	3.537.360	36.557.990
Comércio de mercadorias	248.293	171.227	958.509
Serviços	413.133	316.532	1.672.801
Transp. comunicações	197.269	143.951	697.089
Subtotal	858.695	631.710	3.328.399
% do comércio e serviços	13%	18%	9%
População total	9.134.423	4.584.645	51.944.397

Fonte: Ipeadata, Regional; IBGE: Censo Demográfico 1950, v.1, Rio de Janeiro, 1956.
Nota (1) Inclui o Rio de Janeiro e o Distrito Federal.

de mão de obra no estado; juntos, esses serviços geraram 80% dos empregos nos vários ramos de comércio e serviços. Do ponto de vista das vendas, os setores mais importantes foram os comércios atacadista e varejista. Esses segmentos responderam por 92% das vendas do setor de serviços paulista.[4] Em 1950 São Paulo, como dito acima, já havia ultrapassado o Rio de Janeiro em vendas, além de emprego nesses setores.

4 O Censo do comércio fornece dados de vendas e receita. Neste caso, consideramos as vendas como a variável mais importante. Na maioria dos serviços, as informações referiam-se às receitas e não às vendas. É importante notar que a variável é vendas/receita e não o valor adicionado. Claramente, em proporção ao valor adicionado, o setor de comércio normalmente apresenta números maiores de vendas do que o setor de serviços, cuja receita tem um componente elevado de custos de mão de obra. O mesmo não se aplica ao comércio que revende mercadorias e adiciona pouco ao valor de suas vendas. A variável emprego faz mais sentido quando comparamos os setores, do que vendas/receitas quando comparamos comércio e serviços.

Além disso, tendências de longo prazo estavam se desenvolvendo em certas áreas de serviços especializados. Por exemplo, os serviços classificados como pertencentes ao mercado de crédito mostram que, no saldo de empréstimos, São Paulo e Rio de Janeiro igualaram-se e somados representaram 73% do saldo total de empréstimos tomados no Brasil.[5] Contudo, o Rio de Janeiro era líder nacional na área de seguros e capitalização, e isso se refletia no menor número de pessoas ocupadas nesses segmentos em São Paulo (Tabela 4.2).

Em meados do século passado, transportes e comunicações eram duas outras atividades importantes na categoria dos serviços, e São Paulo respondia por um terço da força de trabalho desse segmento, no qual o transporte ferroviário foi o maior empregador em 1950. Com 70 mil empregados, representando 36% do total de empregados em ferrovias no Brasil – o dobro do número registrado no Rio de Janeiro, que foi o segundo estado mais importante no transporte ferroviário brasileiro. A rede nacional de ferrovias atingira 35 mil quilômetros, dos quais 7.594 km estavam em São Paulo e 2.653 km no Rio de Janeiro. Em 1959 havia somente mil quilômetros de linhas eletrificadas, a maioria delas em São Paulo. O crescente ramo de transporte por ônibus era também importante empregador com 18 mil empregados em São Paulo, representando 42% da força de trabalho nacional nessa atividade. Em contraste, era pequeno o número de pessoas ocupadas na aviação, que ainda começava a consolidar-se no Brasil. Embora o emprego em navegação marítima e cabotagem fosse importante no país, no estado de São Paulo esse setor era pouco significativo e empregava apenas 5% do pessoal ocupado nessa área (Tabela 4.3).

A análise das atividades no comércio atacadista e varejista no estado de São Paulo, em meados do século, mostra a grande importância da capital paulista e sua região. Embora a Região Metropolitana de São Paulo (doravante indicada como RMSP) só viesse a ser criada formalmente em 1973, podemos avaliar o peso que as atividades nessa área tinham na época.[6]

---

5 Tentamos combinar os dados do Rio de Janeiro e Distrito Federal nas tabelas, pois a capital federal era um centro importante de serviços em geral. Na primeira metade do século XX, o estado de São Paulo ultrapassou gradualmente o Rio de Janeiro em indústria e serviços, apesar da importância do Distrito Federal.

6 A Lei Complementar n.14 de 8 de julho de 1973 criou a Região Metropolitana de São Paulo, composta de São Paulo, Arujá, Barueri, Biritiba-Mirim, Caieiras, Cajamar, Carapicuíba, Cotia, Diadema, Embu, Embu-Guaçu, Ferraz de Vasconcelos, Francisco Morato, Franco da Rocha, Guararema, Guarulhos, Itapecerica da Serra, Itapevi, Itaquaquecetuba, Jandira, Juquitiba, Mairiporã, Mauá, Mogi das Cruzes, Osasco, Pirapora do Bom Jesus, Poá, Ribeirão Pires, Rio Grande da Serra, Salesópolis, Santa Isabel, Santana de Parnaíba, Santo André, São Bernardo do Campo, São Caetano do Sul, Suzano e Taboão da Serra. Sobre a Região Metropolitana de São Paulo e sua dinâmica, ver Regina Maria Prosperi Meyer, Marta Dora Grostein e Ciro Biderman, *São Paulo Metrópole* (São Paulo: Edusp/Imprensa Oficial,

Tabela 4.2 Características do setor de serviços: emprego e vendas/receitas Brasil, São Paulo e Rio de Janeiro, 1950

Atividades	Emprego total				Venda, receitas, empréstimos ou reservas			
	Brasil	São Paulo	% S.Paulo	R. J. + D.F(1)	Brasil	São Paulo	% S.Paulo	R. J. + D.F(1)
Comércio varejista (vendas)	512.125	116.968	23%	84.845	63.412.248	20.289.859	32%	13.967.352
Comércio de atacado (vendas)	190.613	58.040	30%	52.629	115.391.267	45.494.976	39%	32.363.970
Comércio imóveis/Valores mobiliários (receitas)	11.432	5.416	47%	3.725	1.260.719	486.840	39%	543.361
Auxiliares do comércio (Receita) (2)	43.137	15.031	35%	12.084	2.497.093	936.137	37%	973.615
Alojamento e alimentação (Receitas)	150.930	41.580	28%	35.076	6.176.809	2.104.962	34%	1.940.505
Servicos confecção e reparação (Receita) (3)	194.111	49.939	26%	34.727	4.788.416	1.648.438	34%	1.179.571
Serviços de higiene pessoal (Receita)	43.523	12.424	29%	8.191	610.851	207.182	34%	161.989
Serviços de diversão e rediofusão (Receita)	25.509	7.158	28%	5.863	1.180.358	416.092	35%	384.876
Subtotal	1.171.380	306.556	26%	237.140	195.317.761	71.584.486	37%	51.515.239
Mercado de crédito (Saldo empréstimos)	61.547	19.342	31%	17.092	77.129.154	27.357.564	35%	28.984.017
Seguros e capitalização (Reservas)	13.223	2.536	19%	8.894	5.054.675	808.470	16%	3.471.009
Subtotal	1.246.150	328.434	26%	263.126				

Fonte: IBGE: Censo de 1950. Vários volumes de tomos.
Nota (1): Dados do estado do Rio de Janeiro e Distrito Federal foram agregados; (2) Auxiliares do comércio compreendem a corretagem de mercadorias e seguros, compra e venda de mercadorias, leiloeiros, despachos etc.; (3) Serviços de confecção e reparação: oficinas de artes e ofícios, ourives, ferreiro, marceneiros etc. lavanderias, garagens, guarda-móveis.

Tabela 4.3 Serviços de transportes e comunicações. Brasil, São Paulo e Rio de Janeiro, 1950

	Brasil	São Paulo	% S.Paulo	R.J+D.F (1)
Sistema ferroviário				
Extensão linhas em tráfego (km)	35.919	7.594	21%	2.790
Extensão eletrificada (km)	1.079	724	67%	209
Pessoal Ocupado	195.811	70.375	36%	31.882
Receita (Cr$ 1000)	4.443.809			
Navegação e cabotagem				
Capital aplicado (Cr$ 1000)	3.241.366	177.260	5%	2.593.690
Pessoal ocupado	31.794	1.230	4%	17.851
Pessoal de bordo	21.152	947	4%	11.833
Salários pagos (Cr$ 1000)	656.145	32.060	5%	496.660
Material flutuante (ton. bruta)	780.281	34.422	4%	616.368
Receita (Cr$ 1000)	2.187.063	129.684	6%	1.726.715
Navegação aérea				
Capital aplicado (Cr$ 1000)	498.636	74.520	15%	372.298
Pessoal total	10.480	1.571	15%	7.713
Salários pagos (Cr$ 1000)	342.618	42.446	12%	277.942
Aeronaves	205	36	18%	115
Passageiros transportados (milhares)	1.322	516	39%	739
Receita (Cr$ 1000)	609.899	165.620	27%	686.760
Autoviação				
Capital aplicado (Cr$ 1000)	1.953.821	871.452	45%	520.242
Veículos passageiros	8.719	3.420	39%	1.802
Passageiros transportados (1000)	886.472	415.865	47%	257.371
Pessoal ocupado	42.312	17.918	42%	12.365
Salários pagos (Cr$ 1000)	620.038	330.407	53%	176.424
Receita (Cr$ 1000)	2.377.370	1.030.354	43%	639.875
Carris Urbanos				
Extensão	2.201	853	39%	659
Capital aplicado (Cr$ 1000)	981.259	163.723	17%	707.325
Pessoal ocupado	22.753	6.273	28%	10.121
Salários pagos (Cr$ 1000)	452.744	109.920	24%	253.596
Carros de passageiros	3.202	951	30%	1.497
Passageiros Transportados (milhares)	1.583.653	491.470	31%	714.828
Receita (Cr$ 1000)	651.574	226.121	35%	274.852
Comunicações (2)				
Capital Aplicado (Cr$ 1000)	2.887.529	997.335	35%	1.283.924
Pessoal Ocupado	20.003	7.012	35%	7.489
Salários pagos (Cr$ 1000)	381.877	116.488	31%	195.809
Receita (Cr$ 1000)	912.697	310.472	34%	398.489
Soma das pessoas ocupadas	323.153	104.379	32%	87.421
Soma dos valores de receita	11.182.412			915.604

Fonte: IBGE: Censo de 1950. Vários volumes de tomos.

Notas (1): Dados do estado do Rio de Janeiro e Distrito Federal foram agregados; (2) Comunicações: serv. telefônicos, telegráficos, radiotelegráficos e radiotelefônicos.

Futuramente a região viria a ter 37 municípios, mas em 1950 existiam apenas dezesseis dos municípios que a comporiam. Esses, porém, englobavam dentro de suas fronteiras todos os futuros municípios da RMSP. Assim, nossa estimativa é de que essa região representava 83% da população do estado, 86% de seus estabelecimentos de comércio varejista e 93% das vendas no varejo. Na época, a RMSP tinha 2,6 milhões de habitantes, dos quais 2,2 milhões residiam na capital. O maior dos municípios satélites que passariam a integrar a RMSP era Santo André, com 127 mil habitantes. São Bernardo e São Caetano do Sul, que se transformariam em importantes centros da indústria automotiva, ainda eram núcleos urbanos pequenos. São Caetano do Sul tinha 60 mil habitantes, e São Bernardo do Campo apenas 29 mil (Tabela 4.4).[7]

A evolução do setor terciário (que abrange comércio e serviços) no estado registrou um crescimento constante. Nos anos 1940, São Paulo gerava um terço do PIB nacional do setor terciário, e em 1980 liderava no país. O segundo em importância era o Rio de Janeiro, cuja participação, na época, equivalia à metade da paulista; essa tendência tornou-se ainda mais pronunciada no século XXI, pois o Rio perdeu a maior parte da burocracia federal para Brasília. Embora a intensidade da industrialização nos anos 1980 reduzisse a participação do setor de serviços no PIB de São Paulo, houve uma forte recuperação nos anos 1990, e esse setor tornou-se dominante na economia do estado, melhorando ainda mais a sua posição, neste século (Gráfico 4.1).[8]

Foi na RMSP que se instalou, no começo do século XX, a maior parte da indústria têxtil e, na segunda metade, quase todas as fábricas de veículos.[9]

2004); Maria de Fátima Infante Araújo, "Trajetória econômica e espacial da metrópole paulista", *São Paulo em Perspectiva,* v.7, n.2, abr./jun. 1993, p.29-37; Governo do estado de São Paulo, *São Paulo no limiar do Século XXI. Cenários da Urbanização Paulista. A Região Administrativa da Grande São Paulo,* 8 v. (São Paulo: Governo do estado de São Paulo/Fundação Seade, 1992); Maria Irene de Q. F. Szmrecsányl, "A macrometrópole paulistana: 1950-2004", em Tamás Szmrecsányi (Org.), *História econômica da cidade de São Paulo* (São Paulo: Globo, 2005), p.116-45.

7 Sobre a região do ABC, ver Cecília C. T. de Almeida, *O Grande ABC Paulista: o fetichismo da região,* Tese de Doutorado, FFLCH-USP, São Paulo, 2008; Jeroen Klink, "Regionalismo e reestruturação urbana: uma perspectiva brasileira de governança metropolitana". *Educação,* Porto Alegre, v.32, n.2, maio/ago. 2009, p.217-26; Allen J. Scott, "Industrial Revitalization in the ABC Municipalities", São Paulo: Diagnostic Analysis and Strategic Recommendations for a New Economy and a New Regionalism", *Regional Development Studies,* v.7, n.2001, 2001, p.1-32; Ângelo Marcos Queiroz Prates, *Reestruturação produtiva no Brasil dos anos 90 e seus impactos na Região do Grande ABC Paulista,* Tese de Mestrado, Unicamp, Campinas, 2005.

8 Uma valiosa coletânea de estudos sobre o estado de São Paulo encontra-se em: Governo do Estado de São Paulo: *São Paulo no Limiar do século XXI.* São Paulo, Gesp/Seade, 1992, 8 volumes.

9 As áreas industriais inicialmente se estabeleceram nas planícies ao longo das ferrovias, e a partir dos anos 1950 elas começaram a instalar-se nas imediações das rodovias. Maria de Fátima Infante Araújo, "Os cem últimos anos na história da cidade e a formação da Grande São Paulo", em *São Paulo no Limiar do Século XXI,* v.6, p.28.

Tabela 4.4 Atividades do comércio varejista, estado de São Paulo, Região Metropolitana de São Paulo, cidade de São Paulo, 1950

		Comércio varejista		
Regiões	**População**	**Estabelecimentos**	**Total pessoal**	**Vendas**
Total do estado	9.134.423	50.519	116.968	20.289.859
Região Metropolitana de São Paulo (RMSP) (1)	2.662.844	17.678	48.441	9.775.980
Cidade de São Paulo	2.198.096	15.174	44.120	9.075.391
Demais municípios da RMSP	464.748	2.504	4.321	700.589
Participação da cidade de S.Paulo na RMSP	83%	86%	91%	93%

Fonte: Censo de 1950; Série Regional, v.XXV, t.3, Estado de São Paulo, censos industrial, comercial e serviços.
Nota: A RMSP foi criada em 1973. Em 1950, dos 37 municípios que compuseram a RMSP na sua criação, apenas dezesseis já eram municípios emancipados na data daquele censo. Os demais foram criados na década de 1950 (13) e na década de 1960 (6).

Gráfico 4.1 Participação dos setores econômicos no PIB do estado de São Paulo, 1939/2017

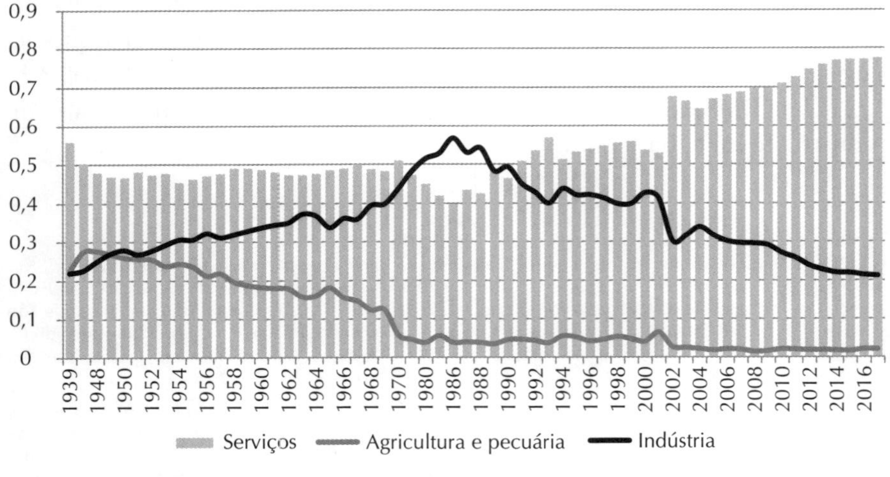

Fonte: 1939-2009, Ipeadata Regional; 2010-2017, Seade.

Esse grande crescimento da indústria deu nova dimensão à cidade e à sua área metropolitana. Se na primeira metade do século seu crescimento populacional deveu-se, em grande medida, à chegada em massa de imigrantes europeus, a partir de 1950 seriam os migrantes vindos de todas as partes do

Brasil que impulsionariam o crescimento das regiões metropolitanas. Em 1960, a capital, com 3,8 milhões de habitantes, ultrapassara a cidade do Rio de Janeiro, e sua população era cinco vezes maior que as de Salvador e Porto Alegre, enquanto o estado já se tornara o mais populoso do país. Em 1991, o número de habitantes de São Paulo chegou aos 9,6 milhões, mas o crescimento desacelerou nas três décadas seguintes. Por outro lado, a Região Metropolitana continuou a expandir-se, e de 1970 a 2020 abrigou quase metade da população do estado (Tabela 4.5).

Esse mercado metropolitano seria o centro do setor de comércio e serviços em São Paulo, assim como havia sido o centro da indústria. No entanto, a concentração da indústria leve e pesada na RMSP não seria permanente, pois a partir dos anos 1980 a política governamental buscou a descentralização visando a um perfil regional menos concentrado. Com isso, nas últimas décadas do século passado, a participação das indústrias da RMSP declinou nos totais do setor industrial do estado e no país.

Ao mesmo tempo, contudo, ocorreu um crescimento constante do setor terciário na capital, na região metropolitana e no estado, e logo esse setor passou a dominar a economia paulista. A partir de 1980, a atividade varejista e atacadista em São Paulo absorveu 25% dos empregos e gerou 36% do valor das vendas nacionais do setor. Havia no estado 162 mil estabelecimentos que empregavam 811 mil pessoas. Empresas atacadistas foram responsáveis pela maior parcela das vendas, mas as atividades varejistas ocuparam 80% do pessoal. Os segmentos mais importantes do comércio varejista foram os ramos têxtil, tecidos e vestuário (com 119 mil empregados) e alimentos, bebidas e fumo (com 113 mil empregados). As atividades atacadistas mais importantes foram as dos segmentos de combustíveis, alimentos, bebidas e tabaco, empregando 54 mil pessoas, sendo que combustível, alimentos e fumo lideraram as vendas. São Paulo teve papel dominante no país em ramos atacadistas como os de materiais elétricos, máquinas e aparelhos elétricos e não elétricos, veículos novos e usados, peças e acessórios, tecidos, artefatos têxteis e vestuário (Tabela 4.6).

No total do setor de serviços do Brasil, o estado de São Paulo em 1980 ocupou 30% da mão de obra e gerou 35% das vendas no setor de comércios e serviços. Trabalharam no setor de serviços 801 mil pessoas em 182 mil estabelecimentos. Os segmentos mais importantes na quantidade de empregos foram os de alimentação (188.000 pessoas), serviços a empresas, instituições e pessoas (152 mil), serviços de reparos, manutenção e instalação (123 mil) – Tabela 4.7. A partir de 1980, a força de trabalho ocupada no comércio atacadista e varejista e em todos os serviços no estado superou numericamente a ocupada na agricultura (1,6 milhão de trabalhadores, em comparação com

Tabela 4.5 Evolução da população do Brasil, estado de São Paulo, Região Metropolitana de São Paulo, cidade de São Paulo, censos de 1950-2019

Região	1950	1960	1970	1980	1991	2000	2010	2019
				População				
Brasil	51.944.398	70.324.103	93.134.846	119.011.052	146.825.475	169.799.170	190.747.731	210.680.072
Estado de São Paulo	9.134.423	12.823.806	17.770.975	25.042.074	31.588.925	37.032.403	41.262.199	46.042.770
RMSP	2.653.860	4.739.406	8.139.730	12.588.725	15.444.941	17.878.703	19 683 975	21.571.866
Cidade de São Paulo	2 198 096	3 667 899	5 924 615	8 493 226	9 646 185	10 434 252	11.253.503	12.252.023
				Média anual de crescimento da população entre os censos				
		1950-1960	1960-1970	1970-1980	1980-1991	1991-2000	2000-2010	2010-2019
Brasil		3,5%	3,3%	3,5%	2,1%	1,8%	1,1%	1,1%
Estado de São Paulo		6,0%	5,6%	4,5%	1,9%	1,6%	1,0%	0,9%
RMSP		5,3%	4,9%	3,7%	1,2%	0,9%	0,8%	0,9%
Cidade de São Paulo		7,9%	7,5%	6,3%	3,2%	2,8%	1,3%	1,0%

Fonte: Ipeadata Regional, IBGE, acessado em : 11.5.2019, Prefeitura de São Paulo.

Tabela 4.6 Comércio varejista e atacadista no estado de São Paulo e participação no Brasil – Censo de 1980

	Estabel.	Pessoal empregado	Salários pagos	Vendas	% de SP/Brasil	
					Pessoal	Vendas
Comércio varejista e atacadistra	**162.492**	**811.466**	**76.914.647**	**3.331.073.117**	**25%**	**36%**
Comércio varejista	148.010	647.611	48.141.571	1.349.700.278	23%	31%
Produtos alimentícios, bebidas e fumo	51.224	112.979	2.383.600	126.066.345	12%	21%
Produtos farmacêuticos, odontológicos	8.158	38.983	2.804.418	65.184.354	27%	30%
Tecidos, artefatos tecidos, vestuário	30.031	119.315	7.238.820	122.283.014	26%	28%
Máquinas e aparelhos elétricos e não elétricos	7.718	48.721	5.102.662	109.216.920	29%	31%
Ferragens, ferramentas e prod. metalúrgicos	10.797	65.728	5.089.532	133.059.655	31%	33%
Veículos novos e usados. Peças e acessórios	7.813	47.701	5.620.510	198.507.977	30%	34%
Máquinas e equip. de uso industrial	1.898	17.174	3.384.904	64.138.689	29%	31%
Combustíveis e lubrificantes	5.619	41.094	3.007.874	204.338.942	29%	34%
Papel e papelão	7.687	21.354	1.224.723	21.071.329	34%	35%
Mercadorias em geral, inclusive alimentos	3.862	76.113	7.046.059	218.964.436	28%	33%
Mercadorias em geral, exclusive alimentos	864	17.057	2.855.493	44.575.004	29%	36%
Artigos diversos	10.797	37.524	2.272.100	38.585.727	32%	33%
Artigos usados	1.542	3.868	121.876	3.707.886	33%	42%
Atividades admin. e auxiliares	1.216	12.988	2.503.013		31%	

(cont.)

Tabela 4.6 Comércio varejista e atacadista no estado de São Paulo e participação no Brasil – Censo de 1980

	Estabel.	Pessoal empregado	Salários pagos	Vendas	% de SP/Brasil	
					Pessoal	Vendas
Comércio varejista e atacadistra	**162.492**	**811.466**	**76.914.647**	**3.331.073.117**	**25%**	**36%**
Comércio atacadista	**14.482**	**163.855**	**28.773.076**	**1.981.372.839**	**37%**	**41%**
Produtos extrativos e agropecuários, exceto alimentos	448	4.075	511.210	37.416.473	11%	9%
Produtos alimentícios, bebidas e fumo	5.380	54.214	7.756.299	507.769.757	32%	45%
Produtos farmacêuticos, odontológicos	917	13.423	3.085.312	128.610.535	37%	47%
Tecidos, artefatos tecidos, vestuário	1.577	13.468	1.572.892	75.390.952	49%	58%
Máquinas e aparelhos elétricos e não elétricos	285	3.791	714.580	82.580.649	47%	79%
Ferragens, ferramentas e prod. metalúrgicos	2.051	27.047	5.349.839	222.227.721	47%	44%
Veículos novos e usados. Peças e acessórios	512	8.662	1.926.527	81.794.777	51%	60%
Máquinas e equip. de uso industrial	531	8.686	2.908.970	56.034.638	52%	54%
Combustíveis e lubrificantes	258	4.599	1.295.879	675.038.509	39%	38%
Papel e papelão	507	5.849	985.498	28.488.449	43%	50%
Mercadorias em geral, inclusive alimentos	79	4.075	808.262	35.444.331	24%	33%
Mercadorias em geral, exclusive alimentos	45	506	58.256	1.629.963	20%	14%
Artigos diversos	800	7.448	1.189.528	30.616.244	54%	58%
Artigos usados	1.092	8.012	610.024	20.329.841	58%	64%
Atividades admin. e auxiliares	443	5.059	1.742.235		32%	

Fonte: Recenseamento Geral 1980, v.4, n.1, Censo Comercial Brasil e v.4, n.19, Censo Comercial de São Paulo.

Tabela 4.7 Serviços no estado de São Paulo e participação no Brasil – Censo de 1980

	Estabel.	Pessoal empregado	Salários pagos	Vendas	% SP no Brasil	
					Pessoal empregado	Vendas
Total dos Serviços	**182.390**	**801.642**	**84.993.038**	**507.510.146**	**30%**	**35%**
Serviço de alojamento e alimentação	**71.820**	**216.136**	**8.799.851**	**102.959.368**	**25%**	**32%**
Alojamento	3.987	27.293	1.816.441	10.462.028	21%	22%
Alimentação	67.833	188.843	6.983.410	92.497.340	26%	34%
Atividades administrativas e auxiliares	54	562	112.923		30%	
Serviço de reparação, manutenção e instalação	**51.632**	**140.622**	**8.727.189**	**48.091.723**	**27%**	**33%**
Reparação, manutenção e instalação	43.910	122.767	8.129.767	43.087.185	27%	33%
Confecção sob medida	7.722	17.855	597.422	5.004.538	25%	31%
Atividades administrativas e auxiliares	33	134	27.892		25%	
Serviços Pessoais e de higiene pessoal	**20.626**	**41.785**	**1.343.860**	**11.163.310**	**29%**	**35%**
Pessoais	4.806	13.541	642.414	4.988.468	30%	36%
Higiene pessoal	15.820	28.244	701.446	6.174.842	28%	34%
Atividades administrativas e auxiliares	47	152	23.572		16%	
Serviços de radiodifusão, televisão e diversões	**2.048**	**15.216**	**2.132.044**	**16.888.198**	**23%**	**32%**
Radiodifusão e televisão	256	6.374	1.372.427	12.162.285	19%	32%
Diversões	1.792	8.842	759.617	4.725.913	27%	32%
Atividades administrativas e auxiliares	151	1.246	572.257		64%	

(cont.)

Tabela 4.7 Serviços no estado de São Paulo e participação no Brasil – Censo de 1980

	Estabel.	Pessoal empregado	Salários pagos	Vendas	% SP no Brasil	
					Pessoal empregado	Vendas
Serviços auxiliares diversos	**29.038**	**347.017**	**59.471.287**	**280.517.113**	**36%**	**37%**
Da agricultura e pecuária	677	29.739	2.717.681	7.378.827	43%	24%
Do comércio e da locação de bens e serviços	3.016	21.301	4.160.109	54.160.104	31%	43%
Financeiros e de seguros e capitalização	1.283	13.629	3.114.648	35.498.055	35%	21%
Dos transportes	3.294	28.601	4.471.097	32.653.031	36%	36%
De assessoria técnica em construção e obras	2.375	42.555	12.826.646	40.826.707	40%	44%
De limpeza e higienização em prédios e domicílios	983	49.545	2.858.514	7.468.369	27%	28%
Prestados a empresas, entidades e pessoas	15.852	151.672	28.366.372	98.206.636	38%	46%
De saúde	1.558	9.975	956.220	4.325.384	30%	33%
Atividades administrativas e auxiliares	585	8.677	3.072.356		35%	
Serviços de compra, venda, loteamento, incorporação	**7.226**	**40.866**	**4.518.807**	**47.890.434**	**41%**	**40%**
Compra, venda, loteamento e incorporação	4.632	20.747	2.421.030	36.307.572	36%	39%
Administração, locação e arrendamento de bens imóveis	2.594	20.119	2.097.777	11.582.862	49%	43%
Atividades administrativas e auxiliares	87	602	138.330		41%	

Fonte: Recenseamento Geral 1980, v.5, n.1, Censo de Serviços do Brasil e v.5, n.19, Censo de Serviços de São Paulo.

1,4 milhão na agricultura),[10] mas ainda não havia ultrapassado o número de empregados na indústria. Em valor adicionado e emprego, a indústria ainda dominava no estado e era responsável por 47% do PIB, em comparação com 35% dos serviços e 14% da agricultura.

O Censo de 1980 dividiu o estado de São Paulo em mais de quarenta zonas, incluindo a Grande São Paulo. Como se poderia esperar, a região da Grande São Paulo representou aproximadamente metade dos estabelecimentos, pessoal ocupado e vendas no atacado e varejo do estado, também empregou dois terços dos trabalhadores em serviços e gerou três quartos do valor das "vendas" no setor de serviços do estado. Foi registrado um total de 79 mil estabelecimentos na Grande São Paulo, com 442 mil empregados. O setor de serviços continha 98.000 estabelecimentos com 500 mil empregados.

As áreas de Campinas, Baixada Santista e Vale do Paraíba Paulista foram as outras que tiveram representações maiores nos serviços, porém com participação muito inferior à da Grande São Paulo. Dentre as demais regiões, Paulínia e Cubatão destacaram-se porque sediavam duas grandes refinarias de petróleo e indústrias petroquímicas. Exceto essas duas localidades, os setores de serviços mais representativos foram Santos, Campinas, São José do Rio Preto e Ribeirão Preto (Tabela 4.8).

Na Grande São Paulo, que em 1980 compunha-se de 37 municípios, a capital dominava o setor terciário; empregava 82% do pessoal ocupado em serviços e comércio e gerava 78% das vendas do comércio e 89% das vendas do setor de serviços. Na capital, a participação desses serviços na economia da capital superava a da indústria (Tabela 4.9).

O comércio varejista e atacadista e os serviços tiveram peso quase igual na força de trabalho da capital. O comércio varejista empregou 356 mil pessoas em 61 mil estabelecimentos, enquanto o setor atacadista ocupou 102 mil trabalhadores em 8 mil estabelecimentos. O segmento de serviços empregou 410 mil pessoas em 75 mil estabelecimentos. A maior atividade desse segmento, arrolada como "serviços auxiliares diversos", incluía serviços prestados a entidades e indivíduos. Esse grande ramo empregou metade dos trabalhadores em serviços e gerou dois terços das vendas. Vieram em seguida os serviços de alojamento e alimentação e de reparos, manutenção e instalação. No comércio, o maior número de empregados foi registrado nas atividades de alimentos, bebidas, tabaco e de têxteis, artigos do vestuário e tecidos (Tabela 4.10).

---

10 Eram 811 mil no comércio (Tabela 4.6) e 802 mil nos serviços (Tabela 4.7). Para dados da agricultura, veja: Censo Demográfico de 1980, v.2, t.3, n.1, p.266.

Tabela 4.8 Atividades de comércio e serviços por zonas do estado de São Paulo, Censo de 1980

	Comércio varejo e atacado			Serviços		
	Estab.	Pessoal total	Vendas	Estab.	Pessoal total	Vendas
Total do estado	**162.492**	**811.466**	**3.331.073.117**	**182.390**	**801.642**	**507.510.146**
Zonas do estado de São Paulo, segundo discriminadas no Censo de 1980						
Grande São Paulo	78.941	442.736	1.894.035.679	97.894	500.403	386.010.228
Campinas	8.172	46.365	356.471.284	6.278	35.957	17.522.810
Baixada Santista	6.583	35.997	317.309.250	7.859	37.652	19.586.489
Vale do Paraíba Paulista	6.649	28.648	116.443.373	6.837	24.301	10.032.242
Ribeirão Preto	4.071	22.064	78.242.490	4.086	16.880	8.296.568
Bauru	2.590	14.197	46.519.500	3.244	10.367	4.055.969
São José do Rio Preto	2.420	12.290	45.218.889	2.235	7.327	2.574.085
Sorocaba	3.337	16.358	43.303.407	3.836	12.101	5.537.777
Araraquara	3.132	12.923	33.680.008	2.945	15.731	5.284.611
Alta Sorocabana de Presidente Prudente	2.860	12.028	32.630.425	2.845	8.719	2.715.530
Açucareira de Piracicaba	2.522	10.999	27.279.523	2.538	9.872	4.357.206
Jundiaí	1.948	10.385	25.375.309	2.355	8.669	4.175.018
Alta Paulista	1.960	10.022	20.988.432	2.196	6.942	2.502.071
Alta Noroeste de Araçatuba	2.197	9.750	19.533.704	2.061	6.394	2.144.264
Ourinhos	1.414	5.573	19.251.015	1.344	3.141	953.227
Depressão Periférica Setentrional	2.403	9.105	18.459.023	2.141	8.569	2.502.249
Encosta Ocidental da Mantiqueira Paulista	2.103	7.206	15.687.921	1.649	4.363	1.392.868
Serra do Jaboticabal	1.876	7.285	15.169.100	1.792	5.682	1.528.342
Médio Araraquarense	1.449	5.442	15.137.240	1.270	2.948	1.200.973
Nova Alta Paulista	1.516	6.554	14.273.896	1.530	4.364	1.139.512
Jaú	1.526	5.745	13.855.279	1.542	9.203	2.868.733
Alta Sorocabana de Assis	1.304	5.099	13.024.835	1.236	3.247	970.253
Serra de Botucatu	1.795	6.445	12.921.359	1.749	6.640	2.150.571
Alta Mogiana	1.273	4.552	12.824.060	1.357	4.322	1.201.591

(cont.)

Tabela 4.8 Atividades de comércio e serviços por zonas do estado de São Paulo, Censo de 1980

	Comércio varejo e atacado			Serviços		
	Estab.	Pessoal total	Vendas	Estab.	Pessoal total	Vendas
Total do estado	**162.492**	**811.466**	**3.331.073.117**	**182.390**	**801.642**	**507.510.146**
Zonas do estado de São Paulo, segundo discriminadas no Censo de 1980						
Planalto de Franca	1.570	5.768	12.037.663	1.280	3.272	1.429.310
Campos de Itapetininga	1.956	7.100	11.906.385	1.938	5.059	1.184.592
Rio Claro	1.361	4.903	11.461.206	1.221	3.912	1.369.180
Barretos	909	3.933	10.492.845	1.022	2.653	932.675
Bragança Paulista	1.619	5.369	9.818.235	1.424	3.850	1.174.453
Alta Araraquarense de Fernandópolis	1.630	5.878	9.687.453	1.411	3.601	839.925
Estâncias Hidrominerais Paulistas	1.375	4.649	8.282.981	1.279	4.466	1.515.618
Outras Zonas (1)	7.620	26.089	49.751.348	7.974	21.035	6.350.706
Principais cidades (exceto cidades da Grande São Paulo)						
Paulínia	110	759	225.666.433	106	782	269.995
Cubatão	308	1.645	171.058.330	498	4.486	2.269.020
Santos	3.562	23.062	127.445.505	4.161	22.416	13.536.942
Campinas	3.964	27.517	92.876.743	4.035	21.160	11.419.439
São José dos Campos	1.492	8.776	77.634.294	1.578	7.501	4.124.390
Ribeirão Preto	2.609	17.307	68.746.539	2.615	10.670	6.436.774
São José do Rio Preto	1.614	9.700	37.506.443	1.484	5.781	2.133.447
Bauru	1.162	8.280	34.697.200	1.505	5.758	2.385.380
Sorocaba	1.582	9.452	22.678.543	1.988	6.057	3.145.452
Piracicaba	1.602	8.069	21.755.313	1.629	6.127	3.372.479
Presidente Prudente	1.028	5.863	21.412.898	1.016	4.022	1.526.201
Jundiaí	1.304	7.985	19.921.984	1.567	6.156	3.010.688

Fonte: Recenseamento Geral 1980, v.4, n.1 e 19 e v.5, n.4 e 19.
Nota (1): Inclui Alta Araraquarense de Votuporanga, Tatuí, Alta Noroeste de Penápolis, Paranapiacaba, Serra de Batatais, Baixada da Ribeira, Costa Norte Paulista, Divisor Turvo Grande, Divisor São José do Dourado Tietê, Médio São José dos Dourados, Alto Paraíba, Apiaí.

Tabela 4.9 Atividades de comércio e serviços da Grande São Paulo, Censo de 1980

	Comércio varejista e atacadista				Serviços			
	Estab.	Pessoal total	Salários pagos	Vendas	Estab.	Pessoal total	Salários pagos	Vendas
Grande São Paullo	78.941	442.736	51.170.590	1.894.035.679	97.894	500.403	67.600.828	386.010.228
São Paulo	60.861	355.956	43.434.162	1.478.526.804	75.366	410.373	59.591.598	342.787.496
Arujá	105	290	12.729	760.398	127	420	24.679	187.955
Barueri	314	1.702	215.851	45.711.072	410	1.441	107.329	910.503
Biritiba Mirim	50	162	4.814	180.044	51	115	1.867	22.867
Caieiras	106	314	16.050	696.418	104	334	10.648	97.848
Cajamar	74	243	10.712	402.122	104	202	3.075	61.110
Carapicuíba	547	1.706	58.213	2.064.068	754	1.553	24.042	390.623
Cotia	219	1.003	63.835	2.253.654	282	962	52.097	461.948
Diadema	787	3.952	416.483	19.972.524	1.031	2.669	127.363	1.133.934
Embu	303	1.020	69.383	1.784.535	475	10.404	710.751	1.878.139
Embu-Guaçu	85	249	8.497	453.030	117	228	3.744	7.279
Ferraz de Vasconcelos	207	538	12.704	431.813	211	388	6.640	85.367
Francisco Morato	85	219	5.374	296.657	121	206	3.418	76.721
Franco da Rocha	208	583	22.164	965.469	219	522	15.407	190.019
Guararema	76	164	4.633	275.887	46	107	3.654	43.923
Guarulhos	2.402	11.277	982.466	70.677.608	2.660	8.631	622.073	6.262.752
Itapecerica da Serra	184	881	64.686	3.308.830	365	858	26.822	388.845
Itapevi	168	535	18.283	820.941	297	576	12.671	174.853

(cont.)

Tabela 4.9 Atividades de comércio e serviços da Grande São Paulo, Censo de 1980

	Comércio varejista e atacadista				Serviços			
	Estab.	Pessoal total	Salários pagos	Vendas	Estab.	Pessoal total	Salários pagos	Vendas
Itaquaquecetuba	170	516	19.122	907.717	236	485	5.061	117.148
Jandira	135	415	11.580	430.793	231	469	10.248	120.899
Juquitiba	83	210	5.363	483.100	64	132	3.238	33.774
Mairiporã	154	431	12.199	551.400	200	461	9.130	144.515
Mauá	673	3.159	244.101	48.740.502	872	2.209	117.298	956.909
Mogi das Cruzes	1.169	5.709	421.268	12.882.381	1.431	4.789	264.897	1.558.955
Osasco	1.936	9.971	879.582	22.256.058	2.316	8.259	689.436	5.589.814
Pirapora do Bom Jesus	55	108	899	58.325	46	90	777	16.555
Poá	230	581	19.271	612.386	230	398	8.869	89.249
Ribeirão Pires	231	1.041	67.871	2.323.419	302	962	49.961	371.664
Rio Grande da Serra	38	122	2.777	144.541	100	178	4.337	50.300
Salesópolis	75	144	1.864	303.547	46	107	2.294	22.899
Santa Isabel	141	386	12.903	663.055	181	377	6.115	101.845
Santana do Parnaíba	27	125	6.009	230.035	47	91	2.112	29.070
Santo André	2.866	15.699	1.425.428	51.242.853	3.636	14.316	1.262.151	5.115.435
São Bernardo do Campo	2.107	12.886	1.845.600	76.238.084	2.486	15.445	1.988.906	9.740.800
São Caetano do Sul	1.290	6.458	614.721	39.671.801	1.708	7.066	701.480	3.891.361
Suzano	508	1.903	110.083	4.678.337	578	1.726	100.407	561.959
Taboão da Serra	272	949	48.900	2.035.471	444	2.054	1.026.223	3.270.226

Fonte: Recenseamento Geral 1980, v.4, n.19 e v.5, 19.

Tabela 4.10 Atividades de comércio e serviços da cidade de São Paulo, Censo de 1980

	Estab.	Pessoal total	Salários pagos	Vendas
	Comércio			
Total Comércio – varejo e atacado	**60.861**	**355.956**	**43.434.162**	**1.478.526.804**
Comércio varejista	**52.609**	**253.190**	**23.683.159**	**578.652.102**
Produtos alimentícios, bebidas e fumo	15.788	35.689	974.403	44.902.563
Produtos farmacêuticos, odontológicos	2.769	14.853	1.186.306	18.231.423
Tecidos, artefatos tecidos, vestuário	10.743	48.970	3.756.783	59.026.656
Máquinas e aparelhos elétricos e não elétricos	2.961	18.299	2.228.521	47.183.411
Ferragens, ferramentas e prod. metalúrgicos	4.031	24.535	2.287.724	55.027.182
Veículos novos e usados. Peças e acessórios	2.932	18.724	2.611.231	86.668.663
Máquinas e equip. de uso industrial	787	8.454	2.168.232	34.702.942
Combustíveis e lubrificantes	1.655	13.762	1.166.054	77.205.581
Papel e papelão	4.204	12.607	890.408	13.350.421
Mercadorias em geral, inclusive alimentos	829	27.207	2.971.902	68.168.612
Mercadorias em geral, exclusive alimentos	406	10.091	1.920.116	30.039.130
Artigos diversos	4.770	18.125	1.446.224	22.071.611
Artigos usados	734	1.874	67.255	2.073.907
Atividades admin. e auxiliares	508	8.017	1.892.486	
Comércio atacadista	**8.252**	**102.766**	**19.751.003**	**899.874.702**
Produtos extrativos e agropecuários, exclusive alimentos	96	936	145.164	12.926.838
Produtos alimentícios, bebidas e fumo	2.329	25.767	4.138.229	289.070.912
Produtos farmacêuticos, odontológicos	492	8.355	1.924.235	75.701.430
Tecidos, artefatos tecidos, vestuário	1.324	11.824	1.442.924	66.204.656

(cont.)

Tabela 4.10 Atividades de Comércio e Serviços da Cidade de São Paulo, Censo de 1980

	Estab.	Pessoal total	Salários pagos	Vendas
	Comércio			
Comércio atacadista	**60.861**	**355.956**	**43.434.162**	**1.478.526.804**
Máquinas e aparelhos elétricos e não elétricos	190	2.759	513.364	36.609.591
Ferragens, ferramentas e prod. metalúrgicos	1.398	20.149	4.216.723	128.526.313
Veículos novos e usados. Peças e acessórios	330	5.953	1.362.124	59.918.509
Máquinas e equip. de uso industrial	405	7.438	2.632.095	45.026.427
Combustíveis e lubrificantes	61	1.334	461.514	94.341.371
Papel e papelão	364	4.807	867.172	24.127.580
Mercadorias em geral, inclusive alimentos	32	2.287	586.594	28.803.700
Mercadorias em geral, exclusive alimentos	29	341	41.756	1.186.828
Artigos diversos	601	6.217	1.066.972	25.739.300
Artigos usados	601	4.599	352.124	11.691.249
Atividades admin. e auxiliares	248	3.610	1.320.344	
	Serviços			
Total dos Serviços	**75.366**	**410.373**	**51.991.515**	**342.797.494**
Serviço de alojamento e alimentação	26.899	92.214	4.597.465	45.532.199
Serviço de reparação, manutenção e instalação	21.303	61.426	4.807.614	24.415.646
Serviços Pessoais e de Higiene Pessoal	8.638	22.135	932.843	6.015.913
Serviços de Radiodifusão, televisão e diversões	795	7.382	1.463.437	13.557.733
Serviços auxiliares diversos	14.027	201.479	44.405.338	221.581.786
Serviços de compra, venda, loteamento, incorporação	3.704	25.739	3.384.901	31.684.217

Fonte: Recenseamento Geral 1980, v.4, n.19 e v.5, 19.

Nas décadas de 1980 e 1990 a economia brasileira atravessou um longo período de crise. Desse cenário resultaram inflação altíssima e baixo crescimento. Também nessa fase, dois avanços internos teriam repercussões econômicas profundas ao final do século XX e nas duas primeiras décadas do século XXI. O primeiro foi a abertura da economia, e o segundo, o fim da inflação com a implementação do Plano Real. Por outro lado, depois de longos anos de relativo equilíbrio fiscal, em meados dos anos 2010 os desequilíbrios fiscais alarmantes retornaram.

Há outro aspecto a considerar. A partir dos anos 1990, paralelamente ao processo de abertura da economia no Brasil, ocorreu grande transformação nos processos de produção no mundo todo. Inicialmente estimulada pela liberação e desregulamentação fiscal, seguida por uma abertura do comércio mundial, essa mudança também foi acompanhada pela criação de cadeias de produção globais. Seguiram-se então transformações tecnológicas extraordinárias, sobretudo em dados e comunicações no período supracitado, que inauguraram uma nova era com a divisão da produção e a formação de complexas cadeias de valor integrando indústrias e serviços. O antigo processo industrial verticalizado que se desenvolvera no Brasil antes de 1990 deu lugar a um processo de produção integrado que envolveu tanto unidades industriais como complexos sistemas de serviço que interagem globalmente e têm bases em diferentes países.

Ao mesmo tempo, ocorreu globalização financeira universal, com uma participação intensa de capital nesse sistema tanto na produção como na circulação de mercadorias e serviços.[11] Segundo relatório da UNCTAD, desde 2013 aproximadamente 60% do comércio global "consiste na comercialização de bens e serviços intermediários que são incorporados em várias etapas ao processo produtivo de bens e serviços para consumo final", em um sistema chamado de cadeias de valor globais (CVG).[12] Essa fragmentação da produção incorpora, tipicamente em atividades industriais, uma multiplicidade de serviços antes incorporados ao processo de produção industrial.[13]

---

11 Manuel Castells, *A sociedade em rede* (Rio de Janeiro: Paz e Terra, 2003); UNCTAD, *World Investment Report 2004. The shift towards services* (Nova York: United Nations, 2004); Peters Dicken, *Global Shift: Mapping the Chaning Contours of The World Economy* (Nova York: Guilford Press, 2000); Octavio de Barros e Fabio Giambag (Orgs.), *Brasil globalizado. O Brasil em um mundo surpreendente* (Rio de Janeiro: Elsevier, 2008); Gilberto Dupas, *Economia global e exclusão social* (São Paulo: Paz e Terra, 2000).

12 UNCTAD, *World Investment Report 2013, Global Value Chains: Investment and Trade for Development* (Nova York e Genebra: United Nations, 2013), p.122.

13 Harvey, ao analisar a chamada condição pós-moderna, conclui que, paralelamente à fragmentação do processo de produção, também ocorreram mudanças significativas do lado do consumo, resultando em um aumento notável no uso de serviços: "Essas mudanças no lado do consumo, combinadas às mudanças na produção, coleta de informações e financiamento, parecem explicar um extraordinário aumento proporcional no emprego em serviços desde o começo dos anos 1970". David Harvey, *The Condition of Postmodernity* (Cambridge: Blackwell Publishers, 1992), p.156.

Como se poderia esperar, o processo de expansão do setor de serviços na economia mundial também se refletiu na economia brasileira. Isso envolveu muitas adaptações à cadeia de valor internacional, principalmente na agricultura, mas também na indústria. Assim, desenvolveram-se no estado um setor de serviços nacional e um setor de serviços totalmente integrados ao mercado internacional. Isso explica por que, desde o começo do século XXI, o valor adicionado do setor de serviços tem aumentado, substituindo a indústria e a agricultura, que gradualmente reduziram seu peso no PIB estadual e nacional.[14] No estado de São Paulo, os serviços aumentaram sua parcela no PIB de 50% no começo dos anos 2000 para 60% em 2017. O peso da agricultura foi de aproximadamente 2%, enquanto a participação da indústria declinou, como ocorreu no Brasil como um todo. Para o PIB do estado, os segmentos mais representativos do setor de serviços são "comércio, manutenção e reparação de veículos automotores",[15] "atividades financeiras, de seguros e serviços relacionados" e "atividades profissionais, científicas, técnicas e administrativas" (Tabela 4.11).

Também podemos analisar o setor de serviços identificando a estrutura empresarial existente no estado de São Paulo, em 2000. Os serviços de alojamento e alimentação compuseram um dos setores mais representativos em número de empresas e empregados (461 mil pessoas), representando 22% do pessoal ocupado nessa atividade no Brasil. Outros grandes empregadores foram "serviços de limpeza em prédios e domicílios e outros serviços às empresas" (412 mil pessoas). Em receita bruta os mais representativos foram "serviços de telecomunicações", "serviços técnicos profissionais", "transportes rodoviários", "outros transportes (ferroviários, aquaviários e aéreo)" e "serviços audiovisuais". A categoria "outros serviços" representou metade das vendas nacionais. Entre elas estavam atividades auxiliares aos transportes e agências de viagem, a atividade de Informática, incorporação, compra e venda de imóveis por conta de terceiros, serviços técnicos profissionais, seleção, agenciamento e locação de mão de obra, serviços auxiliares financeiros e serviços audiovisuais, todos com representatividade no estado de São Paulo superior a 50% da receita nacional do setor (Tabela 4.12).

No período 2007-2017, quando foram feitos levantamentos anuais sistemáticos do setor de serviços, vemos que as empresas de serviços de São Paulo representaram cerca de 37% dos totais nacionais em número de firmas e de pessoas ocupadas, porém geraram uma parcela maior das receitas, em torno de 47%. Os setores mais representativos foram serviços de infor-

---

14 IBGE, Sidra, tabela 5938.

15 Ver a classificação, em: <https://concla.ibge.gov.br/busca-online-cnae.html?classe=45200&view=classe>.

Tabela 4.11 Produto Interno Bruto do estado de São Paulo por setores e subsetores, 2002-2017

	Valores R$ milhões			Participação no PIB Estadual		
Setores e subsetores de Atividade Econômica	**2002**	**2010**	**2017**	**2002**	**2010**	**2017**
Valor bruto da produção	**942.322**	**2.275.129**	**3.568.452**	100%	100%	100%
Agropecuária	**21.451**	**40.598**	**67.861**	**2%**	**2%**	**2%**
Agricultura, inclusive o apoio e a pós-colheita		31.373	54.703	0%	1%	2%
Pecuária, inclusive apoio à pecuária		7.478	11.652	0%	0%	0%
Produção florestal, pesca e aquicultura		1.747	1.506	0%	0%	0%
Indústria	**430.250**	**996.829**	**1.342.852**	**46%**	**44%**	**38%**
Indústria extrativa	1.401	4.220	21.203	0%	0%	1%
Indústria de transformação	350.554	813.048	1.088.627	37%	36%	31%
Eletricidade e gás, água, esgoto, atividades de gestão de resíduos	23.694	49.813	77.898	3%	2%	2%
Construção	54.601	129.748	155.124	6%	6%	4%
Serviços	**490.621**	**1.237.702**	**2.157.739**	**52%**	**54%**	**60%**
Comércio, manutenção e reparação de veículos automotores	63.653	215.875	402.840	7%	9%	11%
Transporte, armazenagem e correio	41.055	110.219	180.412	4%	5%	5%
Serviços de alojamento e alimentação	20.045	47.596	85.901	2%	2%	2%
Serviços de informação e comunicação	47.079	120.822	178.703	5%	5%	5%
Atividades financeiras, de seguros e serviços relacionados	83.411	210.842	345.397	9%	9%	10%
Atividades imobiliárias	50.691	93.586	198.643	5%	4%	6%
Atividades profissionais, científicas e técnicas, administrativas	65.089	169.735	303.938	7%	7%	9%
Administração, educação e saúde pública, defesa e seguridade social	57.624	145.019	236.513	6%	6%	7%
Educação e saúde privada	32.588	66.978	138.033	3%	3%	4%
Artes, cultura, esporte e recreação, outras atividades de serviços(1)	29.385	44.512	66.036	3%	2%	2%
Serviços domésticos		12.520	21.324	0%	1%	1%

Fonte: Fundação Seade. Acesso em: 1.12.2019, em: https://www.seade.gov.br/produtos/pib-anual/

Tabela 4.12 Participação do estado de São Paulo no setor de serviços do Brasil, ano 2000 (valor R$ 1000)

	Estado de São Paulo				% São Paulo no Brasil	
Categorias	**Empresas**	**Pessoal Ocupado**	**Salários pagos**	**Receita bruta**	**Pessoal Ocupado**	**Receita bruta**
Serviços de alojamento e alimentação	104.487	461.534	1.962.745	7.731.030	22%	27%
Transportes e serviços auxiliares de transportes						
Transporte Rodoviário passageiros	2.436	144.357	1.480.338	4.938.399	25%	29%
Transporte Rodoviário cargas	13.770	128.431	1.141.803	8.501.443	38%	44%
Outros transportes (ferroviário, aquaviário, aéreo)	101	38.015	1.027.126	6.623.348	43%	39%
Atividades auxiliares aos transportes e agências de viagens	6.814	86.952	1.048.219	5.729.582	41%	51%
Correio, telecomunicações e informática						
Correio	389	35.183	219.573	2.070.672	33%	47%
Telecomunicações	364	33.120	1.140.812	18.989.982	32%	36%
Atividades de informática	14.923	70.590	1.307.347	6.283.744	34%	52%
Incorporação, compra e venda de imóveis por conta própria	2.374	12.847	71.770	96.430	55%	54%
Administração, corretagem e aluguel de imóveis de terceiros	6.574	39.126	296.447	1.172.974	43%	39%
Aluguel de veículos, máquinas e objetos pessoais e domésticos	4.159	22.055	172.017	941.609	28%	37%

(cont.)

Tabela 4.12 Participação do estado de São Paulo no setor de serviços do Brasil, ano 2000 (valor R$ 1000)

	Estado de São Paulo				% São Paulo no Brasil	
Categorias	Empresas	Pessoal Ocupado	Salários pagos	Receita bruta	Pessoal Ocupado	Receita bruta
Serviços prestados principalmente às empresas						
Serviços técnicos profissionais	29.129	170.327	2.790.626	12.728.662	43%	57%
Seleção, agenciamento e locação de mão de obra	1.322	139.212	803.881	1.770.572	46%	57%
Serviços de investigação, vigilância e transporte de valores	719	121.897	1.052.888	2.360.199	35%	43%
Serviços limpeza em prédios e domicílios, e outros serviços às empresas	31.976	412.141	1.946.847	6.497.299	45%	49%
Outras atividades e serviços						
Serviços auxiliares financeiros	5.645	31.299	532.459	3.086.362	46%	56%
Representantes comerciais e agentes do comércio	14.366	32.406	234.366	1.443.058	31%	46%
Manutenção e reparação de veículos e de objetos pessoais e domésticos	21.988	67.600	326.251	1.295.551	28%	43%
Serviços audiovisuais	3.605	34.461	645.563	6.450.343	34%	51%
Outros serviços recreativos, culturais e desportivos	5.669	35.593	206.189	865.275	41%	41%
Serviços pessoais	6.143	38.180	176.146	535.072	32%	38%
Outras atividades de serviços	1.035	33.892	305.032	1.193.803	27%	44%

Fonte: IBGE- Pesquisa Anual de Serviços, Rio de Janeiro, v.2, 2000.

mação e comunicação e serviços a empresas; em ambos, São Paulo foi responsável por 50% do total nacional (Tabela 4.13).

Outro modo de avaliar a representatividade das diferentes atividades de serviços no estado de São Paulo é analisar o setor de empregos formais, composto pelos trabalhadores que contribuem para a previdência social e têm carteira de trabalho assinada. Para essa finalidade, usaremos as informações fornecidas pela Relação Anual de Informações Sociais (RAIS). O emprego formal nesse setor cresceu sistematicamente até 2014, abrangendo 14,1 milhões de pessoas, depois passou a declinar em razão da crise econômica dos anos 2010 e perdeu quase 1 milhão de empregos formais. No período de 1985 a 2018, houve um crescimento inicial da participação de São Paulo, que se estabilizou a partir de meados dos anos 1990 em um nível aproximado de 20% do total dos empregos formais do país. Em alguns setores — como o das instituições de crédito, seguros e poupança, imóveis e títulos, transportes e comunicações, alojamento, alimentação e serviços de reparo e manutenção e serviços médicos, odontológicos e veterinários –, a importância relativa de São Paulo foi superior a 30% do total nacional.

No estado de São Paulo, os serviços apresentaram uma tendência de crescimento constante entre 1985 e 2018, passando a ocupar de aproximadamente 55% para 75% da força de trabalho paulista. Os segmentos mais representativos foram os de administração de imóveis, alojamento, alimentação, serviços de reparo e manutenção e os setores da administração governamental direta e autônoma. A educação em São Paulo gera 6% dos empregos formais do país, e os serviços médicos, odontológicos e veterinários geram 7% (Tabela 4.14).

Evidencia-se que, no setor de serviços do estado de São Paulo, os serviços prestados a empresas são os mais representativos em número de pessoas ocupadas, com mais de 40% dos trabalhadores em serviços; em seguida vêm os serviços prestados a famílias e os transportes (que incluem serviços auxiliares de transporte e correio), ambos os segmentos com aproximadamente 20% da força de trabalho. Da perspectiva das receitas, os serviços de informação e comunicações, serviços a empresas e transportes foram responsáveis, cada um, por mais de 25% do total das receitas do setor de serviços (Tabela 4.15).

Juntamente com os serviços, houve um rápido crescimento em atividades comerciais modernas, como supermercados, shopping centers e mercados centrais de abastecimento de cidades. Na segunda metade do século passado ocorreram grandes mudanças no modelo de comércio, tanto nas atividades atacadistas e varejistas como na organização. O varejo é a parte dos sistemas de distribuição que faz a ligação entre consumidores e produtores.

Tabela 4.13 Atividades de serviços – Participação de São Paulo no total do Brasil, 2007-2017						
Empresas						
Categorias	**2007**	**2009**	**2011**	**2013**	**2015**	**2017**
Total	37%	36%	37%	39%	38%	36%
1. Serviços prestados às famílias	38%	35%	34%	34%	35%	31%
1.1 Serviços de alojamento e alimentação	41%	36%	34%	34%	34%	31%
1.2 Atividades culturais, recreativas e esportivas	34%	29%	30%	29%	31%	28%
1.3 Serviços pessoais	22%	32%	30%	30%	31%	29%
1.4 Atividades de ensino continuado	34%	34%	40%	43%	44%	38%
2. Serviços de informação e comunicação	44%	42%	47%	51%	50%	48%
3. Serviços prestados às empresas	37%	37%	38%	41%	40%	38%
4. Transportes, serviços auxiliares aos transportes e correio	36%	32%	35%	38%	40%	36%
5. Atividades imobiliárias	31%	34%	35%	37%	37%	39%
6. Serviços de manutenção e reparação	32%	32%	33%	34%	33%	29%
7. Outras atividades de serviços	34%	39%	42%	41%	37%	36%
Pessoal ocupado						
Total	37%	36%	36%	36%	35%	35%
1. Serviços prestados às famílias	34%	32%	33%	32%	32%	31%
1.1 Serviços de alojamento e alimentação	35%	32%	34%	32%	32%	31%
1.2 Atividades culturais, recreativas e esportivas	37%	30%	33%	30%	31%	29%
1.3 Serviços pessoais	27%	31%	29%	28%	31%	29%
1.4 Atividades de ensino continuado	30%	31%	30%	32%	30%	32%
2. Serviços de informação e comunicação	43%	43%	44%	45%	44%	42%
3. Serviços prestados às empresas	41%	39%	38%	37%	37%	37%
4. Transportes, serviços auxiliares aos transportes e correio	33%	33%	33%	33%	33%	33%
5. Atividades imobiliárias	37%	39%	40%	34%	38%	37%
6. Serviços de manutenção e reparação	29%	31%	32%	32%	31%	28%
7. Outras atividades de serviços	32%	32%	32%	34%	33%	35%
Receitas						
Total	49%	48%	48%	47%	46%	47%
1. Serviços prestados às famílias	41%	42%	41%	36%	36%	36%
1.1 Serviços de alojamento e alimentação	40%	42%	41%	37%	36%	35%
1.2 Atividades culturais, recreativas e esportivas	47%	43%	47%	35%	36%	36%
1.3 Serviços pessoais	39%	40%	32%	33%	36%	37%
1.4 Atividades de ensino continuado	39%	38%	40%	34%	40%	41%
2. Serviços de informação e comunicação	57%	54%	56%	54%	55%	55%
3. Serviços prestados às empresas	50%	51%	48%	49%	51%	51%
4. Transportes, serviços auxiliares aos transportes e correio	43%	41%	42%	42%	38%	40%
5. Atividades imobiliárias	41%	42%	44%	42%	41%	41%
6. Serviços de manutenção e reparação	35%	33%	32%	31%	32%	33%
7. Outras atividades de serviços	57%	53%	53%	53%	52%	57%

Fonte: IBGE, Sidra, tabelas 2715 e 2577: Pesquisa Nacional de Serviços.

Tabela 4.14 Mercado de trabalho setor serviços. Participação do estado de São Paulo nos empregos formais do Brasil. Dados RAIS, 1985-2018

	1985	1990	1995	2000	2005	2010	2015	2018
	Empregos Formais Segundo a RAIS							
Total empregos Estado de São Paulo (todos os setores)	6.755.555	7.633.984	7.708.277	8.049.532	9.760.764	12.873.605	13.697.471	13.247.463
Comércio varejista	641.674	755.500	860.585	1.073.566	1.496.741	2.040.029	2.219.226	2.141.082
Comércio atacadista	192.696	226.543	232.992	246.830	331.710	466.338	516.330	518.480
Instituições de crédito, seguros e capitalização	346.920	288.109	253.803	228.016	248.830	316.742	340.177	340.075
Com. e admin. de imóveis, valores mobiliários etc.	580.302	639.373	654.441	946.847	1.163.725	1.693.932	1.918.516	1.974.155
Transportes e comunicações	315.578	323.413	422.280	450.126	545.780	786.777	875.909	817.138
Serv. de alojamento, alimentação, reparação	629.816	711.795	595.486	693.464	880.401	1.182.045	1.345.630	1.351.420
Serviços médicos, odontológicos e veterinários	108.589	112.689	254.462	279.671	367.113	494.994	650.187	692.579
Ensino	50.272	62.491	249.024	265.678	295.344	402.518	518.624	553.826
Administração pública direta e autárquica	902.778	1.006.223	1.255.881	1.308.655	1.470.661	1.624.624	1.689.496	1.576.609
Total empregos est. São Paulo, comércio e serviços	3.768.625	4.126.136	4.778.954	5.492.853	6.800.305	9.007.999	10.074.095	9.965.364
Participação dos empregos do estado de São Paulo nos empregos formais no Brasil – RAIS								
Total	18%	18%	20%	21%	20%	20%	21%	21%
Comércio varejista	30%	32%	32%	30%	30%	29%	28%	28%
Comércio atacadista	38%	39%	37%	36%	35%	34%	32%	32%
Instituições de crédito, seguros e capitalização	37%	36%	36%	41%	40%	40%	39%	40%
Com. e admin. de imóveis, valores mobiliários etc.	38%	38%	40%	37%	37%	37%	36%	37%
Transportes e comunicações	31%	31%	31%	32%	33%	34%	32%	32%
Serv. de alojamento, alimentação, reparação	30%	30%	34%	31%	30%	32%	31%	32%
Serviços médicos, odontológicos e veterinários	37%	29%	29%	30%	32%	34%	33%	32%
Ensino	28%	30%	29%	29%	29%	27%	26%	27%
Administraçao pública direta e autárquica	21%	21%	23%	22%	19%	18%	18%	17%
Total empregos est. São Paulo, comércio e serviços	29%	29%	30%	29%	28%	28%	28%	28%

Fonte: Bases estatísticas RAIS e CAGED, acesso em: 25.11.2019, em: http://bi.mte.gov.br/bgcaged/

Tabela 4.15 Participação setorial do pessoal ocupado e nas receitas dos serviços no estado de São Paulo, 2007-2017

	2007	2009	2011	2013	2015	2017
Pessoal Ocupado						
Total	100%	100%	100%	100%	100%	100%
1. Serviços prestados às famílias	19%	18%	19%	19%	20%	20%
1.1 Serviços de alojamento e alimentação	16%	14%	15%	15%	16%	15%
1.2 Atividades culturais, recreativas e esportivas	1%	1%	1%	1%	1%	1%
1.3 Serviços pessoais	1%	2%	2%	2%	2%	2%
1.4 Atividades de ensino continuado	1%	1%	1%	2%	2%	2%
2. Serviços de informação e comunicação	9%	9%	9%	10%	10%	10%
3. Serviços prestados às empresas	44%	44%	44%	43%	42%	43%
4. Transportes, serv. auxiliares aos transp. e correio	19%	20%	19%	19%	19%	19%
4.1 Transporte rodoviário	11%	11%	11%	12%	12%	12%
4.2 Outros transportes	1%	2%	2%	1%	1%	1%
4.3 Armazenamento e serviços aux. aos transportes	4%	5%	5%	5%	4%	5%
4.4 Correio e outras atividades de entrega	2%	2%	2%	2%	1%	1%
5. Atividades imobiliárias	1%	1%	2%	1%	2%	2%
6. Serviços de manutenção e reparação	3%	3%	3%	3%	3%	3%
7. Outras atividades de serviços	4%	4%	4%	4%	3%	4%
Receitas						
Total	100%	100%	100%	100%	100%	100%
1. Serviços prestados às famílias	7%	8%	9%	8%	9%	9%
1.1 Serviços de alojamento e alimentação	6%	7%	7%	7%	7%	7%
1.2 Atividades culturais, recreativas e esportivas	1%	1%	1%	1%	1%	1%
1.3 Serviços pessoais	0%	1%	0%	1%	1%	1%
1.4 Atividades de ensino continuado	0%	0%	1%	1%	1%	1%
2. Serviços de informação e comunicação	36%	32%	31%	29%	27%	27%
3. Serviços prestados às empresas	23%	27%	26%	28%	30%	29%
4. Transportes, serv. auxiliares aos transp. e correio	25%	24%	25%	26%	24%	25%
4.1 Transporte rodoviário	12%	12%	12%	13%	11%	12%
4.2 Outros transportes	4%	4%	4%	4%	5%	5%
4.3 Armazenamento e serviços aux. aos transportes	6%	6%	7%	7%	7%	6%
4.4 Correio e outras atividades de entrega	2%	2%	2%	2%	2%	2%
5. Atividades imobiliárias	2%	2%	2%	2%	2%	2%
6. Serviços de manutenção e reparação	1%	1%	1%	1%	1%	1%
7. Outras atividades de serviços	6%	5%	6%	6%	6%	7%

Fonte: IBGE, Sidra, tabelas 2715 e 2577: Pesquisa Nacional de Serviços.

Os estabelecimentos varejistas tornaram-se, nesse período, cada vez mais proativos na identificação das necessidades e na definição do que deveria ser produzido para atender as demandas do mercado. Centros atacadistas, por sua vez, surgiram para fornecer um mercado central aos comerciantes varejistas. Esses grandes mercados centrais que oferecem alimentos frescos foram criados para abastecer os principais centros urbanos. No comércio varejista, a principal mudança foi o surgimento de redes de supermercados e shopping centers que substituíram as tradicionais lojas familiares de comércio varejista em todas as principais cidades brasileiras, mudando profundamente a configuração das cidades e a vida das populações urbanas.

Os mercados centrais formais do setor atacadista de alimentos foram promovidos por entidades privadas e públicas seguindo um modelo desenvolvido desde os anos 1970 pelo Sistema Nacional de Centrais de Abastecimento (Sinac), que fornecia informações técnicas gerais para o abastecimento de mercados nacionais. O Sinac definia e impunha padrões e normas técnicas na ausência de um padrão de mercado estruturado. Determinou, assim, os padrões de acondicionamento, informações de mercado, técnicas de produção e organização, formatos de produção e comercialização e, sem dúvida, promoveu uma transformação do sistema brasileiro de produtos hortifrutícolas.

Um resultado dessa padronização foi o estabelecimento de uma rede de mercados atacadistas regionais de capital misto público e privado para servir como ponto de distribuição entre os produtores e os distribuidores atacadistas, proporcionando o melhor equilíbrio entre a oferta e os preços. Em associação com os estados e municípios, foram criadas 21 empresas chamadas de Centrais de Abastecimento (Ceasa), que incluíam 34 mercados atacadistas urbanos, 32 mercados atacadistas rurais e uma série de mercados varejistas de tamanhos variados em centros urbanos de grande e de médio porte.[16] Seguindo esse modelo, em 1964 o governo do estado de São Paulo criou um mercado central de abastecimento de alimentos para a capital, na Vila Leopoldina, ao lado da via expressa marginal do rio Pinheiros. Em 1977, o governo federal assumiu o controle desse mercado central mediante um acordo de amortização de dívida do estado.[17] Esse mercado, agora chamado de Cagesp,

16 Altivo Roberto Andrade de Almeida Cunha, "Dimensões estratégicas e dilemas das Centrais de Abastecimento no Brasil". *Revista de Política Agrícola,* ano XV, n.4, out./nov./dez. 2006, p.37-46. Ver também, do mesmo autor, *O sistema atacadista alimentar brasileiro: origens, destinos*, Tese de Doutorado, Unicamp, 2010; Altivo R. A. A. Cunha e Walter Belik, "Entre o declínio e a reinvenção: atualidade das funções do sistema público atacadista de alimentos no Brasil". *Revista de Economia e Sociologia Rural,* v.50, n.3, jul./set. 2012, p.435-54.

17 A Ceagesp (Companhia de Entrepostos e Armazéns Gerais do Estado de São Paulo) foi criada em 1969 com a fusão de duas empresas estatais, Ceasa (Central Estadual de Abastecimento) e Cagesp (Companhia de Armazéns do Estado de São Paulo). Em 1977 a companhia passou para o controle do governo federal.

é hoje o terceiro maior mercado central atacadista de produtos perecíveis do planeta, e distribui produtos vendidos por 1.436 municípios, 23 estados e 24 outros países.[18] O mercado recebe turistas do mundo todo e também abastece boa parte do país com flores, frutas, plantas, peixes, verduras e legumes, movimentando 250 mil toneladas desses produtos por mês.[19] A Cagesp recebe 50 mil pessoas por dia e tem capacidade para 12 mil veículos. A escala de seus armazéns e o porte da movimentação de carga levaram o governo a fazer planos para transferir a Cagesp para um novo local fora da área central da cidade: um espaço de 640 mil metros quadrado próximo da Universidade de São Paulo e do IPT (Instituto de Pesquisas Tecnológicas).[20]

No Brasil, a distribuição de produtos alimentares antes era feita exclusivamente por pequenos estabelecimentos especializados e pela tradicional feira livre; esta nunca desapareceu e continua a ser parte fundamental da vida urbana brasileira. As feiras acontecem semanalmente nos mesmos locais públicos demarcados, geralmente na rua, e estão disponíveis na maioria dos bairros urbanos. Em cidades grandes a multiplicidade de feiras, que ocorrem em locais diferentes a cada dia da semana, permite que a maioria da população possa ir a pé até uma ou mais delas frequentemente. Essa forma de organização torna os mercados mais competitivos, sobretudo quanto aos produtos hortifrutícolas. Só na cidade de São Paulo há cerca de 850 feiras livres com 16.305 fornecedores no total.[21]

Por sua vez, as pequenas mercearias vêm sendo substituídas aos poucos pelos supermercados, que passaram a surgir no Brasil apenas em meados do século XX.[22] O aumento substancial das populações urbanas nesse período motivou a busca por mecanismos mais modernos de produção e distribuição de alimentos. As mudanças na política agrícola do governo, nos anos 1970, refletiram a necessidade de abastecer adequadamente a população urbana em crescimento a preços baixos, para que seus salários pudessem ser

---

18 Governo Federal, acesso em: 23.02.2020, em: <http://www.ppi.gov.br/desestatizacao-da-ceagesp>.

19 São Paulo Turismo, acesso em: 23.02.2020, em: <http://cidadedesaopaulo.com/v2/atrativos/ceagesp/>.

20 Há planos de instalar no local um polo de ciência e tecnologia. Ministério da Agricultura, acesso em: 23.02.2020, em: <https://www.gov.br/agricultura/pt-br/assuntos/noticias/ceagesp-mudara-para-area-12-vezes-maior-a-atual-anuncia-governador-de-sp>.

21 Para uma lista completa das feiras livres de São Paulo, ver <http://www9.prefeitura.sp.gov.br/secretarias/sdte/pesquisa/feiras/lista_completa.html>.

22 Em meados do século já havia lojas de autosserviço, mas o primeiro supermercado foi inaugurado em 1959 com o nome Doceira Pão de Açúcar. Armando João Dalla Costa, *A importância da logística no varejo brasileiro: O caso Pão de Açúcar.* Acesso em: 10.12.2017, em: <http://www.empresas.ufpr.br/logistica.pdf>. Sobre esse período de pioneirismo, ver Umberto Antônio Sesso Filho, *O setor supermercadista no Brasil nos anos 1990*. Tese de Doutorado, Escola Superior de Agricultura Luiz de Queiroz, Universidade de São Paulo, Piracicaba, 2003.

mantidos sob controle.[23] O governo passou a apoiar o setor de supermercados porque, graças às economias de escala, esses estabelecimentos reduziam os custos de distribuição, permitindo fornecer alimentos a preços mais baixos, reduzir o custo de vida e a inflação.[24] Nos anos 1970, foram testados vários formatos e variedade dos mercados, entre eles o hipermercado.[25] Nos anos 1980 e 1990, em razão da crise fiscal que reduziu substancialmente o financiamento público da produção agrícola, ocorreu uma transformação profunda na agricultura que levou a um processo de integração de técnicas de processamento, distribuição e exportação nas chamadas cadeias de valor. Com isso, o poder relativo dos canais de distribuição eficientes, dos quais os supermercados faziam parte, expandiu-se e passou a ser uma fonte adicional de financiamento a produtores agrícolas, compensando parte da redução do crédito do setor público.[26] No decorrer da década de 1980, os supermercados consolidaram-se como canais de distribuição mais eficientes. Em 1989, por exemplo, os supermercados tinham 32.950 lojas com um total de 95.677 pontos de check out e empregavam diretamente 533 mil pessoas.[27] Desde então, o sistema cresceu exponencialmente.[28] No fim de 2016, o setor possuía mais de 89 mil lojas, 225.025 pontos de check out e uma área total de 21,7 milhões de metros quadrados, com vendas de 338,7 bilhões de reais que representaram mais de 5,4% do PIB nacional. São Paulo, com

---

23 Ver Herbert S. Klein e Francisco Vidal Luna, *Feeding the World: Brazil's Transformation into a Modern Agricultural Economy* (Cambridge: Cambridge University Press [*Alimentando o mundo: O surgimento da moderna economia agrícola no Brasil.* São Paulo: Editora FGV/Imprensa Oficial]).

24 Sesso Filho, "O setor supermercadista no Brasil nos anos 1990", p.12; Denise Cavallini Ciryllo. *O papel do supermercado no varejo de alimentos* (São Paulo: Instituto de Pesquisas Econômicas, 1987), p.198.

25 Em 1975 o Carrefour inaugurou o primeiro supermercado na cidade de São Paulo. Sobre o processo de consolidação dos supermercados nessa fase inicial, ver Denise Cavallini Cyrillo, *O papel do supermercado no varejo de alimentos* (São Paulo: Instituto de Pesquisas Econômicas, 1987).

26 Klein e Luna, *Feeding the World: Brazil's Transformation,* cap.10.

27 Mariana Pires de Carvalho e Albuquerque, *Análise da evolução do setor supermercadista brasileiro: Uma visão estratégica,* Tese de Mestrado, Faculdade de Economia e Finanças IBMEC, Rio de Janeiro, 2007, p.52.

28 Jony Lan, *A diversificação dos canais comerciais como fonte de vantagem competitiva em redes de supermercados no Brasil,* Tese de Mestrado, Universidade Presbiteriana Mackenzie, São Paulo, 2010; Fernanda Bittencourt Pamplona, *Os investimentos diretos estrangeiros na indústria do varejo nos supermercados no Brasil,* Tese de Mestrado, Universidade Federal de Pernambuco, Recife, 2007; Ariel Wilder, *Mudanças no setor supermercadista e a formação de associações de pequenos supermercados,* Tese de Doutorado, Escola de Superior de Agricultura Luiz de Queiroz, Universidade de São Paulo, Piracicaba, 2003; PWC – *o setor de varejo e o consumo no Brasil. Como enfrentar a crise. Janeiro de 2016,* acesso em: 11.12.2017, em: <https://www.pwc.com.br/pt/estudos/setores-atividade/produtos-consumo-varejo/2016/pwc-setor-varejo-consumo-brasil-como-enfrentar-crise-16.html>; Paulo Roberto do Amaral Ferreira, *O processo de globalização do varejo de massa e as lutas competitivas: o caso do setor supermercadista no Brasil,* Tese de Mestrado, COPPEAD/UFRJ, Rio de Janeiro, 2013; APAS disponibiliza pesquisas sobre tendências e dados de consumo do setor supermercadista. Janeiro de 2016. Acesso em: 11.12.2017, em: <http://www.portalapas.org.br/wp-content/uploads/2016/06/COLETIVA-Pesquisa-APAS-Nielsen-Kantar.pdf>.

32% dessas vendas, foi o estado líder no Brasil, seguido pelo Rio Grande do Sul, com 12% das vendas nacionais e por Minas Gerais com 11%.[29]

Seguindo tendências globais, a modernização do setor varejista no Brasil também se caracterizou pela criação de shopping centers em prédios de múltiplos andares em um grande complexo dotado de estacionamento de grande capacidade. Embora desde meados do século já existissem galerias comerciais, o primeiro centro de compras moderno desse tipo foi inaugurado em 1966 na cidade de São Paulo: o Shopping Center Iguatemi, que teve grande impacto no bairro bem urbanizado onde se instalou. Financiado por milhares de investidores, o Iguatemi inicialmente abriu com 25 mil metros quadrados de área bruta locável. Em seus primeiros anos, esse shopping foi marcado pela rejeição às suas facilidades e conteúdo inovador; lojas do shopping fecharam, e não houve retorno financeiro para os investidores.[30] Apesar disso, em 1971, foi inaugurado o Shopping Center "Conjunto Nacional" em Brasília e, em meados dos anos 1970, foram construídos vários outros shoppings, três em São Paulo, um em Salvador e um em Belo Horizonte. Assim, superados os problemas iniciais de aceitação, em 1980, os shopping centers transformaram-se em parte básica da paisagem urbana no Brasil.[31]

Os anos 1990 trouxeram mudanças importantes na configuração desses empreendimentos, que começaram a ter grandes áreas de lazer, cinemas e vastas praças de alimentação para atender um público diversificado. O shopping tornou-se parte da vida da cidade, principalmente para jovens, que usam esse espaço para várias atividades, em especial de lazer. As facilidades oferecidas pelos shoppings, com espaços amplos, estacionamento e, sobretudo, altos níveis de segurança, são uma atração nas grandes cidades brasileiras, assoladas por problemas crescentes de criminalidade. Pesquisas detectaram que os usuários dão numerosos usos a esses centros de compra, que incluem serviços, restaurantes e até mesmo simples atividades de

---

29 ABRAS – Associação Brasileira de Supermercados. Acesso em: 11.12.2017, em: <http://www.abras.com.br/economia-e-pesauisa/ranking-abras/os-numeros-do-setor/>.

30 "No fim da década de 1960, comercialmente, a rua Augusta reinava quase que absoluta e a nova presença do Iguatemi foi caracterizada pela ausência de consumidores/compradores, pela regularidade com que lojas fechavam e pela ausência de retorno financeiro não só para os lojistas, como também para a legião de investidores que havia comprado – por alguma razão – os títulos dos vendedores ambulantes do visionário Alfredo Mathias". Semma Empresa de Shopping Centers, acesso em: 11.12.2017, em: <http://www.semma.com.br/historia-dos-shopping-centers-no-brasil>.

31 O êxito desse novo shopping center ou da maioria dos shopping centers também dependeu de uma mudança básica na cobrança de aluguel de seus inquilinos. Foram introduzidas cláusulas de aluguel percentual, determinando que o lojista pagaria uma porcentagem preestabelecida sobre suas vendas, o que daria certa proteção aos investidores contra as perdas causadas pela inflação e também lhes permitiria participar do sucesso crescente de cada shopping, garantindo e aumentando seus retornos financeiros. Semma Empresa de Shopping Centers, acesso em: 11.12.2017, em: <http://www.semma.com.br/historia-dos-shopping-centers-no-brasil/>.

lazer.[32] No começo dos anos 2020, havia 577 shopping centers no Brasil, com 105.592 lojas, com 16 milhões de metros quadrados de área locável. Empregavam mais de 1,1 milhão de pessoas e recebiam 502 milhões de visitantes por mês. Os shopping centers compõem um ramo de grande importância econômica e têm um impacto marcante na vida social nas cidades. Na distribuição regional dos shopping centers, 302 concentram-se no Sudeste, 95 no Sul e 88 no Nordeste. O estado de São Paulo contém 182 desses centros de compras, 54 deles na capital; em seguida vem a cidade do Rio de Janeiro, com 39 shopping centers.[33]

Igualmente importante, o setor de serviços tinha uma porcentagem maior de trabalhadores nos setores formais de trabalho. Os levantamentos da RAIS do Ministério da Economia indicam que São Paulo tinha uma porcentagem incomumente elevada desses trabalhadores com registro em carteira. Nos três níveis de governo, uma parcela muito grande dos trabalhadores em comércio e serviços tinha carteira assinada: 78% no nível nacional, e 90% nos estados e na capital. Quando analisamos a representatividade dos trabalhadores em serviços na cidade de São Paulo e sua importância no estado, constatamos representatividade elevada de trabalhadores formais em inúmeros setores, por exemplo, atividades cinematográficas, vídeos e televisão, atividades financeiras, serviços de informática e provedores de internet, seguros e resseguros. As sedes de grandes companhias e de consultorias empresariais também se concentravam na capital, juntamente com serviços de escritório, apoio administrativo e outros serviços às empresas. As atividades artísticas, criativas e cênicas e atividades de rádio e televisão também eram dominadas pela força de trabalho da capital. Os empregos formais na cidade de São Paulo nas atividades arroladas representavam, no mínimo, metade dos empregos nessas atividades em todo o estado, o que demonstra o papel central da capital nesse setor de serviços.

---

32 Ver Censo Brasileiro de Shopping Centers, Abrasce, acesso em: 11.12.2017, em: <http://www.portaldoshopping.com.br/uploads/general/general_4b58c194fec5e617b0e01fc71487af24.pdf>; Bradesco. Shopping center, Depec, junho de 2017, acesso em: 11.12.2017, em: <https://www. economiaemdia.com.br/EconomiaEmDia/pdf/infset_shoppings_centers.pdf>; Fernando Garrefa, *Shopping Centers, de centro de abastecimento a produto de consumo*, Tese de Doutorado, FAU/USP, 2007; Madalena Grimaldi de Carvalho, *A difusão e a integração dos shopping centers na cidade. As particularidades do Rio de Janeiro*, Tese de Doutorado, UFRJ, Rio de Janeiro, 2005; Silvia Catarina Araújo das Virgens, *Shopping Center e a produção do espaço urbano em Salvador, BA*, Dissertação de Mestrado, Universidade Federal da Bahia, Salvador, 2016; Charles Albert de Andrade, *Shopping Center também tem memória: uma história esquecida dos shoppings centers nos espaços urbanos do Rio de Janeiro e de São Paulo nos anos 60 e 70*, Dissertação de Mestrado, Universidade Federal Fluminense, Niterói, 2009.

33 Abrasce – Associação Brasileira de Shopping Centers. Acesso em: 24.2.2020, em: <http://abrasce.com.br/>. Apesar da importância desses projetos de shopping centers no Brasil, eles são modestos em comparação com os de outros países. Em área bruta locável (ABL) por habitante (em m^2), os Estados Unidos têm 1.872m^2, Canadá 1.127, Austrália 590, Japão 303, França, África do Sul e Espanha têm mais de 200, México tem 81 e o Brasil tem apenas 40.

A importância das principais empresas da capital na economia nacional pode ser constatada em atividades de serviços como sedes de empresas e atividades de consultoria e administração de empresas, provedor de serviços de internet, serviços financeiros, seguros, resseguros, previdência privada e planos de saúde, serviços de escritório, apoio administrativo e outros serviços a empresas; nesses setores, os empregos na capital representavam mais de 20% do total dos empregos em todo o Brasil (Tabela 4.16).

Algumas das grandes empresas no setor de serviços em São Paulo têm grande importância nacional e até internacional. O jornal *Valor* publica periodicamente uma lista das mil maiores empresas, com dados variados que incluem o estado onde se encontra a sede da empresa.[34] A lista indica as dez maiores empresas de cada setor de atividade. Evidencia-se a elevada participação do estado de São Paulo, onde estão as sedes da maioria das empresas em grande parte dos setores. Por exemplo, no setor de serviços médicos, nove das dez maiores empresas tinham sede no estado de São Paulo. O mesmo ocorria com o segmento de farmacêutica e cosméticos. Em dois outros segmentos, serviços especializados e açúcar e álcool, oito estavam entre as dez maiores. Nos 15 dos 28 setores de atividade apresentados, metade ou mais das sedes situavam-se no estado. Embora as informações especifiquem apenas o estado e não a cidade onde a sede se localiza, podemos pressupor que a maioria das sedes está na capital ou na RMSP. Mesmo as situadas em outras regiões do estado recorrem à capital para serviços financeiros, consultoria, comunicação e inovação em geral (Tabela 4.17).

Outra fonte para examinarmos a questão do crescimento e importância da economia de serviços são dados do Banco Central do Brasil.[35] Há um alto grau de concentração dos serviços financeiros na cidade de São Paulo. A capital é sede dos maiores bancos privados nacionais e internacionais, das filiais da maioria dos bancos internacionais, das maiores casas de câmbio do país, das principais entidades que representam o setor financeiro e de uma parcela significativa dos maiores grupos empresariais em operação no Brasil. A proximidade do mercado, o peso econômico do estado e a localização dos principais prestadores de serviços estimulam a concentração de empresas na capital paulista.[36]

---

34 *Valor 1000*, acesso em: 30.11.2019, em: <https://valor.com.br/valor1000/2019/ranking1000maiores>.

35 Banco Central do Brasil, Estatística Mensal por Município. Acesso em: 30.11.2018, em: <https://www.bcb.gov.br/estatisticas/estatisticabancariamunicipios>.

36 Francisco Vidal Luna, "São Paulo: A capital financeira do país", em Tamás Szmerecsányi (Org.), *História econômica da cidade de São Paulo* (São Paulo: Globo, 2005), p.329-30.

Tabela 4.16 Empregos formais no comércio e serviços. Brasil, estado de São Paulo e cidade de São Paulo. Baseado na RAIS 2018 (ordenado por empregos na cidade)

	Empregos formais			*Porcentagem*		
Categorias	**Brasil**	**Estado de São Paulo**	**Cidade de São Paulo**	**Estado/Brasil**	**Cidade/Estado**	**Cidade/Brasil**
Administração pública, defesa e seguridade social	9.128.919	1.585.446	751.229	17%	47%	8%
Comércio varejista	6.597.513	1.871.726	582.621	28%	31%	9%
Serviços para edifícios e atividades paisagísticas	1.592.103	632.903	315.399	40%	50%	20%
Serviços de escritório, apoio administrativo e serviços às empresas	1.412.136	582.677	309.442	41%	53%	22%
Atividade de atenção à saúde humana	2.105.784	673.029	307.352	32%	46%	15%
Alimentação	1.583.034	532.852	224.635	34%	42%	14%
Educação	2.105.299	566.263	219.788	27%	39%	10%
Comércio por atacado, exceto veículos automotores	1.623.132	518.480	211.416	32%	41%	13%
Transporte terrestre	1.656.783	491.939	164.291	30%	33%	10%
Atividade de vigilância, segurança e investigação	606.555	189.077	129.942	31%	69%	21%
Atividades de serviços financeiros	610.867	221.418	125.502	36%	57%	21%
Atividades de serviços de tecnologia da informação	369.782	162.626	95.674	44%	59%	26%
Serviços especializados para construção	623.255	216.535	94.717	35%	44%	15%
Seleção e agenciamento de mão de obra	532.145	180.888	84.498	34%	47%	16%
Atividade de organizações associativas	783.091	216.507	83.332	28%	38%	11%
Comércio e reparação de veículos automotivos e motores	930.124	247.971	69.426	27%	28%	7%
Atividades jurídicas, de contabilidade e auditoria	458.223	146.573	66.404	32%	45%	14%
Armazenamento e atividades auxiliares aos transportes	416.305	165.082	50.334	40%	30%	12%
Seguros, resseguros e previdência complementar	162.398	72.389	38.945	45%	54%	24%
Serviços de arquitetura e engenharia	241.710	74.814	36.135	31%	48%	15%
Atividades auxiliares aos serviços financeiros	115.236	57.597	35.947	50%	62%	31%
Publicidade e pesquisa de mercado	108.510	51.889	35.045	48%	68%	32%
Atividades esportivas, de recreação e lazer	237.795	76.622	31.510	32%	41%	13%

(cont.)

Tabela 4.16 Empregos formais no comércio e serviços. Brasil, estado de Sã Paulo e cidade de São Paulo. Baseado na RAIS 2018 (ordenado por empregos na cidade)

Categorias	*Empregos formais*			*Porcentagem*		
	Brasil	Estado de São Paulo	Cidade de São Paulo	Estado/Brasil	Cidade/Estado	Cidade/Brasil
Serviços de assistência social sem alojamento	149.809	66.856	30.472	45%	46%	20%
Atividades de sedes de empresa e consultoria em gestão	102.870	45.742	29.742	44%	65%	29%
Telecomunicações	196.352	55.391	24.723	28%	45%	13%
Atividades imobiliárias	150.607	47.912	23.674	32%	49%	16%
Atividades de prestação de serviços de informação	91.979	40.346	23.636	44%	59%	26%
Aluguéis não imobiliários e gestão de ativos intangíveis	199.540	57.951	23.110	29%	40%	12%
Outras atividades de serviços pessoais	206.417	57.921	22.978	28%	40%	11%
Correio e outras atividades de entrega	160.346	48.372	22.885	30%	47%	14%
Atividades de atenção à saúde humana integradas	123.322	52.293	19.209	42%	37%	16%
Alojamento	337.296	69.776	18.255	21%	26%	5%
Outras atividades profissionais, científicas e técnicas	100.693	38.434	16.224	38%	42%	16%
Transporte aéreo	61.839	32.529	14.381	53%	44%	23%
Edição e edição integrada à impressão	65.594	26.130	14.195	40%	54%	22%
Reparação e manutenção de equipamentos de informática	93.244	29.449	13.242	32%	45%	14%
Agência de viagens, operadores turísticos e serviços de reserva	67.431	25.268	12.731	37%	50%	19%
Atividades de rádio e televisão	86.304	20.736	10.117	24%	49%	12%
Atividades cinematográficas, vídeos e televisão	27.811	11.355	7.300	41%	64%	26%
Pesquisa e desenvolvimento científico	42.660	12.977	5.968	30%	46%	14%
Atividades artísticas, criativas e espetáculos artísticos	16.754	4.608	2.922	28%	63%	17%
Outros	73.472	9.886	3.876	13%	39%	5%
Empregados formais no comércio e serviços	36.355.039	10.289.235	4.403.224	28%	43%	12%
Total dos empregos formais em todas as atividades	46.631.115	13.247.463	4.903.449			

Fonte: Ministério da Economia, RAIS e CAGED datasets, acesso em: 25.11.2019, em: http://bi.mte.gov.br/bgcaged/

Tabela 4.17 Sede das 10 maiores empresas públicas e privadas por setor de atividade segundo o valor econômico, 2018

	Públicas e privadas		Sede em São Paulo	Maior empresa		Maior empresa privada	
	Públicas	Privadas		Nome	Sede	Nome	Sede
Serviços especializados	2	8	8	Correios	Disrito Federal	Cielo	São Paulo
Serviços médicos		10	9	Rede D´Or	São Paulo	Rede D´Or	São Paulo
Transportes e logística		10	6	Latam Airlines	São Paulo	Latam Airlines	São Paulo
TTI e Telecom	1	9	5	Telefonica	São Paulo	Telefonica	São Paulo
Comércio varejista		10	7	Atacadão/Carrefour	São Paulo	Atacadão/Carrefour	São Paulo
Comércio atacadista e exterior		10	5	Gavilon	São Paulo	Gavilon	São Paulo
Serviços ambientais		7	4	Solvi	São Paulo	Solvi	São Paulo
Educação e ensino		10	6	Kroton	Minas Gerais	Kroton	Minas Gerais
Empreendimentos imobiliários		10	5	MRV	Minas Gerais	MRV	Minas Gerais
Comunicação e gráfica	1	8	7	Globo	Rio de Janeiro	Globo	Rio de Janeiro
Alimentos e bebidas		10	7	JBS	São Paulo	JBS	São Paulo
Açúcar e álcool		10	8	Copersucar	São Paulo	Copersucar	São Paulo
Química e petroquímica		10	6	Braskem	Bahia	Braskem	Bahia
Mecânica		10	4	WEG	Santa Catarina	WEG	Santa Catarina

(cont.)

Tabela 4.17 Sede das 10 maiores empresas públicas e privadas por setor de atividade segundo o valor econômico, 2018

	Públicas e privadas		Sede em São Paulo	Maior empresa		Maior empresa privada	
	Públicas	Privadas		Nome	Sede	Nome	Sede
Petróleo e gás	1	9	3	Petrobras	Rio de Janeiro	Raizen	São Paulo
Energia elétrica	4	6	2	CPFL	São Paulo	CPFL	São Paulo
Veículos e peças		10	6	Fiat Chrysler	Minas Gerais	Fiat Chrysler	Minas Gerais
Papel e celulose		10	4	Fibria	São Paulo	Fibria	São Paulo
Material construção e decoração		10	5	Votorantim Cimentos	São Paulo	Votorantim Cimentos	São Paulo
Farmacêutica e cosméticos		10	9	Natura	São Paulo	Natura	São Paulo
Água e saneamento	8	2	3	Sabesp	São Paulo	BRK	São Paulo
Metalurgia e mineração		10	4	Vale	Rio Janeiro	Vale	Rio Janeiro
Têxtil, couro e vestuário		10	2	Alpargatas	São Paulo	Alpargatas	São Paulo
Plásticos e borracha		10	2	Evora	Rio Grande Sul	Evora	Rio Grande Sul
Eletroeletrônica		10	5	Samsung	Amazonas	Samsung	Amazonas
Fumo		2		CTA	Rio Grande Sul	CTA	Rio Grande Sul
Construção e engenharia		10	4	Constr. Queiroz Galvão	Rio de Janeiro	Constr. Queiroz Galvão	Rio de Janeiro
Agropecuária		10	1	Coamo	Parana	Coamo	Paraná

Fonte: *Valor 1000*, acesso em: 30.11.2019, em: https://www.valor.com.br/valor1000/2019/ranking1000maiores

O setor financeiro passou por grandes mudanças durante o período militar, quando foram instituídos o Banco Central e boa parte da legislação que ainda regula o setor. Nos anos 1960 e 1970, a criação da correção monetária permitiu que se consolidasse um mercado financeiro e de capital relativamente estável, apesar dos níveis elevadíssimos da inflação no país.[37] O ajuste básico do setor financeiro a uma economia sem inflação e aberta ao mundo que ocorreu nos anos 1990 promoveu uma concentração ainda maior de bancos na capital paulista em detrimento da cidade do Rio de Janeiro.[38]

Segundo o Banco Central, nos últimos dez anos a estrutura do Sistema Financeiro Nacional passou por uma transformação notável no que diz respeito ao número de instituições em funcionamento e ao volume de operações realizadas. Entre dezembro de 2008 e dezembro de 2018, o número de instituições autorizadas a operar pelo Banco Central do Brasil (BCB) diminuiu de 2.423 para 1.677. O segmento bancário, que concentra cerca de 90% dos ativos do sistema, sofreu uma queda de 182 para 172 instituições autorizadas. Entretanto, o que mais chama a atenção é a alta concentração de recursos bancários em poucos bancos principais. Em 2016, por exemplo, quando foram comparados os cinco maiores bancos em ativo total no Brasil, eles controlavam 82% do total dos recursos bancários do país, uma porcentagem muito superior à da média de outros países emergentes como China (37%), Coreia do Sul (37%), Índia (36%), México (70%) e Cingapura (42%), e superior também à dos Estados Unidos, que foi de 43% naquele ano.[39]

Paralelamente ao processo de concentração, que começou nos anos 1990 com o Proer – Programa de Estímulo à Reestruturação e ao Fortalecimento do Sistema Financeiro Nacional –, ocorreu um processo de concentração de sedes de bancos na capital paulista. Embora os grandes bancos comerciais públicos tenham sede em Brasília (Banco do Brasil e Caixa Econômica Federal), as sedes dos três maiores bancos comerciais privados es-

37 Sobre o setor financeiro e sua consolidação em São Paulo, ver Francisco Vidal Luna e Herbert S. Klein, *Brazil since 1980* (Cambridge: Cambridge University Press, 2006), cap.3; Luna, "São Paulo: A capital financeira do país", p.328-55.

38 Com inflação alta, os bancos comerciais procuraram criar vastas redes de agências para captar depósitos à vista, obtidos sem remuneração. Isso elevou os custos, mas foi compensado pelo imposto inflacionário advindo dos depósitos à vista. Em 1995, como prevenção contra os problemas decorrentes do fim desse sistema, o governo criou o Proer, um bem-sucedido programa para estimular a reestruturação dos bancos e fortalecer o sistema financeiro nacional em geral.

39 Carlos Viana de Carvalho, *Relatório de Economia Bancária, Banco Central do Brasil, 2018,* acesso em: 12.2.2019, em: <https://www.bcb.gov.br/conteudo/home-ptbr/TextosApresentacoes/Apresentacao_REB%202018-2019_28_5_2019.pdf>; ver também Banco Central do Brasil, Relatório de Economia Bancária 2018, acesso em: 12.2.2019, em: <https://www.bcb.gov.br/content/publicacoes/relatorioeconomiabancaria/reb_2018.pdf>.

tão em São Paulo, como as do Itaú Unibanco e Santander. A do Bradesco, na cidade de Osasco, RMSP.[40]

O estado de São Paulo contém quase um terço das filiais de bancos existentes no Brasil, mas é responsável por mais de metade do saldo de operações de crédito e dos depósitos a prazo. Além disso, 96 dos 114 bancos comerciais em funcionamento têm operações em São Paulo. Boa parte dessa atividade bancária no estado concentrou-se na capital paulista, responsável por dois terços das operações de crédito e três quartos dos depósitos bancários contabilizados no estado. Na capital têm origem 49% das operações de crédito e 39% dos depósitos a prazo efetuados no Brasil.[41] Quanto ao restante do estado, usando os depósitos a prazo como indicador, as cidades de Campinas, Osasco, Ribeirão Preto, Barueri e São Bernardo do Campo foram centros significativos. Mas os depósitos a prazo na cidade de São Paulo equivaleram a 32 vezes os efetuados na cidade de Campinas, o maior desses centros interioranos (Tabela 4.18).

O estado de São Paulo também se tornou um dos mais importantes núcleos de serviços de saúde da América Latina. Contém 178 hospitais especializados, 731 hospitais gerais, 1.245 policlínicas e 1.849 clínicas especializadas, além de 4.203 unidades básicas de saúde. Oferece 98 mil leitos hospitalares, que representam 29% do total brasileiro. Cerca de um terço desses leitos estão na capital. Além disso, 29% dos médicos no Brasil trabalham no estado de São Paulo, e a capital emprega um terço desses médicos. A cidade de São Paulo tem 7,2 médicos por mil habitantes, em comparação com 5,9% no estado e 4,4% no Brasil. Estão na capital paulista 10% dos equipamentos de raio X, tomografia computadorizada, ressonância magnética e mamografia. Cerca de 15% das ligações formais nas atividades de saúde humana e assistência médica estão na cidade de São Paulo, e as dez maiores empresas privadas na área de saúde têm sede em São Paulo. Todos esses indicadores atestam a importância desse setor na capital paulista e a liderança absoluta de São Paulo na área de saúde do Brasil (Tabela 4.19).

---

40 Em 1953, foi criada a chamada Cidade de Deus, local da sede do Bradesco e de um bairro onde residem funcionários do banco. Na época essa área pertencia à cidade de São Paulo, mas separou-se em 1962. A sede do Bradesco na Cidade de Deus fica a aproximadamente 18 quilômetros do anterior centro financeiro de São Paulo na avenida Paulista.

41 Para calcular a representatividade da cidade de São Paulo, consideramos as quantias representadas pelo Bradesco como geradas na capital, pois Osasco, a sede do banco, é totalmente integrada à cidade de São Paulo. Quando a sede foi criada e denominada Cidade de Deus, sua área ainda pertencia ao município de São Paulo.

Tabela 4.18 Operações bancárias no estado de São Paulo e Brasil, agosto de 2019

	Agências	Operações crédito	Dep. Poupança	Depósitos a prazo	Bancos (4)
Brasil	20.261	3.260.713.745.490	804.461.689.235	1.200.149.554.528	114
Estado de São Paulo	6.217	1.889.060.500.626	255.340.672.794	610.362.517.858	96
Região Metropolitana de São Paulo	3.126	1.681.476.358.723	140.279.466.054	502.950.702.991	
Cidade de São Paulo (1)	2252	1.264.166.627.283	99.764.163.660	462.146.839.177	91
Cidade de São Paulo (2)	2252	**1.148.544.527**	99.764.163.660	462.146.839.177	91
% do Estado de São Paulo no Brasil	31%	58%	32%	51%	84%
% RMSP no Estado de São Paulo	50%	89%	55%	82%	
% Cidade de São Paulo no Estado (1)	36%	67%	39%	76%	95%
% Cidade de São Paulo no Estado (2)	36%	0%	39%	76%	95%
% Cidade de São Paulo no Brasil (2)	11%	0%	12%	39%	80%
Principais Cidades do Estado de São Paulo					
Campinas	230	16.788.473.082	8.265.388.576	14.100.314.461	18
Osasco	88	**336.107.014.056**	3.740.088.622	6.800.365.629	11
Ribeirão Preto	125	17.765.997.100	4.022.717.665	6.629.773.185	16
Barueri	63	25.663.880.471	1.946.430.730	6.188.161.087	13

(cont.)

Tabela 4.18 Operações bancárias no estado de São Paulo e Brasil, agosto de 2019

	Agências	Operações crédito	Dep. Poupança	Depósitos a prazo	Bancos (4)
	Principais cidades do estado de São Paulo				
São Bernardo do Campo	99	20.015.413.929	5.938.533.438	5.688.074.165	10
Santos	92	6.503.383.509	5.120.873.129	5.504.845.854	8
Guarulhos	114	7.991.869.822	5.212.912.194	4.821.818.155	9
São José do Rio Preto	73	7.739.271.025	2.605.067.385	3.943.682.073	8
Santo André	94	5.577.307.927	5.418.877.574	3.839.692.769	8
Jundiaí	64	5.177.097.271	3.248.145.567	3.773.754.447	8
Sorocaba	84	8.162.746.272	3.348.834.102	3.333.766.730	10
Piracicaba	55	5.556.571.791	2.430.937.553	3.193.941.560	9
São José dos Campos	88	6.843.507.136	3.644.207.728	2.989.614.732	10
São Caetano do Sul	50	2.357.994.987	2.368.063.442	2.306.364.643	8
Mogi das Cruzes	38	3.482.328.705	1.954.563.180	2.009.668.771	7
Americana	36	2.795.035.015	1.576.265.671	1.637.386.468	6
Bauru	44	4.426.020.058	1.765.909.213	1.484.819.500	7

Fonte: Banco Central: Estatística Mensal por Município. https://www.bcb.gov.br/estatisticas/estatisticabancariamunicipios
Nota (1): Oasco foi excluída da Cidade de São Paulo 2. Oasco esta incluída na Cidade de São Paulo

Tabela 4.19 Indicadores de saúde. Brasil, estado de São Paulo e cidade de São Paulo, dezembro de 2009

	Brasil	Estado S. Paulo	Cidade S. Paulo
Saneamento			
Água - Atendimento por rede geral	75,8	93,2	98,5
Esgoto – Atendimento por rede geral	44,4	80,5	85,7
Destino Lixo – Coletado	76,4	95,6	99,1
Estabelecimentos hospitalares			
Centro de saúde/Unidade Básica de Saúde	29.950	4.203	560
Clínica especializada/Ambulatório especializado	27.874	6.762	1.849
Consultório Isolado	102.289	31.445	8.004
Farmácia Medic. Excepcional e Prog. Farmácia Popular	573	102	22
Hospital dia	365	87	14
Hospital especializado	1.222	178	50
Hospital geral	5.205	731	148
Laboratório Central de Saúde Pública – Lacen	63	17	1
Policlínica	4.381	1.245	216
Posto de saúde	11.715	360	26
Unidade de Serviço de Apoio de Diagnose e Terapia	15.780	3.111	555
Número total de estabelecimentos todas categorias	208.810	49.668	11.611
Número total de leitos	343.640	98.423	29.047
Número de leitos SUS	468.785	62.474	15336
Numéro de equipamentos em uso			
Equipamentos de diagnóstico por imagem	88.694	24.736	7.535
Equipamentos de infraestrutura	43.050	7.912	2.965
Equipamentos por métodos ópticos	28.500	8.735	3.248
Equipamentos por métodos gráficos	30.659	9.067	2.605
Equipamentos de manutenção da vida	366.497	115.548	46.859
Equipamentos de odontologia	257.762	74.875	21.198
Outros equipamentos	83.842	21.858	4.816
Número de equipamentos por categoria em uso			
Mamógrafo	3.843	1.081	332
Raio X	57.441	17.064	5.182
Tomógrafo computarizado	2.552	698	229
Ressonância magnética	976	253	100
Ultrassom	23.144	5.457	1.615
Equipe odontológica completa	97.970	22.880	5.009
Médicos			
Médicos total	843.100	243.939	79.285
Médicos atendem SUS	600.399	160.083	46.949
Médicos por 1000 habitantes	4,4	5,9	7,2

Fonte: Ministério Saude, Cadernos de Informações de Saúde, acesso em: 30.11.2019, em: http://tabnet.datasus.gov.br/tabdata/cadernos/cadernosmap.htm

Além de concentrar as atividades de saúde, o estado de São Paulo lidera no ensino superior. Estão no estado 1,6 milhão de alunos de graduação, dos quais 286 mil estudam em universidades públicas. Desses alunos de universidades públicas, 190 mil estudam em universidades estaduais e os demais em universidades federais e municipais. Esses números representam aproximadamente metade dos estudantes de universidades estaduais no país. Nos demais estados, a maioria das universidades públicas é federal. Tanto no Brasil como em São Paulo, a maior parte dos estudantes está matriculada em universidades privadas (70% no Brasil e 82% em São Paulo). Na capital paulista há 668 mil alunos de graduação, que representam 41% do total do estado em sua categoria. A cidade de São Paulo tem 63 mil estudantes em universidades públicas, dos quais 59 mil estão em universidades estaduais, sobretudo na Universidade de São Paulo, que concentra a maioria de seus alunos em seus dois *campi* na capital.

Quando analisamos a qualidade dos docentes, encontramos diferenças extremas entre os de universidades públicas e privadas. Embora 70% dos estudantes universitários estudem em faculdades privadas, essas instituições têm apenas 32% de seus professores com doutorado. Em comparação, as universidades públicas têm uma porcentagem muito maior de professores doutores. Há também outra disparidade entre as universidades públicas. Enquanto nas universidades públicas estaduais 79% dos docentes têm doutorado, nas federais a porcentagem cai para 67% (Tabela 4.20).

As universidades paulistas também se destacam por sua participação em pesquisas. De um total de 205 mil documentos na Web of Science gerados por universidades brasileiras, mais da metade provém de universidades paulistas, e desses, 90 mil foram gerados nas três universidades mantidas pelo governo do estado de São Paulo: USP – Universidade de São Paulo, Unesp – Universidade Estadual Paulista e Unicamp – Universidade Estadual de Campinas (Gráfico 4.2). A importância de São Paulo na pesquisa científica não advém apenas de suas universidades, mas também de numerosos outros institutos de pesquisa independentes. Originaram-se no estado 111 mil dos 338 mil artigos de pesquisa catalogadas na Web of Science Documents no período 2011-2016. A maior concentração desses artigos de pesquisadores foi em medicina e ciências biológicas (Gráfico 4.3).[42] A Fapesp – Fundação de Amparo à Pesquisa do Estado de São Paulo, criada pelo governo do Estado em 1960, desempenhou papel fundamental nos financiamentos das pesquisas realizadas no estado de São Paulo, desde sua fundação.

---

42 Research in Brazil. A Report for Capes by Clarivate Analytics, p.54, acesso em: 12.5.2019, em: <https://www.capes.gov.br/images/stories/download/diversos/17012018-CAPES-InCitiesReport-Final.pdf>.

Tabela 4.20 Estudantes e professores universitários, por tipo de univesidade			
	Brasil	**Estado S.Paulo**	**Cidade S.Paulo**
Estudantes universitários			
Total	6.394.244	1.611.198	668.061
Universidades Públicas	1.904.554	286.070	63.808
Universidades Federais	1.231.909	52.051	5.025
Universidades Estaduais	582.905	190.784	58.684
Universidades Municipais	89.740	43.235	99
Universidades Privadas	4.489.690	1.325.128	604.253
Professores universitários			
Total	397.893	82.801	
Universidades Públicas	183.669	25.682	
Universidades Federais	123.761	6.445	
Universidades Estaduais	53.182	16.093	
Universidades Municipais	6.726	3.144	
Universidades Privadas	214.224	57.119	
Professores universitários com doutorado			
Total	170.968	37.348	
Universidades Públicas	115.719	18.716	
Universidades Federais	82.493	5.006	
Universidades Estaduais	31.503	12.646	
Universidades Municipais	1.723	1.064	
Universidades Privadas	55.249	18.632	

Fonte: Inep, acesso em: 1.12.2019, em: http://inep.gov.br/sinopses-estatisticas-da-educacao-superior

A ascensão de um setor de serviços muito expressivo no estado em fins do século XX, permanecendo durante o século XXI, representou uma mudança fundamental no papel da capital, da Região Metropolitana e do próprio estado no Brasil. O setor de serviços cresceu enquanto diminuiu a importância da indústria e da agricultura. Ao mesmo tempo, a capital passou a atrair os segmentos mais desenvolvidos do setor de serviços, e hoje tem papel fundamental não só no país, mas também no exterior nas áreas de finanças, saúde e educação. Além disso, a escala das cidades paulistas e a riqueza da economia do estado garantiram uma forte expansão do comércio. A crescente especialização comercial, embora ainda não tão intensa como a que se vê nos Estados Unidos, fez de São Paulo um modelo para o resto do Brasil, e os principais supermercados, shopping centers e galerias comerciais, inaugurados originalmente em São Paulo, difundiram-se por todo o país.

Gráfico 4.2 Universidades brasileiras ordenadas por citações, 2011-2016

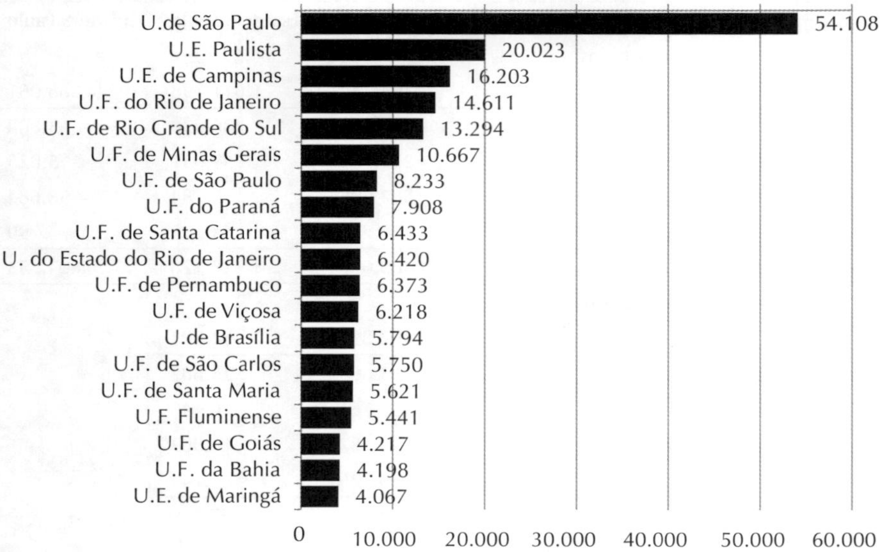

Fonte: Research in Brazil, Clarivate Analytics: 42.
Notas: U.=Universidade, F.=Federal, E.=Estado ou Estadual.

Gráfico 4.3 São Paulo: Ranking das principais áreas de pesquisa, 2011-2016

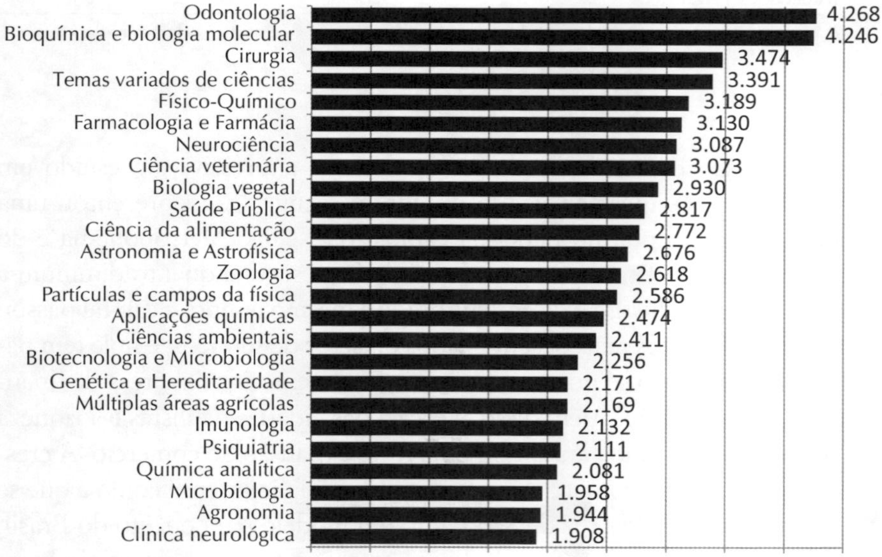

Fonte: Research in Brazil, Clarivate Analytics, p.54.

5

Mudança demográfica no estado de São Paulo a partir de 1950

No período após 1950 a população do estado de São Paulo passou por profundas mudanças em sua composição demográfica. Não só ocorreu um grande deslocamento de população de áreas rurais para urbanas, mas também houve mudanças fundamentais nos padrões de natalidade e mortalidade, com uma transformação radical das características populacionais do estado. Esse foi um período em que as taxas de natalidade e mortalidade declinaram cada vez mais rápido enquanto a expectativa de vida aumentou constantemente, e essas mudanças transformaram a estrutura populacional significativamente. Por sua vez, as transformações demográficas induziram mudanças básicas no tecido social. Findo esse processo pós-1950, conhecido como transição demográfica, os residentes do estado formavam uma população parecida com a de uma sociedade pós-industrial moderna, muito similar em sua estrutura etária às populações dos países mais avançados do mundo. Embora algumas dessas mudanças sejam anteriores a 1950, as mudanças posteriores foram de magnitude inédita em um segmento da população brasileira.

Uma das primeiras dessas questões fundamentais seria o do domicílio. Esse foi um período de intenso deslocamento da população paulista do interior para centros urbanos e de declínio progressivo da população rural. A cada década, a população urbana cresceu mais rápido do que a rural, e já nos anos 1960 esta começou a mostrar declínio em seus números totais e taxas de crescimento negativas. Segundo Censo de 1940, 56% da população do estado vivia na zona rural, mas dali por diante o declínio foi constante; em 1950, o percentual reduziu-se à metade do encontrado na década anterior e, em 2010, a população rural representava apenas 4% da população total. A maioria das taxas de crescimento absoluto da população rural foi negativa após 1960. Por sua vez, a população urbana atingiu seu ritmo mais rápido de crescimento anual no período de 1950 a 1980 e, a partir de então, as taxas declinaram progressivamente, junto com o total da população do estado (Tabela 5.1).

Tabela 5.1 Crescimento da população do estado de São Paulo, por residência, 1940-2010						
Censo	Números			Taxa crescimento anual		
Ano	Total	Urbana	Rural	Total	Urbana	Rural
1940	7.180.316	3.168.111	4.012.205			
1950	9.134.423	4.804.211	4.330.212	2,4%	4,3%	0,8%
1960	12.974.699	8.149.979	4.824.720	3,6%	5,4%	1,1%
1970	17.958.693	14.432.244	3.526.449	3,3%	5,9%	-3,1%
1980	25.375.199		2.880.871	3,5%		-2,0%
1991	31.546.473	29.272.927	2.273.546	2,0%		-2,1%
2000	36.969.476	34.531.635	2.437.841	1,8%	1,9%	0,8%
2010	41.262.199	39.585.251	1.676.948	1,1%	1,4%	-3,7%

Fonte: IBGE,Sidra,tabela1288; e IBGE,Tendências Demográficas...1940-2000, tabela 1.

A urbanização da população progrediu muito mais rápido em São Paulo do que no resto do país. No Brasil como um todo, 35% da população era urbana em 1950, enquanto no estado de São Paulo a parcela urbana já era majoritária (53%). A população brasileira só veio a ser majoritariamente urbana (56%) em 1970, e nessa época a população paulista urbana já representava 80% do total de habitantes de São Paulo. Essa diferença na urbanização não mudou nas décadas seguintes, e o Censo de 1991 registrou 93% de população urbana no estado de São Paulo, em comparação com 75% para o restante do país; em 2010, quando a população urbana brasileira atingiu 84% do total, em São Paulo a parcela já era de 96%.[1]

São Paulo urbanizou-se mais rapidamente graças à modernização de sua agricultura, combinada ao papel cada vez mais dominante da indústria no estado. A modernização agrícola envolveu a adoção em massa da mecanização, com o consequente declínio das ocupações agrícolas. Por sua vez, a instalação de fábricas e a rápida expansão do setor de serviços na capital paulista geraram abundância de novos empregos, juntamente com melhores serviços de saúde e oportunidades educacionais, fatores importantes para atrair migrantes rurais. As cidades maiores, sobretudo a capital, tornaram-se foco de atração para os residentes no estado. De início, como no resto do país, a população urbana paulista manteve-se acentuadamente concentrada. Em 1950, por exemplo, 52% da população urbana nacional residia em cidades grandes com 50 mil habitantes ou mais, e em São Paulo essa parcela foi de 56% em meados daquele século. O país como um todo tinha apenas 32 cidades com população desse porte entre os 1.844 municípios em 1950,

1 IBGE, Sidra, tabela 1288 – População nos Censos Demográficos por situação do domicílio.

e São Paulo tinha a mesma porcentagem, com apenas oito cidades de 50 mil habitantes ou mais entre os 364 municípios.[2] A cidade paulista mais populosa era a capital, São Paulo, que a essa altura já possuía 2,2 milhões de habitantes, em comparação com apenas 240 mil em 1900 (Tabela 5.2). A capital reunia na época 48% da população do estado e era a segunda maior cidade do país, perdendo apenas para o a capital federal, o Rio de Janeiro, com seus quase 2,4 milhões de habitantes.[3] O crescimento impactante da capital paulista, desde os anos 1950 até a década de 1970, fez dela a maior cidade brasileira em 1960, quando seus 3,8 milhões de habitantes ultrapassaram os 3,3 milhões do município do Rio de Janeiro.[4] No entanto, esse crescimento começou a desacelerar rapidamente nos anos 1980, quando localidades da periferia passaram a desenvolver-se e outros centros urbanos emergiram como cidades importantes no interior do estado. Em contraste com o Rio de Janeiro, o município de São Paulo abrigava uma parcela menor da população de seu estado. Em 1980, os paulistanos somavam apenas 38% da população paulista, em comparação com os 45% de cariocas no total dos habitantes fluminenses. Em 2010, a parcela da população paulistana declinara para 27% da população total do estado.

Tabela 5.2 Crescimento da população, município de São Paulo, 1900-2010

Ano do Censo	População	Taxa anual de crescimento
1900	239.820	
1920	579.033	4,5%
1940	1.326.261	4,2%
1950	2.198.096	5,2%
1960	3.825.351	5,7%
1970	5.978.977	4,6%
1980	8.587.665	3,7%
1991	9.626.894	1,0%
2000	10.405.867	0,9%
2010	11.253.503	0,8%

Fonte: IBGE, Sidra, tabela 1287.

2 IBGE, Sidra, tabela 1294 – Número de cidades e população nas cidades nos Censos Demográficos por tamanho de população.

3 IBGE, Sidra, tabela 1294 – Número de cidades e população nas cidades nos Censos Demográficos por tamanho de população.

4 IBGE, Sidra, 1287. Só em 1960, quando a população da região metropolitana de São Paulo atingiu 8,1 milhões de pessoas, ela superou numericamente a da região metropolitana do Rio de Janeiro, na época com 6,9 milhões de habitantes. Ipeadata, Regional, População, disponível em: <http://www.ipeadata.gov.br/Default.aspx>.

A composição etária da população paulista era similar à da população nacional em meados do século (Gráficos 5.1a e 5.1b). Ambas refletiam a estrutura de pirâmide clássica e tinham parcelas similares de população abaixo de 15 anos: 42% no país como um todo e 44% no estado de São Paulo.

Gráfico 5.1a Pirâmide etária da população do estado de São Paulo em 1950

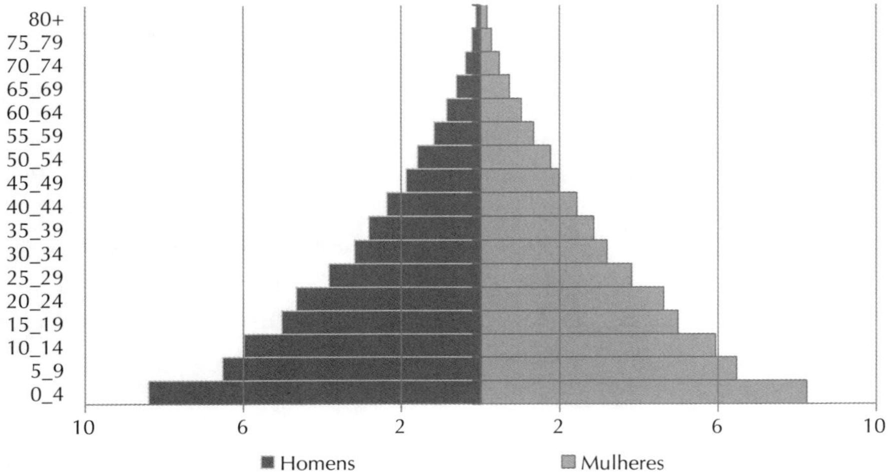

Fonte: IBGE: Censo Demográfico de 1950, Série Regional, v.XXXV, t.1, p.2-3, tabela 1.

Gráfico 5.1b Pirâmide etária da população brasileira em 1950

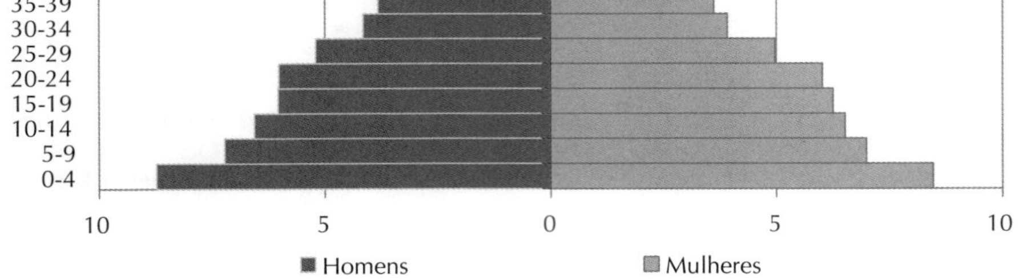

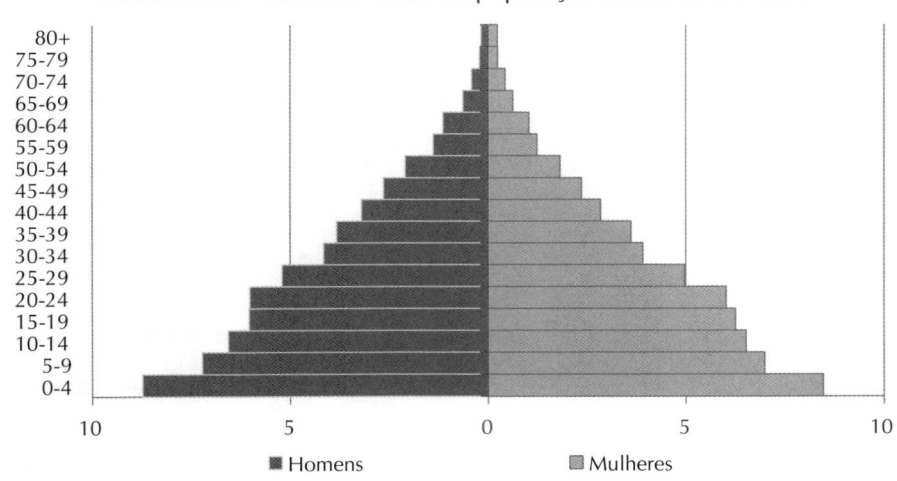

Fonte = CEPALSTAT.

A porcentagem de idosos também era similar, com cerca de 5% da população situada na faixa acima dos 60 anos no estado e no país.[5]

Contudo, a mudança já era discernível. Esses dados evidenciam que a região Sudeste, onde o estado de São Paulo figura com destaque, foi a principal zona no ainda modesto declínio da fecundidade que teve início nesse período. Já nos anos 1940, a taxa de fecundidade total em São Paulo era de quase um filho a menos do que na taxa nacional, e essa diferença persistiu até os anos 1950. Embora tenha havido uma pausa nessa tendência nos anos 1960, o Sudeste continuou a ser a região com a mais baixa taxa de fecundidade total e, nos 1980, todas as outras regiões enveredaram pelo mesmo caminho (Tabela 5.3).

Tabela 5.3 Estimativa da taxa de fertilidade total, por regiões, 1933-1973

Anos	Brasil	Norte	Nordeste	Sudeste	Sul	Centro-Oeste
1930-35 (1933)	6,2	5,5	6,7	6,0	6,1	5,9
1940-45 (1943)	5,8	5,6	6,9	5,1	5,6	5,9
1950-55 (1953)	5,9	6,1	7,2	5,0	5,9	6,4
1960-65 (1963)	6,0	7,2	7,4	5,1	5,8	6,5
1970-75 (1973)	5,0	6,4	6,8	4,0	4,5	5,3
1980-85 (1983)	3,6	5,0	4,7	3,0	3,1	3,5

Fonte: Frias e Oliveira, 1991, p.92, tabela 13; e Horta et al., 2016, p.6, tabela 3.

As taxas de natalidade específicas por idade também mostram que o Sudeste encabeçava o país no declínio da fecundidade. Em 1963, ainda se viam mudanças apenas modestas em relação ao modelo de fecundidade específica por idade para o país como um todo e, já nesse ano, o Sudeste apresentava ligeiras diferenças em relação ao padrão nacional. Mas a região Sudeste, que engloba São Paulo, começou a divergir significativamente dos padrões nacionais à medida que as mulheres das faixas etárias mais elevadas começaram a reduzir significativamente sua capacidade de reprodução. Esse declínio tornou-se substancial dez anos mais tarde, em 1973, com quedas consideráveis em todas as faixas etárias acima dos 20 anos, em especial para as mulheres das faixas etárias mais elevadas. Esse foi o padrão em todos os declínios iniciais de fecundidade no mundo, nos séculos XIX e XX: inicialmente, mulheres mais jovens mantiveram as taxas de fecundidade relativamente altas enquanto essas taxas, em mulheres com mais idade, decli-

5 Os dados sobre idades para São Paulo encontram-se em IBGE, Recenseamento Geral do Brasil 1950, Parte XXN, t.1, p.1 (Tabela 1), calculados a partir de dados de anos individuais e não corrigidos para as faixas etárias; para o Brasil, ver CEPALSTAT, cujos dados foram corrigidos para esses erros.

naram drasticamente. Em 1963, já se divisava no Sudeste uma trajetória distinta da do resto do país, que só uma década mais tarde aproximou-se daquele padrão, naquela região; nessa época, porém, a taxa de fecundidade total para as mulheres do Sudeste já era um filho a menos do que para o país como um todo (Gráficos 5.2a e 5.2b).

Gráfico 5.2a Taxa de fertilidade em idades específicas, Sudeste do Brasil, 1953-1973

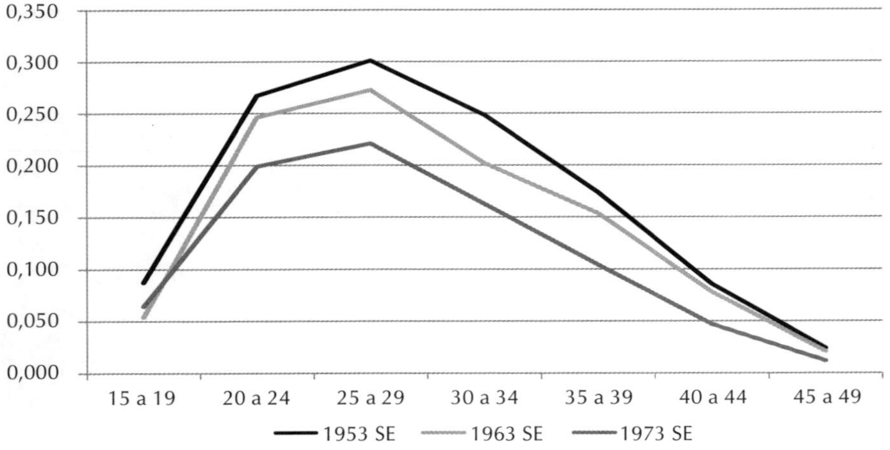

Fonte: Horta et al., 2000, p.6.

Gráfico 5.2b Taxa de fertilidade em idades específicas, Brasil, 1953-1973

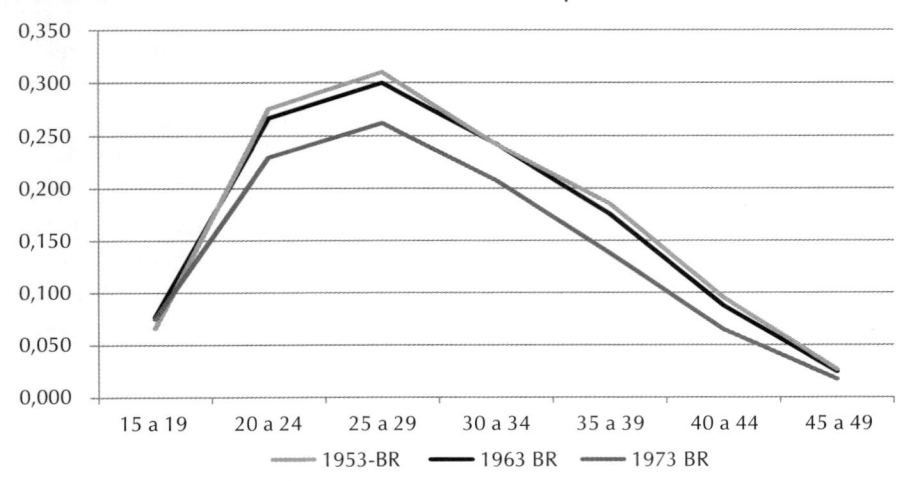

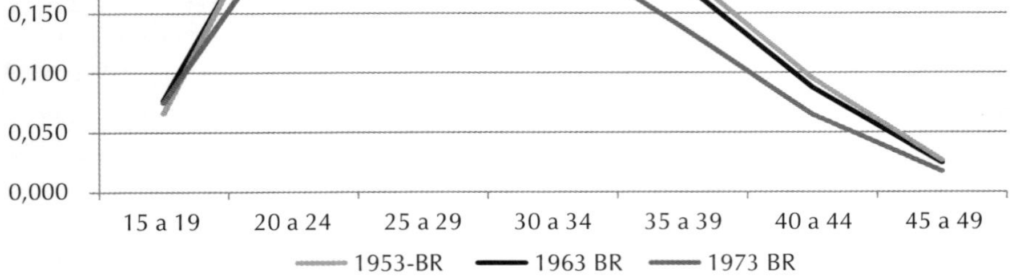

Fonte: Horta et al., 2000, p.6.

Em 1980, finalmente temos bons dados sobre a fecundidade específica por idade no estado de São Paulo, e eles mostram que o estado continuava avançando mais depressa do que o país como um todo na transição demográfica. Enquanto no restante do Brasil o declínio da fecundidade apenas começava, São Paulo continuava à frente das tendências nacionais, tanto nas cidades como nas áreas rurais. Nas zonas urbanas de São Paulo, não só o número de partos diminuía entre as mulheres em idades mais avançadas, mas também as mulheres mais jovens começavam a postergar o nascimento de seus primogênitos, esperando para tê-los já mais perto da casa dos 30 anos. Agora, nas regiões urbanas do estado, a faixa etária de 25 a 29 anos compunha o universo de mães com as mais altas taxas de fecundidade, em comparação com o que ocorria nas áreas rurais, onde predominava a faixa dos 20 a 24 anos. Mesmo na área rural menos avançada do estado, as mulheres ainda tinham em média dois filhos a menos em comparação com as da população rural do país como um todo (Gráficos 5.3a e 5.3b).

O impacto dessas diferenças na fecundidade já pode ser visto no Censo de 1960. As duas pirâmides etárias resultantes mostram que, naquela época, São Paulo e o Brasil como um todo ainda apresentavam uma estrutura etária pré-moderna no estilo de pirâmide clássico, o que sugere uma população pré-transição com altas taxas de natalidade e mortalidade. Contudo, São Paulo já mostrava algumas diferenças interessantes em relação à população total, com uma estrutura em pirâmide menos definida, resultante de taxas de natalidade menores – apenas 14% da população do estado situava-se na faixa etária de 0-4 anos, em comparação com 17% da população

Gráfico 5.3a Taxa de fertilidade em idade específica, população rural e urbana do estado de São Paulo, 1980

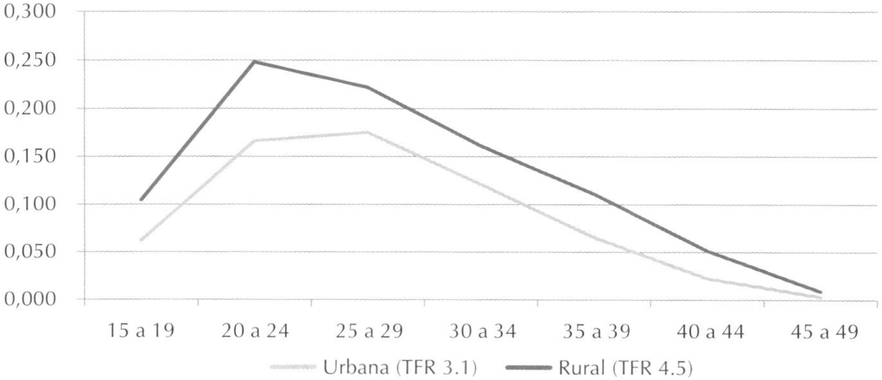

Fonte: Oliveira, 1985, p.23, tabela 1.B.

Gráfico 5.3b Comparação das taxas de fertilidade em idade específica, população rural do Brasil e do estado de São Paulo, 1980

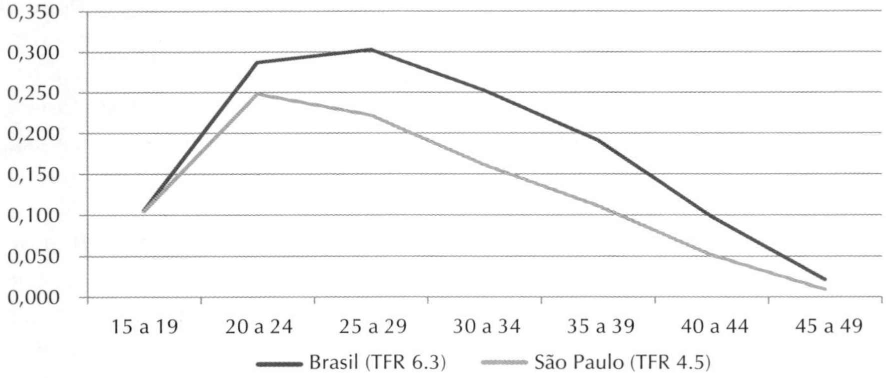

Fonte: Oliveira, 1985, p.23, tabela 1.B.

nacional, ainda que em ambos os casos essa coorte etária fosse a maior da população (Gráficos 5.4a e 5.4b)

Quem influenciava essa diferença em relação aos padrões nacionais era a população urbana de São Paulo, já que na população rural do estado havia pouca diferença em relação às configurações nacionais. Na São Paulo rural, 17% da população tinha menos de 5 anos – uma porcentagem quase igual à da média nacional, porém um pouco inferior aos 19% encontrados na amostra rural nacional para a coorte de 0-4 anos (gráficos 5.5a e 5.5b).

Gráfico 5.4a Pirâmide etária da população do estado de São Paulo, 1960

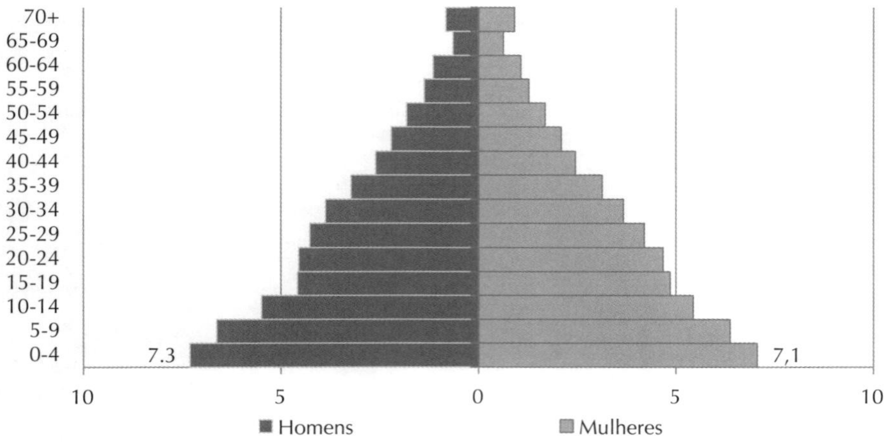

Fonte: Censo Demografico 1960, Serie Regional, v.1, t.XIII, p.1, tabela 1.

Gráfico 5.4b Pirâmide etária da população do Brasil, 1960

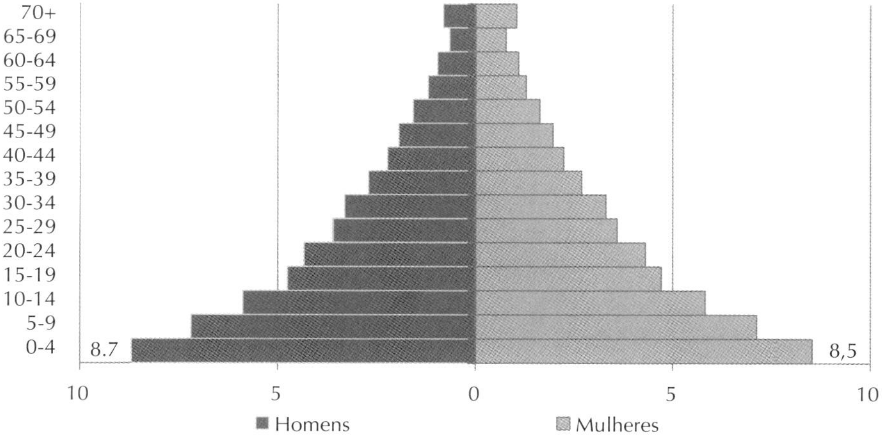

Fonte: Celade – Population Projections 2013 Revision.

Se analisarmos apenas o setor urbano da população em 1960, veremos que os padrões do contingente metropolitano da população paulista começavam a afastar-se significativamente da estrutura de pirâmide típica. Como ocorria com a população nacional, havia mais mulheres do que homens na área urbana. No entanto, São Paulo também tinha uma população masculina proporcionalmente maior do que a usual nos centros urbanos brasileiros, e a proporção era de 97 homens para 100 mulheres, em comparação com 93 homens para 100 mulheres na população urbana nacional. A maior diferença era na coorte das crianças com menos de 5 anos; embora elas compusessem o maior grupo em ambos os casos, em São Paulo representavam apenas 13% da população urbana, em comparação com 16% da população urbana nacional (**Gráficos 5.6a e 5.6b**),

Um dos indicadores mais sensíveis do declínio de fecundidade é a idade mediana da população. Como a fecundidade antes de 1960 era muito elevada, não surpreende que a idade mediana da população nacional fosse de 19,2 anos em 1950 e diminuísse ainda mais, chegando a 18,6 anos nos dois censos seguintes.[6] No entanto, o declínio cada vez mais rápido da fecundidade e as mudanças na taxa de mortalidade levaram a um lento aumento da idade mediana no país, que em 2010 já alcançava 29 anos. Em São Paulo, porém, a mudança foi ainda mais rápida, e em 2010 a idade mediana era

6 Celade, "Brazil: Long term population estimates and projections 1950-2100 (2013 revision)". Acesso em: 26.5.2019, em: <https://www.cepal.org/celade/proyecciones/basedatos_BD.htm>; Fausto Brito, "Transição demográfica e desigualdades sociais no Brasil". *Revista Brasileira de Estudos Populacionais*, v.25, n.1, 2008. p.17, tabela 4; IBGE, Sidra, tabela 200.

Gráfico 5.5a Pirâmide etária da população rural do estado de São Paulo, 1960

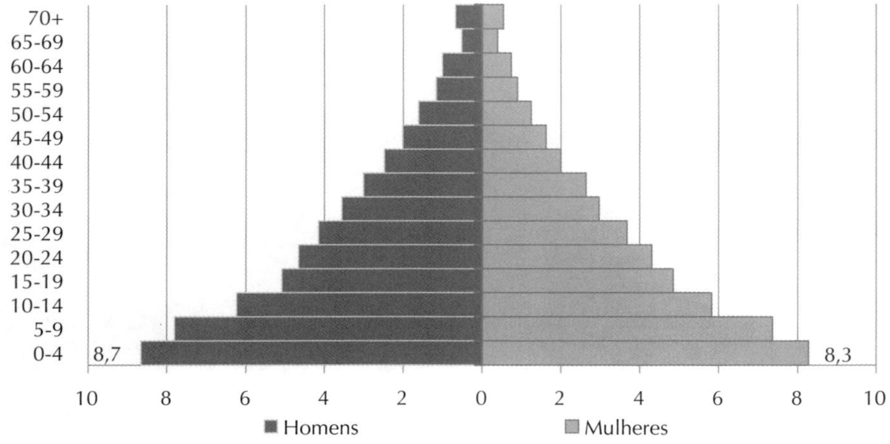

Fonte: Censo Demográfico 1960, Série Regional, v.1, t.XIII, p.1, tabela 1.

Gráfico 5.5b Pirâmide etária da população rural do Brasil, 1960

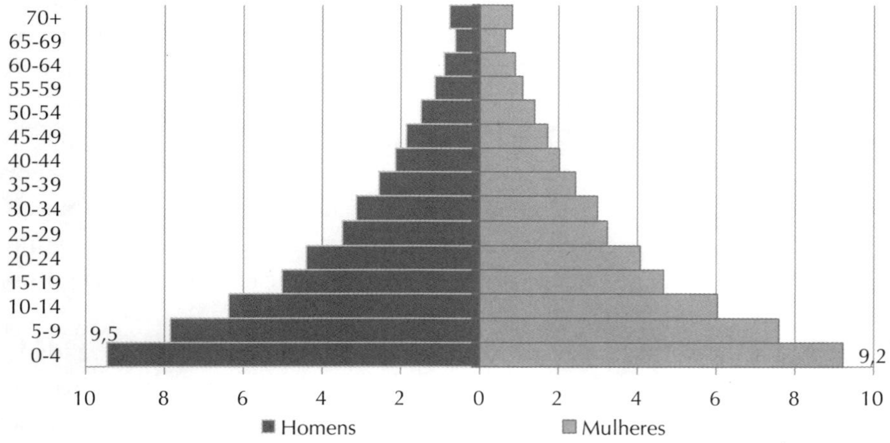

Fonte: Celade – Population Projections 2013 Revision.

31,1 anos, dois anos a mais que o indicador nacional. Em 2020 a idade mediana da população paulista chegou a 35,3 anos, enquanto no país como um todo era ainda de quase dois anos a menos: 33,4 anos.[7]

7 IBGE, "Projeção da população por sexo e idade - Indicadores implícitos na projeção - 2010/2060, [2018]", acesso em: 5.6.2019, em: <https://www.ibge.gov.br/estatisticas/sociais/populacao/9109-projecao-da-populacao.html?t=resultados>. Doravante citado como IBGE, "Projeção da população" 2018.

Gráfico 5.6a Pirâmide etária da população urbana do estado de São Paulo, 1960

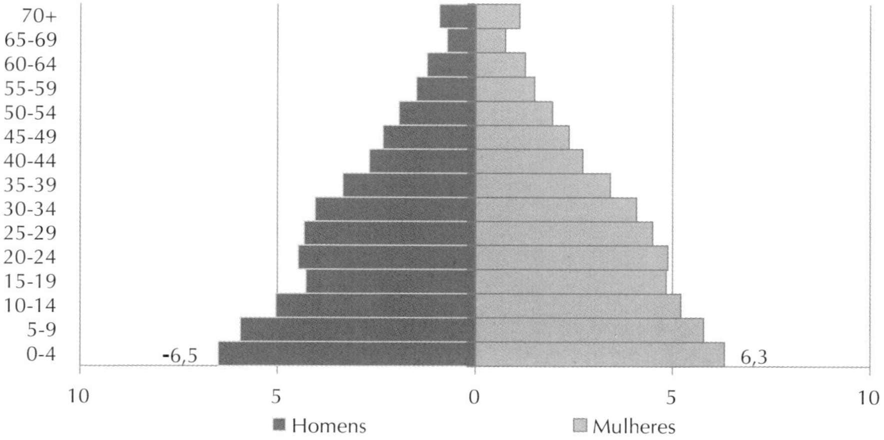

Fonte: Censo Demográfico 1960, Série Regional, v.1, t.XIII, p.1, tabela 1.

Gráfico 5.6b Pirâmide etária da população urbana do Brasil, 1960

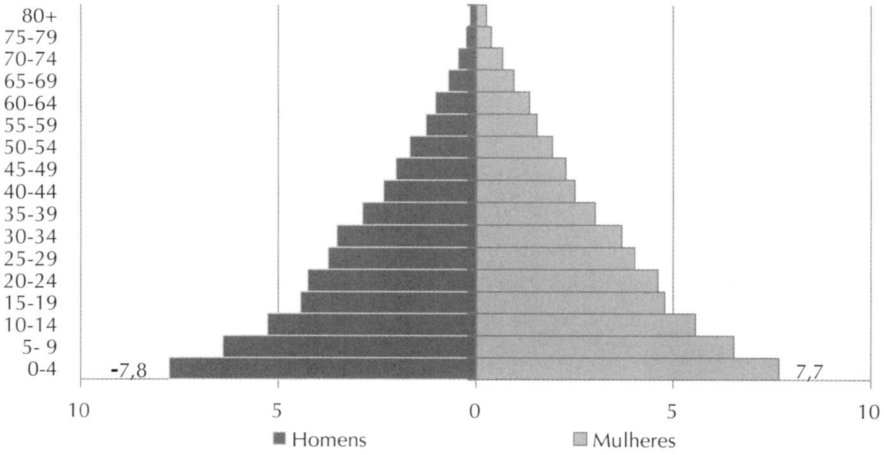

Fonte: Celade – Population Projections 2013 Revision.

A elevação da idade mediana da população foi influenciada pelo declínio nas taxas de fecundidade e também por crescentes mudanças nas taxas de mortalidade. Nesse último indicador, São Paulo também estava bem à frente do país como um todo. Muito antes do declínio da fecundidade, a mortalidade já mostrava uma tendência decrescente no longo prazo. Desde fins do século XIX, as campanhas urbanas de vacinação e os melhoramentos nos serviços de água e esgoto permitiram um declínio lento mas constante nas taxas de mortalidade a partir do começo do século XX. Na verdade, isso ocorreu em toda a América Latina, e houve um declínio secular especialmente pronunciado da mortalidade entre 1930 e 1950.[8] No Brasil, a taxa bruta de mortalidade ficou abaixo de 25 mortes por mil habitantes nos anos 1940; na década seguinte caiu para 14 por mil, e em 1980 era de apenas 6 por mil.[9] Embora a mortalidade infantil permanecesse extraordinariamente elevada, também começou a declinar: passou de muito mais de 200 mortes por mil nascidos vivos nos anos 1930 para 97,6 em 1970 – ainda um indicador muito alto.[10] Caiu para 45 mortes em 1991 e 29 em 2000; para 2020 a estimativa é de 11,6 mortes por mil nascidos vivos.[11] Contudo, essa taxa continua a ser muito superior às dos padrões mundiais. Em Portugal, por exemplo, a taxa de mortalidade infantil em 2010 foi de 2,5 mortos por mil nascidos vivos.[12]

Como nos indicadores de fecundidade, também nas taxas de mortalidade o declínio foi mais rápido e mais acentuado em São Paulo do que no país como um todo. Em São Paulo, a taxa de mortalidade infantil caiu abaixo de 100 em meados dos anos 1940, enquanto no Brasil inteiro isso só veio a ocorrer nos anos 1970 e 1980 (Gráfico 5.7). Como se poderia esperar, a taxa de mortalidade infantil na metrópole de São Paulo inicialmente diminuiu mais depressa do que na área rural do estado, mas, surpreendentemente, nos anos 1920 os indicadores na São Paulo rural, com frequência, foram melhores que os da capital então em expansão, o que indica uma rápida homogeneização das condições de saúde no estado e a persistência de uma desvantagem da zona urbana no aspecto da mortalidade. As taxas de mortalidade mais elevadas em centros urbanos foram comuns durante todo o século XIX em consequência da maior aglomeração populacional e de maior incidência de doenças. Mas essa desvantagem desapareceu lentamente na maioria das sociedades urbanas no século XX, e isso ocorreu também no es-

---

8 Arriaga e Davis, "The Pattern of Mortality Change in Latin America", p.226.

9 Elza S. Berquó, "Demographic Evolution of the Brazilian Population in the Twentieth Century". Tabela 3, p.15.

10 As únicas taxas de mortalidade infantil disponíveis são para populações urbanas e claramente foram bem inferiores às médias nacionais. Em 1941, a taxa de mortalidade infantil urbana foi de 202 mortes por mil nascidos vivos, e em 1970 de 109 por mil. Ver Elza S. Berquó e Cândido Procópio F. de Camargo (Orgs.), *La population du Brésil*. Paris: UM/CICRED, 1974, tabela 26, p.52.

11 Para as taxas nacionais de mortalidade infantil, ver IBGE, Tábua completa de mortalidade para o Brasil – 2017. Breve análise da evolução da mortalidade no Brasil. Rio de Janeiro, 2018, tabela 1, e para 2020 ver IBGE, "Projeção da população" 2018.

12 Para essa e outras taxas de mortalidade infantil no mundo desenvolvido em 2010, ver "International Comparisons of Infant Mortality and Related Factors: United States and Europe, 2010", in: CDC, *National Vital Statistics Report,* v.63, n.5, 24 set. 2014, em: <https://www.cdc.gov/nchs/data/nvsr/nvsr63/nvsr63_05.pdf>.

Gráfico 5.7 Taxa de mortalidade infantil no Brasil e no estado de São Paulo, 1941-1970

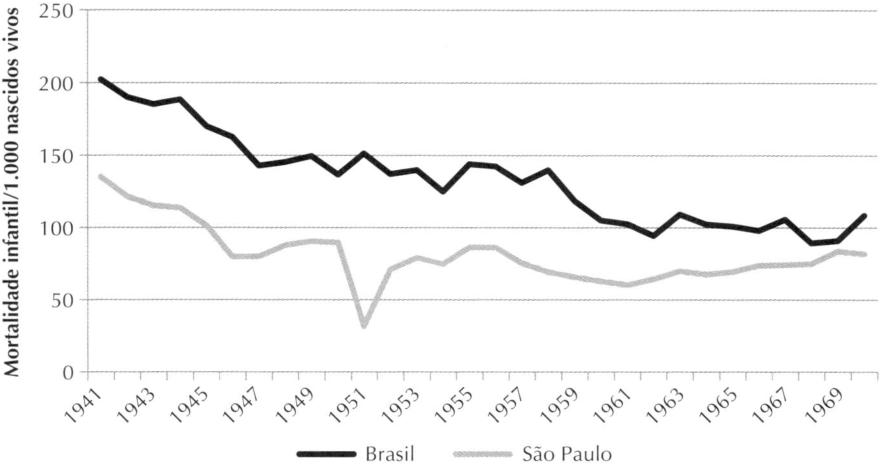

Fonte: Yunes e Ronchezel, 1974, p.31 e 46, tabelas 1 e 31.

tado em meados do século. Em fins dos anos 1950, tanto na área rural como na capital, finalmente se verificou uma queda abaixo da marca de 100 mortes por mil nascidos vivos, e esse nível manteve-se aproximadamente na década de 1960 (Gráfico 5.8). Em 2015, a taxa de mortalidade infantil no estado havia diminuído para 10,8 mortes por mil nascidos vivos, e nos municípios de São José do Rio Preto e Ribeirão Preto ficou em 8,4 e 8,5 respectivamente.[13] A estimativa de taxa para 2020, no estado, foi 8,7 mortes por mil nascidos vivos, um quarto a menos do que a média nacional.[14]

Entre os adultos, as mudanças na taxa de mortalidade ocorreram mais lentamente do que nas taxas de mortalidade de bebês e crianças nesse período. Assim como aconteceu com as taxas de natalidade e mortalidade, a trajetória da expectativa de vida na São Paulo urbana também diferiu significativamente da seguida pelo resto do país. Enquanto no Brasil como um todo a expectativa de vida ao nascer para ambos os sexos era de 51 anos em 1950, a população da capital paulista tinha expectativa de vida de 58 anos.[15]

---

13 Seade, *SP Demográfico,* v.16, n.4, out. 2016, p.5, tabela 1.

14 IBGE, "Projeção da população" 2018.

15 No Brasil a expectativa de vida era 49,3 anos para os homens e 52,8 para as mulheres em 1950. Celade, Boletín demográfico XXXVII, jan. 2004, p.62, tabela 14. Para o município de São Paulo, a expectativa de vida era 54,3 anos para os homens e 59,4 anos para as mulheres em 1950. Seade,

Gráfico 5.8 Taxa de mortalidade infantil da população rural no estado e na cidade de São Paulo, 1921-1969

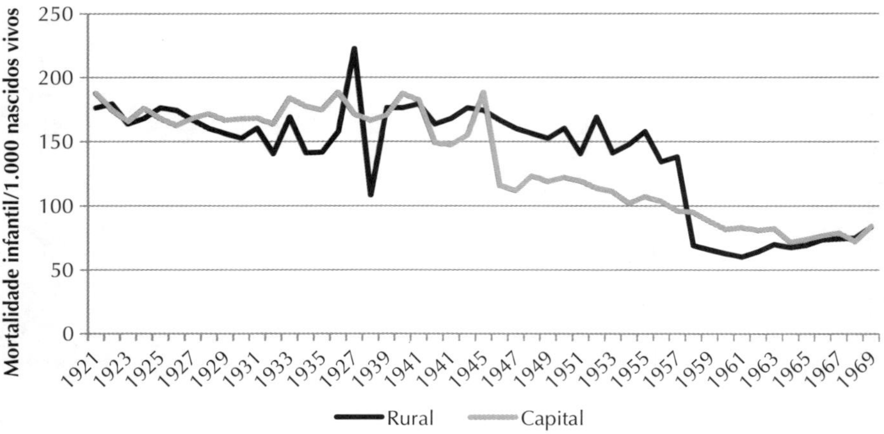

Fonte: Yunes e Ronchezel, 1974, p.34-5, tabela 7.

Essa extraordinária diferença de sete anos refletia-se na taxa de mortalidade bruta, que para a capital era de 28 mortes por mil habitantes, em comparação com 44 por mil na população brasileira total em 1950.[16]

No Brasil como um todo, em meados do século, a expectativa de vida ao nascer é baixa, até mesmo para os padrões de outros países sul-americanos, mas elevou-se lentamente após 1940. Aumentou em 2,5 anos entre 1940 e 1950 e duplicou entre 1960 e 1970 para ambos os sexos. Nos anos 1980 foram adicionados nada menos do que 9 anos de vida. Em 2000, a expectativa de vida havia aumentado em 23 anos para os homens e 26 anos para as mulheres, em relação à de 1940 (Tabela 5.4).

Com taxas de mortalidade mais baixas, a expectativa de vida da população do estado de São Paulo foi consistentemente superior à média nacional, exceto para as mulheres em 1940. Em 1960, a diferença aumentara para 9,3 anos a mais de vida para os homens e 8,2 anos a mais para as mulheres em São Paulo, em comparação com os indicadores correspondentes para o país como um todo. No entanto, essa diferença extrema declinou lentamente à medida que os indicadores brasileiros se aproximaram dos paulistas

Histórico Demográfico do Município de São Paulo, tabelas 22 e 23, em: <http://smul.prefeitura.sp.gov.br/historico_demografico/tabelas.php>.

16 Celade, "Brazil: Long term population estimates and projections 1950-2100 (2013 revision)" e Seade, Histórico Demográfico do Município de São Paulo, tabelas 24 e 27.

Tabela 5.4 Expectativa de vida ao nascer no Brasil, 1940-2017				
	Expectativa de vida ao nascer			Diferença
Anos	**Ambos Sexos**	**Homens**	**Mulheres**	**Homem-Mulher**
1940	45,5	42,9	48,3	5,4
1950	48,0	45,3	50,8	5,5
1960	52,5	49,7	55,5	5,8
1970	57,6	54,6	60,8	6,2
1980	62,5	59,6	65,7	6,1
1991	66,9	63,2	70,9	7,7
2000	69,8	66,0	73,9	7,9
2010	73,9	70,2	77,6	7,4
2017	76,0	72,5	79,6	7,1

Fonte: IBGE, Tábua completa de mortalidade, 2018, p.8, tabela 2.

(Tabela 5.5). Em 2017, quando os homens no estado de São Paulo tinham expectativa de vida ao nascer de 75,3 anos, a diferença em relação à população nacional era de 2,8 anos a mais; para as mulheres paulistas a expectativa de vida era de 81,3 anos, 1,7 ano a mais do que a média nacional.[17] Ao mesmo tempo, agora era pequena a diferença entre as expectativas de vida na capital e no resto do estado.[18]

As expectativas médias de vida após 1980 também refletem melhoras acentuadas na saúde da população idosa. Enquanto a maioria das mudanças na expectativa de vida antes desse período decorreu de melhoras na vida dos elementos mais jovens, agora as taxas de sobrevivência geral estavam sendo influenciadas pelo declínio na mortalidade de adultos. A expectativa de vida para pessoas com mais de 65 anos aumentou 7,3 anos entre 1950 e 2017 para os homens e 8,3 anos para as mulheres, que chegaram aos 65 anos em 2017 (Tabela 5.6). As taxas de sobrevida geral estavam agora sendo influenciadas pelo declínio na mortalidade adulta.

A maior parte desse aumento da expectativa de vida em todas as faixas etárias resultou do declínio da mortalidade por doenças infecciosas.[19] Em

---

17 IBGE, Tábua completa de mortalidade para o Brasil, 2017. Breve análise da evolução da mortalidade no Brasil. Rio de Janeiro, 2018, n.14, gráficos 5 e 6. Acesso em: 30.5.2019, em: <https://biblioteca.ibge.gov.br/visualizacao/livros/liv101628.pdf>.

18 Carlos Eugenio Carvalho Ferreira e Luciane Lestido Castiñeiras, "O rápido aumento da mortalidade dos jovens adultos em São Paulo uma trágica tendência". *São Paulo em Perspectiva,* v.10, n.2, 1996, p.39, tabela 2.

19 Por exemplo, em 2001 doenças infecciosas causaram apenas 5% das mortes no estado de São Paulo (e 7% entre bebês e crianças). Seade, Anuário Estatístico do Estado de São Paulo – 2001, quadro 25, acesso em: <http://www.seade.gov.br>.

Tabela 5.5 Expectativa de vida ao nascer, por sexo, estado de São Paulo, 1940-2017

Ano	Ambos Sexos	Homens	Mulheres	Diferença Homem-Mulher
1940	45,4	44,3	46,7	2,4
1950	54,2	52,8	55,9	3,1
1960	61,2	59,0	63,7	4,6
1970	62,6	59,3	65,5	6,2
1980	66,7	63,3	70,0	6,7
1991	69,2	64,9	73,2	8,4
2000	71,6	67,0	76,1	9,0
2010	75,0	72,6	79,6	7,0
2017	78,4	75,3	81,3	6,0

Fonte: Eugenio, et. al. Mortalidade (1996):35, tab 1; IBGE, Projeções da população 2018; e Seade, *SP Demográfico*, v.19, n.1, abr. 2019, p.3, gráfico 1.

Tabela 5.6 Expectativa média de vida aos 65 anos, Brasil, 1940-2017

Anos	*Expectativa de vida aos 65 anos de idade*			Diferença Homem-Mulher
	Ambos os Sexos	Homens	Mulheres	
1940	10,6	9,3	11,5	2,2
1950	10,8	9,6	11,8	2,2
1960	11,4	10,1	12,5	2,4
1970	12,1	10,7	13,4	2,7
1980	13,1	12,2	14,1	1,9
1991	15,4	14,3	16,4	2,1
2000	15,8	14,2	17,2	3,0
2010	17,6	16,0	19,0	3,0
2017	18,7	16,9	20,1	3,2

Fonte: IBGE, Tábua completa de mortalidade, 2018, p.11, tabela 4.

meados do século XX, doenças infecciosas eram a principal causa de mortalidade, mas ao final do século esse papel passara a ser de doenças degenerativas.[20] Em 1901, por exemplo, cinco das dez principais causas de morte no município de São Paulo foram doenças infecciosas; em 1960 apenas três doenças dessas categorias estiveram entre as principais causas de morte: pneumonia, gastrenterite e tuberculose. Em 2000, a única doença infecciosa

20 Cerca de 30% das mortes no estado de São Paulo em 2001 decorreram de doença cardíaca – a principal causa de morte, seguida por cânceres, que foram responsáveis por 15%. Seade, Anuário Estatístico do Estado de São Paulo – 2001, quadro 5.

nessa lista foi a pneumonia. Em 1901, doenças infecciosas causaram 46% do total de mortes na capital e, em 2000, a porcentagem foi de apenas 10%.[21]

Com a nova prevalência das doenças cardíacas e de vários tipos de câncer como principais causas de morte em fins do século, juntamente com o fim da importância de doenças infecciosas, o estado e o país finalmente passaram a refletir o padrão que vinha sendo comum nos países industriais avançados desde o começo do século XX. Isso também se refletiu em mudanças na participação das idades no total de óbitos. Para o país como um todo, a idade média ao morrer era muito baixa em 1950-1955: 26 anos, refletindo a alta parcela de óbitos de crianças. Mas em 2015-2020 a média de idade por ocasião do óbito mais que duplicara em relação ao período anteriormente mencionado, passando para 64 anos.[22] Em 1984, o grupo dos menores de 15 anos representou nada menos do que um quarto do total de óbitos no país e 20% em São Paulo.[23] Em 2017, os óbitos de pessoas desse grupo representaram apenas 3% do total de óbitos no estado e no município de São Paulo.[24]

Essas mudanças também são vistas na capital do estado, para a qual há dados por idade mais precisos. Em 1905, cerca de 63% do total de óbitos de pessoas do sexo masculino no município de São Paulo foram de meninos até 10 anos, e 65% do total dos óbitos de pessoas do sexo feminino foram de meninas até 10 anos. Isso também se reflete na estimativa da taxa de mortalidade infantil na capital em 1900: 207 óbitos de crianças com menos de 1 ano para cada mil nascidos vivos.[25] Em 2017, apenas 2% do total de óbitos ocorreram no grupo dos meninos e meninas até 1 ano no município de São Paulo. Em 1905, no resto do estado, exceto a capital, 52% do total de óbitos ocorreram no grupo das crianças até 2 anos.[26] Em 2017, apenas 2% do total de óbitos aconteceram no grupo de crianças até 2 anos no

---

21 Cássia Maria Buchalla, Eliseu Alves Waldman e Ruy Laurenti. "A mortalidade por doenças infecciosas no início e final do século XX no Município de São Paulo". *Revista Brasileira de Epidemiologia,* n.6, 2003, p.336-8.

22 Luana Junqueira Dias Myrrha, Cássio M. Turra e Simone Wajnmann, "A contribuição dos nascimentos e óbitos para o envelhecimento populacional no Brasil, 1950 a 2010". *Revista Latinoamericana de Población,* n.20, 2017, p.45, tabela 1.

23 IBGE, Sidra, tabela 364 – Número de óbitos registrados no ano por grupos de idade do(a) falecido(a), ano de ocorrência e sexo.

24 *Anuario Estatístico de São Paulo, 2003,* tabela 27, em: <http://produtos.seade.gov.br/produtos/anuario/index.php?anos=2003&tip=ment&opt=temas&cap=2&tema=dem#1>; e para 2017 ver: IBGE, Sidra, tabela 2684, "Óbitos, por ano de ocorrência, natureza do óbito, sexo, idade, local de ocorrência e lugar do registro".

25 Seade, Histórico Demográfico do Município de São Paulo, tabela 25, em: <http://smul.prefeitura.sp.gov.br/historico_demografico/tabelas.php>.

26 *São Paulo, Annuário Demográphico,* anno XI, 1905, p.17 e tabela "obitos por edade e sexo" p.58-68.

estado de São Paulo como um todo, e 3% na capital (as porcentagens foram iguais para os dois sexos).[27]

Embora a mortalidade estivesse em declínio desde o fim do século XIX e essa queda ocorresse mais rapidamente a partir das décadas intermediárias do século XX, a fecundidade só veio a acompanhar essa tendência quando a segunda metade do século já ia bem avançada. Na verdade, a fecundidade mostrou um ligeiro aumento antes da metade dos anos 1960, graças ao declínio das taxas de mortalidade e de morbidade entre as mulheres. Como ocorreu em muitos países da América Latina, as taxas de esterilidade das mulheres declinaram, e números muito maiores de meninas sobreviveram até a idade reprodutiva; assim, os avanços na saúde conduziram inicialmente a taxas de fecundidade mais elevadas. O resultado dessa combinação de fecundidade alta e mortalidade declinante foi um processo de crescimento populacional muito rápido no Brasil na parte final do século XX. No período de 1920 a 1940, as taxas de crescimento haviam sido relativamente moderadas: 1,5% ao ano. Mas na década seguinte, a taxa de crescimento natural aumentou para 2,3%, e no período 1960-1970 alcançou impressionantes 3% ao ano.[28] O resultado desse crescimento rápido foi a duplicação da população brasileira no decorrer de 24 anos, passando de 52 milhões em 1950 para 104 milhões em 1974. Como mencionado, isso ensejou uma população em média muito mais jovem do que as normalmente registradas nas sociedades avançadas do mundo. Em 1950 a idade mediana da população era 18 anos, e em 1965, no auge do crescimento explosivo da fecundidade em meados do século, caiu em um ano, passando para 17 anos.[29]

Se a elevada taxa anual de 3% encontrada para 1960-1970 houvesse continuado, a população teria novamente duplicado até 1974 e chegaria a 208 milhões em 1983. Contudo, na última década do século o crescimento populacional foi o mais baixo registrado em cem anos – 1,3% ao ano –, e a partir de 2002, a população brasileira somava apenas 173 milhões. Não ocorreu a duplicação da população nos anos 1980 porque a fecundidade finalmente acompanhou a mortalidade e passou a declinar vertiginosamente a partir de meados dos anos 1960. Assim, depois de um surto de crescimento populacional veloz em meados do século XX, o Brasil começou a registrar taxas de crescimento cada vez menores, finalmente entrou na clássica fase de "transição demográfica" e, de país com taxas elevadas de mortalidade e

27 IBGE, Sidra, tabela 2684.

28 Taxas de crescimento calculadas com base em estimativas da população na metade do ano pelo IBGE em: Ipeadata: População residente – 1º de julho – Anual – Pessoa – IBGE Outras/Pop-DEPIS_POP.

29 Calculado a partir de tabelas apresentadas em Celade, Boletín demográfico n.66, jul. 2000.

fecundidade, passou a ser uma sociedade moderna pós-transição com fecundidade e mortalidade baixas.

Embora antes dos anos 1960 uns poucos grupos da elite urbana praticassem o controle da natalidade e suas taxas de fecundidade fossem inferiores à média nacional, esses grupos exerciam pouca influência sobre as tendências nacionais. Em 1950, o número total de filhos de mulheres que completaram sua fertilidade esteve entre os mais elevados do mundo: 6,2 filhos, e a idade mediana da população foi 19,2 anos. Mas no período 1965-1970 essa tendência reverteu-se de modo súbito e irrevogável. Primeiro lentamente, e então a um ritmo cada vez mais rápido, a taxa de fecundidade total no Brasil declinou, passando de 4,7 filhos em 1970-1975 para 3,8 em 1980-1985, quase um filho a menos, e então dois filhos a menos em 2000-2005, chegando a apenas 2,3 filhos por mulher; em 2005-2010, caiu abaixo da taxa de substituição, com 1,9 filho, e em 2015-2020 registrou-se outra queda, dessa vez para 1,7 filho.[30] Uma das consequências mais óbvias dessa mudança abrupta na fecundidade evidencia-se na crescente idade mediana da população e na mudança da distribuição da população por idades de 1950 a 2000. Em 2020, a idade mediana no país era 33,4 anos – catorze anos a mais do que a idade mediana registrada em 1950. [31]

Esse declínio na fecundidade e na mortalidade também transparece na mudança no formato das pirâmides etárias no Brasil, que passou do modelo de pirâmide clássico em meados do século para uma configuração que lembra mais um jarro de base pequena. Isso decorre do declínio da fecundidade, que levou a uma diminuição do tamanho da população mais jovem em comparação com grupos etários de mais idade, nascidos no período de fecundidade elevada pré-1960. Quando o século XX se aproximava do fim, as coortes mais jovens encolheram ainda mais, e a pirâmide etária assumiu o formato mais normal e mais moderno de jarro. Em 2000, a pirâmide etária brasileira era similar à de uma típica sociedade pós-transição demográfica. Mas, mesmo em 2000, São Paulo esteve à frente do país como um todo nesse processo: a coorte de 0-4 anos caíra para apenas 8,9% da população total do estado em comparação com 10% no país. Em ambos os casos, a coorte etária mais numerosa já não era o grupo de 0-4 anos e, sim, o de 15-19 anos, para ambos os sexos e ambos os lugares (Gráficos 5.9a e 5.9b).

---

30 Celade, "Brazil: Long term population estimates and projections 1950-2010 (2013 revision)".

31 Celade, "Brazil: Long term population estimates and projections 1950-2010 (2013 revision)". Ver também Merrick e Bequo, Determinantes, p.20, tabela 2; Joseph E. Potter, Carl P. Schmertmann e Suzana M. Cavenagghi, "Fertility and development: Evidence from Brazil". *Demography,* v.39, n.4, nov. 2002, p.741.

Gráfico 5.9a Pirâmide etária da população brasileira em 2000

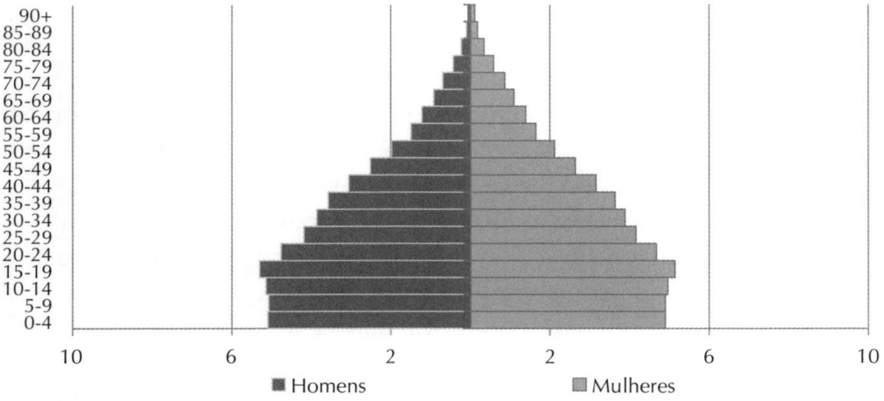

Fonte: IBGE Proj. 2013, em: https://ww2.ibge.gov.br/home/estatistica/populacao/projecao_da_populacao/2013/default_tab.shtm

Gráfico 5.9b Pirâmide etária da população do estado de São Paulo em 2000

Fonte: IBGE Proj. 2013, em: https://ww2.ibge.gov.br/home/estatistica/populacao/projecao_da_populacao/2013/default_tab.shtm

De 2000 em diante, o estado de São Paulo continuou a liderar o país em numerosos índices, com fecundidade e mortalidade menores e expectativa de vida maior. Em 2010, a aproximação foi cada vez maior e, em 2020, o país chegou ainda mais perto de apresentar índices avançados como os desse estado. Na população brasileira também aumentou a parcela de idosos e reduziu-se a coorte de 0-14 anos, enquanto a taxa de fecundidade total tornou-se mais similar à paulista. Até os índices de mortalidade nacionais aproximaram-se lentamente dos do estado de São Paulo, que eram os melhores do país (Tabela 5.7).

Todas essas mudanças podem ser vistas nas pirâmides etárias de 2020 baseadas nas projeções da população feitas pelo IBGE, em 2018. A maior coorte etária, em ambos os casos, agora é a dos adultos de 35-39 anos, e tanto no estado como no país esse grupo representa 8,2% da população total (Gráficos 5.10a e 5.10b). No entanto, graças à sua mortalidade menor, São Paulo tem uma população com idade média mais alta que a do resto do país, em 2020.

Tabela 5.7 Características da população de São Paulo e do Brasil, 2000-2020

	Expectativa de vida			*% da população*				
2000	**Total**	**Homens**	**Mulheres**	**TMI**	**TFT**	**0-14**	**65+**	**x̄ idade**
Brasil	69,83	66,01	73,92	29,02	2,39	30,04	5,61	28,03
São Paulo	71,39	67,04	76,06	17,28	2,08	26,71	5,84	29,40
2010								
Brasil	73,86	70,21	77,60	17,22	1,75	24,70	7,30	29,20
São Paulo	76,10	72,60	79,55	11,98	1,67	22,40	7,70	31,08
2020								
Brasil	76,74	73,26	80,25	11,56	1,76	20,90	9,80	33,40
São Paulo	79,11	76,12	81,96	8,77	1,72	19,50	10,80	35,27

Fonte: IBGE Projeções da População 2018, e de 2013, acessado em: 5.6.2019, em: https://www.ibge.gov.br/estatisticas/sociais/populacao/9109-projecao-da-populacao.html?t=resultados; e https://ww2.ibge.gov.br/home/estatistica/populacao/projecao_da_populacao/2013/default_tab.shtm.

Nota: TMI: Taxa de Mortalidade Infantil; TFT: Taxa Total de Fertilidade (número de crianças por mulher de 14-49).

x̄ Idade = idade média da população

Como salientamos, a causa dessa grande mudança na estrutura etária da população foi o declínio da fecundidade. Sua diminuição nesse período não resultou de alguma mudança na idade do primeiro casamento, da porcentagem de mulheres que se casaram ou da abstenção da reprodução por mulheres férteis. A idade das mulheres ao se casarem pela primeira vez só veio a mudar bem depois da transição da fecundidade, o número de mulheres casadas ou em uniões consensuais não diminuiu, nem se reduziu o número das que permaneceram sem filhos. Muitos desses fatores, incluindo-se a dissolução de uniões e as porcentagens de uniões consensuais, mudaram no decorrer do tempo, é verdade, porém essas transformações ocorreram muito depois da queda na fecundidade. A única mudança realmente expressiva foi a adoção em massa de métodos contraceptivos e de esterilizações na

Gráfico 5.10a Pirâmide etária da população brasileira em 2020

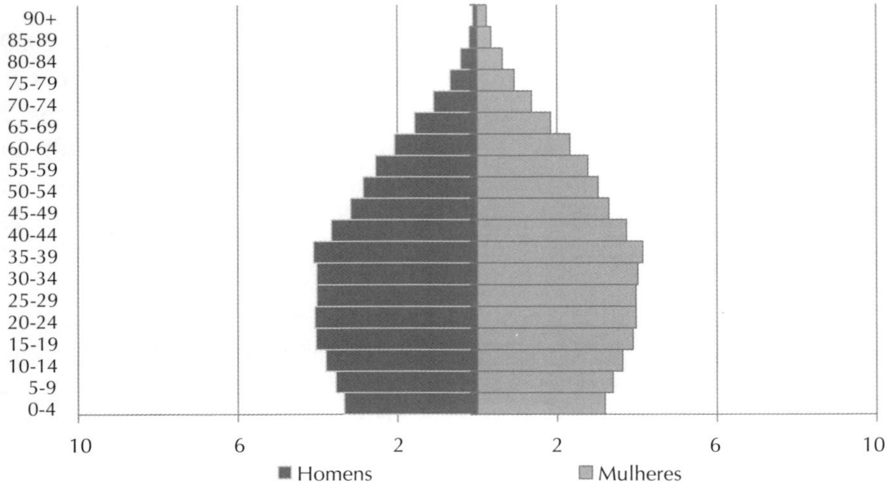

Fonte: IBGE Proj. 2013, em: https://ww2.ibge.gov.br/home/estatistica/populacao/projecao_da_populacao/2013/default_tab.shtm.

Gráfico 5.10b Pirâmide etária da população do estado de São Paulo em 2020

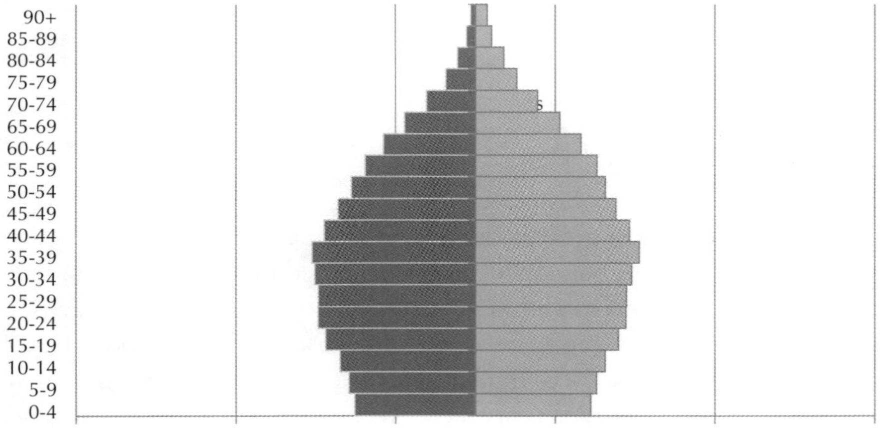

Fonte: IBGE Proj. 2013, em: https://ww2.ibge.gov.br/home/estatistica/populacao/projecao_da_populacao/2013/default_tab.shtm.

segunda metade dos anos 1960.[32] Em 1986, por exemplo, 60% das mulheres de 15 a 54 anos vivendo em uniões estáveis no Brasil usaram algum meio de contracepção (23% usaram pílula anticoncepcional e 29% recorreram à esterilização). No estado de São Paulo, 69% usaram contraceptivos (pílula 26% e esterilização 31%).[33] Em 2006, cerca de 81% das mulheres brasileiras de 15-49 anos usaram algum meio de contracepção (dessas, apenas 4% recorreram a alguma solução não moderna de contracepção).[34] Em 1992, na Região Metropolitana de São Paulo, apenas 20% das mulheres vivendo em uniões estáveis na faixa etária de 15 a 49 anos não usaram contraceptivos, uma porcentagem inferior à do estado como um todo em 1986. Embora as mulheres mais pobres recorressem sobretudo à esterilização, 87% delas pagaram pela cirurgia de esterilização.[35] As mulheres com mais idade escolheram a esterilização com frequência maior do que as mais jovens, segundo um levantamento no estado de São Paulo em 1991 e, além disso, as que tinham três ou mais filhos também preferiram mais frequentemente essa opção em comparação com as mulheres com menos filhos.[36]

Embora de início quem adotasse com mais entusiasmo os novos métodos contraceptivos fossem mulheres de mais idade, nenhuma coorte etária de mulheres esteve isenta do declínio da fecundidade, como evidenciam as taxas de fecundidade por idade no Brasil de 1960 a 2000. À semelhança do ocorrido na maioria dos países que passaram pela transição demográfica, no começo a maior queda na fecundidade ocorreu entre as mulheres de mais idade. De fato, a relação entre idade e declínio da fecundidade específica por grupo etário foi quase perfeitamente inversa: a taxa de declínio foi mais alta nas idades mais avançadas e desacelerava conforme as idades diminuíam. A taxa de natalidade específica por grupo etário entre as mulheres na faixa de 45-49 anos, por exemplo, declinou 95% de 1960 a 2000, 89% para as de 40-44 anos e caiu para 80% e 71% nas duas categorias etárias seguintes (35-39 e 30-34 anos, respectivamente); diminuiu 61% na faixa de 25-29 e apenas 13% na de 15-19 anos. O declínio da fecundidade

32 José Miguel Guzmán, "Introduction: Social Change and Fertility Decline in Latin America", in: Jose Miguel Guzmán et al., *The Fertility Transition in Latin America*. Oxford: Clarendon Press, 1996, p.XXIII.

33 Luiz Antônio P. Oliveira e Celso Cardoso da S. Simões. "As informações sobre fecundidade, mortalidade e anticoncepção nas PNADs". Livros, 2015, p.183-225, tabela 3.

34 UNFPA, *Fecundidade e dinâmica da população brasileira*. Brasília, 2018, p.33.

35 Elisabeth Meloni Vieira, "A esterilização de mulheres de baixa renda em região metropolitana do sudeste do Brasil e fatores ligados à sua prevalência". *Revista de Saúde Pública*, n.28, 1994, p.440-8, 442, tabela 1 e 443, tabela 3.

36 Aníbal Fagundes, Rosely Gomes Costa, Karla Simônia de Paula e Antero Marques Perdigão, "Associação entre prevalência de laqueadura tubária e características sociodemográficas de mulheres e seus companheiros no estado de São Paulo, Brasil". *Cadernos de Saúde Pública*, n.14, 1998, p.51, tabela 1.

foi tão impressionante nos grupos etários de mais idade que a porcentagem do total de partos aumentou notavelmente entre as mulheres com menos de 29 anos, as quais em 2000 foram responsáveis por 76% dos nascimentos, quando em 1950 essa porcentagem tinha sido de 62%. Isso significa que mães com menos de 25 anos foram responsáveis por pouco mais de um terço dos nascimentos em 1950 e, em 2000, essa porcentagem passou para 50% (Gráfico 5.11).

Inicialmente o principal grupo de mães continuou a ser as da coorte etária de 25-29 anos, como se pode ver nas taxas de fecundidade específicas por grupo etário disponíveis dos anos 1930 até os anos 1980.[37] Porém, à medida que a fecundidade diminuiu para 1,7 filho em 2010, muito abaixo da taxa de substituição (2,1 filhos), o padrão dos nascimentos por coortes etárias das mães também começou a mudar lentamente. Em 2010 as taxas estavam em queda tão rápida que a coorte etária de mulheres de 20-24 anos temporariamente assumiu a liderança, embora essa tendência já se invertesse em 2020, ao menos no estado de São Paulo, onde o grupo mais produtivo voltou a ser o das mulheres de 25-29 anos (Gráficos 5.12a e 5.12b).

Gráfico 5.11 Taxas de fertilidade em idades específicas das mães, Brasil, 1960-2000

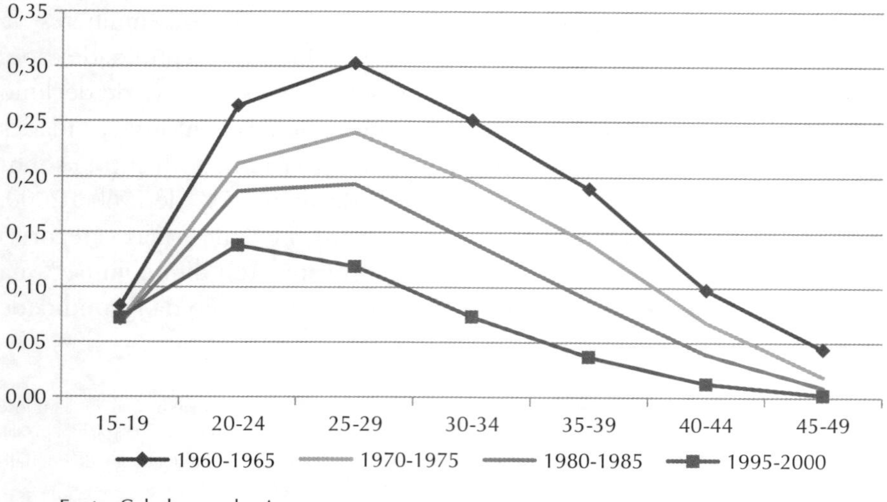

Fonte: Celade, quadro A.

37 Cláudia Julia Guimarães Horta, José Alberto Magno e Luís Armando de Medeiros Frias. "Recomposição da fecundidade por geração para Brasil e regiões: atualização e revisão". *XI Encontro Nacional de Estudos Populacionais da ABEP (2016)*, n.6, tabela 3, para as taxas de fecundidade específicas por idade de 1933 a 1988.

Gráfico 5.12a Taxa de fertilidade em idade específica, Brasil e estado de São Paulo, 2010

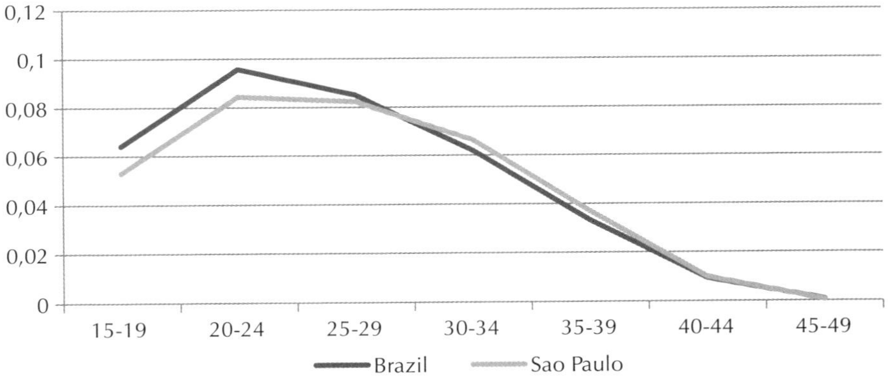

Fonte: IBGE, Projeções 2018, em: https://www.ibge.gov.br/estatisticas/sociais/populacao/9109-projecao-da-populacao.html?t=resultados.

Gráfico 5.12b Taxa de fertilidade em idades específicas, Brasil e estado de São Paulo, 2020

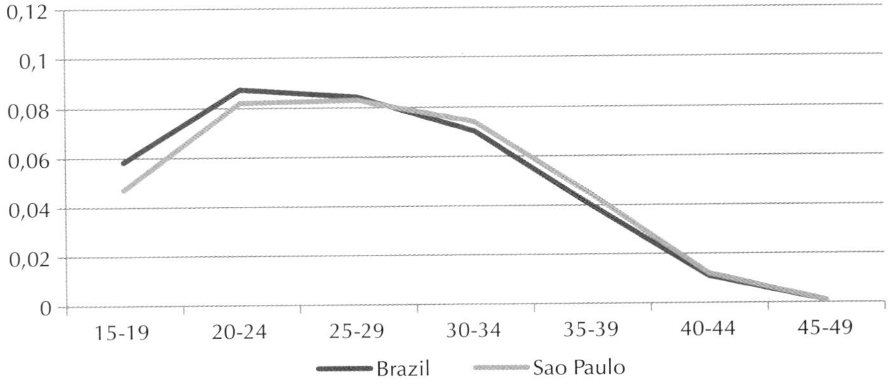

Fonte: IBGE, Projeções 2018, em: https://www.ibge.gov.br/estatisticas/sociais/populacao/9109-projecao-da-populacao.html?t=resultados.

Como sugerem as estimativas do IBGE para o estado de São Paulo, está aumentando o número de partos em coortes de mulheres de mais idade, apesar do declínio constante da fecundidade em todos os grupos. À medida que mais mulheres entraram no mercado de trabalho e buscaram aumentar seu nível de instrução, e passaram a postergar cada vez mais o nascimento de seus filhos. Essa mudança no estilo de vida começou a transparecer na média de idade das mulheres ao se casarem. No município de São Paulo, essa média permaneceu em aproximadamente 23 a 24 anos até 2000, quando aumentou para 26 anos, e tornou a subir, chegando a 31 anos, em 2014.[38] Com o adiamento do casamento e do nascimento de filhos, estimativas indicam que, em 2030, o grupo etário de 25-29 anos voltará a ser o principal grupo etário de mães no estado e no país, embora em São Paulo o grupo de 30-34 anos venha a igualar-se ao das mães de 20-24 em porcentagem de nascimentos – uma tendência ainda não perceptível nos dados nacionais. A importância crescente da coorte de mães de 30-34 anos em 2050 sugere que mais mulheres estão aumentando seu nível de instrução e permanecendo por mais tempo na força de trabalho, postergando, assim, o momento de ter filhos.[39] Esse é o padrão nas sociedades industriais avançadas, e, segundo estimativa do IBGE, será comum em meados do século XXI, quando haverá menos filhos nascidos entre as mulheres nos grupos etários de 15 a 24 anos, e terá havido um aumento dos nascimentos em todas as coortes acima de 35 anos, com o pico do período reprodutivo ocorrendo entre as mulheres de 30-34 anos. Podemos ver o quanto o padrão será diferente comparando as taxas de fecundidade específicas por idade para as mulheres de São Paulo em 2010 com as estimativas para 2050 (Gráfico 5.13).

Além do declínio de fecundidade registrado em todas as idades e do aumento da importância dos nascimentos de filhos nos grupos de mulheres de faixas etárias superiores, a idade do primeiro casamento vem aumentando constantemente. Em 1991, no Brasil, mulheres solteiras casavam-se aos 23,7 anos, e em 1999 isso não mudara.[40] No novo século a situação já era outra. Em 2010, a média de idade das mulheres solteiras ao casar aumentara para 26,3 anos, e em 2017 para 27,9 anos – quatro anos a mais do que o padrão nos anos 1990.[41]

Em 2010, a média de idade de mulheres solteiras que se casaram com homens solteiros foi de 26,2 anos, idêntica à média nacional naquele ano. Para as mulheres solteiras da RMSP a média foi de 26,7 anos, mas para as da capital foi de 27,2, um ano a mais do que o registrado no estado e no

---

38 Seade, *SP Demográfico,* v.15, n.5, dez. 2015, p.13, tabela 6.

39 Essas estimativas para 2030 encontram-se em IBGE, Projeção 2018.

40 IBGE, Estatísticas do Registro Civil, 2002. Rio de Janeiro: IBGE, v.29, s.p., gráfico 12 – Idade média ao casar – Brasil – 1991/2002; e calculado para 1999 de IBGE, Estatísticas do Registro Civil, 1999, Casamentos, tabela 2.4, em: <https://www.ibge.gov.br/estatisticas/sociais/populacao/9110-estatisticas-do-registro-civil.html?edicao=17071&t=downloads>.

41 Calculado de IBGE, Estatísticas do Registro Civil, 2017, tabelas de Resultados, Casamentos, tabela 4.4.1., em: <https://www.ibge.gov.br/estatisticas/sociais/populacao/9110-estatisticas-do-registro-civil.html?edicao=17071&t=downloads>.

Gráfico 5.13 Estimativa das taxas de fertilidade em idades específicas, estado de São Paulo, 2010 e 2050

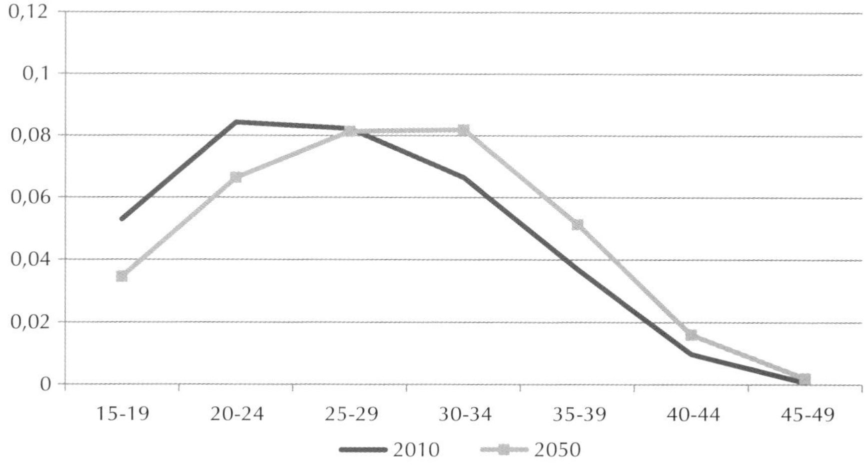

Fonte: IBGE, Projeções 2018, em: https://www.ibge.gov.br/estatisticas/sociais/populacao/9109-projecao-da-populacao.html?t=resultados (acc 6/5/2019).

país.[42] Embora não haja dados disponíveis sobre as mulheres solteiras ao se casarem pela primeira vez, nos níveis municipal e estadual, em 2017, para o total das mulheres a média de idade ao casar-se foi maior em São Paulo em comparação com a média nacional. A média de idade do total de mulheres que se casaram no país, em 2017, foi 30,7 anos. No estado foi 31,2 anos; para as mulheres da capital, 31,7 (um ano a mais do que a média nacional), e para as da RMSP, 31,2 anos. Isso sugere que, no estado e em sua principal cidade e área metropolitana, provavelmente a idade do primeiro casamento das mulheres foi em torno de 29 anos ou mais.[43]

Os padrões de nascimentos, mortes e casamentos que estavam surgindo no estado e no município de São Paulo eram similares aos da maioria das regiões metropolitanas paulistas. Nos anos 1970, o governo federal criou a RMSP, mas as outras só foram criadas depois que a Constituição Federal de 1988 determinou que os estados estabelecessem esses agrupamentos.

42 Calculado de IBGE, Estatísticas do Registro Civil, 2010, Casamentos, tabela 4.8, em: <https://www.ibge.gov.br/estatisticas/sociais/populacao/9110-estatisticas-do-registro-civil.html?edicao=17071&t=downloads>.

43 Calculado de IBGE, Estatísticas do Registro Civil, 2010, Casamentos, tabela 4.4; IBGE, Estatísticas do Registro Civil, 2017, Tabelas de Resultados, Casamentos, tabelas 4.3.1, 4.4.1 e 4.7.1, disponível para todos os anos em: <https://www.ibge.gov.br/estatisticas/sociais/populacao/9110-estatisticas-do-registro-civil.html?edicao=17071&t=downloads>.

As de São Paulo foram criadas na época do Censo de 2000 e, desde então, o estado e o governo federal têm fornecido as estatísticas básicas para essas seis regiões metropolitanas.[44] Um exame dessas regiões, em 2017 – o último ano para o qual há dados relevantes –, mostra apenas ligeiras diferenças entre elas (Tabela 5.8). A região metropolitana de Santos (Baixada Santista) e a de São Paulo são as que têm a maior porcentagem de mulheres, enquanto a de Sorocaba é a mais equilibrada. Todas, exceto Sorocaba, têm apenas uma população mínima de residentes na área rural. Campinas destaca-se por ter a mais baixa mortalidade infantil, ao passo que a região de Santos tem a mais elevada, como se poderia esperar de uma cidade portuária. Campinas e Ribeirão Preto mostram as taxas de fecundidade mais baixas, e em todas as regiões as taxas de fecundidade são inferiores às de São Paulo. Campinas tem a população mais jovem, e Santos a mais velha, mas as diferenças ainda são relativamente pequenas.

O extraordinário nessa uniformidade crescente em todas as regiões do estado é a rapidez com que ocorreram as mudanças na fecundidade e na mortalidade. Tanto no Brasil como na maior parte da América Latina, a transição demográfica aconteceu aproximadamente no mesmo período pós-1960. Isso contrasta com a chamada "transição demográfica" da Europa, que demorou muito mais tempo e começou quando as taxas de natalidade eram bem mais baixas do que as registradas na América, em meados do século XX. A propósito, as taxas de fecundidade brasileiras e latino-americanas foram as mais altas do mundo em meados do século.[45] No caso do Brasil, com sua sociedade acentuadamente estratificada e parcialmente desarticulada, de início a queda não foi uniforme em todas as regiões e classes. Cada região do país começou a registrar declínios a partir de níveis iniciais diferentes, porém todas se moveram na mesma direção e à mesma velocidade. No entanto, a disparidade entre as regiões só diminuiu levemente com o passar do tempo. Por exemplo, em 1950 e 2016, ainda havia uma diferença entre a região com fecundidade mais baixa (Sudeste) e a região com fecundidade mais alta (Norte), apesar de ambas terem registrado um declínio bem pronunciado nesse período (Tabela 5.9).

De modo geral, a fecundidade declinou mais depressa em alguns estados do que em outros; porém, com exceção de apenas três estados da região Norte (Acre, Amazonas e Roraima, cuja taxa foi de 2,2 nascimentos),

44 Existem nos estados vários outros agrupamentos de municípios, baseados em educação e saúde.

45 Juan Chackiel e Susana Schkolnik, "Latin America: Overview of the Fertility Transition, 1950-1990", in: Jose Miguel Guzmán et al., *The Fertility Transition in Latin America* (Oxford: Clarendon Press, 1996), p.4.

Tabela 5.8 Indicadores demográficos selecionados das Regiões Metropolitanas de São Paulo, 2017

Regiões Metropolitanas	População			Razão de masculinidade	% Urbana	TMI	TGF	Índice de envelhecimento	% de nascidos vivos por mulheres >18 anos
	Total	Homens	Mulheres						
São Paulo	20.717.505	9.954.154	10.763.351	92,5	98,9	10,9	52,8	65,7	5,1
Campinas	3.088.783	1.515.513	1.573.270	96,3	97,6	8,7	47,7	73,7	4,1
Vale do Paraíba e Litoral Norte	2.425.293	1.192.315	1.232.978	96,7	94,6	11,0	50,5	68,8	5,2
Sorocaba	2.018.102	999.743	1.018.359	98,2	89,9	11,2	51,7	68,1	5,3
Baixada Santista	1.781.727	853.938	927.789	92,0	99,8	14,2	50,3	75,0	6,4
Ribeirão Preto	1.625.752	799.959	825.793	96,9	97,2	10,0	45,3	77,7	5,4

Fonte: Gerada de dados do Seade, Informações dos Municípios Paulistas (IMP, em: http://www.imp.seade.gov.br/frontend/#/tabelas).
Nota: TMI – Taxa de mortalidade infantil=mortes de crianças de menos de 1 ano, por 1000 nascidos vivos.
TGF Taxa Geral de Fertilidade=(número total de nascidos/número total de mulheres de 14-49 anos)*1000
Índice de Envelhecimento: (população de 65 anos ou mais/população de 0-14 anos)*100

Tabela 5.9 Taxa de fertilidade total do Brasil e regiões, 1940-2016									
Regiões	**1940**	**1950**	**1960**	**1970**	**1980**	**1991**	**2000**	**2010**	**2016**
Norte	7,2	8,0	8,6	8,2	6,4	4,2	3,2	2,4	2,1
Nordeste	7,2	7,5	7,4	7,5	6,2	3,7	2,7	2,0	1,9
Sudeste	5,7	5,5	6,3	4,6	3,5	2,4	2,1	1,7	1,6
Sul	5,7	5,7	5,9	5,4	3,6	2,5	2,2	1,7	1,6
Centro-Oeste	6,4	6,9	6,7	6,4	4,5	2,7	2,2	1,8	1,7
BRASIL	6,2	6,2	6,3	5,8	4,4	2,9	2,4	1,7	1,7

Fonte: Cerqueira e Givisiez, 2015, p.36, tabela 6 para 1991; IBGE, Sidra, tabela 3727 para 2000-2016.

em 2020, todos ficaram abaixo do nível de substituição de 2,1 filhos na taxa de fecundidade total.[46] Esse declínio começou nas regiões mais avançadas do país e nas áreas urbanas, depois se difundiu progressivamente a um ritmo ainda mais rápido nas áreas rurais e das camadas mais ricas para as mais pobres. Se os métodos contraceptivos são o principal fator desse declínio, a disseminação dessas práticas só pode ter decorrido de uma melhor integração do país. Parte dessa integração seria consequência da expansão do mercado interno e da estrutura de transportes, enquanto outras resultariam da migração de habitantes rurais para as cidades e das regiões mais pobres para as mais ricas.

A migração dentro do próprio estado e interestadual foi outro fator importante para a mudança demográfica em São Paulo, uma vez que a população paulista aumentou rapidamente apesar do declínio da fecundidade e de sua taxa de crescimento natural. Embora a migração das áreas rurais para as urbanas fosse uma constante na história brasileira, esse processo tornou-se muito mais rápido e difuso no país inteiro na segunda metade do século XX. Em 1960, a maioria da população brasileira ainda residia em áreas rurais. Em 1970, porém, mais de metade da população já era registrada como urbana, e a porcentagem dos residentes urbanos aumentou constantemente até atingir 80% da população nacional na época do Censo de 2000. Segundo estimativas, nos vinte anos decorridos de 1960 a 1980 cerca de 27 milhões de brasileiros migraram para cidades, tanto dentro do próprio estado de nascimento como para cidades de outros estados.[47] Até os anos 1990, os

46 Os dados para 2020 encontram-se nas projeções para 2018 em IBGE, "BRASIL, Projeção da população por sexo e idade - Indicadores implícitos na projeção - 2010/2060", em: <https://www.ibge.gov.br/estatisticas/sociais/populacao/9109-projecao-da-populacao.html?t=resultados>.

47 Ana Amélia Camarano e Ricardo Abramovay, "Êxodo rural, envelhecimento e masculinização no Brasil: Panorama dos últimos 50 anos". Texto para Discussão n.621, Rio de Janeiro: Ipea, 1998, p.1. Os autores ressaltam que o Brasil, como vários outros países da América Latina, classifica os centros estados que tinham as mais altas taxas de migração das zonas rurais para zonas urbanas eram os do Sudeste, sobretudo São Paulo, pois, nessa região, a agricultura modernizou-se mais rapidamente e os centros urbanos cresceram mais depressa do que na maioria das outras. O pico do crescimento da maioria das capitais do estado ocorreu nos vinte anos decorridos de 1950 a 1970, quando o aumento frequentemente atingiu bem mais de 5% ao ano. Por exemplo, na década de 1950, a população de Belo Horizonte cresceu a 6,8% ao ano e na década seguinte continuou a aumentar à taxa de 6% ao ano. Em São Paulo o crescimento foi de 5% ou mais por ano nessas duas décadas, e até Curitiba atingiu 7% ao ano na primeira década e quase 6% nos anos 1960. Só o Rio de Janeiro mostrou um crescimento mais lento, de 3% ou mais anuais nessas três décadas. Brasília, evidentemente, foi quem teve o crescimento demográfico mais impressionante: 14% ao ano, na década de 1960. Como resultado, todas essas cidades, exceto Rio de Janeiro, mais que duplicaram suas populações nesse período de vinte anos. A atração dos empregos disponíveis nas cidades grandes e nas zonas mais ricas, juntamente com oportunidades educacionais e melhores serviços sociais e assistência médica foram todos fatores que ajudaram a impelir essa volumosa migração interna no Brasil, no século XX. O fator de expulsão, naturalmente, foi a crescente mecanização da agricultura e o declínio da agricultura de subsistência em todas as partes do Brasil, à medida que o país tornou-se um importante exportador de centenas de produtos agrícolas além do tradicional café.

No final do século havia vinte capitais estaduais com mais de 1 milhão de habitantes em suas áreas metropolitanas. No entanto, a essa altura, todas cresciam a um ritmo bem menor, pois a mudança da zona rural para a urbana havia desacelerado consideravelmente em quase todos os estados: agora as taxas ficavam em torno de 2% ao ano ou menos.[48] Em 2010, como resultado de toda essa migração, 99 milhões de brasileiros – 52% da população nacional – viviam em cidades de 50 mil habitantes ou mais.[49]

O estado mais afetado por essa migração interna foi São Paulo e sua capital. Enquanto a fecundidade e a taxa de crescimento natural declinaram, a migração aumentou e, após 1950, São Paulo tornara-se o maior estado industrial e também agrícola do país, oferecendo salários mais elevados e mais empregos do que qualquer outra parte do Brasil. De início, quem supriu a

urbanos segundo uma definição administrativa e não segundo o tamanho, o que leva a subestimativas da população rural. Ibid., p.6.

48 IBGE, Estatísticas do século XX, 2003, tabela pop S2T04.

49 IBGE, Sidra, tabela 1294.

demanda crescente por mão de obra em São Paulo foram escravos africanos; abolida a escravidão em 1888, trabalhadores imigrantes da Europa e Ásia afluíram para o território paulista. Em 1930, as migrações internacionais que haviam trazido 4,4 milhões de trabalhadores europeus e asiáticos para o Brasil desaceleravam consideravelmente.[50] A maior parte desses migrantes chegou entre os anos 1880 e os anos 1920 e foi para os cafezais de São Paulo e Paraná, tendo se mudado depois para as cidades em expansão da região, principalmente São Paulo.

No entanto, quando essa migração internacional desacelerou, foi substituída progressivamente por migrantes vindos de estados vizinhos e de regiões brasileiras mais distantes. Já em fins dos anos 1920 a migração interna de brasileiros vindos do Nordeste começou a ocorrer ininterruptamente, e prosseguiu firme durante os sessenta anos seguintes. No período 1920-1940, o estado de São Paulo recebeu mais imigrantes internos do que estrangeiros.[51] O ritmo aumentou a cada década. Nos anos 1940, um quarto do crescimento populacional do estado de São Paulo deveu-se à entrada de migrantes de outros estados; nas duas décadas seguintes, a porcentagem chegou a 30%, e no período 1970-1980 atingiu o auge: 42% do crescimento da população do estado resultou da entrada de migrantes. Mas esse foi o pico para São Paulo. A migração interna não cessou, mas após 1980 o fluxo de migrantes interestaduais dirigiu-se sobretudo para as novas terras agrícolas do oeste e norte, que no final do século vinham sendo lentamente abertas à exploração. Dali por diante, a importância dos migrantes interestaduais no crescimento local paulista caiu para menos de 10% da taxa de crescimento do estado (Tabelas 5.10). Os 3 milhões que chegaram nos anos 1970 foram responsáveis por 42% do crescimento da população do estado naquela década. Esse foi o pico da entrada de migrantes; o declínio teve início nos anos 1980, quando os migrantes encontraram outras regiões mais atrativas (Tabela 5.10).

Apesar de o Nordeste ser famoso como a origem dos imigrantes interestaduais que vieram para o estado de São Paulo, nos anos 70, aproximadamente 44% do total de migrantes interestaduais chegados a terras paulistas provieram de dois estados vizinhos, Paraná e Minas Gerais, em comparação com 42% provenientes da região Nordeste, da qual a Bahia foi o estado de origem que mais se destacou (13%). Nos anos 1980, Nordeste e Bahia au-

---

50 Dados de 1872-1972 extraídos de Maria Stella Ferreira Levy, "O papel da migração internacional na evolução da população brasileira (1872 a 1972)". *Revista de Saúde Pública*, v.8 (Supl.), 1974, São Paulo. Tabela 1, p.71-3; dados de 1820-1871 extraídos de Directoria Geral de Estatistica, Boletim Commemorativo da Exposição Nacional de 1908, Rio de Janeiro, 1908, p.82-5.

51 Thomas W. Merrick e Douglas H. Graham, *Population and economic development in Brazil, 1800 to the present* (Baltimore: Johns Hopkins University Press, 1979), tabela VI-4, p.125.

Tabela 5.10 **Importância da imigração no crescimento da população do estado de São Paulo, 1940-2000**

Período	Crescimento Total no Período	Componentes do crescimento		Porcentagens do crescimento		Taxa de crescimento anual da população do estado
		Natural*	Imigração	Natural	Imigração	
1940-50	1.954.107	1.469.600	484.507	75,2%	24,8%	2,4%
1950-60	3.840.276	2.691.489	1.148.787	70,1%	29,9%	3,6%
1960-70	4.797.249	3.372.211	1.425.038	70,3%	29,7%	3,2%
1970-80	7.268.764	4.185.591	3.083.173	57,6%	42,4%	3,5%
1980-1991	6.505.761	5.919.097	586.664	91,0%	9,0%	2,1%

Fonte: Perillo e Perdigão (2016): 775, tabela 1.
Nota: *Crescimento natural= Nascimentos de residentes menos mortes de residentes.

mentaram sua parcela para metade dos migrantes que chegaram a São Paulo; a Bahia foi responsável por 16%, e sua parcela cresceu para 21% nos anos 1990, quando os nordestinos compuseram 52% do total de imigrantes.[52]

No município de São Paulo, o grande impacto da migração interestadual e dentro do próprio estado ocorreu no período 1950-1980. Nos anos 1950 e 1960, a imigração contribuiu mais do que o crescimento natural da população residente para a expansão populacional da cidade. Foi só nos anos 1970, a década do pico da imigração anual, que o crescimento natural se tornou mais significativo do que a imigração. Finalmente, na década de 1980 a migração tornou-se negativa; o número dos que deixaram a cidade superou o dos que entraram. Segundo estimativa, nos anos 2040 a população urbana terá diminuído, pois desde os anos 1980 a saída de migrantes terá sido maior do que a entrada e, segundo previsão, nos anos 2040, pela primeira vez o número de mortes irá superar o de nascimentos; o resultado será uma taxa de crescimento natural negativa nessa década (Tabela 5.11).

O fluxo de migrantes nordestinos foi ainda mais concentrado nas comunidades da Região Metropolitana de São Paulo (RMSP), composta de numerosos centros urbanos pequenos que, aos poucos, foram integrados à economia metropolitana. Os nordestinos representaram cerca de 70% do total de migrantes interestaduais na região metropolitana da capital, e a porcentagem dos oriundos da Bahia foi 28% (Tabela 5.12). Em 2010, registraram-se mudanças significativas na origem, com a substituição dos nordestinos por um fluxo crescente de habitantes do próprio estado que migraram para a RMSP. Dos 2.281.110 migrantes residentes nessa região,

52 Rosana Baeninger, "São Paulo e suas migrações no final do século 20". *São Paulo em Perspectiva,* v.19, n.3, 2005, p.87, tabela 1.

Tabela 5.11 Crescimento da população, realizado e estimado. Município de São Paulo, por compontes naturais e migratórios, 1950-2010

	População	Crescimento entre Censos	*Taxa anual de crescimento*		
			Natural	Migrações	Taxa de Crescimento
1950	2.198.096				
1960	3.781.446	158.335	65.272	93.063	5,58
1970	5.885.475	210.403	97.046	113.357	4,52
1980	8.475.380	258.991	141.544	117.447	3,71
1991	9.610.659	103.207	165.440	-62.233	1,15
2000	10.426.384	90.636	141.049	-50.413	0,91
2010	11.245.983	81.960	114.092	-32.132	0,76
2020	*11.869.661*	*62.368*	*87.842*	*-25.474*	*0,54*
2030	*12.242.972*	*37.331*	*55.085*	*-17.754*	*0,31*
2040	*12.354.698*	*11.173*	*23.722*	*-12.549*	*0,09*
2050	*12.205.291*	*-14.941*	*-3.182*	*-11.759*	*-0,12*

Fonte: Seade, *SP Demográfico*, v.13, n.1, jan. 2013, p.3, tabela 1.

em 2010, cerca de 53% provinham do estado de São Paulo, e apenas 13% tinham vindo da Bahia.[53] Em 2010 os migrantes interestaduais representaram 75% do total de migrantes na região metropolitana, e a porcentagem dos oriundos da Bahia caíra para 6%.[54]

O crescimento explosivo das cidades interioranas paulistas deve-se principalmente aos que migraram dentro do próprio estado de áreas rurais para urbanas. Essas cidades cresceram mais depressa do que a capital, e as do interior cresceram ainda mais rápido que as da região metropolitana de São Paulo, inclusive nos anos de pico da migração. O maior surto de crescimento na maioria dessas cidades ocorreu nas três primeiras décadas, de 1950 a 1980; a partir de então, o crescimento anual médio desacelerou em praticamente todas as áreas urbanas (Tabela 5.13).

Embora a capital crescesse rapidamente nos anos 1970, nos 39 municípios periféricos que compunham a RMSP, a taxa de crescimento foi o dobro da registrada para a capital. Foi nos grandes municípios periféricos de Santo André, São Bernardo do Campo, São Caetano do Sul e Diadema (os

---

53 Marden Campos, "A migração para a região metropolitana de São Paulo no início do século XXI: Aspectos demográficos e familiares". *Anais do XXI Encontro Nacional de Estudos Populacionais,* 2018, p.9, tabela 1.

54 IBGE, Sidra, tabela 631.

Tabela 5.12 Imigrantes nascidos em outros estados, com menos de 10 anos de residência no estado de São Paulo e na Região Metropolitana de São Paulo, 1970-2010

	Estado de São Paulo				*Região Metropolitana de São Paulo (RMSP)*			
Residência prévia	**1970/80***	**1981-91****	**1990-2000****	**2000/10****	**1970/80***	**1980/91***	**1990-2000****	**2000-2010****
TOTAL***	**3.325.430**	**7.069.131**	**8.799.241**	**7.968.317**	**2.253.327**	**1.641.718**	**2.956.671**	**2.394.985**
Norte	**24.911**	**47.419**	**73.395**	**95.141**	**17.552**	**28.314**	**27.155**	**28.861**
Nordeste	**1.381.697**	**3.651.199**	**4.983.949**	**4.628.958**	**1.181.358**	**1.085.308**	**2.047.168**	**1.704.683**
Piauí	58.315	153.358	252.904	278.511	52.451	68.894	94.780	96.574
Alagoas	96.893	301.837	409.455	376.915	79.481	68.419	145.207	111.843
Ceará	175.062	425.090	538.197	487.620	52.451	68.894	235.249	190.348
Pernambuco	366.585	879.775	1.138.182	987.689	79.481	68.419	464.219	366.217
Bahia	447.928	1.274.604	1.810.929	1.702.676	387.478	355.215	777.952	663.414
Sudeste (exceto SP)	**811.478**	**2.062.460**	**2.189.967**	**1.884.958**	**490.488**	**299.877**	**582.166**	**436.121**
Minas Gerais	661.652	1.805.765	1.902.322	1.616.885	392.596	216.622	166.500	354.442
Sul	**854.935**	**1.134.600**	**1.327.404**	**1.141.476**	**418.188**	**140.746**	**249.250**	181.482
Paraná	799.053	1.011.353	1.185.683	1.003.286	379.719	111.761	197.519	134.285
Centro-Oeste	**165.346**	**173.453**	**224.526**	**217.784**	**73.212**	**44.041**	**50.932**	**43.838**

Fonte: Cunha , 2003, p.229, tabela 8 e IBGE, Sidra, tabelas 617 e 631 para 2000 e 2010 para RMSP e 1981-2010 para o estado.
Notas: *Os dados apresentados por Cunha foram geral por NEPO e não são comparativos com os dados do IBGE; **IBGE apresenta a origem das pessoas residentes no estado e/ou na RMSP para 10 anos ou menos por estado de nascimento. Não dá dados completos para o período 1970/80 para o estado ou 1970 a 1991 para a RMSP; ***Total exclui dados perdidos e DF (Brasília).

Tabela 5.13 Crescimento da população do estado, capital, Região Metropolitana de São Paulo e dos principais municípios, 1950-2010

	População						
	1950	**1960**	**1970**	**1980**	**1991**	**2000**	**2010**
Estado de São Paulo	9.134.423	12.974.699	17.771.948	24.953.238	31.436.273	37.032.403	41.262.199
Município de São Paulo	2.198.096	3.781.446	5.924.615	8.475.380	9.610.659	10.434.252	11.253.503
Região Metropolitana de São Paulo*	n.a.	n.a.	8.139.730	12.549.856	15.369.305	17.878.703	19.683.975
Maiores municípios do estado**							
Guarulhos	34.683	100.760	236.811	532.724	787.866	1.072.717	1.221.979
Campinas	152.547	217.219	375.864	664.566	847.595	969.396	1.080.113
São José dos Campos	44.804	76.994	148.332	287.513	442.370	539.313	629.921
Ribeirão Preto	92.160	145.267	212.879	318.544	436.682	504.923	604.682
Sorocaba	93.928	136.271	175.677	269.888	379.006	493.468	586.625
Brasil	**51.944.397**	**70.992.343**	**93.117.327**	**119.043.043**	**146.917.459**	**169.544.443**	**190.755.799**

	Taxa média de crescimento anual da população					
	1950/60	**1960/70**	**1970/80**	**1980/91**	**1991/2000**	**2000/10**
Estado de São Paulo	3,6	3,2	3,5	2,1	1,8	1,1
Município de São Paulo	5,6	4,6	3,6	1,1	0,9	0,8
Região Metropolitana de São Paulo*			4,4	1,9	1,7	1,0
Maiores municípios do estado**						
Guarulhos	11,3	8,9	8,4	3,6	3,5	1,3
Campinas	3,6	5,6	5,9	2,2	1,5	1,1
São José dos Campos	5,6	6,8	6,8	4,0	2,2	1,6
Ribeirão Preto	4,7	3,9	4,1	2,9	1,6	1,8
Sorocaba	3,8	2,6	4,4	3,1	3,0	1,7
Brasil	3,2	2,8	**2,5**	**1,9**	**1,6**	**1,2**

Fonte: IBGE, Sidra, tabelas 1288, 202 e 1378; Ipeadata, Regional, "População residente - total".
Notas: *A Região Metropolitana de São Paulo (RMSP), criada em 1973, é composta pela Capital e 38 municípios, alguns com elevada população, como Guarulhos, São Bernardo do Campo, Santo André e Osasco; **Maiores municípios do estados são aqueles com mais de 500 mil habitantes em 2010.

chamados municípios ABCD) que indústrias se instalaram, e houve oferta abundante de emprego para os migrantes que chegavam; esses centros, juntamente com o município residencial de Osasco, tiveram crescimento extraordinário nesse período (Tabela 5.14).

Tabela 5.14 Taxas de crescimento anual da população da capital e municípios da Região Metropolitana de São Paulo, 1970-2000

	População				Taxa anual de crescimento		
	1970	1980	1991	2000	1970/80	1980/91	1991/2000
Região Metropolitana de São Paulo	8.139.730	12.588.725	15.416.416	17.833.511	4,5%	1,9%	1,6%
Capital	5.924.615	8.493.226	9.626.894	10.406.166	3,7%	1,1%	0,9%
Demais municípios	2.215.115	4.095.499	5.789.522	7.427.345	6,3%	3,2%	2,8%

Fonte: Modificado de Baeninger, "Expansão", 2002, p.9, tabela 2.

Como se tratou principalmente de migração de trabalhadores atraídos por ocupações disponíveis e salários mais altos, a migração interestadual para São Paulo foi sobretudo de pessoas em idade produtiva. Nos anos 1970, por exemplo, dos 2,9 milhões de migrantes que vieram para o estado de São Paulo, 43% estavam na faixa etária de 20-29 anos; se somarmos a esses os da faixa de 15-19 anos, o total para o grupo de 15-29 anos representou 57% do total de migrantes. Migrantes com mais de 50 anos representaram apenas 7% do total (Gráfico 5.14 e Mapa 5.1).

O mercado de trabalho urbano, especialmente em ocupações não especializadas, geralmente ofereceu mais oportunidades para mulheres do que para homens, o que explica a porcentagem consistentemente maior de mulheres no fluxo migratório e nas capitais. Enquanto as cidades centrais tenderam a atrair mais mulheres do que homens, nos municípios periféricos industriais a tendência foi inversa. Isso se evidencia nas diferenças entre os migrantes que entraram no estado de São Paulo e os que foram para a capital e sua região metropolitana segundo os Censos de 2000 e 2010. Na capital, a razão de sexos dos migrantes foi de apenas 86 homens para 100 mulheres em 2000 e, ainda menor, em 2010: 83 homens para 100 mulheres. A região municipal apresentou prevalência das mulheres quase na mesma proporção. Se subtrairmos a RMSP do total da população de migrantes no estado, em ambos os anos a razão de sexos resultante é quase equilibrada: 99,5 homens para 100 mulheres em 2000 e 98,3 para 100 em 2010 (Tabela 5.15). À medida que o estado se tornou cada vez mais urbanizado, a razão de sexos

Mapa 5.1 Municípios da Região Metropolitana de São Paulo, por Índice de Desenvolvimento Humano (IDH), 2010

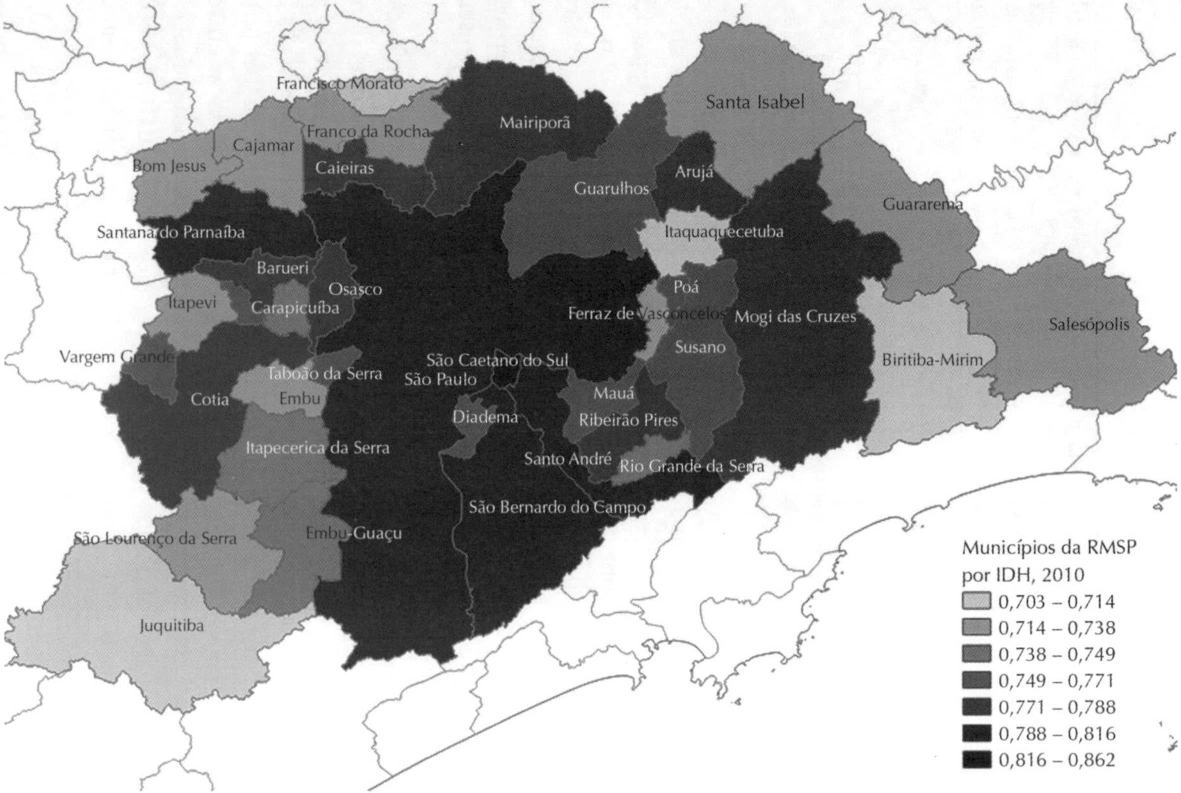

Fonte: IBGE: Bases Cartográficas; PNUD-IDH-2010.

Tabela 5.15 População residente no estado, na capital e Região Metropolitana de São Paulo, por sexo, 2000-2010						
	2000			2010		
	Homens	Mulheres	RM (1)	Homens	Mulheres	RM (1)
Estado	4.253.923	4.567.106	93,1	3.815.480	4.178.870	91,3
Município de São Paulo (capital)	1.363.214	1.593.457	85,6	1.085.368	1.309.617	82,9
Região Metropolitana de São Paulo	2.541.355	2.845.336	89,3	2.066.947	2.399.647	86,1

Fonte: IBGE, Sidra, Tabela 631.
Nota (1): RM: Razão de masculinidade.

passou a ser cada vez mais similar à do município de São Paulo (Tabela 5.16). Esse padrão foi encontrado para todo o Brasil, cuja população urbana, na época do Censo de 2010, apresentou razão de sexos de 93,4 homens para 100 mulheres, enquanto, na população rural, a razão foi de 111,1 homens para 100 mulheres.[55]

Embora o crescimento da população nas capitais dos estados brasileiros desacelerasse consideravelmente, após 1980, houve um novo crescimento no entorno dessas cidades e a ascensão de novos centros metropolitanos em cada estado.[56] Por todo o Brasil ocorreu um grande deslocamento de população, não só entre regiões, mas também, ainda mais significativamente, de áreas rurais para cidades próximas e distantes, o que expandiu rapidamente as fronteiras municipais. Entre 1950 e 2010, o número de cidades brasileiras com mais de 50 mil habitantes passou de 42 para 433, e a porcentagem da população dessas cidades na população nacional aumentou de 16% para 52% nesses mesmos anos de censo. Os números mostram o quanto o estado de São Paulo esteve à frente nesse período de sessenta anos. Oito dessas cidades eram paulistas em 1950 e continham 29% da população do estado; em 2010, o número aumentara para 109 cidades, as quais agora abrigavam quase três quartos da população do estado.[57]

À medida que essas populações urbanas se expandiram, no entorno das cidades começaram a emergir localidades que se transformaram em cida-

55 IBGE, Sidra, tabela 202.

56 Por exemplo, entre 1991 e 2002, o município de Belo Horizonte cresceu apenas 1,1% ao ano, enquanto as duas cidades adjacentes que agora integram a grande área metropolitana cresceram 4,4% ao ano nas décadas de 1960 e 1970. Em 1991, essas cidades continham apenas 41% da população da região metropolitana, e onze anos depois sua parcela era de 50%. Fundação João Pinheiro, *Perfil Demográfico do Estado de Minas Gerais 2000*. Belo Horizonte, 2003, tabela 15, p.24.

57 Números gerados com base em IBGE, Sidra, tabelas 1294 e 1288.

Tabela 5.16 População do estado de São Paulo e município de São Paulo, por sexo, nos Censos de 1950-2010				
Estado de São Paulo				
Censo	**Total**	**Homens**	**Mulheres**	**RM**[1]
1950	9.134.423	4.648.606	4.485.817	103,6
1960	12.823.806	6.477.519	6.346.287	102,1
1970	17.770.975	8.929.302	8.841.673	101,0
1980	25.042.074	12.523.001	12.519.073	100,0
1991	31.588.925	15.613.989	15.974.936	97,7
2000	37.032.403	18.139.363	18.893.040	96,0
2010	41.262.199	20.077.873	21.184.326	94,8
Município de São Paulo				
1950	2.198.096	1.085.965	1.112.131	97,6
1960	3.781.446	1.860.938	1.920.508	96,9
1970	5.924.615	2.909.645	3.014.970	96,5
1980	8.493.226	4.150.555	4.342.671	95,6
1991	9.646.185	4.653.208	4.992.977	93,2
2000	10.434.252	4.972.678	5.461.574	91,0
2010	11.253.503	5.328.632	5.924.871	89,9

Fonte: IBGE, Sidra, tabela 1286, para o Estado; Seade, Histórico Demográfico do Município de São Paulo, tabela 11.
Nota (1): Razão de masculinidade.

des pequenas e logo se integraram aos centros urbanos graças à expansão da infraestrutura de transporte. Por fim, no Censo de 2000, o IBGE começou a usar áreas metropolitanas para definir essas comunidades periféricas e seu centro urbano correspondente como áreas metropolitanas coesas. Na época, havia no país quinze dessas regiões metropolitanas com mais de 1 milhão de habitantes, três das quais no estado de São Paulo: Campinas, Baixada Santista (Santos) e a RMSP, a maior do país, com mais de 17,8 milhões de habitantes. Em 2010, já eram vinte regiões metropolitanas com mais de 1 milhão de habitantes. Agora a região de Campinas tinha uma população de 2,8 milhões, e a RMSP continuava a ser, incomparavelmente, a maior do país, com mais de 19,7 milhões de habitantes.[58]

Embora se possa dizer que a população do Brasil se deslocou após 1950, a movimentação não foi em um único sentido. Como é comum nesses deslocamentos populacionais, a migração foi tanto de saída como de retorno. Mesmo em meio a essa intensa migração interna de brasileiros das zonas

58 Números gerados com base em IBGE, Sidra, tabela 202.

mais pobres para as mais ricas e das áreas rurais para as urbanas, com o passar dos anos ocorreu uma significativa migração de retorno, inclusive a partir de centros receptores como São Paulo em direção aos distantes estados nordestinos mais pobres. Estimativas de migração de retorno a partir de São Paulo em 1981-1991 e 1990-2000 mostram que, em ambos os períodos, 56% dos imigrantes voltaram para seus estados ou região de origem (Gráfico 5.14a e 5.14b). Um levantamento de pessoas que migraram para São Paulo oriundas de estados selecionados em 1996-2004 também indicou que quase metade dos que vieram desses estados retornou. Em alguns casos, como Piauí e Ceará, três quartos dos que migraram voltaram para seu estado de origem.[59]

Esse mesmo padrão foi encontrado para a Região Metropolitana de São Paulo (RMSP). No período de 1981 a 1991, chegaram 802.009 imigrantes de outros estados, e nesse mesmo período 53% retornaram ao estado de origem. De 1995 a 2000, entraram 716.260 e dois terços retornaram a seu estado de origem. Nos dois períodos somados, o total dos que chegaram à RMSP vindos de dentro do próprio estado foi de 306.574 pessoas, mas 851.024 paulistas deixaram a área metropolitana e foram para outras partes do estado, mostrando que a migração de saída da RMSP foi maior para residentes do estado do que para residentes interestaduais, os quais permaneceram como grupo migrante positivo.[60]

Em consequência de todas essas mudanças demográficas, mas sobretudo do declínio da fecundidade e do aumento da urbanização, ocorreu uma diminuição significativa do tamanho médio dos domicílios e do número de crianças por domicílio. O tamanho da família reduziu-se em todo o Brasil, passando de 5,1 pessoas por domicílio em 1950 para 2,9 em 2015.[61] Até o fim dos anos 1950, a mudança foi pequena, mas nos anos subsequentes o declínio intensificou-se constantemente, em especial em 1980 e 2015,

59 Fausto Brito e José Alberto M. de Carvalho. "As migrações internas no Brasil: as novidades sugeridas pelos Censos Demográficos de 1991 e 2000 e pelas PNADS recentes". *Anais do XX Encontro Nacional de Estudos Populacionais,* 2016, p.13, tabela 14.

60 Dados de Brito e Carvalho, "As migrações internas no Brasil", p.9, tabela 2.

61 Os dados sobre tamanho de domicílio e da família encontram-se em IBGE, Brasil, Censo Demográfico, 1950, Série Nacional, v.1, p.286; IBGE, Brasil, Censo Demográfico, 1960, Série Nacional, v.1, p.112; IBGE, Brasil, Censo Demográfico, 1970 Série Nacional, v.1, p.206; IBGE, Censo Demográfico 2000 – Resultados do Universo, tabela 1.3.6; IBGE, Censo Demográfico 2010, Características da população e dos domicílios, Resultado do Universo, Rio de Janeiro, 2001, tabela 1.6.1; IBGE, Censo Demográfico 2010: famílias e domicílios resultados da amostra, Rio de Janeiro, 2012, tabela 1.1.3; os dados da PNAD para 1990, 2005 e 2015 encontram-se em IBGE, Sidra, PNAD, tabelas 1940, 1948; ver também José Eustáquio Diniz Alves e Suzana Cavenaghi, "Tendências demográficas, dos domicílios e das famílias no Brasil", *Aparte: Inclusão Social em Debate,* n.24, 2012, tabela 6; Suzana Cavenaghi e José Eustáquio Diniz Alves, "Domicilios y familias en la experiencia censal del Brasil: cambios y propuesta para identificar arreglos familiares". *Notas de población,* n.92, Cepal 15, 2011, p.33, cuadro 1; Arlindo Mello do Nascimento, "População e família brasileira: ontem e hoje". Paper apresentado no *XV Encontro Nacional de Estudos Populacionais, ABEP,* 2006, p.15, quadro 1.

Gráfico 5.14a Entrada de migrantes e retorno, estado de São Paulo, 1981-1991

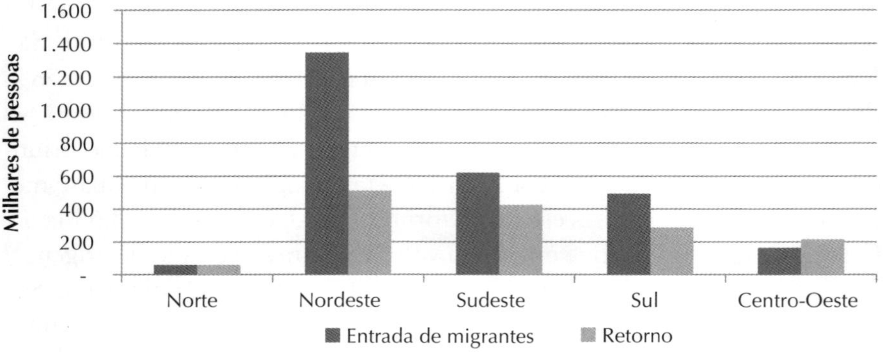

Fonte: Baseado em Baeninger, 2005, p.87, tabela 1.

Gráfico 5.14b Entrada de migrantes e retorno, estado de São Paulo, 1990-2000

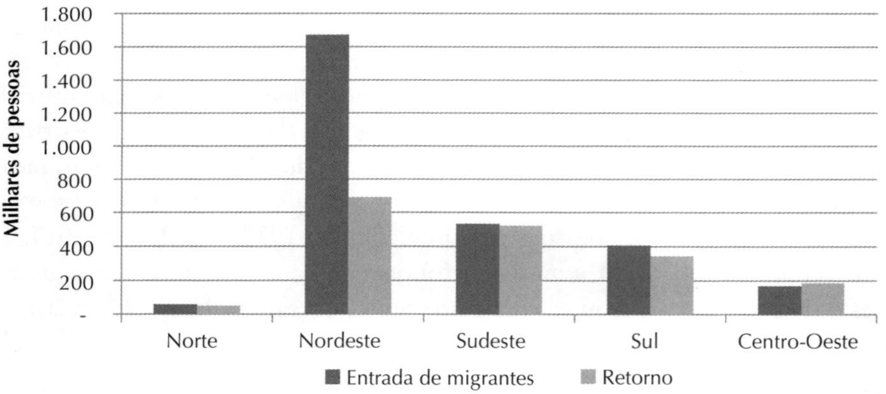

Fonte: Baseado em Baeninger, 2005, p.87, tabela 1.

quando duplicou a taxa usual de redução no tamanho da família (Gráfico 5.15). O tamanho do domicílio também diminuiu no mesmo ritmo e chegou a 3,0 pessoas por domicílio.[62]

62 Para dados de domicílios e tamanho das famílias, veja IBGE, Brasil, Censo Demográfico, 1950, Série Nacional, v.1, p.286; IBGE, Brasil, Censo Demográfico, 1960, Série Nacional, v.1, p.112; IBGE, Brasil, Censo Demográfico 1970, Série Nacional, v.1, p.206; IBGE, Censo Demográfico 2000 - Resultados do Universo, tabela 1.3.6; IBGE, Censo Demográfico 2010, Características da população e dos domicílios, Resultado do Universo (Rio de Janeiro, 2001), tabela 1.6.1; IBGE, *Censo Demográfico 2010:*

Gráfico 5.15 Tamanho médio da família no Brasil e no estado de São Paulo, em anos selecionados, 1950-2015

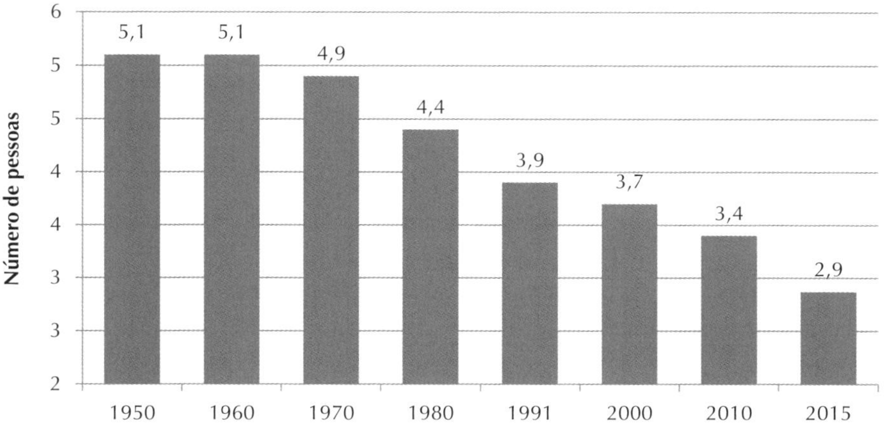

Fonte: veja nota 62.

Como se poderia prever, houve diferença nas taxas de declínio por residência, com disparidade significativa entre os indicadores urbanos e rurais. Por exemplo, o tamanho da família rural em 1950 era de 5,3 pessoas, e nos centros urbanos de 4,9 pessoas, enquanto a média nacional era de 5,1 pessoas por família.[63] Em 1987 a família média tinha 4,0 pessoas, e em 1995, havia diminuído em todo o país para 3,7 pessoas.[64] Em 2002, o tamanho era de 3,6, mas nas áreas rurais ainda era de 4,0 pessoas. Em 2008, o tamanho da família média no país caíra para 3,3 pessoas, com 3,2 para as famílias urbanas e 3,6 para as rurais.[65] Esse padrão foi encontrado até a época do Censo de 2010, quando a família urbana média tinha apenas 2,9 pessoas, em comparação com 3,3 na família rural média.[66]

---

famílias e domicílios resultados da amostra (Rio de Janeiro, 2012), tabela 1.1.3; a PNAD relativa a 1990, 2005 e 2015 pode ser obtida em IBGE, Sidra, PNAD, tabelas 1940, 1948; veja também José Eustáquio Diniz Alves e Suzana Cavenaghi, "Tendências demográficas, dos domicílios e das famílias no Brasil", *Aparte: Inclusão Social em Debate*, v.24, 2012, tabela 6.; e Suzana Cavenaghi e José Eustáquio Diniz Alves, "Domicilios y familias en la experiencia censal del Brasil: cambios y propuesta para identificar arreglos familiares", *Notas de población*, n.92, Cepal 15, 2011, p.33, quadro 1; Arlindo Mello do Nascimento, "População e família brasileira: ontem e hoje". Artigo apresentado no *XV Encontro Nacional de Estudos Populacionais*, ABEP, 2006, p.15, quadro 1.

63 Para calcular a taxa urbana em 1950, combinamos as populações urbanas e suburbanas. IBGE, Brasil, Censo Demográfico 1950, Série Nacional, v.1, p.280.

64 IBGE, Sidra, tabela 382.

65 IBGE, Sidra, tabela 668.

66 IBGE, Sidra, Censo 2010, tabelas 3495 e 3521.

O ritmo do declínio do tamanho médio dos domicílios foi mais intenso em São Paulo. Em 1991, o tamanho médio dos domicílios no município de São Paulo diminuíra para 3,8 pessoas em comparação com 4,5 pessoas em 1960; tornou a cair em 2000, chegando a 3,5 pessoas.[67] Em 1991, a média nacional era de 4,2 pessoas por família, enquanto no estado de São Paulo era de 3,9 pessoas. Em 2000, tanto no estado como na capital, a família média tinha 3,5 pessoas, e em 2010, diminuíra para 3,2 pessoas, enquanto no país como um todo era de 3,3 pessoas (Tabela 5.17).[68] Em 2006, o tamanho do domicílio médio no município declinara para 3,0 pessoas na RMSP e continuava a ser de 3,1 pessoas no estado.[69] A média diminuiu ainda mais segundo a pesquisa de domicílios de 2015, passando a ser, no estado, de 2,8 pessoas por domicílio.[70]

O declínio no tamanho médio dos domicílios no estado ocorreu em todos os principais subtipos de domicílio desde o Censo de 1960 até o de 2010. Os domicílios compostos de pais casados ou em coabitação e seus filhos diminuíram de 5,8 para 4,1 membros nesse período, e também declinaram de 4,5 para 3,1 pessoas os domicílios uniparentais com filhos; tanto as famílias estendidas com familiares como os domicílios "compostos" formados por famílias e membros não pertencentes ao grupo familiar também apresentaram diminuição de tamanho. Apenas os domicílios não familiares pouco mudaram nesse período (Tabela 5.18).

Como demonstrado em muitos estudos, os padrões de tamanho de domicílio e família e os padrões de fecundidade difundiram-se dos setores urbanos e mais ricos para os setores mais pobres durante o processo de transição. Em 2004, por exemplo, houve uma correlação negativa perfeita entre o número de filhos por domicílio e a riqueza da família: os domicílios mais pobres tinham o maior número médio de filhos (4,6 no estado e 4,8 na RMSP), e os mais ricos tinham o menor número de filhos (2,5 no estado e na RMSP).[71]

Essa mudança rápida no nível dos nascimentos, óbitos e tamanho das famílias criou uma sociedade nova e complexa. A morte na infância deixou de ser ocorrência comum, o período de fecundidade das mulheres redu-

---

67 Seade, Histórico Demográfico do Município de São Paulo, tabela 8, "Total de Domicílios e nº Médio Pessoas/Domicílio Município de São Paulo 1960 a 2000", em: <http://smul.prefeitura.sp.gov.br/historico_demografico/tabelas.php>.

68 IBGE, Sidra, tabelas 156, 229 e 3145; IBGE, VIII Recenseamento Geral 1970, Série Nacional, v.1, p. 232.

69 IBGE, Sidra, tabela 385; IBGE, Síntese de Indicadores Sociais, 2014, tabela 5.1.

70 IBGE, Síntese de Indicadores Sociais, 2015, tabela 5.4.

71 IBGE, Síntese de Indicadores Sociais, 2005, tabela 5.5.

Tabela 5.17 Média de residentes por domicílio. Brasil, estado de São Paulo e município de São Paulo, 1991-2015			
	Brasil	Estado de São Paulo	Município de São Paulo
1991	4,19	3,89	3,75
2000	3,76	3,54	3,46
2001	3,62	3,48	3,53
2002	3,59	3,45	3,52
2003	3,53	3,38	3,43
2004	3,51	3,37	3,40
2005	3,46	3,30	3,32
2006	3,42	3,25	3,28
2007	3,35	3,22	3,24
2008	3,28	3,15	3,13
2010	3,31	3,20	3,14
2009	3,26	3,14	3,20
2011	3,17	3,06	3,10
2012	3,12	3,00	2,98
2013	3,08	3,01	3,05
2014	3,02	2,96	2,98
2015	3,00	2,93	2,95

Fonte: IBGE, Sidra, tabela 156 para 1991, 2000 e 2010; e IBGE, Sidra, tabela 1958 da PNAD para outros anos.

Tabela 5.18 Média de residentes por tipo de domicílio, estado de São Paulo, 1960-2010					
	Casados ou casal em coabitação com criança	Família extendida		Composta	
		Solteiro-pais de família	Somente famíliares	Agregado familiar e não parentes	Domicílio não familiar
1960	5,84	4,46	6,93	7,08	2,99
1970	5,82	4,56	6,07	6,38	2,92
1980	5,31	4,28	6,41	6,33	2,84
1991	4,66	3,63	5,98	5,99	2,7
2000	4,33	3,29	5,56	5,66	2,69
2010	4,04	3,01	5,09	5,56	3,11

Fonte: Ipums, amostra de 5% dos censos brasileiros.

ziu-se e o número médio de filhos passou a ser inferior a 2. Mais mulheres tornaram-se chefes de domicílio e mais pessoas moram sozinhas. A sociedade está mudando rapidamente, e o padrão de residência multifamiliar declinou, substituído por pessoas mais velhas que moram sozinhas em vez de com os filhos. Todas essas mudanças tiveram um impacto sobre o mercado de trabalho, o sistema de previdência social, o papel das mulheres na sociedade, o trabalho e o ensino. Assim como a mudança demográfica influenciou substancialmente a população do estado, mudanças de atitude em relação ao casamento e ao papel das mulheres na educação e na força de trabalho também influenciaram a estrutura demográfica do estado. A população que vive em São Paulo, em 2020, tem características muito diferentes daquela que residia no estado em 1950. Agora é uma população predominantemente urbana que tem mais em comum com populações do mundo industrializado avançado do que com seu próprio passado. A mudança demográfica foi um dos fatores fundamentais dessa transformação extraordinária.

6

Mudança social no estado de São Paulo: mulheres, trabalho e famílias em novos papéis

O impacto da mudança demográfica, do crescimento econômico e da urbanização em São Paulo, como em todo o Brasil, produziu mudanças básicas, lentas e graduais nas normas sociais. O papel das mulheres e o significado do casamento foram particularmente afetados por essas mudanças, tão colossais, para que a sociedade paulista em 2020 fosse muito diferente da que existia em 1950. Em meados do século XX, o casamento legal confirmado pela Igreja era a regra, as mulheres tinham nível de instrução mais baixo do que os homens e a participação delas na força de trabalho era pequena, limitada sobretudo a ocupações não especializadas. Além disso, o Estado apoiava essas normas e reforçava o papel da doutrina da Igreja.

Todas as mudanças básicas que ocorreram nas normas sociais relacionadas à natureza da família e ao papel das mulheres têm vários fatores causais. Entre eles estão não apenas os fatores óbvios da urbanização e industrialização, mas também alterações generalizadas em atitudes que afetaram, em maior ou menor grau, a maioria dos países latino-americanos após a Segunda Guerra Mundial. A primeira e mais óbvia manifestação dessa nova realidade foram modificações jurídicas, na segunda metade do século passado, que determinaram, por exemplo, a extensão de direitos legais aos filhos nascidos fora do casamento, o reconhecimento legal de uniões consensuais e a legalização do divórcio. As consequências de todas essas transformações foram acompanhadas por modificações comportamentais diante do que constitui uma família tradicional e do papel que a mulher deve exercer na sociedade e na força de trabalho.

Em comparação com a rapidez com que ocorreram mudanças nos aspectos da fecundidade, mortalidade, migração e tamanho das famílias, a transformação na organização dos domicílios foi bem mais lenta. Em 1950, como em todos os censos subsequentes, os domicílios ainda eram constituídos predominantemente por famílias. No censo daquele ano, apenas 12% dos domicílios eram chefiados exclusivamente por uma mulher, e dois terços dessas chefes de domicílio eram viúvas. Para ambos os sexos, menos de 1% dos chefes de domicílio eram divorciados ou separados judicialmente (0,1% dos homens e 0,8% das mulheres chefes de domicílio).[1] Essa ainda era, claramente, uma sociedade bem tradicional no que diz respeito à estabilidade do casamento e à baixa incidência de mulheres chefes de domicílio, pessoas morando sozinhas e pessoas divorciadas ou separadas judicialmente.

Embora o casamento civil tenha sido instituído no Brasil em 1891, o divórcio demorou muito a ser previsto em lei, e suas condições eram onerosas. O Código Civil de 1916 permitiu a separação legal ou "desquite" com muitas restrições e limites, entre os quais a proibição ao recasamento. Só em 1977 o divórcio pleno tornou-se possível, mas a quem se separasse judicialmente só seria permitido casar-se novamente uma única vez. Por fim, a Constituição de 1988 estabeleceu plenos direitos ao divórcio e ao recasamento, direitos esses que foram incorporados ao Código Civil de 2002; em 2007, tornou-se possível a separação consensual para os casais sem filhos menores.[2]

Tão importante quanto o divórcio foi o reconhecimento legal das uniões consensuais, que só ocorreu também com a Constituição de 1988 e com a chamada lei da união estável de 1996.[3] Isso garantiu todos os direitos tradicionais de herança e separação judicial reconhecidos para as pessoas legalmente casadas, inclusive os direitos concernentes à propriedade. De mesma importância foi o estabelecimento da igualdade para os direitos legais de filhos naturais e filhos legítimos, que só ocorreu em 1977 e foi ampliada na Constituição de 1988. Essa decisão foi crucial para garantir os direitos de todos os filhos ao patrimônio dos pais, independentemente da situação legal destes e mesmo no caso de os genitores serem oficialmente casados com

---

1 IBGE, Brasil, Censo Demográfico, 1950, Série Nacional, v.1, p.280.

2 "A trajetória do divórcio no Brasil: A consolidação do estado democrático de direito", em: <https://ibdfam.jusbrasil.com.br/noticias/2273698/a-trajetoria-do-divorcio-no-brasil-a-consolidacao-do-estado-democratico-de-direito>, acesso em: 26.11.2017.

3 Na Constituição de 1988, finalmente, foi reconhecida a legalidade de uniões consensuais. Declara o artigo 226, parágrafo 3: "Para efeito da proteção do Estado, é reconhecida a união estável entre o homem e a mulher como entidade familiar, devendo a lei facilitar a sua conversão em casamento". E no artigo 4 é explicitado: "Entende-se, também, como entidade familiar a comunidade formada por qualquer dos pais e seus descendentes". Acesso em: 26.11.2017, em: <http://www.planalto.gov.br/ccivil_03/constituicao/constituicaocompilado.htm>. Esses conceitos foram estendidos em 1996 com a chamada lei da união estável (lei 9.278), que no artigo 1 declara que o estado reconhece "como entidade familiar a convivência duradoura, pública e contínua, de um homem e uma mulher, estabelecida com o objetivo de constituição de família". E o artigo 5 define que "os bens móveis e imóveis adquiridos por um ou por ambos os conviventes, na constância da união estável e a título oneroso, são considerados frutos do trabalho e da colaboração comum, passando a pertencer a ambos, em condomínio e em partes iguais, salvo estipulação contrária em contrato escrito". Em: <http://www.planalto.gov.br/ccivil_03/leis/L9278.htm>, acesso em: 26.11.2017. Ver também Jamil Salim Amin, *A união estável no Brasil a partir da constituição federal de 1988 e leis posteriores*. Tese de Mestrado, Florianópolis: Universidade Federal de Santa Catarina – UFSC, 2001.

outras pessoas.[4] Todas essas modificações jurídicas acompanharam mudanças profundas nas atitudes relacionadas à vida familiar tradicional. Isso se evidencia no declínio gradual do total de pessoas casadas e no aumento de uniões consensuais e de pessoas divorciadas ou separadas judicialmente nos principais censos do Brasil, tanto para o país como um todo como para o estado de São Paulo (Tabelas 6.1a e 6.1b).[5] Claramente havia diferenças por sexo: tendência a haver um número maior de mulheres casadas, divorciadas e separadas judicialmente do que homens nessas condições, embora as mulheres diferissem pouco dos homens no que diz respeito às uniões consensuais. Nos padrões de São Paulo também são encontradas algumas variações interessantes. Os paulistas sempre tiveram maiores porcentagens de casados do que o resto do país e, embora sua parcela de uniões consensuais crescesse no mesmo ritmo das encontradas, para o Brasil como um todo, eles sempre tenderam a apresentar porcentagens menores de uniões consensuais do que a média nacional (Tabelas 6.1a e 6.1b).

A diminuição do número de casados legalmente foi impelida pelo aumento do número de divorciados e separados judicialmente e das uniões consensuais. Embora entre os pobres sempre existissem pessoas separadas e vivendo em uniões consensuais, as novas leis contribuíram acentuadamente para estender essa condição a todas as classes brasileiras. Além disso, tornaram o divórcio mais aceitável. Entre 1984 e 2001, o número de divórcios concedidos pelo estado brasileiro cresceu 9% ao ano.[6] Também aumentou o número de pessoas separadas judicialmente – a Constituição de 1988 determinou que o divórcio só fosse concedido após um ou dois anos da separação judicial. Mas a razão entre divórcios e separações judiciais vinha aumentando constantemente, e os divórcios representaram 70% dos casamentos desfeitos em 2002.[7] Apesar do aumento do número de pessoas de

---

4 Os direitos dos filhos nascidos fora do casamento formal passaram por uma grande mudança em 1977 com o reconhecimento e os direitos de herança desses descendentes, sendo reforçados pela Constituição de 1988, onde se declara que "[...] os filhos havidos ou não de relação do casamento, ou por adoção, terão os mesmos direitos e qualificações, proibidas quaisquer designações discriminatórias relativas à filiação" (art. 227, § 6º). Mafalda Lucchese, "Filhos – evolução até a igualdade jurídica", em: <http://www.emerj.tjrj.jus.br/serieaperfeicoamentodemagistrados/paginas/series/13/volumel/10anosdocodigocivil_231.pdf>. Acesso em: 26.11.2017.

5 Os primeiros microdados disponibilizados pelo IBGE são para o Censo de 1960; por essa razão esse é o ano-base para a maioria das análises baseadas na amostra da Ipums. Suzana M. Cavenaghi e José Eustáquio Diniz Alves, "Domicilios y familias en la experiencia censal del Brasil: cambios y propuesta para identificar arreglos familiares". Cepal, *Notas de población*, n.92, 2011, p.19.

6 IBGE, Estatísticas do Registro Civil, Tabela 426 – Número de divórcios concedidos em primeira instância por grupos de idade da mulher e do marido na data da sentença.

7 Como se poderia esperar, a média de idade das pessoas judicialmente separadas, para ambos os sexos, era três anos a menos do que a das pessoas que obtinham o divórcio. IBGE, Estatísticas do Registro Civil, 2002. Rio de Janeiro: IBGE, v.29, s.p., gráfico 14 – "Idade Média da população de 20 a 64 anos, na data da separação judicial e divórcio – Brasil – 2002".

		Tabela 6.1a Situação familiar das pessoas com 10 anos ou mais, Brasil, 1960-2010						Tabela 6.1b Situação familiar das pessoas com 10 anos e mais, estado de São Paulo, 1960-2010					
Ano	**Sexo**	**Solteiro, nunca casado**	**Casado**	**União consensual**	**Divorciado ou separado**	**Viúvo**	**Total**	**Solteiro, nunca casado**	**Casado**	**União consensual**	**Divorciado ou separado**	**Viúvo**	**Total**
1960	Homens	49,0	45,0	2,7	1,3	2,0	100,0	45,5	49,7	1,5	1,2	2,1	100,0
	Mulheres	43,4	44,3	2,7	2,6	7,0	100,0	38,4	50,7	1,5	2,0	7,4	100,0
	Total	46,2	44,6	2,7	1,9	4,5	100,0	42,0	50,2	1,5	1,6	4,7	100,0
1970	Homens	50,1	43,8	3,2	1,3	1,7	100,0	47,5	47,4	1,9	1,4	1,8	100,0
	Mulheres	44,4	42,6	3,2	2,8	6,9	100,0	40,6	47,4	2,0	2,6	7,4	100,0
	Total	47,2	43,2	3,2	2,1	4,3	100,0	44,0	47,4	2,0	2,0	4,6	100,0
1980	Homens	46,6	44,5	6,0	1,3	1,6	100,0	44,5	47,7	4,8	1,5	1,5	100,0
	Mulheres	41,0	43,1	5,8	3,0	7,1	100,0	38,0	47,0	4,7	3,1	7,3	100,0
	Total	43,8	43,8	5,9	2,2	4,4	100,0	41,2	47,3	4,7	2,3	4,4	100,0
1991	Homens	46,1	41,4	9,0	2,1	1,4	100,0	43,2	45,5	7,5	2,4	1,4	100,0
	Mulheres	39,4	40,3	8,7	4,9	6,8	100,0	36,3	44,1	7,3	5,0	7,3	100,0
	Total	42,7	40,8	8,9	3,5	4,1	100,0	39,7	44,8	7,4	3,7	4,4	100,0
2000	Homens	42,8	36,5	14,1	5,3	1,3	100,0	40,8	40,1	12,5	5,2	1,4	100,0
	Mulheres	35,1	35,3	13,6	9,5	6,5	100,0	33,8	38,1	11,9	8,9	7,4	100,0
	Total	38,9	35,9	13,8	7,4	3,9	100,0	37,2	39,1	12,2	7,1	4,5	100,0
2010	Homens	38,8	33,4	18,3	7,9	1,6	100,0	37,7	37,4	15,3	7,9	1,7	100,0
	Mulheres	31,0	32,5	17,9	11,4	7,2	100,0	30,3	35,8	14,7	11,3	8,0	100,0
	Total	34,8	33,0	18,1	9,7	4,4	100,0	33,9	36,6	15,0	9,6	4,9	100,0

Fonte: Ipums, amostra de 5% dos censos brasileiros.

todas as idades que obtinham o divórcio, a média de idade das mulheres divorciadas permaneceu constante entre 35 e 39 anos.[8] O número de crianças afetadas por divórcios também não sofreu grande mudança: durante todo o período, metade dos casais que pediram o divórcio tinha um filho ou nenhum.[9] Finalmente, ao que parece, após contínuos aumentos, as taxas de divórcio e separação judicial tornaram-se razoavelmente estáveis na década passada. Em 2001 a taxa de separações judiciais entre adultos a partir de 20 anos foi de 0,9 por mil nessa categoria etária, tendo permanecido constante desde 1994. Por sua vez, a taxa de divórcios para esse mesmo grupo etário aumentou lentamente ao longo dos anos 1990, chegou a 1,2 por mil adultos em 1999 e duplicou para 2,4 por mil adultos em 2017.[10]

Como se poderia esperar, no estado de São Paulo essas taxas foram ligeiramente superiores às do país como um todo. Em 2001, a taxa nacional de divórcios foi de 1,2 por mil habitantes, enquanto em São Paulo foi de 1,5 por mil.[11] Entretanto, houve proporcionalmente mais casamentos no estado do que no país. Entre 1999 e 2008, a taxa de nupcialidade aumentou no estado de São Paulo de 7,2 para 8,1 casamentos por mil habitantes, enquanto no Brasil foi de 6,6 e 6,7 no mesmo período.[12] Tanto no país como no estado, porém, a média foi de dez anos entre casamento e divórcio, e a média de idade das mulheres divorciadas foi de 38,6 anos em 2013.[13] Mulheres que se divorciaram sem ter filhos ou com filhos de mais idade compuseram a maior parcela no estado e na capital paulista em 2010. Elas representaram 53% dos divorciados no estado e 43% na capital.[14]

Essa importância crescente dos divórcios e separações judiciais, junto com o aumento do número de domicílios unipessoais e até de mulheres na chefia de uniões legais/consensuais, claramente levou a mudanças na participação dos sexos na chefia dos domicílios. Em 1981 apenas 17% das famílias eram chefiadas por mulher, e em 1991 a parcela ainda era de apenas

8 IBGE, Estatísticas do Registro Civil, Tabela 426 – Número de divórcios concedidos em primeira instância por grupos de idade da mulher e do marido na data da sentença.

9 IBGE, Estatísticas do Registro Civil, Tabela 723 – Número de divórcios concedidos em primeira instância por número de filhos do casal.

10 IBGE, Síntese de Indicadores Sociais, 2002. Estudos e Pesquisas Informação Demográfica e Socioeconômica, n.11, Rio de Janeiro, 2003, p.271. Para a porcentagem de divórcios em 2017, ver <http://www.rodrigodacunha.adv.br/divorcio/>.

11 IBGE, Síntese de Indicadores Sociais, 2002. Estudos e Pesquisas Informação Demográfica e Socioeconômica, n.11, Rio de Janeiro, 2003, tabelas 10.3 e 10.5, p.275, 277.

12 IBGE, Tabela 5.1 – Taxa de nupcialidade, segundo as Grandes Regiões e Unidades da Federação – 1999/2008, acesso em: 14.6.2019, em: <https://ww2.ibge.gov.br/home/estatistica/populacao/condicaodevida/indicadoresminimos/sinteseindicsociais2010/default_tab.shtm>.

13 IBGE, Síntese de Indicadores Sociais, 2004, tabela 6.6.

14 IBGE, Sidra, tabela 2995.

18%, obviamente sem contar os domicílios unipessoais.[15] Mas na última década do século isso mudou significativamente. A parcela de domicílios chefiados por mulher aumentou para 25% do total de domicílios (unidades familiares e não familiares) em 2000,[16] e chegou a 40% em 2015.[17] Em São Paulo, a porcentagem de domicílios chefiados por mulher chegou a 41% do total em 2015. Na região metropolitana da capital a parcela foi ainda maior, aumentando constantemente de 31% em 2001 para 44% em 2015.[18]

Os domicílios compostos por ambos os pais e filhos residentes vêm diminuindo progressivamente com o passar do tempo. Censo após censo, o número de famílias formadas por casais com ou sem filhos declinou, enquanto aumentaram os domicílios unipessoais ou chefiados por mulher. Essa tendência intensificou-se especialmente no novo século, quando os casais com filhos passaram a representar menos de metade dos domicílios. Em 1970, as famílias com ambos os pais presentes (uniões formais e consensuais) representavam 85% do total dos domicílios/famílias. Em 1997, a parcela caíra para 71% e, em 2015, era de 62%. Esse declínio em âmbito nacional foi acompanhado pelo estado e pela RMSP; nesta última, a porcentagem diminuiu mais depressa e chegou a apenas 60% (Tabela 6.2).

A crescente secularização da sociedade brasileira reflete-se no declínio do número de casamentos exclusivamente consagrados pela Igreja e no consequente aumento das uniões efetivadas apenas por contrato civil. Essa tendência evidenciou-se tanto no país como no estado de São Paulo. De 1960 até o censo de 2010, aumentou a participação dos casamentos unicamente civis enquanto diminuíram as participações dos casamentos apenas religiosos e a dos efetivados por ambos os tipos de cerimônia. A única diferença significativa entre o estado e o país como um todo foi a baixíssima taxa de casamentos apenas religiosos em São Paulo desde os anos iniciais desse período: em 1960, por exemplo, o casamento apenas religioso representou apenas 5% do total de casamentos em São Paulo, em comparação com 17% no país como um todo. Além disso, apesar de os casamentos religiosos terem diminuído em todo o país, ainda não atingiram os ínfimos 2% encontrados no estado (Tabela 6.3). Contudo, a pesquisa nacional de domicílios (PNAD) de 2015 revelou que a tendência nacional está seguindo a mesma

---

15 IBGE, Estatísticas do Século *XX*, tabela "População 1986aeb-047". Em 1981, a porcentagem foi de apenas 17%. IBGE, Estatísticas do Século *XX*, tabela "População 1984aeb-089".

16 IBGE, Pessoas Responsáveis pelos Domicílios Particulares Permanentes", acesso em: <http://sidra.ibge.gov.br/bda/popul/>.

17 PNAD 2002. Síntese de Indicadores. Rio de Janeiro: IBGE, 2003, p.129, gráfico 5.2 e IBGE, Sidra, tabela 1942.

18 IBGE, Sidra, tabela 1942.

Tabela 6.2 Tipo de domicílio no Brasil, estado de São Paulo e Região Metropolitana de São Paulo, 1996-2015

Região	Domicílios (000)	Unipessoais	Casal sem filhos	Casal com filhos	Mulher solteira com filhos	Outros	TOTAL
			Brasil				
1996	42.645	8,0	13,1	57,5	15,8	5,7	100
2001	50.410	9,2	13,8	53,3	17,8	5,9	100
2004	56.428	10,0	14,6	51,0	18,3	6,1	100
2006	59.094	10,7	15,6	49,4	18,1	6,3	100
2015	71.253	14,6	19,9	42,3	16,3	6,9	100
			Estado de São Paulo				
1996	9.949	8,0	14,2	58,6	14,2	5,1	100
2001	11.568	9,0	14,3	54,5	16,4	5,7	100
2004	12.637	9,8	15,0	51,8	17,9	5,5	100
2006	13.410	11,4	15,8	49,9	17,0	5,9	100
2015	15.714	14,5	20,1	43,0	15,9	6,5	100
			Região Metropolitana de São Paulo				
1996	4.768	7,9	13,6	58,2	15,0	5,4	100
2001	5.504	9,0	12,9	53,7	17,8	6,5	100
2004	6.028	9,8	13,6	50,7	19,9	6,0	100
2006	6.356	11,5	13,9	49,1	18,6	6,9	100
2015	7.412	14,9	17,8	42,3	17,7	7,3	100

Fonte: Para 1996: PNAD Síntese dos Indicadores Sociais, tab. 4.2; para 2001-2015: PNAD, tabelas em: https://www.ibge.gov.br/estatisticas/sociais/trabalho/9221-sintese-de-indicadores-sociais.html?edicao=9222&t=downloads.

direção da paulista, com as uniões exclusivamente civis representando 30% do total e as uniões exclusivamente religiosas compondo 5% do total de casais arrolados no levantamento da PNAD.[19] De 1960 a 2015, a parcela das pessoas casadas na Igreja (exclusivamente ou em combinação com a união civil) diminuiu de 88% para apenas 70% do total de casados no país como um todo, e essa tendência também foi encontrada para São Paulo, onde esse tipo de união declinou de 88% no começo do período para 74% em 2010.

Uma constatação impressionante é que essa mudança de atitude em relação às uniões religiosas e consensuais é encontrada tanto nos domicílios urbanos como nos rurais, segundo indica o Censo de 2010. Nesse ano foram registradas taxas parecidas para os vários tipos de união matrimonial entre

19 Calculado com base em PNAD 2015.

Tabela 6.3 Porcentagem dos casados na Igreja ou no Registro Civil, 1960-2010

Ano	Somente civil	Somente religioso	Civil e religioso	Total
BRASIL				
1960	13%	22%	66%	100%
1970	15%	16%	69%	100%
1980	18%	9%	72%	100%
1991	21%	7%	72%	100%
2000	23%	7%	70%	100%
2010	25%	7%	68%	100%
Estado de São Paulo				
1960	12%	5%	83%	100%
1970	12%	3%	85%	100%
1980	16%	2%	82%	100%
1991	20%	2%	79%	100%
2000	23%	2%	75%	100%
2010	27%	2%	72%	100%

Fonte: Ipums, amostra de 5% dos censos brasileiros, 1960-2010.

as mulheres que viviam com o cônjuge tanto nas áreas urbanas como nas rurais. Nas áreas rurais, as porcentagens das mulheres vivendo com o cônjuge por tipo de união conjugal foram muito parecidas com as das mulheres urbanas. As mulheres das áreas rurais uniram-se pelo casamento civil quase nas mesmas proporções que a das áreas urbanas, e sua probabilidade de viver em união consensual foi a mesma que a das mulheres das áreas urbanas (Tabela 6.4). Além disso, quando selecionamos apenas as mulheres com filhos (34,9 milhões de mulheres) dentre todas as que viviam com o companheiro (40,5 milhões), vemos que esse padrão não surgiu apenas recentemente. As mulheres casadas mais velhas apresentaram composições parecidas com a do total das casadas, e novamente com taxas similares para as urbanas e as rurais e para as mulheres com e sem filhos. Ao mesmo tempo, contudo, nas áreas rurais o subconjunto das mulheres a partir de dez anos que eram casadas e tinham filhos apresentou porcentagem maior de católicas (77%) e menor de protestantes (17%) do que o subconjunto das mulheres urbanas.[20] Entretanto, a distribuição dessas mulheres por tipo de casamento não diferiu daquela encontrada entre suas congêneres mais jovens com filhos. Evidentemente, assim como no aspecto do controle da fecundidade, a revolução

20 IBGE, Sidra, tabela 97.

Tabela 6.4 Porcentagem de mulheres casadas de 10 anos ou mais, que vive com esposo, por tipo de arranjo matrimonial e residência rural ou urbana, estado de São Paulo, 2010

Categorias	Urbana	Rural
BRASIL		
Total		
Civil e religioso	43,3	41,2
Somente civil	17,8	14,1
Somente religioso	2,5	8,0
União consensual	36,4	36,7
Com crianças		
Civil e religioso	44,7	42,6
Somente civil	18,0	14,1
Somente religioso	2,7	8,3
União consensual	34,6	35,0
Estado de São Paulo		
Total		
Civil e religioso	50,7	49,1
Somente civil	18,9	18,0
Somente religioso	1,0	1,4
União Consensual	29,4	31,5
Com crianças		
Civil e religioso	52,3	50,7
Somente civil	19,0	18,0
Somente religioso	1,1	1,5
União Consensual	27,7	29,8

Fonte: IBGE, Sidra, tabela 102.

social que esses dados evidenciam acontece nas áreas rurais tanto quanto nas áreas urbanas do Brasil e afeta também a população católica tradicional.

No estado de São Paulo e em sua principal cidade e região metropolitana o padrão evidenciado pelo Censo de 2010 foi similar. No entanto, em comparação com o país como um todo, o estado teve dois terços a menos de casamentos religiosos e porcentagens mais elevadas de uniões apenas civis ou apenas religiosas, além de consideravelmente menos uniões consensuais, tanto entre os casais sem filhos como entre os que tinham filhos (Tabela 6.5).

Embora os casamentos e as uniões consensuais ainda representem as formas de família e organização domiciliar predominantes, sua porcentagem vem diminuindo lentamente; além disso, existem diferenças por sexo. Entre os homens chefes de domicílio, a porcentagem de solteiros (em torno de

Tabela 6.5 Porcentagem de mulheres casadas com 10 anos ou mais, que vive com esposo, por tipo de arranjo matrimonial, Brasil, estado de São Paulo, capital e RMSP, 2010

	Brasil	São Paulo		
Categorias		**Estado**	**Capital**	**RMSP**
Total				
Civil e religioso	43%	51%	48%	47%
Somente civil	17%	19%	19%	20%
Somente religioso	3%	1%	1%	1%
União consensual	36%	29%	32%	32%
Com crianças				
Civil e religioso	44%	52%	50%	49%
Somente civil	17%	19%	19%	20%
Somente religioso	4%	1%	1%	1%
União consensual	35%	28%	30%	30%

Fonte: IBGE, Sidra, tabela 102.

5%) e viúvos (cerca de 3%) permaneceu relativamente constante de 1960 a 2010. Por outro lado, houve um aumento significativo na participação dos homens separados e divorciados, de 1% em 1960 para mais de 9% em 2010. A porcentagem das mulheres solteiras que nunca se casaram foi no mínimo o dobro da dos homens. Em forte contraste com estes, a probabilidade de enviuvar foi sete vezes maior para as mulheres do que para os homens em 2010, provavelmente em razão de dois fatores principais: a maior expectativa de vida das mulheres em comparação com os homens, hoje superior a sete anos de diferença, e a taxa de recasamento maior entre os homens viúvos em comparação com a de mulheres viúvas. Em todos esses índices, parece haver pouca diferença entre os dados nacionais e aqueles para o estado de São Paulo.

Nesse período também houve uma mudança fundamental na natureza dos domicílios chefiados por mulher, tanto no Brasil como no estado de São Paulo. Não só o número desses domicílios aumentou notavelmente, mas também sua composição modificou-se em aspectos fundamentais. Em 1960 quase dois terços das mulheres que chefiavam um domicílio eram viúvas. As porcentagens de mulheres solteiras e divorciadas/separadas na chefia de domicílio eram aproximadamente iguais. Em 2010, as viúvas compuseram apenas cerca de um quinto do total desses domicílios, e as mulheres que chefiavam o domicílio juntamente com o cônjuge – uma categoria com poucos membros em 1960 – agora constam como a forma dominante desses domicílios, com as mulheres divorciadas/separadas em segundo lugar (Tabela 6.6).

Tabela 6.6 Arranjo matrimonial dos chefes de domicílio, de 10 anos ou mais, por sexo, Brasil e estado de São Paulo, censos 1960-2010					
	Solteiro ou nunca casado	Casado ou união consensual	Separado/divorciado ou esposo(a) ausente	Viúvo	Total
			BRASIL		
			Homens		
1960	5%	92%	1%	3%	100%
1970	5%	92%	1%	2%	100%
1980	5%	92%	1%	2%	100%
1991	4%	92%	2%	2%	100%
2000	4%	90%	5%	2%	100%
2010	6%	83%	9%	3%	100%
			Mulheres		
1960	17%	n.g.	20%	63%	100%
1970	19%	n.g.	23%	58%	100%
1980	22%	2%	22%	55%	100%
1991	20%	5%	30%	46%	100%
2000	12%	15%	41%	33%	100%
2010	10%	40%	29%	21%	100%
			ESTADO DE SÃO PAULO		
			Homens		
1960	5%	92%	1%	2%	100%
1970	5%	92%	1%	2%	100%
1980	5%	92%	1%	2%	100%
1991	5%	92%	2%	2%	100%
2000	4%	90%	4%	2%	100%
2010	6%	83%	8%	3%	100%
			Mulheres		
1960	14%	n.g.	18%	68%	100%
1970	16%	n.g.	23%	61%	100%
1980	22%	2%	23%	53%	100%
1991	21%	5%	30%	44%	100%
2000	14%	14%	38%	34%	100%
2010	11%	39%	28%	22%	100%

Fonte: Ipums, amostra de 5% dos censos brasileiros, 1960-1980.

Não só o tipo de domicílio chefiado por mulheres mudou, mas também seu peso relativo no total dos domicílios aumentou substancialmente tanto no estado de São Paulo como no país todo. Nesse aspecto, censo após censo São Paulo aumentou sua parcela desses domicílios chefiados por mulher mais acentuadamente do que o país como um todo (Gráfico 6.1). Além dis-

Gráfico 6.1 Proporção das mulheres chefes de domicílio no Brasil e estado de São Paulo, 1960-2010

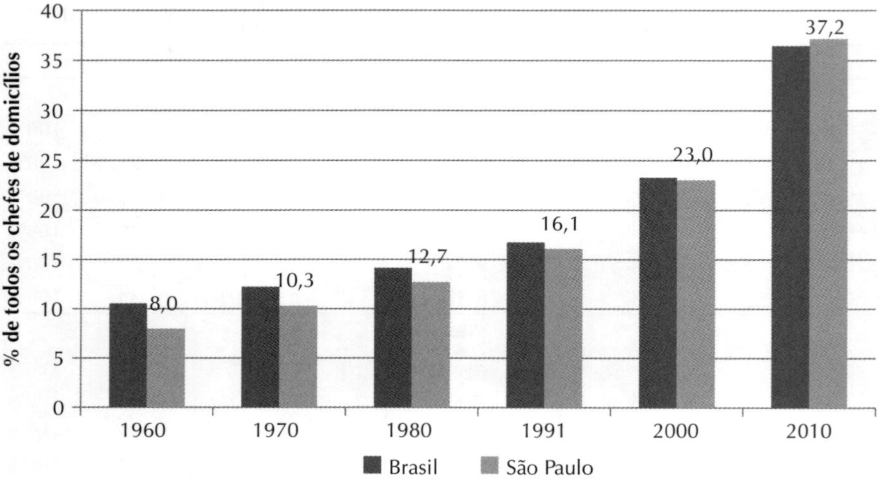

Fonte: Impus, amostra de 5% dos censos brasileiros.

so, o aumento da participação desse tipo de domicílio no município de São Paulo foi mais rápido do que no estado, segundo mostram os levantamentos mais recentes da PNAD. A participação desses domicílios chefiados por mulher passou de 27% para 41% no estado e de 31% para 44% no município de São Paulo entre 2001 e 2015 (Gráfico 6.2).

Em um padrão não tão incomum na América Latina, a importância crescente dos domicílios chefiados por mulher não significa, por si só, que não havia homens presentes. Na verdade, e em especial neste século, junto com o aumento muito rápido do número desses domicílios verificou-se que um número crescente deles tinha um cônjuge do sexo masculino como membro. Em 2011, cerca de 27% dos domicílios eram chefiados por mulher e 9% continham cônjuges do sexo masculino. Em 2015, as porcentagens foram respectivamente 41% e 34% (Gráfico 6.3). Essa tendência parece resultar de vários fatores, entre eles o declínio do número de homens economicamente ativos nas faixas etárias em idade ativa, a participação crescente de mulheres na força de trabalho e a elevação do grau de instrução das mulheres em comparação com o dos homens.[21] Finalmente, há que considerar também o papel crucial das mulheres como beneficiárias

---

21 Ver Luiz Guilherme Dacar da Silva Scorzafave, *Caracterização da inserção feminina no mercado de trabalho e seus efeitos sobre a distribuição da renda*. Tese de doutorado, FEA-USP, 2004, cap.2.

Gráfico 6.2 Proporção das mulheres chefes de domicílio no Brasil, estado de São Paulo e cidade de São Paulo, 2001-2015

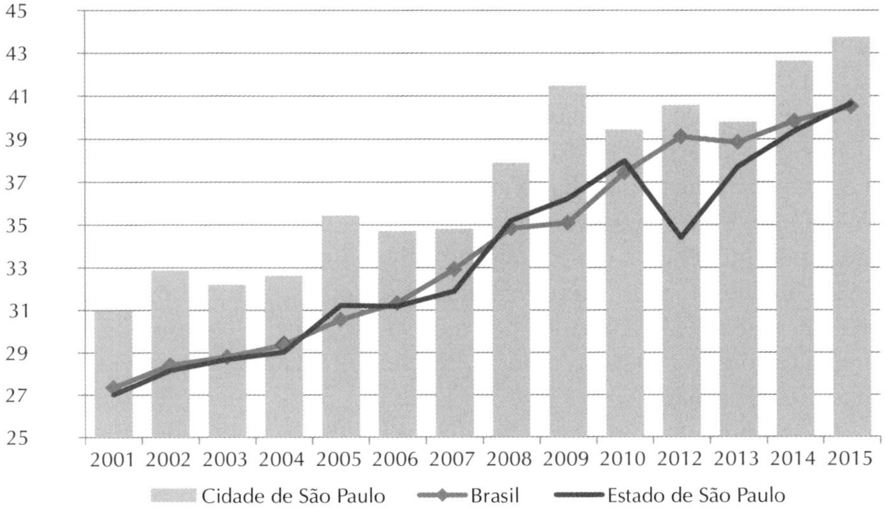

Fonte: IBGE, Sidra, tabela 1947 baseada nas pesquisas PNAD.

Gráfico 6.3 Proporção das mulheres chefes de domicílio com esposo presente, anos selecionados, Brasil, estado de São Paulo e cidade de São Paulo, 2001-2015

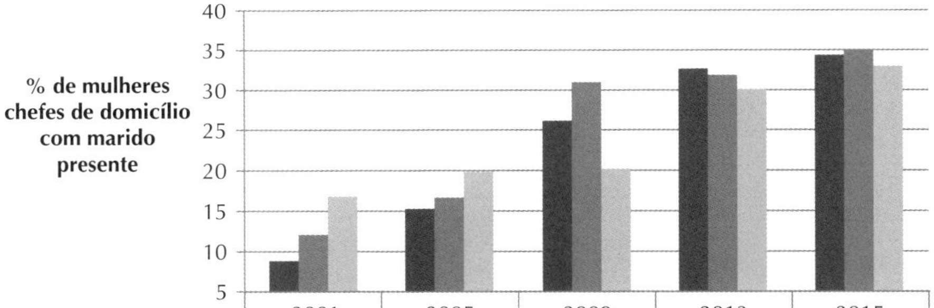

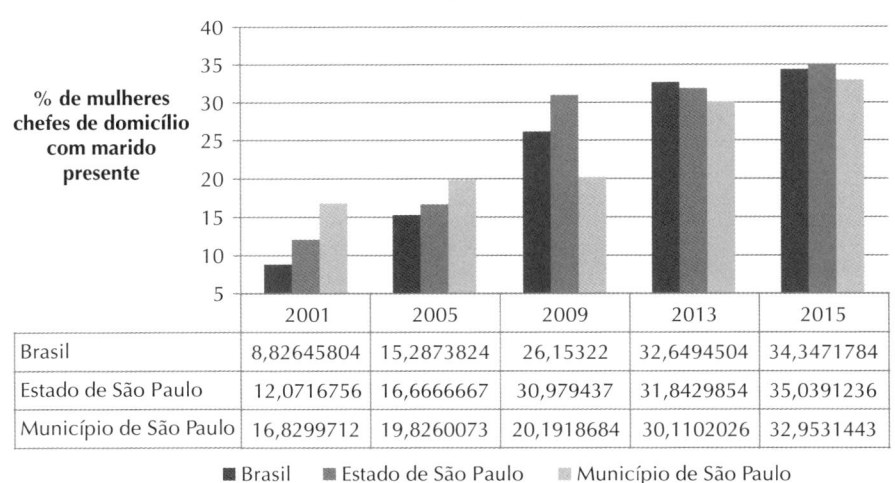

	2001	2005	2009	2013	2015
Brasil	8,82645804	15,2873824	26,15322	32,6494504	34,3471784
Estado de São Paulo	12,0716756	16,6666667	30,979437	31,8429854	35,0391236
Município de São Paulo	16,8299712	19,8260073	20,1918684	30,1102026	32,9531443

■ Brasil ■ Estado de São Paulo ■ Município de São Paulo

Fonte: IBGE, Sidra, tabela 1947.

exclusivas de transferências de renda do estado desde os anos 1990, mesmo quando há um cônjuge do sexo masculino presente.[22] Notavelmente, não foram encontradas diferenças relacionadas à raça das mulheres chefes de domicílio, pois todos os grupos tinham aproximadamente o mesmo número de homens que auxiliavam sua companheira nos domicílios com casais em uniões legais ou consensuais.[23] São Paulo acompanhou de perto o padrão nacional no crescimento do número de domicílios chefiados por mulher, enquanto o município de São Paulo começou com uma taxa mais elevada. No entanto, todos passaram rapidamente a ter um terço de domicílios chefiados por mulher com um cônjuge do sexo masculino presente (Gráfico 6.3). Assim, até mesmo parte dos domicílios tradicionais, com ambos os cônjuges presentes, agora são chefiados por uma mulher que se tornou o arrimo de família enquanto o homem perdeu representatividade nesse papel tradicionalmente masculino.

Outra mudança básica nos domicílios chefiados por mulher é que agora uma parcela maior deles é chefiada por mulheres que se casaram no mínimo uma vez. Essa mudança deve-se às reformas legais que facilitaram a separação judicial e o divórcio. De início, o divórcio foi insignificante na população nacional composta por pessoas a partir de dez anos. A partir dos anos 1980, o número de divórcios passou a aumentar substancialmente. Entre 1984 e 2001, o número de divórcios oficializados no país cresceu 9% ao ano.[24] Também aumentou o número de pessoas separadas judicialmente, porém aos poucos a razão entre divórcios e separações elevou-se; em 2002, a parcela dos divórcios compôs 70% do total das dissoluções de casamento.[25] Apesar do aumento de pessoas de todas as idades que obtiveram o divórcio, a idade mediana das pessoas divorciadas em 2015 foi alta: de 35-39

---

22 No Brasil todas as transferências de renda relacionadas ao Bolsa Família são concedidas exclusivamente à mãe, mesmo se houver um cônjuge presente. Priscilla Albuquerque Tavares, "Efeito do Programa Bolsa Família sobre a oferta de trabalho das mães", *XVI Encontro Nacional de Estudos Populacionais, ABEP*, 2008, p.4-5.

23 IBGE, Sidra, tabela 1134. Os números desses companheiros das mulheres chefes de domicílio neste censo são inferiores aos dos levantamentos da PNAD do ano anterior e do ano seguinte; resultam em uma parcela de 26% a 29% de mulheres chefes de domicílio dependendo da cor/etnia das mulheres. O número mais baixo do Censo talvez seja consequência da pergunta feita: há "compartilhamento da responsabilidade pelo domicílio com a pessoa responsável?"; enquanto o número mais alto pode decorrer da existência de cônjuges do sexo masculino que não estavam fornecendo auxílio significativo à mulher chefe de domicílio.

24 IBGE, Estatísticas do Registro Civil, tabela 426 – Número de divórcios concedidos em primeira instância por grupos de idade da mulher e do marido na data da sentença.

25 Como se poderia esperar, a média de idade das pessoas que se separaram judicialmente, para ambos os sexos, foi três anos a menos que a das pessoas que obtiveram o divórcio. IBGE, Estatísticas do Registro Civil, 2002. Rio de Janeiro: IBGE, v.29, s.p., gráfico 14 – "Idade média da população de 20 a 64 anos, na data da separação judicial e divórcio – Brasil – 2002".

anos para as mulheres e 40-44 anos para os homens, e essa tendência manteve-se constante ao longo do tempo.[26] O número de crianças afetadas por divórcios também não sofreu grandes mudanças, pois invariavelmente, ao longo do tempo, metade dos que obtiveram o divórcio tinham apenas um filho ou nenhum.[27] Ao que parece, depois de um crescimento surpreendente, as taxas de divórcio e separação judicial alcançaram certa estabilidade na década passada. Em 2001, as taxas de separação judicial entre adultos a partir de 20 anos foram de 0,9 por mil pessoas nessa categoria etária, e essa taxa permaneceu constante desde 1994. Por sua vez, a taxa de divórcios nesse mesmo grupo etário aumentou lentamente durante os anos 1990 e chegou a 1,2 por mil adultos em 1999.[28] Como se poderia esperar, essas taxas foram muito mais elevadas do que as encontradas para o país como um todo nos estados do Sudeste e Sul, onde as taxas de separação judicial e divórcio foram de 1,3 por mil adultos (estados do Sudeste) e 1,2 por mil adultos (estados do Sul) em 2001.[29] À medida que se tornou mais fácil obter o divórcio, as separações judiciais declinaram lentamente, em especial após 2000. De modo geral, o estado de São Paulo apresentou taxas apenas ligeiramente menores do que a média nacional na porcentagem das pessoas a partir de dez anos que eram separadas judicialmente, divorciadas ou viúvas (Tabela 6.7).

Com todas essas mudanças, passou a ser possível encontrar domicílios chefiados por uma só pessoa em todas as faixas de renda. Assim, no Brasil os domicílios chefiados por mulher são muito mais diversificados do que na América do Norte no que diz respeito a origem, renda e raça. À medida que aumentou o número de domicílios chefiados por mulher no Brasil, eles passaram a apresentar elevações no nível de instrução e, em 2015, as taxas de alfabetização superaram as dos domicílios chefiados por homem. A pesquisa anual de domicílios brasileiros mostrou que, embora no início, até 1992, as mulheres chefes de domicílio tivessem 0,6 ano de estudo a menos do que os homens nessa condição, na época do levantamento de 2016 da PNAD, as mulheres chefes de domicílio ultrapassaram os homens em

26 IBGE, Sidra, tabela 1695 para 2015; para períodos anteriores, IBGE, Estatísticas do Registro Civil, Tabela 426 – "Número de divórcios concedidos em primeira instância por grupos de idade da mulher e do marido na data da sentença".

27 IBGE, Estatísticas do Registro Civil, tabela 723 – Número de divórcios concedidos em primeira instância por número de filhos do casal; a porcentagem para 2013 foi 59%, ver IBGE, Sidra, tabela 2995.

28 IBGE, Síntese de Indicadores Sociais, 2002. Estudos e Pesquisas Informação Demográfica e Socioeconômica, n.11, Rio de Janeiro, 2003, p.271.

29 IBGE, Síntese de Indicadores Sociais, 2002, Estudos e Pesquisas Informação Demográfica e Socioeconômica, n.11, Rio de Janeiro, 2003, tabelas 10.3 e 10.5, p.275, 277.

Tabela 6.7 Porcentagem da população de 10 anos ou mais separada, divorciada ou viúva, por sexo, no Brasil e estado de São Paulo, 1960-2010						
	BRASIL			Estado de São Paulo		
	Separado	Divorciado	Viúvo	Separado	Divorciado	Viúvo
	Homens			Homens		
1960	1,3	*	2,0	1,2	*	2,1
1970	1,3	*	1,7	1,4	*	1,8
1980	1,3	*	1,6	1,4	*	1,5
1991	2,0	0,2	1,4	2,2	0,3	1,4
2000**	4,7	0,6	1,3	4,3	0,9	1,4
2010**	6,7	1,2	1,6	6,2	1,7	1,7
	Mulheres			Mulheres		
1960	2,6	*	7,0	2,0	*	7,4
1970	2,8	*	6,9	2,6	*	7,4
1980	2,9	0,1	7,1	3,0	0,1	7,3
1991	4,4	0,4	6,8	4,3	0,7	7,3
2000**	8,2	1,3	6,5	7,0	1,8	7,4
2010**	9,3	2,2	7,2	8,1	3,2	8,0

Fonte: Ipums, amostra de 5% dos censos brasileiros. 1960-1980.
Notas: *Indica que divórcios eram menos de 0,1% das pessoas com mais de dez anos;
**Em 2000 e 2010 os censos separam as uniões concensuais , as quais não incluídas aqui.

anos de estudo (8,6 para as mulheres e 8,5 para os homens).[30] As mulheres, nesses domicílios, acompanharam a trajetória das mulheres como um todo, e, desde fins do século XX, passaram a ter maiores porcentagens de alfabetizadas e mais anos de estudo do que os homens.

Inicialmente foi de dez anos a diferença na média de idade dos homens e mulheres que chefiavam domicílio. Essa disparidade permaneceu até 1980. Mas à medida que foram entrando nessa categoria mais mulheres divorciadas e judicialmente separadas com nível de instrução mais alto, a diferença de idade reduziu-se progressivamente, passando de 8 anos em 1991 para apenas dois anos em 2010. É evidente que, antes da instituição recente do divórcio, a existência de viúvas e mulheres que nunca se casaram influenciava em grau significativo as idades médias e medianas mais elevadas das mulheres chefes de domicílio, e que as mudanças legais a partir de 1980 reduziram consideravelmente essa diferença (Gráfico 4). A idade mediana dos homens chefes de domicílio ficou entre 40 e 42 anos de 1960 até o

30 Calculado com base na PNAD 2015. Para dados de 1992 a 2008, ver IETS Análises dos Indicadores da PNAD, em: https://www.iets.org.br/spip.php?rubrique2.

Censo de 1991, e a das mulheres entre 50 e 52 anos no mesmo período. Segundo o Censo de 2010, a média de idade dos homens chefes de domicílio aumentou para 46 anos e diminuiu para 48 anos entre as mulheres chefes de domicílio. Para os homens chefes de domicílio, a idade mediana aumentara para 47 anos na época do levantamento de 2015 da PNAD, e a das mulheres parece ter se estabilizado ao atingir a idade mediana de 50 anos.[31] A participação de viúvas entre as mulheres chefes de domicílio vem declinando, o que explica a diminuição gradual da idade das chefes de domicílio. Nesse aspecto, São Paulo seguiu as tendências nacionais, com um declínio de oito anos de 1960 a 2010 para as mulheres chefes de domicílio. Assim como na população nacional, a idade dos homens chefes de domicílio permaneceu relativamente estável ao longo desses cinquenta anos (Gráfico 6.4).

Esses domicílios pouco se diferenciaram em seus padrões de raça e sexo. Em 1992, a parcela de homens brancos chefes de domicílio era ligeiramente maior do que a de mulheres brancas nessa categoria (57% e 43% respectivamente), mas em 2009 já não havia disparidade. No entanto, era grande a diferença salarial entre os chefes de domicílio: as mulheres ganhavam em média um terço a menos do que os homens nessa categoria. Enquanto o salário mensal mediano das mulheres empregadas no setor formal equivaleu a 75% do recebido pelos homens nessa categoria, segundo o Censo de 2010, o salário mensal mediano do total das mulheres trabalhadoras (no mercado formal e informal) naquele ano equivaleu a 67% do recebido pelo total dos homens – aproximadamente o mesmo nível de disparidade encontrado com base na pesquisa PNAD de 2015, segundo a qual as mulheres chefes de domicílio receberam apenas o equivalente a 68% do salário dos homens nessa categoria.[32] Nos domicílios chefiados por mulher, obviamente elas foram as principais provedoras e delas se origina 88% da renda familiar nos domicílios em que havia filhos, mas não um cônjuge. Já nos domicílios com os dois cônjuges presentes e chefiados por homem, a renda das mulheres contribuiu com menos de um quarto da renda familiar total.[33] Embora os salários das mulheres chefes de domicílio possa ser bem inferior, a renda total pode ser muito maior ou igual à dos homens chefes de domicílio, em razão da exclusividade das mulheres como recebedoras do auxílio financeiro do governo e também devido à maior parcela de viúvas pensionistas nos domicílios

---

31 Calculado com base na PNAD 2015.

32 IBGE, Sidra. Censo Demográfico 2010. Resultado do Universo – Características da População e dos Domicílios, tabela 3170 – para todos os trabalhadores. IBGE, Sidra, tabela 3577 – para trabalhadores do setor formal e cálculos baseados na PNAD 2015.

33 IBGE, Estatísticas de Gênero – Uma análise dos resultados do Censo Demográfico 2010. *Estudos e Pesquisas*, n.33, Rio de Janeiro, 2014, p.66, gráfico 5.

Gráfico 6.4 Média de idade dos chefes de domicílio, por sexo, Brasil e estado de São Paulo, 1960-2010

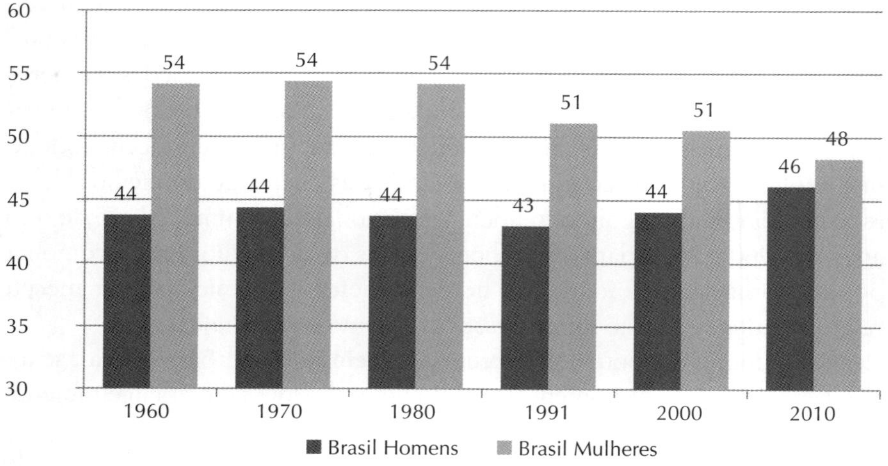

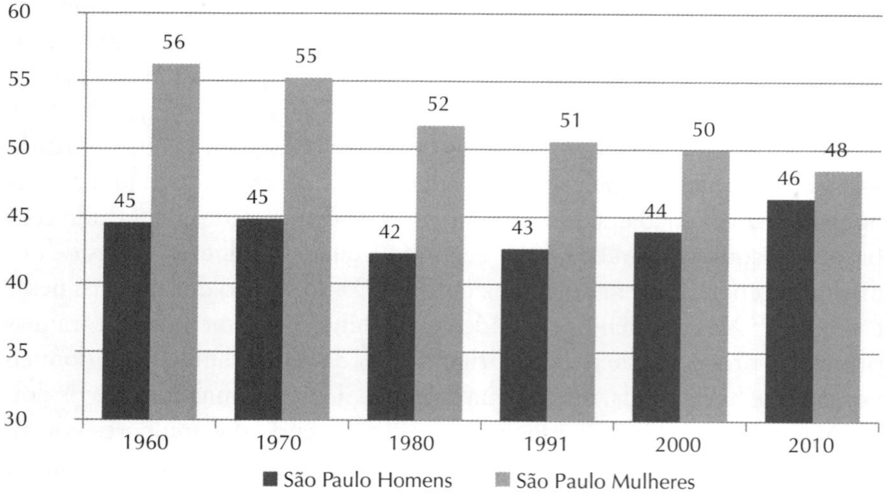

Fonte: Ipums, amostra de 5% com pessoas abaixo de dez anos excluídas.

chefiados por mulher.[34] Essa ideia de que era maior a probabilidade de as mulheres chefes de domicílio serem pensionistas ou aposentadas deriva do fato de que, em média, era muito maior a probabilidade de que mulheres

34 Por exemplo, Carvalho mostra que em 2011 a terceira maior fonte de renda nas famílias das regiões metropolitanas no Sudeste foram pensões de viúvas (6,5%), depois dos salários (73,5%) e aposentadorias (18%). Cleuseni Hermelina de Carvalho, *Bolsa família e desigualdade da renda domiciliar entre 2006 e 2011*. Tese de Mestrado, PUC São Paulo, 2013, p.127, tabela 29.

chefes de domicílio fossem viúvas, e também do fato de elas serem consistentemente mais velhas do que os homens chefes de domicílio.

No início, os domicílios chefiados por mulher continham menos crianças; porém, como a fecundidade declinou gradativamente, em 2010 os domicílios chefiados por homem e os chefiados por mulher já convergiam cada vez mais no número de crianças por domicílio. Assim, enquanto em 1960 houve diferenças significativas no número médio de crianças segundo o sexo do chefe de domicílio, no Censo de 2010 não houve diferença, tanto no país como no estado de São Paulo (Tabela 6.8).

Tabela 6.8 Média do número de crianças por sexo do chefe de domicílio, Brasil e estado de São Paulo, em 1960-2010

	Brasil		Estado de São Paulo	
Ano	Masculino	Feminino	Masculino	Feminino
1960	2,9	1,8	2,4	1,7
1970	2,8	1,8	2,4	1,7
1980	2,4	1,6	2,0	1,5
1991	2,2	1,6	1,8	1,4
2000	1,8	1,4	1,6	1,3
2010	1,3	1,3	1,2	1,2

Fonte: Ipums, amostra de 5% dos censos brasileiros.
Nota: Inclui domicílios sem crianças.

No entanto, houve diferenças consideráveis nas idades das crianças em domicílios chefiados por um casal e nos chefiados unicamente pela mãe. Para as mães sem cônjuge, foi muito menor a porcentagem de filhos pequenos em comparação com os domicílios com dois cônjuges, e maior a porcentagem de filhos com mais de 14 anos residentes no domicílio. Em 2015, por exemplo, 61% dos domicílios chefiados por mulher apresentavam filhos com mais de 14 anos, e menos de um quarto tinham filhos menores de 14 anos. Entre os homens, as porcentagens eram inversas. Esse padrão foi encontrado tanto no país como no estado de São Paulo; na verdade, São Paulo registrou um peso ainda maior que o do Brasil como um todo na categoria das mães com filhos acima de 14 anos: 65% e 61% respectivamente, em 2015. Quando consideramos os domicílios chefiados por mulher com filhos acima de 14 anos e os que continham filhos mais novos e mais velhos juntos, encontramos 80% em São Paulo e apenas 76% no país (Tabela 6.9).

Todos esses fatores levaram estudiosos a observar que o aumento do número de domicílios chefiados por mulher não criou um grande problema social no Brasil porque a maioria desses domicílios é chefiado por mulheres

Tabela 6.9 Tipo de domicílio com idades das crianças em anos selecionados, Brasil e estado de São Paulo, 1992-2015

Categoria	1992	2002	2012	2015
Brasil				
Casal com todos os filhos menores de 14 anos	50,0	46,5	42,6	41,0
Casal com todos os filhos de 14 anos ou mais	18,0	27,8	34,9	37,5
Casal com filhos menores de 14 anos e de 14 anos ou mais	32,0	25,7	22,5	21,5
Total	100,0	100,0	100,0	100,0
Mãe com todos os filhos menores de 14 anos	34,3	33,9	25,1	23,5
Mãe com todos os filhos de 14 anos ou mais	40,8	48,0	58,4	61,1
Mãe com filhos menores de 14 anos e de 14 anos ou mais	24,8	18,1	16,5	15,4
Total	100,0	100,0	100,0	100,0
Estado de São Paulo				
Casal com todos os filhos menores de 14 anos	50,1	45,4	41,0	39,1
Casal com todos os filhos de 14 anos ou mais	20,8	32,4	38,8	40,8
Casal com filhos menores de 14 anos e de 14 anos ou mais	29,1	22,2	20,2	20,1
Total	100,0	100,0	100,0	100,0
Mãe com todos os filhos menores de 14 anos	30,9	34,3	23,2	20,1
Mãe com todos os filhos de 14 anos ou mais	45,0	40,8	60,1	64,6
Mãe com filhos menores de 14 anos e de 14 anos ou mais	24,1	24,8	16,6	15,3
Total	100,0	100,0	100,0	100,0

Fonte: Gerada dos arquivos de microdata da PNAD (usando v4723).

divorciadas ou viúvas e uma porcentagem muito significativa dos filhos que neles residem são bem mais velhos do que os de domicílios com os dois cônjuges presentes.[35] E os dados também contribuem para argumentos no debate acerca da chamada feminização da pobreza – a participação crescente de domicílios chefiados por mulher acarreta automaticamente um aumento da pobreza? Esses domicílios têm maior probabilidade de ser mais pobres do que aqueles nos quais os dois cônjuges estão presentes? Uma análise recente de pesquisas de domicílios latino-americanos indica que o aumento na representatividade desses domicílios não tem correlação com aumentos dos níveis de pobreza.[36] Aparentemente, pode-se fazer a mesma afirmação também para o Brasil. Há quem diga, contudo, que pode haver outras consequências negativas para esses domicílios mesmo sem considerarmos a pobreza. Neles, os salários sendo, em geral, mais baixos, argumenta-se, as crianças

35 Medeiros e Costa, "Poverty among women in Latin America".

36 Ver Marcelo Medeiros e Joana Simões Costa, "Poverty among women in Latin America: feminization or overrepresentation?". Working Paper n.20, International Poverty Centre, Brasília, 2006.

sofrem mais efeitos negativos na escolarização e em sua renda futura do que as crianças de domicílios chefiados por homem.[37]

Tão notável quanto o aumento dos domicílios chefiados por mulher foi o aumento das uniões consensuais. Estas sempre fizeram parte da organização familiar em países latino-americanos desde os tempos coloniais. No entanto, no século XX, com o advento de mudanças na legislação relacionada a uniões consensuais, divórcio e reconhecimento dos direitos dos filhos naturais no Brasil e em todos os países latino-americanos, as uniões consensuais expandiram-se. Se antes das reformas legais esse tipo de união ficava mais restrito às classes de menor poder aquisitivo, depois disseminou-se para as classes média e alta.[38] Em 1960, as uniões consensuais eram encontradas em apenas 3% dos domicílios, porém no Censo de 2010 sua porcentagem foi de 19% no país. Nessa conjuntura, São Paulo mudou mais depressa do que o Brasil. Já em 1960, cerca de 5% dos domicílios eram chefiados por um casal em união consensual e, em 2010, a porcentagem foi de 23%. Nesse aspecto, São Paulo teve consistentemente menos uniões consensuais do que o país, embora suas mulheres chefes de domicílio acompanhassem o padrão nacional (Gráfico 6.5). Na época da PNAD de 2015 as uniões consensuais no Brasil como um todo representavam 35% do total de domicílios e os domicílios chefiados por mulher naquele ano compuseram 41% do total.[39]

A aceitação das uniões consensuais tornou-se tão arraigada no Brasil que, pelas convenções sociais, agora se faz referência aos integrantes do casal como "marido" e "mulher" independentemente de a união ser formalmente legalizada ou consensual. Além disso, em razão desses padrões de vida doméstica aparentemente estabelecida, com frequência não se sabe se o casal é legalmente casado ("casamento de papel passado") ou não. Essas mudanças levaram a um declínio constante da razão de pessoas oficialmente casadas. Por exemplo, em 1990 havia 7,5 casamentos por 1.000 residentes a partir de 15 anos, em 2002 a razão declinara para 5,7 casamentos por 1.000 adultos.[40]

Outro novo aspecto da transformação das características demográficas e culturais é a ascensão dos chamados domicílios unipessoais, isto é, aqueles onde reside apenas um adulto. Esse tipo de domicílio, embora esteja

---

37 Ricardo Barros, Louise Fox e Rosane Mendonça, "Female-Headed Households, Poverty, and the Welfare of Children in Urban Brazil", *Economic Development and Cultural Change*, v.45, n.2, jan. 1997, p.231-57. Seus dados baseiam-se na PNAD de 1984.

38 Jorge A. Rodríguez Vignoli, "Cohabitación en América Latina: ¿modernidad, exclusión o diversidad?". *Papeles de Población*, v.10, n.40, 2004, p.97-145.

39 IBGE, Sidra, tabela 1942.

40 IBGE, Estatísticas do Registro Civil, 2002. Rio de Janeiro: IBGE, v.29, s.p., gráfico 10, "Taxa de nupcialidade geral – Brasil – 1991-2002; IBGE, Síntese de Indicadores Sociais, 2002. Estudos e Pesquisas Informação Demográfica e Socioeconômica, n.11, Rio de Janeiro, 2003, p.269-70.

Gráfico 6.5 Porcentagem de uniões consensuais entre os chefes de domicílios, Brasil e estado de São Paulo, 1960-2010

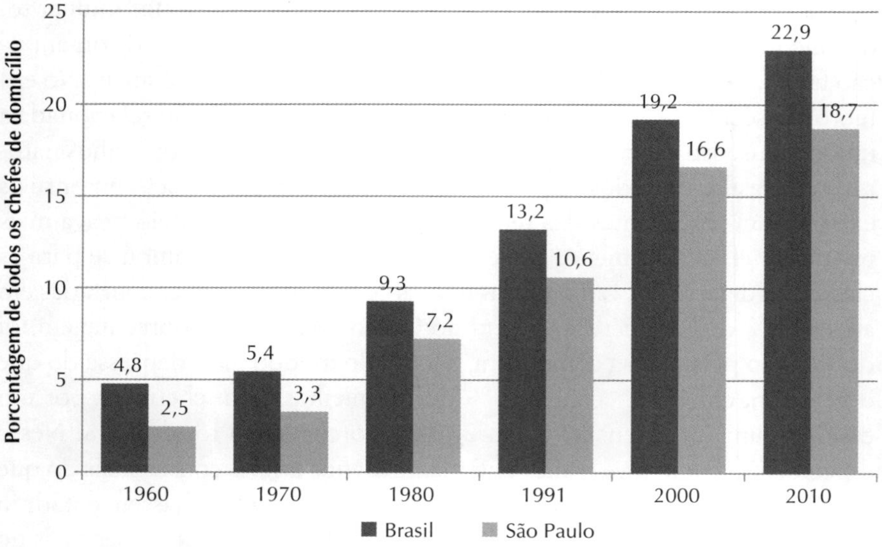

Fonte: Ipums, amostra de 5% dos censos brasileiros.

aumentando constantemente, continua a ser minoritário. Ainda assim, os domicílios unipessoais mais que duplicaram sua parcela no total dos domicílios; passaram de 5% a 12% de 1960 até o Censo de 2010 e atingiram 15% em 2015. Em todos os censos, as mulheres tiveram, em média, probabilidade cinco vezes maior que a dos homens de residir em um domicílio unipessoal (Tabela 6.10).

A idade dos residentes de domicílios unipessoais aumentou constantemente ao longo do tempo para os homens e diminuiu para as mulheres. Podemos visualizar melhor essa mudança se dividirmos as idades em coortes etárias. Em 1950, 31% dos homens e 64% das mulheres que chefiavam domicílios unipessoais em São Paulo tinham no mínimo 50 anos, e essas porcentagens foram quase idênticas às do país como um todo. Em 2010 a porcentagem dos homens nessa categoria subira para 45% e a das mulheres para 70%. Isso claramente é um reflexo das mudanças na expectativa de vida para ambos os sexos. Todas as porcentagens encontradas para São Paulo foram similares às do Brasil. Essas mudanças evidenciam-se quando comparamos a distribuição desses domicílios por sexo entre o censo de 1960 e o de 2010 – este registrou mais pessoas mais velhas e muito menos indivíduos nas coortes mais jovens. Contudo, embora os homens se concentrassem na faixa intermediária de idade, as mulheres invariavelmente se situaram mais

Tabela 6.10 Porcentagem das pessoas solteiras chefes de domicílio entre todos os domicílios, por sexo, Brasil e estado de São Paulo, 1960-2010

	Brasil		Estado de São Paulo	
	Masculino	Feminino	Masculino	Feminino
1960	3,3	17,2	2,9	17,2
1970	3,5	17,1	3,0	17,9
1980	4,2	20,8	3,5	22,3
1991	3,9	18,9	3,7	22,4
2000	5,8	19,9	5,4	20,7
2010	9,9	14,9	9,1	16,6

Fonte: Ipums, amostra de 5% dos censos brasileiros.

nas coortes etárias de mais idade. No total, entre 1950 e 2010, houve um declínio gradual nas idades dos homens e uma tendência inversa para as mulheres; hoje há mais mulheres idosas que moram sozinhas e menos mulheres jovens nessa categoria. A expectativa de vida maior, o declínio dos domicílios multifamiliares, a ascensão das uniões consensuais e as taxas de sobrevivência mais baixas para os homens parecem ser fatores que influenciaram essas tendências para as mulheres (Gráfico 6.6).

No que diz respeito à raça, nos domicílios unipessoais de mulheres, 60% delas eram brancas, enquanto nos de homens, os brancos eram apenas 47%. Finalmente, o Censo de 2010 mostra que era relativamente pequena a diferença entre as áreas urbanas e as rurais; as primeiras tinham uma porcentagem ligeiramente maior desses domicílios (12,5% do total de domicílios), em comparação com 10,5% nas áreas rurais, e pouca diferença por sexo.[41] Provavelmente não é surpreendente o fato de que esses domicílios unipessoais eram mais ricos do que as unidades familiares usuais. No Censo de 2010, de todos os domicílios que tinham renda, apenas 18% recebiam mais de dois salários mínimos. Em contraste, 32% do total de domicílios chefiados por uma só pessoa auferiam renda equivalente a essa – sem diferença entre os domicílios chefiados por homem e os chefiados por mulher (32,7% dos homens e 32% das mulheres); além disso, dentre esses domicílios, 71% das mulheres que viviam sozinhas em São Paulo, em 2010, possuíam casa própria, em comparação com apenas 57% dos homens. Embora, em geral, a porcentagem dos indivíduos que concluíram o ensino médio ou fizeram estudos universitários fosse igual para homens e mulheres, em São Paulo as mulheres tinham mais diplomas universitários do que os

41 IBGE, Sidra, tabela 1134.

Gráfico 6.6 Média de idade dos chefes em domicílios unipessoais, por sexo, Brasil e estado de São Paulo, 1960-2010

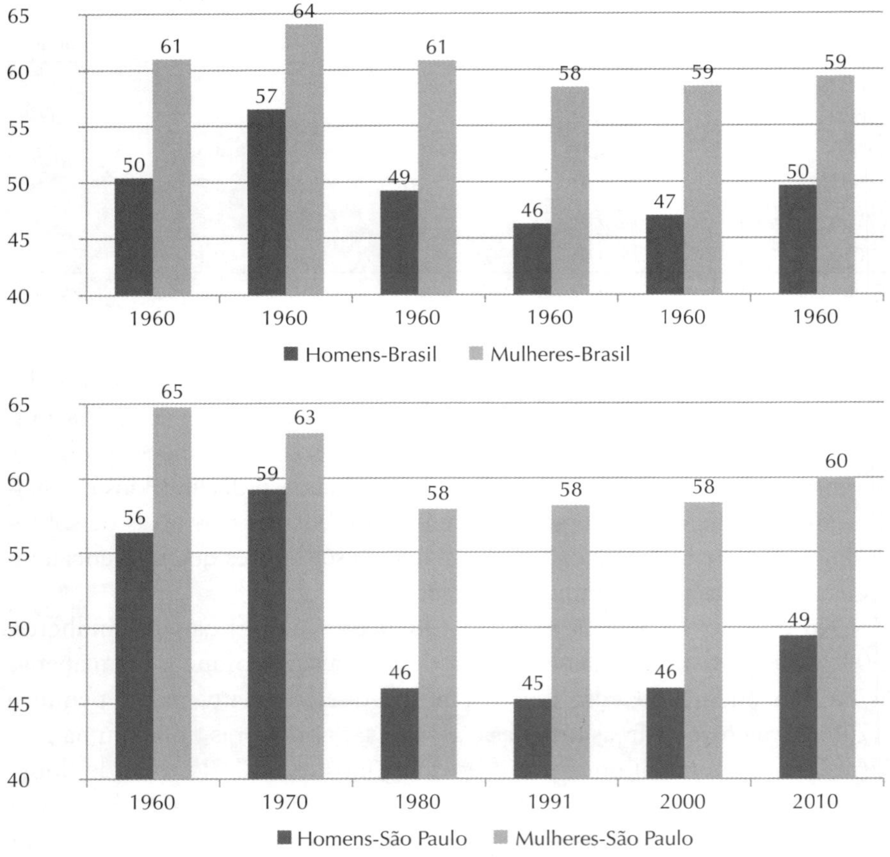

Fonte: Ipums, amostra de 5% de censos brasileiros.

homens (22% e 19% respectivamente). Em 2010, a renda média das mulheres que viviam sozinhas era apenas 85% da renda média dos homens nessa categoria em São Paulo. Um estudo recente sobre mulheres a partir de 60 anos, que moram sozinhas, baseado no Censo de 2010, mostrou que uma porcentagem surpreendentemente alta dessas idosas tem uma situação econômica razoavelmente confortável. Cerca de 92% delas foram classificadas na faixa de renda da classe média/média ou acima, e nada menos do que um terço foi inserido na classe alta.[42]

---

42 Sobre a surpreendente superioridade de renda e status das idosas que moram sozinhas, ver Fábio Roberto Bárbolo Alonso, "As mulheres idosas que residem em domicílios unipessoais: uma caracteri-

É evidente que o divórcio levou um número maior de homens em idade ativa a morarem sozinhos, mas para as mulheres a viuvez continuou a ser um fator importante, e talvez explique o fato de nos domicílios dessas mulheres a renda ser maior e comparável ao nível de renda dos domicílios de homens que moravam sozinhos. Também se aventou que o declínio dos domicílios multigeracionais, o aumento da expectativa de vida e a melhora da qualidade de vida dos idosos na população brasileira tenham levado um número cada vez maior a morar sozinhos, mesmo tendo família. De fato, um estudo sobre idosas (mulheres a partir de 60 anos) que moram sozinhas mostrou que 80% dessas mulheres residentes em domicílios unipessoais têm um ou mais filhos, nenhum vivendo com elas.[43]

Juntamente com as transformações na organização das famílias e domicílios, houve uma mudança importante no nível de instrução das mulheres. Na época do Censo de 1950, por exemplo, a taxa de alfabetização dos homens a partir de 15 anos era 55%, e a das mulheres apenas 44%. A cada censo subsequente, a taxa de alfabetização aumentou mais depressa para as mulheres do que para os homens. Em 1960, no grupo a partir de 15 anos, ela foi de 65% para os homens e 56% para as mulheres.[44] Na época do Censo de 2000, as mulheres desse grupo etário finalmente se equipararam aos homens, com 88% de alfabetizadas,[45] e a partir de então suas taxas foram superiores às deles. Segundo a PNAD de 2016, 92,3% das mulheres com mais de 15 anos eram alfabetizadas, em comparação com 91,7% dos homens.[46] Essa taxa de alfabetização reflete o fato de que as mulheres passaram a ter mais anos de estudo do que os homens, uma tendência que se intensificaria com o passar do tempo.[47] Em 1950, homens e mulheres frequentavam igualmente as escolas primária e secundária, à taxa de 18% para pessoas a partir de 10 anos. Mas, entre aqueles que obtinham um grau universitário ou pós-ensino secundário, a disparidade era bem grande: 29% dos homens e apenas 3% das mulheres tinham formação superior.[48] Só na

---

zação regional a partir do Censo 2010". *Revista Kairós Gerontologia, Revista da Faculdade de Ciências Humanas e Saúde,* v.18, n.19, 2015, p.106, tabela 3. Esse padrão de riqueza das mulheres que moram sozinhas em comparação com mulheres de idades similares que moram com a família pode ser visto também em estudos locais. Ver, por exemplo, Mirela Castro Santos Camargos, Carla Jorge Machado e Roberto Nascimento Rodrigues, "A relação entre renda e morar sozinha para idosas mineiras, 2003", *XII Seminário Sobre a Economia Mineira,* 2006, p.6-7 e tabela 1.

43 Alonso, "As mulheres idosas", p.111, tabela 6.

44 Brasil, *Estatísticas do Século XX,* 2003, tabela "pop_1965aeb-05.1".

45 IBGE, Sidra, Censo 2000, tabela 2097.

46 IBGE, Censo 1991, tabela 141; IBGE, PNAD, tabela 1187.

47 Segundo o Censo desse ano, 13% das mulheres tinham onze ou mais anos de estudo, em comparação com apenas 11% dos homens. IBGE, Sidra, Censo 1991, tabela 142.

48 IBGE, Estatísticas do Século XX, 2003, tabela "Educação 1955aeb-05".

época do Censo de 1991 as mulheres finalmente ultrapassaram os homens em anos de estudo.[49] Segundo a PNAD de 2015, as mulheres tinham 8 anos de estudos em comparação com 7,7 para os homens.[50] Nesse ano, apenas 12% dos homens a partir de 25 anos tinham curso superior completo, em comparação com 15% das mulheres.[51]

O histórico déficit educacional das mulheres evidencia-se nas taxas de analfabetismo por idade e sexo reveladas no Censo de 2010: as mulheres eram mais alfabetizadas do que os homens em todos os grupos etários, exceto no de mais de 60 anos, onde as taxas foram inversas.[52] Elas só haviam alcançado os homens em 1970, e em 1980 já os tinham ultrapassado na conclusão do curso secundário. Em 1991, as mulheres estavam à frente dos homens em todos os níveis de ensino até o superior. Em 2000, haviam suplantado os homens inclusive nas taxas de conclusão de curso universitário. Em 2010, não só haviam ultrapassado os homens em todos os níveis, mas também estavam ampliando a distância. Esse padrão também pode ser visto no estado de São Paulo, cuja população, de modo geral, tinha mais instrução que a do país como um todo. As mulheres equipararam-se aos homens paulistas em 1991, no grupo dos formandos no ensino secundário e superior, em 2000, superaram os homens (Tabela 6.11). Nesse ano, as mulheres representaram 54% do total das pessoas a partir de 15 anos que se formaram em um curso secundário e 59% dos que se formaram em universidade e outras instituições de ensino superior. Em contraste, elas compuseram apenas 48% das pessoas que não concluíram o curso primário e 49% das que se haviam formado apenas no curso primário.

Por outro lado, as mulheres demoraram mais a alcançar os homens em participação na força de trabalho, e até o Censo de 1950 eram numericamente inferiores. De início, padrões de mortalidade diferentes e, em especial, altas taxas de mortalidade materna acarretaram um número maior de homens do que de mulheres na população. No Censo de 1872 a razão de sexo foi de 107 homens para 100 mulheres, e só diminuiu lentamente, chegando a 99 homens para 100 mulheres, em 1950, o primeiro censo nacional que finalmente registrou as mulheres à frente dos homens como parcela da

---

49 Kaizô Iwakami Beltrão e José Eustáquio Diniz Alves, "A reversão do hiato de gênero na educação brasileira no século XX". *Anais,* 2016, p.10, gráfico 1.

50 IBGE, Sidra, PNAD, tabela 1189; para 2016, ver IBGE, PNAD, Indicadores Sociais, 2016, tabela 4.13, em: <https://www.ibge.gov.br/estatisticas-novoportal/sociais/populacao/9221-sintese-de-indicadores-sociais.html?edicao=9222&t=downloads>.

51 IBGE, PNAD, Indicadores Sociais, tabela 4.14, em: <tabela 4.14, https://www.ibge.gov.br/estatisticas-novoportal/sociais/populacao/9221-sintese-de-indicadoressociais.html?edicao=9222&t=downloads>.

52 IBGE, Estatísticas de Gênero. Uma análise dos resultados do Censo Demográfico de 2010. Estudos e Pesquisas, n.33, Rio de Janeiro, 2014, p.96, gráfico 22.

Tabela 6.11 Nível de educação completa das pessoas de 15 anos ou mais, por sexo, Brasil e estado de São Paulo, 1960-2010

	Menos que educação primária completa		Educação primária completa		Educação Secundária completa		Universitária Completa		Total	
Ano	Masculino	Feminino	Masculino	Feminino	Masculino	Feminino	Masculino	Feminino	Masculino	Feminino
Brasil										
1960	92	94	5	5	2	0	1	0	100	100
1970	86	87	9	8	3	4	2	0	100	100
1980	73	73	17	17	7	8	3	2	100	100
1991	66	65	20	20	10	12	4	4	100	100
2000	55	52	26	26	15	18	4	4	100	100
2010	37	33	33	31	23	26	6	9	100	100
Estado de São Paulo										
1960	87	89	8	7	4	3	2	0	100	100
1970	80	83	12	10	6	6	2	1	100	100
1980	65	67	21	20	10	10	4	3	100	100
1991	55	57	25	24	13	14	6	5	100	100
2000	42	42	31	29	20	22	7	7	100	100
2010	27	27	33	30	29	30	10	13	100	100

Fonte: Ipums, amostra de 5% dos censos 1960-2010.
Notas: 0% representa menos de 1%.

população total. A cada censo subsequente desde então, o número de mulheres aumentou mais depressa que o de homens, e no Censo de 2010, a razão de sexo foi de apenas 95 homens para 100 mulheres.[53] Essa mudança secular decorreu de dois fatores. O primeiro foi o declínio da população nascida no exterior – os que haviam chegado ao país por intermédio do tráfico atlântico de escravos e das migrações europeias e asiáticas eram predominantemente do sexo masculino. Em 1950, a porcentagem de nascidos no exterior havia diminuído para apenas 2,4% da população.[54] O segundo fator foi o declínio constante da mortalidade materna, o que trouxe maior expectativa de vida para as mulheres. Em meados do século XX, as mulheres viviam em média 3,5 anos a mais do que os homens e eram mais numerosas do que eles em todas as idades a partir de 25 anos – o auge da idade ativa.

Entretanto, até pouco tempo atrás as mulheres foram excluídas de importantes áreas da economia e se concentraram em serviços domésticos e empregos de baixa qualificação, com remunerações inferiores às de seus colegas do sexo masculino. Mulheres tinham taxas baixíssimas de participação na força de trabalho e eram encontradas principalmente na economia informal. Mas a diminuição do número de filhos após 1960, junto com o aumento da longevidade das mulheres, trouxe a possibilidade de um bônus demográfico para o Brasil se elas fossem incorporadas à força de trabalho. Assim, a participação crescente das mulheres na população ocupada compensou o declínio do número de homens empregados, e isso manteve razoavelmente baixa a taxa de dependência (a razão entre trabalhadores e não trabalhadores, ou seja, entre crianças e idosos e pessoas em idade ativa).[55] Ao mesmo tempo, mudaram as atitudes culturais e políticas para com a educação das mulheres e, graças a isso, no último quarto do século as mulheres finalmente superaram os homens em alfabetização e em mais anos de estudo. Foi o adiamento da fecundidade que permitiu às mulheres ingressar no mercado de trabalho e obter maior grau de instrução.

Todos esses fatores ensejaram um crescimento extraordinário da taxa de participação feminina na força de trabalho. Como observou um economista, "o aproveitamento, mesmo que parcial, do bônus demográfico feminino foi uma das forças responsáveis pelo avanço na qualidade de vida da popu-

---

53 IBGE, Sidra, Censo, Tabela 616.

54 IBGE, Brasil, Censo Demográfico, 1950, Série Nacional, v.1, p.8, tabela 9.

55 Para uma discussão sobre o bônus demográfico no contexto brasileiro, ver José Eustáquio Diniz Alves, "Crise no mercado de trabalho, bônus demográfico e desempoderamento feminino", in: Nathalie Reis Itaboraí e Arlene Martinez Ricold (Orgs.), *Até onde caminhou a revolução de gênero no Brasil? Implicações demográficas e questões sociais* (Belo Horizonte, ebook ABEP, 2016), p.23.

lação brasileira entre 1970 e 2010".[56] Na época do Censo de 1950, a taxa de participação feminina, isto é, a porcentagem de mulheres economicamente ativas no total de mulheres em idade ativa foi de apenas 13,6%, enquanto a taxa de participação masculina foi de 80,8% dos homens em idade ativa. A taxa de participação feminina permaneceu praticamente igual na época do Censo de 1920 (14%), e, em 1970, subiu apenas para 18%. Contudo, no Censo de 1991, a taxa de participação feminina já aumentara para 33%, enquanto para os homens em idade ativa declinara para 72%.[57] Em 2010, as mulheres haviam aumentado sua taxa de participação para 49%.[58] Na pesquisa da PNAD de 2015, no auge da depressão econômica, a taxa feminina alcançou 55%. Essas taxas de participação feminina não diferiram muito das registradas nos Estados Unidos, onde chegaram a 57% do total das mulheres a partir de 16 anos no mesmo período.[59]

Essa mesma trajetória de taxas crescentes de participação feminina e declinantes de participação masculina na força de trabalho também são encontradas no estado de São Paulo, na RMSP e na capital paulista. De 1991 a 2010, a taxa de participação feminina aumentou no estado de 38% para 52%. Na região metropolitana já era sete pontos percentuais mais alta do que a taxa nacional, e passou de 38% para 53%, enquanto na capital teve um crescimento extraordinário de 13% e chegou a 55%. Em cada década e em cada região, a taxa PEA (Participação Economicamente Ativa) masculina declinou sistematicamente nesse período (Tabela 6.12).

Podemos vislumbrar até onde essas taxas talvez venham a subir no Brasil se olharmos para os países da Europa setentrional, com seu apoio sistemático do estado às mães trabalhadoras e às famílias. Um bom exemplo é a Dinamarca, onde a taxa de participação feminina foi de 77% em 2016.[60] No entanto, o Brasil assemelha-se muito mais ao resto das Américas, exceto o Canadá, cujas taxas comparam-se às da Dinamarca. Na maioria dos principais países latino-americanos, a taxa PEA masculina declinou em fins no século XX, enquanto a feminina aumentou até certo nível básico. Esse nível

---

56 Alves, *Crise no mercado de trabalho*, p.29.

57 Adriana Strasburg de Camargo Andrade, *Mulher e trabalho no Brasil nos anos 90*. Tese de doutorado, Universidade de Campinas, 2004, p.61, tabela 1.

58 IBGE, Sidra, Censo, tabela 616; Alves, "Crise no mercado de trabalho", p.27, para as taxas pré-1991.

59 US Bureau of Labor Statistics, Tabela 3.3, "Civilian labor force participation rate, by age, sex, race, and ethnicity, 1996, 2006, 2016 and projected 20206 (in percent)", em: <https://www.bls.gov.emp/ep_table_303.htm>, acesso em: 4.12.2017. As estimativas do Bureau para 2050 encontram-se em: <https://www.bls.gov.opub/ted/2007/jan/wk2/art03.htm>, acesso em: 4.12.2017.

60 Os dados da OCDE estão disponíveis para 2000-2016 em: <https://stats.oecd.org/Index.aspx?DataSetCode=LFS_SEXAGE_I_R>, acesso em: 5.12.2017.

Tabela 6.12 População economicamente ativa das pessoas com 10 anos ou mais, por sexo, Brasil, estado de São Paulo, Região Metropolitana de São Paulo e cidade de São Paulo, 1991-2010

	Mulheres			Homens		
Região	**1991**	**2000**	**2010**	**1991**	**2000**	**2010**
Brasil	32,9	44,1	48,9	71,5	69,6	67,1
São Paulo	37,8	48,0	52,5	73,5	71,7	69,3
Região Metropolitana de São Paulo	39,8	50,0	53,4	73,1	72,0	68,8
Cidade de São Paulo (SP)	42,2	51,5	54,6	73,4	72,3	69,0

Fonte: IBGE, Sidra, tabela 616.

ainda está longe do que pode ser alcançado sem uma intervenção direta do Estado e uma expansão do Estado de bem-estar. Embora o crescimento da participação feminina na força de trabalho tenha desacelerado consideravelmente desde o começo dos anos 1990, continua a ser positivo mesmo no século XXI.[61] Esse aumento da parcela de mulheres que ingressam na força de trabalho é visto em todas as coortes etárias acima de 20 anos, em forte contraste com a trajetória da participação masculina. Entre os censos de 1991 e 2010, evidencia-se um aumento da parcela de mulheres economicamente ativas em quase todas as categorias etárias nesses três anos de censo. Já a participação masculina declinou em todos os grupos etários nesse período. O declínio relativo ou estabilidade da participação dos jovens com menos de 20 anos foram afetados pelo aumento das taxas de frequência no ensino médio nesse período. Esse padrão é encontrado para o país como um todo e para a capital de São Paulo, que, em geral, apresentou taxas mais elevadas do que as do país (Tabela 6.13).

As mulheres também ultrapassaram os homens em escolarização. Usando as taxas de participação brutas (definidas como a porcentagem de pessoas frequentando a escola em determinada faixa etária), vemos que as mulheres se distanciaram dos homens na educação pós-secundária – isto é, entre as pessoas de 18 anos ou mais (Tabela 6.14). Entre as pessoas que trabalhavam e estudavam, houve mais homens do que mulheres (20% e 14% respectivamente), mas ambos os sexos apresentaram a mesma porcentagem de pessoas que apenas trabalhavam ou que não trabalhavam nem estudavam. Os homens também mostraram resultados piores do que os das mulheres nas taxas de desistência e de matrícula no ensino secundário ou superior.

61 Simone Wajnman, "'Quantidade' e 'qualidade' da participação das mulheres na força de trabalho brasileira", in: Itaboraí e Ricoldi (Orgs.), *Até onde caminhou a revolução de gênero no Brasil? Implicações demográficas e questões sociais* (Belo Horizonte, ebook ABEP, 2016), p.46-7.

Tabela 6.13 Participação da população economicamente ativa, por idade e sexo, Brasil, estado de São Paulo e cidade de São Paulo, 1991-2010 (pessoas com 10 anos ou mais)

	BRASIL					
	1991		2000		2010	
Idade	**Homens**	**Mulheres**	**Homens**	**Mulheres**	**Homens**	**Mulheres**
10-14	14,3	6,6	11,9	6,7	8,5	6,2
15-19	61,9	31,8	58,4	40,6	45,8	35,0
20-24	89,3	45,7	86,9	60,9	79,9	63,3
25-29	95,3	46,1	92,3	62,4	87,3	68,9
30-34	96,4	46,6	93,4	63,1	89,3	70,1
35-39	96,3	47,2	93,1	63,6	89,7	69,7
40-44	95,1	45,0	91,8	61,2	88,8	67,9
45-49	92,1	38,8	88,2	54,6	87,0	63,9
50+	70,1	22,2	56,2	23,3	57,9	31,9
Total	71,5	32,9	69,6	44,1	67,1	48,9
	Estado de São Paulo					
Idade	**Homens**	**Mulheres**	**Homens**	**Mulheres**	**Homens**	**Mulheres**
10-14	11,8	6,9	7,7	5,3	5,2	4,3
15-19	67,9	43,7	63,0	49,9	48,7	41,5
20-24	91,3	56,4	90,3	69,7	83,2	71,9
25-29	95,6	52,0	94,2	68,3	89,2	75,4
30-34	96,4	49,4	95,1	66,8	91,0	74,6
35-39	96,3	49,4	94,5	66,0	91,2	73,1
40-44	95,1	46,9	92,8	62,7	90,4	70,7
45-49	91,2	40,5	88,3	55,2	88,5	65,7
50+	64,9	22,0	53,3	22,5	57,7	32,0
Total	73,5	37,8	71,7	48,0	69,3	52,5
	Cidade de São Paulo					
Idade	**Homens**	**Mulheres**	**Homens**	**Mulheres**	**Homens**	**Mulheres**
10-14	8,3	5,2	6,1	4,5	5,2	4,7
15-19	62,2	43,0	60,0	50,4	43,4	39,5
20-24	89,7	63,3	89,6	74,6	80,8	72,3
25-29	94,9	60,1	93,9	73,8	87,7	76,8
30-34	96,0	55,9	95,0	71,5	89,5	76,1
35-39	96,3	54,3	94,6	69,7	89,6	74,7
40-44	95,4	51,8	93,2	67,1	88,9	72,7
45-49	92,1	45,6	90,0	59,6	87,5	68,9
50+	65,4	25,8	54,9	25,1	60,3	35,7
Total	73,4	42,2	72,3	51,5	69,0	54,6

Fonte: IBGE, Sidra, tabela 616.

Tabela 6.14 Brasil, taxa de crianças frequentando escolas, por sexo e faixas etárias, 2000 e 2010						
	2000			2010		
Idade	Total	Homens	Mulheres	Total	Homens	Mulheres
4-5	51,4	50,7	52,1	80,1	79,8	80,4
6-14	93,1	92,7	93,5	96,7	96,5	96,9
15-17	77,7	77,6	77,8	83,3	83,2	83,4
18-24	32,7	32,4	32,9	30,6	29,4	31,9
25+	5,1	4,3	5,7	7,4	6,6	8,0

Fonte: IBGE, Estatísticas de Gênero...2010 (2014), Gráfico 23 para dados até 17 anos; e tabela gerada do IBGE, https://www.ibge.gov.br/apps/snig/v1/?loc=0

Cerca de 41% dos homens e 32% das mulheres no grupo de 18 a 24 anos abandonaram os estudos em 2010 – uma taxa elevada para os padrões europeus. Ao mesmo tempo, 15% das mulheres e apenas 11% dos homens nesse grupo etário estavam estudando em universidades ou outras instituições de ensino superior.[62] Embora, mesmo em 2010, homens e mulheres ainda estivessem longe de se equiparar, projeções recentes indicam que, se as mulheres continuarem a elevar seu grau de instrução às mesmas taxas já registradas, nos anos 2040 sua participação na força de trabalho atingirá 80% nas faixas etárias de alta participação.[63]

O estado de São Paulo, mais rico e com uma estrutura institucional mais desenvolvida, liderou nessas tendências educacionais para homens e mulheres. Os dados sobre pessoas a partir de 25 anos encontrados no Censo de 2010 mostraram algumas variações interessantes em relação aos dados nacionais. Embora, no país como um todo, apenas 49% dos homens nesse grupo etário houvessem concluído o ensino fundamental ou níveis seguintes de educação, entre as mulheres a porcentagem foi de 52%. Já no estado de São Paulo, na RMSP e na capital os números foram mais equilibrados, embora no estado e na região metropolitana houvessem mais mulheres do que homens entre os formados em universidade ou instituições de ensino superior. Somente na capital os homens equipararam-se, aproximadamente, às mulheres – embora em ambos os casos suas taxas de conclusão fossem muito mais altas do que nas outras três regiões (**Tabela 6.15**).

O nível de educação crescente entre as mulheres influenciou significativamente os tipos de ocupação a elas disponíveis. As baixíssimas taxas de participação feminina no século XX, quando as mulheres trabalhavam sobre

62 IBGE, Estatísticas de Gênero, p.103, tabela 15; p.104, gráfico 28; p.106, gráfico 30.

63 Wajnman, "'Quantidade' e 'qualidade' da participação", p.48-9.

Tabela 6.15 Nível de educação completada, para pessoas com 25 anos ou mais, Brasil, estado de São Paulo, Região Metropolitana de São Paulo e cidade de São Paulo, Censo de 2010

	Brasil		Estado São Paulo		RMSP		Cidade São Paulo	
Nível completado	Homens	Mulheres	Homens	Mulheres	Homens	Mulheres	Homens	Mulheres
Sem instrução e fundamental incompleto	50,9	48,0	40,8	41,5	36,8	38,1	34,4	36,0
Fundamental completo e médio incompleto	15,0	14,4	16,8	15,9	17,2	16,5	16,7	16,2
Médio completo e superior incompleto	24,1	25,1	28,0	26,8	29,2	28,1	27,9	27,1
Superior completo	10,0	12,5	14,4	15,9	16,9	17,3	21,0	20,6
Total	100,0	100,0	100,0	100,0	100,0	100,0	100,0	100,0

Fonte: IBGE, Sidra, tabela 3547.

tudo na agricultura ou como empregadas domésticas, elevaram-se aos poucos e constantemente à medida que também aumentou sua participação na indústria e nas profissões liberais. Mesmo no setor industrial essa taxa cresceu de 22,5% do total de trabalhadores, em 1995, para 25% em 2015. Além disso, há vários ramos da indústria nos quais as mulheres têm representação ainda maior do que essa média e, por exemplo, hoje compõem um terço do total de trabalhadores nas áreas de eletricidade e comunicações, gráfica e editorial e alimentos e bebidas.[64] A porcentagem de mulheres que trabalham como empregadas domésticas também diminuiu significativamente, conforme se dirigiram a outros setores da economia. Se forem mantidas as tendências atuais, todos os indicadores levam a crer que, no futuro, muitas áreas prestigiosas serão dominadas por mulheres, à semelhança do que vem ocorrendo em todas as sociedades industriais avançadas, desde que elas passaram lentamente a ser maioria entre os estudantes que se preparam para carreiras especializadas, algumas altamente conceituadas no Brasil. Embora 44% dos que se formaram em medicina em 2010 fossem mulheres, hoje elas representam 54% do total dos estudantes de medicina. Na carreira jurídica, em 2010 a porcentagem de mulheres formadas em direito foi 46%, enquanto hoje elas são 52% do total de estudantes nessa área. As mulheres são e sempre foram, naturalmente, maioria nas áreas de educação e enfermagem, ocupações que não estão, incompreensivelmente, entre as de maior prestígio; agora, porém, elas despontam no campo da engenharia no Brasil. Por exemplo, apenas 20% dos que se formaram em engenharia em 2010 eram mulheres, mas elas já representavam 28% dos estudantes nessa carreira.[65]

Essas tendências positivas em educação também se refletem na distribuição do nível de instrução dos trabalhadores. No Brasil, 56% dos homens e 68% das mulheres ocupados tinham concluído no mínimo o ensino fundamental. Cerca de 17% das mulheres tinham curso superior completo, em comparação com apenas 10% dos homens. Na força de trabalho paulista – incluindo estado, capital e região metropolitana – o nível educacional era mais elevado do que no Brasil como um todo. As diferenças entre os sexos não eram tão extremas em São Paulo quanto no país todo: na capital paulista, 72% dos homens tinham no mínimo o ensino fundamental, em

64 Wajnman, "'Quantidade" e 'qualidade' da participação", p.48-9.

65 Amélia Artes e Arlene Martinez Ricoldi, "Mulheres e as carreiras de prestígio no ensino superior brasileiro: o não lugar feminino", in: Nathalie Reis Itaboraí e Arlene Martinez Ricoldi (Orgs.). *Até onde caminhou a revolução de gênero no Brasil? Implicações demográficas e questões sociais* (Belo Horizonte, ebook ABEP, 2016), p.89, quadro 1.

comparação com 77% das mulheres. Contudo, mesmo em todas essas três áreas de São Paulo, a representatividade das mulheres com ensino superior completo na força de trabalho era consistentemente maior que a dos homens (Tabela 6.16).

Foi impressionante o impacto da educação das mulheres. Em todos os níveis geográficos, apesar de taxas de participação ainda moderadas, as mulheres com ensino médio ou superior completo tiveram taxas de participação mais altas que a do total feminino, enquanto os homens tenderam a mostrar representatividade maior entre os trabalhadores com nível de instrução mais baixo (com ensino médio incompleto ou menos – Tabela 6.17).

As áreas de participação dos trabalhadores com níveis de instrução mais elevados foram aproximadamente as mesmas para ambos os sexos em 2015. Os setores público e de serviços, que incluíam saúde, educação e serviços sociais, foram importantes na ocupação das mulheres, com taxas elevadas de participação femininas. A distribuição tendeu a ser mais homogênea entre os trabalhadores com ensino fundamental e médio completos; para ambos os sexos, os trabalhadores sem instrução concentraram-se na agricultura. De modo geral, os padrões de concentração industrial foram relativamente semelhantes para homens e mulheres, sugerindo que a educação foi a variável principal para determinar a área de ocupação (Tabela 6.18). Além disso, entre as pessoas ocupadas que tinham 25 anos ou mais, 6,2% dos homens trabalhavam em áreas de administração ou direção, enquanto para as mulheres nessas mesmas áreas a porcentagem foi de apenas 4,7% – apenas um quarto a menos que a dos homens.[66]

Além da crescente presença feminina no mercado em todos os setores, houve uma mudança substancial na participação das mulheres nos mercados formal e informal. Agora as mulheres igualam-se aos homens como parte da força de trabalho formal. Desde o começo do século, a parcela de mulheres ocupadas com carteira de trabalho assinada vem sendo similar à dos homens. A carteira de trabalho é um documento fundamental, pois indica que a pessoa está contribuindo para previdência social e tem direitos e benefícios assegurados por lei.[67] Esses indivíduos têm seu regime de traba-

---

66 IBGE, Síntese de Indicadores Sociais, 2016, tabela 5.15, em: https://www.ibge.gov.br/estatisticas-novoportal/sociais/trabalho/9221-sintese-de-indicadoressociais.html?edicao=9222&t=downloads.

67 Noronha define a carteira de trabalho como "uma verdadeira carteira de identidade ou como um comprovante para a garantia de crédito ao consumidor, como prova de que o trabalhador esteve empregado em 'boas empresas', de que é 'confiável' ou de que é capaz de permanecer por muitos anos no mesmo". Eduargo D. Noronha, "Informal, ilegal and unfair: perceptions of labor markets in Brazil" *Revista Brasileira de Ciências Sociais,* v.18, n.53, out. 2003, p.111-29. Em português esse artigo foi republicado em 2005; disponível em: <http://socialsciences.scielo.org/scielo.php?pid=S0102-69092005000100009&script=sci_arttext&tlng=em>.

Tabela 6.16 Nível educacional das pessoas com 10 anos ou mais empregadas, Brasil, estado de São Paulo, Região Metropolitana de São Paulo e cidade de São Paulo, Censo de 2010

	Brasil		Estado de São Paulo		RMSP		Cidade de São Paulo	
Nível completado	**Homens**	**Mulheres**	**Homens**	**Mulheres**	**Homens**	**Mulheres**	**Homens**	**Mulheres**
Sem instrução e fundamental incompleto	43	32	30	26	30	24	28	23
Fundamental completo e médio incompleto	18	17	19	18	19	17	19	17
Médio completo e superior incompleto	28	34	35	36	34	36	33	34
Superior completo	10	17	17	21	17	22	21	26
Total	100	100	100	100	100	100	100	100

Fonte: IBGE, Sidra, tabela 3581.

Tabela 6.17 Porcentagem de homens e mulheres com 10 anos e mais empregados, por nível educacional, Brasil, estado de São Paulo, Região Metropolitana de São Paulo e cidade de São Paul, Censo de 2010

	Brasil		Estado de São Paulo		RMSP		Cidade	
Nível completado	**Homens**	**Mulheres**	**Homens**	**Mulheres**	**Homens**	**Mulheres**	**Homens**	**Mulheres**
Sem instrução e fundamental incompleto	65	35	62	38	60	40	58	42
Fundamental completo e médio incompleto	60	40	59	41	57	43	56	44
Médio completo e superior incompleto	53	47	55	45	54	46	52	48
Superior completo	44	56	47	53	48	52	48	48
Total= 100%	58	42	56	44	55	45	53	47

Fonte: IBGE, Sidra, tabela 3581.

Tabela 6.18 Porcentagem dos empregados por setor de atividade, sexo e nível educacional, Brasil, 2015

Atividades	Sem instrução ou ensino fundamental		Fundamental completo ou médio incompleto		Médio completo ou superior incompleto		Ensino superior completo		Total	
	Homens	Mulheres	Homens	Mulheres	Homens	Mulheres	Homens	Mulheres	Homens	Mulheres
Total	36	26	18	14	35	40	12	20	100	100
Agrícola	72	72	14	13	12	12	2	2	100	99
Indústria	25	28	19	18	46	42	10	12	100	100
Construção	51	16	23	14	23	40	3	29	100	100
Comércio e reparação	28	17	22	17	43	56	8	10	100	100
Alojamento e alimentação	32	31	24	23	38	40	5	5	100	100
Transporte, armazenagem e comum.	30	7	21	13	42	57	7	23	100	100
Administração pública	14	8	10	7	48	43	29	42	101	100
Educação, saúde e serviços sociais	6	6	5	5	38	40	51	50	100	101
Demais serviços	18	31	13	18	42	37	27	14	100	100
Atividades mal definidas	57	19	20	34	19	21	3	25	100	100

Fonte: IBGE, Síntese de Indicadores Sociais 2016, tabela 5.9, em: https://w w w .ibge.go v.br/estatisticas/sociais/populacao/9221-sintese-de-indicadores-sociais.html?edicao=9222&t=downloads.
Notas: o total nem sempre termina por 00 em razão de arredondamentos.

lho regido pela Consolidação das Leis do Trabalho ou CLT.[68] Aos funcionários públicos também foi dada a possibilidade de trabalhar sob um regime estatutário, no qual não há carteira assinada e a aposentadoria provém de sistemas previdenciários próprios, que podem ser administrados pelo governo federal, estadual ou municipal, dependendo do setor em que se trabalha. Em 2001, trabalhavam no setor formal com carteira assinada 55% dos homens e 54% das mulheres ocupados. Em 2015, esse contingente aumentara para 65% dos homens e 62% das mulheres ocupados.[69]

A igualdade na participação de homens e mulheres no mercado de trabalho formal é encontrada também em todos os grupos étnicos e raciais. Embora as mulheres recebam menos do que os homens em todos os níveis de educação e ocupação e, frequentemente, sejam menos numerosas em determinadas ocupações, no que diz respeito à participação na economia formal, independentemente da área geográfica, existe uma igualdade surpreendente entre homens e mulheres no mercado de trabalho (Gráfico 6.7).

O hiato salarial entre homens e mulheres diminuiu com o passar do tempo, pois os salários das mulheres têm aumentado a taxas maiores do que os dos homens, reduzindo, assim, a disparidade. Por exemplo, em 2004, o salário médio das mulheres correspondia a 70% do salário médio dos homens; em 2015, a porcentagem já era de 76% (Gráfico 6.8). Ao mesmo tempo, contudo, o número de horas semanais cumpridas pelas mulheres no trabalho foi de apenas 34,9 horas em 2015, em comparação com 40,8 em média para os homens. Em contraste, as mulheres gastavam 20,5 horas semanais em tarefas domésticas, comparadas com metade disso para os homens.[70] Mesmo em profissões altamente conceituadas, os salários médios dos homens sempre são mais altos do que os das mulheres, embora em muitas dessas profissões, no mínimo, metade dos trabalhadores seja de mulheres (Tabela 6.19).

Finalmente, quanto à posição estrutural no mercado de trabalho, as porcentagens das mulheres na maior parte das categorias são razoavelmente similares às dos homens. Elas se saem melhor na administração pública,

---

68 A CLT foi instituída em 1943, no governo Vargas (Decreto-lei n.5.452 de 1º de maio de 1943), e teve várias emendas ao longo dos anos; a mais recente é de 2017 e incluiu direitos para trabalhadores em tempo parcial. Ver Marcelo Moura, *Consolidação das leis do trabalho* (7.ed. rev. Salvador: JusPodivm, 2017), acesso em: 07.12.2017, em: <https://www.editorajuspodivm.com.br/cdn/arquivos/ca615420c19a66758beaf108395fe01b.pdf.>.

69 IBGE, Sidra, tabela 1916.

70 IBGE, Síntese de Indicadores Sociais, 2016, tabela 5.13, em: <https://www.ibge.gov.br/estatisticas-novoportal/multidominio/genero/9221-sintese-deindicadores-sociais.html?edicao=10739&t=downloads>; Andrade, "Mulher e trabalho no Brasil", p.62, tabela 3; IBGE, Sidra, tabela 1906; IBGE, Sidra, tabela 1908.

Gráfico 6.7 Porcentagem dos trabalhadores que contribuem com a Previdência Social, por sexo, Brasil, estado de São Paulo, Região Metropolitana de São Paulo e cidade de São Paulo, 2010

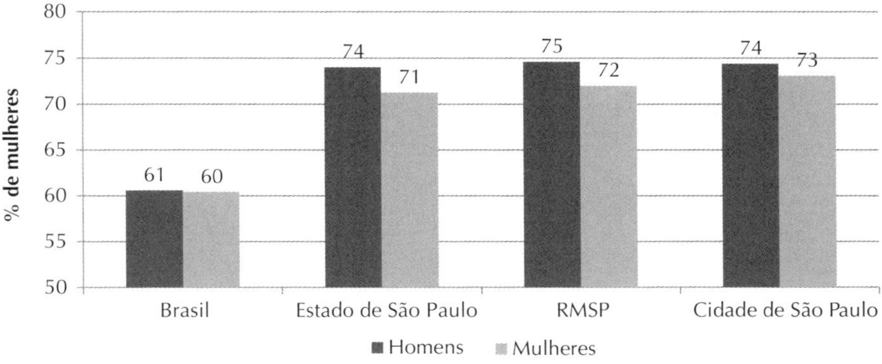

Fonte: IBGE, Sidra, tabela 3581.

Gráfico 6.8 Média salarial por sexo das pessoas com 16 anos ou mais, Brasil, 2004-2015

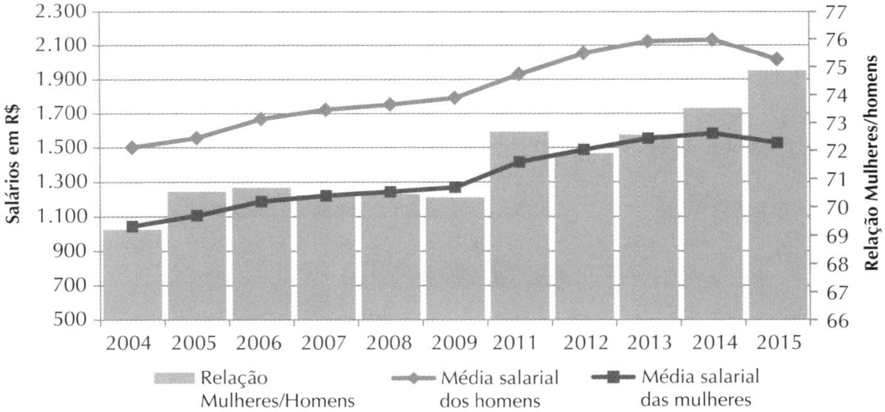

Fonte: IBGE, *SIS 2016*, tabela 5.10 obtida em: https://www.ibge.gov.br/estatisticas-novoportal/multidominio/genero/9221-sintese-de-indicadores-sociais.html?&t=resultados.

em grande medida porque são maioria nas áreas de ensino fundamental e médio, embora sejam bem representadas também no ensino superior. Têm participação igual à dos homens no mercado de trabalho formal e na contribuição para a previdência social, porém sua representatividade no trabalho não remunerado é duas vezes a dos homens (**Tabela 6.20**).

Tabela 6.19 Comparativo de salários de homens e mulheres e proporção de mulheres, por campos de atividade, 2010		
Campos	Salários das mulheres como proporção dos salários dos homens	% de mulheres na atividade
Educação	72	83
Humanidades e Artes	79	74
Ciênciais Sociais, Negócios e Direito	66	49
Ciências, Matemática e Computação	65	47
Engenharia, Produção e Construção	66	22
Agricultura e Veterinária	63	27
Saúde e Assistência Social	56	68
Serviços	53	55

Fonte: IBGE, Estatísticas de Gênero, 2014, p.107, tabela 17.

Gráfico 6.9 Proporção dos salários mensais entre mulheres e homens, por categoria, Brasil, 2010

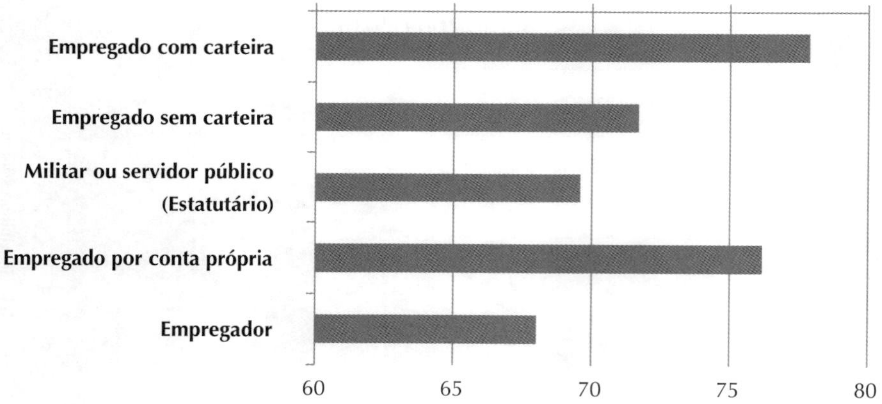

Fonte: IBGE, Estatísticas de Gênero, 2014, p.135, tabela 35.

Contudo, o hiato salarial, embora esteja em queda, continua a existir em quase todas as ocupações. Por exemplo, segundo o Censo de 2010, os salários mensais das mulheres, mesmo nas carreiras militar e pública, em geral eram um quarto menores que os dos homens.

Quando se faz uma classificação por grupo etário, evidencia-se que, quanto mais jovens são as trabalhadoras, mais provável é que seu salário seja similar ao dos homens do grupo correspondente. Por exemplo, na coorte etária das pessoas de 16 a 24 anos ocupadas em 2010, as mulheres recebem

Tabela 6.20 Participação dos trabalhadores, por posição nas ocupações ou categoria de emprego e por sexo. Censo de 2020, Brasil, estado de São Paulo, Região Metropolitana de São Paulo e cidade de São Paulo

	Brasil		Estado São Paulo		RMSP		Cidade São Paulo	
Posição na ocupação ou categoria do emprego	**Homens**	**Mulheres**	**Homens**	**Mulheres**	**Homens**	**Mulheres**	**Homens**	**Mulheres**
Empregado	**68,1**	**74,5**	**75,2**	**81,4**	**75,7**	**81,8**	**74,1**	**81,1**
Empregado – com carteira de trabalho assinada	46,1	48,0	79,7	70,6	80,1	71,3	79,7	72,8
Empregado – militar e funcionário público estatutário	4,1	7,8	3,4	5,7	3,1	5,5	3,2	5,1
Empregado – sem carteira de trabalho assinada	17,9	18,8	16,8	23,7	16,8	23,2	17,1	22,1
Não remunerado	**1,1**	**2,4**	**0,6**	**1,6**	**0,6**	**1,6**	**0,7**	**1,7**
Trabalhador na produção para o próprio consumo	**3,9**	**2,7**	**0,4**	**0,5**	**0,1**	**0,1**	**0,1**	**0,1**
Empregador	**2,3**	**2,2**	**2,7**	**1,7**	**2,6**	**1,6**	**3,1**	**1,8**
Conta própria	**24,5**	**18,2**	**21,0**	**14,7**	**20,9**	**14,9**	**22,0**	**15,4**
Total	100	100	100	100	100	100	100	100

Fonte: IBGE, Sidra, tabela 3461.

o equivalente a 88% dos salários recebidos pelos homens; na coorte de 25 a 39 anos, a porcentagem feminina cai para 78%, na de 40 a 59 anos diminui para 69% e por fim declina para 60% na coorte das mulheres a partir de 60 anos.[71] Isso indica que o crescente nível educacional das mulheres finalmente está influenciando os salários e que, se for mantida essa tendência, os salários devem começar a alcançar a paridade no futuro, sobretudo se as tendências na educação acompanharem os avanços que as mulheres têm alcançado nestas últimas décadas.

Como concluiu uma renomada especialista, todas essas mudanças produziram tendências heterogêneas. De um lado, vemos "a intensidade e a constância do aumento da participação feminina no mercado de trabalho... de outro, o elevado desemprego das mulheres e a má qualidade do emprego feminino; de um lado, o acesso a carreiras e profissões de prestígio e a cargos de gerência e mesmo diretoria, por parte de mulheres escolarizadas, de outro, o predomínio do trabalho feminino em atividades precárias e informais".[72]

Entretanto, recentemente, mesmo nessas ocupações precárias tem havido algumas mudanças importantes. Uma dessas ocupações, que em 2016 ainda absorvia 14% das mulheres economicamente ativas, é a tradicional função de empregada doméstica. A legislação civil e trabalhista pós-1988 deu aos trabalhadores domésticos mais direitos e incorporou um número muito maior deles ao setor formal. Em 2001, do total de empregadas domésticas, 25% tinham carteira assinada; em 2016, a porcentagem aumentou para 30%. Além disso, dadas essas mudanças, hoje as empregadas que moram no local de trabalho são exceção e não a regra, e os prédios de apartamento modernos no Brasil já não contêm aposento destinado a alojá-las. Todas essas mudanças começaram em 1972 com a primeira lei que reconheceu direitos básicos para as empregadas domésticas (férias, contribuição previdenciária etc.).[73] Em 2015, foi promulgada uma legislação mais detalhada que definiu com maior precisão o serviço doméstico formal como o trabalho por mais de dois dias por semana (o trabalho em dois dias ou menos por semana é classificado como de "diarista"), requerendo um contrato de trabalho formal entre o empregado e o patrão, além de determinar o direito a férias, filiação sindical e regulação mais específica das horas de tra-

---

71 IBGE, Estatísticas de gênero, 137, tabela 37.

72 Maria Cristina Aranha Bruschini, "Trabalho e gênero no Brasil nos últimos dez anos", Caderno de Pesquisa, v.37, n.132, 2007, p.537.

73 Para essa lei 5.859/72, ver: <http://www.normaslegais.com.br/legislacao/trabalhista/lei5859_1972.htm>.

balho diárias e pagamento de horas extras.[74] Essa lei tornou-se ainda mais relevante com as leis antiescravidão, que definiram condições muito específicas para todos os trabalhadores e entraram em vigor nos anos 1990.[75] Finalmente, a existência de um conjunto completo de tribunais do trabalho garante que empregados domésticos tenham facilidade para mover ações judiciais contra empregadores.

Ao mesmo tempo, a participação das empregadas domésticas na força de trabalho feminina tem declinado sistematicamente. No Censo de 1950, cerca de 27% das mulheres ativas trabalhavam nessa função e compunham a segunda maior categoria de trabalhadores, atrás dos empregados na agricultura.[76] Em 2001, as empregadas domésticas eram apenas 22% do total de mulheres economicamente ativas, e em 2015 a porcentagem caiu para 16%. Em contraste, 63% das mulheres hoje trabalham na indústria e comércio, e pouquíssimas em atividades primárias (Tabela 6.21). Apesar de todas as mudanças, no entanto, o serviço doméstico ainda é uma ocupação predominantemente feminina: mulheres representaram 92% do total de empregados domésticos em 2016, uma porcentagem que pouco mudou desde 2001.[77] Além disso, em 2015 os serviços domésticos ainda eram a categoria de mais baixa remuneração entre as mulheres trabalhadoras, que recebiam metade da média salarial mensal de todas as mulheres ocupadas, menos de metade da remuneração das mulheres assalariadas e até 37% a menos que as trabalhadoras no segundo pior nível de remuneração, as autônomas.[78]

Isso, por sua vez, gerou diferenças nos salários medianos das mulheres em todos os níveis educacionais. Os salários medianos das mulheres invariavelmente foram inferiores aos dos homens em todos os níveis de ensino completo de 2001 a 2015, e isso vale tanto para o país como para o estado e a cidade e a Região Metropolitana de São Paulo (Tabela 6.22).

A revolução que começou com a equiparação educacional, a introdução da pílula anticoncepcional, mudanças favoráveis às mulheres na legislação e o subsequente declínio drástico da fertilidade teve um efeito libertador para as mulheres na sociedade brasileira. Neste último meio século ocorreram profundas mudanças para as famílias em geral e para as mulheres, em particular. Ao longo desse período, as famílias tornaram-se mais diversifi-

74 Lei 150/2015, disponível em: <http://www.planalto.gov.br/ccivil_03/leis/LCP/Lcp150.htm>.

75 A primeira dessas leis antiescravidão foi aprovada no código penal de 1940 (art. 149), porém só veio a tornar-se efetiva nos anos 1990, e só em 2017 foi revista. Ver: <https://www.jusbrasil.com.br/topicos/10621211/artigo-149-do-decreto-lei-n-2848-de-07-dedezembro-de-1940>.

76 Andrade, "Mulher e trabalho no Brasil", p.62, tabela 3.

77 IBGE, Sidra, tabela 1906.

78 IBGE, Sidra, tabela 1908.

Tabela 6.21 Partipação das mulheres com 10 anos e mais, por posição na ocupação. Brasil e Estado de São Paulo, 2001-2015

Ano	Empregado	Trabalhador doméstico	Empregador	Conta própria
Brasil				
2001	56,4	21,6	2,8	19,2
2002	56,6	21,0	3,1	19,3
2003	56,9	20,8	2,9	19,3
2004	57,5	20,4	2,9	19,2
2005	57,3	20,3	3,1	19,3
2006	58,1	19,7	3,2	18,9
2007	59,1	19,3	2,7	18,9
2008	60,4	18,3	3,2	18,0
2009	59,4	19,5	2,9	18,1
2011	62,9	17,6	2,4	17,1
2012	63,9	16,4	2,7	16,9
2013	64,4	16,3	2,7	16,6
2014	64,2	15,6	2,6	17,6
2015	63,0	15,7	2,6	18,8
Estado de São Paulo				
2001	62,0	20,6	3,0	14,5
2002	62,1	19,6	3,3	15,0
2003	62,4	19,8	3,2	14,6
2004	63,9	19,4	2,9	13,9
2005	61,8	19,6	3,6	15,1
2006	62,7	19,3	3,6	14,3
2007	64,7	17,4	2,9	15,0
2008	65,1	17,4	3,5	14,0
2009	64,0	18,4	2,8	14,8
2011	68,3	16,1	2,2	13,3
2012	69,7	14,7	2,8	12,7
2013	68,6	15,9	2,7	12,8
2014	69,0	14,7	2,5	13,7
2015	68,3	14,4	2,4	14,8

Fonte: IBGE, Sidra, tabela 1907.

cadas. As uniões consensuais, antes limitadas às classes mais pobres, agora são encontradas entre todos os grupos econômicos no Brasil. Os domicílios chefiados por homem declinaram constantemente, com um consequente aumento dos domicílios chefiados por mulher. Estes, por sua vez, não só

Tabela 6.22 Mediana da renda dos trabalhadores no mercado formal de trabalho, por sexo e nível educacional, Brasil, estado de São Paulo, Região Metropolitana de São Paulo, cidade de São Paulo, Censo de 2010

Nível de educação	Brasil		Estado de São Paulo		RMSP		Cidade de São Paulo	
	Homens	Mulheres	Homens	Mulheres	Homens	Mulheres	Homens	Mulheres
Sem instrução e fundamental incompleto	510	500	800	530	800	600	815	600
Fundamental completo e médio incompleto	750	510	900	600	900	700	1000	700
Médio completo e superior incompleto	1000	650	1100	800	1100	800	1200	850
Superior completo	3000	1800	3000	2000	3500	2100	4000	2500
Número de trabalhadores	49.823.312	36.530.527	11.283.702	8.717.568	5.191.254	4.288.147	2.966.588	2.583.199

Fonte: IBGE, Sidra, tabela 3577.
Nota: média salarial em reais..

aumentaram sua representatividade no total dos domicílios, mas também mudaram sua composição, contendo agora mais crianças, mais mulheres de maior nível educacional e mais jovens – um resultado do aumento dos divórcios e separações.

Como um todo, as mulheres também vivenciaram mudanças profundas nesse período nas áreas da educação e participação na força de trabalho. O déficit tradicional que, antes de 1950, as mulheres tinham em anos de educação e frequência escolar foi substituído por um déficit para os homens, à medida que as mulheres ingressaram no ensino médio e em universidades em números cada vez maiores; hoje elas são mais numerosas do que os homens em todos os níveis educacionais, inclusive na maioria dos estabelecimentos de ensino superior de elite.

As mulheres também ingressaram no mercado de trabalho em números nunca vistos. Embora seu nível de participação ainda não se iguale ao dos homens, elas o aumentaram notavelmente em todas as idades. Agora, trabalham em profissões de melhor qualidade, grande reconhecimento, e um contingente significativo de mulheres são gerentes e administradoras. Embora sua remuneração ainda seja inferior à dos homens, a disparidade vem diminuindo lentamente. No mercado de trabalho formal, a participação feminina, atualmente, iguala a masculina. Apesar de a probabilidade de mulheres desempregadas ser maior que a dos homens – contratados por último, são demitidos primeiro –, os índices de emprego e desemprego femininos mostram correlação estreita com os masculinos, e ambos têm alta correlação com mudanças na economia. Todas essas grandes transformações no mercado de trabalho para as mulheres foram possibilitadas pela revolução na fecundidade que ocorreu nesse período e deu às mulheres mais tempo para ingressar e permanecer na força de trabalho.

Além disso, o advento de grupos de apoio às mulheres, ONGs dedicadas a problemas femininos e forte mobilização social mudaram substancialmente as leis nacionais em favor das mulheres a partir dos anos 1980. A conscientização sobre os direitos das mulheres na sociedade brasileira foi ampliada, gerando facilidades para que elas controlassem suas vidas, trazendo-as para o mercado de trabalho como nunca antes na história brasileira. Entretanto, apesar de todos os ganhos para as mulheres em geral, as taxas de participação e êxito não foram iguais para todas e ainda estão longe de ser satisfatórias. Nesse aspecto, como em tantas outras áreas da vida brasileira, existem diferenças de tratamento que perduram, apoiadas em critérios de raça e de classe.

7

Mudança social no estado de São Paulo a partir de 1950: estratificação, cor e mobilidade

O Brasil é uma das sociedades mais desiguais no mundo. E essa afirmação ganha ainda mais força quando consideramos apenas os países industrializados. Nenhum deles tem indicadores de desigualdade similares aos do Brasil. Em 2014 os 10% mais ricos obtinham 44% da renda nacional enquanto os 50% mais pobres ficavam com 16%.[1] A enormidade dessa distorção evidencia-se em dados comparáveis com o Canadá em 2014. Nesse país, os 10% mais ricos da população recebiam apenas um quarto da renda nacional, e a metade mais pobre, 27%. Em um país escandinavo como a Suécia, o decil mais rico apropriava-se somente de 20% da renda nacional em 2014, e a metade mais pobre, um terço.[2] A estimativa do coeficiente de desigualdade de Gini para o Brasil, calculado com base na edição de 2015 da PNAD (Pesquisa Nacional por Amostra de Domicílios),[3] foi de 0,514, em comparação com o da Suécia, que ficou em metade dessa taxa (Gini de 0,252). Nesse aspecto, o Brasil assemelhou-se mais à maioria dos países latino-americanos com Gini na faixa dos 0,50, em comparação com índices entre quase 0,30 e pouco mais de 0,40 nos países industrializados mais avançados (**Gráfico 7.1**).[4]

---

1 UNU/WIDER World Income Inequality Database (WIID), "World Income Inequality Database WIID3.3, publicado em jan. 2017, tabela WID@ em: <https://www.wider.unu.edu/database/world-income-inequality-database-wiid34>.

2 Ibid., tabela WID2al. O Ipea mostra que os 10% mais ricos no Brasil possuíam 47% da renda total em 1981 e 46% em 2002. Ipeadata, "Renda – parcela apropriada por 10% mais ricos – (% renda total)".

3 Os estudos sobre desigualdade no Brasil costumam basear-se na PNAD, que inclui nos questionários a renda do trabalho, de pensões, aposentadorias, doações, transferências de programas sociais, aluguéis e juros de investimentos financeiros e dividendos. INGE, PNAD, *Dicionário de Variáveis da PNAD 2015*, em: <https://ww2.ibge.gov.br/home/estatistica/populacao/trabalhorendimento/pnad2015/microdados.shtm>.

4 Um estudo recente do Banco Mundial concluiu: "Segundo pesquisas de domicílio, os indivíduos na faixa dos 10% mais ricos recebem entre 40 e 47 por cento da renda total na maioria das sociedades latino-americanas, enquanto os 20 por cento mais pobres recebem apenas 2-4 por cento. Essas diferenças são substancialmente maiores do que nos países da OCDE, Leste Europeu e maior parte da Ásia. Além disso, o atributo mais marcante da desigualdade de renda latino-americana é a concentração incomumente grande da renda no topo da distribuição. ... Mesmo os países mais iguais na América Latina (Costa Rica e Uruguai) têm níveis significativamente mais altos de desigualdade de renda". David de Ferranti, Guillermo E. Perry, Francisco Ferreira, Michael Walton, *Inequality in Latin America:*

Gráfico 7.1 Estimativas do Banco Mundial do Índice de Gini de desigualdade para países do hemisfério ocidental, 2014

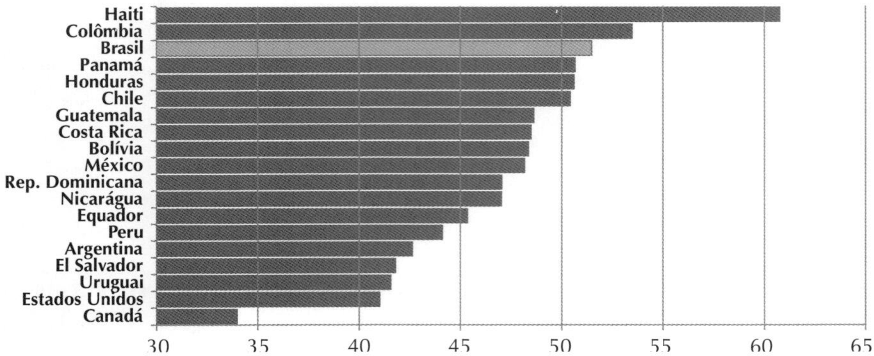

Fonte: https://data.worldbank.org/indicator/SI.POV.GINI?year_high_desc=false, data 1/30/2019. Data para Estados Unidos e Canadá 2013.

Embora o Gini do Brasil não seja tão extremo quanto o do Haiti ou mesmo o da Colômbia, outros indicadores mostram que a desigualdade é ainda mais pronunciada. Quando são analisados dados de declarações de renda, que refletem mais acuradamente a renda derivada de aluguéis, juros e dividendos além dos salários,[5] o Brasil revela um desequilíbrio ainda maior em favor dos mais ricos. Quando comparamos a renda total[6] do 1% mais rico da população e o total da riqueza nacional que ele controla, evidencia-se que o Brasil, mesmo, já em 2010, destaca-se como o país com a desigualdade mais extrema no mundo moderno. No Brasil o 1% mais rico controlava 28% da riqueza em comparação com a Dinamarca, onde o grupo equivalente possuía apenas 6% (Gráfico 7.2).

Mesmo quando são incluídas transferências de renda pelo governo como pensões e programas de transferência condicional de dinheiro, encontramos essa desigualdade estável e extremamente elevada. Os melhores dados sobre salários e transferências do governo combinados, além de uma série de indicadores econômicos e sociais, provêm das Pesquisas Nacio-

---

Breaking with History? (Washington, D.C.: World Brank, 2004), p. Summary-3. Para os índices de Gini mais recentes da América Latina, ver figura 2-3: 2-10.

5 Tradicionalmente os estudos sobre a distribuição de renda foram feitos com base nos levantamentos da PNAD, que são realizados anualmente no Brasil desde meados dos anos 1970. A essas pesquisas anuais foram adicionados os dados de censos decenais. Vários estudos recentes tomaram como base declarações de rendimento para fins de imposto de renda. Elas costumam ser mais acuradas, em especial para o topo da escala de renda, e permitiram a esses estudos mostrar taxas de concentração mais elevadas do que as encontradas em estudos baseados somente em dados da PNAD e dos censos.

6 O cálculo considera a renda bruta antes de deduzir os impostos que incidem sobre a renda.

Gráfico 7.2 Distribuição da renda "pré-taxada" para o grupo 1% mais rico da população. Países selecionados, 2010

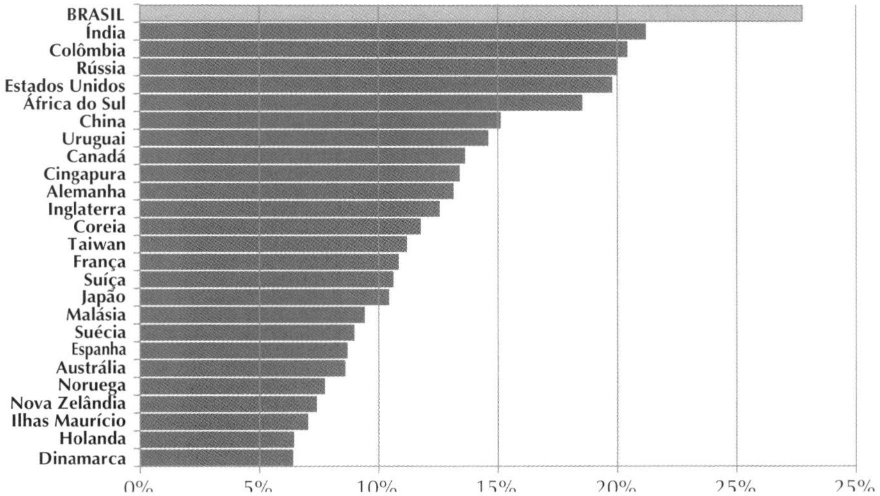

Fonte: http://wid.world/data/.

nais de domicílio. Essas pesquisas estão entre os mais abrangentes levantamentos desse tipo no mundo, e vêm sendo realizadas sistematicamente nos últimos quarenta anos. Se combinarmos os dados de salários encontrados nessas pesquisas nacionais de domicílio com as declarações de rendimentos (Declaração Anual de Ajuste do Imposto de Renda da Pessoa Física, DIRPF), o Gini para os adultos entre 2006 e 2012 foi de aproximadamente 0,70 – uma taxa altíssima, muito acima da encontrada somente para os salários, que esteve pouco acima de 0,50 nesse período.[7] Também a parcela do total de salários e rendas no Brasil correspondente ao 1% mais rico permaneceu estável em um quarto do total da renda no período 2006-2013.[8]

Esse nível de desigualdade parece não ser recente. Pelo menos desde os anos 1930, os níveis de desigualdade têm sido altos e estáveis no Brasil, em contraste com outros países onde reformas ou crises econômicas produziram flutuações significativas.[9] Isso pode ser visto em uma comparação do Brasil

---

7 Marcelo Medeiros e Pedro H. G. F. Souza, "A estabilidade da desigualdade no Brasil entre 2006 e 2013: resultados adicionais, *Pesquisa e Planejamento Econômico*, v.46, n.3, dez. 2016, p.21, tabela 1.

8 Medeiros e Souza, "A estabilidade", p.20, gráfico 2.

9 Embora seja difícil fazer comparações devido a arrecadações de impostos, alíquotas tributárias e estimativas de renda bruta e riqueza em períodos anteriores, um estudo recente indica uma relativa estabilidade na parcela da renda total para o 1% mais rico a partir dos anos 1930. Ver Pedro H. G.

com a Suécia e os Estados Unidos em três períodos. Nas décadas de 1930, 1970 e 2010, o estrato do 1% mais rico no Brasil controlava quase um quarto da renda e do capital nacional. Em contraste, na Suécia e nos Estados Unidos as participações mudaram com o tempo: passaram de altas porcentagens no período pré-Segunda Guerra Mundial para porcentagens mais baixas no período pós-guerra, graças a grandes mudanças na educação das populações desses países e à introdução do Estado de bem-estar moderno, com impostos elevados e redistribuição de renda pelo Estado. Como demonstraram Piketty e outros,[10] no período mais recente houve um aumento generalizado dessas participações em relação aos seus pontos baixos dos anos 1970, porém nem mesmo os Estados Unidos chegaram ao nível do Brasil no período corrente (Tabela 7.1). Enquanto nas duas primeiras décadas a metade mais pobre da população cresceu mais depressa e aumentou sua participação no total da riqueza para 13,9%, o 1% mais rico aumentou sua fatia para 28,3% da riqueza de todas as fontes de renda.[11]

Tabela 7.1 Fração média da renda e dos ganhos de capital das pessoas 1% mais ricas, anos selecionados, 1930-2015

	Quinquênio		
País	**1930-1935**	**1970-1975**	**2010-2015**
Brasil	24,3	24,6	23,2
EUA	16,9	9,2	20,7
Suécia	12,3	5,8	8,8

Fonte: Souza, 2016, p.249, tabela 5.

Não é fácil entender a causa dessa disparidade extraordinária entre o Brasil e outros países de tamanho, tipo de organização e até evolução histórica similares. Desde os anos 1970 ocorre no país um intenso debate sobre a causa dessa concentração de riqueza, e muitos usaram modelos internacionais aceitos para estudar a questão. Por que, apesar da acentuada industria-

F. Souza, "Top incomes in Brazil, 1933-2012: A Research Note", 11 dez. 2014, em: <http://dx.doi.org/10.2139/ssrn.2537026>, acesso em: 06.07.2017.

10 Thomas Piketty, *Capital in the 21st Century* (Cambridge: Harvard University Press, 2014). Ver também Facundo Alvaredo, Anthony B. Atkinson, Thomas Piketty e Emmanuel Saez, "The Top 1 Percent in International and Historical Perspective". *Journal of Economic Perspectives,* v.27, n.3, 2013, p.3-20; Branko Milanovic, "Global Inequality and the Global Inequality Extraction Ratio: The Story of the Past Two Centuries". *Explorations in Economic History,* n.48, 2011, p.494-506.

11 Marc Morgan, "Extreme and persistent inequality: new evidence for Brazil combining national accounts, surveys, and fiscal data, 2001-2015". Working paper series, n.12, World Wealth and Income Database, 2017, p.47, tabela 2.

lização e modernização da economia, houve pouco avanço na distribuição da renda e dos recursos para a população brasileira, que agora atingiu níveis de educação muito mais elevados do que em qualquer outro momento de sua história?[12]

Um fator é a posse da terra. Até o começo do século XIX, a terra só era concedida em grandes extensões, e sua posse claramente representava poder. Nessas grandes propriedades havia uma disparidade imensa entre tamanho e nível de ocupação econômica efetiva. Além disso, a mão de obra era formada principalmente por escravos. À margem desse universo de grandes propriedades formou-se um mundo de pequenos agricultores de subsistência, muitos dos quais eram posseiros ou tinham direitos precários sobre as terras. Esses agricultores compunham a maioria da população. Em fins do século XIX, com a abolição da escravidão e o abandono das fazendas pelos libertos, foram introduzidos imigrantes europeus para substituí-los, e isso levou a uma mudança nas regras de acesso à terra. As formas coloniais de sesmarias, com suas vastas concessões de terra, deram lugar a um mercado de terras moderno. Contudo, a Lei de Terras de 1850, que regulou essa nova forma de acesso à terra, dificultou a aquisição de propriedades pelos imigrantes.[13] Esses trabalhadores livres foram trazidos para serem empregados assalariados na agricultura comercial existente, especialmente na cafeicultura, e não para se tornarem pequenos agricultores independentes. No Brasil nunca houve – exceto nas colônias agrícolas do Sul – uma distribuição de terra generalizada para que pequenos proprietários pudessem explorar a terra com eficácia, como ocorreria no Oeste dos Estados Unidos. Tampouco houve uma revolução violenta ou uma reforma agrária sistemática, nem alguma ruptura abrupta no poder da elite que pudessem ter alterado a estrutura de posse da terra. Mesmo quando a ocupação das terras ampliou-se no século XX e a agricultura comercial expandiu-se e se difundiu por todo o Brasil, a estrutura agrária permaneceu uma das mais concentradas do mundo. A revolução tecnológica na agricultura comercial brasileira, que se tornou uma das mais produtivas do mundo nos últimos vinte anos, envolveu apenas uma minoria das cerca de 5 milhões de propriedades rurais

---

12 Dados recentes que correlacionam faixas de renda e anos de estudo mostram que o Brasil apresentou melhoras constantes no decorrer do tempo para todas as faixas etárias na média de anos de estudo, inclusive para os decis de renda mais baixos. Além disso, seu índice de Gini geral entre anos de estudo e faixas de renda finalmente havia declinado abaixo da média latino-americana em 1990. Ainda assim, os níveis de desigualdade de renda pouco mudaram. Para dados sobre educação e distribuição de renda, ver Ferranti et al., *Inequality in Latin America*, tabelas A22-A23 e A25, nas p.419-20, 422. Ver também a classificação por idades em mais detalhes nas tabelas suplementares sobre educação/idade e Gini para esse volume em: <http://www.depeco.econo.unlp.edu.ar/cedlas/wb/>.

13 Warren Dean, "Latifundia and Land Policy in Nineteenth-Century Brazil", *The Hispanic American Historical Review*, v.51, n.4, nov. 1971, p.606-25.

do país. Isso significa que há uma minoria dinâmica de produtores agrícolas altamente produtivos, capitalizados e globalizados e uma maioria de agricultores ocupados na produção de subsistência ou de mínimo porte, que dependem e dependerão de subsídios do governo sob a forma de transferências de renda para que possam permanecer no mundo rural.[14] Medida pelo índice de Gini, a distribuição da terra permanece praticamente inalterada desde o primeiro Censo agrícola, em 1920.[15]

Abolida a escravidão em 1888, a maioria dos escravos libertos incorporou-se ao mercado de trabalho assalariado ou ocupou-se na agricultura de subsistência. De início, porém, as ocupações especializadas e as principais atividades comerciais, especialmente na agricultura, foram exercidas por imigrantes europeus que chegaram em massa nas duas últimas décadas do século XIX. Os afro-brasileiros saídos do período escravista permaneceram nas camadas inferiores do mercado de trabalho livre da era pós-escravista durante a maior parte da primeira metade do século XX. Até o processo industrial, consolidado nos anos 1930, inicialmente dependeu em grande medida da mão de obra de imigrantes europeus e seus descendentes, e só mais tarde trabalhadores rurais nativos foram atraídos para os centros urbanos.[16] Grande parte dessa história ajuda a explicar as diferenças de oportunidade segundo cor e classe no Brasil.

Só em meados do século XX o governo do Brasil finalmente assumiu um compromisso com a educação pública para todos os brasileiros – muito depois da maioria dos outros países latino-americanos ter adotado política semelhante. Isso explica em grande medida os níveis altíssimos de analfabetismo no país ainda hoje. Mesmo pelos baixos padrões da América Latina em 1950, o Brasil tinha uma das populações menos instruídas, comparável aos países da América Central. A razão foi o baixo nível de investimentos em educação durante o Império e a Velha República (Gráfico 7.3).

---

14 Antonio Marcio Buiainain et al., "Sete teses sobre o mundo rural brasileiro", in: Antônio Márcio Buiainai et al. (Orgs.). *O mundo rural no Brasil do século 21: A formação de um novo padrão agrário e agrícola* (Brasília, DF: Embrapa, 2014), p.1159-82. Sobre o desenvolvimento recente da agricultura brasileira, ver Herbert S. Klein e Francisco Vidal Luna, *Feeding the World: Brazil's Transformation into a Modern Agricultural Economy* (Cambridge: Cambridge University Press, 2018).

15 Ver Bastiaan Philip Reydon, "Governança de terras e a questão agrária no Brasil", in: Antônio Márcio Buainain et al., *O mundo rural no Brasil do século 21: A formação de um novo padrão agrário e agrícola* (Brasília: Embrapa, 2014), p.736, tabela 3.

16 Existem poucos estudos específicos sobre a transição dos escravos libertados em 1888 e sua inserção imediata no mercado de trabalho, seja nos cafezais, seja em atividades suplementares, na agricultura de subsistência ou na integração à vida urbana. Sobre os aspectos sociológicos dessa transição, ver o livro fundamental de Florestan Fernandes, *A integração do negro na sociedade de classes* (São Paulo: Ática, 1978). Sobre o tema, veja também Hebe Maria Mattos, *Das cores do silêncio* (Rio de Janeiro: Nova Fronteira, 1998).

Gráfico 7.3 Porcentagem da população analfabeta em países da América Latina, 1950

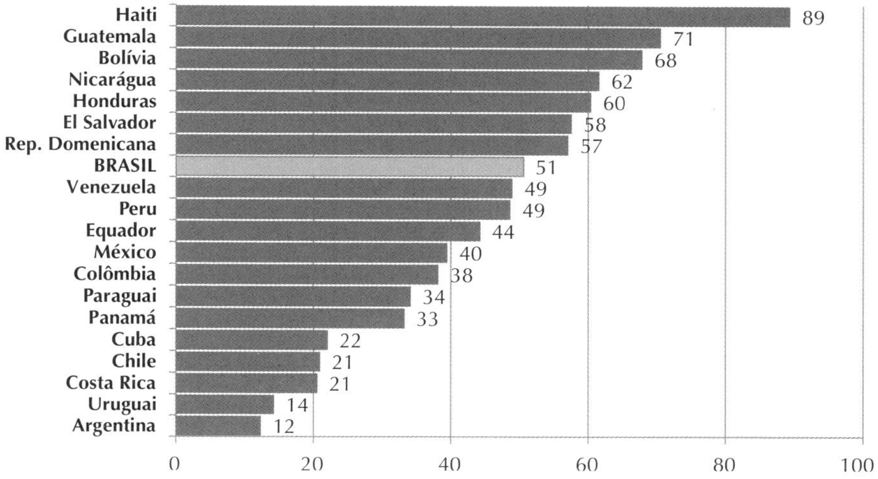

Fonte: Cepal, An.Est.Amer.Latina, 1980, p.97, tabela 33.

Nas três décadas seguintes também não haveria muita mudança. Uma comparação da frequência escolar por faixa etária em todos os países latino-americanos evidencia que o ritmo da mudança foi lento, deixando o Brasil ainda próximo dos países mais pobres do hemisfério, de 1960 a 1980, na porcentagem de crianças de 6 a 11 anos. Assim, apesar de vultosos investimentos e de um aumento significativo na frequência escolar no ensino fundamental, todos os países de baixo desempenho, o Brasil incluído, permaneceram no mesmo lugar nesse período, com exceção da Bolívia, que em 1960 tinha resultados piores que os do Brasil, mas em 1980, já havia passado à frente.[17]

Como os estados eram responsáveis pelo ensino primário e secundário, não surpreende que o estado mais rico do país, São Paulo, estivesse entre os mais bem classificados na educação brasileira. Quase dois terços dos homens e pouco mais de metade das mulheres constaram como alfabetizados no Censo de 1950, enquanto no país como um todo as taxas foram bem inferiores a essas.[18] No estado, a cidade de São Paulo assemelhou-se mais à Argentina do que ao restante do Brasil. No entanto, fora das áreas urbanas, as taxas de alfabetização foram similares às nacionais (Tabela 7.2).

17 Cepal, Anuário Estatístico da América Latina, 1980, p.102, tabela 35.

18 Censo de 1950, v.1, série nacional: 90, quadro 47.

Tabela 7.2 Alfabetização da população de 5 anos por sexo e residência no estado de São Paulo, Censo de 1950

	Alfabetizados	Analfabetos	TOTAL	% Alfabetizados
		Estado de São Paulo		
Homens	2.563.437	1.406.250	3.969.687	65%
Mulheres	2.063.892	1.763.278	3.827.170	54%
Total	4.627.329	3.169.528	7.796.857	59%
		Cidade de São Paulo		
Homens	754.846	126.507	881.353	86%
Mulheres	705.333	214.096	919.429	77%
Subtotal	1.460.179	340.603	1.800.782	81%
		Cidades (1)		
Homens	1.614.767	344.794	1.959.561	82%
Mulheres	1.475.543	571.702	2.047.245	72%
Subtotal	3.090.310	916.496	4.006.806	77%
		Vilas (1)		
Homens	76.901	31.395	108.296	71%
Mulheres	59.251	45.093	104.344	57%
Subtotal	136.152	76.488	212.640	64%
		Quadro Rural (1)		
Homens	871.769	1.030.061	1.901.830	46%
Mulheres	529.098	1.146.483	1.675.581	32%
Subtotal	1.400.867	2.176.544	3.577.411	39%

Fonte: Recenseamento Geral 1950, *Série Regional*, XXV, t.1, p.188-92, tabela 46.
Nota: pela definição do censo de 1950: Cidade=sedes municipais; Vilas=sedes distritais; Quadro rural abrange as áreas situadas fora dos limites das cidades e vilas.

No entanto, a expansão do ensino primário e secundário no estado após 1950 foi grande e rápida. Entre 1962 e 1978, por exemplo, a porcentagem de matriculados no primeiro ano duplicou, passando de 10 milhões para 22 milhões de estudantes no país e chegando a 27 milhões, em 1988. Desses 27 milhões que entraram na primeira série naquele ano, 5 milhões se concentravam no estado de São Paulo.[19] Em comparação, no ano de 1958 houve apenas 1,5 milhão de matriculados no ensino primário.[20] Esse grande aumento do número de estudantes no ensino primário teve um efeito direto na alfabetização. Em 1980, as porcentagens de alfabetizados na população pau-

19 IBGE, Século XX, tabela "Educação 1980aeb_07_2 e educação 1990aeb15".

20 IBGE, Século XX, tabela "Educação 1960aeb-02.1".

lista foram de 84% dos homens e 80% das mulheres. Ao mesmo tempo, as mudanças que vinham ocorrendo no acesso das mulheres ao ensino podem ser vistas no fato de ser pequena a diferença nas taxas de alfabetização por sexo nas gerações mais jovens, e apenas para a população acima de 30 anos existirem diferenças significativas entre homens e mulheres (Gráfico 7.4). Essas disparidades refletem os desequilíbrios pré-1950 no estado.

Paradoxalmente, a abertura do sistema de ensino público a toda a população acabaria gerando ainda mais desigualdades. A partir dos anos 1970, foi implementada uma política de universalização do ensino básico, que finalmente atingiu seu objetivo de atender toda a população na última década do século XX. Mas essa universalização não significou igualdade de oportunidades, pois a "massificação" do ensino primário e secundário ocorreu em detrimento da qualidade. Isso criou um sistema bifurcado no qual os pobres estudam nas escolas primárias e secundárias públicas, enquanto os ricos mandam seus filhos para escolas particulares que oferecem ensino de alta qualidade. Por sua vez, os que se formam nas escolas particulares com uma educação melhor compõem uma parcela desproporcional dos que ingressam, depois de exames difíceis, nas universidades públicas gratuitas, que são as melhores do país. Já a grande maioria dos formados em escolas públicas não obtém educação suficiente para a aprovação nos exames de ingresso na universidade, e acaba pagando por uma educação superior, de pior qualidade, em faculdades privadas organizadas em função do

Gráfico 7.4 Taxas de alfabetização por idade e sexo, estado de São Paulo, 1980

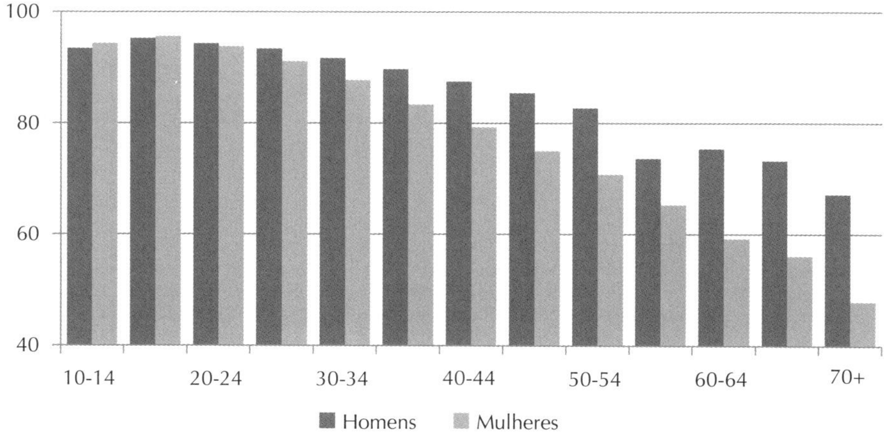

Fonte: Censo Demografico 1980, v.1, t.4, n.19, p.502-3, quadro 3.1.

lucro. Embora existam alguns institutos e universidades privados de alta qualidade, estes só aceitam estudantes que seriam capazes de passar nos exames de ingresso das universidades públicas. Assim, os que se formam em universidades privadas são mal preparados para o mercado de trabalho, em contraste com os que entram em universidades públicas gratuitas e em institutos especiais.

Portanto, o sistema de ensino brasileiro como se constitui hoje, embora inegavelmente promova a mobilidade social, contribui pouco para reduzir o processo da concentração de riqueza. Hoje são bem distintas as trajetórias para ricos e pobres: os primeiros recebem uma educação com padrão comparável ao do primeiro mundo; os segundos, apesar do acesso universal ao ensino fundamental, são marginalizados em razão da qualidade da educação oferecida. O ensino público fundamental é tão insatisfatório que muitos estudantes ainda são considerados analfabetos funcionais quando se formam.[21]

O processo de industrialização induzida, iniciado nos anos 1930, alterou profundamente a estrutura produtiva do país, modernizando a economia e impelindo um colossal deslocamento de população para os centros urbanos. Hoje todas as regiões do Brasil estão integradas a uma economia de mercado, uma situação que sem dúvida foi impulsionada pela industrialização e pela expansão do mercado de trabalho moderno. Para a população como um todo, houve um grande aumento da renda. Além disso, ocorreu um crescimento notável no setor de serviços e na especialização da força de trabalho, com muitos novos postos na área industrial. Isso resultou em mobilidade significativa para as novas gerações, que elevaram seu status ocupacional e de renda em comparação com seus pais. Apesar de todas essas mudanças, contudo, a estrutura da concentração de riqueza, que faz do país um dos mais injustos do mundo, até as primeiras décadas do século XXI alterou-se apenas muito modestamente.

A crise dos anos 1980, marcada por baixo crescimento e inflação alta, não reduziu essas distorções na renda. Nesse período, a renda per capita

---

21 Helena Sampaio, Fernando Limongi e Haroldo Torres, *Equidade e heterogeneidade no ensino superior brasileiro.* NUPES-USP, Documento de Trabalho 1/00, s/d, 91 p.; Maria Helena Guimarães de Castro, *Avaliação do sistema educacional brasileiro: tendências e perspectivas* (Brasília: Inep, 1998), p.59; Nadir Zago, "Do acesso à permanência no ensino superior: percurso de estudantes universitários de camadas populares". *Revista Brasileira de Educação,* v.11, n.32, maio/ago. 2006, p.226-37; Nilson José Machado, "Qualidade da educação: cinco lembretes e uma lembrança. *Estudos Avançados,* v.21, n.61, 2007, p.277-94; José Goldemberg, "O repensar da educação no Brasil". *Estudos Avançados,* v.7, n.18, 1993, p.65-137; Simon Schwartzman, Eunice Ribeiro Durham e José Goldemberg, *A educação no Brasil em perspectiva de transformação.* São Paulo: Projeto sobre Educação na América Latina, junho 1993. Acesso em: 18.10.2017, em: <http://www.schwartzman.org.br/simon/transform.htm>.

absoluta cresceu pouco e não houve um processo redistributivo. De fato, a inflação foi um processo perverso que causou deterioração em todas as rendas, mas principalmente nas dos trabalhadores que não contavam com nenhum mecanismo eficaz para proteger-se dos efeitos inflacionários. Outras fontes de renda, em especial aquelas relacionadas ao mercado financeiro e até os salários muito elevados, beneficiaram-se da indexação para proteger seus ganhos. Portanto, a recessão e a inflação elevada foram acentuadamente negativas na evolução do nível absoluto da renda e da sua distribuição.

O Plano Real de 1994 estancou o processo inflacionário que flagelara o país por décadas. Os índices haviam atingido níveis que podiam ser considerados hiperinflacionários, com influência particularmente negativa para os salários dos trabalhadores.[22] A estabilidade proporcionada pelo Plano Real trouxe alívio para as camadas mais pobres da população. O fim da inflação representou o fim do imposto inflacionário que consumia a renda dos mais pobres e possibilitou um aumento substancial da demanda por alimentos e bens, especialmente entre os segmentos de menor renda. Outra mudança importante foi a criação de um abrangente programa governamental de transferência de renda para os pobres. A partir de fins dos anos 1990, os governos conseguiram expandir políticas sociais com a intensificação de programas de transferência condicional de renda e um aumento significativo do salário mínimo. Dentre esses programas, o mais significativo foi o Bolsa Família, uma consolidação de vários programas já existentes. Houve ainda muitos outros programas de apoio, alguns recém-criados, outros já existentes ou estabelecidos no período e vários relançados com outro nome e configuração. Além desses programas, o salário mínimo teve uma elevação gradual significativa, aumentando mais de duas vezes e meia em termos reais desde julho de 1994 (a data do Plano Real) até agosto de 2017. A maioria desses programas teve efeito positivo no fornecimento de serviços bási-

22 A inflação vinha sendo combatida sem êxito durante anos por métodos ortodoxos e heterodoxos, até que o Plano Real obteve resultados eficazes e estabilizou os índices inflacionários por dez anos. Entre as numerosas obras sobre esse tema estão: João Sayad, *Planos Cruzado e Real: Acertos e desacertos*. Rio de Janeiro: Ipea, Seminários Dimac n.30, set. 2000; Luiz Filgueiras, *História do Plano Real* (São Paulo: Boitempo, 2000); Aloizio Mercadante (Org.), *O Brasil pós-Real: A política econômica em debate* (Campinas: Unicamp, 1997); Fábio Gambiagi e Maurício Mesquita Moreira, *A economia brasileira nos anos 90* (Rio de Janeiro: BNDES, 1990); Maria da Conceição Tavares, *Destruição não criadora* (Rio de Janeiro: Record, 1990); Gustavo Franco, *O Plano Real e outros ensaios* (Rio de Janeiro: Francisco Alves, 1995). Até o ex-ministro da Agricultura e do Planejamento no governo militar e um dos economistas brasileiros mais respeitados disse que o Plano Real foi "uma preciosidade, uma contribuição importante e prática dos economistas brasileiros que dele participaram. Alguns tinham experiências de outros programas de estabilização, mas o conceito foi novo". Apesar desses elogios, ele criticou veementemente a valorização da moeda nacional ocorrida após a implementação do plano. Ribamar Oliveira, "Delfim Netto: Plano Real acentuou redução da capacidade exportadora brasileira". *Valor Econômico,* 29 jun. 2014.

cos e apoio financeiro para a população pobre e indigente. Essas políticas, juntamente com a economia em expansão, inseriram milhões de trabalhadores na economia formal e, assim, aumentaram o número de segurados da previdência social. Conseguiram reduzir imensamente a pobreza no Brasil e expandir a classe média, ensejando um leve declínio na desigualdade.

O crescimento recente da economia e o início das transferências sistemáticas de renda pelo governo, desde fins dos anos 1990, permitiram que as parcelas da renda e riqueza dos 50% mais pobres da população aumentassem mais rapidamente do que as dos 10% mais ricos. Isso, por sua vez, explica a redução progressiva do índice de Gini nas duas décadas mais recentes. A partir dos anos 1950 até 2001, o Gini de rendas e salários variou em torno de 0,60, sem nenhuma tendência secular evidente. Contudo, na primeira e segunda décadas do novo século houve um declínio lento, porém acentuadamente, até serem atingidos valores abaixo de 0,50 em meados dos anos 2010 (Gráfico 7.5).[23] Não se sabe se esse declínio continuará a ocorrer, pois ainda desconhecemos as consequências da profunda crise política e econômica iniciada em meados dos anos 2010, que acarretou uma queda drástica do PIB e reduziu as perspectivas de crescimento futuro.

O mau desempenho recente da economia brasileira compromete a continuidade da melhora nas condições de vida da população e da redução das desigualdades. Houve uma retração drástica dos recursos alocados para os principais programas sociais, com um impacto crescentemente negativo sobre a desigualdade. Além disso, o brusco declínio da taxa de investimento, que caiu consideravelmente, permanecendo em torno de 15% do PIB em 2016 e 2017, também põe em risco o desempenho futuro da economia brasileira. Considerando a queda do PIB e as estimativas de baixo crescimento nos próximos anos, a previsão é que a renda per capita equivalente à de 2013 só será alcançada em 2023. Se as previsões se confirmarem, terá sido uma década perdida no que diz respeito à renda per capita.[24] Esse é um cenário drástico para um país de renda média e com alta concentração.

Portanto, apesar do avanço recente na redução das desigualdades nas três décadas passadas, essa tendência agora se desacelerou ou até se inverteu. Além disso, o Brasil ainda apresenta desigualdade não só por classe de

---

23 Rodolfo Hoffman e Régis Oliveira, "The Evolution of Income Distribution in Brazil in the Agricultural and the Non-Agricultural Sectors". *World Journal of Agricultural Research*, v.2, n.5, 2014, p.194, tabela 1.

24 Dados retrospectivos Banco Central do Brasil e Ipeadata. Para 2022 e 2023 consideramos uma estimativa publicada pelo Ipea em 30.6.2022, em: <https://www.ipea.gov.br/portal/index.php?option=com_content&view=article&id=39398&catid=3&Itemid=3#:~:text=Ipea%20prev%C3%AA%20crescimento%20de%201%2C8%25%20para%20o%20PIB%20em%202022&text=O%20Instituto%20de%20Pesquisa%20Econ%C3%B4mica,Bruto%20(PIB)%20em%202022>.

Gráfico 7.5 Alteração na parcela apropriada pelos 50% mais pobres e 10% mais ricos, Brasil, 1960-2014

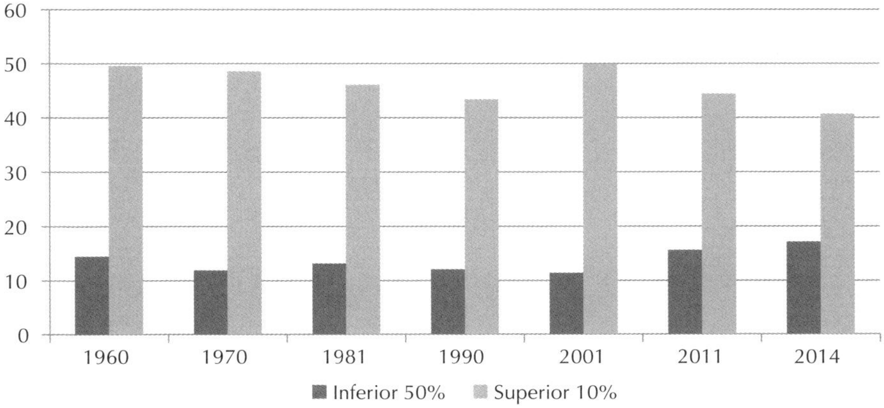

Fonte: WIID ver 3.4 – usando números da ECLA.

renda, mas também por residência. Como muitos países, inclusive sociedades industriais avançadas, o Brasil mostra acentuadas disparidades regionais, mas neste país continental elas são especialmente pronunciadas. Já se disse até que, mesmo nos anos 1980, o Brasil ainda era dois países distintos, que os economistas chamavam de "Belíndia".[25] Os índices econômicos e sociais da população dos estados do Norte e Oeste do país equivaliam aos da Índia, enquanto o padrão de vida das populações do Sudeste e Sul comparava-se ao da Bélgica. Apesar de a maioria dos índices sociais e demográficos indicar uma redução das disparidades regionais no Brasil, os indicadores econômicos sinalizam muito menor homogeneização.

Se houvesse uma Bélgica no Brasil nos anos 1980, ela estaria na região Sudeste, que liderava no nível de renda familiar, sendo responsável por mais da metade do PIB nacional (56%), mesmo contendo apenas 42% da população brasileira. Nessa região, o estado de São Paulo destaca-se do resto do país, com a maior renda per capita e o maior PIB de todos os estados da União. A partir do começo do século XX, São Paulo passou a ser o estado mais rico do Brasil, posição que mantém até hoje. Em 2010, São Paulo tinha apenas 22% da população nacional, mas era responsável por 37% do PIB (Tabela 7.3 e Mapa 7.1).

25 Ver Edmar Bacha e Herbert S. Klein (Org.), *Social Change in Brazil, 1945-1985: The Incomplete Transformation* (Albuquerque: University of New Mexico Press, 1989).

Tabela 7.3 Relação do valor do PIB per capita dos estados com o PIB do Brasil, 2006-2013 (Valor do PIB per capital do Brasil=100)							
Estado	**2006**	**2008**	**2009**	**2010**	**2011**	**2012**	**2013**
São Paulo	154	153	156	153	151	149	148
Rio de Janeiro	139	135	133	141	143	146	145
Tocantins	57	64	66	119	58	59	124
Santa Catarina	123	127	125	122	122	121	122
Espírito Santo	120	127	114	116	128	128	115
Paraná	104	106	105	106	107	108	114
Rio Grande do Sul	113	115	117	110	108	107	112
Mato Grosso	97	112	111	93	101	105	106
Mato Grosso do Sul	84	89	90	96	99	101	101
Minas Gerais	87	89	85	88	89	90	89
Goiás	79	81	85	87	88	91	89
Amazonas	93	88	62	85	87	80	83
Roraima	72	74	77	73	70	67	70
Rondônia	66	75	78	72	75	73	68
Amapá	67	69	68	60	60	64	66
Sergipe	60	61	57	63	61	63	61
Pernambuco	51	50	53	54	55	58	58
Rio Grande do Norte	53	51	52	56	56	58	58
Pará	49	50	46	54	57	56	57
Acre	55	62	29	57	54	55	56
Bahia	55	52	55	53	51	51	51
Ceará	44	44	45	47	47	46	47
Paraíba	43	43	44	48	43	45	45
Alagoas	41	39	39	42	44	45	43
Maranhão	36	38	36	35	35	37	38
Piauí	33	34	35	36	37	37	37

Fonte: IBGE, Sidra, tabela 1194.

Uma análise dos salários também mostra que São Paulo tem uma porcentagem muito maior de assalariados, melhor remunerados do que o restante do país e, dentro do estado, o município de São Paulo é a cidade com a maior porcentagem populacional com altos salários. No entanto, dados da PNAD também sugerem que a redução da pobreza em outros estados da União tem ocorrido mais depressa do que em São Paulo. Se em 1992 São Paulo e sua região metropolitana apresentavam a mais baixa taxa de pobreza (27%), em sua respectiva categoria, em 2014, havia oito estados com

Mapa 7.1 Renda per capita no Brasil, por Estados, 2017

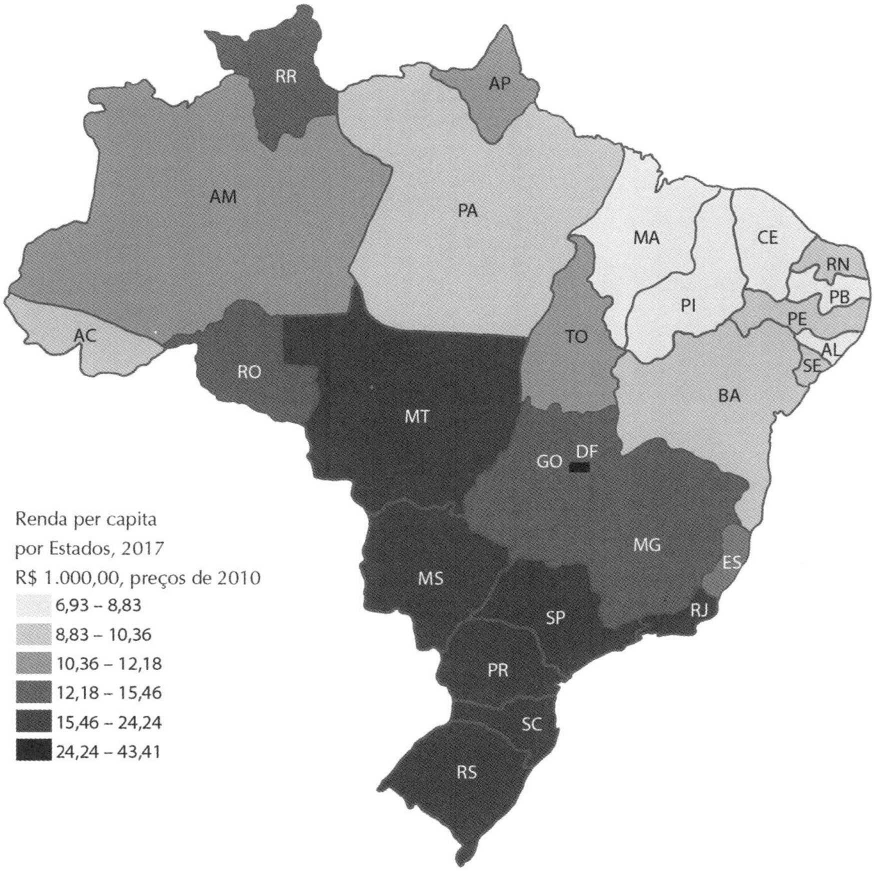

Fonte: IBGE, Bases Cartográficas; Ipeadata.

taxas de pobreza mais baixas do que a paulista (7,9%), entre eles, não apenas os habituais estados sulistas, Paraná e Santa Catarina (o percentual mais baixo, 4,3%), mas todos os estados do Centro-Oeste e os estados de Minas Gerais e Espírito Santo, no Sudeste. Até a RMSP, que tinha a mais baixa das porcentagens, agora está atrás das regiões metropolitanas de Curitiba (com a menor porcentagem, 4,8%) e Belo Horizonte (Gráfico 7.6).[26]

26 IETS/OPE Sociais, com base na Pesquisa Nacional por Amostra de Domicílios (PNAD), tabela "PNAD – Séries Históricas – Pobreza – 1990-2014", acesso em: 4.7.2019, em: <https://www.iets.org.br/spip.php?article406>.

Gráfico 7.6 Porcentagem da população vivendo na pobreza no Brasil, Brasil, estado de São Paulo Paulo e RMSP, 1992-2014

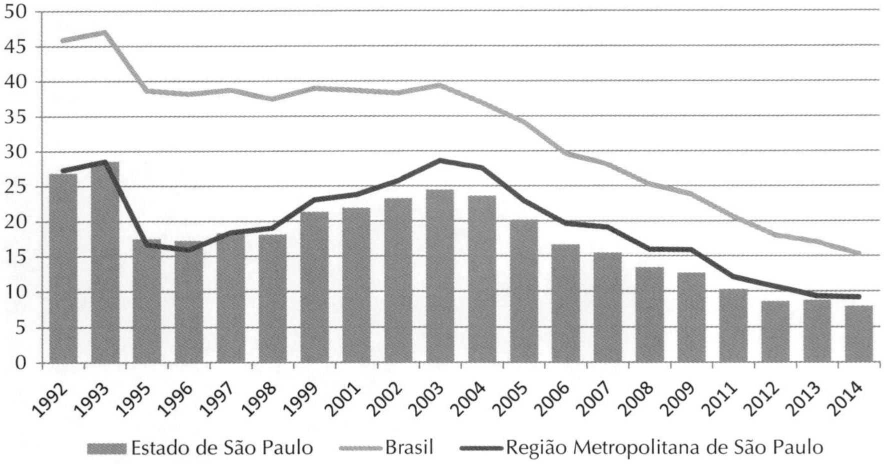

Fonte: IETS/OPE Sociais, baseado no PNAD, em: https://www.iets.org.br/spip.php?article406.

Esse declínio relativamente mais lento da pobreza em São Paulo em comparação com outros estados não alterou a posição relativa dos paulistas no que tange à média salarial. Em 2018, São Paulo ainda apresentava os salários efetivamente recebidos mais elevados do país (Gráfico 7.7).

A partir de meados do século passado, o estado de São Paulo tem passado por grandes transformações em sua estrutura ocupacional. A mão de obra agrícola reduziu-se drasticamente, e o comércio atacadista e varejista aumentou sua participação no uso da força de trabalho. Todas as ocupações no setor de serviços aumentaram suas parcelas, e houve um crescimento considerável nas porcentagens relativas às áreas de educação e serviços sociais. Tudo isso reflete o crescimento de uma sociedade principalmente urbana e a modernização da agricultura, que produz mais com menos braços (Tabela 7.4).

Em uma análise das ocupações, o papel do setor de serviços em expansão destaca-se ainda mais claramente nesse período de cinquenta anos. Os empregados em serviços e vendas quase triplicaram sua participação relativa desde 1960; os profissionais liberais duplicaram sua porcentagem, enquanto a dos técnicos e profissionais afins quadruplicou. A parcela dos trabalhadores rurais, que em 1960 era quase um terço do total de pessoas ocupadas no estado, despencou para apenas 3%, a dos trabalhadores artesanais também declinou, enquanto a dos operadores de máquinas duplicou (Tabela 7.5).

Gráfico 7.7 Índice dos rendimentos médios nominais do trabalho efetivamente recebidos pelos trabalhadores com 14 anos e mais, por estado, 2018 (Brasil=100)

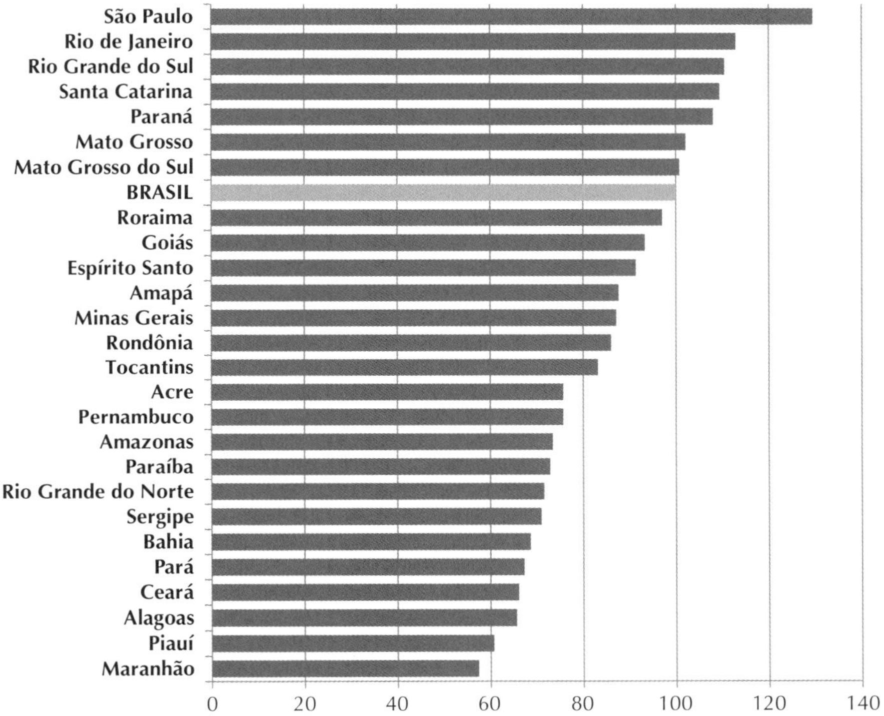

Fonte: IBGE, Sidra, tabela 5431 (média para 4 trimestres).

O município e RMSP apresentaram a maior porcentagem de profissionais qualificados na força de trabalho, em 2018, no estado. Do total de pessoas ocupadas no município, 37% eram técnicos de níveis médio e alto ou profissionais de categorias superiores, em comparação com 28% desse grupo no estado e apenas 23% no país todo, o que explica os altos níveis das médias salariais em São Paulo em comparação com o restante da União (Tabela 7.6).

Embora inicialmente tenha havido grande disparidade nos índices socioeconômicos básicos das populações rurais e urbanas de São Paulo, com a área rural muito atrás da urbana, essa diferença vem declinando progressivamente. O avanço da agricultura mecanizada na área rural do estado ensejou acentuada diminuição no número de trabalhadores rurais e aumentou a renda dos que nela permaneceram. A média dos salários rurais no estado,

Tabela 7.4 Mudanças na porcentagem da força de trabalho por setor no estado de São Paulo, 1960-2010

	Anos					
Setor	**1960**	**1970**	**1980**	**1991**	**2000**	**2010**
Agricultura, pesca e florestal	33,3	22,0	12,1	10,4	8,2	8,6
Mineração	0,3	0,3	0,2	0,4	0,1	0,2
Indústria manufatureira	18,5	23,5	29,8	24,4	19,0	18,4
Eletricidade, gas e saneamento	0,9	1,2	0,9	0,7	0,5	0,9
Construção	4,8	7,6	7,8	7,3	7,5	7,6
Comércio no atacado e varejo	12,0	13,7	12,1	12,9	15,3	17,6
Hóteis e restaurantes	1,6	0,3	2,5	3,6	5,3	3,9
Transportes e comunicação	6,5	5,7	5,3	5,5	5,9	6,5
Serviços financeiros e seguros	1,4	2,3	3,1	2,7	2,1	1,7
Adm. Pública e segurança	3,4	4,3	3,7	4,0	4,5	5,0
Imobiliário e negócios	2,0	1,9	5,1	6,1	7,1	8,4
Educação	2,3	3,1	3,5	4,4	5,1	5,4
Saúde e serviço social	1,5	1,8	2,6	3,1	4,7	4,6
Outros serviços	6,0	2,5	4,6	7,5	6,5	3,5
Serviços domésticos	5,6	10,0	6,7	6,8	8,3	7,9
Total	100,0	100,0	100,0	100,0	100,0	100,0

Fonte: Ipums, amostra de 5% dos censos brasileiros.

Tabela 7.5 Importância relativa das ocupações no estado de São Paulo, 1960-2010

	Ano					
Indústria	**1960**	**1970**	**1980**	**1991**	**2000**	**2010**
Legisladores, altos funcionários e gerentes	4,5	6,7	6,8	8,4	5,3	4,1
Profissionais	4,9	5,2	7,1	8,4	7,2	10,0
Profissionais técnicos	1,7	3,4	4,6	4,3	8,7	6,7
Escriturários	6,4	7,4	12,0	10,8	10,4	7,8
Trabalhadores de serviços e vendas	6,6	9,6	6,8	9,0	24,6	17,0
Trabalhadores especializados da agricultura	32,2	21,2	11,7	9,9	7,4	3,1
Artesanato e trabalhos relacionados	21,4	21,5	22,2	20,8	17,1	12,6
Operadores de máquinas e montagem	5,3	7,1	10,3	8,6	11,2	10,0
Ocupações elementares	10,5	11,7	13,5	13,3	7,5	20,4
Forças armadas	0,6	1,0	0,6	0,5	0,5	0,3
Outras ocupações	5,9	5,2	4,4	6,0	0,0	7,9
Total	100,0	100,0	100,0	100,0	100,0	100,0

Fonte: Ipums, amostra de 5% dos censos brasileiros.

Tabela 7.6 Distribuição de ocupações no Brasil, estado de São Paulo, RMSP e cidade de São Paulo, 2018*

Ocupação	Brasil	Estado de São Paulo	RMSP	Cidade de São Paulo
Diretores e administradores	4,5	6,3	8,0	9,1
Profissionais da ciência e intelectuais	11,0	13,0	15,4	17,8
Técnicos e profissionais de nível médio	7,6	8,8	9,7	10,1
Trabalhadores de suporte administrativo	8,2	9,4	10,0	9,6
Trabalhadores de serviços e comércio	22,9	22,8	22,8	22,8
Trabalhadores especializados da agricultura, pesca etc.	6,1	1,7	0,3	0,2
Trabalhadores especializados, construção, mecânica e outros	13,3	13,8	12,6	10,8
Plantas industriais, operadores de máquinas e montagem	8,4	8,7	7,9	7,4
Ocupações não especializadas	17,2	15,2	12,9	11,8
Membros das forças armadas, polícia e bombeiros	0,9	0,4	0,4	0,3
Total	100,0	100,0	100,0	100,0

Fonte: IBGE, Sidra, tabela 5435.
Nota: *Esta é a média de quatro trimestres do ano.

que em 2001 correspondia a 51% da média urbana, passou para 68%, em 2015.[27] Aposentadoria e serviços públicos tornaram-se amplamente disponíveis para todos os residentes rurais. Entre as muitas políticas implementadas, a mais revolucionária foi a decisão do governo federal, em 1991, de conceder uma aposentadoria básica de um salário mínimo a todos os trabalhadores rurais – um conceito revolucionário em previdência social na América Latina, que praticamente eliminou a pobreza extrema na área rural. A Constituição de 1988 concedeu o direito à aposentadoria a todos os residentes rurais a partir de determinada idade, independentemente de terem ou não contribuído para a previdência social.[28]

Ainda que as diferenças por sexo e residência tenham declinado lentamente, a distribuição de renda por classe permanece significativamente injusta, apesar de algumas mudanças recentes. Esse é o problema mais complicado que o Brasil enfrenta. Pobreza e analfabetismo diminuem graças a políticas sociais mais intensivas implementadas pelo governo, mas a distribuição de renda só se alterou moderadamente.[29] A lenta diminuição recente na desigualdade deveu-se a um aumento da parcela da renda recebida pelos domicílios

27 IBGE, Sidra, tabela 1860.

28 Beltrão et al., "A população rural".

29 PNUD, Fundação João Pinheiro, Ipea, Atlas do Desenvolvimento Humano no Brasil – 2003.

brasileiros menos aquinhoados. De 1992 a 2012, a parcela desses domicílios mais pobres nos salários totais dos domicílios cresceu de 12,5% para 16,7%. Embora essa porcentagem seja baixa pelos padrões mundiais, ela tem um grande impacto sobre a distribuição da renda. Os 10% mais ricos viram sua participação cair de 47,7% para 41,5%; para os 5% mais ricos, a participação caiu de 34% para 29,5%, e até a parcela do 1% dos mais ricos diminuiu nesse período em 1,5%. Isso ensejou um declínio progressivo do índice de Gini, de 0,60 em 1992 para 0,52 em 2012.[30] A causa dessa queda foi o aumento do emprego e dos salários, além de transferências pelo governo. Contudo, essas mudanças no Gini são pequenas, e o Brasil continua a ser uma das sociedades mais desiguais do mundo.

Entretanto, o colossal deslocamento de população das áreas rurais para as urbanas, a criação de um considerável setor industrial e de serviços e o aumento significativo dos anos de escolaridade permitiram que o Brasil alcançasse níveis elevados de mobilidade social no período recente. A população economicamente ativa passou de 17 milhões em 1950 para 30 milhões em 1970 e 44 milhões em 1980.[31] O número de pessoas ocupadas em trabalhos não manuais passou de 2,5 milhões em 1960 para 8,2 milhões, vinte anos mais tarde, enquanto no setor de serviços o número de trabalhadores passou de 4,5 milhões para 8,1 milhões, entre 1979 e 1989. Essas foram as décadas da grande expansão da indústria nacional e correspondente crescimento da população urbana. Todas essas mudanças velozes podem ser vistas na queda da participação dos trabalhadores do setor primário: de 61% da força de trabalho em 1950 para 31% em 1980, enquanto no setor secundário (indústria), essas porcentagens passaram de 17% para 29% e, no setor terciário, de 22% para 40% no mesmo período.[32] O setor de serviços foi o que cresceu mais depressa, embora nem todas as ocupações nesse setor sejam especializadas. Por exemplo, segundo estimativa, o número de empregados domésticos passou de 680 mil para 1,8 milhão entre 1950 e 1970; outro segmento significativo de trabalhadores ocupa-se na economia informal.[33] No entanto, de modo geral parece ter havido uma expansão significativa dos empregos de alta qualificação nos setores secundário e terciário (serviços) durante toda a segunda metade do século XX, até o presente.

30 Hoffman e Oliveira, "The Evolution of Income Distribution in Brazil 2014", tabela 2.

31 Brasil, *Estatísticas do Século XX* (2003), tabela "trabalho 1981 aeb_01".

32 Carlos Antonio Costa Ribeiro e Maria Celi Scalon, "Mobilidade de classe no Brasil em perspectiva comparada". *Dados, Revista de Ciências Sociais,* v.44, n.1, 2001, p.53-96.

33 José Pastore, *Inequality and social mobility in Brazil* (Madison: University of Wisconsin Press, 1982), cap.4.

Por exemplo, só no período de 2002 a 2014 houve um aumento de 19,6 milhões de empregos urbanos, em comparação com uma perda de 1,6 milhão de ocupações rurais. Desses empregos urbanos, cerca de 4,5 milhões foram em ocupações definidas como de classe alta ou média.[34]

Graças à abertura de tantas oportunidades ocupacionais, o Brasil, especialmente nos anos de grande crescimento industrial, apresentou mais mobilidade ascendente do que descendente, uma tendência que se define como mobilidade estrutural. Em vez do padrão circular mais tradicional de uma sociedade industrial avançada, onde a mobilidade ascendente e a descendente se equivalem, nesse caso o número de pessoas que superaram a posição socioeconômica de seus pais foi maior do que o das pessoas que caíram para uma posição inferior.[35] Segundo uma estimativa, nos anos 1970 a mobilidade social no Brasil era predominantemente estrutural (57% da mudança entre as ocupações de pais e filhos foi estrutural e 47% circular).[36] Estudos mais recentes usando agrupamentos ocupacionais mais refinados constataram que a mobilidade estrutural passou de 61%, em 1973, para 67%, em 1988, e 66%, em 1996; nesses três anos, o levantamento da PNAD incluiu perguntas sobre a ocupação de pais e filhos. A imobilidade – isto é, não superar os pais no status ocupacional – declinou de 39% para 33% nesse período.[37] Uma análise mais completa por sexo, que foi adicionada por ocasião do levantamento de 2008 da PNAD, mostrou que a mobilidade ascendente para os homens passou de 55,3% em 1973 para 67,3% em 2008, e para as mulheres de 57,5% para 75,4% em 2008.[38]

Contudo, a maioria dos autores concorda que grande parte dessa mobilidade estrutural acentuada ocorreu nas camadas mais baixas da estrutura ocupacional, enquanto a maioria das ocupações de elite ainda tendeu a ser circular. Ou seja, o grosso da mudança aconteceu entre trabalhadores braçais que passaram a exercer ocupações urbanas. Nos anos de 1973 a 1996, entre 24% e 25% dos trabalhadores rurais passaram a exercer trabalho braçal em áreas urbanas, e outros 17% a 19% empregaram-se em ocupações manuais especializadas urbanas. Isso também se reflete nos levantamentos

---

34 Adalberto Cardoso e Edmond Préteceille, "Classes médias no Brasil: Do que se trata? Qual seu tamanho? Como vêm mudando?". *Dados, Revista de Ciências Sociais,* v.60, n.4, 2017, p.999, tabela 2.

35 Pastore, *Inequality and social mobility*, p.21.

36 Pastore, *Inequality and social mobility*, p.32-3.

37 Carlos Antonio Costa Ribeiro e Maria Celi Scalon, "Mobilidade de classe no Brail em perspectiva comparada". *Dados: Revista de Ciências Sociais,* v.44, n.1, 2001, p.66, tabela 4.

38 Dados extraídos de Carlos Antonio Costa Ribeiro, "Quatro décadas de mobilidade social no Brasil". *Dados: Revista de Ciências Sociais,* v.55, n.3, 2012, p.656n, tabela 1.

da mobilidade até 2008, que mostram um declínio constante, para os homens de áreas rurais, de filhos que seguiram o mesmo trabalho do pai na agricultura: de 36% em 1973 para 13,7% em 2008.[39] A estabilidade crescente da relativamente pequena população rural em anos recentes sugere que esse padrão de mobilidade ascendente por meio da migração urbana declinará no futuro, conforme a população rural desacelerar sua migração para as áreas urbanas e a qualidade da educação e dos empregos aumentar nas áreas rurais.

Todos os estudos recentes salientam a relativa imobilidade nos escalões mais elevados das categorias ocupacionais, pois a elite beneficia-se do sistema educacional, tributário e previdenciário para transmitir sua riqueza e impedir a mobilidade descendente dos filhos.[40] Contudo, ao mesmo tempo, o nível educacional crescente de todos os trabalhadores ao longo do tempo permitiu uma redução na disparidade educacional excessiva que existiu no período anterior – em 1973, a média de anos de estudo era 3,4 anos e passou para 8,4 anos em 2014; isso teve um impacto importante na diminuição da desigualdade, e o índice de Gini passou de pouco mais de 0,60 para pouco mais de 0,50. Em todos os níveis ocupacionais, do mais alto ao mais baixo, houve um aumento nos anos de estudos; os trabalhadores rurais, bem como os trabalhadores urbanos especializados e não especializados, duplicaram seus anos de estudo no período de 1973 a 2014.[41]

Em decorrência da expansão contínua do ensino no período pós-1950, a idade de entrada no mercado de trabalho também aumentou. Segundo estimativa baseada em dados da PNAD, nos anos 1920 e 1930 as pessoas costumavam ingressar no mercado de trabalho aos 14 anos; nos anos 1960, a idade aumentara para 17 anos, pois mais pessoas concluíam o ensino primário e até o secundário.[42] Assim, se nos basearmos em uma idade de ingresso no mercado de trabalho aos 17 anos, podemos avaliar o amadurecimento da mobilidade social pelos dados da PNAD de 2014, o último ano em que foram feitas perguntas sobre diferenças ocupacionais e educacionais entre filhos e pais. Esse levantamento também agrupou as ocupações dos filhos

---

39 Ribeiro e Scalon, "Mobilidade de classe no Brasil", tabela A; Ribeiro, "Quatro décadas de mobilidade", tabela 1.

40 Para uma análise interessante dessas estratégias, ver Marcelo Medeiros, *O que faz os Ricos ricos: um estudo sobre fatores que determinam a riqueza*. Tese de doutorado, Departamento de Sociologia, Universidade de Brasília, 2003.

41 Carlos Antonio Costa Ribeiro, "Tendências da desigualdade de oportunidades no Brasil: mobilidade social e estratificação educacional". *Boletim Mercado de Trabalho: Conjuntura e Análise,* Ipea, v.23, n.62, abr. 2017, p.656, tabela 1.

42 Pastore, *Inequality and social mobility*, p.69, tabela 5.1.

por idade para cerca de 55 milhões de pessoas, e assim nos fornece uma ideia dessa mobilidade desacelerada. Por exemplo, o grupo de 45 a 65 anos, em 2014, entrou no mercado de trabalho no final dos anos 1960 até o final dos anos 1980, enquanto o grupo mais novo, de 25 a 45 anos, começou a trabalhar de fins dos anos 1980 até 2006.

Os dados da PNAD de 2014 evidenciam que o grupo mais velho teve maior mobilidade ascendente para os níveis ocupacionais mais altos, ou seja, o estrato A (definido como administradores, executivos e profissionais liberais) e o estrato B (profissionais técnicos especializados) em comparação com o grupo etário mais novo, embora o número total de posições tenha sido menor no período anterior. Houve também uma grande mudança na origem: 50% dos filhos entrevistados no grupo de mais idade tinham pais que eram trabalhadores agrícolas (estrato F), enquanto entre os trabalhadores mais novos apenas 36% tinham pais nesse estrato. Isso mostra claramente que, no período mais recente, a desaceleração da migração para fora das áreas rurais e o número crescente de trabalhadores nascidos em áreas urbanas evidenciaram que cada vez menos trabalhadores provêm da zona rural. E mostra também que, para as ocupações de elite, a imobilidade aumentou no período mais recente, e poucos trabalhadores ascendem dos dois estratos ocupacionais mais baixos e uma porcentagem maior permanece na posição de status superior dos pais. Analisando as diferenças absolutas entre as coortes mais novas e mais velhas, é evidente que as coortes de mais idade que entraram na força de trabalho nos anos 1960 e 1970 tiveram taxas de mobilidade muito mais elevadas. Foi muito maior sua probabilidade de atingirem o estrato superior, na maioria dos casos também tiveram maior probabilidade de situar-se em estratos diferentes do de seus pais, e uma porcentagem maior dessas pessoas saiu dos estratos mais baixos de ocupações não manuais, rurais e urbanas. De modo geral, metade das pessoas teve mobilidade ascendente, porém no contingente mais velho apenas 15% apresentou mobilidade descendente, em comparação com 18% dos trabalhadores mais novos. Tudo isso parece sugerir que a mobilidade estrutural está sendo lentamente substituída pela tradicional mobilidade circular.[43] Portanto, a relativa estabilidade da estratificação e o aumento da

---

43 Para uma análise detalhada dos dados da PNAD 2015, ver Herbert S. Klein e Francisco Luna, *Brazil: A Modern Social History* (Cambridge: Cambridge University Press, 2020), cap.7. Um estudo recente de Torche e Ribeiro corrobora essa ideia da mudança nos padrões de mobilidade no período pré e pós-anos 1980. Também ressalta o declínio da disparidade graças à educação, conforme mais trabalhadores alcançam níveis iguais de escolaridade. Ver Florencia Torche e Carlos Costa Ribeiro, "Pathways of change in social mobility: Industrialization, education and growth fluidity in Brazil". *Research in Social Stratification and Mobility*, v.28, n.3, 2010, p.291-307.

mobilidade social são os dois padrões que emergem desse estudo da sociedade brasileira no período pós-1950. A elite ainda conserva uma parcela muito grande da riqueza nacional, mas houve uma mudança socioeconômica substancial nos níveis econômicos médio e baixo, ensejando o surgimento de uma classe média numerosa e de uma classe trabalhadora estável – um padrão que pode ser encontrado também em outros países latino-americanos de rápido crescimento.[44]

Assim como o gênero, classe e residência, a cor é um dos principais fatores que definem a população brasileira desde a introdução da escravidão africana no século XVI. Apesar de toda a mobilidade de africanos e afro-brasileiros que ocorreu antes e depois da abolição da escravidão em 1888, a cor continua a ser um marcador importante, embora nem sempre preciso, de classe e status no Brasil. Para confundir ainda mais as coisas, o Brasil, que em 1872 era uma sociedade composta principalmente por não brancos, tornou-se uma sociedade de maioria branca em 1900, após a imigração de aproximadamente 5 milhões de europeus e asiáticos. Brancos permaneceram maioria no país até o censo mais recente, em 2010, quando o Brasil se tornou novamente uma sociedade predominantemente não branca e assim continuará a ser por um futuro previsível. Claramente, o Censo de 1940 captou o período em que os brancos alcançaram sua maior participação na população brasileira, e os pardos, a menor. Desde então, houve um aumento constante dos pardos e um declínio relativo dos brancos – sem que diferenças significativas na fecundidade explicassem essas mudanças. Obviamente, um aumento dos casamentos inter-raciais teria um impacto sobre o aumento da população parda. Além disso, porém, parece que uma mudança nas atitudes relacionadas à cor e a aceitação generalizada do pardo como a cor normal para os brasileiros, combinadas à ascensão da consciência afro-brasileira e ao recente movimento de ação afirmativa para não brancos, ensejaram essa profunda mudança na autoidentificação segundo a cor. O único grupo afetado recentemente pela migração é o dos asiáticos, que atingiram 1,1% da população, em 2010, graças à chegada de coreanos, chineses e outros imigrantes asiáticos para integrar esse contingente junto com os japoneses.[45]

---

44 Ver os dois ensaios de Florencia Torche, "Unequal but fluid: social mobility in Chile in comparative perspective". *American Sociological Review,* v.70, n.3, 2005, p.422-50; e "Intergenerational mobility and inequality: The Latin American case". *Annual Review of Sociology,* n.40, 2014, p.619-42.

45 A população ameríndia compunha 4% da população brasileira em 1872, mas apenas 0,4% no Censo de 2010, e nos censos do século XX só foi recenseada em 1991. A raça também não foi mencionada nos Censos de 1920, e foi novamente descartada a partir do Censo de 1970.

A cor influencia tanto quanto a classe para definir o lugar de uma pessoa na sociedade brasileira? Essa é uma das questões mais debatidas nas ciências sociais da atualidade. Para começar, está claro que a distinção em três cores, preta, parda e branca, que vigora na sociedade brasileira admite um sistema mais integrado do que uma simples divisão em pretos e brancos. Por esse sistema de três cores, definir a cor de uma pessoa envolve um grau de ambiguidade bem maior do que no sistema de duas cores. A discriminação de brancos contra negros é mais nítida, mas é bem menos precisa contra os pardos – a classe de cor mais numerosa hoje no Brasil. Isso ocorre porque definir quem é pardo não requer simplesmente identificar a cor da pele ou os chamados traços africanos: pode incluir uma série de características de classe e educação. De fato, até os próprios brasileiros confundem-se quanto à sua definição segundo a cor.[46]

Na literatura especializada há muito debate quanto a se a discriminação racial alguma vez realmente existiu, se existiu apenas no período da escravidão e desaparecerá na sociedade industrial moderna, se é um reflexo da herança acumulada da pobreza e posições racistas do passado que afeta as gerações subsequentes ou se ainda vigora na sociedade brasileira atual como uma forma de garantir as posições na elite para os brancos.[47] Vale a pena mencionar que ex-escravos ingressaram na economia de livre mercado com poucos recursos financeiros e um número limitado de habilidades ocupacionais, portanto tenderam a compor o elemento mais pobre da sociedade pós-emancipação. A discriminação usual contra os pobres em geral, que em sua maioria eram trabalhadores rurais analfabetos e sem qualificação, com acesso limitado aos serviços do estado, também significou que negros e pardos começaram em um nível econômico inferior ao da maioria dos brancos na primeira parte do século XX. Isso acarretou mobilidade mais lenta e requereu mais gerações do que para os trabalhadores estrangeiros brancos e alfabetizados, por exemplo.

Na análise dessa questão para a população do estado de São Paulo, examinaremos os casamentos mistos, a organização familiar, a educação e a renda com base na cor, para determinar os níveis e a intensidade dessa discriminação ao longo do tempo. Os dados quantitativos mais antigos dispo-

---

46 Rafael Guerreiro Osório, "O sistema classificatório de 'cor ou raça' do IBGE". Texto para discussão n.996, Brasília, Ipea, 2003. Sobre essas transposições de fronteira intergeracionais entre as famílias, ver Luísa Farah Schwartzman, "Does money whiten? Intergenerational changes in Racial Classification in Brazil". *American Sociological Review*, n.72, dez. 2007, p.940-63.

47 Para uma ótima análise da literatura sociológica brasileira a respeito do debate sobre o racismo, ver Rafael Guerreiro Osório, *A mobilidade social dos negros brasileiros*. Texto para discussão n.1033, Brasília: Ipea, 2004.

níveis sobre raça mostram taxas muito maiores de desvantagem em renda, educação e saúde entre os não brancos, decorrentes de seu maior isolamento em áreas rurais e concentração nos estados mais pobres da federação. Uma vez que o controle das áreas de saúde e educação ficava a cargo dos governos estaduais, isso significou que os estados do Sudeste e Sul, mais ricos e de população branca predominante, concederam aos seus cidadãos mais benefícios do que os estados do Nordeste, mais pobres, onde se concentrava a população não branca. Em 1950, por exemplo, a Bahia, o maior estado nordestino, tinha 70% de não brancos na composição de sua população, em contraste com São Paulo, o maior estado da região Sudeste, onde apenas 11% dos residentes foram arrolados como não brancos. Em 1991, apesar da emigração em massa de nordestinos para as regiões meridionais, o Norte e o Nordeste ainda tinham 77% e 73% da população classificada como não branca, em comparação com Sul e Sudeste, cujas parcelas foram, respectivamente, 37% e 17%.[48] Em 2001 a população não branca no estado ainda representava apenas 28% do total, mas havia aumentado para 35% na área metropolitana de São Paulo, e em 2015 a população de pretos e pardos combinada havia aumentado para 37% da população total do estado e 40% da RMSP.[49]

Com a migração em massa do Norte e Nordeste para as regiões meridionais e a criação de um sistema de educação e de saúde universal, a situação começou a mudar lentamente. Em meados do século, os negros e pardos haviam sido menos alfabetizados, com menos anos de estudo e renda e riqueza menores do que os brancos ou asiáticos, mas essa disparidade entre brancos e não brancos passou a declinar lentamente nas décadas seguintes. Esse declínio evidencia-se mais nos índices de saúde e fecundidade. Embora antes de fins dos anos 1990[50] o governo brasileiro não tenha coletado sistematicamente estatísticas vitais por raça, existem alguns dados regionais e estimativas nacionais que nos dão uma ideia aproximada das diferenças básicas.

---

48 IBGE, Sidra, tabela 136; Censo Demográfico 1950, Série Nacional, v.1, p.69, tabela 39.

49 IBGE, Sidra, tabela 262.

50 "Na década de 1990, emergem como objeto de investigação no campo da saúde coletiva as reflexões sobre a demografia das desigualdades... lideranças do movimento negro, com base nos pressupostos teóricos da saúde coletiva e dos indicadores que informam desigualdades de gênero e raça/cor, indagam sobre a relação existente entre racismo e saúde, instando a gestão pública a incluir o quesito raça/cor nos sistemas de informação em saúde. A primeira experiência dessa inclusão ocorreu no Município de São Paulo (Portaria n.696/907). Em 1996, o quesito cor foi incluído no Sistema de Informações sobre Mortalidade e no Sistema de Informações sobre Nascidos Vivos do Ministério da Saúde (Portaria GM/MS n.3.947/988)". Luis Eduardo Batista e Sônia Barros, "Confronting Racism in Health Services". *Cadernos de Saúde Pública*, n.33, 2017, p.1; Rubens de C. F. Adorno, Augusta Thereza de Alvarenga e Maria da Penha Vasconcellos, "Quesito cor no sistema de informação em saúde". *Estudos Avançados*, v.18, n.50, 2004, p.119-23.

De modo geral, a região Nordeste, com grande parcela de população não branca, apresentou sistematicamente resultados piores em todos os índices de saúde, desde mortalidade infantil até expectativa de vida, e nos dados sobre doenças e saúde, em comparação com a população predominantemente branca da região Sul.[51] Contudo, obviamente, isso introduz um viés, pois é difícil separar pobreza de cor nesses dados. Alguns dados do estado de São Paulo mostram que a categoria combinada dos pretos e pardos teve taxa de mortalidade infantil de 40%, mais alta do que os brancos, mesmo já em 1993.[52] Segundo uma estimativa nacional, enquanto brancos e não brancos apresentaram aumento na expectativa de vida média desde os anos 1950, houve apenas mudanças modestas na diferença entre os índices de brancos e não brancos desde então. Embora a diferença tenha variado a cada ano de censo, continuou a ser de no mínimo seis anos entre 1950 e 2000.[53]

Muitos dos números acima são estimativas, porém assim que dados coletados sistematicamente tornaram-se disponíveis neste século, ainda vemos algumas diferenças por cor na mortalidade. Um estudo anterior baseou-se em 169 mil mortes de brancos e pretos no estado de São Paulo em 1999, mas infelizmente não computou os pardos. Entre as mulheres, as pretas apresentaram taxa de mortalidade materna seis vezes maior do que as brancas. Previsivelmente, os homens tiveram taxas de morte violenta muito mais elevadas do que as mulheres, mas quando classificados segundo a cor, os pretos tiveram taxa de morte violenta duas vezes maior do que os brancos; para as mulheres, porém, a disparidade foi bem menos acentuada. Para todas as outras causas de morte, não foram encontradas tendências de taxas mais elevadas para uma ou outra categoria; por exemplo, em mortes por câncer, às vezes os brancos tiveram taxas muito mais altas do que os pretos, para homens e mulheres, mas o inverso ocorreu para doenças cardiovasculares e infecciosas. Em outras doenças basicamente não foi encontrada diferença segundo a cor, e o sexo foi o determinante mais importante nas diferenças em mortalidade (Tabela 7.7).

---

51 Ver Francisco Vidal Luna e Herbert S. Klein, *The Economic and Social History of Brazil Since 1889* (Cambridge: Cambridge University Press, 2014), cap.4.

52 Estela Maria Garcia de Pinto da Cunha, *Condicionantes da mortalidade infantil segundo raça/cor no estado de São Paulo, 1997-1998*. Tese de doutorado, Campinas, Faculdade de Ciências Médicas, 2001, p.78, tabela 5.

53 Cabe notar que os dados para 1950 fornecidos em Charles H. Wood, José Alberto Magno de Carvalho e Cláudia Julia Guimarães Horta, "The color of child mortality in Brazil, 1950-2000: Social progress and persistent Racial Inequality". *Latin American Research Review*, v.45, n.2, 2010, p.114-39, e que foram usados no gráfico 8.x, diferem consideravelmente em relação às estimativas para 1950 encontradas em Charles H. Wood e José Alberto Magno de Carvalho, *The Demography of Inequality in Brazil* (Cambridge: Cambridge University Press, 1988), p.145, tabela 6.2. Além disso, neste aspecto e em muitos outros o censo de 1991 não parece trazer dados muito confiáveis.

Tabela 7.7 Taxas de mortalidade por causas dos brancos e pretos, estado de São Paulo, 1999* (taxas por 1.000 residentes)

	Mulheres		Homens	
Causas da morte	**Brancos**	**Pretos**	**Brancos**	**Pretos**
Doenças infecciosas e parasitárias	19,3	31,0	36,3	67,3
Câncer	81,7	74,8	108,6	87,0
Linfomas e leucemia	2,1	1,4	2,3	2,2
Diabetes, doenças da tiroide	29,8	39,7	25,9	30,8
Transtornos mentais e comportamentais	1,9	3,3	6,4	19,6
Doenças neurológicas	7,4	5,4	9,8	11,4
Doenças cardiovasculares	174,5	199,6	212,9	244,5
Doenças pulmonares	56,3	43,8	77,4	72,5
Doenças gastrointestinais	20,9	21,9	46,4	44,4
Doenças genitilurinárias	8,8	9,8	10,7	11,0
Mortalidade infantil	37,9	245,5		
Malformações congênitas	5,5	2,3	7,0	3,5
Causas externas (acidentes e violência)	23,3	30,4	136,2	274,4
Total em números	64.512	4.085	93.000	6.921

Fonte: Seade, 2005, p.988.
Nota: *Pardos não estão incluídos.

Esse mesmo padrão evidenciou-se em um estudo mais completo sobre mortes no estado de São Paulo de 1999 a 2001. Pretos e pardos (desta vez incluídos) apresentaram taxas muito mais altas de doenças infecciosas, mortalidade materna, diabetes e mortes violentas, mas os brancos tiveram probabilidade muito maior do que outras duas categorias de morte por câncer, doenças pulmonares e a maioria das outras principais causas.[54] Por outro lado, um estudo sobre mortes por acidente vascular cerebral e outras doenças cardiovasculares no Brasil, em 2010, constatou que as taxas de mortalidade cerebrovascular, ajustadas por idade, apresentaram diferenças importantes por cor, não condizentes com o estudo sobre São Paulo. Entre os homens, a taxa de mortes por doença cardíaca para os brancos foi 44,4 mortes por 100 mil habitantes; para os pardos, a taxa foi de 48,2, e para os pretos, 63,3; entre as mulheres, a taxa para as brancas foi de 29 por 100 mil

54 Entretanto, esse estudo não faz o controle por idade, portanto as taxas maiores para os brancos nas doenças degenerativas clássicas podem decorrer de diferenças na expectativa de vida. Ver Luis Eduardo Batista, Maria Mercedes Loureiro Escuder e Julio Cesar Rodrigues Pereira, "A cor da morte: causas de óbito segundo características de raça no Estado de São Paulo, 1999 a 2001". *Revista de Saúde Pública,* v.38, n.5, 2004, p.633, tabela 2.

habitantes; entre as pardas, a taxa foi de 33,7 por 100 mil, e as pretas tiveram a taxa mais elevada, 51 mortes por 100 mil habitantes. Como o estudo concluiu, em comparação com pardos e brancos, "a mortalidade cerebrovascular no Brasil é maior entre negros".[55]

Entretanto, cabe notar que a região influencia em um grau importante as diferenças na mortalidade por raça. Um estudo recente de 34 mil mortes de bebês mostra que, com exceção dos asiáticos, praticamente não há diferença por raça na mortalidade infantil nos três estados da região Sul, em contraste com as nítidas disparidades entre pretos e brancos no Nordeste e até no Sudeste e Centro-Oeste (Tabela 7.8). Finalmente, nesse mesmo estudo as mortes pós-neonatais foram mais altas entre negros no Norte e Nordeste em comparação com todos os outros grupos, mas iguais para todos os grupos nas demais regiões.

Tabela 7.8 Mortalidade infantil por cor e região, 2009/2010*

Região	Branco	Preto	Asiático	Pardo	Total
Norte	29,9	52,5	28	18,8	21,5
Nordeste	26,5	50,1	8,8	17,8	19,7
Sudeste	13,3	24,1	8,1	13,6	13,6
Sul	11,5	11,4	6,8	11,9	11,6
Centro-Oeste	16,7	43,2	6,3	14,4	16,2
BRASIL	15,2	29,1	9,7	16,6	16,3

Fonte: Caldas et al., 2017, p.6, tabela 3.
Nota: *Agosto a julho. A mortalidade infantil é o número de mortes de crianças (até 1 ano de idade) em relação aos nascimentos vivos do ano.

Quase todos os estudos encontram algumas diferenças na saúde por raça, porém nem sempre em um padrão similar por residência e sexo. Todos os estudos indicam também que as diferenças entre os grupos vêm declinando lentamente, à medida que todos os estados se aproximam de um padrão nacional comum. Boa parte desse declínio ocorre desde fins dos anos 1990, e em especial no século XXI, com a expansão do SUS – o Sistema Nacional de Saúde. Como indica a mais recente Pesquisa Nacional de Saúde, de 2013, há relativamente pouca diferença entre brancos e os principais

55 Paulo Andrade Lotufo e Isabela Judith Martins Bensenor, "Raça e mortalidade cerebrovascular no Brasil". *Revista de Saúde Pública,* v.47, n.6, 2013, p.1201.

grupos de não brancos no acesso a serviços de saúde básicos, exames e instalações do serviço de saúde.[56]

A situação melhorou quando se trata da redução das disparidades na saúde por raça, porém as diferenças na renda mudaram pouco no decorrer do tempo. Em nível nacional, o rendimento mensal médio aumentou para brancos e não brancos, mas a diferença entre os dois grupos declinou muito lentamente – os salários combinados de pretos e pardos passaram de 51% a 60% dos salários dos brancos, em 2011.[57] Embora os salários sejam mais elevados em São Paulo do que no resto do país, mesmo nesse estado as remunerações de pretos e pardos são consistentemente inferiores às dos brancos. Surpreendentemente, os salários médios dos pardos são quase sempre inferiores aos dos pretos.

Quando a comparação é feita por sexo e cor, evidenciam-se ainda mais diferenças. As mulheres como um todo no estado de São Paulo receberam 36% a menos do que o salário médio dos homens brancos. Para as mulheres brancas, a diferença foi apenas 20%, mas para as pretas e pardas foi o dobro: 40% a menos que o salário médio dos homens brancos no estado. Em uma comparação de cada sexo separadamente, na maioria das regiões revelaram-se diferenças muito significativas entre brancos e não brancos. Singularmente, nesse Censo [2010], os homens e mulheres asiáticos, embora não tenham resultados tão bons quanto seus congêneres brancos em nível nacional, mostram resultados melhores do que os brancos de ambos os sexos na RMSP e na capital (Tabela 7.9).

A população de cor do Brasil também mostrou probabilidade muito maior do que a branca de classificar-se na metade inferior dos decis de renda. Cinquenta e um por cento dos brancos classificaram-se entre os 30% que recebiam os maiores rendimentos, e apenas 27% dos pretos e pardos inseriram-se nessa faixa mais alta. Essa desigualdade acentuada evidenciou-se na distribuição ocupacional tanto quanto nos salários.[58] A PNAD de 2015 mostrou que 6% dos brancos ocupavam-se em serviços domésticos no país e no estado de São Paulo, em comparação com 10% a 12% de pre-

56 Todos esses índices de acesso aos serviços de saúde encontram-se em IBGE, Sidra, Pesquisa Nacional de Saúde, https://sidra.ibge.gov.br/pesquisa/pns, especialmente Saúde de Mulheres nos volumes 4 e 1. Um estudo mais recente sugere que ainda há algumas diferenças nos cuidados pré-natais e no atendimento hospitalar para partos entre pretos, brancos e pardos. Maria do Carmo Leal, Silvana Granado Nogueira da Gama, Ana Paula Esteves Pereira, Vanessa Eufrazino Pacheco, Cleber Nascimento do Carmo e Ricardo Ventura Santos, "The color of pain: racial iniquities in prenatal care and childbirth in Brazil". *Cadernos de Saúde Pública,* n.33, Sup.1, 2017, p.2-17.

57 IBGE, Sidra, tabela 1173.

58 PNAD 2001: microdados. Rio de Janeiro: IBGE, 2002. 1 CD-ROM, tabela 9.16.

Tabela 7.9 Proporção da renda média de pretos e pardos em relação à renda média dos brancos, por sexo, pessoas com 10 anos ou mais com renda, Brasil, estado de São Paulo, Região Metropolitana de São Paulo e cidade de São Paulo, 2010

	Homens				Mulheres			
Regiões	**Brancos**	**Pretos**	**Pardos**	**Asiáticos**	**Brancos**	**Pretos**	**Pardos**	**Asiáticos**
Brasil	100	60	60	90	100	76	76	84
Estado de São Paulo	100	77	73	136	100	75	75	128
Cidade de São Paulo	100	60	57	133	100	70	65	150
RMSP	100	75	69	167	100	70	60	149

Fonte: IBGE, Sidra, tabela 1381.

tos e pardos – e, nessa ocupação, pretos e pardos representaram a mesma porcentagem de brancos, também no estado de São Paulo, porém tiveram probabilidade muito menor de aí serem empregadores do que no Brasil, em geral (Tabela 7.10).

Mesmo quando a população de cor tinha a mesma ocupação, sua renda média foi consistentemente inferior à dos brancos. Por exemplo, em 2003 os trabalhadores pretos e pardos ocupados no setor formal receberam em média um terço a menos do que os brancos, e os do setor informal receberam pouco menos de metade dos rendimentos dos trabalhadores brancos desse setor. Em 2004, 54% dos brancos trabalhavam no setor formal, com carteira assinada, e receberam pelo menos um salário mínimo mensal; para a população preta e parda, a porcentagem foi de 37%. Em 2017, as porcentagens foram, respectivamente, 66% dos brancos e 53% dos pretos e pardos combinados no setor formal, e todas as mulheres com porcentagem igual à dos homens: 52%, trabalhando na economia formal.[59]

Quando examinamos o papel dos pardos em cada um dos principais setores da economia, evidencia-se que essa categoria tinha representação maior na agricultura e serviços domésticos. Em comparação com sua porcentagem no total da força de trabalho, pretos e pardos tiveram representação insuficiente na administração pública, educação e saúde, áreas em que os brancos tiveram representação excessiva. Um resultado impressionante foi a porcentagem de pardos e pretos conjuntamente representar até dois terços dos trabalhadores agrícolas e domésticos e metade ou mais em todas

59 IBGE, Síntese de Indicadores Sociais, 2017, tabela 1.25, acesso em: 7.7.2019 e encontrado em um conjunto de dados separado em um apêndice em: <https://www.ibge.gov.br/estatisticas-novoportal/sociais/populacao/9221-sintese-de-indicadores-sociais.html?edicao=9222&t=downloads>.

Tabela 7.10 Estrutura do mercado de trabalho por cor, no Brasil e no estado de São Paulo, 2015

Sexo	Empregados	Empregados domésticos	Conta própria	Empregador	Diversos	Total
BRASIL						
Participação da posição por cor						
Brancos	67,3	5,7	20,3	5,5	1,2	100
Pretos	64,8	11,5	20,8	1,9	1,0	100
Pardos	63,7	9,2	23,0	2,6	1,5	100
Total	65,5	7,7	21,5	3,9	1,3	100
Participação da cor em cada posição						
Brancos	49,4	35,3	45,5	67,6	42,9	48,1
Pretos	9,8	14,8	9,6	4,7	7,9	10,0
Pardos	40,7	49,8	44,8	27,8	49,2	41,9
Total	100,0	100,0	100,0	100,0	100	100,0
SÃO PAULO						
Sexo	**Empregados**	**Empregados domésticos**	**Conta própria**	**Empregador**	**Diversos**	**Total**
Participação da posição por cor						
Brancos	69,7	5,5	18,7	5,2	0,8	100
Pretos	69,7	10,8	16,7	1,8	1,0	100
Pardos	69,5	9,6	18,5	1,8	0,6	100
Total	69,6	7,2	18,5	3,9	0,8	100
Participação da cor em cada posição						
Brancos	61,9	47,8	62,6	82,3	66,6	66,6
Pretos	7,8	11,7	7,1	3,6	10,0	10,0
Pardos	30,3	40,5	30,4	14,1	23,4	23,4
Total	100	100	100	100	100	100

Fonte: Elaborado dos microdata da PNAD 2015.

as outras áreas, exceto educação, saúde e indústria. Em São Paulo eles compunham mais de metade dos trabalhadores na construção civil e domésticos, embora a porcentagem no total de trabalhadores fosse apenas 39%; também em agricultura e transporte a porcentagem de pardos e pretos superou a participação na força de trabalho total, enquanto na indústria, comércio, administração pública e educação a participação foi bem menor do que a porcentagem no total da força de trabalho. Exceto em transportes e comunicações, as participações em cada uma dessas áreas foram equivalentes no estado e no país (Tabela 7.11).

Portanto, está claro que, decorrido bem mais de um século após a abolição, a população afrodescendente no Brasil permanece predominantemente

Tabela 7.11 Distribuição dos trabalhadores pelos principais setores da economia, por cor, Brasil e estado de São Paulo, 2015

Sexo	Agricultura	Indústria de transformação*	Construção	Comércio	Alojamento	Transportes e comunicação	Administração pública	Educação, Saúde e Serv. Social	Serviços	Diversos	Total
BRASIL											
Participação por cor e setor											
Branco	10,4	14,6	7,1	19,0	4,7	5,7	5,5	12,6	5,2	15,4	100,0
Preto	12,6	11,1	12,2	16,5	5,5	5,3	4,7	9,2	10,1	12,9	100,0
Pardo	17,7	11,6	10,6	18,1	5,2	5,3	4,5	8,7	7,7	10,5	100,0
Total	13,9	12,9	9,1	18,3	5,0	5,5	5,0	10,5	6,8	13,0	100,0
Participação da cor no setor											
Branco	34,3	51,5	35,2	47,2	42,7	47,2	50,3	54,6	34,6	54,1	45,6
Preto	9,0	8,5	13,3	8,9	10,9	9,6	9,3	8,8	14,8	9,9	10,0
Pardo	56,7	39,9	51,5	43,9	46,3	43,2	40,4	36,6	50,6	36,0	44,4
Total	100,0	100,0	100,0	100,0	100,0	100,0	100,0	100,0	100,0	100,0	100,0
SÃO PAULO											
Participação por cor e setor											
Branco	2,8	17,4	6,6	18,9	5,2	6,6	4,3	13,4	5,3	19,5	100,0
Preto	3,2	15,8	11,6	16,7	5,7	6,4	4,2	9,4	9,7	17,4	100,0
Pardo	3,8	17,9	11,2	18,0	6,6	7,1	2,9	7,9	9,0	15,7	100,0
Total	3,2	17,4	8,4	18,4	5,7	6,7	3,9	11,3	6,8	18,1	100,0
Participação da cor no setor											
Branco	54,5	60,7	47,9	62,4	55,6	59,7	67,7	71,8	47,7	65,4	60,9
Preto	8,1	7,2	10,9	7,2	8,0	7,6	8,8	6,6	11,3	7,6	8,0
Pardo	37,4	32,0	41,2	30,4	36,4	32,7	23,5	21,6	41,0	26,9	31,2
Total	100,0	100,0	100,0	100,0	100,0	100,0	100,0	100,0	100,0	100,0	100,0

Fonte: Elaborado dos microdata da PNAD 2015.
Nota: *Inclui a indústria de transformação e outras atividades industriais (usualmente menos de 1%).

pobre e pouco representada nos níveis mais elevados das ocupações e das classes mais favorecidas. Assim como houve uma importante saída da indigência e da pobreza no último quarto de século, ocupação, renda e educação melhoraram para esse universo da população nacional. As diferenças em saúde entre brancos e não brancos reduziram-se consideravelmente, e também vem ocorrendo um lento declínio nas diferenças entre as médias de anos de estudo. A velocidade desse processo leva a crer que a diferença entre brancos e não brancos em educação desaparecerá dentro de poucos anos. Isso pode ser visto nos dados de matrículas em instituições de ensino em 2003, que mostram pouca disparidade segundo a cor nas porcentagens de matriculados em quase todas as faixas etárias. Somente entre os grupos mais velhos a diferença foi significativa, e mesmo assim não muito extrema. Por exemplo, para a categoria de 15 a 17 anos – ou seja, a dos alunos do ensino médio – e para a de 20 a 24 anos – os matriculados no ensino pós-secundário – verificou-se uma diferença de 7% entre pretos/pardos e brancos matriculados.[60] Embora o número de anos de estudo agora esteja sendo normalizado para todos os grupos, a crescente disparidade na qualidade do ensino público e privado oferecido nas escolas de ensino fundamental e médio tornou-se uma barreira importante, pois os estudantes ricos predominam nas escolas privadas enquanto os pobres estudam em escolas públicas de má qualidade. Já no ensino superior a tendência é inversa: os estudantes ricos dominam as universidades públicas, que são muito mais avançadas, enquanto os pobres frequentam faculdades privadas, a maioria de má qualidade. Assim, na educação, que inicialmente foi o principal motor da mobilidade até os anos 1980 e 1990, surgiram agora novas barreiras, apesar de todos os brancos e não brancos estarem alcançando níveis similares de anos de estudo.

No entanto, quase todos os estudos sobre renda e raça mostram diferenças significativas até hoje, algumas das quais talvez decorrentes dessa nova barreira na educação. Por exemplo, um estudo do Ipea, muito citado, indica que a discriminação ainda existe, mas sugere que ela é muito pior nas diferenças de gênero do que nas de raça: os salários médios dos brancos foram de 11% a 12% maiores que os dos pretos, mas os dos homens em geral foram dois terços ou mais da metade mais altos do que os salários das mulheres – embora a diferença esteja declinando rapidamente (Gráfico 7.8).[61]

---

60 As porcentagens foram, respectivamente, 86% e 79% na faixa etária de 15-17 anos e 30% e 23% na de 20-24 anos. IBGE, Síntese de Indicadores Sociais 2004, tabela 11.4.

61 Ricardo Paes de Barros, Samuel Franco e Rosane Mendonça, "Discriminação e segmentação no mercado de trabalho e desigualdade de renda no Brasil". Texto para Discussão 1288, Rio de Janeiro: Ipea, 2017, p.14.

Gráfico 7.8 Rendimento médio mensal real das pessoas de 10 anos ou mais, por cor, Brasil, 1992-2011

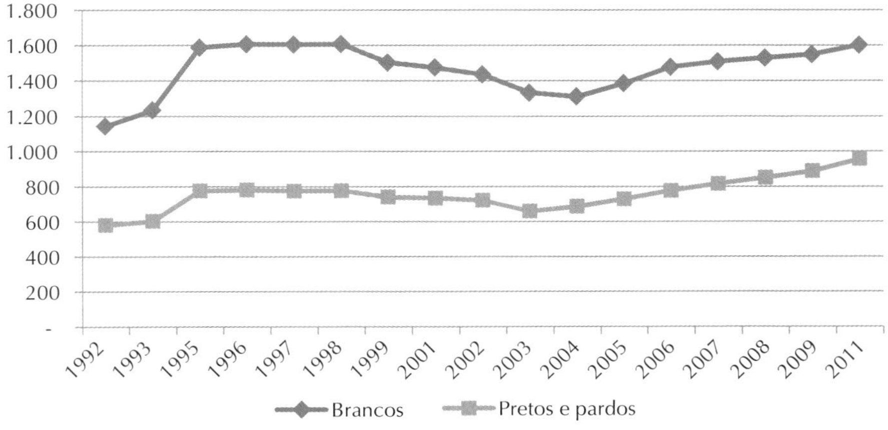

Fonte: IBGE, Sidra, tabela 1173.

Esses resultados para pretos e pardos e para homens e mulheres trazem a questão: o que explica essa diferença persistente? Seria uma discriminação deliberada pelos empregadores, levando a uma segmentação do mercado na qual mulheres ou não brancos concentram-se em empregos mal remunerados? A segmentação seria apenas por tipo de indústria ou seria espacial, por região ou estado? Ou, ainda, seria resultado do peso relativo dos mercados formal e informal, ou de diferentes características individuais de mulheres e pretos em comparação com mulheres e homens brancos? Ricardo Paes de Barros e coautores observaram:

> O mercado gera desigualdade tanto quanto remunera de forma diferenciada homens e mulheres ou brancos e negros de mesma produtividade, como quando existem diferenças de remuneração entre trabalhadores perfeitos substitutos na produção ocupando postos em distintos segmentos do mercado de trabalho. No primeiro caso, dizemos que os diferenciais decorrem de discriminação no mercado de trabalho e, no segundo, de sua segmentação.[62]

Essa é a questão fundamental na literatura especializada, e tem sido respondida de modos diversos. Vários estudos mostram que, embora a porcen-

62 Paes de Barros, Franco e Mendonça, "Discriminação e segmentação", p.8.

tagem de mulheres empregadas seja menor que a de homens, para os que são economicamente ativos existe pouca diferença nas taxas de emprego e desemprego. Contudo, de modo geral, a semana de trabalho das mulheres tem cinco horas a menos que a dos homens, o que pode explicar em parte as disparidades salariais. Vários autores salientaram, porém, que existe segmentação no mercado, com uma porcentagem muito alta de mulheres trabalhando em ocupações dominadas pelo sexo feminino (por exemplo, como professoras e empregadas domésticas), nas quais há menor porcentagem de homens, o que explica essas diferenças salariais. Contudo, mesmo levando em conta os fatores educação e segmentação do mercado, as mulheres ainda recebem salários mais baixos do que os homens. Recentemente se afirmou que a grande diferença está no status intraocupacional: os homens consistentemente têm status mais elevado que as mulheres, portanto renda maior, possivelmente porque ingressaram mais cedo do que elas no mercado de trabalho.[63] Entretanto, todos os estudos indicam, quanto mais elevado o nível educacional dos trabalhadores, menos ocorre discriminação salarial, e tudo isso sugere que continuará o declínio da discriminação por sexo, à medida que as mulheres elevarem mais rapidamente do que os homens o seu grau de escolaridade.[64]

Se essa discriminação salarial está em declínio para as mulheres brancas, qual é a situação quando comparamos não brancos e brancos? Mesmo quando negros alcançaram status ocupacionais mais elevados, sua renda foi inferior à dos brancos – de fato, em 2002 sua renda média foi metade da dos brancos em cargos como diretores e administradores de empresa em São Paulo. Por outro lado, em níveis mais baixos da hierarquia ocupacional, os salários mensais de trabalhadores com carteira assinada mostraram apenas uma ligeira diferença entre brancos, pretos e pardos de ambos os sexos e entre homens brancos e mulheres brancas. Na base da escala de renda encontramos igualdade por cor e sexo (Gráfico 7.9). Analisando os salários médios, os homens negros ganham mais do que as mulheres brancas nos cargos de gerência e diretoria, tanto no estado de São Paulo como no da Bahia. Finalmente, quanto mais alto o grau de instrução, menores as diferenças salariais entre as quatro categorias, embora os homens brancos

---

63 Ricardo Paes de Barros, Carlos Henrique Corseuil, Daniel Domingues dos Santos e Sérgio Pinheiro Firpo, "Inserção no mercado de trabalho: diferenças por sexo e consequências sobre o bem-estar". Texto para discussão 796: Rio de Janeiro: Ipea, 2001, p.4-5.

64 Sobre o declínio secular das diferenças, que ocorre mais depressa no Brasil do que nos Estados Unidos, ver Ana Carolina Giuberti e Naércio Menezes Filho, "Discriminação de rendimentos por gênero: uma comparação entre o Brasil e os Estados Unidos". *Economia Aplicada*, v.9, n.3, 2005, p.369-383.

Gráfico 7.9 Renda mediana de homens e mulheres, por sexo e segundo a posição no emprego, São Paulo, 2002

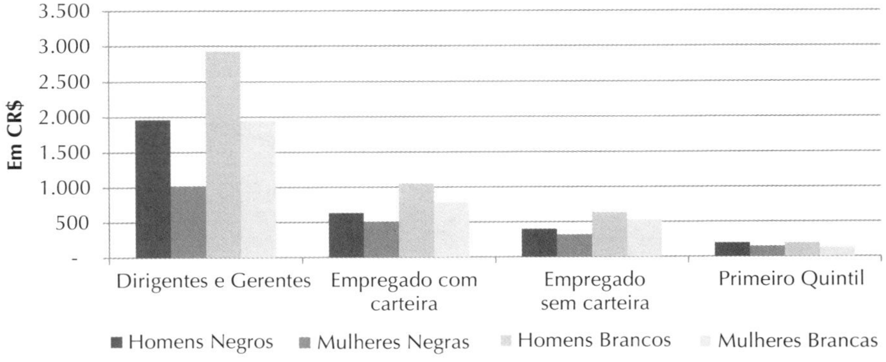

Fonte: Cacciamali e Hirata, 2005, p.775, tabela 2.

ainda estejam no topo. Entretanto, na conclusão desse estudo comparativo de 2002, os autores ainda constatam que "a discriminação [racial e sexual] está, em maior ou menor grau, presente no mercado de trabalho brasileiro", independentemente da estrutura do mercado ou da composição racial da força de trabalho.[65]

Em razão de sua importância fundamental para a mobilidade e a renda, o papel da discriminação na educação tornou-se um tema importante nos estudos recentes. Como vários trabalhos ressaltam, salários e mobilidade são intimamente ligados aos níveis educacionais. Assim, a questão é em que medida pretos e pardos conseguem acesso a instituições de ensino avançadas em comparação com os brancos? De fato, no que diz respeito ao grau de instrução, as diferenças entre os sexos mudaram mais rapidamente do que as disparidades entre negros e brancos. Enquanto as mulheres alcançaram a igualdade na porcentagem de matriculados nos anos 1980, só agora, no final da segunda década, não brancos e brancos aproximam-se da igualdade nesse quesito. Isso, por sua vez, levou a um declínio lento, mas constante, das disparidades entre as taxas de alfabetização de brancos e não brancos. Contudo, considerando o avanço recente na participação educacional no ensino fundamental, será preciso mais gerações antes que as taxas de alfabetização igualem-se para brancos, pardos e pretos. Em 2004, as taxas de alfabetiza-

---

65 Maria Cristina Cacciamali e Guilherme Issamu Hirata, "A influência da raça e do gênero nas oportunidades de obtenção de renda – Uma análise da discriminação em mercados de trabalho distintos: Bahia e São Paulo". *Estudos Econômicos,* v.35, n.4, 2005, p.774-5.

Gráfico 7.10 Taxa de alfabetização das pessoas com 15 anos ou mais, por cor, no estado de São Paulo, 2004-2015

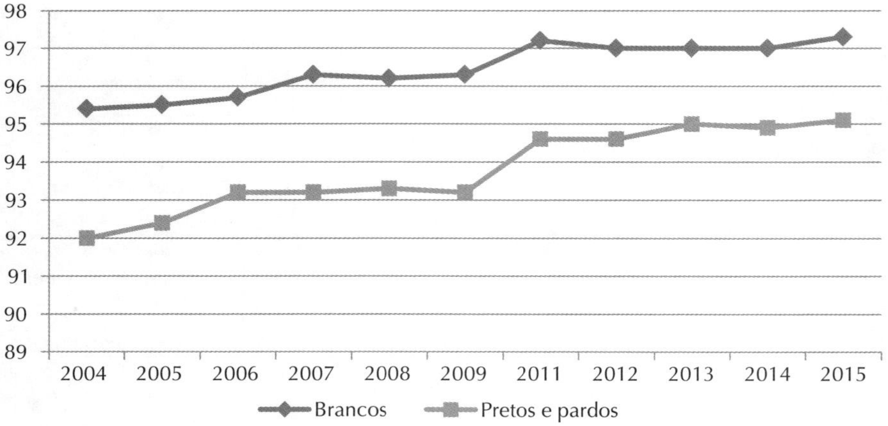

Fonte: IBGE, Sidra, tabela 1188.

ção na população de São Paulo, a partir de 15 anos, foram de 95% para os brancos e 92% para os não brancos, ambas mais altas do que as taxas nacionais (93% e 84% respectivamente). A disparidade diminuiu lentamente à medida que a taxa de alfabetização aumentou mais depressa para os pretos/pardos do que para os brancos, e assim a diferença entre os dois grupos declinou de 3,4% em 2004 para apenas 2,2% em 2015 (Gráfico 7.10).

Essas mudanças também podem ser vistas na avaliação dos analfabetos funcionais – aqueles que frequentaram a escola, mas ainda assim são incapazes de ler e escrever de modo apropriado. A PNAD de 2004, por exemplo, mostrou que 67% dos adultos não brancos eram analfabetos funcionais, enquanto apenas metade dos brancos estavam nessa categoria. Em 2015, as porcentagens de analfabetos funcionais na população foram 49% dos adultos pretos e pardos (a partir de 25 anos) em comparação com 35% dos brancos. Apesar de continuar a desvantagem para os não brancos, a disparidade entre eles e os brancos deve prosseguir em lento declínio ao longo do tempo, já que pretos e pardos vêm aumentando suas taxas de alfabetização mais rapidamente do que os brancos.[66]

---

66 IBGE, Síntese de Indicadores Sociais. Uma análise das condições de vida da população brasileira, 2016, Rio de Janeiro, 2016, tabela 4.14, encontrado em um conjunto de dados em apêndice em: <https://www.ibge.gov.br/estatisticas-novoportal/sociais/populacao/9221-sintese-de-indicadores-sociais.html?edicao=9222&t=downloads>. Os analfabetos funcionais foram definidos como pessoas sem instrução e com Fundamental incompleto.

Nesse mesmo período, a diferença na média de anos de estudos de pretos e pardos diminuiu de 2,1 anos a menos que a média de 7 anos dos brancos, em 2001, para apenas 1,8 ano a menos do que os 8,8 anos da média dos brancos, em 2015.[67] Em todas as regiões brasileiras existe essa disparidade entre brancos e não brancos. Contudo, como em todos os demais índices educacionais, a diferença em anos de estudo entre brancos e não brancos reduziu-se consideravelmente no período recente, à medida que mais pessoas tiveram acesso ao ensino médio. O número de brancos formados no ensino médio aumentou 0,4% ao ano entre 2009 e 2015, e esses formandos representaram 29,4% do total de brancos adultos nesse período, mas pretos e pardos aumentaram seus números em 2,9% ao ano no mesmo período, o que significa que 27,44% deles formaram-se no ensino médio em 2015. Assim, a disparidade reduziu-se pela metade, e hoje o número de pretos e pardos que se formam equivale a 93% do total de brancos formados nesse nível. Além disso, a região Sudeste, que tinha uma das maiores disparidades entre brancos e não brancos (entre os formados em 2009, o número de não brancos era 85% do total de brancos), apresentou uma redução dessa disparidade, e em 2005, o número dos não brancos formados equivaleu a 98% do total de brancos formados. Esse tipo de mudança não ocorreu na região Sul, que, apesar de ser a mais rica do país, em 2015 continuou a ser a pior de todas as regiões no que diz respeito à disparidade entre as taxas de formandos pardos e pretos.[68]

No entanto, ainda existem diferenças por sexo e cor. Enquanto todas as mulheres tiveram resultados melhores do que os homens no progresso educacional, as mulheres não brancas continuam muito abaixo do nível alcançado pelas brancas, e abaixo inclusive dos resultados alcançados pelos homens brancos. Isso pode ser visto na evolução dos anos de estudo. Pela pesquisa da PNAD, em fins dos anos 1980, as mulheres consistentemente mostravam resultados melhores em anos de estudo do que os homens de sua categoria de cor, e essa tendência prossegue até hoje. Embora todos os grupos de homens e mulheres mostrassem uma elevação no grau de instrução em 2015, o progresso foi mais rápido entre os negros: em 1989 os homens negros tinham 2,5 anos a menos de estudo do que os homens brancos, e as mulheres negras tinham 3 anos a menos do que as brancas; em 2015, essas diferenças foram de apenas 0,9 e 0,8 ano, respectivamente. Os pardos,

67 IBGE, Síntese de Indicadores Sociais 2016, tabela 4, encontrada em um conjunto de dados em apêndice em: <https://www.ibge.gov.br/estatisticas-novoportal/sociais/populacao/9221-sintese-de-indicadores-sociais.html?edicao=9222&t=downloads>.

68 IBGE, Sidra, tabela 3899.

em contraste, alteraram apenas moderadamente sua posição em relação ao período inicial.[69]

As diferenças gerais entre brancos e não brancos no progresso educacional continuaram a declinar sistematicamente no século atual. Entre 2004 e 2014, houve um aumento constante nos anos de estudo entre as pessoas a partir dos 25 anos. Os homens ficaram ainda mais atrás das mulheres (de 0,2 para 0,4 ano), e os negros reduziram sua diferença em relação aos brancos, porém a disparidade ainda está em 1,8 ano. Em 2014, o total de anos de estudo para todas as mulheres foi de 8,1 anos, e para todos os homens, de 7,7 anos; os brancos de ambos os sexos haviam atingido 8,8 anos, e todos os não brancos (pretos e pardos) haviam alcançado 7,0 anos. Essa diferença diminuiu moderadamente desde 2006, passando de 2 anos entre os dois grupos de cor para 1,8 ano.[70]

Todos os estudos mostram que houve um aumento significativo no grau de instrução da população no período entre o Censo de 1960 e o Censo de 2010. Isso se aplica a todo o país e ao estado de São Paulo. Ambos os sexos e todas as raças elevaram significativamente seu grau de instrução, em especial, após a universalização do ensino fundamental no Brasil, nos anos 1990. Contudo, é evidente que as mulheres têm mostrado resultados melhores do que os homens na escolarização e que negros e pardos continuam atrás dos brancos em todos os graus de escolaridade. A grande mudança para brancos e não brancos de ambos os sexos é a considerável redução da disparidade entre homens e mulheres, desde 1960. A razão entre os homens pardos e brancos com ensino médio completo ou acima passou de 7% para quase 50%, em 2010. Para as mulheres, a razão diminuiu: 37% das pardas e 37% das pretas tinham o ensino médio completo ou acima, em 2010, em comparação com apenas 35% das brancas (Tabela 7.12).

Na maioria dos outros índices educacionais analisados, por exemplo, idade dos alunos matriculados por série e taxas de repetência, a disparidade racial também vem diminuindo. Por exemplo, para os estudantes de 15 a 17 anos matriculados que eram mais velhos do que a faixa etária de sua respectiva série – um sinal claro de disfunção educacional –, inicialmente havia uma disparidade muito maior entre brancos e pretos e pardos. Em 2004, ainda metade dos estudantes pardos e pretos estavam acima da idade,

---

69 Claudia Cavalieri e Reynaldo Fernandes, "Diferenciais de salários por gênero e cor: uma comparação entre as regiões metropolitanas brasileiras". *Revista de Economia Política,* v.18, n.1, 1998, p.161, tabela 3.

70 IBGE, tabela 4.13, de Síntese de Indicadores Sociais 2016, acesso em: 27.12.2017, em: <https://ww2.ibge.gov.br/home/estatistica/populacao/condicaodevida/indicadoresminimos/sinteseindicsociais2015/default_tab_xls_shtm>.

Tabela 7.12 Anos de escolaridade das pessoas com 25 anos ou mais, por sexo e cor, estado de São Paulo, 1960 e 2010

	1960			2010		
Homens	**Brancos**	**Pretos**	**Pardos**	**Brancos**	**Pretos**	**Pardos**
Sem escolaridade	22,6	41,8	42,0	0,9	2,4	2,2
Alguma educação primária incompleta	30,1	34,3	36,6	20,3	32,9	31,7
Primário (4 anos) completa	32,6	22,1	19,0	11,7	13,2	13,3
Primário (6 anos) completa	7,3	1,3	1,7	16,7	20,3	20,6
Parte do secundário	1,0	0,1	0,2	4,5	5,1	5,5
Secundário completo	3,7	0,3	0,4	18,2	16,7	16,7
Parte do universitário	0,7	0,0	0,1	6,2	3,4	3,3
Universitário completo	2,2	0,1	0,1	21,4	6,0	6,7
Total	100,0	100,0	100,0	100,0	100,0	100,0
Mulheres	**Brancos**	**Pretos**	**Pardos**	**Brancos**	**Pretos**	**Pardos**
Sem escolaridade	32,4	53,7	54,2	0,9	2,5	2,3
Alguma educação primária incompleta	24,6	25,8	26,7	21,9	33,1	32,6
Primário (4 anos) completa	31,0	19,3	17,2	15,2	12,5	13,9
Primário (6 anos) completa	6,9	0,8	1,3	13,8	15,5	16,0
Parte do secundário	0,8	0,1	0,1	3,5	4,4	4,3
Secundário completo	3,6	0,2	0,3	17,2	16,9	17,0
Parte do universitário	0,2	0,0	0,0	4,3	4,2	3,4
Universitário completo	0,4	0,0	0,0	23,2	10,9	10,5
Total	100,0	100,0	100,0	100,0	100,0	100,0

Fonte: Ipums, amostra de censos demográficos do Brasil.

em comparação com pouco mais de um quarto dos brancos. Em 2015, essa taxa diminuíra para 19% entre os brancos e 31% entre os não brancos.[71]

Surgem dois padrões quando comparamos as taxas de conclusão por nível de escolaridade para as categorias de cor e sexo, em 2015. As mulheres consistentemente tiveram resultados melhores do que os homens em todos os grupos raciais. Ao mesmo tempo, pretos e pardos continuam a ter o menor grau de instrução. Os brancos sem instrução ou que tinham apenas o ensino fundamental incompleto representavam 35% do total de pessoas brancas com 25 anos ou mais de idade; para os negros a porcentagem era

71 PNAD 2016, tabela 4.8, "Proporção de estudantes de 15 a 17 anos com distorção idade-série ...", encontrado em: <https://www.ibge.gov.br/estatisticas-novoportal/sociais/populacao/9221-sintese-de-indicadores-sociais.html?edicao=9222&t=downloads>.

de 47%, e para os pardos, 50% nessa faixa etária. Em contraste, o impacto das oportunidades educacionais crescentes é visto nos formandos do ensino médio, que têm basicamente resultados iguais para todos os sexos e cores. Essa igualação, porém, ainda não é vista entre os formados no ensino superior. Entre estes, não só as mulheres ultrapassam os homens, mas também há uma diferença muito significativa entre os brancos de ambos os sexos e os não brancos de ambos os sexos, como se pode ver pela PNAD de 2015. Como em todos os outros censos e levantamentos da PNAD, São Paulo claramente está mais avançado do que o resto do país nos resultados para todos os sexos e cores (Tabela 7.13).

Tabela 7.13 População com 25 anos e mais por nível de instrução e cor, Brasil e estado de São Paulo, 2015

	Homens			Mulheres		
Nível	**Brancos**	**Pretos**	**Pardos**	**Brancos**	**Pretos**	**Pardos**
BRASIL						
Sem instrução formal	7,2	14,6	15,1	7,6	14,3	13,7
Primário incompleto	28,7	34,3	36,5	27,2	31,2	33,8
Primário completo	10,1	10,3	10,1	9,0	9,8	9,4
Secundário incompleto	3,6	5,3	4,8	3,2	4,7	4,6
Secundário completo	27,3	26,7	24,3	27,6	27,9	25,9
Universitário incompleto	5,0	3,0	2,8	4,3	3,6	3,3
Universitário completo	18,1	5,8	6,4	21,2	8,5	9,2
Total	100,0	100,0	100,0	100,0	100,0	100,0
SÃO PAULO						
Sem instrução formal	4,4	8,2	7,6	5,4	9,6	10,0
Primário incompleto	23,0	28,1	32,9	24,2	28,8	30,7
Primário completo	9,9	11,4	12,4	9,4	12,9	11,8
Secundário incompleto	3,5	5,2	5,3	2,8	4,1	4,8
Secundário completo	30,9	34,7	31,0	29,9	31,5	30,9
Universitário incompleto	5,5	3,5	3,5	4,0	3,4	2,7
Universitário completo	22,8	8,9	7,3	24,2	9,6	9,0
Total	100,0	100,0	100,0	100,0	100,0	100,0

Fonte: Microdata PNAD 2015.

E quanto à situação dos casamentos/coabitações e raça? Refletem discriminação baseada na cor da pele? Qual o grau de endogamia baseada na cor entre os parceiros que coabitam? Para começar, é importante reconhecer que houve mudança significativa nos números da coabitação, e isso atualmente vale para todas as classes e grupos raciais. Referimo-nos, obviamente, ao declínio do casamento formal e crescimento das uniões consensuais. Embora, tradicionalmente, a união consensual fosse uma prática da camada mais pobre, que remonta ao período colonial, mais encontrada entre pretos e pardos, as mudanças na condição legal das mulheres em uniões livres e a garantia de direitos a seus filhos, um tema que já abordamos, levaram a um aumento das uniões consensuais entre todos os grupos, inclusive os brancos.

Como se pode ver em uma análise por sexo e cor das pessoas casadas no estado de São Paulo, a razão entre os que viviam em uniões consensuais aumentou constantemente a partir de meados do século XX e tem apresentado um aumento secular em todas as faixas etárias. Há diferença básica por cor, mas pouca diferença por sexo nos grupos de cor. As mulheres brancas em uniões consensuais eram 2% em 1960 e passaram a ser 25% do total das brancas vivendo com homens em 2010; para os homens a porcentagem foi igual. Entre os homens e mulheres pretos, a razão de uniões consensuais passou de 8% para 40% para ambos os sexos de 1960 a 1980. Apenas entre os pardos encontramos diferenças significativas por sexo, ao menos inicialmente. Os homens vivendo em uniões consensuais eram 6% do total de homens casados em 1960 e passaram a ser 38%, enquanto as mulheres pardas eram 9% em 1960 e passaram a representar porcentagem igual à dos homens em 2010. Essa mudança foi maior e mais rápida para pessoas pardas e pretas, mas agora está se tornando uma forma de coabitação muito significativa para todos os grupos (Tabela 7.14).

Também houve declínio nas relações endógamas na categoria cor. Os brancos casados com brancos, que compunham mais de 90% dos maridos e mulheres brancos, em 1960, passaram a compor aproximadamente 80%, em 1991.[72] No total, para todos os grupos de pretos, pardos e brancos, a endogamia racial passou de 88% dos casamentos, em 1960, para 80% em 1980 e 69% em 2000. Embora isso esteja longe da igualdade para todos os grupos, o declínio nas relações endógamas está mais próximo do que seria na ausência de preconceito de classe ou cor. Uma estimativa baseada em parcelas da população sugere que as taxas de casais endógamos teriam sido de 51% em 1960, 48% em 1980 e 45% em 2000, se não existisse a preferência pela cor.[73] Desses grupos autoidentificados segundo a cor, a maioria dos brancos e pardos vivia com cônjuges do mesmo grupo racial no Censo de

---

72 Edward E. Telles, *Race in another America: The significance of skin color in Brazil* (Princeton: Princeton University Press, 2014), p.176-7.

73 Carlos Antônio Costa Ribeiro e Nelson do Valle Silva, "Cor, educação e casamento: Tendências da seletividade marital no Brasil, 1960 a 2000". *Dados – Revista de Ciências Sociais,* v.52, n.1, 2009, p.25.

Tabela 7.14 Distribuição por tipo de união, por sexo e cor, estado de São Paulo, 1960-2010				
	União consensual		Casamento	
Cor	Homens	Mulheres	Homens	Mulheres
		1960		
Brancos	2,3	2,2	97,7	97,8
Pretos	7,5	8,4	92,5	91,6
Pardos	5,6	9,0	94,4	91,0
		1980		
Brancos	7,3	7,2	92,7	92,8
Pretos	17,6	18,9	82,4	81,1
Pardos	15,0	16,0	85,0	84,0
		1991		
Brancos	11,8	12,0	88,2	88,0
Pretos	23,6	24,4	76,4	75,6
Pardos	21,9	22,5	78,1	77,5
		2000		
Brancos	20,0	20,2	80,0	79,8
Pretos	35,4	35,3	64,6	64,7
Pardos	33,9	35,2	66,1	64,8
		2010		
Brancos	24,8	24,9	75,2	75,1
Pretos	39,8	40,0	60,2	60,0
Pardos	37,7	38,4	62,3	61,6

Fonte: Ipums, amostra de 5% dos censos brasileiros.

1991, enquanto os pretos de ambos os sexos foram os que mais se casaram fora de seu grupo de cor, no Brasil e no estado de São Paulo. Enquanto um número ainda maior de pardos e especialmente pretos casaram-se fora de seu grupo em 2000, para os brancos as taxas de endogamia mudaram pouco. Em 2000, as taxas de endogamia racial no estado como um todo foram praticamente iguais às do município de São Paulo e de suas regiões metropolitanas (Gráfico 7.11).

Dadas essas mudanças nos padrões de longo prazo, evidenciou-se, com uma análise dos dados da PNAD de 1987 e 1998, que quanto mais jovem o casal, maior sua probabilidade de estar em uma união exógama, e essa tendência foi similar para todos os grupos de cor.[74] Além disso, em alguns níveis

74 José Luis Petrucelli, "Seletividade por cor e escolhas conjugais no Brasil dos anos 90". *Estudos Afro-Asiáticos,* v.23, n.1, p.40, tabela 9.

Gráfico 7.11 Endogomia racial dos casais, Brasil e estado de São Paulo, Censos 1991 e 2000

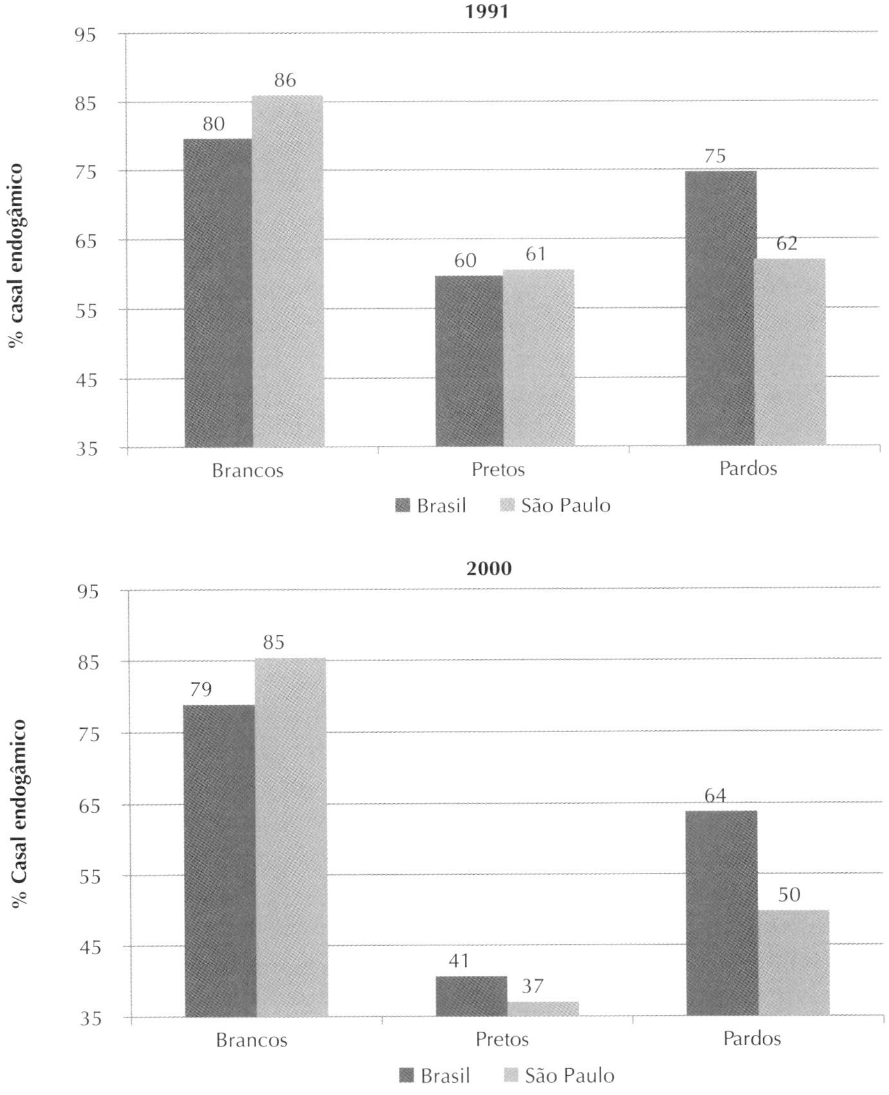

Fonte: IBGE, Sidra, tabelas 273, 2642.

parece haver um trade-off entre grau de instrução e casamento inter-racial. Como um estudo concluiu, "Os resultados mostram que um indivíduo de uma raça/cor de menor status social tem mais chances de se unir a um parceiro de uma raça/cor de maior status social quando as diferenças nos níveis de escolaridade compensarem essas diferenças raciais.".[75] Portanto, independentemente da possibilidade de os vantajosos fatores beleza e status tradicionalmente terem influenciado os casamentos inter-raciais, hoje a educação é um fator importante que, em alguns casos, parece compensar um status de cor mais baixo. Além disso, dada a vantagem crescente das mulheres em todos os níveis de escolaridade, a diferença global entre o grau de instrução de marido e mulher nesses casamentos exógamos caiu pela metade de 1960 a 2000. No caso dos casais onde ambos os cônjuges são negros, agora os graus de instrução são iguais, e nos casamentos de brancos com pretos e de brancos com pardos a diferença é pequena.[76] Outro estudo sobre educação e casamentos inter-raciais concluiu: "Em 1960, 1 em cada 10 de todos os casamentos era entre pessoas de grupos de cor diferentes; em 1980, esse número aumentou para 1 em cada 5; em 2000, para 1 em cada 3".[77]

Outra área em que a discriminação aparece é a residencial. Nos Estados Unidos, criou-se uma metodologia para medir a segregação racial na habitação. Os dois índices mais usados são a dissimilaridade – que mede a concentração racial mostrando a porcentagem de um grupo racial que teria de deixar uma área para que a igualdade fosse alcançada com um segundo grupo (por exemplo, para que brancos se igualassem a pretos e pardos em sua parcela na população) – e o índice de isolamento, que mostra o grau de exposição de um grupo a outro – quanto maior a porcentagem, menor o contato. Um minucioso estudo recente de todos os principais centros metropolitanos do Brasil concluiu que o índice de dissimilaridade era muito baixo no Brasil em comparação com os Estados Unidos. Por exemplo, em 1980, a cidade de Nova York tinha um índice de dissimilaridade de 75, enquanto o de São Paulo era 37; Washington tinha 79 e Brasília 39; Chicago tinha 92 e Salvador 48. O estudo também constatou que "no Brasil a exposição residencial dos brancos a não brancos claramente é maior do que nas cidades americanas de composição racial comparável".[78] Outro estudo encontrou discriminação crescente na habitação nas camadas de renda mais altas no Brasil.[79]

---

75 Luciene Aparecida Ferreira de Barros Longo, *Uniões intra e inter-raciais, status marital, escolaridade e religião no Brasil: um estudo sobre a seletividade marital feminina, 1980-2000*, Tese de Doutorado, Belo Horizonte: Universidade Federal de Minas Gerais, 2011, p.152.

76 Ribeiro e Silva, "Cor, educação e casamento", p.27, tabela 3.

77 Ribeiro e Silva, "Cor, educação e casamento", p.8.

78 Telles, *Race in another America*, cap.8. Citação da p.205.

79 De modo geral, a taxa de dissimilaridade foi 30, e variou de 18 nos estratos econômicos mais baixos para 0,36 nos mais altos (acima de 20 salários mínimos). Ver Danilo do Nascimento França, *Raça, classe e segregação residencial no município de São Paulo*. Tese de Mestrado, Universidade de São Paulo, 2010, p.71-2. Para outros estudos sobre segregação por renda, ver Elvis Vitoriano da Silva, *Desigualdade de renda no espaço intra-urbano: análise da evolução na cidade de Porto Alegre no período 1991-2000*.

Entretanto, a segregação racial por renda na habitação foi apenas moderada no Brasil, especialmente em comparação com os Estados Unidos, com suas políticas deliberadas de criar guetos segregados nas cidades do Norte do país, no período moderno, resultando em níveis elevados de segregação.

Outra questão é se a raça influencia as chances de mobilidade social. Com base nos estudos mais recentes sobre mobilidade no Brasil, parece que a mobilidade ascendente é determinada principalmente por condições econômicas e sociais e não pela cor, mas em padrões de mobilidade descendente a raça começa a ter muito mais impacto do que a renda.[80] Houve no Brasil grande mobilidade estrutural em virtude da rápida urbanização e da industrialização tardia. Em poucas décadas, na segunda metade do século XX, a população do Brasil passou de predominantemente rural a predominantemente urbana, resultando em um nível elevado de mobilidade social no topo da escala ocupacional. Cerca de 80% dos administradores, proprietários e profissionais liberais provêm de outras classes.[81] Além disso, na base da estrutura ocupacional, até o final dos anos 1990, mais de metade dos trabalhadores braçais urbanos tinham origem rural como trabalhadores braçais. Tudo isso significa que o Brasil teve mobilidade social crescente dos anos 1970 aos anos 2000.[82]

Um grupo de estudos recentes baseados no minucioso questionário sobre ocupações de pais e filhos nas PNAD deu aos economistas e sociólogos uma riqueza de dados para analisarem essa questão da mobilidade social segundo a raça. Os filhos mantêm o mesmo status ocupacional de seus pais

---

Tese de Mestrado, Universidade Federal do Rio Grande do Sul, 2011, p.141. Para uma análise pormenorizada de índices de isolamento por classe de renda em todos os bairros de uma cidade da região Sul com 261 mil habitantes, ver Thayse Cristiane Severo do Prado, *Segregação residencial por índices de dissimilaridade, isolamento e exposição, com indicador renda, no espaço urbano de Santa Maria, por geotecnologias*. Tese de Mestrado, Universidade Federal de Santa Maria, 2012.

80 Para a posição clássica, ver Carlos A. Hasenbalg, Nelson do Valle Silva e Márcia Lima, *Cor e estratificação social no Brasil* (Rio de Janeiro: Contracapa, 1999); Ricardo Henriques, *Desigualdade racial no Brasil: evolução das condições de vida na década de 90*. (Texto para Discussão n.807; Rio de Janeiro: Ipea, jul. 2001). Para argumentos alternativos que salientam a influência de fatores não raciais sobre as diferenças, ver Pedro Ferreira de Souza, Carlos Antonio Costa Ribeiro e Flávio Carvalhaes, "Desigualdade de oportunidades no Brasil: Considerações sobre classe, educação e raça". *Revista Brasileira de Ciências Sociais*, v.25, n.73, 2010, p.77-100; Carlos Antonio Costa Ribeiro, "Classe, raça e mobilidade social no Brasil". *Dados – Revista de Ciências Sociais*, v.49, n.4, 2006, p.833-73.

81 Carlos Antonio Costa Ribeiro e Maria Celi Scalon, "Mobilidade de classe no Brasil em perspectiva comparada". *Dados*, v.44, n.1, 2001.

82 Análises básicas da mobilidade social nesse período são: Carlos Antonio Costa Ribeiro e Maria Celi Scalon, "Mobilidade de classe no Brasil em perspectiva comparada". *Dados*, v.44, n.1, 2001; Carlos Antonio Costa Ribeiro, "Quatro décadas de mobilidade social no Brasil". *Dados*, v.55, n.3, 2012 (2007); Carlos Antonio Costa Ribeiro, *Estrutura de classe e mobilidade social no Brasil* (Bauru: Edusc, 2007); Maria Celi Scalon, *Mobilidade social no Brasil: Padrões e tendências* (Rio de Janeiro: Revan/Iuperj-Ucam, 1999). E os estudos clássicos de José Pastore (1981), *Inequality and Social Mobility in Brazil* (Madison: University of Wisconsin Press, 1981); e suas revisões atualizadas em José Pastore e Nelson do Valle Silva, *Mobilidade social no Brasil* (São Paulo: Makron, 2000).

ou passam para um status ocupacional e um nível de renda mais alto ou mais baixo? Na PNAD mais recente, realizada em 2014 e disponibilizada recentemente, o IBGE forneceu dados sobre pessoas mais velhas e mais jovens e suas posições ocupacionais comparadas às de seus pais, indicados por raça. A principal conclusão extraída desse levantamento da PNAD é que, na elite, os pais brancos tinham 59% de seus filhos alcançando o mesmo status que o deles, enquanto para uma categoria combinada de pais pretos e pardos apenas 40% tinham filhos com o mesmo status. Essa mesma variação foi encontrada para os pais da classe média alta, com as taxas comparáveis de 42% e 22%.[83] Esse levantamento também categorizou os filhos e filhas em duas faixas etárias, 25-44 e 45-65 anos. A coorte mais velha, portanto, é composta de uma geração que chegou à idade produtiva em fins dos anos 1970 e começo dos anos 1990, ou seja, no período de grande mudança estrutural. Os resultados são aproximadamente os mesmos para ambas as faixas etárias de filhos, sugerindo, portanto, que não houve grande mudança ao longo no tempo no padrão de mobilidade social por raça.

Contudo, como sugerem vários outros autores, esses dados não levam em conta os fatores educação, renda, parcela na população, residência e outras variáveis que poderiam atenuar o impacto da raça. Por exemplo, um estudo selecionou apenas São Paulo, baseou-se nos dados da PNAD de 1996 e excluiu todos os migrantes. Mas usou também o modelo de diferenças absolutas, e os resultados obtidos sugerem que houve influência da raça. Esse estudo também encontrou uma diferença muito mais extrema na mobilidade por raça para as mulheres do que para os homens, em comparação com o padrão que se evidencia no conjunto de dados sobre mobilidade da PNAD de 2014.[84] Para analisar, de modo completo, o impacto da raça é essencial incluir todas as variáveis e avaliar a importância relativa de cada grupo de cor em cada estrato de ocupação original que podem influenciar as conclusões.[85] Vários estudos pormenorizados recentes, baseados no mesmo conjunto de dados das PNAD, mas usando muito mais variáveis causais além de sexo e raça, concluíram que a mobilidade ascendente foi igual

---

83 IBGE, Síntese de Indicadores Sociais 2017, tabelas 3.12 e 3.12a, em: <https://www.ibge.gov.br/estatisticas-novoportal/multidominio/genero/9221-sintese-de-indicadores-sociais.html?&t=resultados>.

84 Telles, *Race in another America*, p.140-5.

85 Como observou Ribeiro, "O principal problema na análise da mobilidade intergeracional de brancos, pardos e pretos é que o primeiro grupo tende a ser representado em maior proporção nas classes de origem mais altas, e os dois últimos grupos nas classes de origem mais baixas. Este fato faz com que as oportunidades de mobilidade de brancos sejam maiores do que as de pretos e pardos. Portanto, ao analisar as chances de mobilidade utilizando apenas as taxas brutas (percentuais), não temos como separar o efeito da classe de origem do da cor da pele". Carlos Antonio Costa Ribeiro, "Classe, raça e mobilidade social no Brasil". *Dados*, v.49, n.4, 2006, p.862.

para brancos e não brancos quando todas as variáveis relevantes foram incluídas, mas que uma diferença racial apareceu na mobilidade descendente, com os pais de cor incapazes de manter os filhos em posições iguais ou melhores na mesma proporção em que os pais brancos puderam manter os seus. Como concluiu o autor de um desses estudos fundamentais, "a desigualdade racial nas chances de mobilidade está presente apenas para indivíduos com origem nas classes mais altas. Homens brancos, pardos e pretos com origem nas classes mais baixas têm chances semelhantes de mobilidade social". Para vários desses estudiosos mais recentes, há alguma influência do preconceito racial na sociedade brasileira, mas ela não é tão poderosa quanto outros fatores, como renda e educação, para determinar as chances e oportunidades na vida de uma pessoa.[86] Portanto, as análises mais recentes e mais refinadas indicam que o preconceito racial é um dos vários fatores que influenciam a mobilidade, porém ele é menos significativo do que renda, educação e vários outros fatores. Também parece que a cor é mais importante, para o fator mobilidade social, em posições da elite, enquanto tem menos influência em todas as outras classes e grupos.

Sem dúvida, pelos padrões mundiais o Brasil atual ainda é uma sociedade acentuadamente estratificada, porém não tanto quanto em 1950. Nos últimos setenta anos, o controle da inflação, a eliminação do analfabetismo, o crescimento da indústria e a modernização da agricultura, além das vultosas transferências de recursos para os pobres pelo governo, reduziram a desigualdade extrema existente naquele período. Também houve grande empenho em eliminar todas as disparidades sociais e de saúde entre regiões, entre homens e mulheres e pessoas de cor. Isso ensejou uma redução nas disparidades em saúde, educação e bem-estar, porém não as eliminou. Na renda, contudo, houve menos redução do que nesses outros indicadores. Paradoxalmente, de início a grande expansão da educação foi muito importante para reduzir a desigualdade, pois eliminou o analfabetismo, mas o declínio subsequente da qualidade do ensino público e a ascensão de um sistema de ensino superior particular de baixa qualidade criaram novos obstáculos para a redução da desigualdade. Ao mesmo tempo, a relativa estagnação da economia na década passada acarretou a anulação de alguns ganhos alcançados em períodos anteriores, e as tendências ao declínio da desigualdade desaceleraram ou até cessaram.

---

86 Ribeiro, "Classe, raça e mobilidade", p.862-6; e como observou Osório em seu minucioso estudo sobre distribuição de renda, "A origem social é o principal fator da reprodução da desigualdade, mas a persistência só é possível pelo complemento da discriminação". Osório, *A desigualdade racial de renda no Brasil: 1976-2006*, Tese de Doutorado, Universidade de Brasília, 2009, p.315.

No Brasil, o estado de São Paulo e, em especial, sua capital destacam-se como áreas incomumente prósperas. Nesse estado, a indústria e a agricultura moderna desenvolveram-se mais plenamente, e seus habitantes frequentemente lideram no país em todos os índices sociais e de bem-estar básicos. Os paulistas ganham os maiores salários, e a força de trabalho no estado é mais bem representada nas ocupações de status elevado e maior grau de instrução. Também nesse estado, a redução da desigualdade frequentemente começou antes em relação a outras partes do país, como indicado na igualação do nível educacional das mulheres alcançada primeiramente entre os paulistas. O padrão de vida nas cidades interioranas e na área rural do estado hoje é igual ao da capital. Como o Brasil, São Paulo também teve um grande aumento da classe média. Contudo, em vários índices o estado é tão estratificado quanto o resto do país e ainda apresenta níveis elevados de desigualdade econômica.

8

Cidade de São Paulo, de cidade industrial para cidade de serviços

Hoje a cidade de São Paulo, com seus 11,9 milhões de habitantes, é a maior cidade do hemisfério ocidental e uma das dez maiores do mundo. Começou com a criação de um colégio jesuíta em 1554, implantado em uma elevação com vista para vasta planície de vegetação esparsa à beira do rio Tietê, em área densamente habitada por indígenas. Tendo em vista sua conversão e proteção, os jesuítas escolheram um sítio distante dos pequenos povoados litorâneos, onde haviam se instalado os portugueses. Por isso, em seus primeiros tempos, a localidade que viria a ser a capital da província permaneceu praticamente à margem das principais correntes de produção e comercialização do mundo colonial. Distante da costa, em um planalto atrás da Serra do Mar e com agricultura local muito limitada, São Paulo estava relativamente isolada do restante da colônia. A sobrevivência da povoação dependia essencialmente das atividades dos que usavam o local como base para adentrarem o continente sul-americano, sem respeito pelas fronteiras precariamente definidas. A busca por metais preciosos e a captura de índios eram os objetivos desses exploradores, chamados de bandeirantes. Os metais preciosos eram seu objetivo principal, e os índios subjugados eram a base de sua sobrevivência material. A capitania como um todo teria um papel insignificante na próspera atividade açucareira desenvolvida nos séculos XVI e XVII.

No século XVIII, com o declínio relativo da indústria açucareira no Brasil, em decorrência da ascensão da produção nas Antilhas, uma das alternativas foi retomar a busca por metais preciosos, que não havia sido bem-sucedida na primeira fase da colonização. A Coroa procurou incentivar os habitantes de São Paulo para que, usando seus conhecimentos do interior brasileiro, a intensificassem. No final desse século, bandeirantes encontraram ouro no território até então desocupado, que hoje é parte de Minas Gerais. A corrida do ouro na região das Minas, similar às sagas da procura por esse metal em todo o mundo, gerou um colossal afluxo de pessoas de todas as partes do Brasil e de Portugal para a exploração das jazidas. Concentrada em uma região inóspita a centenas de quilômetros da costa, a mineração requereu a formação de uma rede de abastecimento vasta e complexa que levava diversas mercadorias e alimentos da colônia e do exterior para as áreas de garimpo. Foi essa nova economia mineradora que promoveu o crescimento da cidade e da região e, lentamente, incorporou essa área marginal à economia colonial.

Em fins do século XVIII e começo do XIX, a grande lavoura açucareira e os estabelecimentos agrícolas produtores de alimentos garantiram importância cada vez maior a essa região na economia colonial. No interior da capitania surgiu um núcleo açucareiro significativo, na região chamada de "quadrilátero do açúcar", delimitada pelos municípios de Piracicaba, Itu, Campinas e Mogi Guaçu. O solo da cidade de São Paulo nunca se prestou à produção agrícola para o comércio de exportação. Apesar disso, sua localização estratégica, na rota do planalto ao litoral, permitiu que a cidade começasse a ter um papel importante não só como centro administrativo da capitania, mas também como um crescente eixo comercial, financeiro e logístico para o transporte do açúcar do interior até a costa. A localização privilegiada ensejou um papel fundamental para a cidade, permitindo-lhe acompanhar a crescente pujança da economia paulista.[1]

No entanto, foi o café que direcionou a cidade de São Paulo e a província de mesmo nome para sua posição de liderança no Brasil.[2] As fazendas de café penetraram gradualmente no planalto interiorano paulista, mas foi só com o estabelecimento das ferrovias que a expansão de sua produção pôde ocorrer no oeste do estado. A primeira ferrovia construída foi a São Paulo Railway, ligando essa região cafeeira, a partir de Jundiaí, ao porto de Santos, passando pela cidade de São Paulo. Outras ferrovias seriam construídas gradualmente na província paulista, ligando-se a ela em Jundiaí ou a eixos na capital. Até os anos 1930, a São Paulo Railway continuou a ser a única ferrovia a descer a Serra do Mar até o porto de Santos.[3]

O crescimento da cafeicultura, a substituição da mão de obra escrava e a entrada em massa de trabalhadores estrangeiros tiveram grande impacto sobre a capital paulista. Especialmente após a proclamação da República em 1889, a elite dos cafeicultores consolidou seu poder político e econômico no estado e no país. Além disso, o capital gerado pelo café logo foi investido em fábricas, atividades financeiras, serviços públicos como ferrovias e

---

1 Caio Prado Jr., "A Cidade de São Paulo: geografia e história", in: Caio Prado Júnior, *Evolução política do Brasil e outros estudos* (São Paulo: Brasiliense, 1972), p.91-139.

2 Ibid.

3 Somente em 1937 haveria uma alternativa de descida da Serra do Mar, via Estrada de Ferro Sorocabana.

em várias outras atividades econômicas. Em consequência, São Paulo seria a principal cidade industrial brasileira em meados do século XX.

Graças à sua expansão econômica e política, a cidade de São Paulo cresceria rapidamente, desde fins do século XIX ao começo do XX. No Censo de 1872, a capital tinha pouco mais de 30 mil habitantes e era muito menor do que o Rio de Janeiro (274 mil) e outras capitais de província como Salvador (129 mil), Recife (116 mil), Belém, Porto Alegre e até Cuiabá. Contudo, no Censo de 1900 a população paulistana aumentara para 240 mil habitantes e já era a segunda cidade mais populosa do país, atrás apenas da capital federal, Rio de Janeiro. Em 1920, a população de São Paulo (579 mil habitantes) ainda era inferior à metade da população do Rio de Janeiro, em 1950 superava os 2 milhões de habitantes, porém continuava atrás dela, demograficamente. Entretanto, após 1950 a população paulistana passou a crescer extraordinariamente, quase duplicando a cada década, chegando por fim a 11,2 milhões de pessoas em 2010. Nesse período de sessenta anos, a cidade tornou-se mais parecida com o resto do Brasil na composição de sua população segundo a cor, porém diferiu de todas as demais por sua industrialização acentuada durante mais ou menos metade desse período, tornando-se depois um centro de serviços de nível internacional e a maior metrópole da América Latina e do hemisfério.

O crescimento inicial da cidade deveu-se principalmente à imigração de europeus, o que explica sua alta porcentagem de brancos, apesar de séculos de escravidão de negros africanos. Só a partir de 1950, quando se intensificou o processo de migração interna, voltou a haver o aumento de não brancos. Além disso, apesar do fluxo intenso de imigração internacional que ocorreu até os anos 1930, apenas 14% dos habitantes da capital eram nascidos no exterior ou naturalizados, em 1950. Embora a maioria da população paulistana descendesse de europeus ou japoneses, nessa época a maior parte dela já era nativa.

Nas décadas seguintes, asiáticos alcançariam boa representatividade na população da cidade, porém a imigração japonesa, iniciada em 1908, permanecia sobretudo rural ou dirigida para cidades secundárias. As cidades de Mogi das Cruzes e Marília, por exemplo, tinham uma maioria significativa de imigrantes japoneses.[4] Gradualmente, porém, com o êxodo rural de trabalhadores agrícolas, japoneses e seus descendentes foram se deslocando para a cidade de São Paulo, onde se concentraram no bairro da Liberdade,

---

4 Sobre a imigração japonesa no Brasil, ver Henrique Gomes de Almeida, *Do Japão ao Brasil: Trabalhadores japoneses em São Paulo (1980-1922)*, Tese de Mestrado, Campinas, Unicamp, 2012; Arlinda R. Nogueira, *Imigração japonesa para a lavoura cafeeira paulista, 1908-1922* (São Paulo: Instituto de Estudos Brasileiros, 1973).

transformado em uma área urbana tipicamente japonesa.[5] Essa nova migração das áreas rurais do estado para a capital paulista agrupou nela o maior número de pessoas de origem japonesa fora do Japão.[6]

Outros grupos de imigrantes também se estabeleceram na cidade. Houve grande afluxo de naturais do Oriente Médio para o estado, e a capital recebeu numerosos emigrantes da Espanha e da Itália. Embora contivesse apenas 24% da população paulista, nela residiam 48% de todos os estrangeiros do estado. Isso explica o surgimento de bairros étnicos como a Liberdade, como dissemos, povoada por japoneses; o Bom Retiro, então, por judeus; italianos no Brás, Mooca e Bixiga; sírio-libaneses, de início, no Brás e na região da rua 25 de março, mais tarde, na Vila Mariana, Paraíso e Ipiranga. E assim, a cidade, embora ganhasse um percentual cada vez maior de nativos, também viu crescer bairros étnicos tipicamente urbanos e se tornou parecida com a maioria dos grandes centros cosmopolitas americanos influenciados por imigrantes. São Paulo também se diversificou na identidade religiosa de sua população. Não católicos e ateus tornaram-se cada vez mais representativos na cidade do que no restante do estado e no país. A maioria dos budistas e dos judeus no Brasil residia na capital paulista, que também viria a ser importante no crescimento de igrejas pentecostais.

A cidade diferia ainda em outros aspectos, já em 1950. Possuía uma porcentagem de homens e mulheres alfabetizados maior do que na população do estado e do país, além de uma parcela desproporcional de pessoas com ensino médio e superior completo. Adicionalmente, sua população feminina era mais numerosa do que a masculina. Esta última disparidade foi típica da maioria das cidades nos séculos XIX e XX, em razão da grande demanda por trabalho doméstico nas áreas urbanas. A razão de sexo era 98 homens por 100 mulheres, enquanto no estado como um todo – nesse período, sobretudo rural – a razão era de 104 homens por 100 mulheres. Na composição da população por cor, a cidade agora refletia o restante do estado em suas porcentagens de brancos e pretos, porém continha porcentagens muito menores de asiáticos e pardos do que o estado como um todo e também em comparação com o que viria a ter no século seguinte. Suas porcentagens de solteiros e casados na população eram aproximadamente iguais às do estado, mas já nesse período mais de metade dos desquitados paulistas residia na capital (**Tabela 8.1**).

5 Jader Tadeu Fantin, *Os japoneses no bairro da Liberdade - SP na primeira metade do século XX*, Tese de Mestrado, São Carlos, FAU-USP, 2013.

6 Seriam 366 mil na cidade, 500 mil na Grande São Paulo e 887 mil no estado de São Paulo. Em: <https://www.sp.br.emb-japan.go.jp/itpr_pt/nipobrasileiro.html>.

Tabela 8.1 Demografia do estado e da cidade de São Paulo, Censo de 1950			
	Estado São Paulo (a)	**Cidade de São Paulo (b)**	**% (b)/(a)**
População			
Total*	**9.134.423**	**2.198.096**	**24%**
Homens	4.648.606	1.085.965	23%
Mulheres	4.485.817	1.112.131	25%
População por cor/raça conhecida*			
Total	**9.120.420**	**2.195.773**	**24%**
Brancos	7.823.111	1.929.410	25%
Pretos	727.789	169.564	23%
Asiáticos	276.851	41.457	15%
Pardos	292.669	55.342	19%
População por estado civil (15 anos e mais)			
Total	**5.713.089**	**1.556.766**	**27%**
Solteiros	2.006.637	566.434	28%
Casados	3.348.850	881.911	26%
Separados (desquitados)	11.392	6.346	56%
Viúvos	346.210	102.075	29%
População por nacionalidade			
Brasileiro nato	**8.440.768**	**1.881.362**	**22%**
Naturalizados	68.888	16.159	23%
Estrangeiros	627.433	300.430	48%
População por nível eduacional (pessoas com 5 anos e mais)			
Total	**2.148.152**	**1.017.422**	**47%**
Fundamental	1.793.538	810.212	45%
Ensino médio	309.085	179.430	58%
Nível universitário	45.529	27.780	61%
Alfabetizados (pessoas com 5 anos e mais)			
Total	**7.795.857**	**1.952.194**	**25%**
Alfabetizados	4.627.329	1.550.731	34%
Analfabetos	3.168.528	401.463	13%
Homens	1.405.250	153.692	11%
Mulheres	1.763.278	247.771	14%
População por religião			
Católica romana	8.284.465	1.937.175	23%
Protestantes	317.904	101.132	32%
Espíritas	242.966	71.638	29%
Budistas	128.014	11.551	9%
Judeus	26.443	22.808	86%
Católicos ortodoxos	25.543	18.567	73%
Outros	39.439	12.471	32%
Sem religião	42.668	17.762	42%

Fonte: Censo 1950, Séries Regionais, v.XXV, t.1, 2 e 3.
Notas: *Em todos os totais foram excluídos os desconhecidos.

A capital em meados do século XX também era definida como uma cidade industrial, embora ainda contivesse principalmente indústrias leves, em sua maioria têxteis, de vestuário e processamento de alimentos. Segundo o Censo de 1950, sua maior parcela da população economicamente ativa trabalhava na indústria manufatureira. A atividade agrícola e a mineração tinham pouca importância na capital, obviamente. Na indústria ocupava-se o maior número de homens e até uma parcela significativa de mulheres, embora provavelmente a maioria das mulheres trabalhadoras exercesse serviços domésticos. Uma miscelânea de serviços absorvia o resto da população economicamente ativa, embora seja difícil separar a abrangente categoria que o censo arrolou sob o título "atividades domésticas e atividades escolares" (Tabela 8.2).

O que viria a ser a região metropolitana dessa cidade em crescimento ainda era principalmente uma área agrícola, em 1950. Em meados do século já existiam 17 dos 39 municípios que atualmente compõem a Região Metropolitana de São Paulo (RMSP), criada em 1973. Ainda eram localidades muito pequenas, a maioria comunidades predominantemente agrícolas. No entanto, situadas ao longo da ferrovia Santos-Jundiaí[7] e da recém-construída via Anchieta, rodovia que liga a cidade de São Paulo ao porto de Santos, três delas já se destacavam: Santo André, São Caetano do Sul e São Bernardo do Campo. Essas três comunidades do chamado distrito do ABC[8] já detinham quase metade da população das cidades da região metropolitana excetuando-se a capital – aproximadamente 80% do pessoal ocupado na indústria e 88% do valor da produção industrial. Embora contivessem apenas 8% de toda a população da RMSP (que inclui a capital), nelas residiam 13% dos trabalhadores da indústria, nelas eram pagos 14% dos salários dos industriários e ali se produziam 16% do valor da produção industrial dessa

7 Inaugurada em 1867, a São Paulo Railway tornou-se a principal rota de acesso para o porto de Santos. Por ela seguiu toda a produção do café exportado por São Paulo até 1937, quando uma rota alternativa foi aberta pela Estrada de Ferro Sorocabana. Em 1940, a ferrovia passou ao controle do governo federal, que depois mudou seu nome para Estrada de Ferro Santos-Jundiaí. Subsequentemente ocorreu a integração das ferrovias federais, formando a Rede Ferroviária Federal. Nos anos 1990, o sistema ferroviário brasileiro foi privatizado. Parte da antiga Santos-Jundiaí foi privatizada para operações de carga e parte foi alocada para o complexo ferroviário metropolitano, operado pelo governo do estado de São Paulo por intermédio da Cia. Paulista de Trens Metropolitanos (CPTM). Esse sistema de trens da CPTM possui hoje 7 linhas intermunicipais, 94 estações, 270 quilômetros de extensão e transporta 2,8 milhões de passageiros por dia. Ver: <http://www.cptm.sp.gov.br/a-companhia/Pages/a-companhia.aspx>. Sobre a São Paulo Railway, ver: <http://www.metro.sp.gov.br/metro/licenciamento-ambiental/pdf/linha_18_bronze-eia-volume-iii/Arquivo-20.pdf>. Acesso em: 3.1.2020.

8 A atual área do ABC paulista foi separada da cidade de São Paulo em 1889, quando São Bernardo do Campo foi decretado município independente. Mais tarde, Santo André seria criado como um município separado de São Bernardo do Campo, e o mesmo se daria com São Caetano do Sul, criado em 1948. São Caetano do Sul e Santo André possuem estações da CPTM, que antes faziam parte da estrada de ferro Santos-Jundiaí. Em 1953, foi criado o município de Mauá, desmembrado do município de Santo André. Na área de Mauá instalou-se uma refinaria da Petrobras. Em 1960, foi criado o município de Diadema, uma área antes pertencente a São Bernardo do Campo.

Tabela 8.2 População por atividade na cidade de São Paulo, Censo de 1950

Atividades	Homens	Mulheres	Total
Total	861.483	893.344	1.754.827
Agricultura, pecuária e silvicultura	14.753	889	15.642
Indústrias extrativas	4.180	95	4.275
Indústrias de transformação	319.500	100.571	420.071
Comércio de mercadorias	107.741	14.688	122.429
Com. imóveis, valores mobiliários, outros (1)	21.923	3.276	25.199
Prestação de serviços	95.970	97.417	193.387
Transportes e comunicação e armazenagem	56.118	3.158	59.276
Profissões liberais	11.680	2.531	14.211
Serviços, atividades sociais	24.288	23.677	47.965
Administração pública, justiça, ensino público	19.720	6.275	25.995
Defesa nacional, segurança pública	18.292	657	18.949
Atividades domésticas, atividades escolares	91.875	613.823	705.698
Condição inativo, outras não especificadas	73.894	25.791	99.685

Fonte: Censo 1950, Séries Regionais, v.XXV, t.1, 2 e 3.
Nota: comercialização imobiliária, títulos, crédito, seguros e capitalização.

região. A importância do ABC aumentaria com a instalação de um complexo petroquímico em Santo André e com o estabelecimento de um grande parque industrial automotivo nessas cidades nos anos 1950 e 1960.

A maioria dessas localidades eram vilas.[9] Até mesmo algumas áreas dos distritos da capital eram classificadas nessa categoria. Dos vários municípios fora da capital, apenas Santo André, São Caetano do Sul, Mogi das Cruzes, Guarulhos e São Bernardo do Campo tinham área urbana significativa. Guarulhos continha na época 34 mil habitantes, dos quais 16 mil residiam no núcleo urbano. Nos demais, o núcleo urbano ainda era muito pequeno. Apenas Mogi das Cruzes e as comunidades do ABC funcionavam como importantes centros de distribuição fora da capital, e por isso parte de sua população trabalhava no comércio.

---

9 Segundo Lima, o Decreto-Lei n.311 de 2 de março de 1938 determinou que as sedes de município se classificariam como cidades, e as sedes de distritos como vilas. A estrutura territorial brasileira foi organizada principalmente com base em razões políticas e administrativas, pois as cidades e vilas, além de serem, respectivamente, sedes de municípios e distritos, também se tornaram os únicos espaços urbanos cujos limites foram, desde o princípio, determinados por leis municipais. Essa lei estipulou que os municípios abrangeriam um ou mais distritos. A sede do município seria chamada de cidade. O distrito seria chamado pelo nome da respectiva sede e categorizado como vila. Em outras palavras, em um município haveria uma área urbana denominada "cidade", e em cada distrito sua área urbana seria classificada como vila. Ver Maria Helena Palmer Lima, *A delimitação legal dos espaços urbanos*. Acesso em: 3.1.2020, em: <https//biblioteca.ibge.gov.br/visualizacao/livros/liv97884_cap3.pdf>.

A tradicional liderança da capital na produção industrial incentivou indústrias automotivas estrangeiras a instalar fábricas na cidade e na área metropolitana de São Paulo, nos anos 1950 e 1960. A uma distância aproximada de 20 quilômetros do centro da cidade concentrou-se praticamente toda a indústria automotiva brasileira no começo da década de 1960. Em 1980 havia 24 mil estabelecimentos industriais na capital, empregando 920 mil pessoas – três vezes mais do que nos anos 1950. Até os municípios em seu entorno duplicaram sua força de trabalho industrial, que chegou a meio milhão de empregados nesse período (Tabela 8.3).

Tabela 8.3 Comparação das atividades industriais na Região Metropolitana (RMSP) e na cidade de São Paulo, 1950 e 1980 (Cr$ correntes)

	1950		1980	
	RMSP	Cidade São Paulo	RMSP	Cidade São Paulo
População	2.662.786	2.198.096	12.119.133	8.112.464
Estabelecimentos	8.740	7.374	33.369	24.842
Pessoal empregado	356.911	299.213	1.463.766	920.481
Salários totais	5.367.329	4.525.331	272.900.964	154.447.038
Valor da produção	34.954.162	28.565.661	2.963.594.590	1.519.185.554

Fonte: Censo 1950, Séries Regionais, v.XXV, t.1, 2 e 3; IX Recenseamento Geral Brasil, 1980, v.3, t.2

Houve um aumento extraordinário no nível de emprego total na região nesses trinta anos, chegando a ser oito vezes maior que o de 1950. Dos 5,3 milhões de pessoas empregadas no estado, 1,7 milhão estava na cidade de São Paulo. Na capital, mais de metade da população ocupada trabalhava no setor industrial. A identificação da atividade declarada pela população residente oferece outro modo de avaliar indiretamente as atividades econômicas em 1980. Embora essas informações tenham sido incluídas no mesmo censo nacional junto com dados sobre estabelecimentos produtivos, elas representam fontes complementares de informação. Neste segundo caso, a fonte é a unidade de produção, e no primeiro é a ocupação declarada pelo residente. O censo indica a existência de 3,7 milhões de pessoas economicamente ativas na capital; dessas, um terço declarou que trabalhava na indústria (Tabela 8.4).[10]

10 As "outras atividades" foram consideradas como serviços, pois incluíam: instituições de crédito, seguros e transações financeiras, comércio e administração de imóveis e títulos, organizações internacionais e representações estrangeiras, atividades não incluídas em outros ramos e atividades mal definidas ou não declaradas.

Tabela 8.4 População com 10 anos ou mais, por setor de atividade, Região Metropolitana de São Paulo e cidade de São Paulo, Censo de 1980

	RMSP	Cidade de São Paulo
Atividades agrícolas	163.883	8.284
Indústria	1.990.963	1.271.116
Construção	372.174	242.061
Outras atividades industriais	62.266	43.182
Comércio	615.866	457.424
Transportes e comunicações	271.142	194.307
Serviços	1.104.618	843.939
Atividades sociais	376.373	285.663
Administração pública	172.416	126.121
Outras atividades	297.618	239.085
Total Economicamente ativa	**5.427.319**	**3.711.182**
Procurando emprego	11.823	69.408
Fora do mercado de trabalho	1.124.533	761.243

Fonte: Censo de 1980.

Na capital, as principais indústrias que empregaram essas pessoas foram dos setores de metalurgia, máquinas-ferramenta, materiais elétricos e materiais de comunicações e transporte. Esses quatro segmentos representaram mais de 40% do valor da transformação industrial e do número de empregados. Atividades mais tradicionais como têxteis, vestuário, calçados, produtos alimentícios e bebidas foram responsáveis por 20% do valor da transformação industrial e empregaram um quarto dos trabalhadores na indústria na capital (Tabela 8.5).

Esses dados sobre emprego, declarados por empresas e por indivíduos, mostram que a cidade de São Paulo em 1980 ainda era essencialmente industrial. No entanto, esse foi o auge do papel da capital paulista como líder desse segmento no país. Na época, mais de meio milhão de operários já trabalhavam nas cidades periféricas da região metropolitana, responsáveis por 49% do valor da produção industrial da região. A acentuada propagação da atividade que ocorreria nos anos seguintes, tanto para outras cidades da região metropolitana como para o interior do estado de São Paulo, reduziria sistematicamente sua importância na capital. Formaram-se núcleos industriais em regiões interioranas como Campinas, São José dos Campos e Sorocaba, entre outras. Segundo o Censo de 2010, o segmento dos "trabalhadores na produção de bens e serviços industriais" ocupava apenas 904 mil pessoas na cidade de São Paulo, uma queda significativa em relação a

Tabela 8.5 Indicadores do setor industrial na cidade de São Paulo, Censo de 1980 (em Cr$ 1000)

	Estabelec.	Pessoal empregado	Salários totais	Valor da produção industrial	Valor da transformação industrial
Região Metropolitana de São Paulo (RMSP)	33.369	1.463.766	272.900.964	2.963.594.590	1.322.721.474
Cidade de São Paulo	24.842	920.481	154.447.038	1.519.185.554	731.835.394
Cidade de São Paulo, indústria em 1980, ordenada por pessoal empregado					
Metalurgia	3.152	135.824	22.698.011	213.083.569	96.451.817
Mecânica	2.332	109.068	28.665.826	161.346.220	88.437.210
Vestuário e calçado	4.402	104.661	9.292.724	102.085.671	42.874.773
Material elétrico e de comunicações	1.292	91.785	16.446.389	166.898.124	86.051.210
Têxtil	1.425	74.250	10.573.495	138.133.058	57.801.400
Produtos alimentares	2.845	53.717	5.776.380	112.460.846	41.252.032
Material de transportes	593	51.136	9.833.555	88.952.501	42.118.330
Prod. matérias plásticas	1.094	46.249	6.398.359	70.502.133	34.621.032
Editorial e Gráfico	1.715	45.645	9.877.716	62.176.088	41.194.941
Diversos	1.135	37.525	5.022.082	51.915.696	33.330.839
Papel e papelão	492	29.155	4.886.471	56.844.855	24.043.117
Transf. Minerais não metálicos	1.026	26.862	4.157.300	37.446.479	20.898.439
Mobiliário	1.200	22.940	2.912.202	22.321.346	11.070.409
Química	502	18.657	3.874.780	91.990.703	36.404.942
Borracha	253	14.327	2.349.572	32.395.834	12.355.397
Prod. farmacêuticos e medicinais	124	10.587	2.103.623	35.895.119	22.222.769
Madeira	470	8.755	1.247.238	8.524.263	3.753.237
Produtos perfumaria	172	8.274	1.440.641	31.835.777	14.656.541
Bebidas	30	3.177	729.588	8.835.766	4.446.232
Couros e peles e seus produtos	108	3.096	269.731	1.973.908	1.003.998
Apoio utilidades e serv. nat. ind.	453	23.375	5.307.923	14.341.140	10.590.594
Unid. auxiliares administrativas	2.461	50.747	23.665.903		

Fonte: IX Recenseamento Geral Brasil 1980, v.3, t.2, parte 1, n.19, p.2-3.

1980; esse contingente representou apenas 16% do pessoal ocupado na capital naquele ano e apenas 20% do total de trabalhadores na RMSP.[11]

Todo esse crescimento industrial inicial ensejou a expansão do mercado de trabalho local, e este, por sua vez, passou a atrair trabalhadores rurais, uma categoria que vinha perdendo empregos em decorrência da modernização da agricultura. Teve início um processo de migração em massa, tanto do campo para as cidades como de uma região para outra. Essa migração ocorreu em todos os estados e regiões; o Nordeste enviou um número colossal de migrantes para o Sul, e especialmente para a RMSP. Na capital paulista, agora a maior cidade do Brasil, todas as áreas da economia se expandiram juntamente com a indústria, oferecendo, portanto, muitos empregos de baixa qualificação na construção civil, além de empregos de média e alta qualificação em manufatura e serviços. Essa demanda foi atendida graças a uma intensa migração interna dentro e fora da região, que alterou profundamente a paisagem urbana e a população da cidade de São Paulo e seus municípios vizinhos na RMSP. Em 1980, residiam na capital 8,5 milhões de pessoas, representando um terço da população do estado, enquanto a RMSP continha metade da população do estado, tornando-o o mais populoso do Brasil, com significativos 11% da população nacional.

A imigração em massa para a capital gerou um crescimento anual entre 4,5% e 6% na cidade e taxas ainda maiores na região metropolitana, mudando mais rapidamente muitas de suas características sociais. Grande parte dos imigrantes era do sexo feminino, o que mostra a predominância crescente de mulheres na população na localidade. Todos os fluxos migratórios do Norte e Nordeste contiveram porcentagem muito alta delas; dentre os que chegaram do Norte, a razão era de 70 homens para cada 100 mulheres; para aqueles vindos do Nordeste e Centro-Oeste, a razão foi, em média, 80 homens para cada 100 mulheres, nos dois anos de censo. Na época do Censo de 1980, a razão de sexo na cidade foi 95,6; em 1991, chegou a 93,1 e continuou a decrescer, atingindo 89,9 homens para cada 100 mulheres no Censo de 2010.[12]

O crescimento populacional na capital e na região metropolitana gerou um processo de urbanização desordenado, cujas consequências persistem até hoje. Os migrantes dirigiram-se inicialmente para a capital, porém cada

11 Segundo o Censo de 2010, a cidade de São Paulo tinha 904.424 pessoas ocupadas em "bens e serviços industriais", representando 16% da força de trabalho total. Na RMSP havia 1.868.317 trabalhadores, que representavam 20% do pessoal ocupado na região metropolitana. IBGE, Sidra, tabela 3591.

12 IBGE, IX, Recenseamento Geral 1980, v.1, t.4, n.19, p.65; IBGE, Sinopse Preliminar do Censo Demográfico 1991 – São Paulo, p.71; IBGE, Sidra, tabela 2093.

vez mais passaram a se instalar em outros municípios da região metropolitana. Após 1980, o crescimento desses municípios já era sistematicamente maior do que na capital, e esse padrão prosseguiu no século XXI. A capital, que nos anos 1950 expandiu-se à taxa de 5,3 ao ano, viu essa taxa cair para 1,2% nos anos 1980 e abaixo de 1% nas três décadas seguintes. Em contraste, as cidades da Região Metropolitana já estavam crescendo mais depressa do que a capital nos anos 1950, e apresentaram taxas muito maiores nas décadas seguintes. Com essas diferenças nas taxas de crescimento, diminuiu a importância da capital na região metropolitana que, em 1950, continha 83% dessa população e, em 2010, sua participação havia despencado para apenas 57%.

De 1950 até os anos 1980, muitas das vilas originais que iriam compor a região metropolitana tornaram-se novos municípios conforme sua população aumentou. Algumas delas já se haviam tornado cidades grandes, em 1991. Por exemplo, Guarulhos tornou-se a terceira maior cidade do estado, com 786 mil habitantes; Santo André era a quarta, com 615 mil, Osasco e São Bernardo, ambas com mais de meio milhão de habitantes, eram a quinta e a sexta, e São José dos Campos era a sétima, com 422 mil habitantes.[13] Alguns desses municípios da RMSP transformaram-se em centros industriais ou importantes núcleos econômicos, como Mauá, enquanto outros passaram a funcionar como "cidades dormitórios" ligadas à capital, como Carapicuíba, Ferraz de Vasconcelos e Francisco Morato (Mapa 8.1).[14]

Nesse longo período de crescimento acelerado da cidade e seus municípios vizinhos, os governos municipais não conseguiram desenvolver a infraestrutura urbana com a rapidez necessária, nem construir moradias adequadas e em número suficiente para abrigar esse enorme contingente de migrantes. Em contraste com o Rio de Janeiro e seu espaço limitado, até os anos 1970, as terras livres em sua região metropolitana, inicialmente, não favoreceram a ocorrência significativa de favelas.[15] Em São Paulo, por muito tempo foi possível possuir uma casa em subdivisões da periferia, embo-

---

13 IBGE, Sinopse Preliminar do Censo Demográfico, 1991, São Paulo, p.15.

14 Cláudia Antico, *Deslocamentos pendulares nos espaços sub-regionais da Região Metropolitana de São Paulo*. Acesso em: 3.2.2019, em: <http://www.abep.org.br/-abeporgb/publicacoes/index.php/anais/article/viewFile/1286/1250>.

15 No Censo de 1980 o IBGE adotou a seguinte definição para um setor habitacional especial correspondente a "favela": "formado por, pelo menos, 50 domicílios, na sua maioria dotados de infraestrutura carente e localizados em terrenos não pertencentes aos moradores, geralmente conhecidos por favela, mocambo, palafita, invasão, maloca". IBGE, Sinopse preliminar do Censo Demográfico. IX Recenseamento Geral do Brasil 1980, p.X e XX. A principal crítica dos planejadores urbanos a essa definição é o marco de no mínimo cinquenta domicílios. Isso limita as áreas que poderiam ser consideradas favelas.

Mapa 8.1 Região Metropolitana de São Paulo e Distritos da cidade de São Paulo

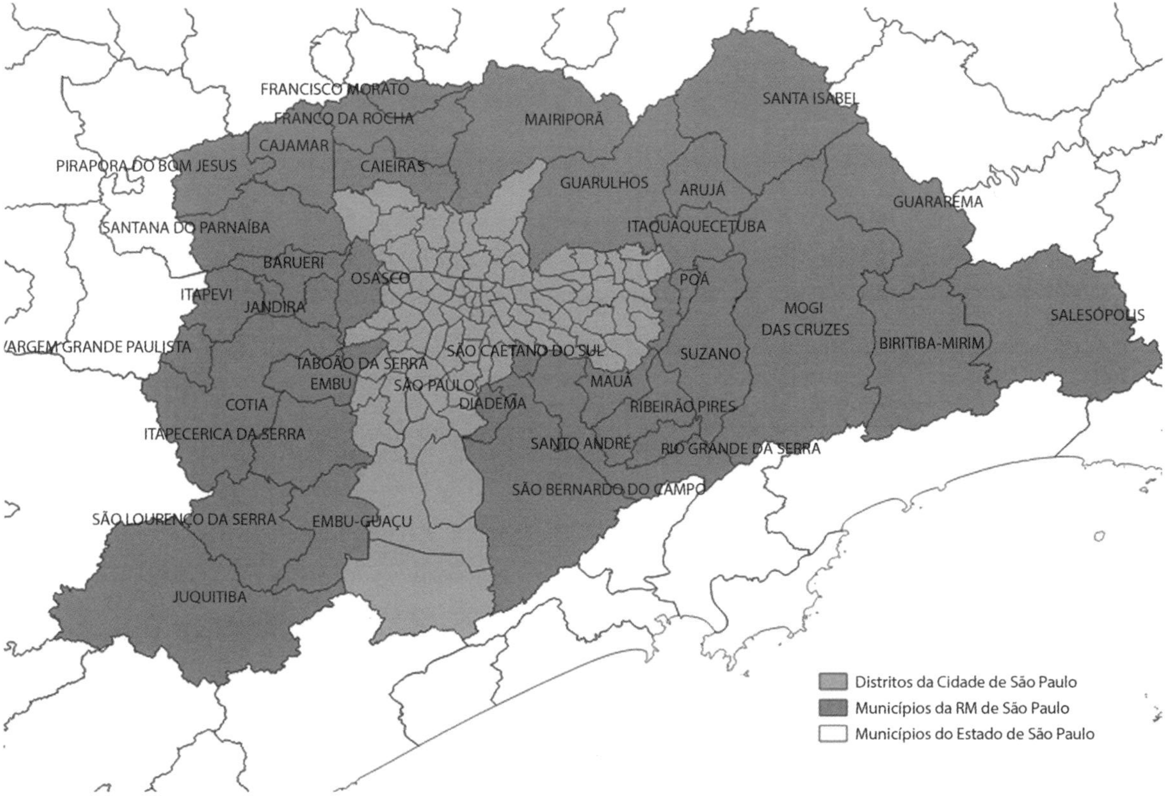

Fonte: IBGE, Ipea – Prefeitura de São Paulo.

ra lentamente surgissem habitações ilegalmente construídas pelos próprios moradores em áreas sem infraestrutura urbana.[16]

Hoje, porém, as favelas são parte essencial da estrutura urbana metropolitana. Ainda não há consenso sobre quais indicadores poderiam refletir o tamanho delas em São Paulo. Isso decorre das diferentes definições de suas características, bem como das diversas metodologias utilizadas em vários levantamentos. Em 1973 e 1975, por exemplo, dois deles, feitos na cidade de São Paulo, identificaram uma população entre 72 mil e 117 mil moradores de favelas – números não muito significativos em comparação com a população da capital naqueles dois anos.[17] O IBGE introduziu essa variável no Censo Demográfico de 1980. Foram identificadas favelas em 29 cidades do estado de São Paulo, com um total de 133 mil domicílios e 634 mil moradores. Dessas 29 cidades, oito pertenciam à RMSP, com números significativos em São Bernardo do Campo (45 mil moradores), Guarulhos (26 mil), Diadema (24 mil), Osasco (19 mil) e Santo André (15 mil). Na cidade de São Paulo havia 438 favelas, com 71.259 domicílios e 335.344 moradores, representando 4% da população.[18] Desde então, em toda a cidade e região metropolitana as favelas passaram por um processo de expansão e transformação, tanto nos seus aspectos urbanos e infraestruturais como na composição de seus moradores.

Desde meados do século passado, políticas governamentais alternaram-se entre erradicar favelas e urbanizá-las com a dotação de um mínimo de infraestrutura. Isso incluiu alargar ruas de acesso, eliminar áreas com risco de desabamento, instalar serviços básicos como educação e saúde e, sobretudo, fornecer serviços de saneamento, um dos maiores problemas para muitas da região.[19] Há exemplos de grande êxito na urbanização, por exemplo, das de

---

16 Nabil Georges Bonduki, "Origens da habitação social no Brasil". *Análise Social,* v.XXIX, n.127, 1994, p.729. Sobre o crescimento das favelas em São Paulo, ver também Jorge Paulino, *O pensamento sobre a favela em São Paulo: uma história concisa das favelas paulistanas*. Tese de Mestrado, São Paulo, FAU/USP, 2007; Elisabete França, *Favelas em São Paulo (1980-2008). Das propostas de desfavelamento aos projetos de urbanização. A experiência do Programa Guarapiranga*. Tese de Doutorado, São Paulo, Universidade Presbiteriana Mackenzie, 2009; Suzana Pasternak, "São Paulo e suas favelas". *Pós. Revista do Programa de Pós-Graduação em Arquitetura e Urbanismo da FAU-USP,* n.19, 2006, p.176-97; Suzana Pasternak, "Espaço e população nas favelas de São Paulo", *Anais*, 2016, p.1-17; Suzana Pasternak Taschner, *Moradia da pobreza: Habitação sem saúde*, Tese de Doutorado, São Paulo, Faculdade de Saúde Pública USP, 2 v., 1982.

17 Suzana Pasternak, "São Paulo e suas favelas". *Pós. Revista do Programa de Pós-Graduação em Arquitetura e Urbanismo da FAUUSP,* n.19, 2006, p.187.

18 IBGE, Sinopse Preliminar do Censo Demográfico. IX Recenseamento Geral do Brasil, 1980, São Paulo. Rio de Janeiro: IBGE, v.1, t.1, n.18, 1981, p.159-167. O censo arrolou as favelas por município, número de domicílios e de habitantes, divididos por sexo. Havia equilíbrio entre os sexos, e a média de pessoas por domicílio era de 4,77.

19 Sobre a relação entre habitação e saúde, ver Taschner, "Moradia da pobreza: Habitação sem saúde".

Paraisópolis, Heliópolis e Nova Jaguaré, e hoje quase todas contam no mínimo com fornecimento de água potável.[20] Por outro lado, quando o governo as elimina e dá em troca moradias alternativas, frequentemente acaba criando verdadeiros guetos em várias cidades do Brasil, em decorrência da construção de grandes complexos residenciais em áreas periféricas, desprovidos de infraestrutura e transporte adequados e distantes dos centros geradores de emprego. Isso ocorreu principalmente nos anos 1970 e 1980, quando a política de habitação e saneamento foi ditada pelo Banco Nacional da Habitação. O caso de Cidade Tiradentes em São Paulo exemplifica esses programas habitacionais fracassados.[21] O crescimento das favelas na capital é mostrado no mapa 8.2.[22]

Em consequência da migração em massa para a capital nas décadas intermediárias do século, nos anos 1980 a cidade possuía uma população mais jovem e com maior parcela de adultos em idade produtiva, em comparação com a maior parte do país. Isso se evidencia no grande número de pessoas nas faixas etárias produtivas na população paulistana, como se pode ver em sua pirâmide etária de 1980. Além disso, o número maior de mulheres que migraram para a cidade reflete-se no declínio constante da representatividade do sexo masculino na capital: de 96,5 homens a cada 100 mulheres, em 1970, para apenas 89,9 homens a cada 100 mulheres, em 2010; quando se faz a divisão por faixas etárias, essa influência das mulheres imigrantes ainda se faz sentir na população: a razão de sexo das pessoas em idade produtiva, de 15 a 59 anos, é de 96 homens a cada 100 mulheres, em 1970, e cai para 91 homens a cada 100 mulheres, no Censo de 2010. Na região metropolitana, nada menos do que 56,4% das mulheres eram economicamente

---

20 França, "Favelas em São Paulo (1980-2008)"; Rosana Denardi, *Políticas de urbanização de favelas: evolução e impasses*, Tese de Doutorado, FAU-USP, 2003; Thaís Faraboli Pala, *Favela Nova Jaguaré: intervenções de políticas públicas de 1989 a 2011*, Tese de Mestrado, Universidade Presbiteriana Mackenzie, 2011; Nelson Antonio Alesse, *Formam-se favelas e ganham importância no cenário urbano: Heliópolis e Paraisópolis*, Tese de Mestrado, FFLCH-USP, 2009; Eduardo Pimentel Pizarro, *Interstícios e interfaces urbanos como oportunidades latentes: o caso da Favela de Paraisópolis, São Paulo*, Tese de Mestrado, FAU/USP, 2014; Felipe de Freitas Moreira, *Heliópolis e as estratégias de enfrentamento da cidade real*, Tese de Mestrado, FAU/USP, 2017; Felipe de Freitas Moreira, "Heliópolis e a produção municipal de moradias populares em favelas", *XVII Enapur*, São Paulo, 2017, acesso em: 19.11.2020, em: <http://anpur.org.br/xviienanpur/principal/publicacoes/XVII.ENANPUR_Anais/ST_Sessoes_Tematicas/ST%205/ST%205.8/ST%205.8-04.pdf>.

21 Márcio Rufino Silva, *"Mares de prédios" e "mares de gente": Território e urbanização crítica em Cidade Tiradentes*, Tese de Mestrado, FFLCH-USP, 2008; Ana Paula Alves de Lavos, *Sociabilidade em conjuntos habitacionais produzidos pelo estado: o caso da COHAB Cidade Tiradentes*, Tese de Mestrado, São Carlos, Escola de Engenharia de São Carlos-USP, 2009; Simone Lucena Cordeiro, *Cidade Tiradentes e COHAB: Moradia popular na periferia da cidade de São Paulo – projetos e trajetórias (1960-1980)*, Tese de Doutorado, São Paulo, PUC-SP, 2009.

22 Esses mapas encontram-se em: <https://www.prefeitura.sp.gov.br/cidade/secretarias/urbanismo/dados_estatisticos/info_cidade/habitacao/index.php?p+260286>.

Mapa 8.2 Cidade de São Paulo, favelas e cortiços por subprefeituras, 2017

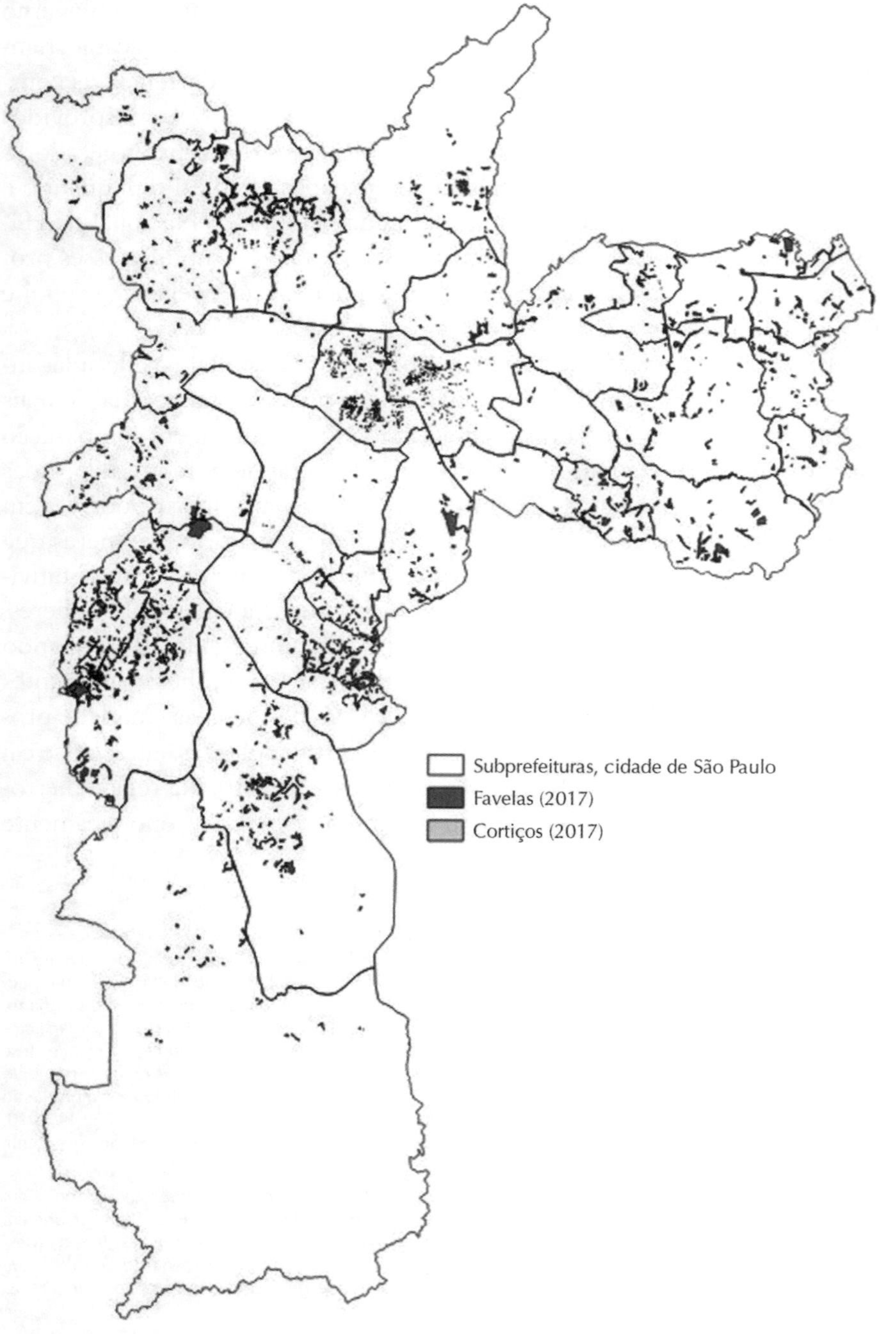

Fonte: Geosampa – Prefeitura de São Paulo.

ativas em 2017 e 55%, em 2018, em comparação com 70% dos homens – essas porcentagens, para ambos os sexos, foram consideravelmente maiores do que em qualquer outra região metropolitana, exceto Brasília, o Distrito Federal, onde a taxa foi de 60%, em 2017.[23] Por sua vez, o declínio constante das taxas de natalidade na capital reflete-se no formato de jarro das pirâmides etárias de 2000 e 2010, que mostram o forte declínio da representatividade das faixas etárias mais jovens na população total. Em 1970, a população com menos de 15 anos compunha 32% da população total, mas em 2010 havia declinado para apenas 21% (Gráfico 8.1).

Juntamente com a diminuição da representatividade dos homens no total da população da capital no período de 1950 a 2010, houve também mudanças significativas na composição da população por cor e etnia, em consequência da imigração em massa. A cada censo, a cidade passou a ter maior parcela de pessoas de cor e menor porcentagem de católicos. Embora a população branca tenha crescido nesse período, sua importância relativa na cidade caiu de 88%, em 1950, para apenas 61%, em 2010, enquanto pretos e pardos passaram de 10% a 37% nesse período. As cidades da região metropolitana — cuja população, com exceção da capital, era de 4,8 milhões de habitantes — continham ainda menos brancos: apenas 56% da população.

Ainda mais marcante foi a diminuição da representatividade dos que seguiam o catolicismo, tanto em termos absolutos como em sua posição relativa na população da capital. Em 1950, 88% dos paulistanos declararam-se católicos; em 2010, a parcela passou a ser de apenas 58%, e a Igreja Católica perdeu mais de meio milhão de fiéis entre 2000 e 2010. A região metropolitana continha ainda menor parcela de católicos e maior de protestantes do que a capital: apenas 52% eram católicos nessa região, em 2010. Enquanto na capital 22% eram protestantes, nas demais cidades da região metropolitana eles eram 26% (Tabela 8.6).

As igrejas protestantes que estavam em expansão na capital e região metropolitana não eram de denominações antigas como presbiterianos, metodistas e batistas, e sim evangélicos pentecostais. A ascensão das igrejas evangélicas explica esse crescimento significativo do movimento protestante em São Paulo. Embora no século XXI o Brasil continuasse a ser o maior país católico romano do mundo, hoje é o quarto maior país protestante e

23 Dieese, "Mulheres no mercado de trabalho da Região Metropolitana de São Paulo, março de 2019", em: <https://www.dieese.org.br/analiseped/2019/2019pedmulhersao.html>; Dieese, "A inserção das mulheres nos mercados de trabalho metropolitano", em: <https://www.dieese.org.br/analiseped/2018/2018ApresentacaoMulherSintMet.html>.

Gráfico 8.1 Pirâmides etárias da população da cidade de São Paulo, 1970-2010

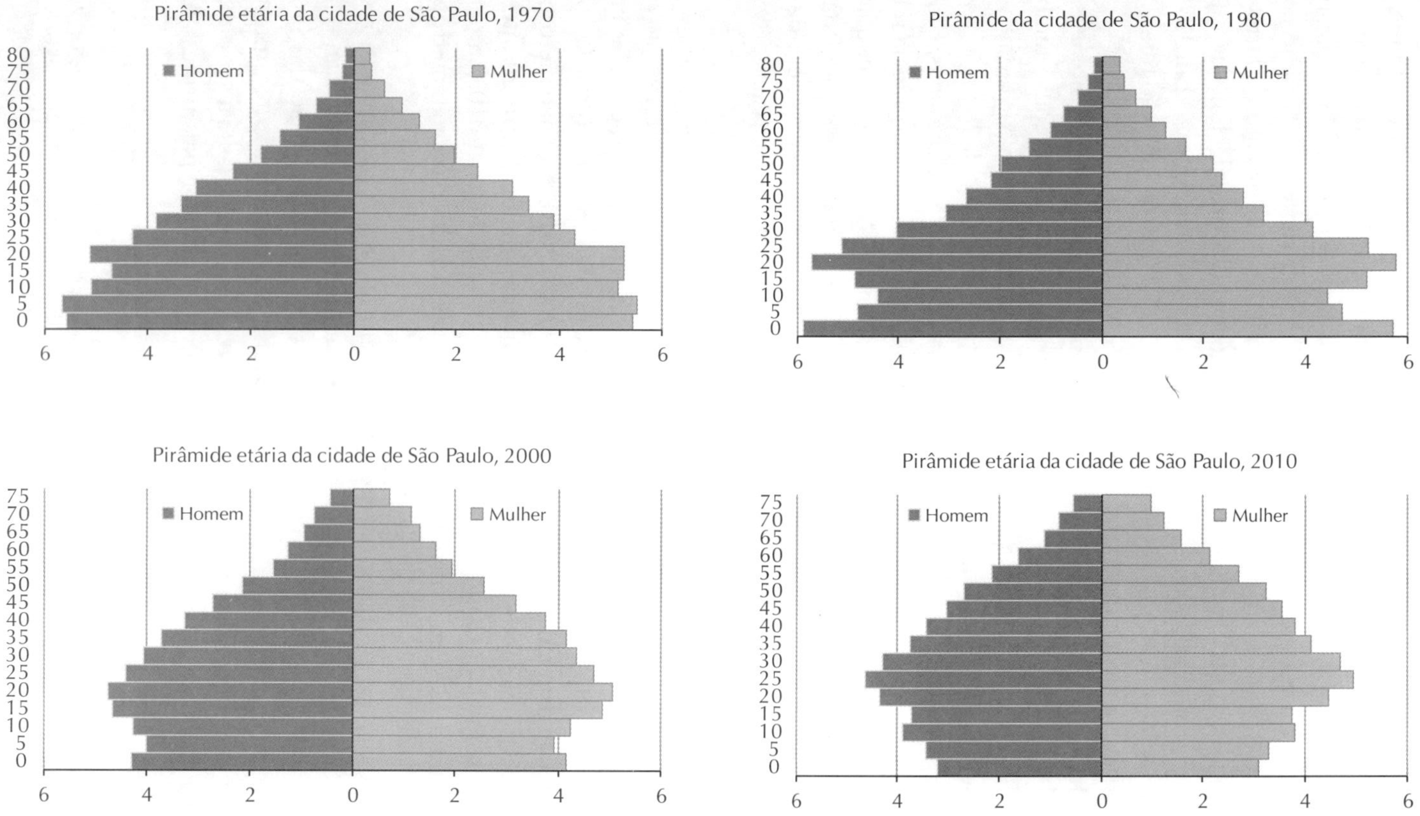

Fonte: IBGE, Sidra, tabela 200.

Tabela 8.6 Indicadores demográficos da Região Metropolitana de São Paulo e da cidade de São Paulo, 1950 -2010

Indicadores populacionais	1950	1980	2000	2010
		Cidade de São Paulo		
População residente				
Total	2.198.096	8.493.226	10.435.546	11.253.503
Homens	1.085.965	4.150.555	4.972.632	5.328.632
Mulheres	1.112.131	4.342.671	5.462.914	5.924.871
Cor				
Total	2.198.096	8.493.217	10.435.546	11.253.503
Brancos	1.929.410	6.129.733	6.988.908	6.823.004
Pretos	169.564	400.970	527.191	717.215
Asiáticos	41.457	23.690	208.677	250.146
Pardos	55.342	1.688.883	2.606.124	3.447.290
Religião				
Católica romana	1.937.175	7.203.904	7.107.261	6.549.775
Protestante	101.132	591.305	1.663.131	2.487.810
Espírita	71.638	175.096	286.600	531.822
Budista	11.551	79.754	67.591	75.075
Judaísmo	22.808	41.308	37.500	43.610
Outras	31.038	132.375	336.989	509.403
Sem religião	17.762	213.988	936.474	1.056.008
		Região Metropolitana de São Paulo (excluindo cidade de São Paulo)		
População residente				
Total			7.444.451	8.430.472
Homens			3.657.002	4.104.973
Mulheres			3.787.449	4.325.499
Cor				
Total			7.271.034	8.398.599
Brancos			4.725.964	4.726.948
Pretos			345.418	527.741
Asiáticos			86.443	111.755
Pardos			2.217.855	3.048.003
Religião				
Católica romana			4.880.928	4.570.197
Protestante			1.471.809	2.369.120
Espírita			113.073	224.997
Budista			30.580	32.018
Judaísmo			2.049	2.359
Outras			232.858	372.484
Sem religião			713.154	859.297

Fonte: Censo Demográficos de 1950 e 1980; IBGE, Sidra, tabelas 136, 2093, 2094.

contém a maior população pentecostal do planeta.[24] Só fica atrás dos Estados Unidos, o maior país cristão do mundo.[25]

As denominações protestantes tradicionais chegaram ao Brasil no século XIX, mas o protestantismo pentecostal evangélico só começou a ter seguidores no país no século XX; a partir de então, cresceu tão depressa que, em 2010, os pentecostalistas representavam 60% dos protestantes no país.[26] O impressionante é que essas novas igrejas pentecostais têm suas bases principalmente no Brasil e, embora muitas tenham nascido do trabalho de missionários estrangeiros que para aqui vieram ou possuíssem algumas ligações internacionais, hoje elas são totalmente conduzidas por ministros brasileiros. Essas igrejas disseminaram-se por toda parte, começando como locais de culto em pequenos armazéns até chegarem a possuir templos gigantescos.

As igrejas pentecostais mais importantes no estado de São Paulo foram a Assembleia de Deus e a Congregação Cristã no Brasil. Esta última foi predominantemente paulista, com 52% de seus fiéis residentes no estado de São Paulo. Outra igreja com grande representatividade (mais de um quarto dos totais nacionais) foi a Igreja do Brasil para Cristo (40% do total de seus adeptos no Brasil). A Comunidade Evangélica e os movimentos chamados de Renovação Evangélica tinham mais de 30% de seus membros residentes no estado. Na capital e região metropolitana, as duas maiores igrejas pentecostais do Brasil, Assembleia de Deus e Congregação Cristã no Brasil, foram os movimentos pentecostais mais importantes. Neste caso foi pequena

---

24 Paul Freston, "'Neo-Pentecostalism' in Brazil: Problems of definition and the struggle for hegemony", *Archives de sciences sociales des religions*, v.44, n.105, jan.-mar. 1999, p.145.

25 Estimativas para todos os países do mundo encontram-se em Pew Religious Census of 2010, acesso em: 22.10.2017, em: <http://www.pewforum.org/2011/12/19/table-christian-population-in-numbers-by-country/>.

26 Os historiadores do protestantismo no Brasil costumam dividir o movimento em dois grupos: as religiões introduzidas por imigrantes que trouxeram sua religião para seu novo país (protestantismo de imigração) e as introduzidas por missionários da Europa e América do Norte (protestantismo de missão). Os primeiros foram principalmente luteranos alemães, mas quase todas as outras denominações protestantes tradicionais foram introduzidas por imigrantes ou missionários que vieram de seus países natais para exercer seu ministério junto aos imigrantes seus conterrâneos e também fazer conversões entre os brasileiros. O IBGE definiu todas essas igrejas tradicionais como evangélicas de missão. Todas foram introduzidas no século XIX e incluíam a igreja luterana (fundada em 1823), que é a maior dentre as tradicionais, seguida pela presbiteriana, em 1859, a metodista (1867) e a batista (1882). Só depois de 1900, apareceram os pentecostalistas (chamados pelo IBGE de evangélicos de origem pentecostal), que têm origens missionárias e também nativas. As primeiras igrejas pentecostais fundadas por missionários foram a Congregação Cristã no Brasil (1910) e a Assembleia de Deus (1911); ambas continuam a ser as maiores igrejas pentecostais, e ambas foram fundadas poucos anos após o surgimento do movimento pentecostal, em 1906, em Los Angeles. Essa primeira onda de igrejas pentecostais foi seguida por numerosas igrejas pentecostais fundadas por imigrantes, missionários e, por fim, nativos ao longo do século XX e no século XXI. Ver Carl Joseph Hahn, *História do culto protestante no Brasil* (São Paulo: Aste, 1989); Antônio Gouvêa Mendonça e Prócoro Velasques Filho, *Introdução ao protestantismo no Brasil* (São Paulo: Loyola, 1990); Paul Freston, *Protestantes e política no Brasil: da Constituição ao impeachment*, Tese de Doutorado, Unicamp, 1993, p.41.

a diferença entre a capital e os municípios circundantes, pois todas as principais igrejas foram fundadas quase igualmente nessas áreas (Tabela 8.7).

Essas igrejas apresentaram certa diferenciação por sexo, cor e residência entre seus seguidores. Os pentecostais foram claramente um fenômeno mais urbano, e as áreas rurais sempre conservaram uma parcela mais representativa de católicos romanos do que as cidades.[27] As populações urbanas no Brasil e no estado de São Paulo eram consistentemente menos católicas apostólicas romanas do que a média nacional. Ao mesmo tempo, houve um desequilíbrio crescente entre os sexos: os homens permaneceram mais leais ao catolicismo apostólico romano, enquanto as mulheres voltaram-se muito mais para esses novos movimentos protestantes. Provavelmente, isso pode ser explicado pelo papel das novas igrejas na repressão do alcoolismo e na promoção da estabilidade familiar, temas que interessam mais diretamente às mulheres.[28]

Tabela 8.7 Principais igrejas pentecostais na RMSP e na cidade de São Paulo, Censo de 2010

	Cidade de São Paulo (Capital)	RMSP sem capital	RMSP
Evangélicas de origem Pentecostal*	**1.423.743**	**1.444.106**	**2.867.849**
Igreja Assembleia de Deus	533.362	545.794	1.079.156
Igreja Congregação Cristã do Brasil	199.565	269.382	468.947
Igreja Universal do Reino de Deus	126.228	101.313	227.541
Igreja Evangelho Quadrangular	58.013	45.821	103.834
Igreja Deus é Amor	36.580	46.800	83.380
Igreja o Brasil para Cristo	16.723	21.525	38.248
Comunidade Evangélica	16.276	16.770	33.046
Igreja Casa da Benção	4.126	6.723	10.849
Igreja Maranata	2.171	2.184	4.355
Outras de origem Pentecostal	429.598	384.392	813.990
Outras Evangélicas não determinadas**	797.853	690.848	1.488.701

Fonte: IBGE, Sidra, tabela 137.
Nota: *O total inclui igrejas com número inferior a 4 mil membros; **Evangélicas de não determinadas não estão incluídas no total de Pentecostais.

27 O Censo de 1991 não fornece identidade religiosa por sexo, mas separa os dados para áreas rurais e urbanas, e neste caso os padrões são similares a todos os censos após 1980, ou seja, os católicos são mais representativos em áreas rurais do que urbanas (90% em áreas rurais e 81% em áreas urbanas). Em contraste, os protestantes eram mais urbanos (6%) do que rurais (4%). IBGE, Sidra, tabela 139.

28 Maria Bernadete Pita Guimarães, *Alcoolismo, pentecostalismo e família*, Tese de Doutorado, Universidade Federal de Juiz de Fora, 2008. Esse é um tema encontrado em muitos estudos do pentecostalismo. Ver Ricardo Mariano, "Sociologia do crescimento pentecostal no Brasil: um balanço". *Perspectiva Teológica,* v.43, n.119, jan./abr. 2011. Para detalhes de atividades relacionadas à incorporação, mulheres e família na IURD, ver Patrícia Birman, "Conexões políticas e bricolagens religiosas: Questões sobre o pentecostalismo a partir de alguns contrapontos", in: Pierre Sanchis (Org.), *Fiéis & cidadãos, percursos de sincretismo no Brasil* (Rio de Janeiro: Eduerj, 2001), p.59-86.

Independentemente do tamanho e da origem das igrejas pentecostais na capital e na região metropolitana, as mulheres foram maioria. A razão de sexo para os municípios, exceto a capital, e para a capital, foi de 78 homens para 100 mulheres na RMSP e 77 por 100 na capital. Além de terem maioria feminina em suas congregações, as igrejas pentecostais também apresentaram maiores parcelas de não brancos em comparação com todas as demais religiões, incluindo, surpreendentemente, as religiões afro-brasileiras de umbanda e candomblé (Tabela 8.8).

Ao ritmo atual de crescimento, segundo estimativa, a porcentagem de católicos terá diminuído para menos de 50% da população brasileira, em 2030, e uma década mais tarde os pentecostais se igualarão numericamente aos católicos.[29] Esse crescimento também se baseia na teologia e na estrutura dessa igreja. Teologicamente, a preocupação do pentecostalismo com a vida presente e não com a vida após a morte, sua aceitação da salvação individual e seu senso de igualdade e comunidade adequam-se com perfeição aos migrantes que chegam à cidade grande necessitando de estrutura, comunidade e identidade. Algumas das igrejas pentecostais fundadas na segunda metade do século XX até adotaram práticas de cultos afro-brasileiros, por exemplo, o exorcismo, e algumas se tornaram mais seculares e mais hierárquicas, originando o chamado movimento neopentecostal.[30] No entanto, a maioria esmagadora das igrejas pentecostais tem pouca estrutura hierárquica e é mais receptiva às principais religiões do Brasil. Todos são admitidos, e o evangelismo é incentivado. O clero é composto totalmente por brasileiros, e a hierarquia que existe é apenas local ou no máximo regional; além disso, qualquer um pode entrar para o clero. Exige-se somente que os novos pastores sintam o chamado de Deus, sem o requisito de estudos religiosos formais, por isso muitos dos pastores pentecostais provêm das classes populares.[31] O financiamento é local, assim como a linguagem e até

---

29 Alves, Barros e Cavenagh, "A dinâmica das filiações religiosas no Brasil entre 2000 e 2010", p.160.

30 A inadequada definição do termo "neopentecostalismo" refere-se a igrejas brasileiras fundadas no último quarto do século XX. Nessas igrejas, supostamente, há ênfase no exorcismo (libertação) incluindo elementos de religiões afro-brasileiras, embora rejeitem essas religiões. R. Andrew Chesnut, "Exorcising the demons of deprivation: Divine healing and conversion in Brazilian Pentecostalism", in: Candy Gunther Brown (Org.), *Global Pentecostal and Charismatic Healing* (Nova York: Oxford University Press, 2011), p.12, 18. Essas igrejas neopentecostais parecem ser mais seculares em seus ensinamentos do que as igrejas pentecostais mais antigas e mais hierárquicas. Ver os estudos de Ricardo Mariano, "Expansão pentecostal no Brasil: o caso da Igreja Universal". *Estudos Avançados,* v.18, n.52, 2004, p.123-4; Ricardo Mariano, "Efeitos da secularização do Estado, do pluralismo e do mercado religioso sobre as igrejas pentecostais" *Civitas,* v.3, n.1, jun. 2003, p.111-25; Patricia Birman, "Mediação feminina e identidades pentecostais". *Cadernos PAGU,* n.6-7, 1996, p.201-26. Contudo, dada a fluidez do movimento, há debate sobre se um subgrupo como esse é tão coerente como alguns propõem. Ver Freston, "Neo-Pentecostalism", p.154-62.

31 Como observou Freston, "Os fundadores dos principais grupos pentecostais [na América Latina] incluem proletários, artesãos independentes, operários e escriturários da classe média baixa. São raros

Tabela 8.8 Distribuição dos membros das principais religiões, por cor, cidade de São Paulo e Região Metropolitana de São Paulo, 2010

	Brancos	Pretos	Pardos	Outras*
Cidade de São Paulo				
Total	61%	6%	31%	2%
Católica Apostólica Romana	63%	6%	30%	2%
Evangélicas de Missão	64%	6%	28%	2%
Evangélicas de origem pentecostal	51%	8%	40%	1%
Outras religiosidades cristãs	61%	7%	29%	3%
Espírita	77%	6%	15%	2%
Umbanda e Candomblé	61%	13%	25%	1%
Outras religiões orientais	26%	3%	12%	59%
Sem religião	54%	8%	35%	3%
Região Metropolitana de São Paulo				
Total	59%	6%	33%	2%
Católica Apostólica Romana	61%	5%	32%	2%
Evangélicas de Missão	62%	6%	30%	2%
Evangélicas de origem pentecostal	50%	8%	41%	1%
Outras religiosidades cristãs	60%	6%	31%	2%
Espírita	76%	6%	16%	2%
Umbanda e Candomblé	60%	13%	26%	1%
Outras religiões orientais	31%	4%	16%	49%
Sem religião	52%	8%	38%	2%

Fonte: IBGE, Sidra, tabela 2094.
Nota: Índios e asiáticos.

a música. Assim, a proliferação de pastores e novas igrejas é constante. Todas as favelas urbanas em todas as principais cidades contêm muitas igrejas pentecostais, também encontradas em grande número em outros centros de pobreza no Brasil, os presídios estaduais, onde os pentecostais são o grupo dominante entre os detentos.[32]

---

os fundadores de origem social mais elevada. A maioria das igrejas pentecostais (em contraste com suas congêneres históricas) foi fundada por latino-americanos que romperam com uma denominação protestante já existente ou por missionários independentes, e só raramente por uma denominação pentecostal estrangeira". Paul Freston, "Evangelicals and politics in Latin America", *Transformation*, v.19, n.4, out. 2002, p.272. Como parte desse processo, os pregadores do maior desses movimentos, a Assembleia de Deus, opuseram-se à criação de seminários formais durante a maior parte de sua história inicial. Bertone de Oliveira Sousa, "Entre a espera pelo céu e a busca por bem-estar", em Jérri Roberto Marin e André Dioney Fonseca (Orgs.), *Olhares sobre a Igreja Assembleia de Deus* (Campo Grande: Editora UFMS, 2015), p.51.

32 Sobre a teologia dos pentecostais e seu atrativo para os pobres, ver Cecília Loreto Mariz, *Coping with poverty: Pentecostals and Christian Base Communities in Brazil* (Filadélfia: Temple University Press, 1994); André Corten, *Pentecostalism in Brazil: Emotion of the Poor and Theological Romanticism*

O poder e a importância das igrejas pentecostais são sentidos não apenas nas favelas e prisões, mas também, cada vez mais, na política. Evangélicos das igrejas tradicionais e do movimento pentecostal tornaram-se uma força colossal na política brasileira. A igreja que liderou essa tendência de promover formalmente candidatos próprios foi a pentecostal Iurd – Igreja Universal do Reino de Deus, seguida pelas igrejas da Assembleia de Deus.[33] Os candidatos próprios estrearam na política nas eleições pós-período militar, em fins dos anos 1980, e a chamada bancada evangélica, composta de membros individuais ou formalmente apoiados pela igreja, aumentou sua participação para 85 deputados e 2 senadores nas eleições de 2014.[34]

A capital e sua região metropolitana mudaram recentemente não só na composição de sua população por sexo, religião e cor, mas também na economia. Afastaram-se progressivamente da economia industrial e se voltaram mais para os serviços e o comércio, que requerem níveis mais elevados de capital humano. Em decorrência das políticas governamentais de desconcentração, da guerra fiscal entre estados, dos altos custos da terra e do poder dos sindicatos nas regiões metropolitanas, a indústria deixou a capital e sua região metropolitana, que assumiram então a liderança nacional no setor de serviços. Essa tendência começou nos anos 1980 e continua até hoje, especialmente porque o país inteiro urbanizou-se, ensejando nele a ascensão de todo um grupo de grandes cidades secundárias que não eram capitais estaduais. Todas essas mudanças refletem-se na distribuição dos empregos na capital, em 2018. Os empregos na indústria agora representam apenas 18% do emprego total, em contraste com 54% da participação do setor de serviços, 13% da indústria e 18% do comércio. Essa representatividade do setor de serviços é ligeiramente menor na região metropolitana e consideravelmente inferior no estado como um todo, onde 43% da força de trabalho

---

(Nova York: St. Martin's Press, 1999). Sobre o papel dessas igrejas nas favelas e presídios, ver Andrew Johnson, *If I Give My Soul: Faith Behind Bars in Rio de Janeiro* (Nova York: Oxford University Press, 2017), cap.3.

33 Sobre a evolução dessa participação, ver Taylor C. Boas, "Serving God and Man: Evangelical Christianity and Electoral Politics in Latin America". Texto apresentado em American Political Science Association Annual Meeting, Chicago, Il., 29 ago.-1 set. 2013, acesso em: 28.10.2017, em: <http://people.bu.edu/tboas/serving_god_man.pdf>; Ari Pedro Oro, "A política da Igreja Universal e seus reflexos nos campos religioso e político brasileiros". *Revista Brasileira de Ciências Sociais,* v.18, n.53, out. 2003, p.53-69. Segundo Reich e Santos, os pentecostais participam da política de duas formas básicas: individualmente ou patrocinados e promovidos por suas igrejas. Este último grupo tem sido o menos bem-sucedido e se envolveu em alguns dos principais escândalos parlamentares. Gary Reich e Pedro dos Santos, "The Rise (and Frequent Fall) of Evangelical Politicians: Organization, Theology, and Church Politics". *Latin American Politics and Society,* v.55, n.4, 2013, p.1-22. Sobre o êxito ou fracasso dos pentecostais em eleições, ver Fábio Lacerda, *Pentecostalismo, eleições e representação política no Brasil contemporâneo*. Tese de PHD, USP, 2017.

34 <http://www.metodista.br/midiareligiaopolitica/index.php/composicao-bancada-evangelica/>.

formal ocupa-se em serviços. Por outro lado, a indústria é muito mais representativa no estado (com 22% da população ocupada) do que na capital ou região metropolitana (Tabela 8.9).

A construção e a formalização do setor de serviços possibilitaram ao município de São Paulo e sua região metropolitana assumir a liderança nesse novo setor econômico em crescimento. A capital fortaleceu seu papel estratégico na economia do estado e do país desenvolvendo uma parte significativa dos serviços mais complexos e aprimorados para atender a uma demanda nacional e internacional. Essa foi uma das características que levou a capital paulista a ser categorizada como metrópole mundial. Uma importante linha de estudos derivou das obras pioneiras de Manuel Castells, analisando o papel das grandes cidades no mundo globalizado, com novas

Tabela 8.9 Atividades econômicas e emprego formal no estado de São Paulo, Região Metropolitana de São Paulo e cidade de São Paulo, 2018

			Estabelecimentos			
Setores	**Cidade São Paulo**			**RMSP**	**Estado de São Paulo**	
Indústria	**Número**	**%**	**Número**	**%**	**Número**	**%**
Indústria de transformação	25.561	9%	41.693	10%	97.659	10%
Construção	12.387	4%	18.604	4%	42.737	4%
Utilidades públicas	539	0%	862	0%	2.657	0%
Comércio	103.629	35%	157.576	37%	375.637	38%
Serviços	149.811	51%	206.801	48%	422.913	42%
Administração pública	202	0%	358	0%	1.975	0%
Agricultura	739	0%	2.183	1%	56.927	6%
Total	292.925	100%	428.223	100%	1.001.422	100%
			Emprego Formal			
Setores	**Cidade São Paulo**			**RMSP**	**Estado de São Paulo**	
Indústria	**Número**	**%**	**Número**	**%**	**Número**	**%**
Indústria de transformação	390.123	8%	881.844	12%	2.318.161	17%
Construção	216.257	4%	296.437	4%	515.190	4%
Utilidades públicas	29.210	1%	54.591	1%	108.470	1%
Comércio	872.634	18%	1.344.713	19%	2.659.562	20%
Serviços	2.639.371	54%	3.620.965	51%	5.729.193	43%
Administração pública	749.008	15%	933.560	13%	1.576.609	12%
Agricultura	5.357	0%	14.375	0%	323.537	2%
Total	4.903.449	100%	7.151.001	100%	13.247.463	100%

Fonte: Ministério Economia, em: <http://bi.mte.gov.br/bgcaged/caged_rais_vinculo_id/caged_rais_vinculo_basico_tab.php>.

tecnologias e novos processos de produção.[35] Essas obras definem a categoria das chamadas "cidades mundiais" ou "cidades globais", que são os principais centros de poder econômico, sedes das grandes entidades financeiras internacionais, das maiores empresas multinacionais e das empresas de serviços empresariais que operam no planeta. As "cidades mundiais" são grandes aglomerações urbanas, em geral também centros industriais, mas acima de tudo centros metropolitanos onde se concentram os serviços mais importantes e complexos. Londres, Nova York e Tóquio são consideradas as principais "cidades mundiais", que formam uma rede nas quais participam outras importantes com influência nacional ou supranacional. São Paulo geralmente é incluída nesse grupo de cidades.[36] Mesmo sem seguir esse tipo de análise, é inegável a importância da capital paulista, onde se concentra a maior oferta de serviços empresariais complexos, incluindo os financeiros.[37]

Na capital os serviços cresceram mais acentuadamente do que no estado nesse período. Esse setor, que empregava 64% da força de trabalho na cidade em 1985, cresceu para mais de 80%, em 2005, e chegou a 87%, em 2018. Os serviços mais representativos foram os derivados do comércio, administração imobiliária e seguros (25% atualmente), além de hospedagem, alimentação, reparos e manutenção. O comércio, sobretudo o varejista, empregou proporcionalmente mais pessoas do que o atacadista. Os serviços médicos na cidade absorveram 7% dos empregos formais e a educação, 5%. Como no estado de São Paulo, houve uma redução na participação da administração pública direta e autárquica na ocupação da força de trabalho da capital que, em 2018, foi responsável por 18% dos empregos formais.

O setor de serviços na capital foi, obviamente, muito importante no estado e também no país. A capital ofereceu metade dos empregos do estado em instituições de crédito, seguros e capitalização, comércio e administração imobiliária. Estavam na capital mais de 40% do pessoal ocupado no

---

35 Manuel Castells, *The Urban Question* (Londres: Arnold, 1977).

36 J. V. Beaverstock, R. G. Smith e P. J. Taylor, *A Roster of World Cities*. Globalization and World Cities Study Group and Network Research Bulletin 5, em: <http://www.lboro.ac.uk/gawc/rb/rb5.html>; P. J. Taylor, *Worlds of Large Cities: Pondeering Castells' Space of Flows*, Globalization and World Cities Study Group and Network Research Bulletin 14, em: <http://www.lboro.ac.uk/gawc/rb/rb14.html>. Vários estudos nacionais recentes procuram aplicar essa metodologia ao estudo de São Paulo. Para um apanhado desse tema no Brasil, ver Stamatia Koulioumba, *São Paulo: cidade mundial?* Tese de Doutorado, FAU-USP, São Paulo, 2002/João Sette Whitaker Ferreira, *São Paulo: o mito da cidade-global*, Tese de Doutorado, FAU-USP, São Paulo, 2003.

37 Segundo Santos, São Paulo insere-se nesse novo contexto, no qual essa metrópole destaca-se por sua onipresença em relação ao restante do território brasileiro e por sua ligação com outros espaços hegemônicos. Sua importância não advém mais de um poderio industrial, e sim da capacidade de produzir, coligir e classificar informações próprias e de terceiros e distribuir e administrar essas informações segundo seus interesses. Milton Santos, *Técnica, espaço, tempo: Globalização e meio técnico-científico internacional* (São Paulo: Hucitec, 1997), p.151.

estado em comércio atacadista, habitação, alimentação, serviços de reparo e manutenção, serviços médicos, odontológicos e na administração pública. Assim, a cidade de São Paulo foi responsável por uma parcela significativa do fornecimento de serviços no estado, centralizando muitas funções demandadas tanto pela população como pelas atividades econômicas presentes na cidade. Porém, embora a capital mantivesse sua posição de liderança, o crescimento de cidades significativas em todo o estado acarretou um declínio relativo do setor de serviços da capital no estado à medida que outras cidades também expandiram suas atividades nesse setor (**Tabela 8.10**).

Uma análise dos dados do setor de trabalho formal permite fazer outra classificação mais pormenorizada das atividades na cidade de São Paulo. Dessa perspectiva, foi um crescimento significativo de empresas que gerou empregos formais; entre 2002 e 2018, o número de empresas passou de 175 mil para 257 mil, e os empregos formais que elas ofereceram passaram de 2,7 milhões para 4,3 milhões nesse período. Em 2002, 2010 e 2018, as atividades de serviços, incluindo o comércio, foram responsáveis por mais de 80% dos estabelecimentos e dos empregos formais, o que demonstra a importância fundamental dos serviços na economia da capital. O maior número de empregos formais proveio da área de serviços fornecidos principalmente a empresas e das atividades da administração pública, defesa e previdência social. Embora houvesse uma queda no total dos empregos formais no serviço público na capital paulista, os serviços fornecidos principalmente a empresas triplicaram entre 2002 e 2018.[38] Surpreendentemente, o tamanho das empresas permaneceu constante nesse período. A média de empregos formais por estabelecimento nesse setor de serviços manteve-se relativamente estável, em torno de dezessete empregos formais por empresa. Excluindo o setor da administração pública, cuja configuração difere das demais atividades, a média por estabelecimento mudou apenas ligeiramente, passando de dez pessoas por empresa, em 2002, para catorze pessoas em 2010 e 2018 (**Tabela 8.11**).

---

38 Administração pública, defesa e segurança compõem a administração e a política econômica e social do Estado, ou seja, administração pública em geral, regulação das atividades ligadas a saúde, educação e serviços culturais e regulação de atividades econômicas. Incluem-se ainda os serviços coletivos fornecidos pela administração (relações exteriores, defesa, justiça, segurança pública, defesa civil) e a previdência social obrigatória. Esse grupo de pessoas ocupadas abrange todos os empregados na cidade de São Paulo (aproximadamente 112 mil), incluindo-se os funcionários do governo do estado de São Paulo e os funcionários públicos federais. No caso do governo do estado de São Paulo, o número de funcionários passou de 782 mil, em 2002, para 820 mil, em 2013. Houve então uma diminuição sistemática, chegando a 697 mil, em 2017. Atlas do Estado Brasileiro, acesso em: 12.7.2019, em: <http://www.ipea.gov.br/atlasestado/consulta/82>. Como os maiores contingentes de funcionários públicos compõem-se de trabalhadores em segurança e educação, existem funcionários públicos em todo o estado.

Tabela 8.10 Emprego formal no setor de serviços na cidade de São Paulo, 1985-2018

	1985	1990	1995	2000	2005	2010	2015	2018
				Empregos Formais				
Emprego formal total (todos os setores)	3.193.449	3.502.570	3.354.150	3.212.039	3.684.599	4.873.339	5.126.131	4.903.449
Total empregos no comércio e serviços	2.047.888	2.162.847	2.425.741	2.545.657	3.016.234	3.980.253	4.345.414	4.261.013
Serviços financeiros e imobiliários	305.499	322.057	365.416	416.878	556.121	890.017	1.011.263	1.050.848
Administração pública	634.591	690.292	778.443	822.730	850.854	883.326	849.732	749.008
Varejo	272.566	302.349	337.128	374.885	490.999	659.345	682.129	661.218
Alimentação, alojamento e manutenção	279.276	318.478	261.275	255.083	333.829	476.106	567.444	571.065
Serviços médicos e veterinários	55.241	46.667	111.513	105.856	162.162	216.156	299.855	318.810
Transportes e comunicações	172.804	168.569	200.416	197.529	209.658	302.786	323.337	288.739
Educação	27.297	31.523	106.025	112.381	115.651	151.091	200.523	217.135
Atacado	108.978	124.267	121.525	125.505	150.835	212.407	210.701	211.416
Bancos	191.636	158.645	144.000	134.810	146.125	189.019	200.430	192.774

Fonte: Baseada na RAIS e Caged, Ministério da Economia, acesso em: 25.11.2019, em: http://bi.mte.gov.br/bgcaged/.

Tabela 8.11 Empregos formais na cidade de São Paulo, por setores do comércio e serviços, segundo a RAIS, 2002, 2010 e 2018

	2002	2010	2018	2002	2010	2018
Setores do comércio e serviços (1)	**Número de estabelecimentos**			**Número de vínculos (empregos)**		
Serviços prestados principalmente às empresas	20.058	26.587	31.924	287.973	724.987	874.617
Administração Pública, Defesa e Seguridade Social	289	202	209	912.913	885.919	751.229
Comércio varejista e reparação de objetos pessoais e domésticos	55.654	73.481	74.437	344.318	560.316	572.558
Saúde e Serviços Sociais	11.995	14.593	17.329	154.587	245.574	358.818
Alojamento e Alimentação	13.044	19.174	24.644	118.640	201.260	242.890
Educação	4.192	5.897	8.349	109.308	151.091	217.135
Comércio por atacado e Represent. Comerciais e Agentes Comerciais	13.371	16.603	16.400	125.798	212.407	211.416
Atividades Imobiliárias	18.687	21.538	25.060	104.762	153.220	189.181
Transporte terrestre	3.900	4.962	6.250	115.022	140.235	164.692
Atividades de informática e serviços relacionados	2.299	4.434	5.610	34.545	84.978	122.250
Intermediação financeira	2.643	3.443	3.256	103.715	132.807	119.970
Comércio e reparação de veículos automotores e motocicletas	10.413	13.682	12.792	67.187	99.029	88.660
Atividades Associativas	4.989	5.662	5.829	69.507	120.284	83.332
Atividades Anexas e Auxiliares dos Transportes e Agências de Viagem	4.179	6.215	6.995	33.618	67.170	61.673
Atividades Recreativas, Culturais e Desportivas	2.793	3.741	4.744	37.322	48.686	58.083

(cont.)

Tabela 8.11 Empregos formais na cidade de São Paulo, por setores do comércio e serviços, segundo a RAIS, 2002, 2010 e 2018

	2002	2010	2018	2002	2010	2018
Setores do comércio e serviços (1)	Número de estabelecimentos			Número de vínculos (empregos)		
Correio e Telecomunicações	785	1.719	1.802	41.788	68.494	47.608
Seguros e Previdência Complementar	453	391	380	20.987	30.296	38.945
Atividades Aux. Intermediação Finan., Seguros e Previd. Complementar	1.577	2.448	3.357	12.765	25.916	33.859
Servicos Sociais	3.252	4.276	5.055	16.737	22.880	22.978
Aluguel de veículos, máquinas e equipamentos pessoais e domésticos	833	2.087	2.142	6.919	19.770	20.711
Limpeza urbana e esgoto e atividades relacionadas	97	185	271	11.990	16.184	14.991
Transporte aéreo	122	130	102	15.077	26.758	14.381
Pesquisa e desenvolvimento	57	112	121	2.816	2.730	5.968
Organismos internacionais e outras instituições extraterritoriais	41	57	67	248	464	640
Transporte aquaviário	22	18	9	445	129	385
Serviços domésticos	164	129	38	194	216	70
Total de estabelecimentos em serviços	175.909	231.766	257.172	2.749.181	4.041.800	4.317.040
Total de estabelecimentos em todas as atividades com empregos formais	208.779	270.123	292.925	3.360.921	4.873.339	4.903.449
Participação do comércio e serviços nos empregos formais	84%	86%	88%	82%	83%	88%

Fonte: Bases estatísticas RAIS e Caged, acesso em: 25.11.2019, em: http://bi.mte.gov.br/bgcaged/.
Nota: Listados por número de vínculos em 2018.

Essa força de trabalho reflete a importância de setores como o bancário e o financeiro na capital. Por qualquer indicador (número de empregados, agências, ativos totais, patrimônio líquido, operações de crédito, resultados e gerenciamento de recursos de terceiros), os cinco maiores bancos comerciais dominam dois terços do mercado nacional. Na capital paulista estão três das seis maiores redes de agências no país e os três maiores grupos bancários nacionais, Bradesco, Itaú e Unibanco. Com exceção do HSBC, que manteve sua sede em Curitiba, todos os principais bancos privados, nacionais e estrangeiros, têm sede e operações principais na capital de São Paulo.[39] Considerando todos os bancos e entidades públicos e privados, estão em São Paulo entre 80% e 90% de todas as agências, empregos oferecidos, depósitos, ativos e empréstimos.

Também em São Paulo situam-se as principais entidades que representam o mercado financeiro e os serviços para o setor, como Febraban (Federação Brasileira de Bancos), Anbima (Associação Nacional das Instituições do Mercado Financeiro), Cetip (Central de Custódia e Liquidação Financeira de Títulos), ABBI (Associação Brasileira de Bancos Internacionais), ABBC (Associação Brasileira de Bancos). Esse processo de concentração também ocorreu na Bolsa de Valores e na Bolsa de Mercadorias e Futuros. A partir de 1964, com a nova legislação do mercado de capitais, as Bolsas de Valores do Rio de Janeiro (BVRJ) e de São Paulo (BVSP) foram reorganizadas e surgiram numerosas bolsas regionais. Os corretores tornaram-se significativamente mais numerosos, não só graças às transações em ações, mas também ao dinamismo do mercado da dívida pública.

Por muitos anos, as bolsas de valores de São Paulo e Rio de Janeiro dividiram o mercado. Porém, nos anos 1990, a Bolsa de Valores do Rio de Janeiro perdeu importância no mercado das transações de ações secundárias e, na segunda metade dos anos 1990, a Bolsa de Valores de São Paulo dominava 95% dessas transações. Essa situação justificou a assinatura de um acordo de integração de bolsas de valores que manteve a Bolsa de Valores de São Paulo como o centro exclusivo das transações do mercado de ações secundárias. Essa concentração de operações fez da BVSP o maior centro de negociação de ações da América Latina.[40] Um processo similar ocorreu no mercado de futuros. Em 1985, foi criada a Bolsa Mercantil e de Futuros (BM&F) para operar essencialmente no mercado financeiro. Em 1991, ela foi combinada à tradicional Bolsa de Valores de São Paulo, que existe desde

39 O Centro Administrativo do Bradesco está instalado na cidade de Osasco, na área metropolitana de São Paulo, uma região totalmente integrada ao município de São Paulo.

40 Dados da Comissão de Valores Mobiliários.

o começo do século XX. Desde sua fundação, a BM&F consolidou-se como um mercado fundamental para investidores empresariais e institucionais, pois permite fazer transações com derivativos, particularmente com moedas e taxas de juro. Em 1997, por um acordo operacional, a Bolsa Brasileira de Futuros, sediada no Rio de Janeiro, fundiu-se com a BM&F, concentrando todas as transações de commodities e derivativos nesta última instituição. O crescimento desse mercado foi excepcional, e hoje a BM&F é também a maior bolsa de futuros e opções na América Latina.[41]

Esse processo de concentração também ocorreu em outras áreas do mercado financeiro. Na capital de São Paulo instalaram-se as principais companhias de seguros brasileiras; quatro das cinco maiores seguradoras do país aí têm sua sede. Independentemente da localização de suas unidades de produção, vários grandes grupos empresariais mantêm algumas áreas fundamentais de administração de negócios (financeira, comercial, tecnológica etc.) na cidade de São Paulo, em razão de sua importância como mercado, como centro de negócios e por sua concentração de fornecedores de serviços para empresas. É em São Paulo que está a maior parte das grandes firmas de advocacia, contabilidade e auditoria, empresas de consultoria de recursos humanos, agências de publicidade e marketing, empresas relacionadas à tecnologia de comunicação e informação empresarial, entre outras. Por exemplo, das vinte maiores agências de publicidade do país, apenas a 19ª não se situa em São Paulo. Das cinquenta maiores empresas do setor de TI, trinta estão na capital paulista, e outras sete no entorno da capital. Nove das dez maiores editoras de revistas estão na capital, assim como três dos cinco principais jornais e sete das dez maiores editoras de livros.[42] A maioria das empresas internacionais de auditoria e consultoria opera em São Paulo.[43] A capital também concentra serviços relacionados a viagens nacionais e internacionais e atrai grande porcentagem das viagens de negócios.[44] Por essa razão houve grande expansão no ramo de hotelaria.[45]

Além de sua liderança no ramo bancário, a cidade de São Paulo também é o principal centro de serviços de saúde no país. Segundo a Secretaria Municipal de Saúde, ela possui um importante centro de tecnologia de saúde,

---

41 BM&F, <www.bmf.com.br>.

42 Ver: <http://www.seade.gov.br/negocios/snpmr-v2.html>.

43 Ver: http://www.seade.gov.br/negocios/snpmr-v2.html>.

44 São Paulo Convention Bureau, em Pesquisa e Diagnóstico Econômico do Turismo de Eventos na Cidade de São Paulo, <www.spcvb.com.br> e *Anuário Estatístico da Embratur, 2003,* <www.embratur.gov.br>.

45 Segundo Stamatia Koulioumba, a cidade de São Paulo oferece 30 mil leitos de hotel, sendo o maior aumento recente atribuído a investimentos estrangeiros nos anos 1990. Além disso, está previso um grande aumento, particularmente em hotéis de redes internacionais. Stamatia Koulioumba, *São Paulo: Cidade Mundial?*, Tese de Doutorado, FAU-USP, São Paulo, 2002, p.174.

com um complexo médico-hospitalar nacional e internacional que contribui substancialmente para a economia local. Clínicas e hospitais públicos na cidade realizam o maior número de procedimentos ambulatoriais de baixa, média e alta complexidade, além do maior número de internações hospitalares pelo SUS (Sistema Único de Saúde) no país.[46] Segundo a Agência Nacional de Saúde Suplementar (ANS), há setenta hospitais brasileiros credenciados pelas instituições acreditadoras ONA, CBA, IQG e DNV. Desses, 35 situam-se no estado de São Paulo, 31 na Região Metropolitana de São Paulo e 24 na cidade de São Paulo. Isso mostra a importância da cidade como provedora de serviços de saúde de alta qualidade: São Paulo é o principal centro de assistência médica no Brasil e um dos mais importantes da América Latina. De fato, em uma avaliação dos 58 melhores hospitais da América Latina, dez estão na capital paulista.[47]

Nessa nova economia de serviços, as mulheres tiveram presença destacada. Uma análise dos trabalhadores formais por sexo e por principais categorias de emprego mostra que as mulheres dominaram as profissões nas áreas de medicina e saúde e compuseram mais de metade dos empregados em administração pública, bancos, hotéis e hospedarias e alimentação e bebidas. Em resumo, elas foram bem representadas nos setores de serviços, que por sua vez foram os maiores empregadores na capital (Tabela 8.12).

Examinando o mercado de trabalho de uma perspectiva mais refinada, encontra-se um aumento da qualidade e da importância do setor de serviços na capital. Por exemplo, a capital e a região metropolitana duplicaram a porcentagem de diretores e gerentes em relação às taxas do resto do Brasil, e também contiveram uma porcentagem muito maior de cientistas e profissionais intelectuais. Além disso, sua porcentagem de gerentes de nível médio no total da força de trabalho é maior do que a do resto do Brasil (Tabela 8.13).

Essa transformação em uma cidade predominantemente de serviços também se refletiu nos níveis educacionais na capital. Notavelmente, a população da capital pouco diferiu da população brasileira como um todo nas porcentagens das pessoas que concluíram o ensino fundamental e o ensino médio. A diferença está no fato de que menos pessoas tinham pouca ou nenhuma escolaridade na capital, e um número muito maior de indivíduos haviam cursado o ensino superior em comparação com o total dos brasilei-

---

46 Cidade de São Paulo Saúde, *Relatório Anual de Gestão de São Paulo, SUS, 2018*. São Paulo: Prefeitura Municipal de São Paulo, Secretaria Municipal de Saúde, 2010, p.32; Prefeitura Municipal de São Paulo, *Atlas da Saúde na Cidade de São Paulo*, São Paulo: PMSP/Via Pública, 2011; Eduardo Jorge M. A. Sobrinho e Paulo Fernando Capucci, "Saúde em São Paulo: Aspectos da implantação do SUS no período de 2001-2002". *Estudos Avançados*, v.17, n.48, 2003, p.200-27.

47 Setor Saúde, acesso em: 12.3.2019, em: <https://setorsaude.com.br/16-hospitais-brasileiros-estao-entre-os-melhores-da-america-latina/>.

Tabela 8.12 Distribuição dos empregos formais por subsetor e por sexo, cidade de São Paulo, 2018				
Município-São Paulo	**Total**	**Homens**	**Mulheres**	**% Mulheres**
Adm. técnica profissional	1.050.848	611.826	439.022	42%
Administração pública	749.008	318.013	430.995	58%
Aloj comunicação	571.065	256.763	314.302	55%
Comércio varejista	661.218	351.650	309.568	47%
Médicos Odontológicos Vet	318.810	84.001	234.809	74%
Instituição financeira	192.774	88.760	104.014	54%
Comércio atacadista	211.416	126.110	85.306	40%
Transporte e Comunicações	288.739	222.295	66.444	23%
Indústria Têxtil	69.341	25.463	43.878	63%
Alimentos e Bebidas	71.504	34.266	37.238	52%
Indústria química	66.235	40.030	26.205	40%
Construção civil	216.257	190.774	25.483	12%
Papel e gráfica	36.506	21.985	14.521	40%
Indústria mecânica	35.055	26.978	8.077	23%
Indústria metalúrgica	36.215	29.709	6.506	18%
Serviço utilidade pública	29.210	23.581	5.629	19%
Elétrico e Comunicação	15.364	10.317	5.047	33%
Material de transporte	19.205	15.992	3.213	17%
Agricultura	5.357	3.820	1.537	29%
Prod. mineral não metálico	6.466	4.969	1.497	23%
Extrativa mineral	1.489	1.129	360	24%
Indústria calçados	693	453	240	35%
Total	4.903.449	2.583.222	2.320.227	47%

Fonte: Uso do IBGE por Subsetor, em: http://bi.mte.gov.br/bgcaged/.

ros (Tabela 8.14). Isso reflete bem a importância crescente dos profissionais qualificados e dos trabalhadores com mais escolaridade na economia de serviços que se expandiu na capital nesse período.

Nesse aspecto, as mulheres parecem mais bem preparadas para trabalhar no setor de serviços, pois têm nível de escolaridade mais elevado do que os homens. Das mulheres na força de trabalho formal, 44% tinham no mínimo alguma educação superior ou terciária, em comparação com apenas 30% dos homens (Tabela 8.15).

Os níveis expressivos de mulheres com alto grau de escolaridade na capital também se refletem na mudança dos padrões de idade das gestantes. Como ocorre em muitas sociedades desenvolvidas, quanto mais mulhe-

Tabela 8.13 Pessoas com 14 anos ou mais, empregadas na semana de referência, por grupamentos ocupacionais, Brasil, Região Metropolitana de São Paulo, cidade de São Paulo, 3º trimestre 2019

Grupamentos ocupacionais	Brasil	RMSP	Cid.São Paulo
Diretores e gerentes	4,5%	7,6%	8,7%
Profissionais das ciências e intelectuais	11,2%	16,0%	18,9%
Técnicos e profissionais de nível médio	7,8%	9,8%	10,1%
Trabalhadores de apoio administrativo	8,2%	9,8%	9,3%
Trabalhadores dos serviços, vendedores dos comércios e mercados	22,8%	22,3%	22,6%
Trabalhadores qualificados da agropecuária, florestais, da caça e da pesca	6,0%	0,3%	0,1%
Trabalhadores qualificados, operários e artesões da construção, das artes mecânicas	13,2%	12,0%	10,0%
Operadores de instalações e máquinas e montadores	8,4%	8,5%	7,2%
Ocupações elementares	17,0%	13,2%	12,7%
Membros das forças armadas, policiais e bombeiros militares	0,9%	0,5%	0,4%
Total	100,0%	100,0%	100,0%
Número de trabalhadores (em milhares)	**93.801**	**10.858**	**6.322**

Fonte: IBGE, Sidra, tabela 5435.

Tabela 8.14 Nível educacional das pessoas de 10 anos ou mais, por sexo, Brasil e cidade de São Paulo, Censo de 2010

	Total	Homens	Mulheres
Brasil			
Sem educação formal ou fundamental incompleto	38,6%	43,3%	32,2%
Fundamental completo ou médio incompleto	17,9%	18,5%	17,0%
Médio completo ou universitário incompleto	30,8%	28,4%	34,1%
Universitário completo	12,7%	9,8%	16,8%
Total do nível educacional conhecido	100,0%	100,0%	100,0%
(N)	85.974.841	49.618.496	36.356.345
Cidade de São Paulo			
Sem educação formal ou fundamental incompleto	25,9%	28,1%	23,5%
Fundamental completo ou médio incompleto	17,7%	18,5%	16,8%
Médio completo ou universitário incompleto	33,2%	32,5%	34,0%
Universitário completo	23,1%	20,9%	25,7%
Total do nível educacional conhecido	100,0%	100,0%	100,0%
(N)	5.497.275	2.938.423	2.558.852

Fonte: IBGE, Sidra, tabela 3577.

Tabela 8.15 Nível educacional dos trabalhadores em empregos formais, por sexo, cidade de São Paulo, 2018

Nível educacional	Homens	Mulheres
Analfabeto	4.906	1.660
Até 5º grau incompleto	45.767	15.831
5º grau completo	52.153	24.074
Entre 6º e 9º grau	106.238	52.539
Fundamental completo	220.063	121.986
Secundário incompleto	153.464	87.256
Secundário completo	1.214.894	987.954
Universitário incompleto	101.084	111.191
Universitário completo	658.858	894.190
Mestrado	16.878	15.863
Doutorado	8.917	7.683
Total	2.583.222	2.320.227

Fonte: http://bi.mte.gov.br/bgcaged/.

res obtêm uma educação avançada e ingressam nas profissões qualificadas, mais ocorrem mudanças importantes na idade das mães por ocasião do nascimento dos filhos. Nos primeiros anos da transição demográfica eram as mulheres mais velhas que paravam de ter filhos, o que significa que ocorriam mais nascimentos entre as mais jovens. Recentemente, as mulheres na capital, como nos países avançados, passaram a postergar a maternidade para que pudessem concluir sua educação e entrar para a força de trabalho. No período de 2003 a 2018, a faixa etária das mulheres que deram à luz o maior número de filhos passou de 20 a 24 anos para 30 a 34 (Gráfico 8.2). Contudo, no país como um todo, o pico do número total de nascimentos continuou a ocorrer entre as mulheres de 20 a 24 anos em 2018, como se dava entre as mães paulistas cerca de quinze anos antes.

O mercado de trabalho para homens e mulheres com alto grau de instrução e qualificação profissional cresceu rapidamente na capital graças a uma crescente concentração de empresas que oferecem serviços complexos, e especialmente em razão de a maioria dos serviços financeiros prestados no Brasil estar localizada na capital paulista.[48] Os maiores bancos nacio-

48 Segundo Santos, São Paulo insere-se nesse novo contexto, e sua metrópole destaca-se pela onipresença no resto do território brasileiro e suas conexões com outros espaços hegemônicos. A importância de São Paulo não reside mais exclusivamente na força de sua indústria, e sim na capacidade de produzir, coligir e classificar informações próprias e de terceiros e de distribuir e administrar essas informações segundo seus próprios interesses. Milton Santos, *Técnica, espaço, tempo: Globalização e meio técnico-científico informacional* (São Paulo: Hucitec, 1997), p.151.

Gráfico 8.2 Total de nascimentos por idade da mãe, cidade de São Paulo 2003/2018

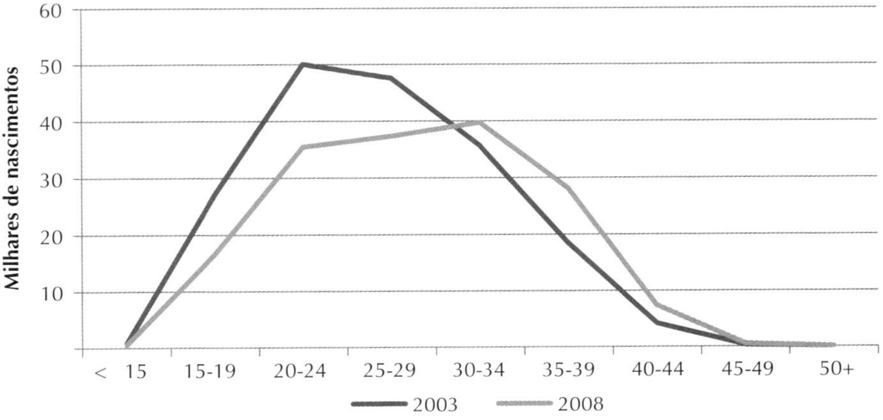

Fonte: IBGE, Sidra, tabela 2609.

nais e privados têm sede na cidade de São Paulo, assim como as agências da maioria dos bancos internacionais e das maiores bolsas de valores e de mercadorias do país. O peso econômico do estado e a localização dos principais prestadores de serviços empresariais promoveram a concentração de empresas na capital paulista.

Por outro lado, a desindustrialização progressiva da capital paulista e o crescimento constante do setor de serviços requereram uma reconfiguração da organização espacial da cidade, em um processo ainda não concluído. Devido ao tamanho e à importância que a indústria alcançara na capital, com vastas áreas dedicadas a atividades fabris, o processo de conversão que vem ocorrendo, desde os anos 1980, ainda não reconfigurou adequadamente muitas das antigas áreas industriais para usos alternativos mais adequados a uma cidade de serviços. Isso não afetou muito a capital, pois a cidade rapidamente se tornou o centro financeiro e comercial da região metropolitana, do estado e do país. Mas os municípios da região metropolitana não tiveram tanta sorte em sua transição. Essas localidades geralmente foram menos capazes de integrar suas antigas economias industriais ao processo de serviços modernos. Por muitas e variadas razões, a maioria dos serviços concentrou-se na capital, que sempre foi o núcleo da região metropolitana.

No entanto, mesmo dentro dos limites da cidade houve mudanças importantes na população e na importância de subdistritos essenciais. Tanto na área central como nos distritos adjacentes ocorreram crescimento e declínio. Existem diferenças mesmo em partes da cidade com as zonas dotadas da melhor infraestrutura — vistas, por exemplo, no abandono dos bairros que no passado circundavam o centro histórico da cidade e no processo atual pelo qual passam os bairros do chamado centro expandido, composto pela região entre os rios Pinheiros e Tietê. Enquanto o centro antigo da cidade sofreu por longo tempo um processo de estagnação e desinteresse por parte do mercado imobiliário, o oposto se deu com os bairros do centro expandido, que se encontra em meio a um intenso processo de transformação. Neste, moradias unifamiliares são substituídas por edifícios residenciais ou de escritório. Essas transformações do centro expandido condizem com a cidade de serviços que São Paulo se tornou. Grande parte dos novos serviços concentra-se nessa área de intensa transformação urbana. No entanto, frequentemente, um processo de substituição desse tipo ocorre com uma redução da densidade da ocupação nessas áreas, onde predominam os "conjuntos de edifícios, horizontais ou verticais, com programas diferenciados, residências, de escritórios e de serviços, como hotéis, flats ou suas combinações".[49] Em contraste, os distritos periféricos remanescentes, carentes de infraestrutura e serviços públicos, sofrem adensamento populacional (Tabela 8.16).

Um dos aspectos mais problemáticos da cidade de São Paulo é a mobilidade física. A cidade tem baixa densidade populacional, e seus habitantes estão dispersos por áreas desigualmente dotadas de oportunidades ocupacionais, o que requer longos trajetos entre as áreas de concentração populacional e as de concentração de ofertas de emprego. Essa situação gera grande pressão sobre o sistema de transporte público. Infelizmente, a rede de trens, moderna e de alta capacidade, é modesta para as necessidades de uma cidade como São Paulo. Existem três sistemas alternativos e integrados. Um deles é o sistema de trens metropolitanos, que foi construído a partir do sistema ferroviário tradicional, implantado em São Paulo para transportar café até a costa. Esse sistema foi convertido gradualmente em uma moderna rede de trens metropolitanos suburbanos, atualmente dotada de instalações adequadas. Esse sistema tem 270 quilômetros de extensão, com 94 estações, e atende 23 municípios. Por ele viajam 3 milhões de passageiros ao dia. A cidade também possui uma rede metroviária que serve exclusivamente a área da cidade de São Paulo. Infelizmente, essa rede é limitada para as necessidades da capital. Hoje a rede metroviária possui apenas 101 quilômetros de trilhos e 89 estações, transportando mais de 5 milhões de passageiros por dia (Mapa 8.3). Apesar de seu tamanho limitado, o metrô que serve a cidade de São Paulo é

49 Regina Maria Prosper Meyer, Marta Dora Grostein e Ciro Biderman, *São Paulo Metrópole* (São Paulo: Edusp/Imprensa Oficial, 2004), p.64. (Edição de 2004 esgotada, reimpressão, 2013)

Tabela 8.16 População e PIB da cidade de São Paulo e demais municípios da Região Metropolitana de São Paulo, 2018

Localidades	Área (km^2)	População 2018	Densidade (hab/km^2)	Taxa anual de crescimento (2010/2018) (1)	PIB 2016 (mil reais)	Distância da cidade S.Paulo
RMSP	7.947	21.571.281	2.714	1,2	1.107.867.636	
Cidade de São Paulo	**1.521**	**12.176.866**	**8.005**	**1,0**	**687.035.889**	
Arujá	96	88.455	920	2,1	4.730.400	45
Biritiba-Mirim	317	32.251	102	1,5	738.495	79
Ferraz de Vasconcelos	30	191.993	6.494	1,7	2.859.009	45
Guararema	271	29.451	109	1,7	1.427.047	79
Guarulhos	319	1.365.899	4.286	1,4	53.974.919	16
Itaquaquecetuba	83	366.519	4.436	1,6	6.507.690	36
Mogi das Cruzes	713	440.769	619	1,6	14.426.294	57
Poá	17	116.530	6.750	1,2	4.343.585	42
Salesópolis	425	17.022	40	1,1	196.020	101
Santa Isabel	363	56.792	156	1,5	1.238.723	61
Suzano	206	294.638	1.429	1,5	9.468.888	44
Subtotal Região Leste	2.840	3.000.319	1.057	1,5	99.911.072	
Caieiras	98	100.129	1.025	1,8	2.706.457	38
Cajamar	131	75.638	576	2,1	13.020.610	41
Francisco Morato	49	174.008	3.551	1,5	1.372.211	48
Franco da Rocha	133	152.433	1.148	1,9	2.460.082	47
Mairiporã	321	98.374	307	2,5	1.639.191	37
Subtotal Região Norte	732	600.582	821	1,9	21.198.551	
Barueri	66	271.306	4.129	1,5	47.088.302	30
Carapicuíba	35	398.611	11.539	1,0	5.214.113	26
Itapevi	83	234.352	2.835	2,0	12.147.662	40
Jandira	17	123.481	7.077	1,7	3.419.632	34

(cont.)

Tabela 8.16 População e PIB da cidade de São Paulo e demais municípios da Região Metropolitana de São Paulo, 2018

Localidades	Área (km^2)	População 2018	Densidade (hab/km^2)	Taxa anual de crescimento (2010/2018) (1)	PIB 2016 (mil reais)	Distância da cidade S.Paulo
RMSP	7.947	21.571.281	2.714	1,2	1.107.867.636	
Cidade de São Paulo	**1.521**	**12.176.866**	**8.005**	**1,0**	**687.035.889**	
Osasco	65	696.850	10.728	0,6	74.402.691	22
Pirapora do Bom Jesus	108	18.604	171	2,1	268.354	55
Santana de Parnaíba	180	136.517	759	2,9	8.485.338	40
Subtotal Região Oeste	554	1.879.721	3.395	1,2	151.026.091	
Diadema	31	420.934	13.697	1,1	13.229.745	21
Mauá	62	468.148	7.562	1,5	13.963.846	27
Ribeirão Pires	99	122.607	1.238	1,0	3.021.839	55
Rio Grande da Serra	36	50.241	1.382	1,7	578.087	50
Santo André	176	716.109	4.074	0,7	25.837.046	24
São Bernardo do Campo	410	833.240	2.035	1,1	42.131.380	19
São Caetano do Sul	15	160.275	10.454	0,9	13.286.711	14
Subtotal Região Sul	829	2.771.554	3.344	1,0	112.048.654	
Cotia	324	244.694	755	2,5	10.991.458	31
Embu das Artes	70	270.843	3.847	1,5	10.004.647	27
Embu-Guaçu	156	68.856	442	1,2	1.063.716	49
Itapecerica da Serra	151	173.672	1.152	1,6	3.853.304	34
Juquitiba	522	31.235	60	1,1	442.469	72
São Lourenço da Serra	186	15.667	84	1,4	196.331	54
Taboão da Serra	20	285.570	14.007	2,0	8.350.023	30
Vargem Grande Paulista	42	51.702	1.217	2,3	1.745.432	44
Subtotal Região Sudoeste	1.472	1.142.239	776	1,8	36.647.378	

Fonte: https://emplasa.sp.gov.br/RMSP; acesso em: 20.1.2010.

um dos mais eficientes em número de passageiros transportados por quilômetro de trilhos. Além disso, é moderno e tem qualidade excelente. O terceiro sistema é a vasta rede de ônibus urbanos na cidade, que oferece serviços de má qualidade e opera em vias congestionadas, o que limita a velocidade do sistema. Essa rede de ônibus usa aproximadamente 15 mil veículos e transporta por volta de 8 milhões de passageiros ao dia. A cidade estabeleceu 500 quilômetros de faixas exclusivas para ônibus, com paradas centrais localizadas nas principais avenidas, e 132 quilômetros de faixas de ônibus que usam paradas comuns nas laterais das ruas (Mapa 8.3).[50]

A capital, como qualquer cidade, divide-se também por grupos de renda que residem em diferentes distritos. Uma análise com base no número de salários mínimos (SM) por domicílio na população de São Paulo, em 2010, revela contrastes importantes. Um quarto das famílias recebia até 2 SM, 36% recebiam de 2 a 5 SM, 21% entre 5 e 10 SM e 18% mais de 10 SM. A distribuição dessas famílias de acordo com as várias faixas de renda na cidade era fortemente desigual. Áreas como Pinheiros, Vila Mariana, Santo Amaro e Lapa tinham mais de dois terços dos domicílios com uma renda média superior a 10 SM; por outro lado, áreas da periferia como Cidade Tiradentes, Parelheiros, Guaianases, Itaim Paulista, M'Boi Mirim e Perus tinham menos de um quinto dos domicílios nessa faixa de renda. Nessas regiões, cerca de 40% dos domicílios declararam renda familiar até 2 SM. Por outro lado, em 2017 havia 1.709 favelas na cidade de São Paulo, com um total de 391 mil domicílios. Quando consideramos o número médio de pessoas por domicílio nas favelas de São Paulo, em 2008, chegamos à estimativa de que 1,6 milhão de pessoas vivem nessas favelas, o que representaria 14% da população da cidade.

Conforme desacelerou o crescimento industrial da capital, sua dinâmica economia desenvolveu-se ainda mais rapidamente na direção do setor de serviços. Com sua riqueza tradicional em terras e indústrias, a capital logo se transformou no inquestionável centro financeiro nacional dos principais bancos, seguradoras e mercados de ações e futuros. Também estavam na capital e sua região metropolitana as melhores universidades e os principais hospitais e faculdades de medicina do país. O crescimento do ensino superior produziu grande número de profissionais qualificados de ambos os sexos, que foram compor os quadros das empresas voltadas para as áreas de serviços e comércio. A cidade também foi a primeira a revolucionar a ati-

---

50 O primeiro corredor foi construído no município de São Paulo em 1980 na parte leste da cidade. O plano original previa a construção de 280 quilômetros, dos quais apenas 130 foram concluídos até o presente.

Mapa 8.3 Cidade de São Paulo, Linhas de Metrô e de trem metropolitano

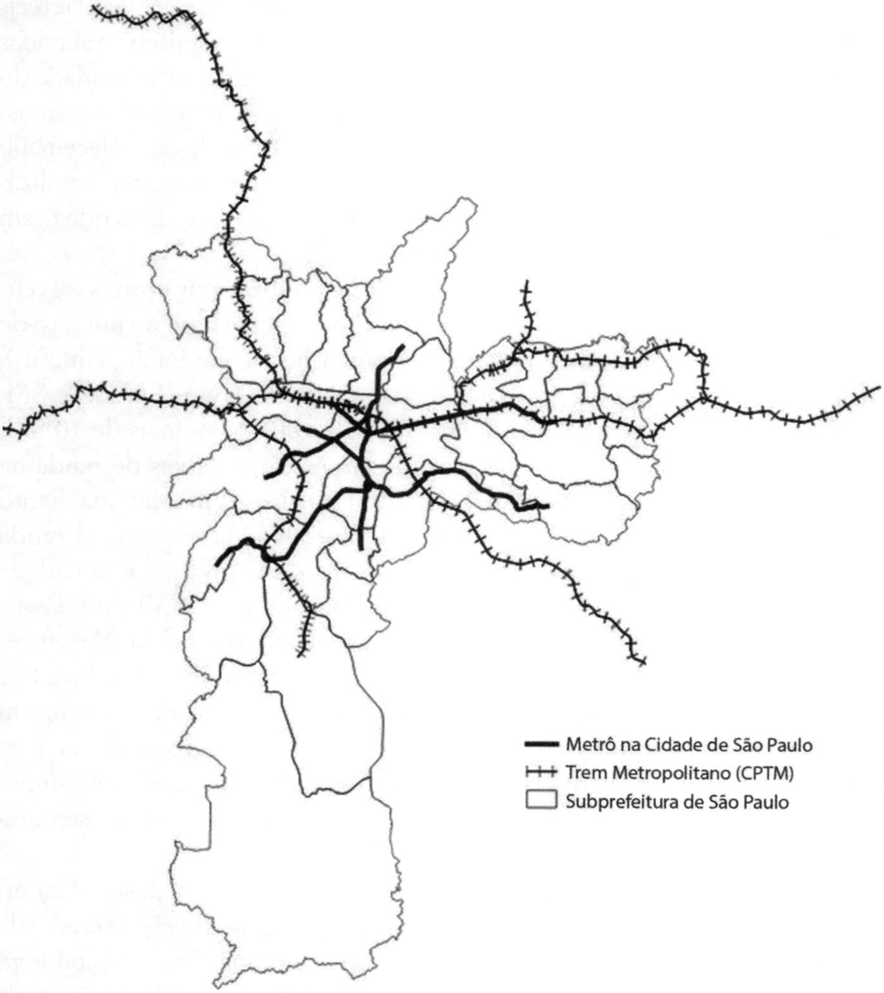

Fonte: Geosampa – Prefeitura de São Paulo.

vidade comercial, estabelecendo um dos maiores mercados atacadistas de alimentos perecíveis do mundo e inaugurando os maiores supermercados e os primeiros shoppings centers. Todos esses superlativos não impediram que a cidade tivesse, além de favelas, graves problemas de habitação e de transporte — como todas as demais cidades grandes do Brasil. Os governos estaduais e municipais, apesar de serem razoavelmente eficientes para os padrões brasileiros, ainda não conseguiram tomar medidas à altura do extraordinário crescimento da região metropolitana e sua capital nesse período. Não se sabe se alguma outra grande cidade do mundo conseguiria apresentar resultados melhores diante de um crescimento de 5% ao ano. O fato é que hoje a capital e a RMSP compõem a mais importante região urbana do país, com um dinamismo que continua a distinguir o desenvolvimento paulista desde o período colonial.

Conclusão

Ao fim de quase quatro séculos de crescimento, o estado de São Paulo destaca-se como uma das zonas mais dinâmicas da América Latina. Com uma economia mais ou menos equivalente às de Portugal e Finlândia, o estado seria aproximadamente a quinta economia latino-americana se fosse um país independente. Sua posição dominante no Brasil só foi estabelecida nos dois últimos séculos, quando se tornou o principal estado agrícola e industrial do país. Nos três volumes que compõem esta obra, abrangendo o período de 1750 a 2020,[1] examinamos a história e os fatores causais que ensejaram essa evolução extraordinária. Primeiramente ocorreu uma associação de São Paulo, ainda província, com a eficiente economia mineradora de Minas Gerais; depois a difusão da cafeicultura, a partir do Rio de Janeiro, para as regiões ainda mais férteis das planícies paulistas. O impacto e a contribuição da mão de obra africana, oriunda da escravidão, a migração externa induzida, que trouxe europeus, asiáticos, e a contínua migração interna potencializaram a população local e sua economia, permitindo que esta se caracterizasse por uma vibrante economia de mercado.

Embora esses componentes básicos já estivessem presentes em 1950, apenas nos últimos setenta anos, diversos fatores conjugados, finalmente resultaram na impulsão que define o sistema produtivo do estado hoje. A implantação da indústria automotiva em São Paulo nos anos 1950 e 1960 criou uma indústria pesada básica que, combinada à sua vasta indústria leve, formou um setor industrial extraordinário dominante no cenário nacional. Por sua vez, o desenvolvimento de grande número de novos produtos, entre eles açúcar e laranja, transformou o setor agrícola paulista, que até os anos 2010 continuou a ser o maior do país e a fornecer um dos mais diversificados conjuntos de produtos agrícolas.

1 Vol. 1: *Evolução da sociedade e economia escravista de São Paulo 1750 a 1850* (São Paulo: Edusp, 2006); vol. 2: *História econômica e social do estado de São Paulo 1850-1950* (São Paulo: Imesp, 2019); vol. 3: *História econômica e social do estado de São Paulo 1950-2020* (São Paulo: Editora Unesp, 2022).

Foi essa riqueza agrícola e industrial que permitiu ao governo do estado investir em educação, saúde e serviços sociais para finalmente prover recursos para a população paulista desenvolver-se em grau considerável nos aspectos relativos a anos de estudo, avanços no ensino superior e crescimento colossal da expectativa de vida. No começo desse período, grande parte dos habitantes do estado era analfabeta, e a expectativa de vida média era baixa pelos padrões mundiais. Hoje, a população paulista apresenta índices de educação e saúde próximos dos encontrados nos países mais avançados do mundo. Finalmente, houve um crescimento substancial dos centros urbanos em todo o estado, e isso ensejou o crescimento de uma classe média mais uniformemente distribuída pelo território paulista. Apesar de todo esse avanço na educação e do surgimento de uma classe média importante, a distribuição de renda teve melhora apenas modesta, mas problemas de mobilidade urbana, além dos habitacionais, continuaram a ser um desafio constante para o governo estadual, como demonstra a persistente existência das favelas.

Ainda mais notável foi a mudança em instituições sociais básicas. A população do estado em meados do século XX ainda era uma sociedade tradicional no que diz respeito ao casamento, à família e à religião. Setenta anos mais tarde, as diferenças se revelam profundas. O casamento está em declínio, as uniões consensuais aumentaram, o divórcio tornou-se comum e a Igreja católica está em vias de tornar-se minoritária em número de fiéis, em decorrência da ascensão das igrejas pentecostais e do aumento de ateus na população. Pela primeira vez na história brasileira, a fecundidade diminuiu drasticamente e atingiu níveis próximos da mera substituição, pois as mulheres superaram os homens em grau de escolaridade e ingressaram em massa no mercado de trabalho. Por sua vez, o aumento dos divórcios e das uniões consensuais alterou drasticamente instituições básicas como a família e os domicílios. Diminuiu o número de domicílios multifamiliares, enquanto os unipessoais aumentaram. Embora todas essas mudanças tenham ocorrido no Brasil inteiro nestas últimas sete décadas, São Paulo e outros estados das regiões Sul e Sudeste lideraram a tendência.

Apesar de toda a sua importância e papel dominante na sociedade, o estado de São Paulo não é mais um protagonista independente como foi no período de 1889 a 1930. Agora seu destino é determinado tanto em Brasília como pelo município de São Paulo. Essa propensão acentua-se cada vez mais à medida que as demais regiões do país alcançam níveis de educação, renda e saúde equivalentes aos paulistas. O dinamismo continua a caracterizar o estado, e a primazia de sua elite na esfera econômica é plenamente reconhecida, porém São Paulo já não detém o poder político que exerceu no passado. Sua liderança quanto aos índices sociais declina lentamente à medida que o país adota atitudes similares em relação a nascimentos e casamentos. A conhecida caracterização do país em uma espécie de Belíndia desaparece gradualmente, conforme regiões outrora mais pobres como o Centro-Oeste e o Norte aumentam seus níveis de riqueza e bem-estar, buscando equipará-los aos de São Paulo. Assim, esse estado já não se destaca tão notavelmente como em décadas passadas, mesmo que signifique um desenvolvimento positivo a longo prazo.

Bibliografia

Fontes primárias

A Fiat Automóveis inicia sua história em nosso país: https://docplayer.com.br/19143891-Fiat-automoveis--inicia-sua-historia-em-nosso-pais.html.

ABPA [Associação Brasileira de Proteína Animal]. Relatório Anual 2015 e 2016.

AFDC [Alternative Fuels Data Center]. World Fuel Ethanol Production by Country or Region. Disponível em: https://afdc.energy.gov/; acesso em: 2 ago. 2017.

ALESP [Assembleia Legislativa do Estado de São Paulo]. Disponível em: http://www.al.sp.gov.br/portal/site/Internet/.

AMOSTRA de 5% dos Censos Brasileiros 1960-1980.

ANFAVEA [Associação Nacional de Fabricantes de Veículos Automotores]. Anuário da Indústria Automobilística Brasileira. São Paulo: Anfavea, 2019.

BANCO CENTRAL DO BRASIL. Estatística Mensal por Município. Disponível em: https://www.bcb.gov.br/estatisticas/estatisticabancariamunicipios

______. in Focus: Relatório do Mercado, em: https://www.bcb.gov.br/pec/GCI/PORT/readout/R20180720.pdf.

______. Relatório de Inflação 13, n.3, set. 2011.

______. Relatório Economia Bancária 2018. Disponível em: https://www.bcb.gov.br/content/publicacoes/relatorioeconomiabancaria/reb_2018.pdf

BM&F [Bolsa de Mercadorias e Futuros]. Disponível em: www.bmf.com.br

BNDES [Banco Nacional de Desenvolvimento Econômico e Social]. Aeroespaço e defesa.

BNDES-Setorial, 2010 a 2018. Disponível em: https://www.bndes.gov.br/wps/wcm/connect/site/648bf519-e15e-41a0-a599a7cb4827be8a/BNDES_Setorial__A%26D_completo.pdf?MOD=AJPERES&CVID=mHlAmTY.

BRADY PLAN. Disponível em: https://www.bcb.gov.br/content/publicacoes/Documents/outras_pub_alfa/D%C3%ADvida_Externa_Brasileira_-_Segunda_Edi%C3%A7%C3%A3o_Revisada_Ampliada.pdf

BRASIL. Conselho do Desenvolvimento, Relatório do Período 1956-1960, t.IV, Rio de Janeiro, dez. 1960.

CARTA AO POVO BRASILEIRO, 22 jun. 2002. Disponível em: http://www1.folha.uol.com.br/folha/brasil/ult96u33908.shtml

CDC [Nacional Center for Health Statistics]. *National Vital Statistics Reports*, v.63, n.5, September 24, 2014.

CEDLAS [Centro de Estudios Distributivos, Laborales y Sociales]. Disponível em: http://www.depeco.econo.unlp.edu.ar/cedlas/wb/

CELADE [Comisión Económica para América Latina y el Caribe]. *Anuario Estadistica de America Latina*, 1980.

______. *Boletín demográfico*, n.66, jul. 2000.

______. Brasil Tasas de fecundidad y distribución relativa por edades, tasa global de fecundidad, y nacimientos anuales por edad de la madre segun quinquenios. Disponível em: http://www.eclac.cl/celade/proyecciones/intentoBD-2002.htm

______. Brazil: Long Term Population Estimates and Projections 1950-2100 (revisão de 2013). Disponível em: https://www.cepal.org/celade/proyecciones/basedatos_BD.htm

CESP [Companhia Energética de São Paulo]. Disponível em: http://www.cesp.com.br/portal Cesp/portal.nsf/V03.02/Empresa_Historia? OpenDocument.

CIDADE DE SÃO PAULO SAÚDE. *Relatório Anual de Gestão de São Paulo, SUS, 2018*. São Paulo: Prefeitura Municipal de São Paulo, Secretaria Municipal de Saúde, 2010.

CITROSUCO. Disponível em: http://www.citro suco.com.br/nossa-empresa.html

CLUBE DO FORDINHO. Disponível em: http:// www.clubedofordinho.com.br/si/site/ 0058/p/Hist%C3%B3rico%20da%20Ford %20Brasi

CNC [Confederação Nacional do Comércio, Bens, Serviços e Turismo]; Endividamento e Inadimplência do Consumidor. Disponível em: http://www.cnc.org.br/sites/default/files/ arquivos/analise_peic_janeiro_2015.pdf

CNI [Confederação Nacional da Indústria]. Disponível em: http://www.portaldaindustria. com.br/agenciacni/noticias/2016/11/parti cipacao-de-mulheres-no-mercado-de-traba lho-industrial-cresce-143-em-20-anos/

______. Nota Econômica. Disponível em: http:// arquivos.portaldaindustria.com.br/app/con teudo_24/2015/02/20/526/Notaeconomica 01-Competitividade.pdf.

CÓDIGO PENAL. Disponível em: https://www. jusbrasil.com.br/topicos/10621211/artigo-149-do-decreto-lei-n-2848-de-07-de-dezem bro-de-1940

CONAB [Companhia Nacional de Abastecimento]. Produtos da Indústria Sucroalcooleira Comparativo de Área, Produtividade e Produção Safras 2018/19 e 2019/20. Disponível em: https://www.conab.gov.br/info-agro/ safras/cana

CONSTITUIÇÃO DE 1988. Disponível em: http://www.planalto.gov.br/ccivil_03/constituicao/constituicaocompilado.htm, and acces sed on 11/26/2017.

CPTM [Companhia Paulista de Trens Urbanos]. Disponível em: http://www.cptm.sp.gov.br/ a-companhia/Pages/a-companhia.aspx.

DIRECTORIA GERAL DE ESTATISTICA. *Boletim Commemorativo da Exposição Nacional de 1908*. Rio de Janeiro, 1908.

ECLAC [Economic Comission for Latin American and the Caribbean]. CEPALSTAT. Disponível em: https://estadisticas.cepal.org/ cepalstat/WEB_CEPALSTAT/estadistica sIndicadores.asp?idioma=i

EMBRAER S.A. Disponível em: https://historical-center.embraer.com/br/pt/historia

EMBRATUR [Instituto Brasileiro do Turismo]. Anuário Estatístico da Embratur, 2003. Disponível em: http://www.embratur.gov.br/

EMPLASA. Disponível em: https://emplasa.sp. gov.br/RMSP

FGV CPDOC [Centro de Pesquisa e Documentação de Histórica Contemporânea do Brasil]. Fábrica Nacional de Motores. Disponível em: http://www.fgv.br/CPDOC/ACERVO/ dicionarios/verbete-tematico/fabrica-nacional-de-motores-fnm .

______. Confederação Geral dos Trabalhadores (CGT). Disponível em: http://www.fgv.br/ cpdoc/acervo/dicionarios/verbete-tematico/ confederacao-geral-dos-trabalhadores

FUNDAÇÃO JOÃO PINHEIRO. Perfil Demográfico do Estado de Minas Gerais 2000. Belo Horizonte, 2003.

FUNDAÇÃO SEADE. *Anuário Estatístico do Estado de São Paulo, 2003*.

______. *Anuário Estatístico do Estado de São Paulo,2001*.

______. Histórico Demográfico do Município de São Paulo. Disponível em: http://smul. prefeitura.sp.gov.br/historico_demografico/ tabelas.php

______. Mapa da Indústria Paulista, abril 2019.

______. SP Demográfico, vários anos.

FUT POP CLUB. Disponível em: https://futpop-clube.com/tag/ranking-mundial-de-publico--nos-estadios/

GLOBO RURAL. Disponível em: http://revistagloborural.globo.com/Revista/Common/0,,ERT216287-18283,00.html

GM NOTÍCIAS. Disponível em: https://media. gm.com/media/br/pt/chevrolet/news.detail.html/content/Pages/news/br/pt/2015/ jan/0126-1925.html.

GOVERNO DO ESTADO DE SÃO PAULO, São Paulo no Limiar do Século XXI. Cenários da Urbanização Paulista. A região administrativa da Grande São Paulo. São Paulo: Governo do Estado de São Paulo/Fundação Seade, 1992. 8 v.

GOVERNO FEDERAL. Brasil Maior. Disponível em: http://www.brasilmaior.mdic.gov.br/ conteudo/128.

GREVE DO ABC. Disponível em: http://www. abcdeluta.org.br/materia.asp?id_CON=34.

HISTÓRIA DO CPDOC. Disponível em: https://www.fgv.br/cpdoc/acervo/dicionarios/verbete-tematico/forca-sindical

IBGE [Instituto Brasileiro de Geografia e Estatística]. *Análises dos Indicadores do PNAD.* Disponível em: https://www.iets.org.br/spip.php?rubrique2

______. *Anuário Estatístico do Brasil,* 1939-40, 1951.

______. *Anuário Estatístico do Brasil*, vários anos.

______. *As Fundações Privadas e Associações sem Fins Lucrativos no Brasil, 2010* (Estudos & Estudos 20; Rio de Janeiro, 2012).

______. *Brasil, Censo Demográfico de 1980*, v.2, t.3, parte 1.

______. *Brasil, Censo Agrícola 1950,* Série Nacional, v.II e III.

______. *Brasil, Censo Agropecuário 2006,* v.2.

______. *Brasil, Censo Demográfico 1920.*

______. *Brasil, Censo Demográfico 1950*, Série Nacional, v.1.

______. *Brasil, Censo Demográfico 1950*, Série Nacional, v.XXV, t.1 e 3.

______. *Brasil, Censo Demográfico 1950*, Série Nacional, v.III, t.1 (Censo Industrial).

______. *Brasil, Censo Demográfico de 1950*, Série Regional, v.XXV, t.1, 2 e 3.

______. *Brasil, Censo Demográfico de 1950*, Série Regional, v.XXXV, t.1.

______. *Brasil, Censo Demográfico de1960*, Série Regional, v.1, t.XIII.

______. *Brasil, Censo Industrial de 1960*, Série Nacional, v.III.

______. *Brasil, Censo Demográfico, 1970*, Série Nacional, v.1.

______. *Brasil, Censo Industrial 1980*, v.1, t.2.

______. *Brasil, Censo Demográfico de 1980*, v.1, t.4.

______. *Brasil, Censo Demográfico de 1980*, v.3, t.2, parte 1.

______. *Brasil, Censo Demográfico de 1980*, v.4, n.1 e n.19.

______. *Brasil, Censo Demográfico de 1980*, v.5, n.4 e 19.

______. *Brasil, Censo Demográfico de 1991.*

______. *Brasil, Censo Demográfico 2000 – Resultados do Universo.*

______. *Brasil, Censo Demográfico 2010, Características da população e dos domicílios, Resultado do Universo.*

______. *Brasil, Censo Demográfico 2010: famílias e domicílios resultados da amostra.*

______. *Brasil, Censo Industrial, Comercial e de Serviços, 1950.*

______. *Brasil, Estatísticas do Século XX.* Rio de Janeiro, 2003.

______. BRASIL, Projeção da população por sexo e idade – Indicadores implícitos na projeção – 2010/2060. Disponível em: https://www.ibge.gov.br/estatisticas/sociais/populacao/9109-projecao-da-populacao.html?t=resultados

______. *Classificação Nacional de Atividades Econômicas.* Rio de Janeiro: IBGE, 2007.

______. Concla (Comissão Nacional de Classificação). Disponível em: https://concla.ibge.gov.br/busca-online-cnae.html?classe=45200&view=classe

______. CONCLA [Comissão Nacional de Classificação]. Disponível em: https://concla.ibge.gov.br/concla.html

______. *Estatísticas do Registro Civil. Sistema de Estatísticas Vitais.* Disponível em: https://www.ibge.gov.br/estatisticas/sociais/populacao/9110-estatisticas-do-registro-civil.html?=&t=o-que-e

______. *Estatísticas de Gênero – Uma análise dos resultados do Censo Demográfico 2010* (Estudos & Pesquisas 33).

______. *Estatísticas do Registro Civil, 1999*, Casamentos. Disponível em: https://www.ibge.gov.br/estatisticas/sociais/populacao/9110-estatisticas-do-registro-civil.html?edicao=17071&t=downloads

______. *Estatísticas do Registro Civil, 2002.* Rio de Janeiro: IBGE, v.29.

______. *Estatísticas do Registro Civil, 2010*, Casamentos.

______. *Estatísticas do Registro Civil, 2017*, Tabelas de Resultados, Casamentos.

______. Pesquisa Anual de Serviços, Rio de Janeiro, v.2, 2000.

______. Pessoas responsáveis pelos Domicílios Particulares Permanentes. Disponível em: http://www.sidra.ibge.gov.br/bda/popul/.

______. PNAD [Pesquisa Nacional por Amostra de Domicílios], 2015: Microdata.

______. PNAD [Pesquisa Nacional por Amostra de Domicílios], 2001: microdados. Rio de Janeiro: IBGE, 2002. 1 CD-ROM.

______. PNAD, *Aspectos das Relações de Trabalho e Sindicalização, 2015.* Rio de Janeiro, 2017.

______. PNAD, Dicionário de variáveis da PNAD 2015. Disponível em: ftp://ftp.ibge.

gov.br/Trabalho_e_Rendimento/Pesquisa_Nacional_por_Amostra_de_Domicilios_anual/microdados/2015/leia_me_PNAD_2015_20170517.pdf

______. PNAD, *Indicadores Sociais, 2016*. Disponível em: https://www.ibge.gov.br/estatisticas-novoportal/sociais/populacao/9221-sintese-de-indicadores-sociais.html?edicao=9222&t=downloads

______. Projeção da população por sexo e idade – Indicadores implícitos na projeção – 2010/2060, [2018]. Disponível em: https://www.ibge.gov.br/estatisticas/sociais/populacao/9109-projecao-da-populacao.html?t=resultados.

______. Projeção da população, 2018. Disponível em: https://www.ibge.gov.br/estatisticas/sociais/populacao/9109-projecao-da-populacao.html?=&t=downloads

______. Projeções da população 2018 e 2013. Disponível em: https://www.ibge.gov.br/apps/populacao/projecao/______, Século XX, várias tabelas. https://seculoxx.ibge.gov.br/

______. *Projeções da População do Brasil e Unidades da Federação por sexo e idade: 2010-2060.* Disponível em: https://www.ibge.gov.br/estatisticas/sociais/populacao/9109-projecao-da-populacao.html?t=resultados

______. *Séries Estatísticas retrospectivas.* Rio de Janeiro, 1986, v. 2, t. 3.

______. Sidra [Sistema IBGE de Recuperação Automática] Censo Agro 2017.

______. Sidra, Censo Agrário 2006.

______. Sidra, Censo Demográfico 1991.

______. Sidra, Censo Demográfico 2000.

______. Sidra, Censo Demográfico 2010.

______. Sidra, PAM (Produção Agrícola Municipal).

______. Sidra, PAS (Pesquisa Anual de Serviço – PAS).

______. Sidra, PNAD (Pesquisa Nacional por Amostra de Domicílios).

______. Sidra, PNS (Pesquisa Nacional de Saúde).

______. Sidra, PPM (Pesquisa Pecuária Municipal).

______. Síntese de Indicadores Sociais, vários anos e exemplares.

______. Síntese de Indicadores Sociais, 2001, 2002, 2004, 2016, 2017.

______. Sínteses Históricas, Histórico dos Censos. Disponível em: https://memoria.ibge.gov.br/sinteses-historicas/historicos-dos-censos/censos-demograficos.html

______. Síntese de Indicadores Sociais. Disponível em: https://www.ibge.gov.br/estatisticas/sociais/trabalho/9221-sintese-de-indicadores-sociais.html?edicao=9222&t=downloads

______. Sistema de Contas Nacionais.

______. Tábua completa de mortalidade para o Brasil – 2017. Breve análise da evolução da mortalidade no Brasil. Rio de Janeiro, 2018.

______. *Tendências demográficas: uma análise da população com base nos resultados dos censos demográficos 1940 e 2000.* Rio de Janeiro, 2007.

IETS [Instituto de Estudos do Trabalho e Sociedade]. IETS/OPE Sociais, com base na Pesquisa Nacional por Amostra de Domicílios (PNAD), tabela "PNAD – Séries Históricas – Pobreza – 1990-2014". Disponível em: https://www.iets.org.br/spip.php?article406

IGREJA METODISTA. Disponível em: http://www.metodista.br/midiareligiaopolitica/index.php/composicao-bancada-evangelica/

INEP [Instituto Nacional de Estudos e Pesquisas]. Disponível em: http://inep.gov.br/sinopses-estatisticas-da-educacao-superior

INSTITUTO BRASILEIRO DE DIREITO DA FAMÍLIA. A trajetória do divórcio no Brasil: a consolidação do Estado Democrático de Direito. Disponível em: https://ibdfam.jusbrasil.com.br/noticias/2273698/a-trajetoria-do-divorcio-no-brasil-a-consolidacao-do-estado-democratico-de-direito; acesso em: 26 nov. 2017.

IPEA [Instituto de Pesquisas Econômicas Aplicadas]. Atlas do Estado Brasileiro, em: http://www.ipea.gov.br/atlasestado/

______. IPEADATA [macroeconomico/regional/social]. Disponível em: http://www.ipeadata.gov.br/Default.aspx

IPUMS International. Disponível em: https://international.ipums.org/international-action/samples

JAPONESES NO BRASIL. Disponível em: https://www.sp.br.emb-japan.go.jp/itpr_pt/nipobrasileiro.html

JORNAL *VALOR 1000*. Disponível em: https://www.valor.com.br/valor1000/2019/ranking1000maiores

LANCE. Pesquisa Lance/Ibope. Disponível em: http://www.lance.com.br/futebol-nacional/flamengo-segue-com-maior-torcida-mas-vantagem-para-timao-cai.html.

LUNÉ, A. J. B.; FONSECA, P. D. *Almanak da Provincia de São Paulo para 1873. Primeiro anno*, 1873.

MAPA [Ministério da Agricultura, Pecuária e Abastecimento]. Disponível em: http://indicadores.agricultura.gov.br/agrostat/index.htm

MDIC [Ministério da Economia, Indústria, Comércio Exterior e Serviço]. Disponível em: http://www.mdic.gov.br/index.php/comercio-exterior/estatisticas-de-comercio-exterior/series-historicas

______. Exportação Brasileira, São Paulo, Principais Productos, 2016. Disponível em: http://www.mdic.gov.br/comercio-exterior/estatisticas-de-comercio-exterior/balanca-comercial-brasileira-unidades-da-federacao

MERCE-DENCO. Disponível em: http://merce-denco.blogspot.com/2012/10/l-312-o-caminhao-que-deu-inicio-saga-da.html

MILKPOINT. Disponível em: https://www.milkpoint.com.br/cadeia-do-leite/giro-lacteo/cooperativa-central-de-laticiniossp-e-a-primeira-a-exportar-13192n.aspx

MINISTÉRIO DA FAZENDA. Nota Técnica do Tesouro, Dívida Bruta do Governo Geral do Brasil, 29/07/2015. Disponível em: www.fazenda.gov.br/area-destaques/.../arquivo.

MINISTÉRIO DA SAÚDE. Cadernos de Informações de Saúde. Disponível em: http://tabnet.datasus.gov.br/tabdata/cadernos/cadernosmap.htm

MINISTÉRIO DE CIÊNCIA, INOVAÇÕES E COMUNICAÇÕES. Plano de Ciência, Tecnologia e Inovação para Petróleo & gás natural. Brasília, 2018.

MINISTÉRIO DO TRABALHO. Bases Estatísticas RAIS e CAGED. Disponível em: http://bi.mte.gov.br/bgcaged/

______. Relação Anual de Informações Sociais, 2000.

NOTÍCIAS AUTOMOTIVAS. Disponível em: https://www.noticiasautomotivas.com.br/listas-de-montadoras-de-veiculos-por-estado-no-brasil/.

O GLOBO, G1, 11 jan. 2020.

OCB [Organizações das Cooperativas Brasileiras]. Disponível em: http://www.ocb.org.br/noticia/20916/unimeds-fazem-bonito-em-ranking-da-ans

OECD. Disponível em: https://data.oecd.org/rd/gross-domestic-spending-on-r-d.htm.

______. Disponível em: https://stats.oecd.org/Index.aspx?DataSetCode=LFS_SEXAGE_I_R

OIT [Organização Internacional do Trabalho]. ILO, ILOSTAT. Disponível em: https://www.ilo.org/ilostat/faces/oracle/webcenter/portalapp/pagehierarchy/Page3.jspx?locale=EN&MBI_ID=49

OPERAÇÃO LAVA JATO. Disponível em: http://www.mpf.mp.br/grandes-casos/lava-jato/entenda-o-caso.

OS DA CULTURA. Disponível em: http://portal.mec.gov.br/index.php?option=com_docman&view=download&alias=49141-pceb010-16-pdf&category_slug=outubro-2016-pdf&Itemid=30192

PETROBRAS. Disponível em: http://www.petrobras.com.br/fatos-e-dados/refinaria-presidente-bernardes-completa-60-anos-de-atividades-em-cubatao.htm.

______. Disponível em: http://www.petrobras.com.br/pt/nossas-atividades/principais-operacoes/refinarias/refinaria-capuava-recap.htm.

PLANO COLLOR. Documentos, *Revista de Economia Política*, v.10, n.3, p.114-48, jul.-set. 1990. Disponível em: http://www.rep.org.br/pdf/39-9.pdf.

PNUD, Fundação João Pinheiro, IPEA. Atlas do Desenvolvimento Humano no Brasil – 2003.

PORTAL IMPRENSA. Disponível em: http://www.portalimprensa.com.br/noticias/brasil/66895/pesquisa+do+ibope+aponta+que+tempo+dedicado+ao+esporte+na+tv+cresceu+53.

PREFEITURA DO MUNICÍPIO DE SÃO PAULO. Atlas da Saúde na Cidade de São Paulo. São Paulo: PMSP/Via Pública, 2011).

______. Cidade de São Paulo Saúde, Relatório Anual de Gestão de São Paulo, 2018.

______. *Demografia – Tabelas*. Disponível em: https://www.prefeitura.sp.gov.br/cidade/secretarias/urbanismo/dados_estatisticos/info_cidade/demografia/index.php?p=260265

PRESIDÊNCIA DA REPÚBLICA. II Plano Nacional de Desenvolvimento (1975-1979), quadro 1. Disponível em: http://www.biblioteca.presidencia.gov.br/publicacoes-oficiais/catalogo/geisel/ii-pnd-75_79

R&D. The 2016 Global R&D Funding Forecast. Supplement to R&D Magazine (Winter 2016).

RESEARCH IN BRAZIL. A report for Capes por Clarivate Analytics, p.54. Disponível em: https://www.capes.gov.br/images/stories/download/diversos/17012018-CAPES-InCitesReport-Final.pdf.

REVISTA *VEJA*, 3 mar. 2020.

SÃO PAULO. *Annuário Demográphico*, Anno XII, 1905.

SÃO PAULO CONVENTION BUREAU. Pesquisa e Diagnóstico Econômico do Turismo de Eventos na Cidade de São Paulo. Disponível em: www.spcvb.com.br

SÃO PAULO RAILWAY http://www.metro.sp.gov.br/metro/licenciamento-ambiental/pdf/linha_18_bronze/eia/volume-iii/Arquivo-20.pdf.

SARAIVA, J. A. *Documentos com que o presidente de São Paulo Instruiu o Relatório da Abertura da Assembléa Legislativa Provincial no dia 15 de fevereiro de 1855*, São Paulo, 1855.

SEADE [Fundação Sistema Estadual de Análise de Dados]. Biblioteca Digital Seade. BCD: *Boletim da Directoria de Industria e Commercio*, vários anos e exemplares. em: https://bibliotecadigital.seade.gov.br/view/#2

SECRETARIA DA CULTURA DO ESTADO DE SÃO PAULO. Boletim UM – 10 anos de parceria com OSs de Cultura – 2004 a 2014.

______. Boletim UM – Cultura em Números, São Paulo, jan. 2017.

SECRETARIA DA SAÚDE DO ESTADO DE SÃO PAULO. *As organizações sociais de Saúde do Estado de São Paulo. A experiência da Secretaria da Saúde. – planejamento e mecanismos de acompanhamento, controle e avaliação*. Disponível em: http://www.saude.sp.gov.br/resources/ses/perfil/gestor/homepage/auditoria/reunioes/organizacoes_sociais_de_saude_no_estado_de_sao_paulo.pdf

SECRETARIA DO TESOURO NACIONAL. Disponível em: http://www.tesouro.fazenda.gov.br/resultado-do-tesouro-nacional.

SEGURANÇA NO FUTEBOL. Disponível em: http://www.ibopeinteligencia.com/noticias-e-pesquisas/falta-de-seguranca-e-o-principal-motivo-para-torcedor-nao-ir-ao-estadio/.

SETOR SAÚDE. Disponível em: https://setorsaude.com.br/16-hospitais-brasileiros-estao-entre-os-melhores-da-america-latina/

SETOR SUCROALCOOLEIRO (complexo cana-de-açúcar) no território brasileiro, [2009]. Disponível em: http://www.observatoriogeograficoamericalatina.org.mx/egal12/Geografiasocioeconomica/Geografiaespacial/60.pdf

SÓCIO TORCEDOR. Disponível em: https://www.90min.com/pt-BR/posts/6076274-atualizado-os-10-clubes-que-lideram-o-ranking-de-socio-torcedor-no-brasil

TOYOTA DO BRASIL. Disponível em: https://www.toyota.com.br/mundo-toyota/sobre-a-toyota/

UNCTAD [United Nations Conference on Trade and Development]. Global Value Chains: Investment and Trade for Development. New York e Geneve, United Nations, 2013.

______. World Investment Report 2013.

UNFPA [United Nations Population Fund, Brasil]. *Fecundidade e dinâmica da população brasileira.* Brasília, 2018.

UNICA [União da Indústria de Cana-de-Açúcar]. Disponível em: http://www.unicadata.com.br/historico-de-producao-e-moagem.php?idMn=31&tipoHistorico=2

______. Exportação anual de açúcar pelo Brasil por estado de origem. Disponível em: http://www.unicadata.com.br/listagem.php?idMn=43

______. Exportação anual de etanol por estado brasileiro (mil litros) 2012/13 a 2016/16. Disponível em: http://www.unicadata.com.br/listagem.php?idMn=23

______. Frota brasileira de autoveículos leves... 2007-2015. Disponível em: http://www.unicadata.com.br/listagem.php?idMn=55.

______. Histórico e Missão. Disponível em: http://www.unica.com.br/unica/?idioma=1

______. Sugarcane, ethanol and sugar production. Disponível em: http://www.unicadata.com.br/

______. Várias tabelas de produção para o período 1980/81 a 2016/17 por estado. Disponível em: http://www.unicadata.com.br/historico-de-producao-e-moagem.php?idMn=32&tipoHistorico=4

UNU/WIDER World Income Inequality Database (WIID), World Income Inequality Database WIID3.4, released in January 2017. Disponível em: https://www.wider.unu.edu/database/world-income-inequality-database-wiid34.

US BUREAU OF LABOR STATISTICS. Civilian labor force participation rate, by age, sex, race, and ethnicity, 1996, 2006, 2016, and projected 2026 (in percent). Disponível em: https://www.bls.gov/emp/ep_table_303.htm.

______. Estimativas para 2050: podem ser encontradas em: https://www.bls.gov/opub/ted/2007/jan/wk2/art03.htm.

USDA, FAS [US Department of Agriculture, Foreign Agricultural Service]. 2017 Sugar Annual Brazil (Report BR17001, 4/28/2017).

______. *Citrus Annual Brazil 2016* (Report BR16020, 2/15/2016).

______. *Citrus Annual Brazil 2019.*

______. *Citrus: World Markets and Trade*, January 2017.

______. *Citrus: World Markets and Trade*, July 2020, p.6, 8.

VOLKSWAGEN, Imprensa. Disponível em: http://vwbr.com.br/ImprensaVW/page/Historia.aspx .

WORD BANK. Open Data [databank]. Disponível em: https://data.worldbank.org/

WORD BANK, GINI Index. Disponível em: https://data.worldbank.org/indicator/SI.POV.GINI?year_high_desc=false,

WORLD BANK GROUP. *Doing Business 2020. Comparing Business Regulation in 190 Economies*. Washington DC, 2020.

Fontes secundárias

ABRANCHES, S. H. Governo, empresa estatal e política siderúrgica: 1930-1975. In: LIMA JÚNIOR, O. B.; ABRANCHES, S. H. (Ed.). *As origens da crise*: Estado autoritário e planejamento no Brasil. São Paulo: Vértice, Revista dos Tribunais, 1987. p.158-213.

ABREU, M. P.; WERNECK, R. L. F. Estabilização, abertura e privatização, 1990-1994. In: ABREU, M. P. (Ed.). *A ordem do progresso*: dois séculos de política econômica no Brasil. Rio de Janeiro: Elsevier, 201. p.313-30.

ACCORSI, A. C. *Estado e grupos econômicos*: a política de expansão rodoviária no Brasil a partir de 1930. São Paulo, 1996. 171f. Dissertação (Mestrado) – EAESP, Fundação Getúlio Vargas.

ADORNO, R. C. F.; ALVARENGA, A. T.; VASCONCELLOS, M. P. Quesito cor no sistema de informação em saúde. *Estudos Avançados*, v.18, n.50, p.119-23, 2004.

ADRIANO, E. R. *Organizações sociais de saúde. OSS.* Governo do Estado de São Paulo, São Paulo, out. 2016. Disponível em: http://ses.sp.bvs.br/wp-content/uploads/2017/05/CGCSS-CCTIES_apresentado-na-reuni%C3%A3o-Holanda-201016_Dr.-Eduardo.pdf.

AFFONSO, J. R. F. ICMS: crise federativa e obsolescência. *Revista Direito GV*, v.14, n.3, p.986-1018, set./dez. 2018.

______ et al. Guerra fiscal do ICMS: organizar o desembarque. *Revista de Direito Internacional Econômico Tributário*, Brasília, v.12, n.1, p.416-43, jan.-jun. 2017.

AGUIAR, D. A.; SILVA, W. F.; RUDORFF, B. F. T.; SUGAWARA, L. M.; CARVALHO, M. A. Expansão da cana-de-açúcar no estado de São Paulo: safras 2003/2004 a 2008/2009. In: SIMPÓSIO BRASILEIRO DE SENSORIAMENTO REMOTO, 14, 2009, Natal. *Anais...* Natal, abr. 2009.

AGUIRRE, B. M. B.; SADDI, F. C. Uma alternativa de interpretação do II PND. *Revista de Economia Política,* v.17, n.4, p.79-98, out.-nov. 1997.

ALESSE, N. A. Formam-se favelas e ganham importância no cenário urbano São Paulo: Heliópolis e Paraisópolis. São Paulo, 2009. 169f. Dissertação (Mestrado) – FFLCH, Universidade de São Paulo.

ALMEIDA, C. C. T. *O grande ABC Paulista*: o fetichismo da região. São Paulo, 2008. Tese (Doutorado) – FFLCH, Universidade de São Paulo.

ALMEIDA, H. G. *Do Japão do Brasil*: trabalhadores japoneses em São Paulo (1908-1922). Campinas, 2012. Tese (Doutorado) – Universidade Estadual de Campinas.

ALMEIDA, M. O novo estado desenvolvimentista e o governo Lula. *Revista Economia & Tecnologia*, v.7, p.68-89, 2011.

______; OLIVEIRA, R. L.; SCHNEIDER, B. R. *Política industrial e empresas estatais no Brasil*: BNDES e Petrobras. Brasília: Ipea, 2014. (Texto para discussão, n.2013).

ALMEIDA, R. F. *Políticas de conteúdo local e setor para-petroleiro*: uma análise comparativa entre Brasil e Noruega. Rio de Janeiro, 2015. Dissertação (Mestrado) – COPPE (Instituto Alberto Luiz Coimbra de Pós-Graduação e Pesquisa de Engenharia), Universidade Federal do Rio de Janeiro.

ALMEIDA, R.; AMARAL, N.; FELICIO, F. *Assessing Advances and Challenges in Technical Education in Brazil.* Washington, DC: The World Bank, 2015.

ALONSO, F. R. B. As mulheres idosas que residem em domicílios unipessoais: uma caracterização regional a partir do Censo 2010. *Kairós Gerontologia*: revista da Faculdade de Ciências Humanas e Saúde, v.18, n.19, p.99-122, 2015.

ALVAREDO, F.; ATKINSON, A. B.; PIKETTY, T.; SAEZ, E. The Top 1 Percent in International and Historical Perspective. *Journal of Economic Perspectives*, v.27, n.3, p.3-20, 2013.

ALVES, J. E. D. Crise no mercado de trabalho, bônus demográfico e desempoderamento feminino. In: ITABORAÍ, N. R.; RICOLDI, A. M. (Ed.). *Até onde caminhou a revolução de gênero no Brasil?*: implicações demográficas e questões sociais. Belo Horizonte: ABEP ebook, 2016. p.21-44.

ALVES, J. E. D.; BARROS, L. F. W.; CAVENAGHI, S. A dinâmica das filiações religiosas no Brasil entre 2000 e 2010: diversificação e processo de mudança de hegemonia. *REVER – Revista de Estudos da Religião*, v.12, n.2, p.145-74, 2012.

______; CAVENAGHI, S. Tendências demográficas, dos domicílios e das famílias no Brasil. *Aparte: Inclusão Social em Debate*, v.24, p.1-33, 2012.

ALVES, M. H. M. *Estado e oposição no Brasil (1964-1984).* Petrópolis: Vozes, 1989.

AMARAL, T. M.; NEVES, M. F.; MORAES, M. A. D. Cadeias produtivas do açúcar do estado de São Paulo e da França: comparação dos sistemas produtivos, organização, estratégias e ambiente institucional. *Agricultura São Paulo*, v.50, n.2, p.65-80, 2003.

AMIN, J. S. *A união estável no Brasil a partir da Constituição Federal de 1988 e leis posteriores*. Florianópolis, 2001. Dissertação (Mestrado) – Centro de Ciências Jurídicas, Universidade Federal de Santa Catarina.

ANDRADE, A. S. C. *Mulher e trabalho no Brasil dos anos 90*. Campinas, 2004. Tese (Doutorado) – Universidade Estadual de Campinas.

ANDRADE, M. L. A.; CUNHA, L. M. S. O setor siderúrgico, BNDES. Disponível em: https://web.bndes.gov.br/bib/jspui/bitstream/1408/13314/1/BNDES%2050%20Anos%20-%20Hist%C3%B3rias%20Setoriais_O%20Setor%20Siderurgico_P.pdf .

ANTICO, C. Deslocamentos pendulares nos espaços sub-regionais da Região Metropolitana de São Paulo. Disponível em: http://www.abep.org.br/~abeporgb/publicacoes/index.php/anais/article/viewFile/1286/1250.

ARAUJO, E. G. *As centrais no sistema de representação sindical no Brasil*. São Paulo, 2012. 147f. Dissertação (Mestrado) – Faculdade de Direito, Universidade de São Paulo.

ARAÚJO, E. H. F. *O Mercosul*: negociações extrarregionais. Brasília: Fundação Alexandre de Gusmão, 2007.

ARAÚJO, J. S. P. *Memórias históricas do Rio de Janeiro*. Rio de Janeiro: Imprensa Nacional, 1945.

ARAÚJO, M. F. I. Os cem últimos anos na história da cidade e a formação da grande São Paulo. In: CANO, W. (Coord.). *São Paulo no Limiar do Século XXI*. São Paulo: Fundação Seade, 1992. v.6, p.17-51.

______. Trajetória econômica e espacial da metrópole paulista. *São Paulo em Perspectiva*, v.7, n.2, p.29-37, abr.-jun. 1993.

ARBIX, G. Políticas do desperdício e assimetria entre público e privado na indústria automobilística. *RBCSi*¸ v.17 n.48, p.109-29, fev. 2002.

ARIZ, C. L. Missão religiosa e migração: "novas comunidades" e igrejas pentecostais brasileiras no exterior. *Análise Social,* v.XLIV (1°), p.161-87, 2009.

ARRIAGA, E. E.; KINGSLEY, D. The Pattern of Mortality Change in Latin America. *Demography*, v.6, n.3, p.223-42, 1969.

ARTES, A.; RICOLDI, A. M. Mulheres e as carreiras de prestígio no ensino superior brasileiro: o não lugar feminino. In: ITABORAÍ, N. R.; RICOLDI, A. M. (Ed.). *Até onde caminhou a revolução de gênero no Brasil?*: implicações demográficas e questões sociais. Belo Horizonte: ABEP ebook, 2016. p.81-94.

ASFORA, L. F. *Terceiro setor*: organizações sociais. Rio de Janeiro, 2012. Dissertação (Mestrado) – Pontifícia Universidade Católica do Rio de Janeiro.

AVERBUG, A. Abertura e integração comercial brasileira na década de 90. In: GIAMBIAGI, F.; MOREIRA, M. M. (Ed.). *A economia brasileira nos anos 90.* Rio de Janeiro: BNDES, 1999. p.43-84.

BACHA, E. Moeda, inércia e conflito: reflexões sobre políticas de estabilização no Brasil. *Pesquisa e Planejamento Econômico*, v.18, n.1, p.1-16, 1988.

______; GREENHILL, R. *150 anos de café*. São Paulo: Marcelino Martins & Johnston Exportadores Ltda., 1992.

______; KLEIN, H. S. (Ed.). *Social Change in Brazil, 1945-1985*: The Incomplete Transformation. Albuquerque: University of New Mexico Press, 1989.

BAENINGER, R. Expansão, redefinição ou consolidação dos espaços da migração em São Paulo. Análises a partir dos primeiros resultados do Censo 2000, Anais (2016), p.1-27.

______. São Paulo e suas migrações no final do século 20. *São Paulo em Perspectiva*, v.19, n.3, p.84-96, 2005.

BAHIA, L. B.; DOMINGUES, E. P. *Estrutura de inovações na indústria automobilística brasileira*. Brasília: Ipea, 2010. (Texto para discussão, n.1472).

BALLESTRIN, L. M. A. *Estado e ONGs no Brasil*: acordos e controvérsias a propósito de direitos humanos (1994-2002). Porto Alegre, 2006. Dissertação (Mestrado) – Universidade Federal do Rio Grande do Sul.

BARAT, J. O setor transporte na economia brasileira. *Revista de Administração Pública*, Rio de Janeiro, v.2, ed. 4, p.117-66, 1968.

BARATA, L. R. B.; MENDES, J. D. V. *Organizações Sociais de Saúde*: a experiência exitosa de gestão pública de saúde do estado de São Paulo. São Paulo: Secretaria de Saúde, 2007. s/p.

BARROS, D. C.; CASTRO, B. H. R.; VAZ, L. F. H. Panorama da indústria de autopeças no Brasil: características, conjuntura, tendência tecnológicas e possibilidade de atuação do BNDES. *BNDES Setorial*, n.42, p.167-216, 2015.

______. *Panorama Setorial 2005-2018. Automotivo*. BNDES. Disponível em: https://web.bndes.gov.br/bib/jspui/bitstream/1408/14155/1/Automotivo_P_BD.pdf.

BARROS, O.; GIAMBIAGI, F. (Ed.). *Brasil globalizado*: o Brasil em um mundo surpreendente. Rio de Janeiro: Elsevier, 2008.

______; PEREIRA, R. R. Desmistificando a tese da desindustrialização: reestruturação da indústria brasileira em uma época de transformações globais. In: BARROS, O.; GIAMBIAGI, F. (Ed.). *Brasil globalizado*: o Brasil em um mundo surpreendente. Rio de Janeiro: Campus, 2008. p.299-330.

BARROS, R. P.; CORSEUIL, C. H.; SANTOS, D. D. Consequências de um novo padrão de inserção das mulheres no mercado de trabalho sobre o bem-estar na região metropolitana de São Paulo. *Emprego feminino no Brasil: mudanças institucionais e novas interseções no mercado de trabalho, Serie Politicas Sociales*, n.60, 2002.

______; FRANCO, S.; MENDONÇA, R. *Discriminação e segmentação no mercado de trabalho e desigualdade de renda no Brasil*. Rio de Janeiro: Ipea, 2017. (Texto para discussão, n.1288).

BARROS, R.; FOX, L.; MENDONÇA, R. Female-Headed Households, Poverty, and the Welfare of Children in Urban Brazil. *Economic Development and Cultural Change*, v.45, n.2, p.231-57, jan. 1997.

BARROSO, F. T. Servidores públicos da esfera civil e militar: sindicalização e greve. Disponível em: http://www.ambito-juridico.com.br/site/?n_link=revista_artigos_leitura&artigo_id=11514.

BASSETO, S. *Política de mão de obra na economia cafeeira do Oeste Paulista (período de transição)*. São Paulo, 1982. Tese (Doutorado) – FFLCH, Universidade de São Paulo.

BASTOS, E. K. X.; FONTES, P. V. S. Mercado de câmbio brasileiro e intervenções do Banco Central. Brasília: Ipea, *Carta de Conjuntura*, set. 2012.

BASTOS, P. P. Z.; FONSECA, P. C. D. *A Era Vargas*: desenvolvimento, economia e sociedade. São Paulo: Editora da Unesp, 2012.

BATISTA, L. E.; BARROS, S. Confronting Racism in Health Services. *Cadernos de Saúde Pública*, v.33, 2017.

______; ESCUDER, M. M. L.; PEREIRA, J. C. R. A cor da morte: causas de óbito segundo características de raça no estado de São Paulo, 1999 a 2001. *Revista da Saúde Pública*, v.38, n.5, p.630-6, 2004.

BEAVERSTOCK, J. V.; SMITH, R. G.; TAYLOR, P. J. *Research Bulletin 5: A Roster of World Cities*. Globalization and World Cities Study Group and Network. Disponível em: http://www.lboro.ac.uk/gawc/rb/rb5.html.

BELLUZZO, L. G. Um novo estado desenvolvimentista?. *Le Monde Diplomatique Brasil*, n.27, out. 2009. Disponível em: https://diplomatique.org.br/um-novo-estado-desenvolvimentista/.

BELTRÃO, K. I.; ALVES, J. E. D. A reversão do hiato de gênero na educação brasileira no século XX. *Anais*, 2016, p.125-56.

______; OLIVEIRA, F. E. B.; PINHEIRO, S. S. *A população rural e a previdência social no Brasil*: uma análise com ênfase nas mudanças constitucionais. Rio de Janeiro: Ipea, 2000. (Texto para discussão, n.759).

BENETTI, M. D. Endividamento e crise no cooperativismo empresarial do Rio Grande do

Sul: análise do caso FECOTRIGO/CENTRALSUL – 1975-83. *Ensaios FEE*, Porto Alegre, v.6, n.2, p.23-55, 1985.

BENEVIDES, M. V. M. *O governo Kubitschek*: desenvolvimento econômico e estabilidade política. Rio de Janeiro: n/p, 1977.

BERQUÓ, E. S.; CAMARGO, C. P. F. (Ed.). *La population du Brésil*. Paris: UN/CICRED, 1974.

______; CAVENAGHI, S. M. Demographic Evolution of the Brazilian Population during the Twentieth Century. In: *Population Change in Brazil*: Contemporary Perspectives. Campinas: Nepo/Unicamp, 2001. p.13-33.

BIALOSKORSKI NETO, S.; FERREIRA JÚNIOR, W. Evolução e organização das cooperativas agropecuárias paulistas na década de 90. Trabalho apresentado no *XLII Congresso da Sociedade Brasileira de Economia e Sociologia Rural 2004*.

BIGNON, V.; ESTEVES, R.; HERRANZ-LONCÁN, A. Big Push or Big Grab? Railways, Government Activism, and Export Growth in Latin America, 1865-1913. *Economic History Review*, v.68, n.4, p.1277-305, 2015.

BIRMAN, P. Conexões políticas e bricolagens religiosas: questões sobre o pentecostalismo a partir de alguns contrapontos. In: SANCHIS, P. (Ed.). *Fiéis & Cidadãos, percursos de sincretismo no Brasil*. Rio de Janeiro: Eduerj, 2001. p.59-86.

______. Mediação feminina e identidades pentecostais. *Cadernos PAGU*, n.6-7, p.201-26, 1996.

BIRMAN, P.; LEHMANN, D. Religion and the Media in a Battle for Ideological Hegemony: the Universal Church of the Kingdom of God and TV Globo in Brazil. *Bulletin of Latin American Research*, v.18, n.2, p.145-64, 1999.

BITTENCOURT, L. N. *As organizações sociais e as ações governamentais em cultura*: ação e política pública no caso do estado de São Paulo. São Paulo, 2014. Tese (Doutorado) – Fundação Getúlio Vargas.

BOARATI, V. *A discussão entre os economistas na década de 1970 sobre a estratégia de desenvolvimento econômico II PND*: motivações, custos e resultados. São Paulo, 2003. Dissertação (Mestrado) – FEA, Universidade de São Paulo.

BOAS, T. C. Serving God and Man: Evangelical Christianity and Electoral Politics in Latin America. Trabalho apresentado na American Political Science Association Annual Meeting, Chicago, IL, 29 de agosto-1 de setembro, 2013. Disponível em: http://people.bu.edu/tboas/serving_god_man.pdf .

BONDUKI, N. G. Origens da habitação social no Brasil. *Análise Social*, v.XXIX, n.127, p.711-32, 1994.

BONELLI, R.; PINHEIRO, A. C. Abertura e crescimento econômico no Brasil. In: BARROS, O.; GIAMBIAGI, F. (Ed.). *Globalizado*. Rio de Janeiro: Campus, 2008. p.89-124.

______; FONSECA, R. Ganhos de produtividade e de eficiência: novos resultados para a economia brasileira. *Pesquisa e Planejamento Econômico*, Rio de Janeiro, v.28, n.2, p.273-314, ago. 1998.

______; MALAN, P. Os limites do possível: notas sobre balanço de pagamento e indústria nos anos 70. *Pesquisa e Planejamento Econômico*, v.6, n.2, p.355-406, 1976.

______; PESSOA, S. A. *Desindustrialização no Brasil*: um resumo da evidência. Rio de Janeiro: FGV/IBRE, mar. 2010. (Texto para discussão, n.7).

BRANDÃO, R. L. *O automóvel no Brasil entre 1955 e 1961*: a invenção de novos imaginários na era JK. Juiz de Fora, 2011. 217f. Dissertação (Mestrado) – Instituto de Ciências Humanas, Universidade Federal de Juiz de Fora.

BRENTANI, R. R.; CRUZ, C. H. B. (Ed.). *Indicadores de ciência, tecnologia e inovação em São Paulo 2010*. São Paulo: Fapesp, 2011. 2 v.

BRITO, F. Transição demográfica e desigualdades sociais no Brasil. *Revista Brasileira de Estudos Populacionais*, v.25, n.1, p.5-26, 2008.

______; CARVALHO, J. A. M. As migrações internas no Brasil: as novidades sugeridas pelos censos demográficos de 1991 e 2000 e pelas PNADS recentes. Anais do XX Encontro Nacional de Estudos Populacionais, 2016.

BRUSCHINI, M. C. A. Trabalho e gênero no Brasil nos últimos dez anos. *Cadernos de Pesquisa*, v.37, n.132, p.537-72, 2007.

BUAINAIN, A. M. et al. Sete teses sobre o mundo rural brasileiro. In: BUAINAIN, A. M. et al. (Ed.). *O mundo rural no Brasil do século 21*: a formação de um novo padrão agrário e agrícola. Brasília, DF: Embrapa, 2014. p.1159-82.

BUCHALLA, C. M.; WALDMAN, E. A.; LAURENTI, R. A mortalidade por doenças infecciosas no início e no final do século XX no Município de São Paulo. *Revista Brasileira de Epidemiologia*, v.6, n.4, p.335-44, 2003.

BÚRIGO, F. L. Finanças e solidariedade: o cooperativismo de crédito rural solidário no Brasil. *Estudos Sociedade e Agricultura*, Rio de Janeiro, v.14, n.2, p.312-49, 2006.

CACCIAMALI, M. C.; HIRATA, G. I. A influência da raça e do gênero nas oportunidades de obtenção de renda – uma análise da discriminação em mercados de trabalho distintos: Bahia e São Paulo. *Estudos Econômicos*, v.35, n.4, p.774-85, 2005.

Caderno MARE da Reforma do Estado, Organizações Sociais, (2 vols; Brasília, 1998).

CALDAS, A. D. R.; SANTOS, R. V.; BORGES, G. M.; VALENTE, J. G.; PORTELA, M. C.; MARINHO, G. L. Mortalidade infantil segundo cor ou raça com base no Censo Demográfico de 2010 e nos sistemas nacionais de informação em saúde no Brasil. *Cadernos de Saúde Pública*, Rio de Janeiro, v.33, n.7, 2017. Disponível em: http://www.scielo.br/scielo.php?script=sci_arttext&pid=S-0102-311X2017000705007.

CALIFE, F. E. *Duas escolas em confronto*: a visão de Luiz Gonzaga Belluzo e Gustavo Franco em relação à inserção externa do Brasil nos anos 90. São Paulo, 2000. Dissertação (Mestrado) – FGV/EAESP.

CAMARANO, A. A.; ABRAMOVAY, R. *Êxodo rural, envelhecimento e masculinização no Brasil*: panorama dos últimos 50 anos. Rio de Janeiro: Ipea, 1998. (Texto para discussão, n.621).

CAMARGO, C. P. F. (Ed.). *Católicos, protestantes, espíritas.* Petrópolis: Vozes, 1973.

CAMARGOS, M. C. S.; MACHADO, C. J.; RODRIGUES, R. N. A relação entre renda e morar sozinha para idosas mineiras, 2003. In: XII SEMINÁRIO SOBRE A ECONOMIA MINEIRA, 2006.

CAMPOS, B. N. *Tropas de aço*: os caminhos de ferro no sul de Minas (1875-1902). São João Del Rei, 2012. Dissertação (Mestrado) – Universidade Federal de São João Del Rei.

CAMPOS, M. A migração para a região metropolitana de São Paulo no início do século XXI aspectos demográficos e familiares. In: ENCONTRO NACIONAL DE ESTUDOS POPULACIONAIS, 21, 2018, Poços de Caldas. *Anais*... Poços de Caldas, MG: Abep, set. 2018.

CAMPOS, M. P. Movimentos sociais e conjuntura política: uma reflexão a partir das relações entre o MST e o governo Dilma. *Revista Cadernos de Estudos Sociais e Políticos*, v.4, n.7, p.79-100, jan.-jun. 2015.

CANABRAVA, A. P. Decadência e riqueza. *Revista de História*, São Paulo, v.100, n.1, p.335-66, set.-dez. 1974.

______. Uma economia de decadência: os níveis de riqueza na Capitania de São Paulo, 1765/67. *Revista Brasileira de Economia*, v.26, n.4, p.95-123, out.-dez. 1972.

CANO, W. A desindustrialização no Brasil. *Economia e Sociedade*, Campinas, v.21, número especial, p.831-51, dez. 2012.

______. *Raízes da concentração industrial em São Paulo.* São Paulo: Difel, 1977.

______. *Desequilíbrios regionais e concentração industrial no Brasil, 1930-1995.* Campinas: Unicamp - Instituto de Economia, 1998.

CAPUTO, A. C.; MELO, H. P. A industrialização brasileira nos anos de 1950: uma análise da Instrução 111 da Sumoc. *Estudos Econômicos*, v.39, n.3, p.513-38, jul.-set. 2009.

CARDOSO, A.; PRÉTECEILLE, E. Classes médias no Brasil: do que se trata? Qual seu tamanho? Como vem mudando?. *Dados – Revista de Ciências Sociais*, v.60, n.4, p.977-1023, 2017.

CARDOSO, F. H. Condições sociais da industrialização: o caso de São Paulo. *Revista Brasiliense*, n.28, p.31-46, mar.-abr. 1960.

______. *Mudanças sociais na América Latina.* São Paulo: Difusão Europeia do Livro, 1969.

______; FALETTO, E. *Dependência e desenvolvimento na América Latina*: ensaios de interpretação sociológica. Rio de Janeiro: Zahar, 1970.

CARDOZO, S. A. *Guerra fiscal no Brasil e as alterações das estruturas produtivas estaduais desde os anos 1990.* Campinas, 2010. Tese (Doutorado) – Universidade Estadual de Campinas, 2010.

CARNEIRO, R. *Desenvolvimento em crise*: a economia brasileira no último quarto do século XX. São Paulo: Editora Unesp, 2002.

CARVALHO, C. E. As origens e a gênese do Plano Collor. *Nova Economia*, Belo Horizonte, v.16, n.1, p.101-34, jan.-abr. 2006.

______. O fracasso do Plano Collor: erros de execução ou de concepção. *Economia*, Niterói, v.4, n.2, p.283-331, jul.-dez. 2003.

CARVALHO, C. H. *Bolsa família e desigualdade da renda domiciliar entre 2006 e 2011.* São Paulo, 2013. 173f. Dissertação (Mestrado) – Pontifícia Universidade Católica de São Paulo.

CARVALHO, C. V. *Relatório de Economia Bancária*, Banco Central do Brasil, 2018. Disponível em: https://www.bcb.gov.br/conteudo/home-ptbr/TextosApresentacoes/Apresentacao_REB%202018-2019_28_5_2019.pdf.

CARVALHO, E. G. Globalização e estratégias competitivas na indústria automobilística: uma abordagem a partir das principais montadoras instaladas no Brasil. *Gestão & Produção*, v.12, n.1, p.121-33, jan.-abr. 2005.

CARVALHO, T. F. O. *Modernização agrícola e a região da Alta Mogiana Paulista*: análise da expansão da produção de cana-de-açúcar em uma tradicional região cafeeira. Rio Claro, 2014. Dissertação (Mestrado) – Universidade Estadual Paulista "Júlio de Mesquita Filho".

CASTELLS, M. *A sociedade em rede*. Rio de Janeiro: Paz e Terra, 2003.; UNCTAD. *World Investment Report 2004. The Shift Towards Services*. New York: United Nations, 2004.

______. *The Urban Question*. London: Arnold, 1977.

CASTILLO, R. A. Região competitiva e circuito espacial produtivo: a expansão do setor sucro-alcooleiro (complexo cana-de-açúcar) no território brasileiro. In: Encontro de Geógrafos da América Latina, p. 1-12, 2009.

CASTRO, A. B.; SOUZA, F. E. P. *A economia brasileira em marcha forçada*. Rio de Janeiro: Paz e Terra, 1985.

CASTRO, M. H. G. *Avaliação do sistema educacional brasileiro*: tendências e perspectivas. Brasília: Inep, 1998.

CAVALCANTE, L. R.; NEGRI, F. *Trajetória recente dos indicadores de inovação no Brasil*. Brasília: Ipea, 2011. (Texto para discussão, n.1659).

CAVALCANTE, P. (Ed.). *Inovação e política públicas*: superando o mito da ideia. Brasília: Ipea, 2019.

CAVALIERI, C.; FERNANDES, R. Diferenciais de salários por gênero e cor: uma comparação entre as regiões metropolitanas brasileiras. *Revista de Economia Política*, v.18, n.1, 1998.

CAVENAGHI, S.; ALVES, J. E. D. "Domicilios y familias en la experiencia censal del Brasil: cambios y propuesta para identificar arreglos familiares", *Notas de población No. 92 CEPAL 15* (2011).

CECHIN, J. *A construção e operação das ferrovias no Brasil do século XIX*. Campinas, 1978. 124f. Dissertação (Mestrado) – Instituto de Filosofia e Ciências Humanas, Universidade Estadual de Campinas.

CELLI, A. *Evolução urbana de Sorocaba*. São Paulo, 2012. Dissertação (Mestrado) – FAU, Universidade de São Paulo.

CERQUEIRA, C. A.; GIVISIEZ, G. H. N. Conceitos básicos em demografia e dinâmica demográfica brasileira. Disponível em: http://www.abep.org.br/publicacoes/index.php/livros/article/view/150

CHACKIEL, J.; SCHKOLNIK, S. Latin America: Overview of the Fertility Transition, 1950-1990. In: GUZMÁN, J. M. et al. *The Fertility Transition in Latin America*. Oxford: Clarendon Press, 1996.

CHADDAD, F. R. Cooperativas no agronegócio do leite: mudanças organizacionais e estratégicas em resposta à globalização. *Organizações Rurais & Agroindustriais*, v.9, n.1, 2011.

______. *The Economics and Organization of Brazilian Agriculture. Recent Evolution and Productivity Gains*. Amsterdam: Academic Press, 2016.

CHESNUT, R. A. Exorcising the Demons of Deprivation: Divine Healing and Conversion in Brazilian Pentecostalism. In: BROWN, C. G. (Ed.). *Global Pentecostal and Charismatic Healing*. New York: Oxford University Press, 2011.

CLEMENTE, E. C. *Formação, dinâmica e a reestruturação da cadeia produtiva do leite na região de Jales-SP*. Presidente Prudente, 2006. 196f. Dissertação (Mestrado) – Faculdade de Ciências e Tecnologia, Universidade Estadual Paulista.

CONEJERO, M. A.; SIA, E. J.; PINTO, M. J. A.; IGUCHI, R. K. S.; AMARAL, R. O. Arranjos contratuais complexos na transação de cana à usina de açúcar e álcool: um estudo de caso no Centro-Sul do Brasil. In: XXXII ENCONTRO DA ANPAS, 32, 2008, Rio de Janeiro. Disponível em: http://www.anpad.org.br/admin/pdf/GCT-D2072.pdf.

CORDEIRO, S. L. *Cidade Tiradentes e Cohab*: moradia popular na periferia da cidade de São Paulo – projetos e trajetórias (1960-1980). São Paulo, 2009. 213f. Tese (Doutorado) – Pontifícia Universidade Católica de São Paulo.

CORTEN, A. *Pentecostalism in Brazil*: Emotion of the Poor and Theological Romanticism. New York: St Martin's Press, 1999.

COSTA, A. C. A.; PEREIRA JUNIOR, N.; ARANDA, D. A. G. The Situation of Biofuels in Brazil: New Generation Technologies. *Renewable and Sustainable Energy Reviews*, v.14, n.9, 2010.

COSTA, N. R.; RIBEIRO, J. M. Estudo comparativo do desempenho de hospitais em regime de organização social. Rio de Janeiro: Fiocruz/ENSP, Report for World 2005.

COSTA, V. M. F. A dinâmica institucional da reforma do Estado: um balanço do período FHC. In: ABRUCIO, F. L.; LOUREIRO, M. R. (Org.). *O Estado numa era de reformas*: os anos FHC - Parte 2. Brasília: MP, Seges, 2002. p.9-56.

COUTINHO, L. G.; BELLUZO, L. G. M. Desenvolvimento e estabilização sob finanças globalizadas. *Economia e Sociedade*, Campinas, n.7, p.129-54, dez. 1996.

COUTO, J. M. *Entre estatais e transnacionais*: o polo industrial de Cubatão. Campinas, 2003. 220f. Tese (Doutorado em Economia) – Instituto de Economia, Universidade Estadual de Campinas.

CROFFOT, E.; HAYEK, E.; PATERRA, M. Charting International Labor Comparisons. The Conference Board, 2014. Disponível em: https://www.conference-board.org/publications/publicationdetail.cfm?publicationid=2715.

CUNHA, A. C. N. M. F. *As organizações sociais de saúde na cidade de São Paulo e a efetivação do direito fundamental à saúde*. São Paulo, 2016. Dissertação (Mestrado) – Faculdade de Direito, Universidade de São Paulo.

CUNHA, E. M. G. P. *Condicionantes da mortalidade infantil segundo raça/cor no estado de São Paulo, 1997-1998*. Campinas, 2001. Tese (Doutorado em Saúde Coletiva) – Faculdade de Ciências Médicas, Universidade Estadual de Campinas.

CUNHA, J. M. P. Impactos da migração intercensitária em algumas características demográficas do Estado de São Paulo (1970-1980). In: Anais do X Encontro Nacional de Estudos Populacionais, 1988. Disponível em: http://www.abep.org.br/publicacoes/index.php/anais/article/view/472/457

DAUDAT, G.; WILLCOX, L. D. *Indústria automotiva*. BNDES. Disponível em: https://web.bndes.gov.br/bib/jspui/bitstream/1408/16241/1/PRCapLiv214167_industria_automotiva_compl_P.pdf.

DEAN, W. Latifundia and Land Policy in Nineteenth-Century Brazil. *The Hispanic American Historical Review*, v.51 n.4, p.606-25, nov. 1971.

______. *The Industrialization of São Paulo, 1880-1945*. Austin: University of Texas Press, 1969.

DEDECCA, C. S.; CUNHA, J. M. P. Migração, trabalho e renda nos anos 90: o caso da Região Metropolitana de São Paulo. In: ENCONTRO DA ASSOCIAÇÃO BRASILEIRA DE ESTUDOS POPULACIONAIS, 13, 2002, Ouro Preto. *Anais*... Ouro Preto: Abep, 2002.

DELFIM NETTO, A. Análise do comportamento recente da economia brasileira: diagnóstico. São Paulo: mimeo, 1967.

______. *O problema do café no Brasil*. São Paulo: IPE-USP, 1981.

DENALDI, R. *Políticas de urbanização de favelas*: evolução e impasses. São Paulo, 2003. Tese (Doutorado) – Faculdade de Arquitetura e Urbanismo, Universidade de São Paulo.

DICKEN, P. *Global Shift*: Mappin the Chaning Contours of the World Economy. New York: Guilford Press, 2000.

DINIZ, E. Empresariado industrial, representação de interesses e ação política: trajetória histórica e novas configurações. *Política & Sociedade*, v.9, n.17, p.106-9, out. 2010.

DINIZ, S. S.; CÂMARA, M. R. G.; MASSAMBANI, M. O.; ANHESINI, J. A. R.; SESSO FILHO, U. A. Análise espacial da produtividade da Laranja dos municípios do estado de São Paulo: 2002 a 2010. *50º Congresso da SOBER*, 2012.

DIONIZIO, F. L. *Qualidade do leite e impacto econômico de diferentes tipos de coletas e condições de transporte da fazenda à indústria*. Belo Horizonte, 2013. Dissertação (Mestrado) – Universidade Federal de Minas Gerais.

DRAIBE, S. *Rumos e metamorfoses*: Estado e industrialização no Brasil: 1930-1960. Rio de Janeiro: Paz e Terra, 1985.

DUARTE, S. B. "Organizações sociais de cultura em São Paulo – desafios e perspectivas". *IV Congresso Consad de Gestão Pública*. Brasília, 2012.

DULCI, O. S. Guerra fiscal, desenvolvimento desigual e relações federativas no Brasil. *Revista de Sociologia e Política,* n.18, p.95-107, jun. 2002.

DUPAS, G. *Economia global e exclusão social*. São Paulo: Paz e Terra, 2000.

FANTIN, J. T. *Os japoneses no bairro da Liberdade-SP na primeira metade do século XX*. São

Carlos, 2013. Dissertação (Mestrado) – Instituto de Arquitetura e Urbanismo, Universidade de São Paulo.

FARIA, A. A. C. A Light e a utilização dos recursos hidrícos da Bacia do Tietê para a geração de energia elétrica. Disponível em: http://arquivos.ambiente.sp.gov.br/cea/2011/12/AntonioAugusto.pdf.

FAÚNDES, A.; COSTA, R. G.; PÁDUA, K. S.; PERDIGÃO, A. M. Associação entre prevalência de laqueadura tubária e características sociodemográficas de mulheres e seus companheiros no Estado de São Paulo, Brasil. *Cadernos de Saúde Pública*, v.14, p.S59-S57, 1998.

FAUSTO, B. *A Revolução de 1930*: historiografia e história. São Paulo: Brasiliense, 1970.

FERNANDES, B. M. *Contribuição ao estudo do campesinato brasileiro*: formação e territorialização do Movimento dos Trabalhadores Rurais Sem Terra – MST (1979 –1999). São Paulo, 1999. Tese (Doutorado em Geografia) – FFLCH, Universidade de São Paulo.

FERNANDES, F. *A integração do negro na sociedade de classes*. São Paulo: Ática, 1978.

FERNANDES, R. A. S.; SANTOS, C. M. Competitividade das exportações sucroalcooleiras no Estado de São Paulo. In: ENCONTRO CIENTÍFICO DE ADMINISTRAÇÃO, ECONOMIA E CONTABILIDADE, 4, 2011, Anais do 4º ECAECO, vol.1, n.1.

FERRANTI, D.; PERRY, G. E.; FERREIRA, F.; WALTON, M. *Inequality in Latin America*: Breaking with History? Washington, D.C.: World Bank, 2004.

FERRARI FILHO, F. *Análise de um motor do ciclo diesel operando no modo bicombustível*: diesel / etanol. Rio de Janeiro, 2011. Dissertação (Mestrado) – Pontifícia Universidade Católica do Rio de Janeiro.

FERRAZ, I. R. *Indicadores de desempenho das organizações sociais de cultura do Estado de São Paulo*. São Paulo, 2008. Dissertação (Mestrado) – Pontifícia Universidade Católica de São Paulo.

FERRAZ, L. Regime jurídico aplicável aos conselhos profissionais está nas mãos do Supremo. *Consultor Jurídico*, 2 mar. 2017. Disponível em: https://www.conjur.com.br/2017-mar-02/interesse-publico-regime-juridico-conselhos-profissionais-maos-stf.

FERREIRA, C. E. C.; CASTIÑEIRAS, L. L. O rápido aumento da mortalidade dos jovens adultos em São Paulo: uma trágica tendência. *São Paulo em Perspectiva*, v.10, n.2, p.34-41, 1996.

FERREIRA, J. S. W. *São Paulo*: o mito da cidade-global. São Paulo, 2003. Tese (Doutorado em Estruturas Ambientais Urbanas) – Faculdade de Arquitetura e Urbanismo, Universidade de São Paulo.

FERREIRA, V. L. *A estratégia na relação com os fornecedores na indústria aeronáutica brasileira*: o caso da Embraer. São Paulo, 2010. Dissertação (Mestrado) – Escola Politécnica, Universidade de São Paulo.

FIGUEIRA, S. R. *Transformações na cadeia produtiva do leite*: uma análise a partir das cooperativas. Campinas, 1999. Dissertação (Mestrado) – Universidade Estadual de Campinas.

FIGUEIREDO, A. M.; SOUZA FILHO, H. M.; PAULLILO, L. F. O. Análise das margens e transmissão de preços no sistema agroindustrial do suco de laranja no Brasil. *Revista de Economia e Sociologia Rural*, v.51, n.2, p.331-50, 2013.

FILGUEIRAS, L. *História do Plano Real*. São Paulo: Boitempo Editorial, 2000.

FIRPO, S. P. *Inserção no mercado de trabalho*: diferenças por sexo e consequências sobre o bem-estar. Rio de Janeiro: Ipea, 2001. (Texto para discussão, n.796).

FISHLOW, A. Algumas reflexões sobre a política brasileira após 1964. *Estudos Cebrap*, n.6, p.6-65, jan.-mar. 1974.

______. Origens e consequências da substituição de importações no Brasil. *Estudos Econômicos*, v.2, n.6, p.7-75, 1972.

FLORÊNCIO, S. A. L. *Trajetória do Mercosul e mudança de paradigmas e de posições da política externa brasileira*: começo virtuoso e crise recente – possíveis interpretações. Rio de Janeiro: Ipea, 2015. (Texto para discussão, n.2125).

FONSECA, P. C. D. et al. O Brasil na Era Lula: retorno ao desenvolvimentismo. *Nova Economia*, v.23, n.2, p.403-28, maio-ago. 2013.

FONSECA, P. C. D.; MONTEIRO, S. M. M. O Estado e suas razões: o II PND. *Revista de Economia Política*, v.28, n.1 (109), p.28-46, jan.-mar. 2007.

FRANÇA, D. S. N. *Raça, classe e segregação residencial no Município de São Paulo*. São Paulo, 2010. Dissertação (Mestrado) – FFLCH, Universidade de São Paulo.

FRANÇA, E. *Favelas em São Paulo (1980-2008)*: das propostas de desfavelamento aos projetos de urbanização: a experiência do Programa Guarapiranga. São Paulo, 2009. Tese (Doutorado em Arquitetura e Urbanismo) – Universidade Presbiteriana Mackenzie.

FRANCISCO, V. L. F. S.; VEGRO, C. L. R.; ÂNGELO, J. A.; GHOBRIL, C. N. Estrutura produtiva da cafeicultura paulista. *Informações Econômicas, SP*, v.39, n.8, p.42-8, ago. 2009.

FRANCO, A. Em tempos globais, um "novo" local: a Ford da Bahia. *Caderno CRH*, Salvador, v.22, n.56, p.359-80, maio-ago. 2009.

FRANCO, G. A inserção externa e o desenvolvimento. *Revista de Economia Política*, v.18, n.3 (71), p.121-47, jul.-set. 1998.

______. *O Plano Real e outros ensaios*. Rio de Janeiro: Francisco Alves, 1995.

FRANCO, G. H. B. *O desafio brasileiro*: ensaios sobre desenvolvimento, globalização e moeda. São Paulo: Editora 34, 1999.

FREITAS, E. P. *Por uma cultura pública*: organizações sociais, Oscips e gestão pública não estatal na área da cultura. Salvador, 2010. Dissertação (Mestrado) – Universidade Federal da Bahia.

FREITAS, L. A. R.; BERTOGLIO, O. A evolução da avicultura de corte brasileira após 1980. *Economia e Desenvolvimento*, n.13, p.100-35, ago. 2001.

FRENCH, J. D. *The Brazilian Workers' ABC*: Class Conflict and Alliances in Modern São Paulo. Chapel Hill: University of North Carolina, 1992.

FRESTON, P. "Neo-Pentecostalism" in Brazil: Problems of Definition and the Struggle for Hegemony. *Archives de Sciences Sociales des Religions*, v.44, n.105, p.145-62, jan.-mar. 1999.

______. Evangelicals and Politics in Latin America. *Transformation*, v.19, n.4, October 2002.

______. *Protestantes e política no Brasil*: da Constituinte ao impeachment. Campinas, 1993. Tese (Doutorado em Sociologia) – IFCH, Universidade Estadual de Campinas.

FRIAS, L. A. M.; OLIVEIRA, J. C. Níveis, tendências e diferenciais de fecundidade no Brasil a partir da década de 30. *Revista Brasileira de Estudos de População*, v.8, n.1/2, p.72-111, 1991.

FURTADO, C. *Formação econômica do Brasil*. Rio de Janeiro: Paz e Terra, 1959.

GALVÃO, J. Access to Antiretroviral Drugs in Brazil. *The Lancet*, v.360, n.9348, p.1862-85, 7 dez. 2002. Disponível em: https://pubmed.ncbi.nlm.nih.gov/12480377/

GARCIA, C. J. *Uma análise das mudanças na estrutura industrial brasileira nos anos 90*. Rio de Janeiro, 2001. Dissertação (Mestrado) – COPPE, Universidade Federal do Rio de Janeiro.

GARCIA, G. A história da fábrica da DKW Vemag. *São Paulo Antiga*. Disponível em: http://www.saopauloantiga.com.br/vemag-uma-fabrica-que-agoniza-no-tempo/

GARGIULO, F. R. *Indústria de construção aeronáutica, o caso da EMBRAER*: história e avaliação. Rio de Janeiro, 2008. 107p. Dissertação (Mestrado) – Escola de Pós-Graduação em Economia, Fundação Getúlio Vargas.

GENTILE, F. O fascismo como modelo: incorporação da "Carta del Lavoro" na via brasileira para o corporativismo autoritário da década de 1930. *Mediações – Revista de Ciências Sociais* v.19, n.1, p.84-101, 2014. Disponível em: http://www.uel.br/revistas/uel/index.php/mediacoes/article/view/19857

GIAMBIAGI, F.; CASTRO, L. B. Previdência Social: diagnósticos e propostas de reforma. *Revista do BNDES*, v.10, n.19, p.265-92, jun. 2003.

______; MOREIRA, M. M. *A economia brasileira nos anos 90*. Rio de Janeiro: BNDES, 1999.

GIUBERTI, A. C.; MENEZES-FILHO, N. Discriminação de rendimentos por gênero: uma comparação entre o Brasil e os Estados Unidos. *Economia Aplicada*, v.9, n.3, p.369-83, 2005.

GOHN, M. G. *Movimentos sociais e redes de mobilizações civis no Brasil contemporâneo*. Petrópolis: Vozes, 2010.

GOLDEMBERG, J. O repensar da educação no Brasil. *Estudos Avançados*, v.7, n.18, p.65-137, 1993.

______; COELHO, S. T.; GUARDABASSI, P. The Sustainability of Ethanol Production from Sugarcane. *Energy Policy*, v.36, p.2086-97, 2008.

GOMES, S. B. V. A indústria aeronáutica no Brasil: evolução recente e perspectivas. *BNDES*. Disponível em: https://web.bndes.gov.br/bib/jspui/bitstream/1408/919/1/A%20ind%C3%BAstria%20aeron%C3%A1utica%20no%20Brasil_P-final_BD.pdf.

______; BARCELLOS, J. A.; TUCCI, N. Embraer e Boing vis-à-vis Airbus e Bombardier: quais as implicações para o Brasil? *Aeroespaço &*

Defesa/BNDES Setorial, n.47, p.61-122, mar. 2018.

GONÇALVES, J. S. Dinâmica da agropecuária paulista no contexto das transformações de sua agricultura. *Informações Econômicas, SP*, v.35, n.12, p.65-98, dez. 2005.

GONÇALVES, R. Competitividade internacional e integração regional: a hipótese da inserção regressiva. *Revista de Economia Contemporânea*, Rio de Janeiro, v.5, 2001. Edição Especial.

Governo do Estado de São Paulo: *São Paulo no limiar do século XXI*. São Paulo, GESP/Seade (Coleção São Paulo no Limiar do Século XXI), 1992, 8 v.

GRAEF, A.; SALGADO, V. *Relações de parceria entre poder público e entes de cooperação e colaboração no Brasil*. Brasília: Editora IABS, 2012.

GRAHAM, R. *Britain and the Onset of Modernization in Brazil 1850-1914*. Cambridge: Cambridge University Press, 1968.

GUEDES, C. F. B. *Políticas públicas de estímulo à P&D*: uma avaliação dos resultados do programa regulado pela Agência Nacional de Energia Elétrica – ANEEL. Brasília, 2010. 119f. Dissertação (Mestrado) – Universidade de Brasília.

GUERRA, C. B. *Gestão privada na saúde pública*: um estudo empírico com hospitais sob contrato de gestão no estado de São Paulo. São Paulo, 2015. Dissertação (Mestrado) – INSPER – Instituto de Ensino e Pesquisa.

GUIMARÃES, M. B. P. *Alcoolismo, pentecostalismo e família*: conversão, mudanças sistêmicas nas relações familiares e recuperação de alcoólicos. Juiz de Fora, 2008. Tese (Doutorado em Ciência da Religião) – Instituto de Ciências Humanas, Universidade Federal de Juiz de Fora.

GUZMÁN, J. M. Introduction: Social Change and Fertility Decline in Latin America. In: GUZMÁN, J. M. et al. *The Fertility Transition in Latin America*. Oxford: Clarendon Press, 1996.

HAHN, C. J. *História do culto protestante no Brasil*. São Paulo: Aste, 1981.

HANLEY, A. G. *Native Capital*: Financial Institutions and Economic Development in São Paulo, Brazil, 1850-1920. Stanford: Stanford University Press, 2005.

HARAGUCHI, N. Patterns of Structural Change and Manufacturing Development. In: WEISS, J.; TRIBE, M. (Ed.). *Routledge Handbook of Industry and Development*. Abingdon: Routledge, 2016. p.38-64.

HARVEY, D. *The Condition of Postmodernity*. Cambridge: Blackwell Publishers, 1992.

HASENBALG, C. A.; SILVA, N. V.; LIMA, M. *Cor e estratificação social no Brasil*. Rio de Janeiro: Contracapa, 1999.

HENRIQUES, R. *Desigualdade racial no Brasil*: evolução das condições de vida na década de 90. Rio de Janeiro: Ipea, jul. 2001. (Texto para discussão, n.807).

HIRA, A.; OLIVEIRA, L. G. No Substitute for Oil? How Brazil Developed its Ethanol Industry. *Energy Policy*, v.37, n.6, p.2450-6, 2009.

HOFFMAN, R.; OLIVEIRA, R. The Evolution of Income Distribution in Brazil in the Agricultural and the Non-Agricultural Sectors. *World Journal of Agricultural Research*, v.2 n.5, p.192-204, 2014.

HOLLAND, M. (Ed.). *Zona Franca de Manaus*: impactos, efetividade e oportunidades. São Paulo: FGV EESP, abr. 2019. Disponível em: http://site.suframa.gov.br/assuntos/publicacoes/estudo_fgv_zfm_impactos_efetividade_e_oportunidades.pdf .

HORTA, C. J. G.; CARVALHO, J. A. M.; FRIAS, L. A. M. Recomposição da fecundidade por geração para Brasil e regiões: atualização e revisão. In: ENCONTRO NACIONAL DE ESTUDOS POPULACIONAIS, 11, 2016. Disponível em: http://www.abep.org.br/publicacoes/index.php/anais/issue/view/31/showToc

HRYNIEWICZ, R. R. *Torcida de futebol*: adesão, alienação e violência. São Paulo, 2008. Dissertação (Mestrado) – Instituto de Psicologia, Universidade de São Paulo.

IANNONE, R. A. *A evolução do setor elétrico paulista*. São Paulo, 2006. Tese (Doutorado) – FFLCH, Universidade de São Paulo.

IGLÉSIAS, F. Política Econômica do Estado de Minas Gerais (1890-1930). In: SEMINÁRIO DE ESTUDOS MINEIROS, 5, 1982, Belo Horizonte. *Anais*... Belo Horizonte: UFMG, 1982.

JOHNSON, A. *If I Give My Soul*: Faith Behind Bars in Rio de Janeiro. New York: Oxford University Press, 2017.

JUNQUEIRA, V. H. O papel do Estado na expansão do setor sucroalcooleiro na região de Ribeirão Preto. *Revista NERA*, Presidente Prudente, v.19, n.31, p.51-71, maio-ago. 2016.

KAKIMOTO, S. K. *Fatores críticos da competitividade da cadeia produtiva do ovo no estado de São Paulo*. São Carlos, 2011. Dissertação (Mestrado) – Universidade Federal de São Carlos.

KLEIN, H. S.; LUNA, F. V. *Brazil*: A Modern Social History. Cambridge: Cambridge University Press, 2020.

______; ______. *Brazil, 1964-1985*: The Military Regimes of Latin America in the Cold War. New Haven: Yale University Press, 2017.

______; ______. *Feeding the World*: Brazil's Transformation into a Modern Agricultural Economy. Cambridge: Cambridge University Press, 2018.

KLINK, J. Regionalismo e reestruturação urbana: uma perspectiva brasileira de governança metropolitana. *Educação*, Porto Alegre, v.32, n.2, p.217-26, maio-ago. 2009.

KOELLER, P.; VIOTTI, R. B.; RAUEN, A. Dispêndios do governo federal em C&T e P&D: esforços e perspectivas recentes. *Radar*, Brasília, n.48, p.13-8, dez. 2016.

KOULIOUMBA, S. *São Paulo: cidade mundial?*: evidências e respostas de uma metrópole em transformação. São Paulo, 2002. Tese (Doutorado) – Faculdade de Arquitetura e Urbanismo, Universidade de São Paulo.

KRUGER, T. R.; HAGEMANN, S. B.; HOLLANDA, A. A. Organizações sociais e os serviços públicos de saúde em Santa Catarina. In: SEMINÁRIO NACIONAL DE SERVIÇO SOCIAL, TRABALHO E POLÍTICA SOCIAL, Florianópolis: UFSC, 2015.

LACERDA, F. *Pentecostalismo, eleições e representação política no Brasil contemporâneo*. São Paulo, 2017. Tese (Doutorado em Ciência Política) – Universidade de São Paulo.

LAMONIER, M. L. Entre a escravidão e o trabalho livre: escravos e imigrantes nas obras de construção das ferrovias no Brasil no século XIX. *Economia*, Brasília, v.9, n.4, p.215-45, dez. 2008.

LAMOUNIER, B.; FIGUEIREDO, R. *A Era FHC*: um balanço. São Paulo: Cultura Associados, 2002.

LAVOS, A. P. A. *Sociabilidade em conjuntos habitacionais produzidos pelo Estado*: o caso da COHAB Cidade Tiradentes. São Carlos, 2009. Dissertação (Mestrado) – Escola de Engenharia de São Carlos, Universidade de São Paulo.

LEAL, M. C.; GAMA, S. G. N.; PEREIRA, A. P. E.; PACHECO, V. E.; CARMO, C. N.; SANTOS, R. V. The Color of Pain: Racial Iniquities in Prenatal Care and Childbirth in Brazil. *Cadernos de Saúde Pública*, v.33, Sup.1, 2017. Disponível em: http://www.scielo.br/scielo.php?pid=S0102-311X2017001305004&script=sci_arttext&tlng=en.

LESSA, C. *Estratégia de desenvolvimento, 1974-79*: sonhos e fracasso. Rio de Janeiro, 1978. Tese de Professor Titular – Universidade Federal do Rio de Janeiro.

______. *Quinze anos de política econômica*. São Paulo/Campinas: Brasiliense/Unicamp, 1975.

LEVY, M. S. F. O papel da migração internacional na evolução da população brasileira (1872 a 1972). *Revista de Saúde Pública*, v.8 (supl.), p.49-90, 1974.

LIBONI, L. B.; CEZARINO, L. O.; CARRIJO, M. C.; TONETO JUNIOR, R. The Equipment Supply Industry to Sugar Mills, Ethanol and Energy in Brazil: an Analysis Based in Leading Companies and Key-organizations of Sector and of LPA of Sertãozinho. *Independent Journal of Management & Production*, v.6, n.4, p.1070-96, October-December 2015.

LIMA, G. G.; LUCCA, E. J.; TRENNEPOHL, D. Expansão da cadeia produtiva do leite e seu potencial de impacto no desenvolvimento da região noroeste rio-grandense. *53º Congresso da SOBER*, João Pessoa, 2015.

LIMA, M. F. C.; SILVA, M. A. Inovação em petróleo e gás no Brasil: a parceria Cenpes-Petrobras e Coppe, Universidade Federal do Rio de Janeiro. *Revista Sociedade e Estado*, v.27, n.1, p.97-105, jan.-abr. 2012.

LIMA, M. H. P. A delimitação legal dos espaços urbanos. In: *Brasil*: uma visão geográfica e ambiental no início do século XXI. Rio de Janeiro: IBGE, 2016. Disponível em: https://biblioteca.ibge.gov.br/visualizacao/livros/liv97884_cap3.pdf .

LIMONCIC, F. *A civilização do automóvel*: a instalação da indústria automobilística no Brasil e a via brasileira para uma improvável modernidade fordista, 1956-1961. Rio de Janeiro, 1997. Dissertação (Mestrado) – Instituto de Filosofia e Ciências Sociais, Universidade Federal do Rio de Janeiro.

LOCATEL, C. D.; LIMA, F. L. S. Agronegócio e poder político: políticas agrícolas e o exercício do poder no Brasil. *Sociedade e Território*, Natal, v.28, n.2, p.57-81, jun.-dez. 2016.

LONGHINI, T. M. et al. Investimentos em inovação e sua influência na receita líquida de vendas: uma análise com base dos dados do

PINTEC. *BBR Brazilian Business Review*, v.15, n.1, p.1-16, jan.-fev. 2018.

LONGO, L. A. F. B. *Uniões intra e inter-raciais, status marital, escolaridade e religião no Brasil*: um estudo sobre a seletividade marital feminina, 1980-2000. Belo Horizonte, 2011. Tese (Doutorado) – Universidade Federal de Minas Gerais.

LOPREANO, F. L. *Aspectos da atuação estatal de FHC a Dilma*. Brasília: Ipea, fev. 2015. (Texto para discussão, n.2039).

LOTUFO, P. A.; BENSENOR, I. J. M. Raça e mortalidade cerebrovascular no Brasil. *Revista de Saúde Pública*, v.47, n.6, p.1201-4, 2013.

LOUREIRO, A. P. *O direito de greve do servidor público no Brasil diante do princípio do interesse público*. São Paulo, 2009. Dissertação (Mestrado) – Faculdade de Direito, Universidade de São Paulo.

LOUREIRO, M. R.; MACÁRIO, V.; GUERRA, P. *Democracia, arenas decisórias e políticas públicas*: o Programa Minha Casa Minha Vida. Brasília: Ipea, 2013. (Texto para discussão, n.1886).

LOVE, J. *São Paulo in the Brazilian Federation, 1889-1937*. Stanford, Calif.: Stanford University Press, 1980.

______; BAER, W. (Ed.). *Brazil under Lula*: Economy, Politics, and Society under the Worker-President. New York: Palgrave Macmillan, 2009.

LUCCHESE, M. Filhos – evolução até a plena igualdade jurídica. Disponível em: https://www.emerj.tjrj.jus.br/serieaperfeicoamentodemagistrados/paginas/series/13/volumeI/10anosdocodigocivil_231.pdf

LUNA, F. V. Observações sobre os dados de produção apresentados por Muller. In: *Boletim de História Demográfica*, ano IX, n.24, jan. 2002. Disponível em: http://historia_demografica.tripod.com/pesquisadores/paco/pdf-paco/ar50.pdf

______. São Paulo: a capital financeira do país. In: SZMRECSÁNYI, T. (Ed.). *História econômica da cidade de São Paulo*. São Paulo: Globo, 2005. p.328-55.

______; COSTA, I. N. Antecedentes Históricos da Via Anchieta. *Suplemento Cultural do Estado de São Paulo*, São Paulo, ano II, n.118, p.14-6, 26 nov. 1978.

______; KLEIN, H. S. *Brazil since 1980*. Cambridge: Cambridge University Press, 2006.

______; ______. *Slavery and the Economy of São Paulo, 1750-1850*. Stanford: Stanford University Press, 2003.

______; ______. *The Economic and Demographic History of São Paulo 1850-1950*. Stanford: Stanford University Press, 2017.

______;______. *The Economic and Social History of Brazil, since 1889*. Cambridge: Cambridge University Press, 2014.

______; ______; SUMMERHILL, W. The Characteristics of Coffee Production and Agriculture in the State of São Paulo in 1905. *Agricultural History*, v.90, n.1, p.22-50, 2016.

LUNDBERG, E. Bancos oficiais e crédito direcionado – o que diferencia o mercado de crédito brasileiro? Brasília: Banco Central do Brasil, nov. 2011. (Texto para discussão n.258).

MACHADO, A. H. A influência dos setores católicos na formação do Partido dos Trabalhadores: da relação com os movimentos sociais à ideia de formar um novo partido. In: SIMPÓSIO NACIONAL DE HISTÓRIA, 25, 2009, Fortaleza. *Anais*... Fortaleza: ANPUH, 2009. Disponível em: http://anais.anpuh.org/wp-ontent/uploads/mp/pdf/ANPUH.S25.0956.pdf.

MACHADO, H. F. *Escravos, senhores e café*: a crise da cafeicultura escravista do Vale do Paraíba, 1860-1888. Niterói: Cromos, 1993.

MACHADO, N. J. Qualidade da educação: cinco lembretes e uma lembrança. *Estudos Avançados*, v.21, n.61, p.277-94, 2007.

MAIA, R. A. *Estado e industrialização no Brasil*: estudo dos incentivos ao setor privado nos quadros do Programa de Metas do Governo Kubitschek. São Paulo, 1986. Dissertação (Mestrado) – FEA, Universidade de São Paulo.

MARIANO, R. Efeitos da secularização do Estado, do pluralismo e do mercado religiosos sobre as igrejas pentecostais. *Civitas*, v.3, n.1, p.111-25, jun. 2003.

______. Expansão pentecostal no Brasil: o caso da Igreja Universal. *Estudos Avançados*, v.18, n.52, p.121-38, 2004.

______. Sociologia do crescimento pentecostal no Brasil: um balanço. *Perspectiva Teológica*, v.43, n.119, p.11-36, jan.-abr. 2011.

MARIOTONI, M. A. *O desenvolvimento tecnológico do setor sucroalcooleiro no estado de São Paulo (1975-1985)*. Campinas, 2004. Tese (Doutorado) – Universidade Estadual de Campinas.

MARIZ, C. L. *Copying with Poverty*: Pentecostals and Christian Base Communities in Brazil. Philadelphia: Temple University Press, 1994.

______. Missão religiosa e migração: "novas comunidades" e igrejas pentecostais no exterior. *Análise Social*, v.XLIV, n.190, p.161-87, 2009.

MARQUES, M. S. B. O Plano Cruzado: teoria e prática. *Revista de Economia Política*, v.8, n.3, p.101-30, jul.-set. 1983.

MARQUES, P. V. Contribuição ao estudo da organização agroindustrial: o caso da indústria de frango de corte no estado de São Paulo. *Scientia Agricola*, v.51, n.1, p.8-16, jan.-abr. 1994.

MARTINEZ, M. R. E. *A globalização da indústria aeronáutica*: o caso da Embraer. Brasília, 2007. Tese (Doutorado) – Universidade de Brasília.

MARTINS, R. Produção de amendoim e expansão da cana-de-açúcar na Alta Paulista, 1996-2010. *Informações Econômicas, SP*, v.41, n.6, p.5-16, jun. 2011.

MARTINS, S. S. Cadeias produtivas do frango e do ovo: avanços tecnológicos e sua apropriação. São Paulo, 1996. Tese (Doutorado em Economia de Empresas) – Escola de Administração de Empresas de São Paulo, Fundação Getúlio Vargas.

______; LEMOS, A. L.; DEODATO, A. P.; POLITI, E. S.; QUEIROZ, N. M. S. Cadeia produtiva do ovo no estado de São Paulo. *Informações Econômicas. Governo do Estado de São Paulo. Instituto de Economia Agrícola*, v.30, n.1, jan. 2000. Disponível em: http://www.iea.sp.gov.br/ftpiea/ie/2000/tec1-jan2000.pdf

MATOS, C. A. *A Fenajufe e seus sindicatos*: a CUT no poder judiciário federal e no ministério público da União. Campinas, 2002. Dissertação (Mestrado) – Instituto de Filosofia e Ciências Humanas, Universidade Estadual de Campinas.

MATTEI, L. Programa Nacional para Produção e Uso do Biodiesel no Brasil (PNPB): trajetória, situação atual e desafios. *BNB* [Banco Nordeste do Brasil], *Documentos Técnicos Científicos*, v.41, n.4, 2010.

MATTOON JUNIOR, R. H. Railroads, Coffee, and the Growth of Big Business in Sao Paulo, Brazil. *The Hispanic American Historical Review*, v.57, n.2, p.273-95, maio 1977.

MATTOS, H. M. *Das cores do silêncio.* Rio de Janeiro: Nova Fronteira, 1998.

MATTOS, M. B. *Trabalhadores e sindicatos no Brasil.* São Paulo: Expressão Popular, 2009.

MATTOS, O. N. M. *Café e ferrovias*: a evolução ferroviária de São Paulo e o desenvolvimento da cultura cafeeira. São Paulo: Alfa-Omega, 1974.

MCKAY, B.; SAUER, S.; RICHARDSON, B.; HERRE, R. The Politics of Sugarcane Flexing in Brazil and beyond. Transnational Institute (TNI) Agrarian Justice Program. *Think Piece Series on Flex Crops & Commodities*, n.4. September 2014. Disponível em: http://repub.eur.nl/pub/77677/Metis_202533.pdf

MEDEIROS, M. *O que faz os ricos ricos*: um estudo sobre fatores que determinam a riqueza. Brasília, 2003. Tese (Doutorado em Sociologia) – Departamento de Sociologia, Universidade de Brasília.

MEDEIROS, M.; SOUZA, P. H. G. F. A estabilidade da desigualdade no Brasil entre 2006 e 2012: resultados adicionais. *Pesquisa e Planejamento Econômico*, v.46, n.3, dez. 2016.

______; COSTA, J. S. Poverty among Women in Latin America: Feminization or Overrepresentation?. *Working Paper,* n.20, International Poverty Centre, Brasília, 2006.

MEDICI, A.; MURRAY, R. Desempenho de hospitais e melhorias na qualidade de saúde em São Paulo (Brasil) e Maryland (EUA). Washington: The World Bank, 2013.

MELO, C. A. F. *O governo Lula e o sistema político: inércia econômica, ativismo social e inação política – avaliando e buscando hipótese.* São Paulo, Insper, WPE 179/2009.

MENDONÇA, A. G. M.; VELASQUES FILHO, P. *Introdução ao protestantismo no Brasil.* São Paulo: Edições Loyola, 1990.

MENEZES FILHO, N.; KOMATSU, B.; LUCCHESI, A. FERRARIO, M. *Políticas de Inovação no Brasil.* Policy paper n.11; São Paulo, Insper, agosto 2014.

MERCADANTE, A. (Ed.). *O Brasil pós-real*: a política econômica em debate. Campinas: Unicamp, 1997.

MERCADANTE, Paulo. *Os sertões do leste*: estudo de uma região, a Mata Mineira. Rio de Janeiro: Zahar, 1973.

MERCADO de Consumo do Futebol Brasileiro. CNDL/SPC Brasil, set. 2016. Disponível em: https://www.google.com.br/search?q=Mercado+de+Consumo+do+Futebol+Brasileiro.+CNDL%2FSPC+Brasil%2C+Setembro+de+2016&rlz=1C1SQ

JL_pt-BRBR778BR778&oq=Mercado+de+Consumo+do+Futebol+Brasileiro.+CNDL%2FSPC+Brasil%2C+Setembro+de+2016&aqs=chrome..69i57.446j0j8&sourceid=chrome&ie=UTF-8.

MERRICK, T. W.; BERQUÓ, E. *The Determinants of Brazil's Recent Rapid Decline in Fertility. Reports and workshop proceedings of the Committee on Population and Demography*, v.23. National Academies, 1983.

______; GRAHAM, D. H. *Population and Economic Development in Brazil, 1800 to the Present.* Baltimore: Johns Hopkins University Press, 1979.

MEYER, R. M. P.; GROSTEIN, M. D.; BIDERMAN, C. *São Paulo Metrópole.* São Paulo: Edusp/Imprensa oficial, 2004.

MILANOVIC, B. Global Inequality and the Global Inequality Extraction Ratio: the Story of the Past Two Centuries. *Explorations in Economic History*, v.48, p.494-506, 2011.

MODIANO, E. A ópera dos três cruzados: 1985-1989. In: ABREU, M. P. (Ed.). *A ordem do progresso.* Rio de Janeiro: Campus, 1992. p.347-86.

MONBEIG, P. *Pioneiros e fazendeiros de São Paulo.* São Paulo: Hucitec-Polis, 1984.

MORAES, M. A. F. D. O mercado de trabalho da agroindústria canavieira: desafios e oportunidades. *Economia Aplicada*, Ribeirão Preto, v.11, n.4, p.605-19, out.-dez. 2007.

MORCEIRO, P. C. *A indústria brasileira no limiar do século XXI*: uma análise da sua evolução estrutural, comercial e tecnológica. São Paulo, 2018. Tese (Doutorado) – FEA, Universidade de São Paulo.

______. *Desindustrialização na economia brasileira no período 2000-2011*: abordagens e indicadores. São Paulo: Cultura Acadêmica, 2012.

______; GUILHOTO, J. J. M. *Desindustrialização setorial e estagnação de longo prazo na manufatura brasileira.* São Paulo: Nereus, 2019.

MOREIRA, F. F. Heliópolis e a produção municipal de moradias populares em favelas. *XVII Enanpur*, São Paulo, 2017. Disponível em: http://anpur.org.br/xviienanpur/principal/publicacoes/XVII.ENANPUR_Anais/ST_Sessoes_Tematicas/ST%205/ST%205.8/ST%205.8-04.pdf

______. *Heliópolis e as estratégias de enfrentamento da cidade real.* São Paulo, 2017. Dissertação (Mestrado) – Faculdade de Arquitetura e Urbanismo, Universidade de São Paulo.

MOREIRA, M. M. Estrangeiros em uma economia aberta: impactos recentes sobre a produtividade, a concentração e o comércio exterior. In: GIAMBIAGI, F.; MOREIRA, M. M. (Ed.). *A economia brasileira nos anos 90.* Rio de Janeiro: BNDES, 1999. p.333-74.

MORGAN, M. Extreme and Persistent Inequality: New Evidence for Brazil Combining National Accounts, Surveys and Fiscal Data, 2001-2015. WID Working Paper Series, n.12. World Wealth and Income Database, 2017.

MORSE, R. *From Community to Metropolis*: a Biography of São Paulo, Brazil. Gainesville: University of Florida Press, 1958.

MOTA, D. P. *CUT, sindicato orgânico e reforma da estrutura sindical.* Marília, 2006. Dissertação (Mestrado) – Faculdade de Filosofia e Ciências, Universidade Estadual Paulista.

MOURA, A. *Movimento operário e sindicalismo em Osasco, São Paulo e ABC Paulista*: rupturas e descontinuidades. Marília, 2015. Tese (Doutorado) – Faculdade de Filosofia e Ciências, Universidade Estadual Paulista.

MOURA, M. *Consolidação das leis do trabalho.* 7.ed. rev. Salvador: JusPodivm, 2017. Disponível em: https://www.editorajuspodivm.com.br/cdn/arquivos/ca615420c19a66758beaf108395fe01b.pdf

MOURAD, C. B. *Relação entre as atividades internas e externas no desempenho em inovação das empresas do setor industrial brasileiro*: constatações baseadas em uma década de PINTE/IBGE. São Paulo, 2017. Tese (Doutorado) – Universidade de São Paulo.

MULLER, D. P. *Ensaio d'um quadro estatístico da Província de São Paulo.* São Paulo: Governo do Estado de São Paulo, 1978.

MYRRHA, L. J. D.; TURRA, C. M.; WAJNMAN, S. A contribuição dos nascimentos e óbitos para o envelhecimento populacional no Brasil, 1950 a 2100. *Revista Latinoamericana de Población*, v.11, n.20, p.37-54, 2017.

NASCIMENTO, A. M. População e família brasileira: ontem e hoje. Trabalho apresentado no XV Encontro Nacional de Estudos Populacionais, ABEP, 2006.

NASSIF, A. Há evidências de desindustrialização no Brasil?. *Revista de Economia Política*, v.28, n.1, p.72-96, jan.-mar. 2008.

NAVES, R. *Organizações sociais*: a construção do modelo. São Paulo: Editora Quartier Latin, 2014.

NEGRI, F. *Novos caminhos para a inovação no Brasil.* Brasília: Ipea, 2018.

______; CAVALCANTE, L. R. *Análise dos dados da PINTEC 2011.* Brasília: Ipea, 2013; Nota Técnica, n.15.

NEGRI, J. A.; LEMOS, M. B. *Avaliação das políticas de incentivos à P&D e inovação tecnológica no Brasil.* Brasília: Ipea, 2009; Nota Técnica.

NETO, L. *Getúlio Vargas.* São Paulo: Companhia das Letras, 2006-2014. 3 v.

NEVES, M. F.; GRAYB, A. W.; BOURQUARD, B. A. Copersucar: a World Leader in Sugar and Ethanol. *International Food and Agribusiness Management Review*, v.19, n.2, p.207-40, 2016.

______; TROMBIN, V. G. (Ed.). *The Orange Juice Business*: a Brazilian Perspective. Wageningen: Springer Science & Business Media, 2012.

______; ______. Mapping and Quantification of the Brazilian Citrus Chain. *Fruit Processing*, March/April 2012.

NINAUT, E. S.; MATOS, M. A. Panorama do cooperativismo no Brasil: censo, exportações e faturamento. *Informações Econômicas, SP*, v.38, n.8, p.43-55, ago. 2008.

NOGUEIRA, A. C. L.; ZYLBERSZTAJN, D. Coexistência de arranjos institucionais na avicultura de corte do Estado de São Paulo. 2003, Anais.. Ribeirão Preto: FEARP-USP/PENSA/FUNDACE, 2003.

NOGUEIRA, A. R. *Imigração japonesa para a lavoura cafeeira paulista*: 1908-1922. São Paulo, 1973. Tese (Doutorado) – Instituto de Estudos Brasileiros, Universidade de São Paulo.

NOGUEIRA, F. T. P.; AGUIAR, D. R. D. Efeitos da desregulamentação na extensão e no grau de integração do mercado brasileiro de café. *Revista de Economia*, v.37, n.3, p.21-46, set.-dez. 2011.

NORONHA, E. G. Informal, Illegal and Unfair: Perceptions of Labor Markets in Brazil. *Revista Brasileira de Ciências Sociais*, v.18, n.53, p.111-29, out. 2003. Disponível em: http://socialsciences.scielo.org/scielo.php?pid=S0102-69092005000100009&script=sci_arttext&tlng=en

NUNBERG, B. Structural Change and State Policy: The Politics of Sugar in Brazil Since 1964. *Latin American Research Review*, v.21, n.2, p.53-92, 1986.

OKIE, S. Fighting HIV- Lessons from Brazil. *New England Journal of Medicine*, 354, p.1977-81, May 11, 2006.

OLIVEIRA JÚNIOR, M. *A liberação comercial brasileira e os coeficientes de importação – 1990/95.* Rio de Janeiro: Ipea, 2000. (Texto para discussão, n.703).

OLIVEIRA, L. A. P.; SIMÕES, C. C. S. As informações sobre fecundidade, mortalidade e anticoncepção nas PNADs. Disponível em: http://www.abep.org.br/publicacoes/index.php/livros/article/view/104.

OLIVEIRA, L. G. *A cadeia de produção aeronáutica no Brasil*: uma análise sobre os fornecedores da Embraer. Campinas, 2005. Dissertação (Mestrado) – Universidade Estadual de Campinas.

OLIVEIRA, R. Delfim Netto: Plano Real acentuou redução da capacidade exportadora brasileira. *Valor Econômico*, 29 jun. 2014.

OLIVO, L. C. C. *As organizações sociais e o novo espaço público.* Florianópolis: Editorial Studium, 2005.

ORENSTEIN, L.; SOCHACZEWSKI, A. C. Democracia com desenvolvimento: 1956-1961. In: ABREU, M. P. A. (Ed.). *A ordem do progresso.* Rio de Janeiro: Campus, 1992. p.171-212.

ORO, A. P. A política da Igreja Universal e seus reflexos nos campos religioso e político brasileiros. *Revista Brasileira de Ciências Sociais*, v.18, n.53, p.53-69, out. 2003.

OSORIO, R. G. *A desigualdade racial de renda no Brasil*: 1976-2006. Brasília, 2009. 362f. Tese (Doutorado em Sociologia) – Universidade de Brasília.

______. *A mobilidade social dos negros brasileiros.* Brasília: Ipea, 2004. (Texto para discussão, n.1033).

______. *O sistema classificatório de "cor ou raça" do IBGE.* Brasília: Ipea, 2003. (Texto para discussão, n.996).

OSSEWAARDE, R.; NIJHOF, A.; HEYSE, L. Dynamics of NGO Legitimacy: How Organising Betrays Core Missions of INGOs. *Public Administration and Development*, v.28, n.1, p.42-53, 2008.

PAIVA, E. N. Fábrica Nacional de Motores (FNM): historiando e considerando a ideia de um contra-laboratório na indústria automotiva brasileira. In: SIMPÓSIO NACIO-

NAL DE HISTÓRIA, 23, 2005, Londrina. *Anais*... Londrina: ANPUH, 2005. Disponível em: https://anpuh.org.br/uploads/anais-simposios/pdf/2019-01/1548206371_9f108591a8d165924864971 1aac58ad2.pdf

PALA, T. F. *Favela Nova Jaguaré*: intervenções de políticas públicas de 1989 a 2011. São Paulo, 2011. Dissertação (Mestrado) – Faculdade de Arquitetura e Urbanismo, Universidade Presbiteriana Mackenzie.

PALMA, J. G. Quatro fontes de desindustrialização e um novo conceito de doença holandesa. CONFERÊNCIA DE INDUSTRIALIZAÇÃO, DESINDUSTRIALIZAÇÃO E DESENVOLVIMENTO, 2005, São Paulo. *Anais*... São Paulo: Centro Cultural da Fiesp, 2005. Disponível em: https://macrododesenvolvimento.files.wordpress.com/2013/06/520-20quatro20fontes20_2_.pdf .

PASTERNAK, S. Espaço e população nas favelas de São Paulo. In: Encontro da Associação Brasileira de Estudos Populacionais, 13. 2002. *Anais*..., 2016, p.1-17.

_____. São Paulo e suas favelas. *PosFAUUSP*: Revista do Programa de Pós-Graduação em Arquitetura e Urbanismo da FAUUSP, n.19, n.176-97, 2006.

PASTORE, J. *Inequality and Social Mobility in Brazil*. Madison: University of Wisconsin Press, 1982.

_____; SILVA, N. V. *Mobilidade social no Brasil*. São Paulo: Makron, 2000.

PAULA, D. A. Estado, sociedade e hegemonia do rodoviarismo no Brasil. *Revista Brasileira de História da Ciência*, Rio de Janeiro, v.3, n.2, p.142-56, jul.-dez. 2010.

PAULILLO, L. F. (Ed.). *Agroindústria e citricultura no Brasil*: diferenças e dominâncias. Rio de Janeiro: Editora E-papers, 2006.

_____; ALMEIDA, L. M. M. C. A coordenação agroindustrial citrícola brasileira e os novos recursos de poder: dos políticos aos jurídicos. *Organizações Rurais & Agroindustriais*, v.11, n.1, p.11-27, 2009.

PAULINO, J. *O pensamento sobre a favela em São Paulo*: uma história concisa das favelas paulistanas. São Paulo, 2007. Dissertação (Mestrado) – Faculdade de Arquitetura e Urbanismo, Universidade de São Paulo.

PELÁEZ, C. M. A balança comercial, a grande depressão e a industrialização brasileira. *Revista Brasileira de Economia*, v.2, n.1, p.15-47, 1968.

_____. As consequências econômicas da ortodoxia monetária, cambial e fiscal no Brasil entre 1889-1945. *Revista Brasileira de Economia*, v.25, n.3, p.5-82, 1971.

_____. *História da industrialização brasileira*: crítica à teoria estruturalista no Brasil. Rio de Janeiro: Apec, 1972.

_____; SUZIGAN, W. *História monetária do Brasil*. Brasília: Universidade de Brasília, 1981.

PEREIRA, A. J.; NICHIATA, L. Y. I. A sociedade civil contra a Aids: demandas coletivas e políticas públicas. *Ciência & Saúde Coletiva*, v.16, n.7, p.3249-57, jul. 2011.

PEREIRA, L. C. B. *Empresários e administradores no Brasil*. São Paulo: Brasiliense, 1972.

_____. Inflação inercial e o Plano Cruzado. *Revista de Economia Política*, v.6, n.3, p.9-24, jul.-set. 1986.

_____. Origens étnicas e sociais do empresário paulista. *Revista de Administração de Empresas*, v.4, n.11, p.86-106, 1964.

_____. *A construção política do Brasil*: sociedade, economia e Estado desde a Independência. São Paulo: Editora 34, 2014.

_____; MARCONI, N.; OREIRO, J. L. Doença holandesa. Disponível em: http://www.bresserpereira.org.br/papers-cursos/Cap.5-Dutch Disease.pdf .

PEREIRA, L. V. Brazil Trade Liberalization Program. Disponível em: http://citeseerx.ist.psu.edu/viewdoc/download;jsessionid=B99D9D94B14472D8DA1E4359282B2C0D?doi=10.1.1.596.5279&rep=rep1&type=pdf .

PERILLO, S.; PERDIGÃO, M. Cenários migratórios recentes em São Paulo. *Anais*, 2016, p.773-95.

PERISSINOTTO, R. M. *Estado e capital cafeeiro em São Paulo (1889-1930)*. São Paulo: Fapesp; Campinas: Unicamp, 1999.

PESTANA, P. R. A indústria do vidro. *BDIC*, n.9 e 10, p.199-202, 1928.

PETRI, K. C. Terras e imigração em São Paulo: política fundiária e trabalho rural. *Histórica*, n.2, jun. 2005. Disponível em: http://www.historica.arquivoestado.sp.gov.br/materias/anteriores/edicao02/materia01/

PETRONE, M. T. S. *A lavoura canavieira em São Paulo*: expansão e declínio (1765-1851). São Paulo: Difusão Europeia do Livro, 1968.

PETRONE, P. A cidade de São Paulo no século XX. *Revista de História*, v.10, n.21-22, p.127-70, 1955.

PETRUCCELLI, J. L. Seletividade por cor e escolhas conjugais no Brasil dos 90. *Estudos Afro-Asiáticos*, v.23, n.1, p.5-28, 2001.

PIKETTY, T. *Capital in the 21st Century*. Cambridge: Harvard University Press, 2014.

PINHEIRO, A. C. *A experiência brasileira de privatização*: o que vem a seguir. Rio de Janeiro: Ipea, 2002. (Texto para discussão, n.87).

PINHEIRO, M. A. H. *Cooperativas de crédito*: história da evolução normativa no Brasil. 6.ed. Brasília: Banco Central do Brasil, 2008.

PINTO, A. A. *História da Viação Pública de São Paulo*. São Paulo: Governo do Estado, 1977.

PINTO, C. R. J. As ONGs e a política no Brasil: presença de novos atores. *Dados – Revista de Ciências Sociais*, v.49, n.3, p.651-70, 2006.

PIRES, A. J. *Café, finanças e bancos*: uma análise do sistema financeiro da Zona da Mata de Minas Gerais. São Paulo, 2004. Tese (Doutorado) – FFLCH, Universidade de São Paulo.

PIZARRO, E. P. *Interstícios e interfaces urbanos como oportunidades latentes*: o caso da Favela de Paraisópolis, São Paulo. São Paulo, 2014. Dissertação (Mestrado) – Faculdade de Arquitetura e Urbanismo, Universidade de São Paulo.

POLO Industrial de Camaçari. *Plano Diretor*. Salvador: Secretaria da Indústria, Comércio e Mineração do Estado da Bahia, 2013.

POMPERMAYER, F. M.; NEGRI, F.; CAVALCANTE, L. R. *Inovação tecnológica no setor elétrico brasileiro*: uma avaliação do programa de P&D regulado pela ANEEL. Brasília: Ipea, 2011.

PORTO, G. S.; MEMÓRIA, C. V. Incentivos para inovação tecnológica: um estudo da política pública de renúncia fiscal no Brasil. *Revista de Administração Pública*, Rio de Janeiro, v.53, n.3, p.520-41, maio-jun. 2019.

POTTER, J. E.; SCHMERTMANN, C. P.; CAVENAGHI, S. M. Fertility and Development: Evidence from Brazil. *Demography*, v.39, n.4, p.739-61, November 2002.

PRADO JUNIOR, C. A cidade de São Paulo, geografia e história. In: PRADO JUNIOR, C. *Evolução política do Brasil e outros estudos*. São Paulo: Brasiliense, 1972. p.91-139.

______. *História econômica do Brasil*. São Paulo: Brasiliense, 1945.

PRADO, T. C. S. *Segregação residencial por índices de dissimilaridade, isolamento e exposição, com indicador renda, no espaço urbano de Santa Maria – RS, por geotecnologias*. Santa Maria, 2012. Dissertação (Mestrado) – Universidade Federal de Santa Maria.

PRATES, A. M. Q. *Reestruturação produtiva no Brasil dos anos 90 e seus impactos na região do Grande ABC Paulista*. Campinas, 2005. Dissertação (Mestrado) – Instituto de Economia, Universidade Estadual de Campinas.

RABUSKE, I. J.; SANTOS, P. L.; GONÇALVES, H. A.; TRAUB, L. Evangélicos brasileiros: quem são, de onde vieram e no que acreditam?. *Revista Brasileira de História das Religiões*, v.IV, n.12, jan. 2012. Disponível em: http://periodicos.uem.br/ojs/index.php/RbhrAnpuh/article/view/30275/15877.

RATTNER, H. *Industrialização e concentração econômica em São Paulo*. Rio de Janeiro: Fundação Getúlio Vargas, 1972.

REGO, J. M. *Inflação inercial, teoria sobre inflação e o Plano Cruzado*. Rio de Janeiro: Paz e Terra, 1986.

REGO, M. L.; FAILLACE JUNIOR, J. E. M. O projeto de implantação da indústria automotiva no Brasil: por uma abordagem sob a ótica da Teoria dos *Stakeholders*. *O&S – Salvador*, v.24, n.81, p.216-36, abr.-jun. 2017.

REICH, G.; SANTOS, P. The Rise (and Frequent Fall) of Evangelical Politicians: Organization, Theology, and Church Politics. *Latin American Politics and Society*, v.55, n.4, p.1-22, 2013.

REIS, D. A.; ROLLAND, D. (Ed.). *Modernidades alternativas*. Rio de Janeiro: Ed. Fundação Getúlio Vargas, 2008. p.57-96.

RESENDE, A. L. Estabilização e reforma. In: ABREU, M. P. (Ed.). *A ordem do progresso*. Rio de Janeiro: Campus, 1992. p.213-32.

REYDON, B. P. Governança de terras e a questão agrária no Brasil. In: BUAINAIN, A. M. et al. (Ed.). *O mundo rural no Brasil do século 21*: a formação de um novo padrão agrário e agrícola. Brasília: Embrapa, 2014. p.725-60.

RIAL, C. Neo-Pentecostals on the Pitch Brazilian Football Players as Missionaries Abroad. In: NEEDELL, J. D. (Ed.). *Emergent Brazil*: Key Perspectives on a New Global Power. Gainesville: University of Florida Press, 2015.

RIBEIRO, C. A. C. Classe, raça e mobilidade social no Brasil. *Dados – Revista de Ciências Sociais*, v.49, n.4, p.833-73, 2006.

______. *Estrutura de classe e mobilidade social no Brasil*. Bauru: Edusc, 2007.

______. Quatro décadas de Mobilidade Social no Brasil. *Dados – Revista de Ciências Sociais*, v.55, n.3, p.641-79, 2012.

______. Tendências da desigualdade de oportunidades no Brasil: mobilidade social e estratificação educacional. *Mercado de Trabalho: conjuntura e análise*, Brasília: Ipea, n.62, abr. 2017; Boletim.

______; SCALON, M. C. Mobilidade de classe no Brasil em perspectiva comparada. *Dados – Revista de Ciências Sociais*, v.44, n.1, p.53-96, 2001.

______; SILVA, N. V. Cor, educação e casamento: tendências da seletividade marital no Brasil, 1960 a 2000. *Dados – Revista de Ciências Sociais*, v.52, n.1, p.7-51, 2009.

RIBEIRO, H.; FICARELLI, T. R. A. Queimadas nos canaviais e perspectivas dos cortadores de cana-de-açúcar em Macatuba, São Paulo. *Saúde Social*, São Paulo, v.19, n.1, p.48-63, 2010.

RICUPERO, R. Desindustrialização precoce: futuro ou presente do Brasil. *Le Monde Diplomatique,* e. 80, 6 March 2014. Disponível em: https://diplomatique.org.br/desindustrializacao-precoce-futuro-ou-presente-do-brasil/.

______. Global Trends and Prospects. In: UNCTAD. *Trade and Development Report, 2003. Capital Accumulation, Growth and Structural Change.* Genebra: UNCTAD, 2003.

RODRIGUES, I. J. Igreja e Movimento Operário nas origens do novo sindicalismo no Brasil (1964-1978). *História: Questões & Debates*, Curitiba, n.29, p.25-58, 1998.

RODRIGUES, L. M. As tendências políticas na formação das centrais sindicais. In: BOITO, A. (Ed.). *O sindicalismo brasileiro nos anos 80.* Rio de Janeiro: Paz e Terra, 1991. p.11-42.

______. Sindicalismo corporativo no Brasil. In: *Partidos e sindicatos*: escritos de sociologia política. Rio de Janeiro: Centro Edelstein de Pesquisas Sociais, 2009. p.38-65. Disponível em: http://books.scielo.org/id/cghr3/pdf/rodrigues-9788579820267-04.pdf.

ROLNIK, R. et al. O Programa Minha Casa Minha Vida nas regiões metropolitanas de São Paulo e Campinas: aspectos socioespaciais e segregação. *Cadernos Metropolitanos*, v.17, n.33, p.127-54, maio 2015.

ROMÃO NETTO, J. V. R.; BITTENCOURT, L.; MALAFAIA, P. Políticas culturais por meio de organizações sociais em São Paulo: expandindo a qualidade da democracia? Disponível em: http://culturadigital.br/politicaculturalcasaderuibarbosa/files/2012/09/Jose-Verissimo-Rom%C3%A3o-Netto-et-alii.pdf

ROSSI JÚNIOR, J. L.; FERREIRA, P. C. *Evolução da produtividade industrial brasileira e a abertura comercial.* Rio de Janeiro: Ipea, 1999. (Texto para discussão, n.651).

ROWTHORN, R.; RAMASWAMY, R. Growth, Trade, and Deinstrialization. *IMF Staff Papers*, v.46, n.1, March 1999. Disponível em: https://www.imf.org/external/Pubs/FT/staffp/1999/03-99/pdf/rowthorn.pdf .

SAES, A. M. A historiografia da industrialização brasileira. In: SEMINÁRIO NACIONAL DE HISTÓRIA DA HISTORIOGRAFIA, 3, 2009, Ouro Preto. *Anais...* Ouro Preto: Edufop, 2009.

SAES, F. A. M. *A grande empresa de serviços públicos.* São Paulo: Hucitec, 1986.

______. *As ferrovias de São Paulo, 1870-1940.* São Paulo: Hucitec/INL/MEC, 1981.

SAKURAMOTO, C.; DIOSERIO, L. C. Indústria automobilística no Brasil: protagonista no palco de uma eminente transformação global. Disponível em: https://bibliotecadigital.fgv.br/dspace/bitstream/handle/10438/16340/Industria_automotiva_no_Brasil_Protagonista_no_palco_de_uma_eminente_transforma%c3%a7%c3%a3o_global.pdf?sequence=1&isAllowed=y.

SAMPAIO, H.; LIMONGI, F.; TORRES, H. Equidade e heterogeneidade no ensino superior brasileiro. *Documento de Trabalho 1/00*, NUPES-USP, s/d., 91 p.

SANCHIS, P. As religiões dos brasileiros. *Horizonte*, v.1, n.2, p.1-30, 2009.

SANO, H.; ABRUCIO, F. L. Promessas e resultados da nova gestão pública no Brasil: o caso das organizações sociais em São Paulo. *Revista de Administração de Empresas*, v.48, n.3, p.64-80, 2008.

SANTANA, L. F. *Análise do desempenho dos serviços prestados através das organizações sociais de saúde no Estado do Rio de Janeiro.* Rio de Janeiro, 2015. Dissertação (Mestrado) – Escola Brasileira de Administração Pública e de Empresas, Fundação Getúlio Vargas.

SANTOS, A. J. *As comunidades eclesiais de base no período de 1970 a 2000.* Natal, 2002.

Monografia – Universidade Federal do Rio Grande do Norte.

SANTOS, A. M. M. M.; PINHÃO, C. M. A. Polos automotivos brasileiros. BNDES. Disponível em: www.bndes.gov.br/bibliotecadigital .

SANTOS, A. T. Abertura comercial na década de 1990 e os impactos na indústria automobilística. *Fronteira*, Belo Horizonte, v.8, n.16, p.107-29, 2°. sem. 2009.

SANTOS, J. C. *O sistema agroindustrial do leite na região de Presidente Prudente – SP*. Presidente Prudente, 2004. Dissertação (Mestrado) – Faculdade de Ciência e Tecnologia, Universidade Estadual Paulista.

SANTOS, M. *Metrópole corporativa fragmentada*: o caso de São Paulo. São Paulo: Nobel: Secretaria de Estado da Cultura, 1990.

______. *Técnica, espaço, tempo*: globalização e meio técnico-científico informacional. São Paulo: Hucitec, 1997.

SAYAD, J. *Planos Cruzado e Real*: acertos e desacertos. Rio de Janeiro: Ipea, Seminários Dimac n.30, set. 2000.

SCALCO, P. R. *Identificação de poder de mercado no segmento de leite in natura e UHT*. Viçosa, 2011. Tese (Doutorado) – Universidade Federal de Viçosa.

SCALON, M. C. *Mobilidade social no Brasil*: padrões e tendências. Rio de Janeiro: Revan/Iuperj-Ucam, 1999.

SCHLESENER, A. H.; FERNANDES, D. A. Os conflitos sociais no campo e a educação: a questão agrária no Brasil. *Cadernos de Pesquisa: Pensamento Educacional*, v.10, n.24, p.131-48, 2017.

SCHWARTZMAN, L. F. Does Money Whiten? Intergenerational Changes in Racial Classification in Brazil. *American Sociological Review*, v.72, p.940-63, December, 2007.

SCHWARTZMAN, S.; DURHAM, E. R.; GOLDEMBERG, J. A educação no Brasil em perspectiva de transformação. Projeto sobre Educação na América Latina. São Paulo, jun. 1993. Disponível em: http://www.schwartzman.org.br/simon/transform.htm

SCORZAFAVE, L. G. D. S. *Caracterização da inserção feminina no mercado de trabalho e seus efeitos sobre a distribuição de renda*. São Paulo, 2004. Tese (Doutorado) – FEA, Universidade de São Paulo.

SCOTT, A. J. Industrial Revitalization in the ABC Municipalities, São Paulo: Diagnostic Analisys and Strategic Recommendations for a New Economy and a New Regionalism. *Regional Development Studies*, n.7, p.1-32, 2001.

SEMEGHINI, U. C. A região administrativa de Campinas. In: *São Paulo no Limiar do Século XX*. São Paulo: Fundação Seade, 1992. v. 8, p.15-70.

______. *Campinas (1860 a 1980)*: agricultura, industrialização e urbanização. Campinas, 1988. 282f. Dissertação (Mestrado) – Instituto de Economia, Universidade Estadual de Campinas.

SHAPIRO, H. State Intervention and Industrialization: The Origins of the Brazilian Automotive Industry. *The Journal of Economic History*, v.49, n.2, p.448-50, jun. 1989.

SHIMIZU, U. K. *A influência da inovação no desempenho das firmas no Brasil.* São Paulo, 2013. Tese (Doutorado em Administração de Empresas) – Universidade Presbiteriana Mackenzie.

SILBER, S. *Política econômica*: defesa no nível de renda e industrialização no período 1929-1939. São Paulo, 1973. Dissertação (Mestrado) – Fundação Getúlio Vargas.

SILVA, C. R. L.; SANTOS, S. A. Política agrícola e eficiência econômica: o caso da agricultura paulista. *Pesquisa & Debate*: Revista do Programa de Estudos Pós-Graduados em Economia Política, v.12, n.2, p.66-82, 2001.

SILVA, D. B. L. *O impacto da abertura comercial sobre a produtividade da indústria brasileira.* São Paulo, 2004. Dissertação (Mestrado em Finanças e Economia Empresarial) – EPGE, Fundação Getúlio Vargas.

SILVA, E. V. *Desigualdade de renda no espaço intraurbano*: análise da evolução na cidade de Porto Alegre no período 1991-2000. Porto Alegre, 2011. Dissertação (Mestrado) – Faculdade de Arquitetura, Universidade Federal do Rio Grande do Sul.

SILVA, H. J. T. *Estudo da viabilidade econômico-financeira da indústria de citros*: impactos da criação de um conselho setorial. Piracicaba, 2016. Dissertação (Mestrado) – Escola Superior de Agricultura "Luiz de Queiroz", Universidade de São Paulo.

SILVA, M. R. *"Mares de prédios" e "mares de gente"*: território e urbanização crítica em Cidade Tiradentes. São Paulo, 2008. Dissertação (Mestrado) – FFLCH, Universidade de São Paulo.

SILVA, S. *Expansão cafeeira e origens da indústria no Brasil.* São Paulo: Alfa-Ômega, 1995.

SILVA, V. M.; LIMA, S. L.; TEIXEIRA, M. Organizações e fundações estatais de direito privado no Sistema Único de Saúde: relação entre o público e o privado e mecanismos de controle social. *Saúde Debate*, Rio de Janeiro, v.39, número especial, p.145-59, dez. 2015.

SIMONSEN, M. H. *Inflação, gradualismo x tratamento de choque.* Rio de Janeiro: Apec, 1970.

______; CAMPOS, R. *A nova economia brasileira.* Rio de Janeiro: José Olympio, 1979.

SIMONSEN, R. *Evolução industrial do Brasil e outros estudos.* São Paulo: Companhia Editora Nacional, 1939.

SINGER, P. *A crise do "milagre".* Rio de Janeiro: Paz e Terra, 1977.

SOBRINHO, E. J. M. A.; CAPUCCI, P. F. Saúde em São Paulo: aspectos da implantação do SUS no período de 2001-2002. *Estudos Avançados*, v.17, n.48, p.200-27, 2003.

SOUZA, B. O. Entre a espera pelo céu e a busca por bem-estar. In: MARIN, J. R.; FONSECA, A. D. (Ed.). *Olhares sobre a Igreja Assembleia de Deus.* Campo Grande, MS: Editora UFMS, 2015.

SOUZA, P. F.; RIBEIRO, C. A. C.; CARVALHAES, F. Desigualdade de oportunidades no Brasil: considerações sobre classe, educação e raça. *Revista Brasileira de Ciências Sociais*, v.25, n.73, p.77-100, 2010.

SOUZA, P. H. G. F. Top Incomes in Brazil, 1933-2012: a Research Note. December 11, 2014. Disponível em: http://dx.doi.org/10.2139/ssrn.2537026.

SPIX, J. B.; MARTIUS, F. P. *Viagem pelo Brasil*: 1817-1820. Rio de Janeiro: Imprensa Nacional, 1938. 2 v.

STEFANI, C. R. B. *O sistema ferroviário paulista*: um estudo sobre a evolução do transporte de passageiros sobre trilhos. São Paulo, 2007. Dissertação (Mestrado) – FFLCH, Universidade de São Paulo.

STEIN, S. J. Aspectos do crescimento e declínio da lavoura de café no Vale do Paraíba 1850-1860. *Revista de História da Economia Brasileira*, v.I, n.1, jun. 1953.

______. *The Brazilian Cotton Manufacture*: Textile Enterprise in an Underdeveloped Area, 1850-1950. Cambridge, Mass.: Harvard University Press, 1957.

______. *Vassouras, a Brazilian Coffee County, 1850-1900*: the Roles of Planter and Slave in a Plantation Society. Princeton: Princeton University Press, 1985.

SUÁREZ, N. L. C. *O modelo de gestão das organizações sociais de cultura em São Paulo.* São Paulo: Fundação Getúlio Vargas, 2011.

SUED, R. *O desenvolvimento da agroindústria da laranja no Brasil*: o impacto das geadas na Flórida e na política econômica governamental. Rio de Janeiro, 1993. Tese (Doutorado) – Fundação Getúlio Vargas

SUMMERHILL, W. R. *Order against Progress*: Government, Foreign Investment, and Railroads in Brazil, 1854-1913. Stanford: Stanford University Press, 2003.

SUZIGAN, W. *Indústria brasileira*: origens e desenvolvimento. São Paulo: Brasiliense, 1986.

SZMRECSÁNYI, M. I. Q. F. A macrometrópole paulistana: 1950-2004. In: SZMRECSÁNYI, T. (Ed.). *História econômica da cidade de São Paulo.* São Paulo: Globo, 2005. p.116-45.

SZMRECSÁNYI, T.; MOREIRA, E. P. O desenvolvimento da agroindústria canavieira do Brasil desde a Segunda Guerra Mundial. *Estudos Avançados*, v.5, n.11, p.57-79, abr. 1991.

TASCHNER, S. P. *Moradia da pobreza*: habitação sem saúde. São Paulo, 1982. Tese (Doutorado) – Faculdade de Saúde Pública, Universidade de São Paulo, 2 v.

TAVARES, M. C. Auge e declínio do processo de substituição de importações no Brasil. In: TAVARES, M. C. *Da substituição de importações ao capitalismo financeiro.* Rio de Janeiro: Zahar, 1973. p. 27-115.

______. *Destruição não-criadora.* Rio de Janeiro: Record, 1990.

TAVARES, P. A. Efeito do Programa Bolsa Família sobre a oferta de trabalho das mães. In: ENCONTRO NACIONAL DE ESTUDOS POPULACIONAIS, 16, 2008, *Anais...*: Abep, 2008.

TAYLOR, P. J. *Worlds of Large Cities: Pondeering Castells' Space of Flows.* Globalization and World Cities Study Group and Network. Research Bulletin 14. Disponível em: http://www.lboro.ac.uk/gawc/rb/rb14.html

TEIXEIRA, A. C. C. *Identidade em construção*: as Organizações Não-Governamentais no processo brasileiro de democratização. São Paulo: AnnaBlume, 2003.

TELLES, E. E. *Race in Another America*: The Significance of Skin Color in Brazil. Princeton: Princeton University Press, 2014.

TORCHE, F. Intergenerational Mobility and Inequality: the Latin American Case. *Annual Review of Sociology*, v.40, p.619-42, 2014.

______. Unequal but Fluid: Social Mobility in Chile in Comparative Perspective. *American Sociological Review*, v.70, n.3, p.422-50, 2005.

______; RIBEIRO, C. C. Pathways of Change in Social Mobility: Industrialization, Education and Growing Fluidity in Brazil. *Research in Social Stratification and Mobility*, v.28, n.3, p.291-307, 2010.

TRINER, G. D. *Mining and the State in Brazilian Development*. London: Pickering & Chatto, 2011.

TROIANO, M. *Os empresários no congresso*: a legitimação de interesses via audiências públicas. São Carlos, 2017. Tese (Doutorado) – Universidade Federal de São Carlos.

TURCHI, L. M.; MORAIS, J. M. (Ed.). *Políticas de apoio à inovação tecnológica no Brasil.* Brasília: Ipea, 2017.

UCHOA, M. P. A história da Cosipa. Disponível em: http://www.novomilenio.inf.br/cubatao/ch027.htm .

UDAETA, R. G. S. As hospedarias de imigrantes em São Paulo. In: ENCONTRO REGIONAL DE HISTÓRIA, 17, 2004, Campinas. *Anais*... Campinas: ANPUH-SP/Unicamp, 6-10 set. 2004. Tema: O lugar da História.

VELASCO JUNIOR, L. *Privatização*: mitos e falsas percepções. Rio de Janeiro: BNDES, 1999.

VELLOSO, J. P. R. A fantasia política: a nova alternativa de interpretação do II PND. *Revista de Economia Política*, v.18, n.2 (70), p.133-44, abr.-jun. 1998.

VERSIANI, F. R.; VERSIANI, M. T. R. O. A industrialização antes de 1930: uma contribuição. *Estudos Econômicos*, v.5, n.1, p.37-63, 1975.

VIEIRA, D. J. *Um estudo sobre a guerra fiscal no Brasil.* Campinas, 2012. Tese (Doutorado) – Universidade Estadual de Campinas.

______; FERNANDES, A. E. S.; WANDERLEI, N. L. A questão da guerra fiscal: uma breve resenha. *Revista de Informação Legislativa*, Brasília, v.37, n.148, p.5-20, out.-dez. 2000.

VIEIRA, E. M. A esterilização de mulheres de baixa renda em região metropolitana do sudeste do Brasil e fatores ligados à sua prevalência. *Revista de Saúde Pública*, v.28, n.6, p.440-8, 1994.

VIGNOLI, J. A. R. Cohabitación en América Latina: ¿modernidad, exclusión o diversidad?. *Papeles de Población*, v.10, n.40, p.97-145, 2004.

VILLA, M. A. *Quando eu vim-me embora*: história da migração nordestina para São Paulo. São Paulo: Leya, 2017.

VILLELA, A.; SUZIGAN, W. *Política do governo e crescimento da economia brasileira, 1889-1945.* Rio de Janeiro: Ipea/Inpes, 1973.

WAJNMAN, S. "Quantidade" e "qualidade" da participação das mulheres na força de trabalho brasileira. In: ITABORAÍ, N. R.; RICOLDI, A. M. (Ed.). *Até onde caminhou a revolução de gênero no Brasil?*. Disponível em: http://www.abep.org.br/publicacoes/index.php/ebook/article/view/2446/2401

WERNECK, R. *Empresas estatais e política macroeconômica.* Rio de Janeiro: Campus, 1987.

WERNECK, R. L. F. Alternância política, redistribuição e crescimento, 2003-2010. In: ABREU, M. P. (Ed.). *A ordem do progresso*: dois séculos de política econômica no Brasil. Rio de Janeiro: Elsevier, 2014. p.357-97.

WILKINSON, J. O setor sucroalcooleiro brasileiro na atual conjuntura nacional e internacional. Rio de Janeiro: ActionAid, 2015.

WOLFE, J. *Working Women, Working Men*: São Paulo and the Rise of Brazil's Industrial Working Class, 1900-1955. Durham: Duke University Press, 1993.

WOOD, C. H.; CARVALHO, J. A. M. *The Demography of Inequality in Brazil.* Cambridge: Cambridge University Press, 1988.

______; ______; HORTA, C. J. G. The Color of Child Mortality in Brazil, 1950-2000 Social Progress and Persistent Racial Inequality. *Latin American Research Review*, v.45, n.2, p.114-39, 2010.

WULFHORST, I. O pentecostalismo no Brasil. *Estudos Teológicos*, v.35, n.1, p.7-20, 1995.

XIMENES, A. F. *Apropriação do fundo público da saúde pelas Organizações Sociais em Pernambuco.* Recife, 2015. Tese (Doutorado) – Universidade Federal de Pernambuco.

YUNES, J.; RONCHEZEL, V. S. C. Evolução da mortalidade geral infantil e proporcional no Brasil. *Revista de Saúde Pública*, v.8, p.3-48, 1974.

ZAGO, N. Do acesso à permanência no ensino superior: percurso de estudantes universitários de camadas populares. *Revista Brasileira de Educação*, v.11, n.32, p.226-37, maio-ago. 2006.

ZANGELMI, A. J.; OLIVEIRA, F. R. C.; SALES, I. F. O. Movimentos, mediações e Estado: apontamentos sobre a luta pela terra no Brasil na segunda metade do século XX. *Sociedade e Cultura*, v.19, n.1, p.133-41, jan.-jun. 2016.

ZANINI, F. Lula aceita fazer novo acordo com FMI. *Folha de S.Paulo*, 21 maio 2002. Caderno Brasil.

ZIMMERMANN, B.; ZEDDIES, J. International Competitiveness of Sugar Production. Artigo apresentado na 13th International Farm Management Congress, Wageningen, Holanda, 7 a 12 jul., 2002. Disponível em: http://econpapers.repec.org/paper/agsifma02/

ZIMMERMANN, G. A região administrativa de Sorocaba. In: *São Paulo no Limiar do Século XX*. São Paulo: Fundação Seade, 1992. v.8, p.147-80.

FRANCISCO VIDAL LUNA

Graduou-se em Ciências Econômicas pela Universidade de São Paulo (USP) em 1971, onde obteve o doutorado em Economia (1980) e foi professor assistente doutor na Faculdade de Economia e Administração (FEA). Pesquisador da Fundação Instituto de Pesquisas Econômicas (Fipe), tem atuado nas áreas de Economia Brasileira, História Econômica, Demografia Histórica, Finanças Públicas, Administração Financeira. Publicou inúmeros trabalhos como *Escravismo em São Paulo e Minas Gerais* (Imesp-Edusp, 2009), Prêmio Academia Brasileira de Letras 2010 na área de História/ Ciências Sociais; *Escravismo no Brasil* (Imesp-Edusp, 2010; Cambridge, 2010); *Evolução da sociedade e economia escravista de São Paulo, de 1750 a 1850* (Edusp, 2006; Stanford, 2003);*História Econômica e Social do estado de São Paulo 1850-1950* (Imesp, 2019; Stanford, 2018); *Alimentando o mundo: o surgimento da moderna economia agrícolano Brasil* (Imesp-FGV, 2020; Cambridge, 2019) e *História social do Brasil moderno* (Imesp, 2020). O presente livro foi publicado em Stanford, 2022, *Social Change, Industrialization, and the Service Economy in São Paulo, 1950-2020.*

HERBERT S. KLEIN

Obteve o bacharelado em 1957 e o PhD em 1963, ambos em História, pela Universidade de Chicago, na qual lecionou. É "Gouverneur Morris Professor Emeritus" na Universidade Columbia e "Research Fellow" da Universidade Stanford, onde foi professor de História, diretor do Centro de Estudos Latino-Americanos e pesquisador/curador da coleção América Latina na Biblioteca e Arquivos da Hoover Institution. É autor de mais de vinte livros sobre a América Latina e temas comparativos na História Social e Econômica, dentre os quais se destacam: *Tráfico de escravos no Atlântico* (Funped, 2004); *Evolução da Sociedade e economia escravista de São Paulo 1750-1850* (Edusp, 2006); *Brasil desde 1980* (Girafa, 2007); *Escravismo em São Paulo e Minas Gerais* (Imesp-Edusp, 2009); *Escravismo no Brasil* (Imesp--Edusp, 2010); *Escravidão africana na América Latina e no Caribe* (Editora UnB, 2015); *História da Bolívia* (Editora UnB, 2016) e *História economica e social do Brasil: o Brasil desde a República* (Saraiva, 2016).

SOBRE O LIVRO

Formato: 15,5 x 23 cm
Mancha: 29 x 47 paicas
Tipologia: Simoncini Garamond Std 11/14
Papel: Off-white 80 g/m² (miolo)
Cartão Supremo 250 g/m² (capa)
1ª edição Editora Unesp: 2022

EQUIPE DE REALIZAÇÃO

Capa
Negrito Editorial

Imagem de capa
Ladeira Porto Geral, 31.1.2006
Foto: Francisco Vidal Luna

Edição de texto
Cecília Scharlach (Edição)
Andressa Veronesi (Copidesque)
Carmen T. S. Costa (Revisão)

Editoração eletrônica
Eduardo Seiji Seki

Assistência editorial
Alberto Bononi
Gabriel Joppert

Rettec
artes
gráficas
e editora

Rua Xavier Curado, 388 • Ipiranga - SP • 04210 100
Tel.: (11) 2063 7000 • Fax: (11) 2061 8709
rettec@rettec.com.br • www.rettec.com.br